カール・ポランニー伝

ギャレス・デイル

Karl Polanyi *A Life on the Left*

GARETH DALE

若森みどり
若森章孝
太田仁樹
訳

平凡社

目次

KARL POLANYI
by Gareth Dale

The Japanese edition is a complete translation of the U. S. edition,
specially authorized by the original publisher, Columbia University Press
through The English Agency (Japan) Ltd.

凡例

・原文イタリックは書籍、雑誌、新聞名の場合は『』で括り、それ以外の、強調の目的で使用されているものについては傍点を付した。ただし、英語以外の外国語（主にドイツ語）の表記に用いられているイタリックについては他と区別せず、そのまま日本語に訳している。

・原則として、本文中の（）内は著者による記述、〔〕内と＊は訳者による補足・補註、引用文中における［］内は著者による補足である。

謝辞

カール・ポランニーの生涯と仕事を探求する過程で、多くの方々――とりわけ、彼の家族と友人たち、そしてかつての学生たち――のご厚意に与った。モントリオールでの度々の対面式インタビュー（二〇〇六年―二〇〇八年に五回）、電話によるインタビュー（二〇〇七―二〇〇九年に七回）、そして数え切れない電子メールと電話による追加的なインタビュー（二〇〇六―二〇一五年）に快く応じられたカリ・ポランニー＝レヴィットに、格別の感謝の気持ちを表明したい。また、質問への回答を快諾されてその他のインタビューに応じられた方々のなかには、ドン・グラント（二〇〇九年五月一五日にロンドンで。さらに二〇一三年と二〇一五年には追加の資料を提供していただいた）、イマニュエル・ウォーラーステイン（二〇〇九年九月一二日にモスクワにあるイースト＝ウェストという適切に命名されたホテル内で）、イシュトヴァーン・メサーロシュ（二〇一〇年一二月一二日にロンドン市内で）、アブラハム・ロトシュタイン（二〇〇九年五月一六日に電話で〔現在は故人〕）、ロバート・ハラス（二〇一一年九月二八日に電子メールで）、ジーン・リチャーズ（二〇一一年八月一七日に電話で）、ミハーイ・シマイ（二〇〇八年一二月一一日にモントリオールで）、グレゴリー・バウム（二〇〇九年一月一一日に電話で）、アン・チャップマン（二〇〇九年七月一九日に電話で）が含まれる。アンは、本書執筆のために調査をしている過程で知り合いになった、非常に温かくきわめて魅力的な人たちの一人である。彼女が二〇一〇年にこの世を去ったことを知り、とても悲しんでいる。

さらに今回は、おびただしい未公刊のテキストを含む大量のアーカイブズを利用する機会に恵まれたことも幸運であった。そうしたテキストのなかには、ポランニー自身によるもののほかに、彼の妻イロナや学生や知人たちによる、回想録、書簡、小論の断片、読書ノート、目撃証言などが含まれている。私が閲覧した資料の言語の大部分は、ドイツ語かハンガリー語だった。公刊か未公刊かを問わず、ドイツ語の資料からの翻訳はほとんど私自身が行った。ハンガリー語のテキストの翻訳と要約の大部分はアダム・ファブリーが行い、一部はキンガ・サタが行った。ポランニーの走り書きのような悪筆のため、この仕事は容易でなかった。それは、もっと読みやすく書くようにと、医者が（すべての人たちを代表して！）彼に懇願したほどの読みづらさだった。クモの脚のような字をアダムと一緒に拡大鏡を使って一語一語たどりつつ、ポランニーが書いた手紙についてじっくり研究したことが、印象深く思い出される。とりわけアダムとサタ博士には、言葉では表現しつくせないほどお世話になった。二人の研究協力のために資金を提供してくれた、ナッフィールド財団とアミエル＝メルバーン・トラストに感謝する。また、モントリオールで私を受け入れてくれたマシュー・フレデリックとデニス・フレデリック、ブルネル大学のビジネス・スクールと同大学の社会科学スクール、そして、二〇〇六年と二〇〇八年と二〇一〇年のモントリオール滞在の際に資金を提供してくれたリップマン＝ミリバンド・トラストに、とりわけ感謝の意を表さねばならない。シカゴ、ブダペスト、ウィーン、モントリール、およびニューヨークへの二〇一四年の研究旅行では、幸いにも、ブリティッシュ・アカデミー、ウィーン大学、マギル大学、モントリオール大学、そしてブダペストで開催された「ハンガリー評議会共和国九〇周年記念」会議でサポートを受けた、別の取り組みの資金の一部を利用することができた。

本書の執筆過程において多くの方々から支援を受けた。執筆の背景には、本書で探究されているいくつかの主要な物語や環境――中欧のユダヤ人と共産主義者、イギリスのクエーカー教徒の社会主義者とさまざまな種類の社会民主主義者――からの影響があるが、そこに私を導いてくれた両親に感謝する。より直接的な支援、すなわち、草稿の段階で本書の諸章や抜粋を読んでくれた友人や知人たちに、お礼申し上げる次第である。その方々のコメントや批判によって、本書の経験的な正確さと議論の一貫性が著しく改善された。とりわけ、本書の草稿全体のそれぞれを綿密にチェックしてくれたカリ・ポランニー＝レヴィットとクリス・ハンとジョン・ホールに、心より感謝を申し上げる。また、各章にコメントをくれたドン・グラント、トーマス・ユーベル、ジョン・オニール、サンダー・ギルマン、そして、細部にわたる個々の項目について助力してくれたルス・ダノン、ダン・トンプキンズ、マーティー・モールスキ、スティーヴン・ホワイト、ペリー・アンダーソン、ティボル・フランク、ジュディス・サパー、そしてマシュー・グリムリーに、感謝の辞を述べなければならない。

利用したアーカイブズは、カール・ポランニー・アーカイブ（モントリオールのコンコーディア大学）、マイケル・ポランニー・ペーパーズ（シカゴ大学のレーゲンステイン図書館）、ポランニー・ファミリー・ペーパーズ（ブダペストの国立セーチェーニ図書館）、科学と学習の保護協会のアーカイブ（オックスフォード大学のボドライアン図書館）、そしてコロンビア大学のバトラー図書館の三つのペーパーズ――カール・ポランニー、オスカール・ヤーシ、ロバート・マートンに関連する資料――である。本書では、アーカイブの名称は、コンテナーとフォルダーを示す番号を組み合わせて短く表記している。例えば、KPA-23-9はカール・ポランニー・アーカイブの23番コンテナーの9番フォルダーを指示している。他のアーカイブはMPP、PFP、SPSL、KPP、OJP、RMPと略記される。私は、これら五つの保管場所の専門職員による支援、とりわけカール・ポランニー政治経済研究所のアナ・ゴメッツ氏に感謝する。資料が豊富であることは恩恵であるが、そこから信頼できる描写を組み立てる試みに際しては、選択の問題や証拠の断片的性格の問題、そして、証言の主観性や権威の解釈といった諸問題に直面せざるをえない。また、パリンプセスト〔元の字を消してその上に字句を書いた用紙〕の積み重なる層を追跡して特定の文章や章句を強調する行為によって、著者自身が意図していたかもしれない以上の確実性を付与する危険を伴う可能性もある。ポランニーの生涯と著作への関心が高まっている現在、本書の言及に関連するどんな誤りも、時間を置かずに明るみに出されて解釈の違いをめぐる議論がなされることを、私たちは期待している。

最後に、人名表記法に関してであるが、本書では、英語圏で著名となっているハンガリー人の名前は英語化された形で表示し、その他の名前はハンガリー語で表記している。

序文

両大戦間を通じて、カール・ポランニー〔一八八六―一九六四〕とマイケル・ポランニー〔一八九一―一九七六〕の兄弟、二人の友人であるジェルジ・ルカーチ〔一八八五―一九七一〕とカール・マンハイム〔一八九三―一九四七〕――四人のハンガリー人亡命者たち――は、彼らの時代の経済的・政治的・精神的な危機を診断するという課題に取り組んだ。それは、彼らにとってとりわけ相応しい課題であったと思われる。この四人は、オーストリア＝ハンガリー二重帝国〔一八六七―一九一八〕のうちの弱い側半分の首都〔強い側であるもう半分の首都はウィーン〕だったブダペストで、幼少時代と青年期を過ごした。この短命で忘れられがちな帝国は、プロイセン〔一八世紀中葉の啓蒙専制君主、フリードリヒ二世の統治によってヨーロッパの大国になった王国〕への降服によって成立し、自軍の反乱から解体した。この四人は、歴史的な激動と衝突の連鎖、すなわち、ハンガリー資本主義の急速な拡大、帝国のシステムから国民国家のシステムへのいっそうテンポの速い大陸規模での移行、第一次世界大戦とその終止符を打つことになった革命、経済的ナショナリズム、ファシズム、スターリン主義の勃興、そして大恐慌を生き抜いた。

彼らの両親世代が一九世紀中葉に成人に達したときには、帝国の内部分裂やファシストによる迫害の兆しはどこにも現れていなかった。一九世紀中葉は、自由主義的ブルジョアジーにとって楽観的な時代だった。その特徴は、フェレンツ・ケルメンディ〔一九〇〇―一九七二。ハンガリーの小説家〕が書いた教養小説『幸福な世代』の主人公、ラースロー・ヘゲデューシュの性格に描写されている。「この時代は……」とヘゲデューシュは大喜びで語り出す。「幸福です。それに異議を唱える理由があるでしょうか？　あぁ！　なんという幸福な世代！　科学が文明の偉大な前進を後押ししています。人間の知識は成長しつづけ、人間的福利のすばらしい実現と諸国民《ネーションズ》および魂の平和の礎の上に、日々、新しいレンガの層が積み上げられているのですから」[1]。こうした華々しい建設過程は速度を上げて、ハンガリーは並外れた経済的躍進を遂げていた。国民所得の年平均成長率は、ポランニーの生まれる前には二パーセントあるいはその前後であったが、彼の幼少期を通じて七パーセントへと急上昇し、彼が一〇代の頃には九パーセントに達していた。ブダペストは成長の中心だった。ブダペストを構成する地域――ブダ、ペスト、オーブダ――が一八七三年に統合されたとき、都市の人口は目標の三〇万人を超えた。一九〇〇年にはその数字は倍増して、ブダペストは無名の都市からヨーロッパで六番目に大きい中心都市にまで成長した。

　ブダペストは対照的な諸要素が混在する都市だった。カールは自分の住んでいる通りから外へ出ることなく、劇場やオペラに行ったり、ベーラ・バルトーク〔一八八一―一九四五〕を含む学生たちが音楽学院で演奏するのを聴いたり、また、大陸ヨーロッパで最初の地下鉄の光り輝く車両が降ろされて敷設されるのを見たりすることができた。しかし、地平線に目を向ければ、工場やキシュペシュトのスラム街の上に煙が立ち上り、その向こうにプスタ〔ドナウ川とティサ川の流域に広がるハンガリー東部の平原〕が広がっていた。理屈の上では農奴制は廃止されていたが、実際の地主所有地での労使関係は封建時代からほとんど変わっていなかった。そこでは日常の食事がきわめて貧しく、一部の地域の男性の声変わりは二〇歳頃だった[2]。こうしたことは、コスモポリタン的文明の拠点として際立っていたブダペストとは対照的で、プスタは文化的に衰弱した荒廃地に見えた。あるいは逆に、実直で人間相互の関係が緊密な世界であるプスタと較べれば、すべてがカネ次第のギャンブル的売買に汚染された大都市ブダペストのほうが恥ずべきものに見えたかもしれない。プスタとは別の方角にブダペストから車または列車で数時間行ったところに、ウィーンが位置する。帝国の首都ウィーンは、文化的実験の陣痛のさなかにあって、市場機会と新しい個人主義に向かって躍動しており、まさにそこでそのとき、方法論的個人主義〔諸個人の意思決定と選択の集積が社会の構造を形成するという考え方〕が経済理論に最初に導入されたのだった。またセラピストが、人生についての意味のある物語を提供する者として神父の役割を押し除けたのも、このウィーンの地であった。

ハプスブルク帝国内の極端に対照的な心理地理学的な状況にあっては、資本主義社会の躍進と確立を遂げつつある諸社会を特徴づける、さまざまなビジョンの大きな衝突が並外れた力の様相を呈していた。この衝突は、伝統的にはロマン主義的反動に対する啓蒙的自由主義の対抗として、表現されてきたものである。一方の極には利益社会《ゲゼルシャフト》、すなわち、個人主義や人間の諸権利、市場的諸自由やコスモポリタニズムを崇拝する、原子論的で普遍主義的なものの見方がある。他方の極には共同体《ゲマインシャフト》、すなわち、共通のつながりや高い文化的特性を備えた有機的全体として組織された社会についての、保守的で共同体主義的なものの見方がある。[3] ポランニーが属していたブダペストの知識人集団、すなわち偉大な世代《グレート・ジェネレーション》（そこには、ルカーチ、マンハイム、ポランニー兄弟、およびオスカール・ヤーシ〔一八七五―一九五七。反封建的自由主義運動の指導者〕、エルヴィン・サボー〔一八七七―一九一八。カールの従兄弟に当たるマルクス主義者〕、美術評論家のアーノルド・ハウザー〔一八九二―一九七八〕、ベーラ・バラージュ〔一八八四―一九四九〕、詩人のエンドレ・アディ〔一八七七―一九一九〕、作曲家のベーラ・バルトークとゾルターン・コダーイ〔一八八二―一九六七〕、数学者のジョン・フォン・ノイマン〔一九〇三―一九五七〕、そして物理学者のレオ・シラード〔一八九八―一九六四〕とエドワード・テラー（一九〇八―二〇〇三）がリストアップされる）は、この「ハプスブルクのジレンマ」に振り回され苦悩した。祖国の後進性を痛切に感じていたために、偉大な世代はヨーロッパの他の地域の革新的な政治的・知的な動向にいち早く同調した。メアリー・グルックの見るところ、偉大な世代は、西欧の同世代の知識人たちよりも「現在に対して徹底的に幻滅し、未来に臨む際にはより情熱的にエネルギーを注ぎ込んだ」。偉大な世代は東欧人として、つねに自らを「西欧の諸発展の外側」に位置づけていた。また、ユダヤ人としての彼らはしばしば、「内向きでますます反ユダヤ主義を強めていく国民的《ナショナル》共同体」からは排除された。世紀転換期のハンガリーという、異質なものが混じり合う砂利の大地のなかに自らの「本物のルーツ」を見つけられなかった偉大な世代は、絶えず彼らから逃げていくように思われる共同体《ゲマインシャフト》の可能性への憧れに突き動かされていた、とグルックは指摘している。[4]

ポランニーは共同体《ゲマインシャフト》の思想家として見なされがちだが、共同社会《コミュニティ》を総合的に探究する者、あるいは共同社会について自由に思考するヒューマニストとして彼を理解する方が、より適切であろう。このようにポランニーは、自由主義《リベラル》思想と共同体主義《コミュニタリアン》（そして社会主義）思想のあいだの矛盾に悩まされ、巻き込まれる運命にあった。この矛盾は、政治哲学内の支配的な創造的緊張――個人に対する責任と共同体に対する責任という一見対立する綱引き、言い換えれば、個人の一貫性の原理を遵守しつつ、共同体の生活を維持し発展させる義務をも遵守するといった多様な要求――を形成していた（そして現在もそうである）。ポランニーは、自立した道徳的良心を備えた自己反省的な行為者の勝利を称賛したが、同時に、集合的な未来に対する諸個人の責任を否定する世界観には激しく反対した。ポランニーの一貫した考えによると、高潔で有徳な生活は、個人の責任や義務を受け入れる行為に基づかなければならない。（ポランニー自身は個人的には、市民的義務の信条の持ち主だった。彼は「税金を払う市民の責任」を主張し、

「租税回避の方法について人びとが話し合うのを容認しようとはしなかった」[5]。個人の自由は、市民が自らの義務を果たすことによって育まれない限りは未熟なままである、と彼は見なした。）同様にポランニーは、政府には良き生活を全市民に提供する道徳的義務がある、という相補的な見解を支持した。こうしたポランニーの思考様式は、彼が賛同した政治運動によって例証される。ポランニーが賛同した初期の政治運動は「自由主義的社会主義」であり、もう一つは、彼がわずかに関わったアナーキズム――マックス・シュティルナー〔一八〇六―一八五六。『唯一者とその所有』で有名なドイツの哲学者〕的な個人主義〔自我以外の一切を空虚と見なし、諸個人の人格の独自性を最大限に重視する主張〕ではなく、レフ・トルストイ〔一八二八―一九一〇〕を導き手とするキリスト教の一派〔個人の道徳的清廉を説く倫理的個人主義〕――であった。ポランニーが社会主義の伝統に戻ったとき、それは「ギルド社会主義」*の信奉者としてであった。ギルド社会主義は、「旧いイギリスの個人主義」を支持しながらも国家に対する労働者の権利を擁護する運動であって[6]、自由と義務は主に集団のなかで形成されるものであり、市民社会における自発的団体《アソシエーション》の権利と義務は社会全体としての機能に応じて決定されるべきである、と主張した。その後、ポランニーは自ら、キリスト教社会主義グループに加入した。このグループにとっては、義務の精神こそ共通通貨であり、そこでは義務という用語は、現存する制度や社会の上位階層に対する従順という、それから一般的に連想される意味とは異なり、とりわけ共同社会《コミュニティ》に対する奉仕を意味した[7]。

偉大な世代の実質的な担い手たちは、さまざまな種類の社会主義の潮流を支持した。一九一四年に始まった戦争と革命の一〇年間に社会主義運動の内部分裂が深刻なまでに悪化した際、彼らはそれぞれ、

*市場経済と集権的計画経済を批判し、諸個人がそれぞれの決定に参加する生産者団体と消費者団体とのあいだの交渉による利害調整を通じて、社会経済を調整・運営しようとする分権的社会主義経済のモデルの一つ。

異なる旗印のもとに結集した。ポランニーは第一次世界大戦で戦闘に参加したが、ルカーチはそうしなかった。戦争が終結した直後から、二人は公的な政治闘争に関わっている。深刻な精神的危機で苦悩している時代として当時を診断したポランニーは、そのような時代の社会的組織化の倫理的基礎を構築しようとする、理想主義的な呼びかけを行った。対してルカーチは、社会的危機の時代における革命の現実性を準備するものとして、行動志向の哲学であるマルクス主義を支持した。まる一〇カ月にわたって続き、敗北と白色テロで終結することになった革命的激動の混乱のただなかで、彼らは論争した。革命の敗北と白色テロは、ポランニーやルカーチを含む多くの人たちに故国からの亡命を強いたが、カールとルカーチはオーストリアを、マイケル・ポランニーとマンハイムはドイツをその亡命先として選んだ。

約一〇年後、ファシズムの台頭にともなって、この四人は全員、再度の亡命を決断する。ルカーチはモスクワに、他の三人はイギリスに亡命した。四人はいずれも、自分たちの人生のみならずヨーロッパと世界をも破滅させている政治的動乱の意味を理解するための探究に従事し、それぞれ異なる方法で、社会の分裂に関する診断に研究の焦点を当てた。資本主義が引き起こした社会の亀裂は、ルカーチの提起した問題の核心である。すなわち、人間の活動が、原子化された諸個人の抽象的な力に対する利己的な反応へと還元されてしまった社会。そこでの支配的な意識の諸形態によってはもはや、あらゆる部分的現象を「全体の要素、すなわち歴史的変化の過程で把握される全体的な社会状況の要素として」理解することができなくなった社会。こうしたことが、ルカーチの見出した問題の核心であった[8]。ルカーチの考えでは、資本主義の社会においては、意識的な政治的存在であると同時に客体化された商品でもあるような、弁証法的な存在である労働する人びとだけが、全体としての社会的過程を理解する能力を有し、物象化という鉄の檻から脱出することに関心を持っている。マンハイムの見解では、自由主義的近代の衝撃を受けた社会は、自立した諸領域――「経済的人間《ホモエコノミクス》、宗教的人間《ホモレリギオースス》、政治的人間《ホモポリティクス》」――へと分裂してきた。[9] 自由主義的個人主義と市場システムの出現は社会を原子化させ、社会的諸価値を経済に組織的に従属させた。マイケル・ポランニーの見方では、一方の極に科学、そして他方の極に倫理および宗教へと引き裂かれた亀裂こそ縫合されるべきであった。[10] マイケルは、エドマンド・バーク〔一七二九―一七九七。秩序ある漸進的改革を主張したイギリスの思想家・政治家〕的な自由主義的資本主義の擁護論――すなわち、イデオロギー的思想の高慢で全体主義的で合理主義的な教義とは対照的である、言葉では表現できない伝統としての自由主義的資本主義を擁護する――を前進させた。[11] マイケルの考えでは、自由主義的資本主義は、自生的に進化し確実に機能する社会的伝統であることを自ら示してきた。自由主義的資本主義は、法律や規制やケインズ主義的介入によって適切に是正されることで、現代人が繁栄することのできる適切で快適な生活環境を提供してきた、というのである。マイケルにとって、この自由主義はユートピア的なものではなかった。しかし、マイケルが兄カールとともに幼年時代に「吸い込んだ」「穢れのない」自由主義の諸理念は、戦争やファシズムや大恐慌のトラウマ後、もとに戻る可能性はなかった。[12] マイケルの課題はその代わりとして、現代の懐疑主義に耐えうるような強固な基盤の上に自由主義を再構築することであった。

　同時期のカール・ポランニーは、弟マイケルの主張に対抗する命題を構想していた。カールの考えによれば、市場資本主義は経済を社会から「離床」させ、共同体《ゲマインシャフト》から利益社会《ゲゼルシャフト》への移行は、伝統的な社会経済的な慣行を無謀にもばらばらに解体してしまった。この点に関して言えば、市場資本主義はそれ以前のあらゆる伝統からの暴力的で危険な切断を意味していた。カールによれば、修復されるべき歴史的な傷は、経済と社会のあいだに刻印された裂傷であり、個人の責任と共同体の発展をともに可能にするのはその修復によってのみである。彼が『大転換』で述べているように、イギリスにおける市場システムの制度化は、その経済的影響を介して、個人の責任に関する自由主義的倫理の堕落を生じさせた。また、「富裕な人びとの仲間の境遇に対する責任を否定すること」を容認した自由主義的な政治経済学は、「一つのキリスト教社会としての伝統的な統一性」を破壊するのに役立った。[13] 貧民を運命に翻弄された無辜の犠牲者ではないと位置づけ、貧民が苦境に対して自ら責任を負うべきであるとの見解を提示した、一八三四年の『救貧法報告』に特徴付けられる右派的自由主義とはまったく正反対の観点から、ポランニーは責任倫理の解釈を展開した。そのような貧民への非難が、労働市場を実現した物質的諸力の倫理的な共犯者として、すなわち、労働市場に労働者を駆り立てるための「窮乏の恐怖」として機能した、とポランニーは強調した。[14]

ポランニーは『大転換』のなかで、市場社会の現象学と経済史を描き出した。市場社会の現象学に関して彼は、社会的・政治的制度によって道徳的習慣がいかに形づくられるのか、というルソー的な問題に導かれた。[15] もし人間が、あたかも一次元的で、費用便益計算に動機づけられた利己的な追求者であるかのように制度的に論じられるとしても、現にそうであれば、何ら驚くべきことはない。[16] 人間の歴史についてのポランニーの強調点は、一九世紀以前の社会に埋め込まれた経済と、経済が離床した一九世紀イギリスの市場社会とのあいだに存在する大きな断絶に置かれている。このポランニーの命題は、一見すると、近代と前近代文明との「大きな裂け目」を説明する歴史社会学の分野に属しているように見える。[17] しかしながら、そのような表面的な印象は当てにならない。近代と前近代の文明との裂け目に関する説明は、大きく分類すれば、三つの潮流に分かれている。第一の潮流は、生産の社会的諸関係のカテゴリーを重視して、裂け目の近代的な側面を資本主義として理論化する。第二の潮流は、交換関係と分業を重視して、焦点を商業（または市場）社会への漸次的移行に当てる。第三の潮流は、技術的変化、とりわけ、産業社会をもたらした産業革命を重視する。ポランニーの『大転換』は、これらの潮流のうちのどれに属するだろうか。『大転換』は、商業的パラダイムと産業的パラダイムの親和性を示してはいるものの、これらの諸潮流のいずれにも吸収されない。『大転換』の二分法は、市場が周辺的である諸社会、ないし社会的・宗教的な諸制度のなかに市場が埋め込まれた諸社会と、市場社会とを区別する。市場社会は、市場経済とその他の制度的領域との分割によって特徴づけられる。また市場社会では、契約によって経済関係が誘導され、功利主義的・物質主義的な精神が支配的である。市場社会はポランニーの見るところ、つかの間の自由主義的ユートピアだった。自由主義的ユートピアは、自らがもたらした社会経済的混乱の帰結として、一九世紀中葉には避け難い決定的な終焉を迎えた。危機から身を守るために、「大転換」、すなわち、経済をふたたび社会に埋め戻そうとする大きな転換が始まったのだ。したがって、ポランニーの理論に「大きな裂け目」が含まれるとしても、それは近代と前近代社会とを区別するものではない。彼の理論における裂け目は、一九世紀から二〇世紀初頭のヨーロッパとアメリカの社会構成体を、過去・現在・未来におけるそれ以外のあらゆる社会構成体から区別するためのものだった。だが、第二次世界大戦後のポランニーは、大転換が失速していく様子をいくぶん困惑しながら見守ることになった。ポランニーが予想した経済への国家介入は依然として顕著な傾向だったものの、それは、商品形態の全般化に向かう同じような持続的傾向と歩調を合わせて進行した。そうした展開は、ポランニーが予想していなかったものだった。ポランニーは、自らの理論を徐々に、歴史上の分岐に関連する主流派の解釈により近いものとして再構築するようになっていった。歴史上の分岐についての主流派の解釈によれば、今やそれは、産業革命によって画されるものとなった。その結果、あらゆる産業経済は、自由主義的市場であれ管理主義的市場であれ、同様に、機械の時代という大きなカテゴリーのもとに包摂された。

歴史上の裂け目に関するこうした錯綜は、ポランニーの社会理論の中心部分にある緊張を示している。それは、ジグソーパズルをつなぎ合わせている際にいくつかのピースが合わない多くの瞬間のひとコマのような、ポランニーの研究に内在する多くの未解決の矛盾の一つである。このような彼の錯綜と矛盾は、私がこのポランニー伝を執筆することを決めた最初のきっかけになった。というのも、それらを理解するにはまず、ポランニーの生涯とその時代を通して考察する作業が欠かせないからである。また、彼が個人的に関わった対象や全作品に見られる緊張と矛盾が、人を引きつけるような型破りの特徴をそれらに付与しているからである。彼は例えば、ボリシェヴィキ〔ウラジミール・レーニンに率いられて一九一七年の一〇月革命を遂行し権力を掌握し、社会主義革命を開始した党派の名称〕に心を寄せる一方で、ボリシェヴィズムを拒絶している。ポランニーは、社会民主主義の正統派を軽蔑していたが、社会民主主義者だった。また彼は、古典的自由主義の夢が砕け散ったことに関わるすべての責任は古典的自由主義にある、と批判した自由主義者であった。人間の尊厳を冒瀆するあらゆるものは理論的な批判と実践的な阻止の下に置かれるべきである、と主張した点でポランニーはヒューマニストであったが、彼はロシアのスターリン体制の確固たる擁護者でもあった。往復書簡でのポランニーは、堅苦しいとまでは言わないまでもモラリストのような感じがする。だが、そんな彼は、『チャタレー夫人の恋人』と、シェイクスピアのとりわけお気に入りの二つの詩——その一つは、人間の際限のない淫欲を詠んだ「ソネット一二九番」——を愛読していた。[18] ポランニーは神をほとんど礼拝しないキリスト教徒であり、また、古代世界の研究に没頭した近代主義者であった。そしてもっぱら大都市圏に住んでいたにもかかわらず、農業労働者の理想を情熱的に支持していた。主人公の生涯のさまざまな時期に発展した諸特徴を並記することができる伝記的研究は、一般的にこうした矛盾を強調する傾向がある。だが、カール・ポランニーの性格は首尾一貫しており、例えば、マイケルに宛てたある手紙のなかで、自身の性格の矛盾した点について半ば自己弁護的に思いを巡らせている。彼は「情熱的な忠誠心」によって、自身の「応答に一貫性がないことに不満を募らせる」傾向があり、「気前の良さと手を引くこと」との割合はしばしば平衡を欠いていた。カールは「表面的な不都合に敏感」過ぎたあまり、自分自身に不当につらく当たることがあった。また、「指導されるときには無力さに打ちひしがれ、自分が指導する際にはしばしば度を越して支援した」。そして「あまりにも利己的でなく」、しかも他人の存在や愛情表現を忘れやすかったがために、深く感謝して受け取ったはずの贈り物に対して「ありがとう」と礼を述べることができなかった。こうしたリストにさらに加えれば、「自分を守る能力がほとんど完全に欠けていたということです。説明するのも嫌になりますが、あなたは私というひどく変わった人間を兄として持ってしまいましたね」、ということになるだろう[19]。

変貌自在で矛盾する諸側面から構成されるポランニーの政治的立場と人格は、探偵のような精励と技巧を執筆者に要求しつつ、彼を魅力的な伝記の主人公に仕立てさせる。ポランニーは他の点でも魅力的な対象で、誰に聞いても彼は天才的で人を引きつける人物であった。「きらめく瞳」、「温かいオーラと人間性、そして無限の好奇心[20]」というのは、ポランニーの友人であるドナルド・グラントの息子の言葉だ。別の友人のロバート・ハラスの息子はポランニーを、「何となく仏陀のような東洋的な風貌をしていて、優しく親切だった」と回想している。また、又従兄弟の表現によると、ポランニーは「きれいな笑顔で[21]」笑っていた。また、友人のピーター・ドラッカー〔一九〇九—二〇〇五。ユダヤ系でオーストリア出身のアメリカ人の経営学者〕はポランニーについて、「発想が豊かで温かく寛大であり、冬の夜を明るく照らすように微笑んでいた[22]」、と回想している。ポランニーの知性は異彩を放っており、その作風は魅力的で予言者風だった。ポランニーが提起する問いは斬新で、その応答は独創的であった。その思考を豊かなものにした源泉は、何千年にもわたる、芸術と科学の幅広い分野に及んでいた。ポランニーの知識と才能は、彼がさまざまな職業——政治的指導者、編集者、ジャーナリスト、教師、学者——で卓越することを保証した。ポランニーの人格と才能から出発して彼の家族や友人たちにまで掘り下げて検討していくうちに、興味深い何層にも重なった彼の周りの環境が明らかになる。ポランニーは、魅力的で才能豊かな母や情熱的な関係で結ばれた兄弟姉妹、活動家で知性溢れる妻といった並外れた家族と、友人たちのきら星のような集まり——その多くは、自分たちが生き抜いた途方もない時代を研究し、その時代の形成に関与したのだった——に囲まれていた。

ポランニーが社会的・地政学的環境の変化と連動させながらその思想を形成していったことから、この伝記の重点は、彼の知的形成の過程に置かれている。本書は、ポランニーの関心を刺激したいくつかの伝統を紹介し、彼の思考のなかで安定し恒久的になっていった思想の諸要素に狙いを定める。さらには、ステファン・コリーニ〔一九四七―〕が表現する「反論の文脈」、すなわち、ポランニーが批判的に関わった諸理論や挑戦しようとしたさまざまな主張を明るみに出す作業によって、彼の政治的・知的な発展を再構築していく[23]。本書は、ポランニーの属した環境の内外で活躍したさまざまな諸個人が、彼が直面したような困難や挑戦に対して、彼と同様または同種の命題や解決策へと至った道筋に着目しながら、ポランニーの思考と他の独創的な諸思考との相似性について検討する。ポランニーの生涯の輪郭を辿ることで、彼が生活した時空を超える広大な歴史が浮かび上がってくる。ポランニーはハンガリーで、新しい「急進ブルジョア」党を指揮し、時代を画する戦争に関与し、また、革命をなんとか生き延びた。そして彼が逃れ辿り着いたときのウィーンは、自治体社会主義〔自治体選挙で勝利した社会主義者が累進課税を財源として推し進めた社会・福祉改革〕の実験を開始して間もない頃であり、彼は心からそれに賛同した。改良主義的社会主義とポランニーの一体感は、そのようにしてウィーンの地で固められることになったのだった。この改良主義的社会主義という用語を本書で使用する際には、議会主導によって既存の制度を漸進的に改良することで、資本主義を社会主義社会に転換させようとする国際的な運動を指す。改良主義的社会主義の盛衰は、ポランニー自身の生涯の行路と相似していた。カール・ポランニーは、第二インターナショナル〔一八八九年に結成され、一九一四年に勃発した第一次世界大戦への対応をめぐって分裂した社会主義者の国際組織〕が創設される三年前の一八八六年に生を享け、バート・ゴーデスベルク大会〔一九五九年〕の五年後の一九六四年に逝去した。バート・ゴーデスベルク大会でドイツ社会民主党は「可能なかぎり競争的な状態の[24]」市場経済を受け入れたが、それは、赤い旗を高く掲げたヨーロッパの社会民主主義の終わりの始まりを告知したことになった。その運動の全盛期を生き抜いた改良主義的社会主義者であるポランニーの生涯を丹念に考察することは、今日では周縁的で失われたようにさえ見える世界の希望と幻想について徹底的に考え抜く際の助けになるだろう。

ポランニーは生涯を通して、直接に経験したか、あるいは詳細に観察したいくつもの重要な事件について熟考し、自分の考えを書き留めていた。そのような重要な事件のなかには、組織された労働者の勝利と敗北、一九一九年のハンガリー人左派とユダヤ人の亡命、中欧知識人のその後のイギリス本国とアメリカ合衆国への脱出、ソヴェト共産主義の希望と挫折、世界大恐慌の原因と結果、ホロコースト〔ナチス政権が約六〇〇万人のユダヤ人に対して行ったジェノサイド〕、彼が渡米したときまさに世界の頂点に登り詰めて超大国となったばかりのアメリカ合衆国、マッカーシーによる赤狩り、一九五六年のハンガリー革命の失敗など、が含まれている。ポランニーは死を意識したとき、「私の生涯は、『世界の』生涯でした」と綴った。[25] 彼の生涯はいくつかの点で、その言葉の通りである。しかし、現在から見れば、ポランニーの生涯は何よりも二〇世紀の生涯として現れる。彼の生涯は、二〇世紀のさまざまな事件やその進行と同時平行し、それらを劇的に表現したものであった。そして、ポランニー自身がそれらの重大な事件の一部を構成し、ときには、現在の私たちが拠って立つ歴史的背景を要約しているように見えるのである。

第一章

東西のサロンで

「私は、上流階級の自由主義的気質のユダヤ人の両親のもとに生まれ、漠然としてはいるけれども信仰心の篤い環境のなかで育ちました」。一九三〇年代にカール・ポランニーがファシズムからの避難民を救援するキリスト教組織に送った短い自伝的な文章の要約は、このように始まっている。「母はロシア人で父はハンガリー人でしたが、ドイツ文化と西欧の教育を受けていました。父は子供たちの人生に、倫理的欲求を目指す彼の情熱的な理想主義の種を蒔こうと努力してくれましたが、そのことに私は深く感謝しています。ハンガリーを永遠に去る一九一九年まで、私は自分をハンガリー人として以外の仕方で考えることは決してありませんでした」[1]。この文章は示唆的であり、本章で検討される諸問題を先取りしている。以下、家庭生活や両親の社会的地位と宗教、ユダヤ人問題、そして宗教と民族《ネーション》／国民に対するポランニーの関係について見ていこう。

　父のミハーイ・ポラチェクは、カルパチアの山麓で商業を営む地主一家の出身だった[2]。彼はしばらくウィーンで生活し、そこで三人の子供たち、アドルフ、ラウラ、カールが生まれた。請負業者であり、かつエンジニアの仕事をしていたミハーイは、ガリツィアおよびオーストリア＝ハンガリー帝国の各地で、「数区間の鉄道とトンネルを建設する」契約に入札することに成功した。[3] 一八九〇年代の初期には彼は幸運にも、ブダペストのアンドラーシ通りの広々としたアパートに家族で移り住み、さらにウィーンにアパートを持つことができた。今日でもブダペストの最高級の住宅街であるアンドラーシ通りは、パリの大通りをモデルにしたもので、洗練されたアーケードやカフェやデパートが並んでいた。彼らが移り住む前の一〇年間、この通りに最初に住んでいたのは主に職人である中間階級出身者であったが、そのなかには大ブルジョアや知識人層の裕福な少数派も含まれていた。一八九〇年代にはアンドラーシ通りの評判が高まって、貴族や富裕階級が移住してきた。[4] ポラチェク一家のすぐ近所に住んでいたのは、大資本家、医師、工場所有者、そして軽騎兵の退役将校だった。[5] また、ジェルジ・ルカーチ（父は銀行家）やアーサー・ケストラー〔一九〇五―一九八三。ハンガリー出身のイギリスの作家、ジャーナリスト〕（父は実業家）のようなポラチェク一家の友人たちもアンドラーシ通りの住民であった。[6]

開化していない貧しい国で、ポランニー家の子供たち――ラウラ、アドルフ、カール、ソフィ、そしてマイケル――は贅沢に育てられた。社会主義の大義に向けたカールの生涯の献身が不道徳な社会的区分に早く気づいたことによる、というのは確実だろう。四〇―五〇パーセントの識字率しかない国で子供たちが受けた教育は、ジョン・スチュアート・ミル〔一八〇六―一八七三。イギリスの哲学者、経済学者〕の教育をモデルにした、金で入手しうる最良のものだった。[7] 子供たちは、言語の習得だけでなく古典や世界文学にも重点をおいたプライベートな授業を、一一歳まで受けた。ミハーイは息子のカールを熱愛し、その感情知能〔目標実現のために、感情と思考のバランスをとる能力〕と学問的能力に感動して、一一歳の彼について、「並外れた、実に異常なほどの才能を持ち」「もっとも困難な哲学的な問題を習得すること」が難なくできる、と記している。[8]

ポランニーは一一歳のとき、学費の一部をユダヤ人共同体からの奨学金を受けてミンタ・ギムナジウム〔ドイツの中等教育機関。大学進学可能な学力の養成を目標としている〕に通い始めた。[9] ミンタは市内でもっとも優れた高校で、その卒業生にはエドワード・テラー、ニコラス・カルドア〔一九〇八―一九八六。ハンガリー出身のイギリスの経済学者〕、トーマス・サース〔一九二〇―二〇一二。ハンガリー出身のアメリカの精神医学者〕などがおり、教育スタッフには優れた知識人層がいた。ロンドンの『オブザーバー』〔イギリスで発行されるガーディアン系の日曜紙〕の記者はミンタ・ギムナジウムを、〔イギリスの〕イートン校（保守党の議員のための学校）や〔スイスの〕ル・ロゼ学院（旧君主や名士たちのための学校）のような学校に比肩する「エリート養成所」と呼んでいた。[10] といっても、ミンタ・ギムナジウムは民主的で進歩的な学院だった。セオドア・フォン・カルマン〔一八八一―一九六三。ハンガリー出身のアメリカの航空工学者、物理学者〕の回想によれば、廊下では「教師が常に生徒のあいだを行き来しており」、教師と生徒は授業外で学校外の諸問題について話すことが許されていた。ミンタ・ギムナジウムの憲章は、「ハンガリーで初めて、授業外の集会の行事で教師が生徒と手を取り合っても構わない」、と宣言していた。[11]

ポランニーは学校生活を謳歌した。彼は学業でも卓越し、スポーツにおいても優れていた。（母への手紙で、クラスメートの誰よりも多くの「ポイント」を獲得したことを自慢し、その代償としての筋肉痛を訴えている。[12]）彼は、ダンスやボート、チェスと同じくらい、社会主義的学生グループの活動に没頭した。（チェスにはすっかりはまってしまい、後年、それを放棄せざるをえないと感じたほどだった。[13]）彼の一〇代は、学校から与えられる課題や課外活動、および仕事――父が破産し、家計を助けるために家庭教師を始めた――のために忙しかった。床に就くのが真夜中を過ぎたこともしばしばだった。[14]

ミハーイの工場がうまくいかなくなり、家族はアンドラーシ通りから引っ越さざるをえなくなった。彼らは、フェレンツィエク広場――クロティルド宮殿とハンガリー王立大学図書館を含む堂々たる建物群のある広場——近くの四階のアパートを見つけた。そこはあまり豪華でもなければ広くもなく、社会的なピラミッドの頂点からは降格していたものの、それでもまだ「上流階級が住む地区」であった。[15]五年後の一九〇五年一月、ミハーイは息を引き取った。「私のかわいそうな、かわいそうな子供たち」がミハーイの最期の言葉であった。[16]父の死は、当時のポランニーが経験したもっとも激しい変動の瞬間であった。弟のマイケルに宛てて書いているように、その一七年後に結婚するまで、父の記憶はポランニーにとって「生涯でもっとも強い力」であり続けた。[17]ミハーイほど「カールが愛した人はいなかった」。ポランニーはとりわけ、父の「温かく精悍で高貴な人格」や道徳的な誠実さ、そして「西欧仕込みの純粋で混じりけのない理想主義」を称賛した。[18]彼はミハーイが生き返ってくる夢を生涯を通じて何度も繰り返し見たほどであり、命日には、兄弟姉妹の誰か彼か（および、後には娘）に記念の手紙やカードを送り続けた。[19]彼は死の直前に、「私の長所は僅かですが」、それは「すべて、父から譲り受けたものでした」、と打ち明けている。[20]

カールの母セシル・ヴォールは、当時ユダヤ教学の中心であったヴィルニュス〔現リトアニア共和国の首都。帝政ロシアのもとではヴィリニュスと呼ばれた〕の出身だった。セシルの父は、タルムードをロシア語に翻訳したラビ学者であり、ユダヤ教とキリスト教の信仰の類似性に関する探究に没頭したが、その研究のために、彼はユダヤ人共同体の保守派に受け入れられなかった。セシル自身の自由な思考の煌めきは早い時期に現れていた。ナロードニキ〔農村共同体を基礎とする新社会建設を目指した一九世紀後半のロシア帝国内の社会運動家の総称〕の学生たちとセシルとの交流を怪しんだ父親は、彼女をウィーンに移住させ、アンナ・ルヴォヴァとその夫のサムエル・クラチコと暮らすようにさせた。[21]若いセシルが反抗的精神を持っていたという記述には疑うべき根拠があるが、[22]それが正しければ、彼女の父親は火に油を注いだことになる。というのも、クラチコはナロードニキ寄りの社会主義者であり、ロシア人革命家たちがオーストリアに短期滞在する際、彼の家で宿泊するのが常だったからである。カールも、帝国の首都を頻繁に訪れたときにしばしばクラチコの家に泊まったし、ニーダー・エスターライヒの保養地で家族と一緒にクラチコ家の人びとと夏の休暇を過ごすこともよくあった。

クラチコの影響を受けたカールは、とりわけナロードニキ主義と文学からロシアに強く魅了されていった。ギョルギ・デルルギアンの考察によると、ロシアの知識人層は、自分たちのことを、「時代を革新する批判的で指導的な力」であると自覚していた。慈善事業であれ、法廷や皇帝に爆弾を投じることであれ、主意主義的な政治戦略に傾倒したロシアの知識人層は、あたかも「激しい感情に完全に満たされた世界水準の文学」を生み出すために生まれてきたようであった。[23]ロシアは抗いがたくポランニーの想像力を引きつけた。ロシアは「深遠な独創性」の国であり、その大志は、「匹敵する者のない力と深遠さを持つ詩人や小説家、そして哲学者によって」表現されていた。[24]カールが完全なフェビアン（一九世紀後半のイギリスの社会主義運動。漸進主義を特徴とする）になったことがないとすれば、それは本質的にはロシアの影響によるだろう。比較するために、フェビアンのリーダーを務めたビアトリス・ウェッブ（一八五八―一九四三。イギリスの社会主義者、経済学者）の経歴について考えよう。カールと同じようにビアトリス・ウェッブも鉄道建設の実業家の子供だったし、また彼女も、主流派自由主義に鋭く反対するようになる前の若いときは、古典的自由主義思想（特にハーバート・スペンサー（一八二〇―一九〇三。イギリスの哲学者、社会学者）の実証主義的社会学）に傾倒していた。しかし彼女は、後に積極的に福祉政策を支持して、ロシアにおけるスターリン体制を擁護するようになった。トルストイやドストエフスキーは、彼女にとっては古典的な作家であったのに対し、ポランニーの想像力にとって、彼らの存在は「ロシア革命の諸要素」として躍動していた。[25]

母のセシルを描写するのにカールが選んだ言葉は、「無限の魅力と圧倒的な個性」である。[26]セシルは、外見はそれほどではなかったが（彼女は「ファッションモデルとはまるきり違って」普段着を着用していた）[27]、前衛的な精神を持ち、公的な人格として華やかだった。エミール・ジャック＝ダルクローズ（一八六五―一九五〇。スイスの音楽家、音楽教育家）の初期の信奉者である彼女は、身体的運動によって音楽的リズムを表現するオイリュトミー（エミール・ジャック＝ダルクローズが開発した音楽教育の手法）のアカデミー（「ダルクローズ学院」）をブダペストに設立した。[28] また、先駆的なフェミニストでもあったセシルは、一九一二年に私立の女子大学を設立したが、その大学は、ハンガリーの女性たちに開かれた大学として彼女が心に描いていたものだった。[29]（カールが懐疑論者風に、「若い女性は若い小僧に教えられるべきではない」と母親に助言したのは、この件に関連していると推測できる。[30]）時代精神に敏感で現代の文化生活と学問への献身的な信奉者であった彼女が開催したサロンは、盛況だった。この点で、セシルは中間階級の同化ユダヤ人の典型であった。彼らにとって同化とは、社交会に受け入れられること（文化的に尊敬されること）、時代にマッチすること（最新化すること）を意味していた。友人のオスカール・ヤーシの回想によると、「煌めきと機知に富んだ」この女主人は、しばしばサロンで「多様なイデオロギーのあいだを飛び跳ねて」、新たな才能を発掘し紹介することを得意としていた。セシルはサロンに訪れた人びとを「好みに応じて飼いならした」[31]。また彼女は、ブダペストとベルリンの自由主義的なドイツ語雑誌に寄稿し[32]、筆跡学からジュエリー、教育学からパジャマ、長編小説からロシア革命に至るまで、文化的および政治的なさまざまなトピックについて未公刊の文章を書いた。[33] 彼女の文章は、詩人（シラー、バーンズ、ハイネ）や、芸術家と芸術的運動（セザンヌ、ピカソ、ブラック、レジェ、『ジンプリツィシムス』（一八九六年にミュンヘンで創刊されたアルバート・ランゲン出版の風刺雑誌））、そして社会科学者（フリートリヒ・エンゲルス）への言及で溢れている。[34] なかでも、彼女がニーチェとスペンサーを読んだときに経験した「恍惚」の描写は、まったく個性的だった。[35] 彼女は、精神分析、とりわけ芸術を解読する際に発揮するその潜在力にも関心を示した。フロイト〔一八五六―一九三九〕への手紙のなかでシャンドール・フェレンツィ〔一八七三―一九三三。ハンガリーの精神医学者〕は、セシルのことを、「精神分析の意味について非常に優れた把握をしている教養豊かな女性だ」と書いている。[36] また彼女は、精神分析の三人の創始者のうちでもっとも政治的に進歩的なアルフレート・アドラー〔一八七〇―一九三七〕の友人であり患者でもあった。[37]

カールは、セシルの精神分析熱――それは混乱を引き起こすもので、道徳的には疑わしく思われた[38]――に同調しなかったが、もし彼がアドラーの診療室のソファに横たわることになれば、決してエディプス・コンプレックス的なものではない、両親に対する感情を吐露したかもしれない。彼は本当に母親を愛していて、彼女のウィットや政治的活力や知的好奇心を高く評価していた。しかしカールは、母のお高くとまった奔放なボヘミアン気質については継ぐことがなかったばかりか、疑いの目を向けてさえいた。その気質は、光明をもたらすというより光の周りを舞う蛾のようなものにすぎず、ブルジョア・サロンの生活への耽溺でしかない、と彼は見なしていた。[39] 彼の父親の性格は母親よりも静穏で、煌びやかさはなく、カールの言葉によれば「むしろ冷静で懐疑的」であった。[40] しかし、父親に対するカールの感情にはいささかの曖昧さもなかった。

ポランニーの両親は、自由主義の価値と急進的なナロードニキ的価値とを混ぜ込んだ強烈なカクテルを息子に与え、その矛盾する影響が彼の世界観を規定した。ミハーイは当時の多くの大陸自由主義者と同じように、イギリスびいきであった。カールは父親のことを、セシルとは対照的に「深く西欧化された人で」、子供たちが享受した「教育を支える原動力」だった、と述べている。[41] イギリス人〔イングリッシュ〕とは「紳士《ジェントルマン》」を意味するとカールが学んだのは、父親がルカーチに向かって「あなたのお父様は、正真正銘の英国紳士（イングリッシュマン）です！」と褒めたときであった。[42]（生まれ育った環境で形成された英国紳士についてのカールのイメージは、次のように一風変わっていた。「英国紳士はチェック柄のスーツを着て、『閣下』と呼ばれている。紳士はマッターホルンに登り、いつも望遠鏡と傘を手離さない。そして一流ホテルに泊まり、そこに自分の大型車を停める」[43]。さらにイギリスは、ラドヤード・キプリング〔一八六五―一九三六。イギリスの小説家、詩人〕やH・G・ウェルズ〔一八六六―一九四六。イギリスの作家、フェビアン社会主義者〕のような、若き日のポランニーに霊感を与えた人びとの故郷であり、自由主義のもっとも理想主義的な潮流を世界にもたらしていた。若いジャーナリストだったポランニーは、一八四八年*までさかのぼって、「イギリスの自由貿易論者」は、「イギリスの自由主義ブルジョアジーと労働者階級を政治的に目覚めさせたが、これが一見、絶望的なハンガリーの独立闘争の原因となっている」、と論じた。このことは、一八四八年の革命派が自由貿易に対するリスト**的な反対派であったという事実よりも、自由貿易がたんに経済的なマニフェストであるばかりか「平和の精神と諸民族の権利の栄光」でもある、という観念を重視していたポランニーの考えを示している。とりわけ彼は、「英雄的で断固たるクエーカー教徒」のコブデン〔一八〇四―一八六五。イギリスの政治家、実業家〕とブライト〔一八一一―一八八九。イギリスの政治家〕という二人の自由貿易の英雄を、一般的には「社会主義の」、特殊的にはイギリス労働党の「元祖」として崇拝していた[44]。

社会の発展を「われわれの文明の運命」という「予言的」な言葉で考える特徴的な傾向がポランニーの記述に見られるようになったのは、彼が弟に書いているところによると、「人生の早い段階で受容した、一〇〇パーセント純粋なロシア的影響と一〇〇パーセント純粋なアングロサクソン的影響とが、精神性〔Geistigkeit〕というドイツ的な思弁的触媒によって爆発的に混合した[45]」ためである。また別のところでは、寛容の価値の尊重を説明する際に同様の地政文化《ジオカルチャー》的な三つの構成要素を用いているが、それは、「ゲーテとドストエフスキーとJ・S・ミル」に負うものである[46]。これと同型のトライアングルが、後の人生で発展させた、経済統合に関する再分配・市場・互酬のメカニズムという概念的な図式に対応しているのは、偶然の一致であろうか？　これらのメカニズムのうちの第一の再分配はドイツ的な管理経済と同義であり[47]、第二の市場は歴史的にイギリス的自由主義と同一視されてきたものであり、第三の互酬はロシアの農民共同体を想起させるものである。別の言い方をすると、トライアングルの頂点のドイツを省けば、母なるロシア／父なるイギリスという二分法は、彼の友人の一人が認めているように、二つの対立物の敵対関係を重視して分析状況を構築しようとするポランニーの傾向の基本型である、と解釈できよう[48]。近代の「市場志向」の経済と他のすべての「伝統志向」のシステムのあいだに鋭い線を引いて考える彼の特徴は、その適例の一つである[49]。

ポランニーは、理論的枠組みにおいて両極端に傾きがちであったために、何人かの同時代人には「急進派のなかでもっとも急進的」――「穏健な急進派」の弟のマイケルとは対照的に――であるように思われた[50]。だが実際的な提言では、ポランニーは対立する党派同士の和解、あるいは両者の中間的な道のいずれかを好む傾向があった。彼が一九一四年に創設した政治組織の名前が急進ブルジョア党であることとは、その兆候を示している。後の一九二〇年代に彼は、自由市場の自由主義的擁護とギルド社会主義的な社会転換の構想とを結びつけようとして、政治領域における議会制民主主義と経済領域における産業民主主義を結合させた制度的枠組みのなかに含まれる「純粋な」市場経済について考察した。また彼

---

*ヨーロッパ全体で旧体制に反対する革命運動が起こった。ハンガリーでは、革命派がハプスブルク君主国からの独立を目指す政権が成立した。

**一七八九―一八四六。ドイツの経済学者。自由貿易主義に反対して国家主導の保護貿易に基づく経済発展を説いた。

は、一九二〇年代には、ソヴェトの計画経済とルートヴィヒ・フォン・ミーゼス〔一八八一—一九七三。オーストリアの自由主義経済学者〕の市場自由主義とに対抗して第三の道を提唱し、ジュネーヴの自由主義的なインターナショナルとモスクワのコミンテルン〔一九一九年に設立された共産主義政党の国際組織〕に反対して第二インターナショナルと提携した。[51] 一九三〇年代の彼は共産主義に接近したが、それは主にリベラルな人民戦線の局面においてであった。そして、ポランニーが死の直前に創刊した『共存』という雑誌は、西洋とソヴェト連邦との和解に捧げられたものだった。彼の魂に根ざす父なる西洋と母なるロシアの融合を考えれば、『共存』は彼に相応しい最期の企てであった。

「マジャル・ユダヤの混淆《こんこう》」

両親から受けた矛盾した影響が、家族的なものと地政文化的なものとを結び付ける創造的緊張をつくり出したとすると、その中間にあるアイデンティティ——マジャル〔ハンガリーの民族的多数者で、マジャル語を話す人〕性とユダヤ性——に対するポランニーの関係は、さらに壊れやすく不安定なものであった。ポランニーは「生まれながらのユダヤ人」だったのかというルイ・デュモンの質問に対して、娘のカリ・ポランニー＝レヴィットは、「ナチの『血』の定義に従うならユダヤ人と分類されるでしょうが、ハンガリー・ユダヤ人と記述されるのを彼が望んでいなかったのは事実です」と答えている。[52] 同化の基準となる二つの主要な出来事は、姓をポランニーへとマジャル化して改名したこと——カールの場合、一九〇七年頃——と改宗である。[53] 彼がキリスト教徒として登録されたのは一九二〇年代の初めであるが、一九一九年には改宗していたと思われる。この年には、ブダペストのユダヤ人がキリスト教に改宗する「大衆的運動」、とりわけ上流階級の改宗が確認されているが、そこにはマイケル・ポランニーや彼の友人のレオ・シラードも含まれている。[54]

ポランニー＝レヴィットの手紙は以下のように続いている。ポランニーがブダペストで育った環境が「ユダヤ的でなかったことは確かです。実際、私の祖父と父はユダヤ人共同体との関わりに嫌悪感を持っていました。〔彼らのような〕ハンガリー社会の主流に仲間入りしようとする開明的な人びとは、距離を置くべきゲットーとしてユダヤ人共同体を見なしていたのです」[55]。これらのコメントの大筋が正確であるとしても、細部については、特にポランニーの育った環境が「ユダヤ的でなかった」のかどうかについては、議論の余地がある。というのも、非常に多くのユダヤ人と新参のユダヤ系の人びとが、ガリレイ・サークル（詳細後述）とアンドラーシ通りという彼の二つの環境に属していたからだ。アンドラーシ通りにはユダヤ人商人が集中していて、マジャル人が彼らを排斥するという、階級と抑圧の問題があった。マジャル人ジェントリー〔一八七〇年代以降に窮乏化したマジャル人土地所有貴族〕によってブダから排除されていた、上昇志向を持つユダヤ人はペストに集まる傾向があり、マジャル人ジェントリーはペストを、異質で汚く、ユダヤ的かつドイツ的であり、金の亡者で高利貸しのようだ、と見なしていた[56]。また、アンドラーシ通りに住むポランニーの友人のジェルジ・ルカーチが開催した有名な日曜サークルのメンバーは、ルカーチ本人（旧レーヴィンガー）やマンハイム、ベーラ・バラージュ（本名ヘルベルト・バウエル）を含めてほとんどが、同化ユダヤ人の中間階級と上流階級の出身であった。ガリレイ・サークルについてポランニーは、そのメンバーが不釣り合いにユダヤ的であることに気づいており、そのことを、「ハンガリーにおいて、ロシアの革命的なユダヤ人解放の活力に唯一匹敵する」と述べている[57]。

一九五九年の弟に宛てた手紙で、ハンガリーの本質を把握しようとしてポランニーが強調したのは、ユダヤ・マジャルの混淆についてである。そこでは、自らを「ハンガリーの友人であるイギリス人」と称し、「ハンガリーに完全に属してはいない」けれどもハンガリーの人びとを愛している、と説明している。

> 私は、ハンガリーの人びとが立ち上がってきたどん底とマジャル・ユダヤの混淆について、忘れることはないでしょう。マジャル・ユダヤの混淆は、高い道徳性を備えたものとしては十分に受け止められず、倫理的に欠陥があるという「烙印」を押されて、関心が別の所にあった教会や貴族の時代遅れの規範の犠牲になってしまいました。偽りの誇りを持ち自尊心に欠けた貴族階級は、中途半端に同化したユダヤ人層のおかげで西欧に結びついてはいるものの、それは真に西欧的なものではありません。その上、マジャルの文化的伝統〔stock〕に接木することも妨げられています……。他方、マジャルの伝統は、温室育ちの二流の外国人知識人層によって、ハンガリーに必要な西欧の価値ある経験を理解しやすいように加工され、変質させられてしまいました。[58]

この文章で注目すべきは、ダニエル・デフォー〔一六六〇—一七三一。イギリスの作家〕の「生粋のイギリス人」を意図的に真似た、マジャル・ユダヤの混淆に関する叙述だけではない。それはまた、軽蔑的な論調であるにもかかわらず、ポランニーの自ら認める意図が、「ハンガリー人」が〔西欧の価値ある伝統についての〕彼の愛着を共有している理由を説明することであり、教会や貴族層に対する手厳しい批判とともに、温室育ちという彼自身の環境に対して辛辣な言葉を浴びせていることでもある。

マジャル・ユダヤの混淆は、一九世紀のオーストリア＝ハンガリー帝国という限定された時代と地域における産物だった。ハンガリーの自由主義者は、行政的・国制的な統一が持続した期間に関して、自国をイギリスと並べて語るのを好んだ。ポランニーの師匠で生涯の友となったヤーシの主張によれば、「ハンガリーの国民的《ナショナル》結束と愛国心は、イギリスと同じくらい古くからの、自然的かつ論理的な進化の結果である」[59]。しかし、これがイギリスの歴史をバラ色に解釈したものだとしても、ハンガリーの歴史とは何ら関係がない。歴史が血と鉄の文字で教訓を殴り書きして伝えているように、近代への道は、異なる諸階級や民族的《エスニック》諸集団が文化的に同質な国民国家へと同化することで進行したのである。無数の少数民族《マイノリティーズ》から成り立っていた旧世界は、いくつかの少数民族が国民《ナショナルズ》として認知される新体制に道を開いたが、その他の少数民族集団は、その習慣や言語や外観が新体制への「適合」を妨げるためにマイノリティの地位に追いやられた。この過程は、西欧ではさまざまな言語的・文化的な諸民族《ピープル》を別々の諸国民《ネーション》へとつくり上げる傾向を辿ったが、中欧と東欧では、継続的な内部移動と征服によって、民族的《エスニック》集団がさらに複雑に重なり合う諸層を形成することになった[60]。ハンガリーの場合、地方が国民《ネーション》の言語的中心になった。ラテン語を読む官僚もフランス語を話す貴族も、そしてドイツ語とイディッシュ語を話す商人や教員も、すべてが農民の言葉であるマジャル語に同化した。しかし、その政治的中核に座したのは、反動的な貴族であった。彼らは、自由主義ブルジョアジーとの、ときには面倒で不愉快な同盟を受け入れながら、ウィーンの横柄な上司に猜疑心を持ちつつも、ルーマニア人とセルビア人、スロヴァキア人とウクライナ人、ロマとユダヤ人といった少数民族《マイノリティーズ》の周辺化と迫害を行わなければならなかった。こうしてハンガリーの国民《ネーション》は、奇怪にひび割れた状態で凝固したのであり、帝国と王国体制（ハプスブルク帝国）が解体したときには、強烈にねじれた圧力を受けることになった。

なぜそんなことになってしまったのか？　それは、レフ・トロツキー〔一八七九―一九四〇。ロシア革命の指導者〕が不均等・

複合発展と呼んだものと大きな関係がある。西欧では資本主義は比較的ゆっくりと進展し、生産様式や階級関係や国民国家形成、そして「統合された」国家の出現が、多かれ少なかれ同時並行的に発展した。しかし、西欧の企業が支配するグローバル市場と西欧の諸国家が支配する世界政治秩序が形成されているので、異質な東欧の政治体は、追いつくのか、それともあえて従属するのかを迫られることになった。東欧の市民社会は、君主政と貴族政が政治権力を握り続けていたときでさえ、エルベ川以西で進行するプロセス〔資本主義の進化、国民国家の形成〕の影響をますます受けるようになり、不本意ながらも軍隊と官僚制の強化や身分的特権の緩和、および交易に対する封建的制約の縮小を目指す改革を行った。しかしそれは、西欧においては国民国家の形成を促した文化的準備と商業的統合を欠く、不安定なプロセスであった。

一八世紀の最後の数十年のあいだに、政治的および経済的な双子の革命がフランスとイギリスを中心にそれぞれ起こり、それらは中東欧のユダヤ人住民を高揚させて彼らの意欲を掻き立てた。宗教的・職業的な規制を撤廃したフランスの政治的革命は、フランス国境をはるかに越えた地域で、完全な民主的権利をユダヤ人に付与することを促す圧力となり、改革志向のユダヤ人は正統派ラビの権威に挑戦するよう鼓舞された。このような解放闘争が起こったのは、陶冶（特に、精神的能力の合理的な自己改善と洗練）という啓蒙思想の理想がその頂点にあったときであり、多くのユダヤ人はこの近代のイメージを心に刻んだ。[61]イギリスの産業革命によって、ユダヤ人金融業者と商人は急速に勢いを拡大し、社会的に流動的な都市ブルジョアジーと一体化できるようになった。とりわけ中欧のユダヤ人共同体は、こうした重要な転換の動向に同調した。西欧の需要が急増したことで利益を得た穀物交易に携わっていた多くのユダヤ人のなかには、オーストリア＝ハンガリーの北東部地域で小麦商を営んでいたポランニーの父方の祖父母も含まれていた。しかし、経済的な需要の波頭に乗る態勢を整えた者がいた一方で、工場生産された輸入品が職人生産による市場に殺到したために伝統的な経済から追い出された者たちもいた。

西欧から現れたナショナリズムと近代化という新しい理念は、ドイツ語とイディッシュ語の多様な方言を通してゲルマン的文化領域につながっていたユダヤ人――彼らは妨害されたけれども――によってすぐに拾い上げられた。だが、ナショナリズムの時代は、中欧のユダヤ人層に矛盾を引き起こすことになった。一方では、彼らの国民的《ナショナル》アイデンティティは、共通の宗教や習慣、言語、および商業上の協力と支援のネットワークといった、利用することができる多くのものを有していた。これらは、国民的《ナショナル》意識の発展に不可欠な凝集力――西欧では、萌芽的な国民的《ナショナル》意識が結晶化する際に中心となる重要な要素の一つが、商人のネットワークによって与えられた――を潜在的にもたらした。他方、ユダヤ人には、国民《ネーション》形成の別の必須の構成要素である、文化的に結びついた共同体の領土的な集積が欠落していた。それが欠落していたために、ユダヤ人のナショナリズムは文字通りのユートピア〔領土を持たないもの〕であった。

ヨーロッパのユダヤ系住民に対する資本主義発展の矛盾した影響については、アブラム・レオン〔一九一八―一九四四。ベルギーのマルクス主義者〕が『ユダヤ人問題』で明敏に議論している。その一つの傾向は、資本主義が「ユダヤ教徒の経済的同化と、それによってもたらされる文化的同化に有利に働く、というものであった」。資本主義のこうした傾向により、数百万のユダヤ人が根こそぎになって伝統的な環境から引き離され、再び都市の周辺に結集することになった。今や多くのユダヤ人は、宗教的なアイデンティティを包み込んでいた地域共同体を奪われて、支配的な文化に溶け込もうと努めるようになった。しかし、とりわけ反ユダヤ主義がはびこったところでは、経済的な混乱や移動や都市化という、同じ構造的諸条件がユダヤ人の国民的《ナショナル》意識を刺激した。レオンによると、「ユダヤ国民《ネーション》の再生」と近代ユダヤ文化の形成とシオニズムはいずれも、「移住のプロセスや都市へのユダヤ人大衆の集中」と同時に起こり、近代の反ユダヤ主義の台頭と歩調を合わせていた。[62] このような二つの傾向は、時代や地域によってまったく異なった役割を演じた。西欧では同化が重視され、同化の意味もそれ以降、「西方」、すなわち、利益社会《ゲゼルシャフト》や経済的近代化や政治的平等と同一視されるようになった。ナショナリズムの時代には、あらゆる集団——フランス語を話す貴族やドイツ語を話す商人、等々——が同化の強制に直面させられたが、抑圧された集団であるユダヤ人にとって同化は、新しい文化的環境のなかにおとなしく溶け込む以上のこと——とりわけ、「伝統的なユダヤ人文化や民族的《ナショナル》な拠りどころからの、意識的あるいは計画的な断絶」——を意味した。[63] このような同化に成功した西方ユダヤ人は、近代化の化身とか、血の通わない合理主義的で根無し草のコスモポリタン、有機的な文化と習慣を持たない「本物でない」いかさまの民族《ピープル》、といったステレオタイプになった。東欧では、ユダヤ人住民はその数と規模において大きく、主として職人や物売りや行商人や浮浪者のような中層・下層の社会層が優勢であったために、同化ユダヤ人が拒否するような差別の象徴——イディッシュ語、カフタン〔袖の長い、帯の付いた丈の長いユダヤ人特有の衣服〕、タルムード中心の教育——を持ち続けがちであった。[64] 東方ユダヤ人のステレオタイプは一九世紀を通じて構築されたが、それは、田舎の、貧しく無学で、汚くて声の大きい、伝統にしがみつき神秘主義に平伏するというもの、要するに、取り残されている（遅れている）ということだった。[65]「東方」は、文化的ナショナリズム——共同体《ゲマインシャフト》、宗教、および伝統——とゲットーを表すようになり、ゲットーは、世紀末には、単に多くのユダヤ人が住むことを余儀なくされた地域というだけでなく、迷信や保守化した部族主義のスラム的様相をも暗示するようになった。[66]

西方ユダヤ人と東方ユダヤ人が合流した都市があるとすれば、それはブダペストであった。ポランニーが子供時代を過ごしたペストほど、ユダヤ人が同化し世俗化していた地域は、中東欧のどこにもなかった。ペストの人口のほぼ四分の一がユダヤ人であり、専門職や実業界や金融業界では、それ以上の割合をユダヤ人が占めていた。[67] 自由主義的な支配層が伝えるメッセージによれば、ユダヤ人は一九世紀中葉に、ハンガリーの市民社会と政治共同体への参入を徐々に許されるようになったが、当時のユダヤ人問題の議論は、政治的解放と社会的統合の実現可能性をめぐって展開されていた。「ユダヤ人」は新聞で、狡猾で抜け目のない、憎むべきというよりも恥ずべき、ボロ集めや富裕な商店主として描かれていた。彼らは、当時のリベラルな風潮を歓迎して新しい国民《ネーション》をつくり上げるのに参加し、ハンガリーの経済と文化を再生するうえで重要な役割を果した。（非ユダヤ人の）詩人エンドレ・アディの言葉によると、首都は「ユダヤ人によって、私たちのためにつくられ」たのだった。[68] 一八九〇年代中葉には、ユダヤ教はキリスト教の教派と同じ特典を得るようになり、ユダヤ人の代表に上院の議席が与えられた。自由党は、ユダヤ人の解放を支持することで利益を得ることができた。というのも、ブダペストの選挙人の半分がユダヤ人だったので、自由党議員は安定した多数票で選出されたからであった。

中欧全体を通じてユダヤ人は、識字率が高いために、また、政治的安全を必要とするために、農民――いわゆる歴史なき諸民族《ネーションズ》（チェコ人、スロヴァキア人、ルーマニア人）――とではなく、概して支配的な諸民族《ネーションズ》（ポーランド人、マジャル人、とりわけドイツ人）との連携を進めて彼らに同化した。[69] ハプスブルク帝国では、資本家階級が帝国の凝集力を維持するのに中心的な役割を果たしていたが、そのなかでもハンガリーのユダヤ人の貢献は卓越していた。ユダヤ人と支配的な諸民族《ネーションズ》との協力関係は一八六七年のアウスグライヒ*によって固められ、ハンガリー人は従属的民族《ピープル》の立場からハプスブルクの「諸民族《ネーションズ》の牢獄」を共同で統治する者へと押し上げられた。ポランニーの説明によると、アウスグライヒは「オーストリアのドイツ人ブルジョアジーによるヘゲモニーの確立」を意図したものだったが、「帝国の東側半分に住むスロヴァキア人やセルビア人、クロアチア人、ルテニア人およびルーマニア人に対する、マジャル人の優位」と対になっていた。[70] アウスグライヒの後には、大勢のハンガリーのユダヤ人がドイツ的アイデンティティを捨ててハンガリー的アイデンティティを選択するようになり、その多くが家庭内での言語をドイツ語やイディッシュ語からマジャル語に変更した。このことは、農民の方言からハイカルチャー〔近代的な産業社会に必要な知識・教養を持つ者が享受する文化〕の媒体へのマジャル語の転換と、ブダペストのマジャル化を加速させることに貢献した。わずか五〇年前には、民族語《ナショナル》を話すのは住民の四六パーセントだったが、一九二〇年には九〇パーセントにまで増加した。[71] このように、ハンガリーのユダヤ人はドイツ人であるという「スティグマ」を脱ぎ捨てたのだが、ピーター・パルザーによれば、「マジャル人が抑圧していた諸人種《レイス》を相手にする場合には、その選択は大して助けにならなかった[72]」。現に、「歴史的民族《ネーション》」の側に引きつけられるユダヤ人の性向を考慮する限りでは、保守的なハンガリー人でさえ、ユダヤ人の同化から利益を引き出すことができた。ハンガリー人たちは、そうしなければ、国民《ナショナリティ》になろうとする民族集団である彼らが自分の領土〔ハンガリー王国〕内でマイノリティに転落してしまうだろうことを知っていたからである。

ポランニー家の子供たちにとって異文化受容の第一の試練は、ハプスブルク帝国の共通語であったドイツ語を話すブルジョア的家庭環境にあった。彼らの母語はハンガリー語ではなかったが、それは母親のセシルがハンガリー語を熟達できなかったからである。彼らはハンガリー的アイデンティティを身につけていくが、[73] そのことはまた、ハンガリー人という歴史的民族《ネーション》が有する、歴史なき民族《ネーション》の存在への鈍感さを受容することでもあった。ポランニーの回想によれば、「小中学生の時代には、人口の四九パーセントを占める非マジャル人の境遇に関心がありませんでした。彼らの存在についてあまり聞いたことがなかったのです。実際、彼らの大多数は恵まれない階層に属していて、中間階級の少年たちとはほとんど接触がありませんでした」。彼は次のように続ける。非マジャル人の排外主義的な見解を前にして、「私たちは、ハンガリーがマジャル人の国ではないとする主張を侮辱として受け取り、憤慨していました[74]」。

ポランニーとその仲間は、ハンガリー語を学ぶ努力とキリスト教への改宗にもかかわらず、ハンガリーでユダヤ人への嫌悪が増大していくにつれて、自分たちが対等な国民的《ナショナル》構成員の地位から排除されていくのに気がついた。当時のハンガリーの政治文化は貴族層に支配されていた。彼らは、前近代的な農業エリートの特徴である商業蔑視観を抱いており、商人を嘘つきと見なし、すべての商取引にごまかしと策略が必要だと考えていた。正直さと土地への愛という本物のハンガリー的価値に忠実であると自惚れていた貴族層は、資本主義の浸透とそれが引き起こす抵抗運動によって、自らの地位と価値観が脅威にさらされるようになり、そこで、資本主義的近代に固有なものと見なされる特徴とそれに対する不満がユダヤ人に向けられるようになった。同化ユダヤ人であるかゲットーのユダヤ人であるかを問わず、ユダヤ人は一様に、暴利目当てで利己的、物質主義的で非倫理的であり、コスモポリタン的で都会的、自由主義的で社会主義的である、とステレオタイプ化されてしまった[75]。悪魔のような笑い――投機、金銭ずく、他所者――を浮かべたユダヤ人という、まったくおぞましい戯画が出現した[76]。そして、ユダヤ人問題はいつの間にか、ユダヤ人についての議論と近代化の苦難についての議論とを融合させた新たな一般概念としてつくり直されてしまった[77]。反ユダヤ主義《アンチ・セミティズム》者たちは、この一見中立的な用語のもとに、ユ

＊普墺戦争の翌年の一八六七年、敗北したオーストリア皇帝が帝国内のマジャル人の分離独立要求を受け入れ、ハンガリー王国の独立を認めた妥協のこと。これによって、オーストリア＝ハンガリー帝国という二重国家が成立した。

ダヤ人が経済や教育や専門職、そして農業さえをも支配していると非難し、近隣諸国から東欧への農村ユダヤ人移民の殺到、というイメージを魔法のようにつくり上げた。[78] ユダヤ人に開かれていた経済生活の限られた領域および専門職において成功すればするほど、ユダヤ人は悪性腫瘍のような侵入者であると声高に非難されるようになった。

風土病的な反ユダヤ主義は、ユダヤ人が同化しようとしているか否かにかかわらず、ユダヤ人のアイデンティティが依然として注目の的になっていることを明らかにした。ユダヤ人が「セム語族」の伝統に無関係であるといかに大声で抗議しても、反ユダヤ主義は彼らへの好戦的な関心を持ち続けた。反ユダヤ主義は、正反対の方向から標的を攻撃することができる二刀流のステレオタイプの武器を持っていた。その一つは近代初期に共通した攻撃の仕方で、それは後に東方ユダヤ人に向けられた。すなわち、ユダヤ人は排他主義者で伝統的生活様式を固守しており、近代的な世俗的市民性の暖かい海のなかに自分たちのアイデンティティを溶け込ませることを隔世遺伝的に拒否しているという、ステレオタイプ化されたユダヤ人観である。しかし、ユダヤ人の解放によって、次のような、ステレオタイプ化された第二のイメージが優勢になっていった。解放と工業化が移民を都市に掃き寄せた事態を目のあたりにして、トマス・カーライルやオスヴァルト・シュペングラーなどの文化人の保守派は、民族的《エスニック》混合の結果としての不純な文化の発生と伝統的価値の喪失を悲しんだが、今やユダヤ人は、永遠の除け者《アウトカースト》で根のないコスモポリタンだと名指しされ、国民《ネーション》を堕落させる脅威であって、知識人や芸術家やフリーメイソン〔会員相互の扶助と友愛を目的とする秘密結社〕のような自由主義、あるいは急進主義への異様な関心を表明している他の集団と疑わしげに交流する存在である、と見なされるようになった。[79]（代表的な例を挙げると、ある保守的で「社会的かつ科学的な」定期刊行物は、ユダヤ人について、ポランニーが属していた他の二つのグループである「ブルジョア急進派とフリーメイソン」を区別せず、この三者を一括して「国民《ネーション》の身体を弱める寄生勢力」として描いた。[80]）自分の「本当の」故郷を持たずに、他国における同胞との文化的・商業的繋がりを持つが故に、ユダヤ人は疑いの目をもって処遇された。このようにユダヤ人は、伝統の放棄を公に実行させられ、想像の国民共同体《ナショナル・コミュニティ》への忠誠を宣言するよう義務づけられたのであった。

反ユダヤ主義が制度化されたことによって、解放闘争は同化の義務へと確実に舵を切った。ユダヤ人を平等にするために要求された代償として、彼らは固有のアイデンティティを否認させられた。エンツォ・トラヴェルソの指摘によれば、「ひとたびユダヤ人が公民となれば、彼らはもはやユダヤ的だと認識されなかった」[81]。にもかかわらず、彼らが同化に成功すればするほど、そのコスモポリタン的な脅威がより確実なものとして立証されるようになった。一九世紀の末期という排外主義的な帝国主義の時代のなかで、ユダヤ人は、「コスモポリタン、すなわち、あらゆる特有の限定された民族《エスニック》共同体のアイデンティティを分解するおそれのある、無限に『根こぎ的な』存在の権化」と見なされるようになった。[82]

こうした過程を経て、気がつけばユダヤ人は二重に拘束されていた。コスモポリタン的なアイデンティティは、第一のステレオタイプが非難した排他主義的な民族的《エスニック》アイデンティティを否定する手段となった。しかし、第二のステレオタイプは、コスモポリタニズムをユダヤ人に特徴的な属性であると見なすことで、ユダヤ人としてのアイデンティティを軽んじるやり方を、ユダヤのレッテルに一変させた。最終的には、唯一許容されたユダヤ人は、非ユダヤ的なユダヤ人であった。だが、そのような存在に行き着くためのどんな経路図を作成しても、ユダヤ人自身が否定してきたものを確認することになるだけだろう。ユダヤ人が伝統的な習慣や外観を維持すれば、ゲットーに住むユダヤ人のステレオタイプとなってしまう。そして、ユダヤ人が同化しようとすれば、それは「二枚舌のカモフラージュ的行為」だと見なされてしまう。[83] ユダヤ人はキリスト教に改宗することができたが、宗教を変える行為自体が、気まぐれや日和見的態度、あるいは自己嫌悪の象徴であった。改宗は、誠実さと真正さ、そして自尊心の欠如の証拠と見なされたのだ。またユダヤ人は、もちろん無神論に転向することができたし、あらゆる宗教共同体を、その原始的な迷信と一緒に解体することを宣言して世俗的な近代化を完全に受け入れることもできた。しかし、そうすることは、キリスト教を自らの魂とするハンガリー国民《ネーション》に対する反逆行為になるし、ユダヤ人の信仰の欠如を露呈することにもなりかねなかった。すなわち、その根無し草的コスモポリタニズム、あるいはユダヤ的本質を暴露する行為と見なされたのであった。

非ユダヤ的ユダヤ人の矛盾

ポランニーが過ごした時代のブダペストは、ユダヤ人が同化する温床であっただけではなかった。そこは、彼らがハプスブルクの後背地から押し出された際の、あるいは、一八八一年以降の帝政ロシアにおけるポグロム〔ユダヤ人に対する集団的迫害行為〕から逃れた際の移住先でもあった。東方から新たに到着したユダヤ人は、「同族」からさえ差別されるという、お決まりの人種差別を経験した。その多くは貧しく無学で、とりわけ小都市や農村の後背地から移住してきた流入者たちは、裏口からしか都市の労働市場に参入することができなかった。そうしたなかで、彼らは公然とした差別にも陰湿な差別にも直面した。土着の人びとは、東方から来たユダヤ人を社会的に劣った地位にある者と見なして人種的に差別し、移住者という状況に由来する「社会的劣位」を本来的に劣った人種や文化の現れと見なすことで、それを東方から来たユダヤ人の本質として受け止めた。人種差別の論理は、社会経済的な軌道に沿って形成されただけでなく、政治的にも操作された。一九世紀の最後の数十年間、人間性が剝奪される地獄の連鎖のなかで、当局は東方からのユダヤ人難民を人間以下の存在として処遇した。例えば当局は、食料も水もない封印された鉄道貨車で彼らを移送したために、彼らは不衛生で罹患しやすい環境にさらされざるをえなかったのだが、そうすることで当局は、偏見が渦巻く理由を彼らの不衛生と病気のせいにすることができたのだった。[84]

東方ユダヤ人はある意味で、反ユダヤ的ハンガリー人がしぶしぶ認めた西方ユダヤ人の「醜い姉妹」として現れるようになった。同化ユダヤ人はさまざまな方法で対応することができた。一つは東方ユダヤ人への共感を高めて彼らを人間らしく扱うことだった。その典型は、アルノルト・ツヴァイクの『東方ユダヤ人の表情』のなかの、「もっと近くで見よ！　彼女は美しい」という趣旨に表現されている。少数派の見解は革命的社会主義であり、その普遍主義は同化を支持する傾向にあったが、人種差別には妥協しなかった。[85]（「醜いのは彼女ではない。それは反ユダヤ主義だ！」。）しかし、「ネクタイを絞めた」同化ユダヤ人がカフタンを着た同胞を見下すことの方がはるかに一般的だった。同胞が西欧近代からあまりにかけ離れていることに失望した同化ユダヤ人は、彼らを「アジア人」と中傷すらした。[86]その姿勢は、傲慢であるばかりか自己放棄的なものともなり、人種主義の一つの要素が内面化されること――支配的な反ユダヤ主義の歪んだ鏡によって強烈な光のなかに映し出される自己イメージの部分的受容――を物語っていた。[87]「彼女のなかのユダヤ人が醜くないのなら、私のなかのユダヤ人もそれほど醜くないかもしれない」。

そうした軽蔑的な態度は、ポランニーのまわりで同化に成功した多くの急進的知識人たちがとっていたものだった。彼の師匠で生涯の友人でもあるオスカール・ヤーシの場合、それが著しかった。カルヴイニズム〔ジャン・カルヴァンの教義に発するプロテスタント・キリスト教の宗派〕に改宗したヤーシは、伝統主義のユダヤ人のことを「黄色い継ぎ接ぎだらけの服を纏った卑怯者」としばしば口にし、「数世紀にわたるゲットー生活で染み付い」た「ユダヤ人の性格の欠点」を嘆いた。そして彼は、軽蔑していた政治潮流のボリシェヴィキとユダヤ人とを一括りにすることがあった。ヤーシは、次のようにユダヤ人と共産主義者を罵倒した。彼らは、「本能的、あるいは自然に備わった感覚や伝統に欠陥があり、高慢な排他性を示し、メシア的なメッセージを伝えるよう呼びかけ、他の思考法に対して不寛容である、という点で共通している。また、ユダヤ人は物質主義的快楽主義が、共産主義者はまったく東洋的で生に執着しない神秘主義が過剰に発達している、という点で共通している[88]」。

カティ・フェロシュが示しているように、ヤーシは、ユダヤ人問題が深刻な懸念事項であるという、反ユダヤ主義的幻想を広めるのに重要な役割を果たした。すなわち、ヤーシによる「社会学的問題としての『ユダヤ人問題』の再構成は、反ユダヤ的な内容を一般化して表現する際の道筋として役立った[89]」のだった。

ポランニーは、本質的な点でヤーシの見解を共有していた。例えば、後にユダヤ人の解放を議論するとき、彼はユダヤ人の保守主義について強調している。「特定の伝統へのユダヤ人の愛着は、進歩の思想からさえ彼らを遠ざけ」、承認をめぐる自らの闘争を軽視させることになった。解放運動はユダヤ人自身から生まれたのではなく――ポランニーの（説得力のない）説明によれば、アメリカにおける平等な権利の要求が、黒人自身からではなく、「平等の権利が国家の統一の問題」となった「北部のヤンキー」から生じたのと同じように――、「北欧のキリスト教社会」から生まれたのだった[90]。こうしてユダヤ人問題は、「マジャル人にとっては中心的な民族《ナショナル》問題であったとしても」、「ユダヤ人にとってそれはほとんど存在しないものだった」[91]。無神論者であった若き日のポランニー（一九一七年頃まで）がユダヤ教を否認したのは、啓蒙思想に触発されたことに由来する宗教への徹底的な拒否表明の一つであった[92]。いかなる宗教も、「道徳の源である信仰と信頼の高貴な働きに」迷信と軽信を注入することで「人間の繁栄の源を危うくし、損なわせている」[93]と彼は述べ、その際、ユダヤ教を特に厳しく批判した。ポランニーは（エトノス〔固有の伝統的文化を共有し共属意識を持つ単位集団〕と国民国家とに）分裂しているユダヤ人の忠誠心を劣ったものと考え、ゲットーのユダヤ人を見下していた。娘のカリによれば、ポランニーにとっての「模範はすべてイギリス風のものであった」が、それは、近代的であることと同じだった[94]。

確かにイギリスは「近代的」であったが、イギリス人は商人として名うての民族《ネーション》でもあった。ポランニーは、そのような民族《ピープル》が没頭している駆け引きと利益追求に著しい嫌悪感があった。実際、彼の生涯を貫いた使命は、商業倫理を道徳的批判によって抑制し、市場経済を科学的批判に委ねることだった。しかし、彼の利益追求に対する嫌悪の民族的偏見は、イギリス人種族ではなく、彼自身が拒絶した〔ユダヤ人という〕種族に向けられたのだった。ポランニーの娘によると、彼を含む家族全員が「値引きの駆け引きを激しく嫌っていた」。ポランニーの家族は、「商業、とりわけ値段について話すことに異様なまでの偏見と強い嫌悪感を露骨に表した。彼らが価値を認めていたのは教育や科学や学問であって、貴族層やユダヤ人商業ブルジョアジーと同一視されるような、金銭を扱い貨殖を追求することを鼻先であしらっていた[95]」。

そうだとすれば、ポランニーの商業精神への批判が、彼がユダヤ人ブルジョアの子孫であることに影響されているのかどうかを問うことは、道理にかなっていると思われる。人類学者のジョナサン・パリーが示唆するように、市場取引と特別深く歴史的に関わってきた、ユダヤ人やジャイナ教徒のような諸集団のあいだにおいてこそ、「純粋贈与」のイデオロギーは、その対立物である「純粋市場」と並んで、格別の重要性を帯びたのである。[96] 伝統的な贈与交換では人と物や利益と不利益とが一体となっているが、近代的な市場社会では、それらのあいだに区分が形成されて、あたかも電気分解するように「交換と贈与を対立させ、物と人を対立させ、不利益と利益を対立させる」。[97]「自由な贈与」は市場社会においてこそ冗語〔本質的に同じことを異なる言葉を重ねて表現すること〕となり、贈与交換は市場取引との対比においてのみ、利他的で道徳的で感情の込められたものとして定義されるのである。[98]

「純粋贈与」が、非ユダヤ人（オーストリア＝ハンガリー人）の人類学者ブロニスワフ・マリノフスキ〔一八八四―一九四二〕によって初めて概念化され、続いてフランスのユダヤ人のマルセル・モース〔一八七二―一九五〇〕によって反論された、という事実と照応していないにもかかわらず、パリーの命題は示唆的である。[99] もう一つ推測されるのは、自由主義的経済が農業中心の社会と衝突していた世紀末のオーストリア＝ハンガリーにおける不均等で複合的な経験が、伝統的農村社会の文化的外皮と市場システムとの対立を強調する思考の型を譲成したことだった。そして、ポランニーが自身の人類学的な著作のなかで、マリノフスキの分類したメラネシアのクラ交易のような経済システム（互酬を基礎に、「威信や地位や親族関係」という非経済的動機によって動く）と、経済メカニズムは経済的動機によって誘導されるべきであるという仮定（アダム・スミスやスペンサーが理論化した）を併う近代市場社会との鮮明な対比を主張する傾向があった、ということは確かである。[100]

以上のような叙述のなかにポランニーの社会的で個人的な経験を見出すことはできるだろうか？　彼は、父親に対する強い愛情を持っていた息子であったが、建設業（鉄道建設）や商業のような父親の職業的足跡を辿らない選択をした。この点では彼は、ルカーチやケストラーや他の周囲の者たちと歩調を揃えていた。この時代に育った多くのユダヤ人知識人層の記憶には、「クルトゥール（文化）や精神性や宗教や芸術に情熱的な関心を向けた反ブルジョア的な青年たち」と、「企業家的な親たち――商人や銀行家、あるいは穏健自由主義者か「従順な」愛国者で、宗教的な事柄に関心を持たない者たち――」との断絶が刻印されている。[101]ポランニー自身が、三つの異なる世代のユダヤ人学生のあいだに存在する断絶について描いている。一九世紀半ばの世代は宗教的伝統を保持していたが、一八八〇―一九〇〇年の世代は「ブルジョア的理想を生きる」ことだけを願った。それに対し、ポランニーが属する第三世代は、相対的貧困を受け入れて社会運動を活気づけたい、という意識が強かった。第三世代は「親世代の方を向いて未来をつくろうとはせず、彼らとは著しく異なっていた」。第三世代の話し言葉やユーモアのセンスは、部分的にはガリレイ・サークルの影響を受けて、先行する世代とは対照的だった。第三世代は、シオニズムでも西欧の相対主義でもなく、「ロシアの道徳性（トルストイ、ドストエフスキー）」を手本にする点で際立っていた。[102]

ある意味で当時のポランニーとその仲間たちは、根こぎにされて自由に漂うユダヤ人だった。彼らは、仲間の一人であるカール・マンハイムが後に社会学的に理論化することになる「社会的に自由に浮動する知識人層」に類似していた。彼らは知的分野で自身の道を切り開こうとしたのだが、その領域では、親世代が切り開いた実業界以上に差別がはびこっていて、多くの者が、「フリーランスのジャーナリストやアーティスト、研究者、あるいは家庭教師などの周辺的な知的職業に就くことを運命づけられた」。例えば、ポランニーの従兄弟のエルヴィン・サボーは、公務員の職を得るためにキリスト教に改宗しなければならなかった。サボーの友人のロベルト・ミヒェルスによれば、差別と周辺化の経験こそ、中欧のユダヤ人知識人に革命的な政治運動に加わる傾向がある理由を説明するものだった。ユダヤ人知識人層が異常なほど排除されていたところでは、社会の基本構造への大規模な批判が高まり広がっていった。[103]

　専門職団体のなかに反ユダヤ主義が制度化されたところでは、そのような反ユダヤ主義は、「知識人市場への『正常な』統合のためには基本的ルールが破壊される必要があるという、排除された人びとが抱く信念」を強めたに過ぎなかった。[104] ミシェル・レヴィ〔一九三八―。ブラジル生まれのフランスの社会学者、哲学者〕は、そうした状況において不可避的に矛盾する諸要素を要約している。レヴィによれば、ユダヤ人知識人層は「深く同化されているにもかかわらず、周辺化され、根こぎにされ、生まれ育った実業的でブルジョア的な環境との関係が不和になり、さらに伝統的な農村貴族層からも拒否され、その上、彼らに相応しい採用分野（大学）においてさえキャリア面で排除されていた」[105]。

　ポランニーやルカーチとその仲間たちはユダヤ系ハンガリー人として、西欧的世界から半ば引き離され、自国ではよそ者として扱われた。彼らの経験は、スピノザやマルクスやアインシュタインやフロイト、トロツキー、カフカなど、膨大な数の政治的急進派や近代思想の革命家がユダヤ人であることの理由に関する、ソーンスティン・ヴェブレン〔一八五七―一九二九。アメリカの経済学者、社会学者〕やアイザック・ドイッチャー〔一九〇七―一九六七。ポーランド出身の政治活動家、歴史家〕などによる説明と合致している。[106] 彼らは、社会的・政治的に抑圧されてはいたものの経済的・文化的資源に恵まれていたために、他者よりも卓越することができ、またそのように駆り立てられた。彼らには「伝統」や「慣習」へのまっすぐな忠誠心もなかったし、「穏やかで健全な静寂主義者〔知性的な静寂と内面的受動性を重視するキリスト教哲学の流れ〕の生まれながらの権利である」心の安寧と平和も欠けていた。[107] マイノリティ内の周辺に位置することを定められ、社会の主流からは徹底的に疎外されて、社会的排除を十分に経験したヨーロッパのユダヤ人は、世紀転換期における西欧文化の危機に対して非常に敏感に反応した。[108] 宗教と民族《ナショナル》文化の境界線上に不安定な状態で配置されていた彼らは、社会の変化とその矛盾に取り組んだり（ドイッチャーが強調するように）[109]、共同体を希求したりすること（グラックが強調するように）に、類例がないほど適していたのだ。ポランニーの周囲の急進派は、意識的にパリア〔社会の除け者〕というスタンスをとって、保守的なユダヤ人同胞のような権力へのへつらいを拒絶した。また、彼らは貴族的なハンガリーの熱狂的愛国主義もシオニスト的な分離主義をも拒否し、普遍主義的な基準に基づく政治的共同体を支持した。ポランニーやルカーチとその仲間たちは、同化という問題そのものが消えてなくなるような社会秩序を希求したのである。

ドナウのブルームズベリー——急進的対抗文化

ポランニーの両親が成年に達した頃にハンガリーで影響力があった信条は古典的自由主義だったが、世紀末には、それはもはや活気を失っていた。一八七〇年にはブダペストのほとんどの市民が経済的自由化を歓迎していたが、一九〇〇年頃になると、資本主義と自由貿易を、少数者が多数者を犠牲にして豊かになるメカニズムと見なす市民が多くなった[110]。商品化と市場化はあらゆる種類の不快な現象——農村共同体の破壊、搾取、道徳的退化、俗物根性——をもたらすと思われるようになり、資本主義が発展することで社会の進歩が成し遂げられるという自由主義的な信仰は消え失せつつあった。右派の側では、農民の反自由主義的感情が貴族層やプチブルジョアジーの反民主主義的かつ反社会主義的な反応と結びついて、保守的な反ユダヤ主義連合が組織され、一八九五年からはカトリック人民党として再結成されることになった。カトリック人民党は、オーストリアの反ユダヤ主義者カール・ルエーガー〔一八四四—一九一〇〕が率いるキリスト教社会運動のように成功を収めた大衆組織ではなかったけれども、排外主義的感情を結集させる上で一役買った。とりわけそれは、攻撃のターゲットを活動的な非同化ユダヤ人とした宗教的運動から、同化ユダヤ人をもターゲットにする社会政治的運動へと、反ユダヤ主義をつくり変える原動力になった。政治的左派の側では反対派が、こうした問題に対処するために、労働運動や急進的な対抗文化に近いところで合流していった。

ポランニーが一〇代のとき、ハンガリー社会民主党（ＳＤＰ）とその同盟関係にある労働組合の勢力が急速に拡大して影響力が強まった。労働組合員の数は、一九〇一年には一万人未満だったのだが、わずか四年後には七万人以上に増えた。[111] ポランニーは、「旧態依然として」、「とりわけ知識階級に魅力のない社会民主党」に懐疑的だったが、政治的民主主義のキャンペーンの先頭に立ったのは社会民主党だった。その経験が生涯にわたる彼の労働者階級との一体感を形成する一因となったことに、疑いの余地はない。[112] ブダペストの歴史を画する最大級のデモが実現して、二〇万人もの人びとが選挙権の拡大を要求しながら議会の前を通り過ぎたときのことを思い出し、ポランニーは、「どこまでも続く赤い軍隊が未来に向かって行進する」のを目の当たりにして「頬が燃えました」、とルカーチに書いている。[113]

労働運動は急進的対抗文化と共存し、また部分的にそれと一致していた。急進的な対抗文化の卓越した担い手は、詩人のアディだった。人びとの良心を「覚醒」させ指導層を鼓舞させる彼の持って生まれた能力に敬意を表して、ポランニーは彼を救世主としての人間イエスに喩えた。だが、政治的関わりや酒の趣味から言えば、彼をアルチュール・ランボー〔一八五四―一八九一。フランスの詩人〕やディラン・トマス〔一九一四―一九五三。イギリスの詩人、作家〕と同じカテゴリーに入れる方が良いだろう。[114] 救世主であるかどうかはともかく、アディが急進派の目に焼けつくような痛みをもって表現したのは、ハンガリーの非民主的で後進的な社会環境であった。「私たちは先史時代の社会環境に生きている」と、自らを「孤独な革命家」と呼ぶアディは嘆いた。

「この国では、貴族と坊主とロバしか生きられない。だから、彼らにへつらおうとする者が後を絶たないのだ」[115]。このような砂漠生活に対するアディの処方箋の一つは、より肥沃な土地を探し出すことだった。彼はあるとき、「私の全存在は、パリを希求し故郷の汚物から逃れようとする、ほとんど病的なまでに燃え上がる熱狂である」と書いた[116]。脱出を模索するアディは、若い芸術家や知識人から成るボヘミアン的な集団を代表していた。孤独と罪と死へのアディたちの執着は、腐敗した政治家や独善的な聖職者や俗物の「ロバ」で構成されている既成社会から疎外された状況を表現するものだった。そうでない逃走手段は、耽美的趣味に埋没するといった内的亡命やアルコールへの依存であった。ところで、『青髭侯爵の城』〔バルトークの作曲した唯一のオペラ〕が「ルーマニア民族音楽への風変わりな好奇心」を表現しているという理由から、俗物の観客と国家の文化当局によって敵意を向けられたとき、バルトークは、常に消費者を必要とする芸術は社会から完全に逃げ出すことができない、ということを発見した[117]。（ロバのように愚かなハンガリー聴衆に腹を立てた作曲家は、こう言い放った。「ロバはロバのままに捨て置け」。「私たちは国外で本物の創作活動をしよう」[118]。）他国への亡命や内なる亡命に加えて、抑圧に対するもう一つの応答は抵抗を組織化することであり、アディはこれにも関わった。既成の現実との妥協を誇り高く拒絶したことによって、彼の詩は反乱を鼓舞した。アディへの手紙でポランニーは、パリで生活するというアディの決心に共感し、「停滞の場」から逃走する行為を当然のことと見なしながら、同時に実践的な応答をも促した[119]。アディは年下のポランニーの要請に応えて、ハンガリーの一八四八年革命を祝うガリレイ・サークルの年次行事の際にしばしば詩を贈り、ポランニーは「ハンガリーの若い世代」に向けた講演会にアディを講師として招待した[120]。

当時の道徳的偽善に対する急進派の倫理的反抗は、ドナウのブルームズベリーという異名で知られている。[121] ブルームズベリー・グループ*は、ヴィクトリア時代の道徳的偽善に抵抗するなかで偽善の源泉としての社会的・政治的秩序に反対するようになったフェビアンと重なる。アディとバルトークの美的急進主義は、フェビアンと同じように、絶対主義やマジャル人の排外主義や教権主義に反対して共闘する過程で、ブルジョア急進主義運動と交わっていった。[122] ブルジョア急進主義の指令部は、ポランニーが在籍した大学の二人の教師——フェリックス・ショムローとスペンサー社会学者のジュラ・ピクレル——とヤーシが創立した社会科学協会だった。社会科学協会は雑誌『二〇世紀〔*Huszadik Század*〕』を発刊し、ポランニーはその編集会議に定期的に参加していた。[123] ヤーシがハンガリーのフェビアン協会として位置づけた社会科学協会は、ハンガリーの自由主義に新しい生命を吹き込んだ。当時のハンガリー自由主義は、民主主義に反対して農業労働者への狂信的なまでの抑圧手段を容認し、また、「マンチェスター主義」——自由主義による主導権という、世界市場における地位を守る手段として、自由貿易を擁護する主張——と連携することで、自らの評判を損なっていた。[124]

社会科学協会の変革ビジョンは、改革志向の前衛的知識人たちを中心に構想された。彼らは、最先端の社会科学の知識によってこそ、ハンガリーを近代化への道へと合理的に導き、貴族の反動と民衆のための社会民主主義とのあいだで舵を取ることが可能になる、と考えていた。彼らの考えによれば、民衆は知識人の選んだ道を支持し正当化するであろうが、そこに到達するには労働者階級の教育プログラムが不可欠である。教育的な手段で労働者たちを陶冶できるなら、ジョン・スチュアート・ミルのような自由主義的社会主義の先駆者さえもが民主主義を完全に受け入れることを妨げた、「多数者の専制」の恐れを確実に減らすことができるだろう。[125] 社会科学協会によれば、「社会主義の前提条件」は「教育を受けた労働者階級の存在」だったのである。[126]

社会科学協会は自由主義に傾きがちであり、社会民主党は理論的主張において頑なまでに社会主義的、あるいはマルクス主義的でさえあったが、両者には少なからぬ共通点があった。社会民主党は実践面で「社会政策に集中していた」が、それは、ドイツの歴史学派の経済学者によって開拓され、後にエドゥアルト・ベルンシュタインが指導者となるドイツ社会民主党内で修正主義陣営が採用した、コーポラティズム的改良主義〔労働組合等の複数の利益団体の利害調整を通して社会改良を成し遂げようとする立場〕の立場であった。[127] ベルンシュタインは、革命的な煽動に代わるものとして選挙権の拡大を提唱した。彼によれば、社会主義を「自由主義の組織化」と呼ぶこともできる。というのも、社会主義組織の核心は、その「自由主義、すなわち、その民主主義的な構成」にあるからである。[128] 社会民主党は、イデオロギーの面ではその時代の実証主義と進化論に影響されており、ベルンシュタインの修正主義に傾倒して、議会代表のためのキャンペーンを党綱領の中心に位置づけた。[129] ここに、先ほど言及した社会科学協会との共通点を見出すことができる。ベルンシュタインは、社会民主主義者であると同時にヤーシの同盟者でもあり、『二〇世紀』の寄稿者として知られていた。カール・レンナー〔一八七〇—一九五〇。オーストリアの政治家で首相、大統領を歴任した〕やオットー・バウアー〔一八八一—一九三八。オーストリアの政治家〕のようなオーストリア社会民主党員も『二〇世紀』に寄稿していたが、彼らについては後の章でより詳しく説明することにしよう。一〇代の頃から三〇代半ばまでのポランニーにとっても、ベルンシュタインの自由主義的社会主義は魅力ある強力な支柱であった。ただし、それは彼にとっての唯一の支柱ではなかった。ポランニーは同時にまた、サボーのナロードニキ的なマルクス主義からも重要な影響を受けた。

＊平和主義と左派リベラリズムの傾向を持つ二〇世紀前半のイギリスに存在した芸術家や学者のグループ。ヴァージニア・ウルフやジョン・メイナード・ケインズなどが属した。

サボーはクラチコの友人でありニーチェの崇拝者だった。（彼はニーチェを真似て口髭を伸ばすほどだった。）当時のハンガリーでもっとも著名なマルクス主義者であったサボーは、数年間にわたり、社会民主党の機関誌の共同編集者をしていたが[130]、彼は、正統派のマルクス主義に対して次第に苛立ちを募らせるようになった。正統派のマルクス主義は唯物史観を、歴史形成において理念や人間主体の役割を否定する、決定論的な「客観的社会学」として再解釈していた[131]。サボーが提唱した、正統派のマルクス主義への代替案は、ストライキを背景に世界中で影響力を増しつつあった、第二インターナショナルの社会民主主義の骨化した漸進主義に反対する労働組合主義《サンディカリズム》〔資本家や国家の介入を排して、労働組合の連合によって経済を運営しようとする立場〕であった。社会民主党が普通選挙権の要求をよりいっそう声高に主張するなかにあって、サボーは、普通選挙権を要求する職業的政治家と政党官僚制の手中に権力を集中させる危機を訴え、議会制民主主義を「労働者にとってほとんど価値のないもの」として棄却した[132]。サボーは、社会民主党の「臆病な議会主義」を非難し[133]、直接行動の戦略を採用して、「現実の運動が一歩前に進むことは一〇〇の綱領よりも価値がある」と主張した[134]。さらに、社会主義組織の優先事項は、議会における代表者を増やすことではなく、自治を原則とした評議会による直接民主主義を確立することであり、最終的な革命的政治変革の成功に不可欠である根本的な文化的転換を用意し、「時間をじっくりかけて変革のための魂を準備すること」である、と熱烈に訴えた[135]。

ポランニーは、従兄弟のサボーのように議会主義に批判的ではなく、概して「綱領」の問題に熱心だった。とはいえ、ポランニーは労働組合主義に共感して、その出現についての分析を行った。労働市場の規制と国家の介入によって資本主義が次第に社会主義的になるにつれて、社会の上層部は労働者大衆から社会主義をもぎ取るようになる。その結果、社会的地位が変わらないままの労働者たちは、彼らの闘争を促進する新たなイデオロギーを探し求めざるをえなくなる[136]。ポランニーはそのような闘争を支持し、サボーの倫理的な理想主義や、人間の行為主体性の高揚と「革命的な躍動」を備えたロシアのナロードニキ運動への彼の称賛[137]、そして、労働運動にとって決定的に重要な任務は教育的なものだと主張する彼の意見を擁護した。（サボーは、労働運動の組織化を、「普遍的教育の要」と考えた[138]。）ポランニーは、サボーの社会民主主義批判の諸要素——貧弱な理論的基礎（経済決定論的哲学と機械論的運命論）や実践面での欠陥（都市への固執と農民層の窮状の軽視）、自然科学と社会科学の新たな発展への無関心——にも同意した。

この時代の知的生活は、ダイナミックな変動と爆発的な緊張によって特徴づけられる。ポランニーが一九〇七年の一学期のあいだ学んだウィーンでは、原子力の理論と熱力学の分野におけるルートヴィヒ・ボルツマンの諸発見が物理学の領域に革命をもたらしていた。経済理論では、後にオーストリア学派として知られる学派がドイツ歴史学派の全体論的帰納法を批判し、演繹法と原子論的個人主義を掲げて闘っていた。哲学と社会学の領域では、実証主義者と、それを批判する解釈学や新カント派の批評家とのあいだで、論争が吹き荒れていた。このような社会科学の方法をめぐる論争は、急進的な対抗文化に亀裂をもたらした。ルカーチは実証主義を、社会を原子化するイデオロギー、つまり資本主義のイデオロギーと見なして、激しく反対した[139]。彼の研究対象は、文化的危機と彼が考えている内容を理解する手段としての、精神的な経験と美的形式との関係についてであった。文化的危機を解決するには文化的な革命や精神的な刷新が必要だ、と彼は確信していた。ルカーチとその探究者の仲間たち、例えばマンハイムは、ドイツ観念論哲学に深く影響を受けていたが、それは、自然科学の方法と社会科学の方法とのあいだ、あるいは、科学が研究する客観的世界と個人の意識および社会的存在の主観的実在とのあいだに、明確な一線を画するものであった。

ヤーシとピクレルとショムローは、ルカーチのロマン主義に反対して、人間の行為を自然法則に従って合理的に理解し予測することができるという思想――それは啓蒙思想の改革者たちを鼓舞して、人類が理性に従って自由に行動できる社会的条件の再設計へと向かわせた――からインスピレーションを得た。そして彼らは、啓蒙思想の現代的な顕れとしての実証主義を教権主義への強烈で鋭い武器と位置づけて、スペンサーを自分たちの守護聖人のように崇拝した。ヤーシはスペンサーを「偉大な洞察者」として描き[140]、彼に「私たちの困難に満ちた先進的な運動を支えてくれる」ように頼んだ[141]。『二〇世紀』の第一号は、偉大なるスペンサーの肖像を表紙に使用し、スペンサーの励ましの言葉を冒頭に載せた。

スペンサーを左派の自由主義的対抗文化の英雄として選ぶことは、奇妙であるように思われるかもしれない。社会ダーウィニストにして自由放任の支持者であった彼の著作は、アンドリュー・カーネギーやジョン・D・ロックフェラーのような富豪からの資金援助を受けて公刊された。というのも、スペンサーの著作は社会主義と福祉自由主義の立場に反対するものであったからである[142]。彼は、二〇世紀の保守的な社会科学のいくつかの定型的命題、すなわち、「反自由主義的民主主義*」や「隷従への道**」や「寡頭制の鉄則***」の土台となるものを考案した[143]。しかし、スペンサーの理論は、知的後進国であったハンガリーの自由主義者たちに貴重なインスピレーションを与えた。それは、歴史が彼らの側にある、という確信である。このイギリスの社会学者の確信によれば、人間の文明は「幸福」と「究極の完成」に向けて進化する。農業的過去も現在も粗野で「好戦的」な社会であるが、それらは、より優れた複雑な「産業的」な社会にとって代わられるよう運命づけられている。産業社会では、社会的有機体を構成する別々の諸部分が相互的で機能的に依存し合う形でまとまり、諸個人のあいだの自発的な協力がその規範となる。[144] このような主張は、古い教権秩序における腐敗した宗教的・形而上学的倫理を、合理的な科学と人間的連帯に基づく新しい道徳にとって代えようとする、ヤーシと急進派の思想闘争を正当化するものだった。[145] 先祖返りしたようなハンガリーの体制は、社会現象を個人の行為と形而上学的諸力の観点から説明できるとする伝統的な見解を支持したが、[146] ヤーシたちはスペンサーに従って、社会過程を客観的な進化の法則の結果として捉えた。ハンガリーの自由主義者たちの確信によれば、客観的な進化の法則を実証主義的に理解している社会科学者たちは、社会的・政治的秩序の進歩や人間の魂それ自体の向上に自らの知識を活用できる立場にあった。ヤーシは後に、「私たちは進歩理論が有する無限の楽観主義を信じていた」と回想し、「私たちは、功利主義の真理という槍で」武装した「合理主義者か、あるいは腐敗の芽を摘むためのさまざまな闘いを繰り広げた遍歴騎士」のように、「封建制と教権主義によって築かれた一〇〇〇年来の要塞にゲリラ戦を仕掛けた[147]」、と述べている。合理主義の社会科学は、保守主義の基盤——宗教と民族《ネーション》——を解体させることができた。これらは神の創造物ではなく人がつくり出したものである。彼らはそのように、特定の時代の要請を人間の物語のなかに反映させた。ピクレルの構成主義的な見方によれば、諸民族《ネーションズ》は先天的な本能の現れではなく、クラブや団体と同じように実在する人びとによって意識的につくられるものであった。これは、コスモポリタン的な将来への進歩的な

*自由主義的民主主義に対立する概念。選挙が実施されていても実質的には権威主義的統治が行われている政治体制を意味する、ファリード・ザカリアの用語。

**フリードリヒ・フォン・ハイエクは、ファシズムと社会主義の起源として、個人の自由を保障する市場経済に対する国家介入を説明した。

***社会集団の規模が一定以上になると、少数者による多数者支配が現れざるをえないとする、ロベルト・ミヒェルスの主張。

信念に保証を与えるとともに、民族的《ナショナル》感情の変わらぬ強さを認識する命題であった。究極の目標が国際主義的なものであるとしても、そこに至る道はまず国民国家を経由しなければならなかったのである。[148]

コスモポリタンの論理、キリスト教の帰結

ライフスタイルにおいても政治的な見解においても、ポランニーはコスモポリタンで世界市民だった。ライフスタイルとは一つの生き方を指しており、知識人や中間階級の旅行者やビジネス・エリートといった、移動の多い生活を送っている人びとの文化について言及している。彼らは国境を越えたネットワークのなかに組み入れられているために、国外にいても故郷にいるように感じることができた。植民地主義の学者であったヘンリー・メイン卿が述べたように、そうした人びとは「経度の異なる場所でも異和感なく過ごす」ことができる。[149] 植民地主義はその統治者にこのような見方を要求したが、一九世紀のヨーロッパの自由主義も同じ見方を奨励した。鉄道建設者の息子であるマイケル・ポランニーの回想によれば、「鉄道網を建設した」私の家族は、「パスポートなしであちこち旅をし、許可証なしでどこにでも居住することができ、今では考えられないほどに文明化されていました[150]」。そのように理解された文明は旅行する能力と自由を必要とするが、そのような自由を享受して、ポランニーの家族はハンガリーやオーストリアやドイツなどで定期的に家族休暇を過ごすことができた。また父のミハーイには、しばしば仕事でブダペストから離れる機会があり、カールはときどき父に同行して頻繁にウィーンやドイツを訪れたが、ドレスデンの駅は彼にとって非常に印象深かった。(彼はドレスデン駅は壮大です、と鉛筆画を添えて興奮しながら書き、父が教えてくれたチャリング・クロス駅やセント・パンクラス駅でさえ比較

に値しません、とコメントしている。）[151] ある意味で、その時代のカールや兄弟たちは典型的なコスモポリタンだった。彼らは子供の頃から多言語を用いていた。家庭ではドイツ語と、いくぶん少なめであったがハンガリー語が使われていたが、彼らは幼少期から英語を学習し、またセシルの父は、フランス語で手紙を書くよう早熟のカールに促したりした。フランス語は食卓で話される言葉でもあった[152]。ラテン語とギリシャ語の学習もすぐに加わった。カールが晩年に回想しているように、そうして身につけたさまざまな言語のおかげで「より広い世界」に接近する機会が与えられたことが、「貧しい時代」の彼を「学問の世界へと導くことになった」のであった[153]。

コスモポリタニズムの第二の要素はその政治的な見解であり、ものの見方に関連する。それは、私たちに共通する人間性を前面に押し出すものであって、特定のアイデンティティを人間性の本質として抽出することを拒否し、政治的統一と自由を一国的規模から世界的規模へと拡げていくことを提唱する。「私はどんな種類の自由をも擁護するコスモポリタンです」というのがポランニーのモットーの一つであり[154]、「図書館があればどこでもくつろげる」というのがもう一つのモットーだった[155]。だが彼は、固有のものが普遍的なものに取って代わられることを是とするような、より急進的なコスモポリタン的見解からは距離をとっていた。自分を国際主義者と見なすことを、「自分の国に忠実でないことと混同してはならないし、ましてや、自身の国を持たないためにどこでも同じようにくつろげる人のような特徴のない存在と混同してはならない[156]」、と彼はしばしば語っていた。かつての啓蒙の哲学以来、このような混同が危険な道への一歩であることは判明している。デヴィッド・ハーヴェイが指摘しているように、カントの場合、彼の倫理学の普遍性と、「彼の地理学の露骨で偏った特殊性」とは対照的であって、彼の地理学には、特定の民族《ピープル》を「怠惰で不潔で醜い」と特徴づけるような、民族的《ナショナル》性格と民族的《ナショナル》帰属についての理論が含まれていた。[157] ある集団を劣ったものと見なすなら、コスモポリタンの原理は、普遍主義を装う差別的コードとして機能することになる。ポランニーを含むハンガリーの同化ユダヤ知識人たちは、こうした事情について非常に敏感だった。彼らは虐げられてはいたものの、急速に市民社会にしばしばうまく統合されることによって勇気づけられたが、自分たちの願望と他の国民ならざる諸民族《ナショナリティーズ》集団の願望とのあいだの亀裂を容易に理解することはできなかった。スロヴァキア人やルーマニア人は、ハンガリーの文化的領域に統合されることをなぜ喜ぶことができないのか、不思議に思えてならなかった。[158] ポランニーはけっしてハンガリーの排外主義者ではなかったけれども、中東欧の諸国民《ネーションズ》は複数の民族的《エスニック》な構成員を単一の国民的《ナショナル》伝統に同化させて「イギリス」やフランスの先例に従うべきだ、と堅く信じていた。彼は大ハンガリー〔ハンガリー王国〕内部の抑圧されたマイノリティの分離独立権を支持せず、ゲットーのユダヤ人にほとんど共感しなかった。ポランニーの目には、ゲットーに住むユダヤ人が閉鎖的な社会に閉じこもって、良い結果をもたらす進歩的な行動や、近代性とか祖国愛とか自由主義の合理的な要求に対し強情なまでに抵抗している、と映っていた。ポランニーの自由主義的なコスモポリタニズムは、普遍的な価値を志向する点で、彼自身のユダヤ性を弱めることに役立った。だが、寛容に関するコスモポリタニズムの規範的な考えは、彼自身の民族主義的《ナショナリスト》な価値観のために制約されていた。

　ポランニーのコスモポリタニズムは、彼のナショナリズムのために複雑になったが、三〇年代前半以降には準宗教的な共同体主義《コミュニタリアニズム》の影響を受けて、さらに複雑なものになった。コスモポリタニズムはもともと、人間の物語についてのホイッグ的な概念化〔「進歩」と「進歩に対する抵抗」の対立する両陣営の抗争として歴史を捉え、前者の勝利を必然とする歴史観〕によって形づくられたが、それによれば、人類は、「ボルネオの野蛮人」の文化から現代の西洋文明への長い上り坂の道を着実に歩み、進歩してきた。[159] ボルネオの野蛮人の「部族的存在においては……生活は直接的であり」、権力も価値も制度にまで結晶していなかった。[160] この物語の中盤で生じた重大な画期的出来事は、世界宗教の発明だった。というのも、世界宗教の発明によって初めて、すべての共同性が単一の道徳的秩序のなかに概念化されたからである。ポランニーの言葉によれば、世界宗教は、「共有された人間の運命」、すなわち「生きている個人の自己意識に基づくすべての人間の共通秩序」という理念を生み出したのだった。[161] そして、その功績がとりわけキリスト教に帰するということが、「白色人種［ママ！］の歴史において、ナザレ〔イスラエル北部の地名。イエス・キリストの出身地とされる〕のイエスよりも偉大な人物は存在しない」理由になった。[162] イエスの「生涯と教え、そして死」は、「私たちが救済される方法」を私たちに明らかにした。イエスとキリスト教は、共同体《ゲマインシャフト》、すなわち共同体主義的意識を、自由主義的《リベラル》社会《ゲゼルシャフト》の最良のもの――その普遍主義と個人の道徳的責任の倫理――と融合させる仕方を明らかにした。ポランニーは以上のことをキリスト教の勝利と見なし、同時にそれが反ユダヤ主義の決定的な根拠となっている、と考えるようになった。ユダヤ人が以前の一〇年のあいだに「恐ろしい出来事の標的」になった理由を尋ねられた一九五〇年代に、ポランニーは独特の言い回しで、キリスト教の悪魔学についての標準的な論理を繰り返している。「ユダヤ人はこの世にキリスト教をもたらしましたが、それは恐るべき重荷となったのです。というのも、キリスト教が良心の不安を生み出すことになったのですから。世界にそのような重荷をもたらしたユダヤ人は、その後、それから逃げ出してしまいました」。ユダヤ人の「罪」は、「イエスの死ではなく、イエスの優れた教えを拒否したことにあります」、とポランニーは付け加えている。[163]

しかしながらキリスト教は、それ自体では世界を救うことができなかった。キリスト教が生み出した道徳的に自律した個人は、人類を「普遍的共同体へと」転換するうえで必要な前提条件だった。[164] だがキリスト教の功績は、それを大きく超えていくような人間の進歩の連鎖に繋がっていくことだった。一九二〇年代のポランニーの主張によれば、「中世キリスト教の文化的な活動は、宗教改革やフランス革命や近代社会主義と関わりのある進歩と結びつくことで、ますます多くの人びとが共有された人間の運命を認識するようになる、ということを証言している」[165]。その一〇年後に彼は、「人類が生き延びようとするなら、共同体を目指す新しい動きが不可欠になる」時が到来している、と切迫感をもって付け加えた[166]。キリスト教は、コスモポリタン的なグローバル共同体の出現を可能にする基礎をもたらしたが、キリスト教だけではその課題を実現することができなかった。キリスト教は「今やアウフヘーベン（止揚）されねばならなかった（彼はよくドイツ語を用いたものだった）」[167]。そのようなアウフヘーブング（止揚行為）の中心に位置するのは、急進的で社会主義的な政治であろう。

第二章

戦争の十字架を背負って

一九〇四年にブダペスト大学に入学したポランニーは法学を専攻し、副専攻科目として哲学、政治学、近代史、経済学、および統計学を受講した。[1] ポランニーは優秀で、ピクレルは彼の名が後に世に知られることになるだろうと予言した。だが、政治的な反動によって彼の学業はひどく妨げられることになる。[2] ブダペスト大学は反ユダヤ主義の要塞だった。一八九〇年代の後半にはカール・ルエーガー（ユダヤ人資本家を攻撃することによって人気を集め、ウィーン市長に選出された政治家）に賛辞の電報を送った学生たちがいたし、また、とりわけ法学部では、「キリスト者の覚醒」という運動が学生自治会のかなりの部分を掌握していた。ピクレルとショムローの自由主義的で道徳に対して相対主義的な見解は、ハンガリーの保守的な教育機関の反感を買った。同機関は彼らに襲いかかり、右派の学生たちに動員をけしかけた。ポランニーの学生時代を通して、保守派の学生たちと左派の学生たち（主にユダヤ人）との分極化が頂点に達し、そのことによってポランニーの急進化が進むことになった。当時の学友のパウル・イグノトゥスは、ポランニーの好戦的な態度を次のように書き留めている。「大学構内の怒鳴り声の渦中で決闘を挑まれたとき［ポランニーは］、『いつでも喜んで相手になるよ。知的な武器を使ってならね』と答えたものだ」[3]。だが実際のところ、ポランニーには、力づくで闘う用意ができていた。保守派の学生たちが、ポランニーの所属する社会主義学生協会が組織したピクレルの講演会を妨害しに来たとき、彼とその仲間たちは、保守派の学生たちを会場から力ずくで放り出して応戦し、その後、コッシュート・ラヨシュ通りで自分たちの勝利の隊列を組むためにピクレルの馬車を無断で使用したのだった[4]。この事件のために、ポランニーはブダペスト大学から追い出された。そうした経緯から、ポランニーはコロジュヴァール大学に移って学業を再開することになった。彼は一九〇八年に同大学で法学博士の試験に合格し、翌年六月にはショムローによる最終口頭試問に合格して法学博士号を取得した[5]。

ポランニーは、コロジュヴァールでの研究と並行して、ブダペストの学生たちが闘志を消散させないようにするための重要な役割を務め、一九〇八年には、ハンガリー自由思想家協会の協力を得てガリレイ・サークルを誕生させた。ガリレイ・サークルという名前を提案したのはピクレルだったが、それは、ガリレイによる地動説の発見が撤回を強要された一六三三年にも地球が「それでも回っていた」のと同じように、一九〇八年に抑圧された急進的なハンガリーの学者や学生たちはそれでも力を保持していた、ということに由来する。ポランニーは、同サークルの二五六人のメンバーによって初代会長に選出され、知的指導者および政治的指導者として人生の決定的な段階に入っていった。

ガリレイ・サークルの結成から第一次世界大戦が勃発するまでのあいだ、ポランニーは、職業上の不満や個人的な苦労ばかりか、自身の知的・政治的発展における一連の飛躍をも経験した。彼は一九一〇年にガリレイ・サークルの会長を辞任して、労働者教育委員会の指導的任務を引き受けた[6]。そしてフリーメイソンの地方支部（彼はそこに「良い結びつき」を感じた）に入り、急進ブルジョア党が指導する複数のサークルに参加した[7]。二〇年後の回想録のなかでポランニーは、この期間に経験した多様な知的・教育的諸活動が「私の生涯と思想の真の背景」を構成した、と書いている[8]。

「荒野」を再生させる

二〇代前半のポランニーは、そのあらゆる知的成長にもかかわらず、父の死から来る情緒面の不安定さや金銭的な苦境に苛まれていた。母のセシルは長期にわたって精神的に落ち込んだり肋膜炎やその他の病気を患ったりし、カールは、「きわめて不快」で「抑えがたい怒り」の感情に支配されていた[9]。カールの平静さは一九〇七年の夏——「根本的な苦しみから脱した[10]」、いつものような楽しい夏——まで戻らなかったが、その後でさえ健康な状態は続かなかった。さらに、一九〇九年の終わりにカールは一連の病気を患った。ある友人によれば、彼は（統計学の）研究を続けていたが、「いつも便秘がちで、顔は灰色がかった緑色」をしていた。その数カ月後には「かなりの体調不良で、最低限のことしかできなかった[11]」。一九一〇年になるとポランニーの体調はようやく、もっとも親しい友人で美術評論家のレオ・ポパー〔一八八六—一九一一〕と一緒にチロルでの滞在を楽しめるほどにまで回復した。ウィーンでの講演やガリレイ・サークルに向けた講演も好評であった。（ルカーチはポパーに、「ポランニーは偉大な煽動者のように講演しました」、「もし群衆に向かってポランニーが演説したら、その聴衆たちは普通選挙権の名の下に議会を攻撃し、ブダペスト新聞社〔一八八一年に保守的で民族主義的な新聞を創刊した新聞社〕の窓ガラスを粉砕したことでしょう[12]」、と報告している。）やがてポランニーは、プロのスポーツ選手になるよう運命付けられているね、と友人に冗談を言われるほどにまで身体的健康状態を取り戻した[13]。ただし、心的状態が回復するには至らなかった。

ポランニーの気分の落ち込みと「極度の不安」の症状は、一九一一年の、従姉妹でルカーチにとっての女神だったイルマ・ザイドラー〔一八八二―一九一一。ハンガリーの画家〕の自殺と、ポパーの結核による病死のためにひどくなった[14]。女神を失って同じように落ち込んでいたルカーチとの激しい喧嘩も、ポランニーにとっては救済にならなかった。その喧嘩というのは、〔亡くなった〕ポパーの元婚約者のベアトリス（べ）・デ・ワードというオランダ人の芸術家に資金を提供するという確約を、ルカーチが履行しなかったことをめぐるものだった[15]。

ところで、ポランニーの健康の回復にとって、恋愛はどのように寄与したのだろうか。彼のこの時期に関する証拠書類は限られている。私たちが知るところでは、一九一〇年に一人の友人がある女性を「ポランニーとカップルになるように」仕向けたけれども、彼は誘いに乗らなかった[16]。しかしその約二年後には、一つのロマンスが発展していたように思われる。ポランニーの青年期の初期の恋人はベアトリス・デ・ワードと見なされてきた[17]。確かにカールに対するベアトリスの言葉は、ときにぎこちなさを含みつつも、恋人同士の会話のようであった。（「愛しいあなた、なぜ私を見捨てるのですか。……手紙がなかなか来ないので、不安が限りなく募ります[18]」。）だがカールは、一九一四年の冬、トボガン〔スケルトンのもとになった雪上競技。カナダ、米国、スイス等で行われた〕の事故で鎖骨を折って苦しんでいたときに苦労してマイケルに書いた手紙のなかで、「ベアトリスと会い、ついに彼女と別れました。私にとっては（彼女にとってはそうでないにしても）、これは前向きな一歩だと確信しています。彼女が寛容にも別れを受け入れてくれたので、落ち着きました[19]」、と打ち明けている。

そのあいだもずっと、ポランニーは職業について悩み（選択肢は、弁護士か社会学者、あるいは政治家だった）、家族を支えるプレッシャーを感じながら苦悶していた[20]。長兄のアドルフが日本に渡航したために、家族の世話の重荷はラウラとカールの肩にのしかかった。父ミハーイの兄弟の裕福な弁護士が基本的な生活必需品を提供してくれたが、カールは自分を家長と考え、年少の弟妹の世話と家計収入に関する実質的な責任を引き受けた。カールは研究と並行して、夏休みには裕福な家庭の男子生徒の家庭教師や子供たちの世話をしたが、この種の補助的な収入では足りなかった。彼は、知的あるいは政治的分野でキャリアを目指そうとしたが、それは母のあからさまな反発を招くことになった[21]。カールは「『学者』になろうとしており、あらゆる貧しい老女たちを助けに行きます。彼は大人になるのを拒否しているのです」、とセシルはルカーチに不満を述べている[22]。セシルは断固として、カールが「金銭面で家族を養えるような」選択をするよう主張し[23]、カールの叔父が自分の経営する〔弁護士〕事務所で事務員として働くことを彼に頼んだときには喜んだ。ポランニーは一九一二年にブダペストの弁護士資格を得たが、弁護士は彼の天職ではなかった。ある見方によれば、弁護士という強いられたキャリアについて納得できなかったことが、セシルを彼が腹立たしく感じる要因の一つであった[24]。

父を亡くした後の苦難のために、母に対するカールの思いは複雑なものになった。だが、そうした困難は一〇代の弟マイケルとの絆を強固にし、カールはマイケルに対して親の立場で接した。マイケルに宛てた手紙のなかでカールが表現した回想によると、その数年間は、「私〔カール〕——私の混乱した自我——にとって、傍らで生きている君〔マイケル〕が若き聖人として存在した時代」であった。カールの内面は「ある種の無私なるもの」を宿していて、彼は一家の天才児であるマイケルに「大きな愛情」を注ぎ込んだのであるが、マイケルの才能を開花させるべく献身することが「多年にわたって自分を支配する情熱」となって[25]、カールに静かで安定した満足をもたらした[26]。このような兄弟愛の炎のような輝きは、後で取り上げるように、一九三〇年代に乱気流に遭遇した——マイケルの知的・政治的軌道がカールのそれと決定的に離れていったために、落胆と苦悩に満ちた兄の怒りをたびたび生じさせた——ときも含め、生涯を通じて明るく照らし続けた。とはいえ、一〇代と二〇代における二人の関係は、思想と理想像（ドストエフスキー、トルストイ、そしてH・G・ウェルズ）を共有したりガリレイ・サークルで協力したりすることによって特徴づけられる、ポランニー兄弟の「黄金時代」だった。[27]ガリレイ・サークルの経験を回想しながら、カールはマイケルに次のように書いている。

奉仕への私の情熱は、学生運動に向かう一つの要因となりました。学生運動は、ロシアの理想への革命的献身〔ナロードニキ運動〕の微かな残響を、ハンガリーに導入しました。主にユダヤ人から構成された知的プロレタリアートは、この荒野〔ハンガリー〕の運動への無私なる献心の精神で満ち溢れて〔いました〕。……私が運動に尽くしたことについて、道徳的に貧しい民族《ピープル》を再生させようとする努力として特徴づけられる、と今では理解しています。それは愛国心から生まれたものではなかったのです。私はヒューマニズムに突き動かされていたのです。[28]

この引用は、ガリレイ・サークルの道徳的な熱意と教育改革について、また、ポランニーがそれらに関わった背後にある動機について、私たちに何かを語ってくれる。ガリレイ・サークルの典型的なメンバーは、若い知識人か下層の中間階級の学生だった。（カールの回想では、ガリレイ・サークルは、「上層」のプチ・ブルジョア分子からは敬遠されていた。[29]）ガリレイ・サークルは「圧倒的にユダヤ人の知的プロレタリアートから構成されていた」。彼らは、反ユダヤ主義が蔓延していることを知りながらも、「ユダヤ人問題」のレンズを通して政治を見ることはなかった。[30]カールの履歴書の記載事項によれば、ガリレイ・サークルの会員数は二〇〇〇〇人以上で、ガリレイ・サークルが組織した講義と授業の数は毎年二〇〇〇以上にのぼった。[31]その中心的な活動は、セミナーや成人教育の授業、そして「農村研究」のコンテストであった。都市の若い知識人は、これらの機会を通して農村の生活を経験的に理解するよう促された。[32]ガリレイ・サークルのもっとも重要な使命は、道徳の向上と科学的知識の普及によってハンガリーの「荒野」を変えていくことだった。ポランニーの描写によると、ガリレイ・サークルは、「宗教的なものとは距離を置き、支配的な教権主義に激しく反対し、不可知論的な見方を明白にしていた」。もっと正確に言えば、ガリレイ・サークルの重要性は「文化的・道徳的な分野」に置かれており、ソクラテス以降の多くの道徳的再生プロジェクトと同じように、政治学はあまり重要視されなかった。しかし、そのメンバーは、「近代ハンガリーの公的生活において、初めて倫理の観点から政治学の範囲と内容の定義を要求した」のであり、ガリレイ・サークルの掲げた多くの目標は、広い意味では明らかに政治的だった。同サークルは、「普通選挙権の導入や土地改革、人権的マイノリティに向けた自由主義政策」を主張したが、[33]そのような道徳的な改革運動は、競合する学生運動、とりわけ飲酒クラブや教会の分派との、人目を引く政治的小競り合いを引き起こすことになった。[34]

ガリレイ・サークルは、そのメンバーの多くが社会民主党員であったけれども、労働運動とは距離をとっていた。政党政治的な問題は議論から外され、社会民主党も労働運動については距離を置いて活動していた。社会民主党の指導者には、「労働運動を担っている知識人労働者の同志たちと協力する意思がなかった」。[35]ポランニーは後に振り返って、政治的な関与の軽視がガリレイ・サークルの弱点だったことを認めている。ガリレイ・サークルは、「学生の多くが道徳的使命を熟知するようになった」という点で「道徳的領域」で成功したとしても、政治的には成功しなかった。ガリレイ・サークルに「リーダーシップと政治的経験があれば、一八八〇年代のロシアの学生運動」に類似した果実を実らせることができたであろう。誰も「革命の可能性」を認識していなかったことが、「一〇月革命」――一九一八年のハンガリーの「白菊革命」*――の失敗の「背後にある理由」の一つだった、というのがポランニーの総括である。[36]

運動を非政治的な方向に導いた点では失敗したけれども、ポランニーはガリレイ・サークルで大いに活躍した。[37]「魅力的で洗練されていて、ウィットに富んだ、雄弁な若手の社会学者」だった、とイグノトゥスはポランニーのことを回想している。[38] きらめく知性と演説の輝きは活躍の場を見出し、ポランニーは『二〇世紀』、および、自身が一九一三年から編集委員会に入ったガリレイ・サークルの定期刊行物『自由思想〔*Szabadgondolat*〕』で、自分の見解を公表し始めた。この知的形成の段階においては、彼自身の思想とガリレイ・サークルの両方を特徴づける、イギリス - ロシアという対極性に向き合う姿勢が確認される。ガリレイ・サークルの特質であった「根本的な倫理的衝動」と「信条についての科学的実証主義」との「鋭い対立」を、ポランニーは体現し内面化していたのだった。[39]

コント〔一七九八―一八五七。フランスの思想家、社会学者〕、マルクス、スペンサー、エルンスト・ヘッケル〔一八三四―一九一九。ドイツの生物学者、哲学者〕を実証主義の伝統の代表者と見なしていたポランニーは、まず、科学的方法を擁護して、宗教と形而上学を拒否する態度を歓迎した。[40] しかし、ピクレルとヤーシに倣ってポランニーは、彼らが「客観主義」と呼ぶものの中身のない見せかけについては懐疑的だった。[41] 客観主義は、道徳的再生と主意主義的なナロードニキ主義に傾倒するポランニーの立場とはそぐわなかった。「客観主義的実証主義」に反対するポランニーの最初の反応は、一九〇七―一九一四年に、コントらの系譜とは別の実証主義者であるヴィルヘルム・オストヴァルト〔一八五三―一九三二。ドイツの化学者〕やエルンスト・マッハ〔一八三八―一九一六。オーストリアの物理学者〕の経験一元論〔主客二元論や物心二元論的な認識論を批判して、直接的経験から知識を再構築しようとする主張〕に夢中になる過程で表明された。

自然科学者のオストヴァルトは、一元論運動のヘッケルの煽動者仲間だった。ヘッケルの政治的な見解は反動的――社会ダーウィニスト、ロマン主義的民族主義者、あるいは帝国主義的熱狂者――だったが、それにもかかわらず、ヘッケルの幅広い哲学はポランニーの関心を引いた。ヘッケルは、社会現象としての学問《ヴィッセンシャフト》という見方を奨励していた。それは学問の世界の全体を包含するものであり、さらに、これまで原子化された個人として生きるよう運命づけられていた人間に対して、社会的統一性という観念を形成するための道具を付与する倫理的進歩の重要な源でもあった。[42] ヘッケルと共同研究をしていたマッハはコントに倣って、人類は宗教的・形而上学的な時代を超えて成長しており、実証科学の時代に向かって前進している、と主張した。森羅万象に対する人類の受動的な戸惑いは、科学的に思考する諸個人が推進する啓蒙の探求へと道を譲った。[43] 一元論者のマッハは、「物質的世界」と「精神的世界」とのあいだ――自然科学の研究と社会科学の研究とのあいだ――に「大きな隔たり」はない、と主張した。[44] 形而上学に向けられたマッハの攻撃は、外皮で覆われてきた伝統に対する理性の優位を主張する革命的合理主義のより高い発展段階を代表している、とポランニーには思われた。彼はマッハの著作をハンガリー語に翻訳し、ガリレイ・サークルにマッハとオストヴァルトを招待した。実際、マッハの著作は、最初の公開討論の論題にちょうど相応しい内容だった。[45]

ポランニーのその後の展開から振り返れば、彼のマッハへの心酔ぶりには当惑させられる。というの

＊一〇月二八日から三一日にかけてブダペスト等の諸都市で起こった兵士・市民の蜂起によって、ハンガリー民主共和国が成立した。兵士たちが帽子につけた白菊にちなんでこのように呼ばれる。日本では一般に、アスター革命と呼ばれている。

も、このモラヴィア〔現在のチェコ共和国の東部地域。ドイツ語ではメーレンと呼ばれる〕の哲学者にして物理学者は、宗教と形而上学に敵対的で、方法論的個人主義の普及に著しく貢献したからである。だが若いポランニーにとって、マッハの著作の価値は計り知れないものであり、彼はその評価と普及のために一連の論考を捧げた。彼がマッハの無神論を支持できるものと見なし、その主観的実証主義を評価したのは、それが決定論を拒否し、（とりわけ道徳的な責任の行使における）行為主体としての人間の創造的役割を肯定する手段を提供するとともに、伝統的保守主義に対抗して合理的な社会工学を正当化するのに十分な確固たる科学的態度を保持している、と思われたからである。「あらゆる種類の形而上学から分離」できるように科学を明確に再定義している点で、ポランニーはマッハの著作を称賛した。ポランニーの主張によれば、形而上学は、宗教よりもはるかに社会進歩への脅威を代表していた。というのも、科学と宗教の違いは容易に識別できるが、それに対して「形而上学は危険で幻想をもたらす両者〔科学と宗教〕のあいだの変わり目を象徴している」からである。形而上学は、科学的見地からすれば空虚な、「本質」や「真実」や「目的因〔事象の原因としてアリストテレスの説く四原因のうち、目的を示すもの〕」といった言葉に正当性を付与する。決定的なのは、科学の主張は真であるか偽であるかを明示することができるのに対して、形而上学の主張は論理的に定義不可能であるので争う余地がない、ということだ[46]。マッハは、科学を形而上学の霧から救い出し、人間が歴史のなかで意識的に関わってきた領域について明らかにした。

ガリレイ・サークル時代のポランニーの哲学に支配的影響を与えたのはマッハだったが、G・K・チェスタトン〔一八七四―一九三六。イギリスの詩人、批評家〕やドストエフスキー、トルストイといった他のスターたちも光り輝いていた。彼らの見解とマッハの見解を混ぜ合わせることは蒸留水と聖油を混ぜるようなものであり、ポランニーがこの緊張について文書で記した資料はないけれども、この点に彼が気づいていたことは確かである。マッハもポランニーもキリスト教徒であった。トルストイは、「新約聖書の意義を発見」した最初の思想家として、後にポランニーに称賛されることになる。また、チェスタトンは『異端者の群』――ポランニーがハンガリー語に翻訳した――の第一章で、形而上学と宗教への彼の世代の軽視を嘆いて、「宇宙論」や「人間の本質」を内包した「究極のものに関する理論」へと回帰すべきだ、と主張し[47]、ポランニー自身の見解は徐々にこの方向に進んでいった。二〇代前半のポランニーは科学的理性を崇拝しており、人間の行為に対する責任についての理解力を弱めて道徳性を損なわせるような、宗教と形而上学に反対していた[48]。その後、社会理論における決定論への彼の批判がいっそう強まっていくなかで、ポランニーは、実証科学ではなく倫理学の領域において自らの理想主義を正当化するようになる。

転期は、論文「われわれのイデオロギーの危機」の発表とともに訪れた。一九一〇年に公刊されたポランニーのこの論文は、エドゥアルト・ベルンシュタインとその反対者とのあいだで展開されてきた、「組織された資本主義」の軌道に関する一〇年来の論争に介入する内容を含んでいた。ドイツの修正主義者のベルンシュタインは、国家による規制の強化によって景気循環は安定化するだろう、と主張した。それに対して正統派のマルクス主義者たちは異議を唱え、組織された資本主義には危機がないどころか、それは階級闘争と地政学的な競争を強めるだろう、と主張した。ポランニーはベルンシュタインの側についた。ポランニーの社会学的な見方は、知識の発展と商業の柔軟性が国際的な紛争の可能性を減少させるというカント的（あるいはスペンサー的）な楽観主義に染まっていた。そのために彼は、「資本主義時代の次の段階は物質的生活の安定的条件をつくり出すだろう」と予測し、「安定化の傾向がその主要な特徴となる」、と結論づけた[49]。こうした文章のインクが乾く間もなく労働不安《グレート・アンレスト》〔一九一〇年から第一次世界大戦勃発までに、イギリスで起こった労働争議の激化〕が起こり――ハンガリーでは七五以上のストライキを含む争議行為の波が到来した――、戦争と経済的混乱が三〇年にわたり続くことになった。[50]

ポランニーの青年時代の世界改革説を打ち砕いた、「自由主義文明の崩壊」というこの想定外の出来事を説明するために、彼は後に『大転換』を執筆することになった。しかし短期的には、彼が最大の関心を示したのは、自分の論文の別の矛盾点だった。その論文は、経済的な前提に基づいてある種の社会経済的趨勢を不可避であると論じていながら、倫理的な根拠でもってその趨勢に抵抗すべきだ、と主張していたのである。後にポランニーが行った総括によれば、この見解の矛盾が契機となって、「私はその時代の唯物論と実証主義から離れて」、「倫理的行動主義の理念」へと向かうことになった。[51] 彼は「諸個人の意識的な道徳的行為のための社会理論における自然主義を放棄し」、「政治的善悪の問題を決定するのに科学的決定論の要求に従うこと」を拒絶した。[52] 後で見ていくように、ポランニーがキリスト教に改宗したときにピークを迎える、理想主義へのこのような連続的移行は、両大戦間期に彼が取り組むことになる一連の難問を生み出した。戦間期は、ポランニーのエネルギーが、「社会的福音〔キリスト教倫理を、貧困や不平等などの社会問題の解決策として適用したプロテスタント系の運動〕」を産業社会における人間の条件と」和解させるという方向に向けられた時期であった。[53]

ブルジョア急進主義 ——ヘゲモニー・プロジェクト

決定論と実証主義を否認していく過程でポランニーは、マルクス主義に対して「ますます批判的」になっていった。マルクス主義は、「ある意味では、彼がかつてそこで育った」思想の学派であり、「当時の中欧諸国で知られていた実質的に唯一の社会主義の表現形式」であった。[54] といっても、別の社会主義の潮流――例えば講壇社会主義*、あるいは、ポランニー自身が支持することになるベルンシュタインの自由主義的社会主義――がよく知られていたのであるから、ここまで言うのは誇張である。自由主義的社会主義運動は、民主化と資本主義の搾取的側面の克服に打ち込んでいた。それは、封建的地主から土地を没収して土地所有の機会を万人に開放することで成し遂げられる課題だった。自由主義的な社会主義運動の担い手には、ベルンシュタインと並んで、ドイツ人の経済学者フランツ・オッペンハイマー〔一八六四―一九四三〕や、そのハンガリー人の友人であるヤーシがいた[55]。ポランニーの説明では、自由主義的社会主義は重農主義者によって始められた伝統の頂点に相当するものであり、その系譜には、スミス、ヘンリー・チャールズ・ケアリー〔一七九三―一八七九。アメリカの経済学者〕やプルードン〔一八〇九―一八六五。フランスの社会主義者、アナーキスト〕、スペンサー、オイゲン・デューリング〔一八三三―一九二一。ドイツの哲学者、経済学者〕、ヘンリー・ジョージ〔一八三九―一八九七。アメリカの作家、政治家〕、ピョートル・クロポトキン〔一八四二―一九二一。ロシアの革命家、思想家〕、テオドール・ヘルツカ〔一八四五―一九二四。オーストリアの経済学者、ジャーナリスト〕が含まれていた[56]。自由主義的社会主義者たちは、市場競争の領域を拡大する決意や、労働者とブルジョアジーの利害の一致についての確信をスミスとケアリーから引き継いだ。そして、プルードンやスペンサーやクロポトキンからは、国家の活動領域を縮小する取り組みを継承した。ポランニーは、ジョージとケアリーを重視したが、それは、二人が「偉大なキリスト教社会主義者」であり、ジョージの『社会問題』〔一八八三年の著作。自己利益ではなく同感、自己の出世ではなく義務感による社会改良を提唱した〕が真の経済的福音」だったからである[57]。彼はまた、スミス的社会主義者であるデューリングの著作に感動した。デューリングは、資本と労働との利益調和を提唱することや、暴力的

*一九世紀後半のドイツの社会政策学会に結集したG・シュモラーやL・ブレンターノ等の経済学者の潮流。自由放任政策に反対し、国家による社会改良を提唱した。

所有の命題でよく知られていた。暴力的所有の命題とは、すべての搾取は究極的には、土地所有を独占している地主による強制的取得から派生する、という見解である。資本主義における労働者からの搾取を基礎づけている経済「法則」を証明したマルクスとエンゲルスとは対照的に、ポランニーはデューリング風に、搾取は「征服と奴隷化」に根ざすものであり、資本家階級の支配的立場を説明するものは土地の独占だ、と主張した。[58]

ポランニーは自由主義的社会主義という用語を、改良主義や急進主義や「土地改革者」と同義のものとして用いた。自由主義的社会主義には、働く人びとの窮状への同情や協同組合的所有の選択、より平等な所得分配ということを除けば、これといった社会主義的な内容はほとんどない。自由主義的社会主義のプロジェクトは、土地改革ならびに貿易と競争の自由化によって経済的自由を達成しようとしたのであり、さらに、「物価や賃金や通行料の規制、および、その他のあらゆる形態をとった自由市場への介入を中止すること」を掲げていた。[59] 一部の民主主義者にとっては、これは不愉快な提案だった。というのも、一九世紀の後半には、民主的な国家ほど保護主義を好む傾向にあったからである。[60] これに対して自由主義的な社会主義者は、(スミスやコブデン、ブライト、およびイギリス労働党の伝統に依拠して)民衆の広範な利益は自由貿易とともにあるとして、次のように主張した。[61] すなわち、自由貿易は投機的暴利と土地の独占を掘り崩し、搾取の廃絶をもたらすだろう。また、貿易と市場が完全に自由になれば、経済は、平等主義と危機の不在というセイの法則*の社会主義版によって統治されるだろう、とポランニーが熱望した社会主義への移行は、市場システムを維持するものだった。なぜなら、「そうでなければ、経済そのものが止まってしまうからである」。[62] (この時代の、そして議論の余地があるが一九三〇年代のポランニーは、[63] 彼が後半の人生で痛烈に批判するようになる「経済主義的誤謬」にしばしば陥っていた。「経済主義的誤謬」とは、あらゆる社会は市場と交換志向の個人的行為に基づいているのでそのようにモデル化されるべきだ、という見解である。）

ヤーシは一九一四年半ばに、ベルンシュタインに励まされて急進ブルジョア党を設立し、ポランニーは彼の右腕となった。組織する力と言葉の使い方で巧みな才能を発揮するポランニーにとって、指導的役割は向いていた。（法学部の学生に向かって自分が演説しているときのことを、ポランニーは次のように回想している。後にハンガリーの大統領になる一匹狼の貴族である長身のミハーイ・カーロイ伯爵〔一八七五―一九五五。ハンガリーの政治家〕が、「何度も何度も私の所に足を運んで私を大いに祝福してくれました。大物が『最後の雄弁家』と言って私を抱きしめたのです――それは大変な出来事でした」[64]。）党の綱領は、土地再分配や参政権拡大、国際的自由貿易、教育改革、そして教会と国家の分離を課題としていた[65]。急進ブルジョア党は、男女平等を基礎にした婚姻法の改正を宣伝するための女性部門――姉のラウラがその有力なメンバーであった――を設置した[66]。また、土地改革と経済分権化を擁護した急進ブルジョア党は、ハンガリーの社会民主党から離れることになったが、その原因には階級闘争を承認しなかったことも含まれていた[67]。ヤーシの要約によれば、急進ブルジョア党の綱領と理想には「より急進的」な要素があるとはいえ、それは「イギリス労働党」に類似していた[68]。

急進主義とは、ポランニーがこの語に付与した意味によると、解放の行為主体としての個人への信頼を表現しており、伝統的自由主義の臆病さや正統派のマルクス主義の運命論とは対照的であった。伝統

＊商品を生産して供給すれば商品に対する需要も生み出されるという、フランスの経済学者・実業家J＝B・セイの唱えた法則。販路説とも言う。

的自由主義と正統派のマルクス主義の運動はそれぞれ、上層ブルジョアジーと産業的肉体労働者階級を代表していたのに対し、急進主義を支持していたのは、中間層、すなわちホワイトカラーの労働者や官民の職員、企業家、そして知識人から成る「新中間階級」だった。[69] ポランニーの党は、「封建制度の要塞に対するブルジョア的包囲攻撃」に新中間階層を導く活動を開始し、ブルジョアジーを自らの解放に向けた課題に立ち返らせるよう誘うと同時に、労働者をその混迷から立ち上がらせる運動に着手した。このように解釈された急進主義は、貴族や聖職者を除く、知識人層やブルジョアジー、農民、そして「国民ならざる諸民族集団《ナショナリティーズ》」を含むあらゆる社会階層の利益を代表するものだった。[70]

ポランニーとヤーシは一連の論文と講演で、社会民主党と彼らの党との協力を呼びかけた。すなわち、社会民主党が「資本主義に反対する闘争」を遂行し、「ブルジョア政治と封建制に反対する闘争は急進派によって実行されるのである」。[71] しかしながら、この提携は対等な協力関係ではなかった。というのも、ヤーシの純理論的な主張によれば、急進派だけが「農業労働者と勤労者大衆」の全体的な利益を代表することができるのであり、そのためには「真に創造的な知識人、……完全な理論的知識と完全な道徳的純粋さ［を誇りうる］哲学者の指導力」が必要だからである。[72] グラムシの労働者階級に対する立場に相似した、中間階級に対する立場をとるようになったポランニーは、「民主主義を基礎とする知識人勢力の指導力」を確保するための、広範な民主主義連合における知識人のヘゲモニー的役割を主張した。[73] この主張には、二つの主な論拠があった。第一の論拠は、経済領域で優位な立場を占めている中間階級を、「政治領域の最後尾に位置づけることなど考えられない。中間階級は、指導者でなければ意味がない」、というものである。[74] そして、第二の論拠は、中間階級は、「人智の蓄積された価値」を守る役割を担うための政治的・倫理的意識がもっとも発達している、というものである。肉体労働者と較べると、中間階級は民主主義を支持する傾向がある。[75]また、「プロレタリアートの観点から」見ても、民主主義は「必要最小限」の政治的目標である。したがってその達成は両階級にとって優先課題なのである。こうしたことから、二つの階級が共通の利益で結びついているにもかかわらず、両階級の異なる性質――肉体労働者は「必然的に物質主義的」で、知識人労働者は「必然的に理想主義的」である――のために、組織を急進ブルジョア党と社会党とに分けることが必要になった。[76]

急進主義勢力と社会民主党が協力するためにポランニーが示した処方箋は、発展するハンガリーの危機を説明するのにも適用できた。一九一三年に（後年の機能主義理論への転換よりもずいぶん前に）彼が主張した危機の原因は、社会民主党が、政治的な支持基盤もなく独自の政党と呼べるものもなかったブルジョア急進派の弱みにつけ込んで、事実上、急進派独自の役割を妨げたことに求められる。民主主義のための闘争と、「進歩的な世論の内部で急進的なブルジョア思想を確立」するための闘争において、ポランニーは社会民主党に心から感謝していたけれども、社会民主党はそうすることでブルジョア急進主義の労働者階級から点を稼いでいたのだった。[77]ブルジョア急進主義の側では、「ブルジョアジーの極左派」の良質な多くのメンバーが、社会民主党による民主主義のキャンペーンを支持していた。だがこのような支持も、「時間の経過とともに無くなって」しまった。[78]要するに、知識人層も産業プロレタリアートも、自分自身の本来の使命を果たす能力があることを証明できなかったのである。別々に組織されてはいるとはいえ、民主化の重要問題において一緒に行動している肉体労働者と精神労働者との協力関係だけが、ハンガリーを――そしてポランニーの確信するところでは、人間社会を――その危うい状態から救うことができるのだった。

ヤーシとポランニーは、知識人層だけでなくマジャル民族《ネーション》に対してもヘゲモニー戦略を提案した。

二人は、ハンガリーでは民主主義の問題が知らぬ間に民族《ナショナル》問題に結び付いているということに気がついたのだった。当時は、ゲリマンダー*によって、議会に選出される非マジャル人代議員がほとんど出てこないよう保証されていた。下層階級まで参政権が拡張されれば「マジャル人の優位性」が脅かされることになるだろうという、排外主義的な主張がまかり通っていたために、下層階級のマジャル人住民は、参政権から排除されている状態に黙って耐えるように促されていた。つまり、民族的《ナショナル》特権が社会的特権の楯として用いられていたのである。[79] これに対して急進党は、マイノリティに同等の政治的権利を付与する民主的連邦体制を提唱した。ヤーシとポランニーの立場は、ハンガリーの自由主義の主流に批判的だった。というのも、少数民族諸集団《ナショナリティーズ》との取引を通して絶対主義を維持しようとしていた主流派は、マイノリティがハプスブルクの獄舎で受けている抑圧を十分に認識していなかったからだ。ポランニーの見解では、「マジャル人の文化的ヘゲモニー」は、「彼らの高度に発展した工業と商業、文学と科学、そして政治制度と政治的理想」のなかに確認することができ、それは十分に民主的な手段によって擁護されなければならない。「力のヘゲモニーに代わって」民主主義によってこそ、マジャル民族《ネーション》の文化的ヘゲモニーは進歩的な外観を獲得することができるだろう、とポランニーは一九一四年の初めに提案した。[80] しかし、その後まもなく勃発した、ヨーロッパを舞台とするヘゲモニー闘争によって、この議論は非情にも短命に終わることになった。

畏れ慄く魂と恐怖の機構

急進党の創設からわずか数週間後にハプスブルク帝国はセルビアに宣戦を布告し、全面戦争へと突入した。ポランニーの政治思想を形成した主要な構成要素である社会主義運動と自由主義的知識人階層は、理性や討論や多数決を通じて人類が社会的な環境を完全なものにすることができるとする啓蒙思想の信念、および、そこから導かれる、戦争は野蛮な過去の遺物であるという楽観的な命題の影響を受けていた。[81]それにもかかわらず、社会主義運動も自由主義的知識人階層も、戦争の勃発を歓呼して迎えたのだった。自由主義的な知識人の大部分は戦争支持の態度を表明して、それぞれの民族共同体《ネーションズ》が参戦することを、正義のための自己防衛として正当化した。ほとんどのハプスブルク帝国のユダヤ人は、敵が反ユダヤ的なロシアであり、勝利が市民社会にユダヤ人を「最終的かつ完全に受け入れることを約束する」ということを根拠に、「彼らの」帝国を痛ましいまでに支援した。[82]彼らは、その祖国愛をもってしても、兵役逃れや戦時の暴利追求、民族的《ナショナル》理由による連帯の欠如といった理由で非難された。[83]オーストリア＝ハンガリー帝国へのユダヤ人たちの熱い思いは、結局はハンガリーの保守的なエリート集団の利益に役立っただけだった。この保守的なエリート集団は、戦前にはユダヤ人を抑圧し、戦時には彼らを戦闘に駆り立て、一九一九―一九二〇年にはユダヤ人に屈辱と恐怖を与え、ホルティ〔一八六八―一九五七。ハンガリーの軍人、政治家〕の独裁の時期を通してユダヤ人を迫害し、さらに一九四四年にはジェノサイドの共犯者として行動したのだった。

　銃声が止んだ後の社会主義運動に関するポランニーの回想によると、戦争が始まった直後には、世界が「インターナショナルに覚醒する」という期待があった。[84]だがそうした展開にはならず、ヨーロッパ

＊特定の政党に有利な選挙結果になることを目論んで、不公平な選挙区割りを実施すること。一九世紀初頭のアメリカ合衆国の知事選の事例から、このように呼ばれるようになった。

の労働運動は分裂してしまい、オーストリア＝ハンガリーの社会民主党を含む、ヨーロッパの労働運動を構成していた政党のほとんどは、外国の同志たちに敵対する陣営に加わった。オーストリア社会民主党のリーダーだったオットー・バウアーは、その典型である。民族《ナショナル》問題に関する当時の著作のなかでバウアーは、労働者は必然的に民族主義的《ナショナリスト》感情を有しているがゆえに、社会主義者は民族《ネーション》の理念を受け入れるべきである、と主張した。そして、彼はこの論理に基づき、一九一四年八月に、彼に従って前線に赴くようにと、オーストリア＝ハンガリーの労働者たちに訴えた。バウアーは前線で「戦争のロマンス」を楽しみ、将校として従軍することに誇りを覚え、戦闘での勇敢さを示す剣のついた第三クラスの戦功軍事勲章を手に入れた。[85]ごく少数の者たち――ジェームズ・コノリー〔一八六八―一九一六。アイルランドの独立運動指導者〕やレーニン〔一八七〇―一九二四。ロシアの革命家〕のような人びと――だけが抵抗した。ハンガリーでこの潮流を代表したのはアディとサボーであり、サボーは反戦運動の指導者になった。反戦運動は、自由主義的な反戦主義者、およびガリレイ・サークルから生まれた「革命的社会主義者」のグループを包括する運動となり、ルカーチもサボーのところに駆けつけた。ルカーチは煽動家ではなかったが、戦争に反対し、徴兵制を奴隷制の一形態と見なしていた。そして彼は、父親のコネを利用して兵役を免除をされることもできた。

　ポランニーの急進党の同志の多くは、自ら志願して戦うか、銃後から拍手喝采を送るかのいずれかを選択した。カーロイは平和主義に共感していたにもかかわらず、戦いに志願した。貴族の特権を与えられていたカーロイは、戦いから逃げれば、塹壕で「苦しんでいる人たち」は自分のことを許さないだろう、と判断したのだ。[86]「私が最下層の者たちと困難を共有しなかったら、その後、民主的ハンガリーと自分自身を一つにすることはできなかっただろう」と、カーロイは覚書で回想している。他方で彼は、「半ば意識していた、あまり称賛されない評価への恐れ、すなわち臆病者という汚名を着せられる恐怖」

について認めている。[87] ヤーシは、「民族主義的《ナショナリスト》コスモポリタニズム」と呼びうる立場を代表していたが、他国におけるその支持者に、エミール・デュルケーム〔一八五八―一九一七。フランスの社会学者〕とアーノルド・J・トインビー〔一八八九―一九七五。イギリスの歴史学者〕がいた。その立場の自由主義者たちは、民族的《ナショナル》対立がより高次の平和秩序へと昇華されるような未来に希望を見出していたにもかかわらず、目下のところでは「彼らの」民族共同体《ネーション》（あるいは軍事同盟）を熱烈に支持した。彼らは、想像上、自身の民族共同体が代表しているはずのコスモポリタン的な価値観によって、その勝利が人類全体の勝利と同等であることが保証されている、と想定していた。[88] ヤーシは、戦争の目的を「イエスとカントの目的」に喩えた。[89] あらゆるその悲惨さを考慮してもなお、戦争は、ヨーロッパの細かく分割された諸国家《ネーションズ》を廃止し、それらに代わって広域的な統一体が出現できる状況を約束しているという点では進歩的であった。[90] おそらく、ヤーシはこのような社会学的命題に基づいて、戦闘に参加しているすべての帝国が小国を併合することを歓迎するように駆り立てられたのだろう。さらにこうした考えは、中欧同盟諸国が進歩主義的な陣営を代表しているとする彼の確信によって強められた。ヤーシはドイツの自由主義に傾倒し、ドイツが支配する戦後秩序への熱い支持を表明した。[91] カーロイの回想によれば、ヤーシはドイツ人の感情を共有して、「中欧構想」――ドイツの支配によってアドリア海からフィンランド湾にいたる広大な領土が拡張され築かれていく、という自由主義的帝国主義者のフリードリヒ・ナウマン〔一八六〇―一九一九。ドイツの政治家、神学者〕が提案した構想――を主張した。[92] ヤーシと急進党の定期刊行物『世界〔*Világ*〕』が強調したのは、中欧列強の勝利が封建制の終焉を加速させて専制的なロシアへの防波堤を築き上げ、さらに、ドイツが指導する広域同盟に統合されたドナウ諸国連邦の形成を促進するだろう、というものであった。[93] ヤーシの主張は、イエスを引き合いに出すことで、「神は我らの側にいます」という教権的な保守派の叫びに与するものだった。そして彼が、ロシアという敵の害悪をとりわけ強調したことは、自由主義的な主潮流、特にユダヤ人共同体のなかで優勢だった主張――この戦争は、一八四八年のハンガリー革命を打倒するうえで大きな役割を果たした、ロシアを罰する機会になる――と結びついていた。

ポランニーはどの集団に属していたのだろうか？　コスモポリタンを自認し、子供時代にはイギリスとロシアに特別な愛着を抱いていたポランニーは、戦争に反対したか、あるいは仕方なく従軍したかのどちらかであっただろう。ポランニーの娘の意見では、彼はその問題について「おそらく熱心ではなかった」けれども、「ハンガリーを愛する者」として戦闘に加わることは「公民の義務であると考えていた」[94]。入隊直前のポランニー自身の言葉によると、彼は「入隊を待ち構えていた」[95]。彼は、国家を民族的《ナショナル》共同体の正統な代表として見なし、指導者が武器をとるよう呼びかければ公民はそれに応える義務がある、と考えていた。また、多くの積極的な志願兵と同様に彼は、耐えがたい自身の境遇から逃れたいとも思っていた。カリ・ポランニー＝レヴィットの言葉によると、ポランニーは「抑鬱状態にまで気分が落ち込んでおり、ブダペストから脱出して前線へと向かうことに大きな救いを感じていた」[96]と思われる。しかしながら、こうした見解が示唆する以上に、彼の立場はよく考えられ、政治的に配慮されたものだったのかもしれない。その理由の一つは、ポランニーが、大きな国民《ラージ・ネーションズ》と広域的な統一体を擁護する師匠ヤーシの仮定を共有していたことである。まさにこの理由から、後に彼は、ハプスブルク帝国によるセルビア侵攻について、共感しないまでも理解を示したのだった。例えば、アメリカ人の聴衆に向けて準備した教材のなかで、ポランニーはセルビア侵攻を米国の南北戦争と比較している。南北戦争の要請は、究極のところ、道徳的なものではなく、「地理的、地勢的」なもので、北部の諸州〔当時の米国〕を保護することだったが、セルビア侵攻は本質的にそれと似ていないだろうかと、彼は修辞的に問うている。たとえセルビア侵攻が間違っていたとしても、オーストリア＝ハンガリー帝国を維持することは、「帝国内の小民族《スモール・ネーションズ》の小競り合いに関わる諸問題よりもはるかに重要な客観的価値がある、と統治者は考えたかもしれない」[97]。

関連する第二の理由は、民族《ナショナル》問題に対するポランニーのアプローチである。彼が解釈していたように、伝統的な社会主義の主張は以下のとおりだった。すなわち、「物質的な利害衝突がないところには、敵対関係は存在しない。それゆえ、異なる国々の人びとから構成されるプロレタリアートのあいだには、物質的利害の衝突がないので敵対関係もない」。しかし、この命題は一九一四年八月に誤りであることが明らかになった、とポランニーは思った。バウアーに倣って彼が推察したところによれば、労働者たちは誤って自分たちのものとは異なる利益に従ったわけではなく、彼らは国民《ネーション》のなかで物質的利害関係を持っていないために、彼らの「国民《ネーション》への関心は純粋に精神的で道徳的なものになる。資本家は部分的にしか精神的、道徳的な関心を持たないけれども、プロレタリアは自分が所有する民族的文化以外の何ものをも持たないのである」。社会主義の理論家たちがこの間違いを早い段階でしっかり理解していたなら、労働運動は、その後に続く者たちに、国際主義に感情的で精神的な次元が必要であることを教えることができただろう[98]。その日が来るまで、ナショナリズムは一定の妥当性を保つだろう。そして、ポランニーも進んでナショナリズムに賛成している。手短に言えば、一九一四年の八月の時点で明らかになったのは、ポランニーのような敏感な魂においてさえ、コスモポリタンとの自己同一視も、自己の信念体系の倫理的基盤を確かなものにしようとするあらゆる関心も、好戦的愛国主義者による流血騒ぎを支持することと完全に両立しえた、ということだ。

法律の仕事（最終弁論まで行わねばならない訴訟）のために戦争勃発時に入隊できなかったポランニー

は、志願将校のための訓練を一九一五年一月に開始した。「訓練は、猛烈なテンポで一六日の早朝から」始められ、毎日、朝の七時一五分前から夕方の六時まで行われた。訓練には乗馬（その際に彼は軽傷を負った）や理論的な演習が含まれていた。そうした訓練でクラスの三九人のうちで一位になったことを、彼は弟に自慢している。[99] その後まもなくポランニーは、ガリツィアで中尉としての任務に就くよう命じられた。[100] 一、二年間、彼の運命は混乱にさらされていたが、耐えられないほどではなかった。戦時中の住所から、彼が、戦地で騎兵隊用の鉄道を敷設していた土木工兵と同行しながら駐屯していたことが分かる。父親の職業を考えると、これは適切な任務であると彼は思ったに違いない。ポランニーは任務の「初めから終わりまで戦場に」いたのだが、「実際の戦闘行為に」従事することはなかった。だが、戦闘がごく間近で起こることも時にあった。[101] 一九一五年秋のセシルへの手紙では、「呪われた射撃が一日中続いていいます」、と彼は訴えている。[102] また別の手紙では、次のように前線を訪問したときの様子を描写している。前線に近づいていくにつれ、「神と人間から見捨てられた……物音のしない塹壕」が現れてくるのを見て、ポランニーは驚愕した。だがこの最初の静寂は、次にやってきた衝撃、つまり、「私たちの防護カバーのすぐそばに弧を描くように落ちて」きた「手榴弾や榴《りゅう》散弾の恐ろしい不意打ちの衝撃」を一段と強めることになった。[103]

戦争は凄惨さを極めていき、ポランニーは、避けようもない、ひやりとする瞬間に何度も立ち会うことになった。オーストリア＝ハンガリー軍が安定した領土拡大を行っていた一九一五年でさえ、人員が驚くべき速さで失われていった。最初の一六カ月だけで帝国は四〇万人を失い、一〇〇万人の人びとが戦争捕虜もしくは行方不明になった。さらに一〇〇万人が負傷し、同じくらいの人が病気——しばしばネズミとシラミが媒介する発疹チフス——に罹患した。[104] 同年には、新兵を補充するための圧力がもっときつくなった。ポランニーはその結末を、「健康であれば誰も前線を免れません。究極の戦争疲れを感じます[105]」、と概括している。彼の手紙から、状況が悪化していくのが分かる。一九一五年初頭の手紙は語調が快活で皮肉も効いていた。「私は兵士としてもう一ヵ月過ごしましたが、まだ生きています。……軍隊にいるということは、死なない限り健康であるということです。……私は優秀で、旅団でいちばんの兵士です[106]」。夏の終わりの手紙では、不安や抑鬱的な語調が常態化した。弟への手紙は、「寒くて雨が降っています」と始まり、「小さなテント」が風に吹き飛ばされたことが書かれている。「この六日間は四ヵ所を転々と野営しました。空腹で飲むものが尽きかけています。パンなしで四日間行軍するとても辛い日々でした。やっと再び食料が配給されました。コーヒー、紅茶、ワインなどがあります。すべての兵士が胃腸に問題を抱えています。コレラは予防可能であるはずなのに、ときどき発生していま す[107]」。二ヵ月後、彼は兄に宛てた手紙で、自分の状態を説明している。「いま私は戦争の副作用の下痢で苦しんでいます。この戦争以上に下剤効果があるものはないでしょう……。どこにも人気《ひとけ》がなく、窓や扉のある家もありません[108]」。また、セシルへの手紙でも苦しみを訴えている。「渦巻く霧のなかに」配属されて駐軍した場所――おそらくプシェミシル近郊で、そこでは両軍併せて一一万五〇〇〇人が死傷したか、あるいは遺棄された――には、田舎の田園風景の面影はなかった。「窪地」にあるのは「牛や鶏と六三戸の藁葺き農家だけで、雨が降り注いでくるために、湿地が私たちの間近に忍び寄ってくるようです[109]」。そうしたあらゆる困難にもかかわらず、士気は「衰えることなく、快活でした[110]」。

私たちは、ポランニーが素直に兵役に就いていたと見なしてもよいだろう。彼が軍の規則を嘲笑っていたことを確実に示す唯一の記録は、ポランニー家の伝説として語られているもので、それは、彼が国歌演奏中に不動の姿勢をとらなかったとして懲戒処分を受けたが、違反したのは、愛国心が不足していたからではなく、音が聞こえないためにメロディを認識できなかったからである、というものだった[111]。ポランニーはブダペストでゆっくり休暇を過ごすことができたし、また、軍務中は概ね十分な手当を支給され、上機嫌なことも珍しくなく、少なくとも母親を安心させた[112]。彼は客観的なニュースが少ないことを苦にして、兄弟に次のように依頼した。「数行でもよいから手紙をください。特にニュースについて書いてください」。というのも、「ここで議論されているのはすべて噂に過ぎず、何一つ知ることができないからです」[113]。ポランニーは孤独を感じ、家族や友人たち（友人にはベアトリスが含まれていた。彼はいま一度彼女からの「友情を必要としていた」）との交流を大切にした[114]。そして、残してきた者たちの孤独を案じた。（ある意味では、彼がセシルに書いたように、「戦争は『扶養家族』をも戦闘に送り込んだ」のだった[115]。）しかし、そのような心情は、日々の重労働によって薄められた。ある局面では、ポランニーは「恐るべき仕事量」を負わねばならず、「昼も夜も……任務、任務、そしてまた任務」[116]に追われた。それ以外のときの仕事は「それほど疲れるものではなく、ずっと耐えられる」ものだった。ポランニーはリラックスして、大好きな読書を満喫した[117]。おそらく前線から送られたと思われるある手紙には、古典劇やシェイクスピア劇における悲劇についての長い論文が書かれている[118]。他の手紙では、彼は親族に本（『資本論』の第二巻と第三巻、フローベール、そしてロック）を送ってくれるよう頼んでいる。妹のソフィと叔母のイルマが送ってくれた「素晴らしい宝箱」への感謝の言葉を辿ると、宝箱のなかでいちばん輝いていたのが本であったことが伝わってくる[119]。

私たちはイルマへの手紙のなかで、戦後のポランニーの最大の関心事となって『大転換』で専念することになる問題への、最初のきらめきを垣間見ることができる。その手紙は、大量殺戮に使われる社会的な機械技術の体系を構築した人間の能力に直面したときの驚きを伝えており、戦争を一片の崇高さもないもの、あるいは、言葉を絶するほどに残酷なものとして、以下のように声高に非難している。

「〔戦場で〕戦争以外のことを考えられる人は愚か者です。そして、戦争を当然と思っているような者はもっとも愚かな者です[120]」。戦争の恐怖は世界からあらゆる意味を奪ってしまったが、このことは、戦争がもたらした「最大の苦悩」の要因の一つとなった。というのも、意味を失った世界には、退屈しか残されていないからである。それは、「意味を喪失した世界の空虚さ」であった。また、意味が不在であれば、言葉に荒涼感と恐怖を込めることも困難になる。「意味のない世界では、生きることができないばかりか、世界を描くことすらできないのです[121]」。戦争の惨禍を表現し始めるためにもメタファーが要るのであり、文学や神話を引き合いに出すことが必要とされる。「人類は、自身の冷酷な仮面と恐怖の機構のために苦悶に喘ぐ魂を畏れ慄きながら見つめているゴーレム〔ユダヤ教の伝承に登場する、魔法によって生命を吹き込まれる粘土の人形〕です」と、ポランニーはイルマに書いている[122]。「ここでは書くことなどできず、できるのは吠えることだけでしょう」と、彼は「荒野」から姉に書き、さらに、「仮にダンテがイギリス製のアルミ・ペンを用いて書き、地獄の七つの圏*から軍事郵便を使って手紙を届けたとしたら、私の手紙と同じように奇怪で異形の印象を与えたでしょうね」、と付け加えた[123]。

「真っ暗な大草原地帯」に囲まれたガリツィアの冬に閉じ込められて塞ぎ込んでいたとき、ポランニーがすがる思いで手に取ったのは、ダンテではなくシェイクスピアだった。「旅の道連れはシェイクスピア戯曲集の一つの巻だけでした。狂気のなかで私は、『デンマークの王子ハムレットの悲劇』を何度

*『神曲』でダンテは、古代ローマの詩人ヴェルギリウスに導かれ、地獄と煉獄を経て天国に到達する過程を描いた。「地獄篇」で語られる地獄界は、さまざまな圏で構成されている。

も読み返しました」[124]。ポランニーは、戦時中の体験がどん底に達した時期について、ハムレットに関する次のエッセイにおいて記録している。

「極度の寒さのあまりに自分の馬がよろめいて倒れたことに気づかず、馬の鞍から降りるタイミングを逃してしまった。だが幸運にも、痩せ衰えた馬――そのときは、そうは思わなかったのだが――が、自分の長い脚をひざまずくようにして痙攣を起こし硬直したおかげで、私は命を救われた。もし馬が横転していたら、私は圧死していたかも知れなかった」[125]。ハムレットの「苛酷な苦しみ」が彼の人生の一部を形成していたように、こうした数カ月に及ぶ忘れようもない記憶は、ポランニーからずっと消えることはなかっただろう。

狂気が重くのしかかり、カールは幾月もその不安と闘った。一九一七年のどこかの時点で、狂気が彼の人生を終わらせる可能性もあっただろう[126]。しかも、それと同じくらい恐ろしい脅威が肉体にも生じた。同年の一二月に、彼はチフスのような症状も経験した。彼にはもともと神経症の傾向があったが、今回の場合、警報は疑う余地のないものであり、発熱に苦しめられて友人と同志の介助に頼らねばならなかった[127]。チフスという診断が確定されたポランニーは、ブダペストの家族のもとに返された。彼はチフスとヘルニアに苦しみ、厭世観にも苛まれて苦悶した。彼がキリスト教に改宗するようになったのは、ベッドから離れられずに過ごした数カ月の「強いられた安静」状態で『新約聖書』を読んでいたときだった。そしてついに、彼は完全に改宗した[128]。ポランニーは、父の死に際してユダヤ人共同体から離れたのだが、彼自身が死の瀬戸際をさまよったことによって、今やプロテスタンティズムのなかに新しい共同体を発見したのである[129]。

信仰者という用語のどのような慣習的な意味においても、ポランニーは信仰者ではなかった。「宗教が、神学体系に執着することなく人類の発展に献身するかぎり」、彼はあらゆる宗教を尊重した[130]。ポランニーは近代主義者であり、彼にとって人生の意味は、世界の変革に従事することであって、祈りや瞑想を通して創造主と交歓することではない。ジョン・スチュアート・ミルのように、ポランニーは実用的で社会学的な観点から——すなわち、宗教が社会的行為をいかに形成するかという観点から——宗教のことを考えた[131]。彼は宗教の本質を、人類が世界を意味あるものにするための手段であると見なしており、キリスト教に対しては、終末論的な預言ではなく、急進的な世界変革プロジェクトのための前提条件としての倫理的共同体の構築を可能にする規範と実践を求めた[132]。彼の改宗は「一定の神秘主義」を示していたけれども、それは、福音書を現代の世界状況のなかで解釈した帰結であった[133]。ポランニーはイエスのなかに、人類に「自分たちの力で地上の天国」を実現させる能力を啓示した「革命家」の姿を見た[134]。一部の左派の思想家には、ヒエラルキーの廃止や見捨てられた人びとへの同情からローマに反抗した際に見せた反逆の精神を支持して、初期キリスト教共同体のなかに着想を得た者もいた[135]。だが、ポランニーにとって重要なのは、精神的基礎についてのイエスの啓示、それゆえ、自由・平等・共同体の普遍的妥当性、および、それらの不可侵の基礎としての、個人的人間存在の絶対的価値・道徳的自律・自己意識であった。彼の信ずるところでは、個人の良心それ自体が「新約聖書の遺産」なのである[136]。ポランニーは礼拝にも行かず、他者と同じ宗派に属して神を崇拝することもせず、キリスト教が魂を救済するという考えに同意しなかった。ウィーンで自身の結婚式を主宰してくれた牧師に敬意を払うために家族をドロテア教会に連れて行った復活祭の日曜日を除いて、教会に出入りすることはあまりなかった[137]。要するに、神学者グレゴリー・バウムの用語を借りれば、ポランニーは「ソフトな」キリスト教徒だったのであり、「いくつかの主要な教義にとらわれることなく、イエスの教えとヒューマニズムに貢献するキリスト教を大いに称賛していた」[138]。さらに言えば、彼は「性格において宗教的ではなかったし、スピリチュアルな世界への関心もなかった」。ここまで言ってしまうと、つまるところ彼が信じていたのは、むしろ漠然と「宇宙にはおそらくより高次の秩序が存在するけれども、私たちはそれを理解することができない」ということに過ぎないのではないか、と思われるかもしれない[139]。しかし、これはポランニーの不可知論〔人間は経験的な現象を超えて存在するものを知ることができない、とする教義〕を誇張している。ポランニーは、「個人的な自己利益を超えて突き進んでいく、より高次の生への道標」を啓示するものとして、そして「妥協のない急進主義、すなわちイエスの示した凄まじいまでの急進主義をもって行動するよう」諸個人を勇気づけるものとして、キリスト教の福音を心の底から高く評価していたのである[140]。

短命に終わった白菊革命

病床で聖書に釘付けになっていたポランニーは、戦場を離れていたときでさえ、銃後で新しい社会的対立が進行していたことをほとんど認識できなかった。ハンガリーの労働運動は、戦争が勃発した年から沈滞していたが、今や復活し始めていた。一九一四年に一〇万人未満だった労働組合加入者数は、一九一七年には二一万五〇〇〇人に、その翌年には七二万一〇〇〇人へと急増した[141]。一九一七年後半に労働者評議会が工場に設置され、一九一八年前半には、ゼネストや数十件もの山猫ストライキ、兵舎での反乱が相次いだ。異常な社会状況のただなかで敗戦の色が濃くなるにつれ、政治的な意向は、共和主義と社会民主主義と共産主義に向かって激しく揺れ動いた。一九一八年の一〇月半ばには、その直前まで政府の先頭に立っていた著名な代議士のイシュトヴァーン・ティサ伯爵が、敗戦が避けられないことを公式に認めた。その話は、すでに士気が下がっていた騎兵隊内で瞬く間に広がり、不満を抱えた兵士たちが次々と故郷に戻り始めた。

同年の初秋に社会民主党は、カーロイの勢力および急進党――健康状態を少し取り戻したポランニーは、急進党の総書記に任命された――とともに、力を合わせてハンガリー国民評議会（HNC）を結成した。[142] 自由主義的民主主義への平和的で秩序ある移行を目指していたカーロイは、ブダペストの議会とウィーンの皇帝に、国民評議会の指導する政府かボルシェヴィズムかの二者択一的状況にハンガリーが直面している、と警告した。ハンガリーの議会もウィーンの皇帝もそうした警告に対応しなかったが、社会民主党は労働者と兵士に行動するよう呼びかけた。それは、社会民主党の交渉上の立場を有利にするために考えられた策略でしかなかったのだが、労働者と兵士の反応は予想をはるかに超えたものになり、社会民主党を非常に驚かせた。白菊が誇示された街頭デモとともに、相次ぐストライキと暴動は、社会民主党を権力の座に押し上げた。[143]

カーロイはジャコバン派のような急進派ではなかった。彼の本能は、交渉による議会制民主主義への移行を好んだ。しかしながら、後にポランニーが熟考しているように、カーロイの見解は論理的には革命的な破壊に向かうものだった。ハンガリーにおける従属的な少数民族の多数が「スラヴ系」であったことを考えれば、マジャル人貴族とジェントリーが、「主にユダヤ人から成る彼らの金融支援者たち」とともに「ウィーンとベルリンの非スラヴ系権力」に期待を寄せるのは、伝統的に見て当然だったのである。[144] このような事情に対処するために、ハンガリーの独立を目指すカーロイ伯爵の立場には、大きな社会政治的転換が要請された。その転換の一つは、「政治的民主主義のための闘い」を中心に掲げ、かつ、フランスとロシア寄りの志向を支持して、ドイツ寄りの外交政策を廃止することであった。カーロイの分析によれば、安定した自由主義秩序のためには、「マジャル人の民主主義者とスラヴ人やその他の少数民族との国内平和が必要だった」。だが、ハプスブルク家の「外交政策が、病的なまで積極的に、国境の外のあらゆるスラヴ人への敵視を招き、国境内のスラヴ人の親類を潜在的な裏切り者と位置づけるかぎり、このこと〔国内平和〕は不可能であった」。カーロイは、「普通の人びとの経済的・社会的・民族的《エスニカル》な解放を通してのみハンガリーの独立は獲得できる、という結論に到達せざるをえなかった。彼は、急進的な農業労働者の指導者になると同時に、人種的《レイシャル》平等の支持者にもなった[145]」。

白菊革命が開花した当初を特徴付けたのは、社会の労働者層と中間層が専制体制に反対して団結するという、反乱の第一段階に見られた連帯感であった。だが、労働者たちと中間層との蜜月は長くは続かなかった。新政権の最初の課題は、協商国*との休戦協定に自主的に署名することだった。戦争を終結させてウィーンからの離脱を掲げる点で、新政権の方針は人気があった。しかし、その方針は、彼らが望むハンガリー領の任意の部分を占領する権利を協商国に与える、という代償を伴うものであった。それは、ハンガリーの威信を大きく傷つける譲歩だった[146]。国民評議会政府の苦難はそれだけでは済まなかった。カーロイ政府は、休戦に署名したことと選挙権を拡大したことによって信任を得たにもかかわらず、自分たちの不満に対応してくれたと評価する支持者はほとんどいなかったのである。新政権は、自由主義的な枠組みのなかで漸進的改革に取り組んでいたけれども、この政権を権力の座に就かせたのは大衆運動であった。そのため、大衆運動側は、土地の再分配や給与と労働条件の向上、および社会主義的経済政策に関する迅速で大規模な変革を要求していた。その当然の結果として、社会的対立が激化することになった。ブダペストでは、ネットワーク化された兵士評議会や労働者評議会が結成され、対抗権力が立ち上がった。カーロイは、彼の政策についての評議会の支援を得るために、社会民主党——連立政権のなかで圧倒的に人気があり、よく組織された政党であった――を大いに頼らなければならなかった。[147]
他方、地方では農業労働者たちが土地の再分配を求めて世論を動かしていた。ヤーシによれば、一九一八年末と一九一九年初頭には、軍隊の一般兵士を含む「民衆が完全にボリシェヴィズムに転向する」事態が確認された。[148] ヤーシは次のように続ける。ある意味で民衆のボリシェヴィキ化は、「四年に及ぶ戦争がもたらした流血と残虐行為に対する、そして、本国での皮肉なまでの贅沢と私たちの経済資源の組織的な浪費に対する」避けようもない報いである、と。さらに重要な要因は、「トルコのパシャ〔トルコ、エジプト、イラクなどで使用された高級官僚あるいは高位軍人の称号〕に支配された郡政府によるおぞましい虐待」と、半世紀にわたる、「ハンガリーにおけるあらゆる重要な民主主義的組織やすべての改革を不可能にしてきた抑圧的で道徳に反する階級政策」であった。そして、火に油を注いだのは、ハンガリーの経済封鎖を継続する形態での「協商国による無分別で非人道的な政策」であった。[149]

保守勢力までもが、新政府に対して立ち上がり、「既得権や教条主義者の偏見、都市特有の無関心」[150]――ポランニーは、土地所有者と教会と社会民主党についてそれぞれ、このように表現した――によって、カーロイが土地改革を先延ばしにすることは確実になった。カーロイは回想録のある感動的な一節で、彼自身の私有地から土地を分配することの喜びと正義感について書いているが、そうした慈善行為は例外的だった。[151] 地元の農業労働者で組織された臨時の機関によって広大な土地が「下から」再配分されていたときでさえ、カーロイ政府は土地改革をかろうじて実行したにすぎなかった。また国民評

*第一次世界大戦でドイツ、オーストリア、オスマン帝国などの中欧同盟国と戦った、イギリス、フランス、ロシアなどの諸国家。

議会政府は、民族的《ナショナル》マイノリティの諸要求に対応することもできなかった。さらに、新政権の民族問題《ナショナリティーズ》担当大臣になったヤーシは、言語の自治に関する法案と連邦国家を認める準備をしたものの、民族《ナショナル》自決については認めなかった。ヤーシは内閣の他の同僚よりも排外主義的ではなかったけれども、ガリツィアからアドリア海に広がる大ハンガリーを維持しようと決意していた。民主主義の時代にあってブダペストが確実にこの巨大な領土を保持できるとすれば、それは国民ならざる《ナショナリティーズ》諸民族集団への譲歩が認められる場合だけだろう、とヤーシは推論した[152]。しかし、長年にわたってマジャル人の政治的指導権を支持してきたために、ヤーシの計画は、決してスラヴ人に受け入れられなかった。ヤーシは、自身の取り組みが挫かれ、協商国の国民評議会連立政府に対する態度に大いに失望し、活力を失った党の危うさと党内の凝り固まった意見の不一致に憤慨し、さらに、政府の「革命の進歩に対する無関心」と彼が批判した態度（とりわけ土地改革の先延ばし）に不満を抱いて、一九一九年の一月に内閣から退いた[153]。

　戦争と革命が、ハンガリーとヨーロッパの至る所で、急進的な左派と改良主義的左派とのあいだに楔を打ち込んでいたのだ。軍事動員を提示すべきだったのか、それとも反対すべきだったのか？　進むべき道はソヴェト民主主義が示していたものだったのか、それとも、その議会主義的対抗者であるエーベルト〔一八七一―一九二五。ドイツ社会民主党右派の指導者〕やノスケ〔一八六八―一九四六。ドイツ社会民主党右派の指導者〕やバウアーが示したものだったのか？　ハンガリーでは、一九一八年の一一月にハンガリー共産党が結成されて以降とりわけ、そうした分裂は、社会民主党だけでなくポランニーの組織であるガリレイ・サークルと急進党にも深刻な影響を与えた。急進党は一九一八年の末に激しく分裂して、一部の者が右傾化し、その他の者が共産主義化した。この分裂に際して、ポランニーは中道左派の立場を固守していたように思われる[154]。彼は、白菊革命でガリレイ主義者が果たした道徳的役割に誇りを持っていると述べたものの、有効な政治的指導を形成する能力がガリレイ主義者にはなかった、と批判し、この能力の欠如が、三月の国民評議会政府の崩壊に対して少なからぬ責任を負っている、と付け加えた。後になってポランニーは、「明確で実行可能な政治的綱領」が政府に欠けていたが、そのような綱領があったとしても、「それを実践的に表現し、組織的活動と行政によって実行するような政治教育を受けた世代は存在していなかった」[155]、と反省している。ガリレイ・サークルが失敗したために、「長年にわたる厳しい闘いのなかで農業労働者と民族的《ナショナル》マイノリティを一つにまとめてきた一つの世代が、一九一八年にはいなくなっていた」のだ。この事態に対して、ポランニーは責任を取らされる覚悟をしていた。「私はガリレイ・サークルを非政治的な方向に導いてきました。私は、労働者階級とも農業労働者とも、また民族的《ナショナル》マイノリティとも、行動において結束しようとはしませんでした[156]」。

労働運動の部門との「行動に基づく統一」を実現するのにガリレイ・サークルの一部が成功したとき、ポランニーは不在であった。ガリレイ・サークル内の「ツィマーヴァルト」革命派の一グループ*が戦時中に工場労働者と連携して反軍国主義のデモやその他の抗議行動を煽動しようとしたが、そのメンバーの一人がイロナ・ドゥチンスカだった。彼女はガリレイ・サークルに所属していたけれども、同サークルの「非政治的な」特徴と、そのメンバーたちが工場の職場の組合代表委員とのいかなる政治的連帯も形成できなかった点について、非常に批判的だった[157]。ヤーシの回想録によれば、一九一七年の後半に、「ガリレイ・サークルの若い男性たち「ママ」が公に近い形で反軍国主義の組織的な宣伝活動を実行した」

＊一九一五年九月にスイスのツィマーヴァルトで開かれた戦争終結を模索する会議に参加した社会主義者のうち、「自国政府の敗北」を目指すべきだと主張した急進左派グループ。

結果、ドゥチンスカを含めた何人かが投獄されたが、このことは、「革命に対する彼らの情熱をいっそう増長させただけだった」[158]。年が変わると、ドゥチンスカのまわりの若いガリレイ主義者たちが、新たに結成された共産党に参加するようになった。この動きは、ガリレイ・サークルの創設者を含む当初からのメンバーの猛烈な反発を引き起こすことになった[159]。

ポランニーは、彼が編集長であったガリレイ主義者の隔週刊行物である『自由思想』を、「共産主義の教義と……闘う機関誌」[160]へと方向転換させ、「一連の論文のなかで、猛烈な勢いで広がっているボリシェヴィキの思想に対して激しく異議を唱えた」[161]。もっとも重要なことは、『自由思想』において、共産主義者のオイゲン・ヴァルガ〔一八七九―一九六四。ハンガリー出身の経済学者〕とボリシェヴィズムに急速に接近しているルカーチにポランニーが仕掛けた論争に対する貢献だった[162]。三人は、戦前の外交上の不手際に焦点を当てた戦争についてのありふれた説明はまったく通用しない、と考える点で共通していた[163]。三人はそれぞれ、一九一四年以前の世界秩序が崩壊したことを認め、「世界革命」――ソヴェト民主主義（ヴァルガ）、あるいは、「自由主義的社会主義」（ポランニー）を導入する革命――を予言した[164]。共産主義者による文明の危機についての診断は、ポランニーの診断とは違って、資本主義的競争の矛盾と帝国主義を中心にしていた。それは、文明の危機についての責任が、戦争に反対するという約束に背いて労働者階級の利害を踏みにじった労働運動の指導者たちに支援された、国内の支配階級にある、というものだった。それとは対照的に、一九一四年以前の時点で安定の時代を予想していたポランニーは、青天の霹靂として戦争を語り、社会科学的にではなくスピリチュアルな観点から「ある種の宗教的な出来事」として、あるいはシュペングラー流に、西欧「文明の自殺の壮大な試み」として戦争を理解することができる、と考えていた[165]。彼によれば、戦争が啓示した「意味の空虚さ」は科学的に理解しうるものではなく、想像力の飛躍を必要とするものだった。ポランニーは、流血を支持した社会主義諸政党に向けられたヴァルガとルカーチの政治批判には同意しなかった。ポランニーの考えでは、戦争の行為主体と責任の所在は、精神とスピリチュアルな領域——戦争が暴露した人類の道徳的破綻と「私たち全員」が共有していた恥ずべき行為と罪、および「私たちの世代の良心の退廃」——に根差していた。[166]

ルカーチとポランニーはいずれも、実証主義的で決定論的な哲学と、それが正当化する宿命論的政治戦略に対して批判的だったが、二人の考えはそれぞれ異なる方向に発展していった。戦争をめぐって煮えたぎる憤りのなかで、二人の意識の方向性が劇的に変わったのだった。ポランニーの場合には、自由主義的ナショナリズムから平和主義へ、そして、実証主義から哲学的理想主義へと移行していった。今や彼は、戦争で荒廃した廃墟のなかで自身を苦しめた意味の空虚さの原因を、戦前の社会科学を支配していた実証主義のなかに直接求めようとした。そして、社会が科学的社会学の提唱した神話の犠牲になってしまったために、「人間の魂の運命がそのような社会の現実の犠牲になっている」、と確信するようになった。[167] 科学的社会学に分類されるマルクス主義は、「外側から」世界を捉え、資本主義の必然的な崩壊を仮定する。[168] このような進化論的・決定論的な思考は、諸個人を、個人の倫理的態度を何ら考慮しないもっとも静観的な世界観に導くか、あるいは、ニヒリスティックで最悪の場合、「人間存在それ自体が意味を欠いている」という仮定を正当化してしまう。[169] このようなありふれた運命論に反対してポランニーは、社会科学に道徳的視点が採り入れられるべきだと主張し、倫理的行為に意味を取り戻すために不可欠な新しい「社会像」を構想することを求めた。科学的社会学を捨て去って、倫理的志向を持つ理解社会学が取って代わらなければならない。そのような理解社会学の目的は、社会現象の人間的原因を発見することでなければならない。諸個人のなかにこそ、人類が有する最良のものが存在するのである。[170]世界は、このことによってのみ、自らのなかに適切な倫理的拠り所を回復することができるのである。

ルカーチの変化はポランニーとは対照的で、反実証的なマルクス主義の形態を取りつつ、観念論（理想主義）から唯物論（物質主義）へと移行していった。マルクス主義は外部から世界を捉えていて意識を正当に評価することに失敗している、と主張する、長年の友人〔ポランニー〕への非難の応酬のなかで、ルカーチは人間の行為主体性と階級意識を、マルクス主義の中心に哲学的、政治的、かつ戦略的に復活させるよう努めた。戦争に反対する抵抗運動のなかで自らの自由を危険にさらした同志ドゥチンスカのような共産主義者たちは、自分たちのことを歴史主義的な台本を受動的に実行する者としてではなく、意識的な行為主体であると理解していた。すなわち彼らは、決定論的には決まらない結果をもたらすような、戦争を革命に転化する試みにおいて、倫理的かつ政治的に行動したのだった。ルカーチは『歴史と階級意識』のなかで、人間を受動的な客体として取り扱う理論を基礎とした、啓蒙哲学者たちの実証主義と決定論を批判した。同時にルカーチは、ポランニーがベルンシュタインやバウアーとともに賛同していた倫理的社会主義が、彼が批判の対象とした実証主義や決定論と同じように、静観的自己矛盾〔行動を起こさないで、物事の成り行きを見守る態度〕の典型である、と主張した。第三章で見ていくように、これは鋭い観察であった。[171]

協商国に対する抵抗 ——カバレットとともに

ポランニーは、カーロイ政府にへつらうことはなかった。彼は政府に、「反革命のすべての動きに明確に反対する態度」を明示し、「社会主義の経済建設」を促進させ、「民族問題《ナショナリティーズ》——特に南スラヴ人の問題――についての排外主義的立場」から脱却することを強く勧めた。[172]ポランニーの急進党はカーロイ政権と連立を組んだままだったので、彼はカーロイ政府を自分の政府のように考えた。カーロイが政権に就いていた大部分の期間、[173]ポランニーは病院や自宅で床に臥せっていたものの、政治的および地政学的対立によってもたらされる危険や、「無政府状態」の萌芽になる「左派および右派からの革命」について厳しく警告し、[174]ブダペスト大学の講演では「共産主義の潮流の台頭」を公に非難した。[175]

一九一九年に、共産主義の形勢は最高潮に達した。ロイド・ジョージが観察したように、大陸の端から端に至る「政治的・社会的・経済的な諸局面における既存の秩序全体」が、民衆によって疑問視されたのだった。[176]ハンガリーでは同年二月に、政府が共産党の指導者の投獄を命じて同党の新聞を発禁処分とし、さらに同党の施設を封鎖したまさにそのとき、ある政府機関の担当者の軽率な行為によって事態が転換した。共産党の指導者ベラ・クン〔一八八六―一九三八〕が、刑務所のなかで、ジャーナリストの見ている前で殴られたのである。目撃したジャーナリストの報道は、「資本を〔一掃する〕ボリシェヴィキに賛同する潮流」を引き起こす契機となった。[177]この事件が転換点になった。労働者階級だけでなく、ベルンシュタインの言葉を借りれば、「知識人層を含むブルジョアジーの大部分」も共産主義者に共感――後にその多くが否定することになる――を寄せるようになった。[178]ベラ・クン事件の直後にポランニーは、政府の行動に対して、特にその主要な支柱である社会民主党に対して強い不満を表明した。社会民主党は社会主義政党として、「精神の変革によってのみ社会主義を実現することができる」という格言に則って行動すべきであり、強制することはできない。[179]政府が暴力に頼ることは、左派への敵意を根絶しようとする無益な試みでしかなく、政府の経歴をひどく汚してしまうことになる。

対外的な事件も、共産主義者の人気の上昇に貢献した。三月にハンガリーは、チェコスロヴァキアとセルビアとルーマニアの軍隊から攻撃を受けた。ルーマニアがハンガリーに進軍したとき、フランス占領軍の責任者であるヴィックス中佐はブダペストに、ルーマニアの領土獲得を承認して軍隊を引き上げるよう命じた。協商国は、戦後の「平和」のあり方を決めつけるばかりか、ロシアとの戦争を続行することにも執着した。「ヴィックス通達*」は、第一次世界大戦における役割とボリシェヴィキ下のロシアへの攻撃支援についてのルーマニアの協力に報いることを意図していた。[180] しかし、ヴィックス通達は、おそらく意図に反して国民評議会政府を弱体化させ、共産主義者への支持を高める結果をもたらした。ヤーシの報告によれば、民族主義者は今や、協商国によって分裂させられる状況を避けるべきだとするなら、「ハンガリーも帝国主義を撃退したロシアの例に倣うべき」である、と考えるようになっていた。[181]

この頃のカーロイ政府は、農民による土地の没収や、投獄された共産主義者を支援するための労働者の争議行動、また、フランスに支援されて扇動された反革命運動の圧力に苦しんでいた。カーロイは、自身の権威が失墜したことを受けて辞任し、主導権を社会民主党に譲った。カーロイは、社会民主党だけが「秩序を維持することができる」、と閣僚たちに語った。仮に権力が「数カ月にわたり、組織された労働者たちの手に独占的に委ねられる場合」、共産主義者に立ち向かうことができるのは社会民主党の政府だけだろう、と。[182] しかしながら、社会民主党もまた混乱を極めていた。ベラ・クンの事件をきっかけに、ハンガリーの国民《ネーション》は、反革命の恐怖と協商国に対する苛立ち、そして、盛り上がる共産主義への支持とのあいだで大きく揺れ動いていた。左派の社会民主党員は、共産主義者との和解の可能性を模索したが、国際関係を考慮することが重要であった。というのも、ロシアの赤軍がほどなくルーマニア戦線を突破してハンガリーに到着するだろうという期待が大きかったからである。共産主義者は社会民主党との連立に同意し、モスクワからのアドバイスに逆らって政府に加わった。共産主義者は新政府の幹部の少数派であったけれども、新政府はベラ・クンによって率いられていた[183]。ポランニーは複雑な気持ちでこの政権譲渡を見ていた。ボリシェヴィキとの同盟関係を築いてカーロイを棄てた社会民主党に対して、また『自由思想』を発禁処分にした新政府に対して、無批判と言うにはほど遠かったが、彼は別の体制の実行は不可能だと判断して、新政権による社会的・文化的改革を受け入れた[184]。そして、ルカーチからの招きを受けて、社会生産人民委員会〔経済関係を統制する行政機関。人民委員会はボリシェヴィキ系政権の行政部門を意味する〕の公職を受諾した[185]。

ベラ・クンの評議会共和国（あるいは「コミューン」）は奇妙な現象であった。というのも、表向きはロシアのソヴェト共和国をモデルにしていたのだが、ハンガリーの共産主義者の権力獲得は、労働者・兵士評議会の多数派を確保することによってではなく、政権に就いている社会民主党と協力することによって成し遂げられたからだ。評議会共和国は、その成立当初には広範な支持を得ていた。共産主義に対していつもは容赦のない批評を浴びせるヤーシが、「ハンガリーの知識人の多数派」と同様に、非常に多くの都市と農村の労働者が評議会共和国を支持したこと、そして、評議会共和国が「精神的な課題に取り組む」際の真面目さと熱意のなかに「ある種の偉大さ」が宿っていることを認めた[186]。彼が評議会共和国を信用したのは、それが「秩序と組織をある程度」は維持しており、また、ハンガリーの「残酷な状況に置かれていた多くの奴隷」の心のなかに解放の理念を浸透させるのに貢献し、そして、国際主義的な倫理と「民主主義と自己統治のより先進的な理想に取り組んでいた」からであった[187]。それに加えて評議会共和国は、ハンガリーの領土を縮減しようとする協商国の思惑への反抗からも支持を獲得した。どのタイプの政治潮流の民族主義者たちも、新体制が列強諸国に肘鉄を食わせて、ソヴェト・ロシアの

＊一九一九年三月一九日にヴィックスは、カーロイ政府に対して新たな国境線の策定と非武装地帯の設置を通達した。

精神のようなものを新体制に取り込むことを願っていた。

ベラ・クンのロシアにおける同盟者たちの権力の基礎はソヴェトのボリシェヴィキの多数派にあったが、ベラ・クンの政府は、民衆の賛同を得るためのいかなる公式のアピールも控えていた。しかし、ベラ・クンの政府は、サンクトペテルブルクの姉妹党よりもはるかに野心的な政策を実行しようとした。その政策のいくつかは、とりわけ労働立法や文化や教育の分野において革新的だった。離婚の自由と非嫡出子の不名誉を取り除くための法律とともに、労働権が導入された[188]。労働者階級の子供たちに公衆浴場が開放され、劇場が賑わい（部分的には、労働者への割引券の配布による）、ブダペスト随一の名勝であるマルギット島の観光料金が廃止された[189]。ルカーチが率いる教育委員会の後押しで、個人所有の貴重品保管庫から芸術作品が取り出され、それらは、労働組合員であれば無料で入場できる大衆芸術展で展示されるようになった[190]。学校や幼稚園のカリキュラムでは、ハンガリー語と世界文学の学習が重視され、ラテン語やギリシャ語、そして、戦争賛美の詩の学習を少なくするような変更が行われた[191]。さらに、学校には特別の教職員たちが補充され、子供たちは無料の医療診断や学校朝食などの恩恵を受けられるようになった。当時一〇代だったアーサー・ケストラーは、彼の学校では「奇妙で刺激的な行事が行われた。新しい教師が現れ、新しい話し方で私たちに語りかけ、私たちが大人であるかのように、誠実かつ親しみ深く、そして真剣に接してくれた[192]」と回想している。その春の一〇〇日間は、「まるで地球を地軸から解放することができるかのように思われた」、とケストラーは振り返っている。苦難があっても人びとはユーモアのセンスを失わず、「ブダペストは、カフェと有名なカバレット〔フランスの「キャバレー」をドイツ風にしたもの。小劇場の趣を持つ〕の舞台で繰り広げられる面白い話で沸き立っていた[193]」。

だがカバレットの外では、例えば学校の囲いやミュージアムの壁を超えたところでは、次第に殺気立ったざわつきが目立つようになっていた。というのも、アメリカからの食糧救援の使節団が必要物資の供給を政治的動機で緊急に停止するという決定を下し、その結果、食糧不足が悪化することになったからである。ベラ・クン政府は、多くの愚かな政治決定を行って、そうした苦境をさらに悪化させてしまった。ハンガリー貴族層から土地を没収したにもかかわらず、政府は農業労働者に土地を再配分しなかったのだが、ポランニーとヤーシはこの決定を、ロシアのボリシェヴィズムのより自由主義的な指針*と対照させている[194]。それと同じくらい問題だったのは、ベラ・クン政府が、権力の座に就いてから数週間も経たないうちに、二万以上の企業の国有化を敢行するという決断を下したことだった。ポランニーは、こうした動きについて鋭く批判している。評議会共和国は生き延びることができたかもしれないが、その可能性は、あまり無謀でない経済政策を実行した場合に限定されただろう、と彼は後に主張している[195]。

経済政策と農業集団化が主な理由となって、評議会共和国に対する不満が募っていった。しかし、評議会共和国を打ちのめすことになる打撃を与えたのは、外国の勢力だった。評議会共和国は、権力を掌握して一カ月を祝う直前に、フランスが支援する軍隊と保守派の将校から成る分遣隊に加勢され、ルーマニア軍に侵略されてしまったのである。四月末までには、ハンガリーの赤軍のほとんどがブダペストに追いやられてしまった[196]。五月二日に赤軍は、ブダペストの労働者階級の居住地区から人員とエネルギーを補充して、再びブダペストの外へと押し返し始めた。奇跡的な形勢転換を経て、赤軍はハンガリー平原のすべての主要都市を取り戻し、スロヴァキアの奥深くまで進攻し、そこで六月中旬に評議会共和

*ボリシェヴィキはエスエルとの連合政権を樹立する際に、エスエルの「土地の社会化」の方針を受け入れた。これは、ボリシェヴィキ本来の土地国有化よりも自由主義的な方針だ、と解しうる。

国の樹立を宣言した[197]。このときポランニーは、強い幸福感に捉えられたようである。というのも、五月二日に病院から送ったルカーチ宛の手紙のなかで、「私は［共産］党に入るつもりです」と述べているからである[198]。実際に共産党に入党するつもりだったかどうかは別として、ポランニーの次の行動は、政治的関与によってではなく、自身の健康上の必要によって決められることになった。ポランニーは、ヤーシが、新生オーストリア共和国の外務大臣となったオットー・バウアーに頼んでくれたおかげで、六月中旬に病院で治療を受けるためにウィーンに足を踏み入れることを許可された[199]。

ポランニーが去った後も、依然として惨禍が繰り広げられていた。協商諸国による仲介によってブダペストは、ルーマニア軍をハンガリーから退却させたことの見返りとして、スロヴァキアの領土から撤退することに合意した。だが、ハンガリーの赤軍が合意を尊重したのとは対照的に、ルーマニア軍は合意を守らず、スロヴァキアから撤退しなかった。それにもかかわらず、列強諸国は、合意の順守をルーマニアに強制することを差し控えた[200]。ハンガリーの赤軍は最終的な撤退を開始し、ベラ・クン政府は八月一日に辞職した。ポランニーが書いているように、「コミューンの絶望的な、だが不名誉ではないエピソードが終わった[201]」のだった。ハンガリーの権力は、最初はルーマニア陸軍に奪われ、その後、フランスの支援を受けた海軍司令官のミクロシュ・ホルティに譲渡されることになった。ケストラーの言葉を借りるなら、その「組織的な虐殺とシナゴーグへの爆弾の投入、拷問部屋、そして投獄」によって、ホルティ体制は「来たるべき出来事についての不吉な前兆[202]」を告げていたのである。

第三章

赤いウィーンの勝利と悲劇

一九一九年の夏のあいだ、ポランニーはウィーン郊外のヒンターブリュールにあるオイゲニー・シュヴァルツヴァルト〔一八七二―一九四〇〕の保養所で静養した。[1] 彼はシュヴァルツヴァルトを、オーストリアにおける自身の母親のように思っていたに違いない。教育者、社会改革者、そしてフェミニストであるシュヴァルツヴァルトは、セシルと同じように自分の別荘をハンガリー出身の左派難民に自由に使わせてサロンを開いていたが、そこの常連客には、後にポランニーの政治的敵対者となる超保守主義的な社会学者のオトマール・シュパンや法理論家のハンス・ケルゼン、科学哲学者のカール・ポパーのような将来の知人がいた。しかし、どれだけ多くの気遣いや集まりも彼の不快感を和らげることはなかった。彼は病に悩まされており、[2] シュヴァルツヴァルトの保養所から出た後でも、虚弱な健康状態のために「私にはできることが限られています。動き回ったり、遠方に旅行したり、立っていたり待っていたりするのもつらいのです」[3] と語っていた。ウィーンは社会紛争と政治革新で燃え立っていたが、ポランニーは、自身の魂の陰鬱な壁を乗り越えて前を見ることができるようになったと感じるまでは、何に対しても興奮することはなかった。彼はセシルに、ウィーンでの生活は「狂っています。物価は高いし（!!）[4]、不快です（!!）。おまけに騒々しく（!!）退屈で（!!）、荒れ果てています（!!）」[5]、と手紙で訴えた。

ポランニーは、毎晩一〇時間ほど眠って日常の仕事を始めることを常としていた。昼食までと夕方の五時から八時までは図書館で仕事をし、午後は楽しみや雑用、買い物、手紙を書くこと、「古本屋まわり」などに時間を使い[6]、ときにはアナーキスト詩人アーノルト・ガールベルクのような訪問客を受け入れた[7]。ガールベルクは別として、ポランニーは、ウィーンの政治的・知的な光景に失望した。それは「塩の砂漠」であり、攻撃的で不毛だった[8]。マルクス主義者たちは「党の仕事」に釘付けになっていたし、カール・クラウスやマリア・リルケのような文学上の名士でさえ、例えば「彼らの狭い視野を簡単に超える」ヤーシに較べるとちっぽけな存在だった[9]。一九二〇年の春、彼は、この都市の「精神的」な光景はまさに荒涼たるものです、と不平を漏らしている。それは、「精神が収入の源泉に縛られていると思い込むような人たちにしか理解できないものです[10]」。

一九二〇年から一九二一年にかけて生活が明るくなり始めたとはいえ、上昇のテンポはゆるやかであった。ポランニーは「世捨て人のように」生き続けた。「戦場や療養所や病床に長いあいだ慣れてきたので、それが第二の自然になっていた[11]」。家族への彼の手紙は、健康のすぐれないことを嘆く言葉で溢れている。「今日、僕は具合が悪く、意気消沈していてだるい。一晩中、僕はのたうち回り、ふらふらして熱がある。理由を君に話すつもりはない。多分、僕は狂ってしまったのだ[12]」。アメリカ旅行に同行するようにというヤーシからの招待も、健康上の理由で断らなければならなかった[13]。ポランニーはベアトリスとの交際を再開しようとしたが、二人が意図的に会ったという証拠はない[14]。彼の経済事情も家族のそれも確かなものではなかった。ソフィは最低の生活水準ぎりぎりだったし、彼自身の状況も不安定であり、また母も支援を必要としていた。[15] ブエノスアイレスで『ラ・プレンサ（プレス）』〔一八六九年創刊のアルゼンチンの有力紙〕のスタッフとして働かないかという話があって一時的に元気が出たが、それはうまくいかなかった。[16] またポランニーは毎日、下宿の住人たちに悩まされなければならなかった。（彼らは「とても恐ろしい。実際、僕の小さな部屋では、彼らの叫び声と騒ぎから逃れることができない」。）しかし、彼のペンから発せられた言葉のなかでは、意外なことに、彼は自分の生活を「静かで、牧歌的でさえある」と描いていた。[17] ポランニーは「科学的政治に抗して」の草稿が間もなく出版できるということに自信を持っていた。[18] また彼は、ゼメリングの山岳リゾート地やライヒェナウで数カ月間の療養生活を送ることができたし、少なくとも、ウィーンの彼の住居は「非常に快適」だった。[19]（彼は自分の住まいを「素晴らしくきちんと」整え、「細心の注意を払った整理整頓へのこだわり」について訪問者に感想を述べるよう促した。[20]）下宿は、図書館、および、彼が離れることのできない親友であるヤーシの家の近くにあった。二人は、彼らだけで、あるいは髭を整えたハンガリー人亡命者のアウレール・コルナイ〔一九〇〇―一九七三。ハンガリー出身のイギリスの政治理論家、哲学者〕のような友人たちとともに、カフェで数時間、ロシアの発展や国際政治経済、またヤーシの「反マルクス」本の企画について議論した。[21]

ヤーシは一九二一年に『ウィーン・ハンガリー新聞〔*Bécsi Magyar Újság*〕』の編集を引き受けた。この新聞は、挫折したヤーシに、チェコ人の自由主義リーダーのエドヴァルト・ベネシュ〔一八八四―一九四八。チェコの政治家、チェコスロヴァキア首相、大統領を歴任〕が資金援助したもので、ハンガリーの亡命者と移住者にとっての主要な機関紙であった。[22] その広がりは包括的であったが、もっとも重要な成果は、「ハンガリー・ファシズム」[23] と呼ばれる数千人が命を落としたホルティのテロ支配について、定期的な報告を提供したことだった。[24] それは政治的志向においては左翼リベラル的方針をとっていたが、その常連寄稿者には、共産主義者のベーラ・バラージュやカーロイ——彼らの政治的見解は、(ヤーシが憤慨するほど)左翼に傾いていた——が含まれていた。[25]この機関紙には、主に自由主義の側(モンテスキュー、スミス、J・S・ミル、およびL・T・ホブハウス〔一八六四―一九二九。イギリスの社会学者、政治学者〕)からの、そして、保守主義の側(ハーバート・スペンサー)や雑多な急進主義(マルクス、マックス・シュティルナー〔一八〇六―一八五六。ドイツの哲学者〕、グスタフ・ランダウアー〔一八七〇―一九一九。ドイツの文筆家、アナーキスト〕)、H・G・ウェルズ、およびチェスタトン)からの啓発的な警句が綴られていた。

ヤーシは一九二一年にポランニーを彼の個人秘書として雇い、翌年、編集チームの一員に彼を昇進させた。[26]一九二二年秋には、ポランニーの名は、その号の巻頭論文の著者として定期的にタイトル・ページに掲げられるようになった。論文のテーマは、ツタンカーメンや初期キリスト教からガンディーやナチズムまで広範囲に及んでいた。彼はまた、多くのヨーロッパ諸国、特にイギリスやドイツ、ハンガリー、ロシアの政治的事件に関する記事を書いた。新しい仕事は、ポランニーの博識を活用すると同時に、国際関係の展開に対する彼の躍動的な好奇心を刺激し、そればかりか、彼に心の平静を取り戻させる、崇高な緊急の使命に寄与するものであった。すでに一九二一年の夏にラウラは、ポランニーが一生懸命働いているだけでなく、「どこから見ても、遠くで想像するよりはるかに健康であり、愛らしく元気で、健やかに見える」と、母親を安心させることができた。[27]

ポランニーはヤーシの忠告に逆らって、[28]ある貴族的なハンガリー・スラヴ人の革命家との友情を発展させることで、精神をいっそう高めていくことになった。一九二〇年にヒンターブリュールで、若い共産主義者の友人を通じて出会ったマリア・ドロテア・アンジェリカ・ヘレーナ・ヴラスタ・ドゥチンスカ——彼女の友人はイロナとかイルコと呼んでいた——は、初めのうちはカールとまったく正反対だった。彼女はエンジニアで彼はジャーナリストであり、彼女は無神論者で彼はキリスト教徒だった。また、彼女は勇敢な共産主義者で戦闘的な政治行動を望んでいたが、彼は党綱領に関心を持つ引っ込み思案の悩める自由主義者で、哲学的省察に没頭していた。しかし、彼らには多くの共通点もあったし、共通の人的繫がりもあった。イロナは、一九一五年からサボーの知人であり、[29] ポランニーの叔母のイルマをずっと前から知っていた。[30] カールとイロナは元ガリレイストだった――実際、彼がガリツィアの兵舎にいたあいだに、彼女はガリレイ・サークルの「目立った人物」になっていた[31]――し、二人ともガリレイ・サークルの実証主義的で科学的な文化に馴染んでいた。[32] 彼にとって父親の存在が大きかったのと同じように、イロナの人生にとって決定的な人物は、彼女の父親のアルフレート・ドゥチンスキだった。オーストリア・ポーランド人の彼は、称号以外に失うものがないジェントリー層に属していた。称号が、軍役の報酬として皇帝から授かった、少し前の時代の一家の誉であったことは確かだった。彼は鉄道会社で事務員やエンジニアとして生計を立てていたが、彼の個性はその職業が暗示するよりも華やかなものだった。ドゥチンスキは無神論者で独学の知識人であり、自己免疫療法医で、自称、飛行機発明家であった。イロナは、彼のパラドックスだらけの見解を、「保守的アナーキズム」とか「家父長的社会主義」という矛盾した表現で要約しようとしていた。[33] 一九〇四年に、ドゥチンスキは――家族を連れずに――アメリカに移住し、早くもその三年後にそこで亡くなってしまった。[34] イロナは彼を、「進歩的な労働倫理、非体制順応主義、危険を厭わない精神、知的・芸術的努力」の持ち主であると認識していた。これは、もっと安定した母方の伝統的地主ジェントリーの家庭で、「財産、特権、保守主義」を支持していたベーカーシー家と対照的だった。イロナがわずか七歳のときにドゥチンスキが亡くなって以後、彼女と母親は、主にハンガリーのベーカーシーの親族にその生活を依存し、彼女は「客扱いされることなく、あちこちのカントリーハウスで学習して」数年間を過ごした。彼女の伝記作家であるマクロビーによれば、二つの家族、二つの階級、二つの知的雰囲気の先端で育った経験は、イロナがなぜ革命政治に引き付けられたのかを説明するのに役立つ。[35] マクロビーの描写によれば、彼女は無私・無欲で、高度に洗練された文学的感受性に恵まれていた。また彼女はきわめて知的で独創的な学者であり、他者と協力して「権力と権威の強制的な構造を拒否し克服して、自由と社会的責任に基づく世界をどんなに長くかかってももたらそうとする」個人の能力に、揺るぎない信頼を置いていた。[36]

イロナがカールに出会ったとき、彼女は亡命職業革命家できわめて理想主義的であり、共産主義革命の拡大に全力を傾けていた。彼女は当時の自分の気分を、「私たちには、何事にも、絶対に何事にも、可能性がないようには思われませんでした」と回想している。[37] その数年前、彼女はハンガリーの首相のイシュトヴァーン・ティサを暗殺することを計画していた。[38] その後、彼女はアンナ・ノヴォトニーという変名を使って、クンのコミューンの外務委員会で、また、モスクワのコミンテルンで短期間、カール・ラデックの秘書として働いたことがあった。[39] カールとイロナの政治的態度は明らかに違っていたけれども、今や流動的になり、数十年にわたる収束のプロセスが始まろうとしていた。イロナはハンガリー共産党に対して次第に批判的になっていった。一九二二年の初め、彼女は党内文化に対する痛烈な批判に乗り出し、彼女の狙いが指導者のクンとルカーチであることを全面的に明らかにした。彼らの指導のもとで、党は硬直した「軍事的・中央集権的」組織形態をつくり上げ、党員を過小評価したために、党は強制された楽観主義というスタンスで固まったままになった。そして党は堕落し、大衆との組織的結びつきが枯れ果ててしまうことになった。[40] 彼女は、ローザ・ルクセンブルク〔一八七一―一九一九。ポーランド出身のドイツの革命家〕の仲間だったパウル・レヴィ〔一八八三―一九三〇。ドイツの政治家、弁護士〕の編集する定期刊行物『我らの道〔*Unser Weg*〕』に党への批判を発表した。レヴィは、クンの無謀な冒険主義――今や共産党が国際的な規模で複製しつつある戦略――に対する批判を公表したことで、ドイツ共産党を追放されたところだった。批判を公にしたためにイロナも党を追放され、彼女は後に、ポランニーも参加していたオーストロ・マルクス主義の社会民主労働者党（ＳＤＡＰ）に加わることになった[41]。

一九二二年、二人の友情は恋愛へと発展していった[42]。カールはイロナのスラヴ風の美しさとその声[43]、そして「謙虚さと誠実さ」に心を打たれ[44]、また、彼自身のハムレットのような優柔不断さとは対照的な彼女の政治的熱意に魅了された。彼が後に述べているように、長らく彼は「ロシアの理想の少女という思いに恋していたので、ポーランド人で革命家であったイロナはピッタリの相手だった[45]」。一九二二年、イロナは長いあいだ別居していた前の夫と離婚し、カールはその年の一一月に、兄弟に次のように報告した。イロナとの関係の「果実」が「まもなく実るでしょう――私は今やゴーレムから人間になるのです[46]」。一九二三年二月に、ドロテア教会で彼らの結婚式が開催された。至福の四カ月が続いた。カールは、給料が期待していたよりも「ずっと低かった」ことに憤激したけれども、少なくともいくらかの収入を手にして、借金を返済することができたし、さらにバルト海のリューゲン島でハネムーンを楽しむ余裕もあった[47]。イロナは、彼の研究生活においても、願ってもない天からの贈り物であった。彼女は、彼の口述筆記をし、「新聞の迷宮」から資料を探し出し、彼の著作を編集してくれた。彼が母親に打ち明けたところでは、彼女の助けがなければ、「進歩することはまったく不可能」だった。それらすべてに加えて彼女は、「自分の体内で成長し、一時間に数回その存在を知らせてくる小さな命のために、編んだり、繕ったり、衣服をかき集めたりするのに時間を使った」。かなり弱々しくて顔が「やつれた」ものの、彼女は健康で幸せだった。妊娠の経過は順調だったが[48]、カールは母親に「お腹はどれくらい大きくなるものなんでしょう?」と尋ね、次のように書いた。「というのも、僕にはよく分からないからです。実際、イロナのお腹はとても大きくなっていきます。通常の範囲にあって、大きすぎないことを願っています。僕たちには、双子を育てるのに十分な広さの部屋がないのです」[49]と。彼らは数週間探して、ついに一つのアパートを見つけた。それはドナウ川近くのフォアガルテン・シュトラーセにあり、小家族が普通のプロレタリア的生活を送ることができるほどのものだった。[50]

今やカールは、憂鬱だった年月がずっと遠くに感じられるようになったに違いない。彼の精神は高揚し、六月の上旬には、「幸せの歌を陽気に歌い、楽しい毎日を過ごせています！」と、母親に伝えることができた。[51]その一週間後に子供が誕生し、両親に因んでカロリーヌ・ヘレーネ〔通称カリ〕と命名された。出産は難産で、トラウマになるほどだった。ある時点では、イロナが危機を乗り越えられるかどうか分からず、カリは最初の数カ月を病院で過ごした。[52]不安に陥った経験は両親の脳裏を去ることがなく、最初に生まれたのが最後の子供になるだろうと思われた。さらに、彼らは二人とも病気の再発に苦しみ続けることになった。イロナは肺が弱く肺炎に悩まされ、[53]カールは神経衰弱やアレルギー、引きつけ、痙攣、頭痛、およびその他の痛みに苛まれた。そのため、彼は時々ベッドに伏すことを余儀なくされ、左右にのたうち回りながら、その原因についてひどく思い悩むのだった。[54]このような苦難を別にすれば、カールの「精神状態はやはりひどく嘆かわしい」というヤーシの意見にもかかわらず、この時期は全体として充実期にあり、四〇歳になったとき、ポランニーは自分の人生を満足をもって振り返ることができた。彼は、ジャーナリズムやセミナー（それについては後述する）、またもちろん、夫および親としての役割を楽しんだ。「赤ちゃんもイロナも僕も、みなとても快調だ」と、カールはマイケルを安心させながらも、今や「もっと楽に死を迎えることができる」と、皮肉っぽいペーソスを付け加えた。[55]

ポランニーのアパートは、ウィーンの主にユダヤ人と労働者階級の地区であるレオポルトシュタットにあり[56]、市立公園に面した正面がイロナとカールとカリの居室だった。一九二〇年代半ばからは、彼の受け取る給料は豊かになり、「禁欲的でピューリタン」的な気質ではあったが、ほどよい快適さの環境で暮らせるようになった。彼が享受した主な贅沢は「電話と旅行」だった[57]。書斎の倍の広さがあるリビングの壁面には、貴族の制服を着たイロナの親族の肖像画が飾ってあった。もう一つの壁には、マルクスやベーム・バヴェルク〔一八五一―一九一四。オーストリアの経済学者、財務大臣〕やピクレルなどの著作を揃えた棚があり、書棚の横には、カールの父の肖像画が掛かっていた[58]。庭を望む後方には、「人懐っこい笑顔の小間使い[59]」のエルジが使う小さな部屋と、イロナの母のヘレーネ（ネニ、ネンコ、愛情を込めて「お婆ちゃん猫」としても知られている）が使う部屋があった[60]。ヘレーネの部屋は薄暗く、絵画や肖像画で飾られており、ベーカーシー家の紋章の刻まれた銀の食器のような価値ある財産を収納した、凝った装飾の戸棚が君臨していた[61]。彼女はかなりの収入――カールによると、「月に一〇〇万クローネ」で、「クラブ、旅行、贈り物のような贅沢に二〇万―二五万クローネを費やすことができた[62]」――を受けとっていた。エルジとヘレーネはハンガリー語でよく会話していたが、カリとはハンガリー語で話すことが許されていなかった。その基礎には、「子供たちは複数の言語にさらされることで混乱させられてはならない、という当時流行った愚かな理論」があった[63]。

幼児のカリ（「チビちゃん」、「小さな兵隊さん」）は永遠の喜びの源であった[64]。カールがセシルに書いているところでは、彼女は明るい性格と「祝福の笑顔」の持ち主であり、「才能は平均的」だがとても「賢く、開放的で、社交的」であった。また彼女は、「直面するどんな状況においてもものおじせず、自分の能力を正しく判断し、慎重で、巧みに困難を避けて勇敢に前進するような」子供だった[65]。穏和な雰囲気のなかで成長した彼女は幸運だった。家族が家庭内で口論することや声を張り上げることもめったになかった。[66] カールは穏やかで寛容な気質で、ほとんどのことを禁止しなかった。[67]（カリが覚えているのは、「嘘をついてはいけない！」、「紙を油の染みで汚してはいけない！」という二つのことだけである。）一つの例外はあった――家族一緒に食事をするのが習慣であったが、子供のカリはそうではなかった[68]――が、カールとイロナは、幼少期から娘を対等で自立した人格として（カリの言葉によれば「大人のように」）接した。カリは、父親に似て「打ち解けやすい性質ではなく」、そのことは両親との関係に影響した。[69]

しかし、彼女は引っ込み思案な子供ではなかったので、両親をしばしば訪問する客と話すよう促された。毎年メーデーの日にはリビングの窓から赤い旗がひらめき、政治的議論やイロナの革命歌が聞こえるなかで育った彼女は、早熟な政治意識を発達させていった。彼女のもっとも幼い頃の思い出としては、印刷中の小冊子に母がインクをローリングするのを手伝ったことが残っている。数年経つと、彼女は毎年メーデーの行進に参加し、労働者運動協会が開くサマーキャンプにも出席するようになった。夏は家族休暇のためのシーズンでもあり、ダルマチアの海岸で過ごしたり、[70] ソフィとマイケルの家族と一緒にウィーンの南のライヒェナウや[71]ケルンテンの湖畔――カールの記述では、「そこは安っぽくてまったく洗練されていなかった」――で過ごしたりした。[72]

ポランニー夫妻は、親としてカリに過保護であることを避け、暖かいものを身につけたり慎重に行動したりする必要について彼女に注意することは稀であった。しかしカールは、一人っ子の娘が甘やかされる可能性を懸念して、パウラという名の彼女の妹を「発明した」ほどだったが、カリはそれを、いくらか「心を乱す」出来事として経験した。（「私はどう反応したらよいのかわからなかった！」）カールは生まれつき遊び心があったのに、カリと子供のゲームをしようとはせず、むしろ、自分の仕事を手伝わせた。彼女に電話で応対をさせたり、あるいは、彼女がリビングのテーブルの下の自分の「居場所」で鎮座しているときに、『フランクフルト一般新聞〔*Frankfurter Allgemeine Zeitung*〕』や『ル・タン（時代）』、『ザ・タイムズ』、『労働者新聞〔*Arbeiter Zeitung*〕』といった日刊新聞にカールが赤と青の鉛筆で印を付けた箇所を切り抜かせたりした[73]。カールは生まれながらのストーリーテラーで、イロナには声をあげて朗読したものだったが、カリにはそうしなかった。その役目は彼の義母ヘレーネのものだった。カリは、ヘレーネの物語、例えば彼女が若いときに参加した舞踏会やお祭りの話――貴族的な流行や虚飾の世界は母のイロナが是認するようなものではない、と鋭く感じ取っていたとはいえ――が好きだった[74]。

『ウィーン・ハンガリー新聞』でのカールの地位は安定したものと感じられなかった。というのも、この新聞が「絶え間ない危機」のなかにあったからである[75]。しかし、一九二四年に彼の状況は好転した。友人のとりなしによって、名声ある『オーストリア・エコノミスト〔*Österreichische Volkswirt*〕』誌に、当初二カ月の契約で雇用されたのだ。「これ以上のポジションを求めることはできなかった」と、彼はマイケルにその感激を伝えている。「僕は主に書評や世界経済情勢についてのレポートを担当することになるでしょう。そして本を読み、本を書くこともできるようになるでしょう[76]」。給料は、その「多く」が「雑誌の購読、コーヒーハウスや図書館巡り等々」に費やされが、新しい家族が生き延びるのには十分であった[77]。グスターフ・シュトルパー〔一八八八―一九四七。オーストリアおよびドイツの経済ジャーナリスト、政治家〕とヴァルター・フェーデルン〔一八六九―一九四九。オーストリアの経済ジャーナリスト〕が編集する『オーストリア・エコノミスト』は、オーストリアで「唯一の真面目な経済雑誌」だった。それは、マルクス主義に対する敵意が少なく社会民主主義への共感がより大きいものの、守備範囲と自由主義的傾向においてはロンドンの『エコノミスト』に似ていた[78]。その寄稿者には、ケルゼン、ドラッカー、および自由主義経済学者のヨーゼフ・シュンペーター〔一八八三―一九五〇。オーストリア出身の経済学者〕、フリートリヒ・フォン・ハイエク〔一八九九―一九九二。オーストリア出身の経済学者〕、そしてゴットフリート・ハーバラー〔一九〇〇―一九九五。

オーストリア出身の経済学者〕がいた。一九二五年、ポランニーは昇進して編集チームに入り、姉妹誌の『ドイツ・エコノミスト〔*Deutsche Volkswirt*〕』を立ち上げるためにベルリンに異動したグスタフ・シュトルパーの後釜に座った。[79]その後ほどなくして彼は国際問題担当の編集者に任命され、フェーデルンが不在のときには、オフィスの会議、および近くのカフェ・バウエルンフェルトで開かれる非公式の編集会議を主宰するようになった。[80]

『オーストリア・エコノミスト』のオフィスで過ごす火曜日を除いて、普段、彼は家で仕事をした。[81]金縁の眼鏡を掛けて机に向かい、フェーデルンとの長い電話で話し込み、執筆し、タバコを吹かした。[82]（彼は人生の大半、ヘビースモーカーであった。[83]）補足的収入を得る仕事として、彼はウィーンの民衆大学で経済史の授業を開くこともしたが、[84]それは、経済進化の理論化、特にカール・ビューヒャーとドイツ歴史学派の著作に関心を燃え立たせてくれた。[85]さらに彼は、一九二四年一月には、ギルド社会主義に関する私的な夜間セミナーを始めた。参加者には、『オーストリア・エコノミスト』の同僚のドラッカーや、将来、義理の甥となるハンス・ツァイゼル、そして友人のコルナイ、ポパー、フェリックス・シャーファーがいた。[86]燃料がないために部屋がひどく寒くなる恐れがあったにもかかわらず、当初のうち彼らは社会主義学生協会の本部に集まった。[87]参加者の数が減ると、セミナーは場所をポランニーのアパートに移し、社会主義経済の理論と政策の一般的テーマに専念する研究サークルへと変化していった。[88]

ギルド社会主義と「機能の逸脱」

ウィーンにおけるポランニーの初めの数年は、彼の知的形成の転換点となった。彼は幾年にもわたって混乱状態にあり、彼の世界観は戦争と革命という「大いなる邪悪」によって激しく揺り動かされた[89]。戦後の中欧には、戦争と革命に続いて、混乱と不安の感覚が広範囲に残っていた。それゆえ、時代の政治的・社会的・精神的危機を診断することが、人文学と社会科学の知識人にとっての優先的課題になった。その危機は、自由主義文明や西洋や人類の精神的意識の危機だったのだろうか[90]？　危機の原因は経済システムや全体としての社会秩序にあったのだろうか？　戦争は、理性の優越性や科学・技術の発展を信頼することについて、人類に何を明らかにしたのだろう？　文明は、機械化がもたらした迷路のなかで道に迷ってしまったのだろうか？　ポランニーはこういった論争に没頭し、彼の考えは一気に進化した。彼は、幾年ものあいだ魅了されていた、トルストイ的な倫理的個人主義に我慢できなくなっていた。というのも、トルストイ的な倫理主義では、個人と社会の相互依存──彼の言葉では「社会の現実」──を認識することができなかったからだ[91]。またポランニーは、西欧の差し迫った没落というシュペングラー的な展望*にも興味をそそられたが、もっと永続的に引き付けられたのは、社会の統一と道徳的再生のための議論を展開していた思想家、特にイギリスの小説家にしてフェビアンの思想家であるH・G・ウェルズであった。

ポランニーは長らくウェルズの熱心な読者であったが、特に一九二二年に再読した『文明の救済』に感銘を受けた[92]。その中心的命題は、マンハイムやヴェブレンのような同時代人も考えたように、人間の技術力の前進が人間の道徳的能力や統治技術の知識の進歩を引き離していく、というものだった。ウェ

*ドイツの歴史学者オスヴァルト・シュペングラーは、第一次世界大戦直後に刊行した『西洋の没落』のなかで、近代ヨーロッパ文明の没落の運命を告知した。

ルズの主張によれば、近代文明は大量の科学的知識を生み出し、それによって「人間活動の物理的な範囲」が計り知れないほど拡大したが、相応しいかたちで「人間の政治理念を新しい条件に適合させる」ことはできなかった[93]。その結果、近代文明は「組織された連帯」を失い、「衝撃と緊張」に耐えることができなくなった[94]。ポランニーは、ウェルズのビジョンのなかに賢明な考えを発見して、彼の世代を巻き込んでいた文明の危機と差し迫った危険に対する不安を共有した。彼はウェルズとともに、「地球を荒廃させた」空爆やその他の兵器の発達によって科学が「破壊行為」に加担したことを嘆いた。そして、将来の紛争について彼は、小説家の予言を言い換えて次のように書いている。「真の避難所になるのは、うまく埋め隠され慎重に配置された、争い合っている軍隊の本部だけであろう。この本部から人は、その意味を理解することさえなく大規模な破壊を行うだろう。人類の物理的な力は途方もなく大きくなったが、それに比例して社会構造が発展することはなく、むしろ人類の今日の状況は、酸や毒塗りカミソリや爆弾を持たされた幼稚園児のようなものになっている[95]」。

しかし、ポランニーは危機の根本原因を説明する際に、フェビアンの偶像であるウェルズよりも、自身の研究を特徴付け始めていたトピックである市場社会の出現を重視した。市場価格は「すべてを支配するようになったが、だれもそれを支配することはできない[96]」、と彼は断言した。このこと、すなわち、市場領域の独立した制度化は、社会的崩壊のもっとも根本的な原因であり、分離された社会的機能（経済と政治）が対立する社会的階層（資本家と労働者）の指揮下に次第に入ってくるにつれて、社会的混乱はさらに悪化していくことになった。

その後、社会の統一が、ポランニーの人類学や価値論や終末論において決定的な関心事になった。このことは間違いなく彼の出発点を示している。第一章で議論したように、彼のまわりのブダペストのユダヤ人たちは、孤立や疎外、そして共同体の問題についてきわめて敏感だった。ルカーチはその代表的な例である。彼の『歴史と階級意識』は、抑圧されているが「普遍的」な階級であるプロレタリアートが、階級分裂を克服して社会を統一するために果たすよう運命づけられている役割を理論化した。マンハイムはもう一つの代表例である。彼の『イデオロギーとユートピア』は、公平な社会集団である自由に浮動する知識人が、他の社会階層のイデオロギーを総合する際に果たすことのできる役割を確認した。マンハイムは後に、その著書『変革期における人間と社会』において、自由主義の政策とイデオロギーが近代社会を断片化された諸構成要素に裂いてしまう、と主張したが、それに対する救済策は、経済計画と政治的陶冶を通じた社会の再統一である。[97] また、ウィーン時代のポランニーは、社会的統一の自然的・宗教的要請を強調する著作、とりわけ社会学者のフェルディナント・テンニース〔一八五五―一九三六。ドイツの社会学者〕の著作に魅了されていた。テンニースの『ゲマインシャフトとゲゼルシャフト（共同体と利益社会）』は、社会的統一と分化に関する論争の試金石になっていた。それはスペンサーの『社会有機体』を批判したが、デュルケームの『社会分業論』で逆に批判されることになった。社会学者がダーウィンの進化論の人間社会に対する意味を考えたときに論争が起こったが、テンニースの視点は、もっと身近な変化と直接に関連していた。というのも、彼は、教育と文化が根本的に変化しつつある時代のドイツの教養市民層に属していたからである。「統一――統一された知識と統一された感性」は、教養市民が一九世紀初期のロマン主義から受け継いだ文化的な理想であった。しかし、一九世紀の末には、「知識のさらなる専門化によって、ギムナジウムや大学は、普遍的な歴史的・哲学的な見解を提供するのが困難になっていた」[98]。ホッブズ以来、ブルジョア的自己利害を普遍的で必然的な法則として扱った、支配的な自由主義的伝統の社会理論に反対して、テンニースは、所有的個人主義*とそれに基づく諸制度の自然性に関するすべての前提条件が党派的で近視眼的なものである、ということを暴露しようと試みたのだった。彼の理論によれば、資本主義的社会《ゲゼルシャフト》は主として「合理的な意志」に基づいた社会であり、社会の分化と断片化の強制的な論理に従っている。もし共同体《ゲマインシャフト》の時代（顔をつきあわす関係を基礎とする有機的統一）が資本主義社会に先行していたとすれば、その場合には、後者は歴史的に相対化され、ホッブズ的な規範的枠組みは人類史の一段階を反映するものにすぎないことになる。ノスタルジックでロマンチックな仕方ではないが、テンニースは、社会《ゲゼルシャフト》の「人工的」で「非自然的」な秩序に対し、仲間関係のなかで生きる人類の「自然的な意志」という正反対のイメージを対照させた。そして彼は、社会的統一と仲間関係を実現するために、共同体主義的《コミュニタリアン》社会主義の道と普遍的宗教の道を提案した[99]。

二〇世紀の前半に、学者や政治運動の華やかな一群が、過度の社会的分化に反対し社会的統一を目指して、社会主義やコーポラティズムの装いで登場した。オーストリアにおけるこれらの動きには、社会民主主義者のオットー・バウアーや社会改良家（そして、オイリュトミー〔身体の動きによって音や言葉を表現する独特の芸術〕の先駆者）のルドルフ・シュタイナー〔一八六一―一九二五。ドイツおよびオーストリアで活動した神秘思想家〕がいた。シュタイナーは、「社会三層化状態」に関する著作で、経済的、政治的、および文化的領域のあいだの関係性が機能不全になっていると主張した。それらを調和的に統合するには、それぞれに十分な独立性を与える必要があった。ポランニーの評価によれば、シュタイナーの社会三層化論は、「一つの例外」があるけれども、「機能的社会の経済学に対するもっとも刺激的な貢献となっている」[100]。社会的調和には、経済的、政治的、および文化的な領域における制度的自律性の実質的な程度と結びついた「宗教的なタイプの統一」で支えられた社会全体が不可欠である、ということをこのオーストリア人が認識していることに、彼は称賛を送った[101]。「一つの例外」とは、イギリスのG・D・H・コール〔一八八九―一九五九。イギリスの政治思想家、作家、歴史家〕とウィーンのバウアー（およびポランニー）が展開したギルド社会主義論であった。

ハンガリー時代のポランニーは、ギルド社会主義を自由主義的社会主義の魅力ある飛び地と見なしていたが、ウィーンでは、「袋小路」に陥っていた自由主義的社会主義からギルド社会主義へと、きっぱりと愛着を移した。[102] ギルド社会主義は「今日のイギリスの現実になっている」と彼は叫んだが、[103] 実際にはその影響力は、ウィーンよりもその祖国（イギリス）においての方が小さかった。[104] コールは、中欧全体の社会主義指導者と密接な接触を維持しており、特にバウアーとルドルフ・ヒルファーディング（一八七七―一九四一。オーストリア出身の経済学者、政治家）によく受け入れられていた。（ヒルファーディングはドイツ経済議会の最初の会議で、「全国的ギルドに関するイギリスの著者コールの尽力」に敬意を表した。[105]）バウアーはギルド社会主義を、「イギリス労働運動内部で最強の知的パワー」として信用していた。[106] 彼は、ギルド社会主義が、「労働党の改良主義的な国家社会主義」と「労働組合の革命的要素」とを総合していることや、国家に対する個々の労働者の権利を擁護する「古いイギリス的個人主義」に忠実であることを、魅力的なものと考えた。[107] 一九一九年にバウアーは一連の論文でコールの理論を普及させ、一九二〇年には、著作『ボリシェヴィズムか社会民主主義か?』においてその理論を推し進めた。それは、ギルド社会主義を、「非革命的な社会化」という社会民主党の目標に適した戦略として提示していた。バウアーは、ポランニーがきっと賛同したであろう観点から、次のように主張した。社会主義は「自由を求める個人の欲求に根ざしており、自由の源泉は、すべての労働者の自己統治を目指す大衆の自己活動である」、と。[108]

---

*人間は自己所有権を持つことによって自由であるというJ・ロックの理念。カナダの政治学者C・B・マクファーソンによって概念化された。

コールはまた、一九二一年に出会ったポランニーに重要な影響を及ぼした。ポランニーは、若い友人であるコールに無批判ではなく、よいアイデアを哲学的洞察へと転化する彼の能力には限界があることを指摘した。だがポランニーは、「私自身に似た思考スタイル」をコールのなかに認め、彼の思想の精巧さ――とりわけ、それが欠けていれば「人間らしさがなくなる」公法の分野での精巧さ――を称賛した。[109] 実際、ポランニーはコールを「[ロバート・]オウエン〔一七七一―一八五八。イギリスの社会改革家、実業家〕のある種の再来」だと見なしたが、ポランニーにとってこれ以上の褒め言葉はなかった。[110] コールはしょっちゅう政治的見解を変更するので、それを要約するのはかなり難しいが、彼の政治的本質の分かりにくさは、同志モーリス・レキット〔一八八八―一九八〇。イギリスのキリスト教社会主義者〕による有名なトリオレ〔二様押韻の八行詩〕の形で表現されている。

ミスターG・D・H・コールは
ちょっと謎めいた人
一風変わったロール〔役割〕
それがG・D・H・コールのロール
ボリシェヴィキのソール〔魂〕を
フェビアンの抑制した口ぶり《マズル》のなかに秘める
ミスターG・D・H・コールは
ちょっと謎めいた人[111]

ここでの「ボリシェヴィキ」には、理想主義、労働組合主義《サンディカリズム》、そしておそらくロマン主義が含まれている。そのことは、ルソーやウィリアム・モリス〔一八三四―一八九六。イギリスの社会主義者、詩人、デザイナー〕、そしてオウエンに対するコールの熱狂を暗示している。彼はオウエンを、「道徳的・知的革命」の予言者として、また、分権化されたギルド社会主義の先駆者として解釈した[112]。より広く言えば、そのことには、雑誌『ニュー・エイジ』へのコールの支持が含まれていた。この雑誌は、コール自身と同じように、フェビアニズムの家父長主義的要素と国家主義的要素を拒否しており、労働不安のあいだに急進化し、ギルド社会主義を支持して「魂《ソール》の革命」を訴えた[113]。「フェビアン」は、コールの労働党との和解や、彼の教育の強調、国家主導の社会変革のための青写真の設計と管理への執着を私たちに思い起こさせる。（コールの妻の記録によると、ギルド組織についての大著を書いているとき、「彼は、地域の境界線に関する、イギリス政府機関のための詳細なプランを仕上げ、地図などをつくり上げた[114]」。）一九二〇年代中葉からは、コールの抑制された口ぶりはさらに強まり、ボリシェヴィキの魂はかつてなく弱まって、一九三〇年代には彼はフェビアン協会の議長を引き継ぐことになった。この段階で彼は、再び自身のことを「自由主義的社会主義者」とか「分別ある社会主義」のための声であると自称するようになっていた[115]けれども、彼はポランニーの関心――特に、個人主義とその最悪の結果としての、社会の政治領域と経済領域への制度的分離に対する批判――を掻き立てるような作品を書き続けた[116]。

ポランニーは、ギルド社会主義の何に魅力を見出したのだろうか？　もっとも一般的には、それがフェビアンの伝統と労働組合主義の伝統をきちんと結びつけていたことである。（それはときに「イギリス風労働組合主義《サンディカリズム》」と言われるが、その場合の「イギリス風」とは、急激な変化と自由主義的文化の行き詰まりに対する懐疑的な態度を含意していた。）また綱領的には、ギルド社会主義は、経済的管理における労働組合や労働委員会の卓越した役割を提起した。コーポラティズムの時代には、このような考え方は珍しくはなかったが、ギルド社会主義は、大方の人びとよりも踏み込んで、生産に対する実際の労働者統制〔資本あるいは経営側が生産を指揮し、労働側がそれに規制を加える制度〕や労働の売買への道徳的嫌悪感を支持していた。ポランニーはまた、社会を諸個人の自主組織《アソシエーション》で構成されるものとし、社会的諸制度を、諸個人が自分たちの日常生活で担うさまざまな「諸機能」を基礎とするものとして構想する、コールの多元的（あるいは「機能的」）制度理論を受け入れた。ポランニーの解釈では、それらの機能は、「生産、消費、隣人関係、知的生活、および、それらの繁栄」である。日常生活のこれらのニーズ（あるいは「機能」）を基礎として、諸個人は、労働組合や協同組合、教会、コミュニティ組織、および地方議会や国家のような、「それぞれ個人的生活の一機能を表現する」さまざまな自主組織を形成する。[117] それゆえ、経済的自主組織は諸個人の物質的ニーズに、ギルドは彼らの協同組合的機能に、そして国家は彼らの正義と平等の要求に関わるのであり[118]、各人は、「他の誰かの権威の下でではなく、彼らと一緒に働くこと」によって、自身の目的をもっともよく果たすことができるのである。[119]

　ポランニーの機能理論の解説によれば、社会は「本質的に、個々の器官が互いに結合してその機能を遂行する有機体である」[120]。ここでの有機体という言葉は、生理学的な体との類比によって社会構造を説明する伝統的仕方で用いられているのではない。むしろそれは、経済が一つの分離したメカニズムではなく、「社会における一つの自然なプロセス」であり、政治と経済の制度的な分離は社会の機能的な必要と衝突する、という信念を示すものである。そこから、経済恐慌と階級的衝突は、基礎にある統一的な道徳的合意の崩壊を示している、ということが導き出される。[121] ポランニーの主張によれば、個人的生活の「諸機能のあいだに基礎的な調和が存在する」という前提は、諸制度は諸個人から構成されているので、制度のレベルにおいても調和が同じように広がっていくはずである、という結論を正当化する。

しかし、諸制度は近年、互いの領域に侵入し始めており、それらの本来の境界を越えてその本質と矛盾するようになった、と彼は続ける。例えば、国家は労働組合（「ギルド」）と産業団体の領域であるはずの経済的機能に介入している。労働組合と産業エリートは国家に影響を与えて均衡を再構築しようと試みることで対応したが、そうすることで、彼らは自らの機能を濫用し、経済と政治とのあいだの境界線を越えてしまった。「この機能の二重の逸脱の帰結として」、「もし国家がその機能に従い、ギルドもその機能を遵守していたなら生じなかったであろう重大な混乱が、共同体の生活に起きている」、とポランニーは結論づけた[122]。

ギルド社会主義理論は、ポランニーに二つの論争に介入する道具を与えた。一つは直接に実践的なもので、もう一つは理論的なものであった。一九二二―一九二三年に社会民主党が支配するウィーン議会を困らせた一連の労使紛争でギルド社会主義理論が適用されたが、その実践的効用は明らかだった、と彼は確信した。ハイパーインフレーションのとき、オーストリアの経済的統治は、国際連盟という体裁をとって協商国が任命した高等弁務官が担当した[123]。緊縮政策への抵抗は労働組合が主導したが、最大の労働組合である金属労組は、物価指数に賃金をリンクさせる協定を以前に勝ち取っていた。他の組合が同様の協定について交渉しようとしたとき、議会自体を含む雇用者側はそれを拒否し、ガス、電気、消防、公共交通、および都市行政を含む地方自治体の諸セクターでストライキが勃発した。社会民主党の指導部は、いつもの高飛車な仕方で対応した。党は、被雇用者の短期の痛みがすべての者に長期の利益をもたらすということを自分たちがいちばんよく知っている、と思い込んでいたからである[124]。

ポランニーは、階級闘争の眼鏡でストライキを見る左翼主義者を軽蔑していた。社会民主党が権力を掌握していて、労働者階級が自分たちの自治体に対する集団的支配権を実際に握っているので、もし公的セクターの労働者が争議行為をするなら、彼らは個々の生産者としての彼ら自身の利益のために行動すると同時に、市民および消費者としての彼ら自身の利益に反して行動することにもなる、と彼はたわいもなく信じていた。[125] ギルド社会主義は、このような利害の対立を可視化することができ、より多くの財やサービスを消費し、それらを生産するためにより長く働くべきか、あるいは、消費は減るがより多くの余暇時間を享受すべきかということについて、共同体全体の決定で平和的に解決することができるメカニズムを提案した。[126] どれだけ働きどれだけ消費するかは、生産者と消費者（そして市民）を代表する二つ（あるいは三つ）の制度のあいだの交渉によって決まることになるが、[127] 交渉は、生産者の自主組織が経済計画を提示することで始まる。生産者は労働時間短縮のために圧力をかけるだろうし、消費者は、よりよい質、より安い財、公的インフラストラクチャーへの投資を要求するだろう。最終的には、社会的労働時間と生産物に関する、それぞれ二つの予定表が合意されることになるだろう。交渉には、ありとあらゆる個人の利害の諸要素を代表する諸制度が含まれているのであるから、誠意ある合意が実行に移されるはずである。[128] 対抗する利害集団の対立が固定していた階級社会とは対照的に、ギルド社会主義の社会は、「経済と社会を活気づける諸個人が構成する同一の人間集団の、さまざまな諸側面間の」対立を制度化することになる。[129] このように市民は、機能的なギルド・システムによって彼らの経済的実践の「内的見通し」を達成し、市場システムや国家権力を疎外状態から自らのものに回復することができるようになるだろう。

初期の新自由主義と社会主義計算論争

ポランニーがギルド社会主義の主張を導入しようとしたもっとも有名な理論的論争は、「社会主義計算」に関連するものである。オットー・ノイラート（一八八二―一九四五。オーストリアの科学哲学者、経済学者）とルートヴィヒ・フォン・ミーゼスによって点火されたその主題は、実際には社会主義の実行可能性の問題だった。くすぶった密室の論議の領域をそれまで出ることがなかったその問題は、今や大衆、そしてエリートを巻き込むことになった。評議会（ソヴェト）共和国[*]がロシアで、また、すぐにハンガリーおよびミュンヘンで樹立されたのだ。ノイラートはミュンヘンの中央経済計画局長官に任命された。[130] オーストリアでは、社会民主党がミーゼスの故郷であるウィーンの政権に就き、シュンペーターのような幾人かの自由主義経済学者がやってきて一部の産業部門の国家計画を提唱した。そして、ボヘミアの講壇社会主義者でポランニーの姻戚であるエミール・レーデラーが、社会化担当大臣に任命された。[131] ポランニーは一九二二年に、われわれの経済は「社会主義への移行期」にあると考えられる、と宣言したが[132]、このことはどのような種類の経済転換を必要とするのだろうか？

論争は、ノイラートの『戦時経済を通して現物経済へ』の出現によって引き起こされた。この論文を書き上げたとき、ノイラートはミュンヘンの労働者・兵士評議会の顧問だった。彼は、戦時経済において、中央集権化された計画の実行可能性が証明されたことを確認した。価格システムと利潤追求行動が

*労働者評議会、兵士評議会、農民評議会等を基礎とする急進派の共和国。第一次世界大戦後に出現した、ロシアのソヴェト共和国、ハンガリーのタナーチ共和国、ミュンヘンのレーテ共和国がその例。

抑制されることによって、戦時経済は生産の最大化と完全雇用の維持を可能にした。このことが戦時に機能したとすれば、戦後秩序においても同じ方法を適用することができるのではないだろうか？　こうして、戦争の苦しみのなかから社会主義の不死鳥が立ち上がることができた。「ユートピアが社会的に受け入れられるようになった」、とノイラートは小躍りして喜んだ[133]。

ノイラートは、赤いウィーンにおける象徴的人物だった。社会工学者で社会主義の博識者と自称する彼は、哲学や経済理論の最高峰を極めており、また、家庭菜園のための都市空間設計という実用的分野にも熟達していて、前衛的モダニストにして、都市計画や住宅建設、教育改革の熱烈な推進者として知られていた。その社会変革の構想は、地域共同体や草の根運動に同調するものだった。彼は、ミーゼスやハイエクのような新自由主義者、シュンペーターのような協調組合主義《コーポラティズム》的自由主義者、さらにバウアーやヒルファーディングのような社会民主党の党員たちと一緒に、オイゲン・フォン・ベーム＝バヴェルクが主宰する名高い経済セミナーに参加していた。一九二〇年代初頭、ノイラートはギルド社会主義に熱中して建築ギルドを立ち上げたが、建築ギルドはそのイギリス版と同じように、短期間成功してから崩壊してしまった。その後、彼は社会・経済博物館の設立に熱心に取り組んだが、その使命は、無学の大衆が途方もない複雑さにある社会経済的諸関係を理解するのを援助することにあった。

ノイラートはベルリンで、ドイツ歴史学派の指導者であるグスタフ・シュモラーや歴史家エドゥアルト・マイヤーに師事して博士論文の研究に取り組んだ。そして、彼の助言者にはテンニースとオッペンハイマーがいた。しかし、いくつかの点ですぐ分かるように、彼の経済理論はオーストリア学派だった。彼は近代市場システム（貨幣経済）を、経済的行動が交換過程によってのみ影響される経済として狭く定義し[134]、それとは対照的に、管理された経済（管理経済）は損益計算を含むさまざまな要因に制御されているとした。また彼の思想では、さまざまな選択可能な用途に資源を配分する経済決定が中心に据えられていた。これはミーゼスやハイエクに類似していたが、彼らと違ってノイラートは、あらゆる決定は多元的なものであり、主要な経済的決定は必ず集団的自主組織による交渉と審議を伴う、と考えた。[135]ミーゼスたちの前提は、経済決定が合理的であるためには価値を最大化しなければならず、それには価値を同一単位で計算する制度——貨幣——が必要である、というものだった。それに対してノイラートは、人間の生活の質が依存している諸要因は必ず不均質であり、それらを効果的に同一単位で計算することなどできない、と主張した。[136]トーマス・ユーベルが指摘したように、ノイラートが提案した「現物経済」は物々交換経済の単なる青写真ではなく、それは、経済決定の目的が貨幣価値を最大化することでなければそこには識別できるいかなる合理性もないとする仮定への抗議でもあった。[137]

ノイラートは、貨幣経済を管理経済に置き換えることに賛成して詳細な事例を提出した。それは、投入と産出の適切なレベルに関するあらゆる計算が「現物の」物量のタームで表示されることを除けば、複数事業部制の企業のように経営されるものであった。彼は混合形態〔貨幣経済と計画経済の特徴を併せ持った経済形態〕の実行可能性を認めたが、それよりもむしろ、貨幣が計算単位としてだけ存在を維持し、多様な形態の所有権とおそらく（必ずしも必然的ではない）国家によって統制される計画とを有する、中央計画経済を提唱した。[138]統計が集められ、需要の状態や原料および生産手段（資本設備と労働力）の入手を見通すことが可能になって、[139]数多くの不均質な品目が測定されるようになるなら、複数の代替案からの選択には政治的・倫理的な判断が含まれざるをえなくなるだろう。[140]彼の提案では、このような経済は過渡期の形態であり、それを超えたところに、完全に集産化した、貨幣の影さえも最終的に消滅するような領域が展望される。[141]

「社会主義計算論争」は、ノイラートへのミーゼスの応答によって点火された。合理的な中央計画管理経済は実行不可能である、とミーゼスは主張した。なぜなら、経済計算は、（労働力を含む）私有財産の所有者が自由競争に参加するという環境において、価格メカニズムが存在することで初めて可能になるからである。価格は、供給と需要の関係が絶えず変動するときでさえ、財産所有者に、彼らが自由にできる資源をいちばん利益があるように用いる仕方を判断するのに必要な情報を提供する。このように、無限に複雑で絶えず変化する最終需要のパターンは、市場アクターの計算に情報を与えるとともにそれを調整する、市場の見えざる手によって組織される。私的所有、自由市場、貨幣を基礎とするシステムだけが、人間の精神が「途方に暮れるほどに大量の中間生産物〔最終消費財を生産するための原材料、半製品、燃料など〕と生産の潜在的可能性」を「適切に方向付ける」ことを可能にする。[142] そして、共通の尺度である貨幣を確立させることによって、不均質な財を同一単位で測り、さまざまな選択肢のあいだの選択を価格計算に基づいて管理できる水準に還元することが可能になる。[143] 社会主義国家では、これとは対照的に、真の価格を形成することができず、かといって計画当局が価格メカニズムに取って代わることなどできはしない。近代の経済は、単一の中心によって管理されるには広大すぎるのである。

ミーゼスの主張は、後にハイエクによって書き直され、知識の問題に焦点が移されることになった。ハイエクの場合、計算は根本的には認識問題であり、知識の分業が「社会科学としての経済学の真の中心的問題」を形成する、とされる。[144] 経済的知識は「組織されることなく」断片的なままであり、「実際にはどの個人」もライバルの行為者に対していくらかの優位性を持っていて、例えば、機械をより効率的に使用することで、自分の気づいている「余剰在庫」を活用することを可能にする。こうして、「持っている知識と言えばほとんどもっぱら一時的な機会についての知識である不動産業者や、商品価格の局所的な差異から利益を得るさや取り仲買人」は、他者に知られていない「諸事情に関する特別な知識をもとにして著しい利益」を得ている。この私的で局所的な情報は、まさしく合理的な経済行動が依存するような種類の知識であり、知識問題――各個人には自分の事業に関連する知識があるが、経済全体の見通しはない――は、価格システムの見えざる手によって解決される。つまり価格は、無数の分散したわずかな情報から成る経済に関連する側面を価格システムを通じて伝達するのであるが、このプロセスは、入手可能な知識の種類が統計的集合だけであるような中央計画者には調節することができない[145]。計画者に知識を伝達する実行可能なメカニズムがない場合には、資本主義的価格メカニズムの社会主義的代用物を見つけ出す探求は失敗する運命にある[146]。

ミーゼスの論文は一九二〇年に『社会科学および社会政策雑誌〔*Archiv für Sozialwissenschaft und Sozialpolitik*〕』に発表されたが、その後まもなく、社会主義における経済計算問題に関心を持っていたレーデラーがその雑誌の編集権を握ることになった[147]。レーデラーの指揮のもとでこの雑誌は、ノイラートとミーゼスに対する三本のギルド社会主義側からの応答を公表したが、そのうちの二本はポランニーによるものであった[148]。ポランニーはまた、オーストリア社会民主党の理論誌『闘争〔*Der Kampf*〕』の才気溢れる論考においても、自身の主張を詳述した[149]。

ポランニーは、それら三つの自身の論考を、ミーゼスの「新自由主義的な」主張への反論であると同時に、左翼のために優れた経済戦略を提供する政治的介入として考えていた[150]。社会主義経済の形成に関して利用しうる選択は、社会民主党の路線に沿って資本主義を改革する「漸進主義的」な試みか、指令経済〔行政当局の命令によって企業活動が行われる経済形態〕を建設する革命的な試みかのどちらかである、と社会民主党の指導者たちは信じているように見えた。ポランニーの主張によれば、これは間違った二分法であり、麻痺を誘発するようなものであった。有効なのはギルド社会主義の第三の道であり、広範な消費財をカバーする規制された市場の空間が確保されるなら、社会の主要な経済的決定は生産者の自主組織と消費者の自主組織とのあいだの交渉を通じて行うことができる、と彼は主張した。この種の経済では、「本物の労働者階級の形成」が、「彼らの自由な行動と機能的な結合を通じて、社会主義経済に必要な賃金や労働時間や価格の経済的水準をつくり出すので」、計算問題は実践的に解決可能になるだろう[151]。もし社会民主主義がこのプログラムを採用するなら、倍加した生気と活気でその政治的綱領を追求することができるだろう[152]。

ノイラートとの関わりにおいては、ポランニーの議論は欠点や歪曲を免れなかった。彼はオーストリア人のノイラートを、一枚岩の中央集権化とトップダウンの経済計画を奨励する「教条主義者」として不正確に説明した[153]。論争が繰り広げられて両派がその立場を修正していたときでも、それは同じだった。ノイラートがマルクス主義からギルド社会主義に移行したのに対して、彼の論敵のポランニーは、マルクス主義の理論的道具を自分のギルド社会主義の枠組みに組み込んだ[154]。しかしポランニーは、ノイラートの目標を貨幣のない経済として解釈する点で正しかった。この点について彼はミーゼスと意見が一致しており、経済価値を同一単位で測ることによって合理的な会計を可能にするうえで貨幣が決定的な役割を果たすこと、また、価格メカニズムが存在しない場合には、中央計画者は労働生産性や消費者需要の継続的変化を正確に評価することができないこと、を主張した[155]。だがポランニーは、貨幣と市場の役割を擁護することは必然的に自由市場資本主義を弁護することになる、というミーゼスの想定を拒否した。というのも、もしトップダウンの中央計画が諸個人を統計的に客体的な原子として理解するのであれば、自由市場資本主義も同じように狡猾な仕方で諸個人を原子化するからである。それは、すべての経済的決定を利潤の問題に向け、社会的基準を無視するものである。このようにポランニーは、計算と情報の命題を倫理的立場と結びつけた。自由市場システムにおいては、経済行為者は私的経済取引に個別の単位として関わるのであるから、それらの取引の社会的結果について市場が意味のある情報を提供することはできない。市場資本主義は、個人的自己利益という反社会的倫理を生み出すばかりか、個人的責任の倫理的な行使に不可欠な意識を高めるような経済生活の見通しを妨げもする。ポランニーにとって、このことは決定的である。なぜなら、徳の高い社会とは、まさに人間が「自分の責任を全うする」ことができ、どうすれば恩恵が最大化され害悪が最小化されるように自身の行動が他の人びとに影響するのか、知ることができる社会であるからである[156]。

これは、ポランニーの以前の自由主義的社会主義に含まれていた俗流的な自由貿易支持との鋭い断絶を表している。彼は、経済理論においては「オーストリア学派の個人主義的方法」の堅固な支持者であると自らを見なし続けていた[157]。彼の主張によれば、中央計画と比較して市場経済では、個人は、「自分の経済的利益に関連する事柄についての」より大きな「裁量権」と、経済活動に従事するより大きな自由を持っている。しかし今や、社会が経済生活以上のものから成り立っており、個人の行動は物質的動機以上のものによって動かされているので、経済は全体論的に判断すべきである、と彼は強調する。彼の主張によれば、社会組織の「道徳的な価値」は、「個人的責任の社会的領域における実現がそれによって促進される程度に依存する」。したがって計画経済は、「市場経済に対して、いかなる道徳的優位性をも持ってはいない」。すべては、「社会構造全体の民主的な組織化が当局を真に人民を代表するものにし、個人を責任あるものにしている程度」にかかっているのである[158]。

ポランニーの個人的責任の倫理は、表面的にはハイエクのそれと似ている。オーストリア学派は、「個人」は自身の決定によって引き起こされる「すべての物理的影響を考慮に入れる」ことができるはずだ、という前提から出発した。そのためには、「個人の行為が、自分の支配下にあるものから他の人びとが引き出す満足に及ぼすあらゆる直接的影響を可能な限り完全に含むよう、責任の範囲を定める必要がある」。これを達成するのは絶対的な私的所有である。というのも、所有者の財産使用に関する決定の排他的権利こそが個人の責任を奨励し、自分自身とより広い共同体の利益のために知識と占有物を——スミスの見えざる手のやり方で——各人が最大限に活用することを可能にするからである。その魔法とは、見えざる手が私的な自己利益の糸によって公共善を織り上げるということである[159]。しかしポランニーは、類似する倫理的前提をきわめて異なった認識論に結びつけることで、ハイエクと正反対の結論を導き出した。ハイエクの想定によれば、経済に関連する知識は私的なものであり、価格タームで表現でき、必ず個人の利潤最大化のために生産性の向上を志向するものである。これらの仮定が自由市場を支持する彼の主張を支えている。というのも、市場における意思疎通をもっとも可能にするような情報は、私的な経済行為者としての諸個人がとりうる経済的選択肢に関するものだからである。それとは対照的に、ポランニーにとっては、潜在的な生産能力を最大化することは経済的な意思決定を行う基準の一つに過ぎなかった。もう一つの基準は社会的福祉であるが[160]、これに必要な種類の知識は文脈依存的な社会的知識である。それは「個人的」なものではなく、集団的実践のなかで諸個人によって生み出される知識であって、諸個人間の実際の相互関係に関する具体的理解をもたらすものである。つまり、個人的な知識とは対照的に、このような「社会的知識は、相互的な人間生活の〔市場社会から社会主義社会への〕実際の転換によって効果的に媒介されうるものである[161]」。市場社会で重要なのが個々の消費者のニーズであるとすれば、社会主義社会における個々の消費者のニーズはむしろ、「社会の意識的な成員として」の個人の異なったニーズによって補完されることになるだろう[162]。

この目標はどうしたら実現することができるだろうか？　ポランニーの答えは、「見通し」と翻訳するのが最適の概念であるユーバージヒト（Übersicht）を中心とするものである。「見通し」という概念に対する代替案は「透明性」である。だが、ポランニーの見通し《ユーバージヒト》は新自由主義の知識の透明性とは正反対である。新自由主義の目的は、市場に対する政策立案者の説明責任をより高めることであるが[163]、ポランニーにとって見通しとは、目標としてのより完全な競争によって価格に関する情報をより可視的なものにするという意味ではなく、目標としての産業民主主義によって価格の形成を目に見えるものにする、ということである。見通しは、政治の分野においても経済的分野においても、民主的な説明責任を達成するうえで中心となるべきものである。ここで、すでに、ポランニーの市場社会批判の重要さを垣間見ることができる。市場経済は、単に、あまねく広がっているエゴイズムに道徳的意志を従属させることを促すばかりではない。それはまた、見通しを妨げ、非人格的で客観的な市場諸力に対する見通せない不透明な反応として個人間の関係を表現することによって、自由と民主主義を妨害する。市場社会では、労働の目標を決定するのは人間の意志ではなく、利子率と価格メカニズムの見えざる手なのである。だが、人間の生活の組織化が、市場の諸力に従って目に見えないかたちで行われるのであれば、説明責任はどのようにして果たされるのだろうか[164]？　近年では、資本の集積と集中によって問題がいくらか弱められているかもしれないが、こういった趨勢は分業の複雑さが増大することで相殺されている。その結果、「個人の立場を超えるすべての見通しが失われてしまう」。ポランニーの結論によれば、見通しの喪失は「民主主義と経済とのあいだにできる溝のもっとも根底的な原因」である[165]。

　どうすれば見通しを回復することができるのだろうか？　どうすれば、経済関係を目に見えるようにし、「内部から」それらを見通して自身の行動の結果を理解し、それに対する責任を回復させることが可能になるのだろうか？　労働者自身が経済過程の意識的で責任ある統制を達成する、ということがポランニーの回答であるが、それには、当局に説明責任を果たさせ諸個人を責任あるものにする「社会構造全体の民主的組織化」のプロセスが必要である。[166] このことは、ノイラートが信じていたように、貨幣と市場の廃止を必要とするのではなく、むしろ「それらの機能の統制」を要請する。価格は、政治的介入を通じて「廃止されるのではなく、部分的に決定される」べきものなのである。[167] さらに、このためには経済生活の包括的な見通しが必要であるが、ノイラートの信頼する統計データは、不可欠であるとはいえ、外的な見通しを容易にするだけである。内的な見通しには、人間のニーズと労働の苦痛〔Arbeits-leid〕（労働の不快、あるいは不効用）の全般的評価が必要である。それは、「労働組合、産業団体、協同組合、社会主義自治体」に実例が示されているような「民主的な利益代表」と「自己組織」だけが実行しうる任務である。[168] 諸個人はこのような団体においてこそ、他者の立場に自らを置き、彼らのニーズと労働の苦痛に共感することを学ぶのである。[169] 労働組合や民主的労働者政党のメンバーは、彼らの共同体の欲求やニーズや供給上の制約等に関連する苦難に対して敏感であり、自らの組織を通じてその知識を伝達することができる。このような方法によって内的見通しが生み出され、社会主義経済における包括的な会計が可能になるのである。[170]

「人格的」で透明な経済関係の創造の鍵として見通しを強調する点において、ポランニーの思想は、リチャード・トーニー〔一八八〇―一九六二。イギリスの歴史家〕のような左派の社会民主主義者や、マルクスおよびその弟子たちの思想に似ている。ポランニーは、疎外と商品物神性の理論の重要性について、また、どのように人間の活動が交換価値や市場価格の物象化された外観を帯びるのかというマルクスの分析について、セミナーで詳しく説明した。[171] 彼は、『資本論』の「商品の物神的性格」に関する一節から、一文を注意深く選び取った。マルクスはそこで、透明な社会を、「共同の生産手段によって労働し、彼らの多くのさまざまな形態の個人的労働力を意図的に一つの社会的労働力として支出するような、自由人の共同体」として描いている[172]。そのような社会では、労働者の関係は、「労働や労働生産物について、生産においても分配においても透明で単純である[173]」。ポランニーの主張によれば、このことは、まさしく彼の論文が見通しについて言おうとしていたことである。抽象的な経済的諸力が支配する社会秩序に対する批判を、彼はマルクスと共有していた。そのような社会秩序では、私的所有関係が、資本の形態をとって現れる過去の労働による、生きた労働の支配を保証し[174]、そして社会経済的関係が神秘化されるために、自分たちの経済的行動の影響を認識することがほとんどできなくなって、道徳的な考慮や判断が損なわれるようになる。ポランニーは、マルクス主義の論理に沿って、「人間的な」動機が明らかに広がっていくような経済的社会化を主張した。そこでは、経済的諸関係が諸人格間の透明で直接的な諸関係として現れ、諸目的のあいだの選択が目に見えるものになって、個人的責任を果たすという義務が可能になる[175]。このような社会は、労働者を資本の支配から自由にすることを約束し、活動と生産物とのあいだの生きたつながりを回復させ、「より親密な人間共同体」と「調和のとれた人格」を同時に達成することを実現させるのである[176]。

これは、思想的な方向転換を表していた。というのも、ポランニーは以前にウィーンで、マルクス主義への痛烈な批判に到達し、それを、諸個人の力を破壊して彼らを集団的な意思に服属させようとするひどい規律である、と厳しく非難していたからだ。ポランニーの定義によれば、マルクス主義は、歴史の歯車を人間の意志を無視して容赦なく回るものと規定する点で、「客観主義的」社会学――まもなくエドムント・フッサールが近代科学の危機の説明において、また後に、マイケル・ポランニーが（『個人的知識』で）広めることになる用語――の一種であった[177]。客観主義とそれに近似する歴史主義（まもなくポパーが与えることになる意味での）は、個人から選択の自由を奪い、社会の進歩に自由に寄与する各人の民主的な責任を取り消してしまう。その結果として生じたのは、無思慮や無関心、そしてJ＝P・サルトルが不誠実〔自由と責任から逃げること〕と呼ぶものであった。社会主義の未来の必然性というマルクス主義の信念は、道徳的自由を拒絶するという点において道徳的に腐敗しており、諸個人が社会経済的法則の単なる符号であるという仮定は、自分が経験してきた「戦争、革命、苦痛、および紛争」を深刻化させたものだ、とポランニーは考えた。[178] 彼は、ウィーンに暮らした最初の二年のあいだに、一七世紀における医学研究やいかさま療法と、マルクス主義のような今日の「社会的救済の教義」との類似について解明する本を執筆し始めた。ポランニーによれば、それらはいずれも高貴な目的を追求したものの、数千の死体をもたらしただけだった。この本は、「マルクスの社会主義の根本的誤謬」は、「『科学的政治』という概念、すなわち、政治行動を科学によって基礎づけることができる」という誤った確信にあり、そして「生についての宗教的な概念」は全面的に「科学的な概念よりも優れている」、という命題を擁護した。[179] 原稿のある部分は、公開された作品（例えば、社会主義計算に関する彼の一九二二年の論文）のように書き直されたが、全体としての企画は放棄されることになった。その理由は、部分的には、マルクス主義に対する彼の敵意が和らいだためである、と推測される。[180]

なぜそのようになったのだろうか？　彼の新しいキリスト教の信念を通じた思考の結果なのだろうか？　ポランニーは確かに、マルクスは宗教という安定した土台よりも「不可知論的で単なる科学的な土台」のうえに社会主義を打ち立てようとして間違った、と主張し続ける一方で、マルクスの著作を、今や無意識的なキリスト教的異端と見なすようにもなっていた。[181] すなわち、マルクスは、近代の預言者として、貪欲、腐敗、偽善を呪い、支配秩序のねじれた論理を見抜き、その支柱を切り裂いてしまわないなら決して未来はないだろうと警告した聖人である、と見なされたのだ。しかし、他の要因が働いていたことも確かだ。ポランニーは社会運動の行動主義を受け入れたのかもしれない。だが、彼が抗議運動に参加したことはおそらくなかった（部分的には健康上の理由からだが、それが唯一の理由ではない）だろう。共産主義者であるイロナと結婚したことが重要な役割を果たしていたのだろうか？ 娘のカリはそう考えていない。彼女の証言によれば、「私の両親はどちらも相手の影響を受けませんでした。イロナは理論に関心がありませんでした。彼女は活動家だったのです」。彼女が夫に対して何かを後押ししていたとすれば、それは実際には「政治への参加」についてであって、マルクス主義ではなかった。「軍人一家の出身である彼女は軍事戦術に魅了されていました。彼女がよく読み下線を引いていたのは、クラウゼヴィッツ〔一七八〇—一八三一。ドイツ（プロイセン）の軍人、軍事学者〕の著作であり、マルクスのものではありませんでした。私は彼女がマルクス主義について話すのを耳にしたことはありませんが、レーニンや共産党のことは聞いたことがあります。スペインで戦うために労働者を訓練するという話も聞きましたが、それはマルクス主義についてではありませんでした」[182]。しかし、これは誇張である。イロナの文章には、マルクス主義の領域に関する鋭くて理論的知識のある議論が含まれている。彼女がマルクス主義的な組織や環境に関与していたことが、ポランニーのマルクス主義再評価に影響したであろう、と私たちは当然のことながら確信することができる。それはそうとして、配偶者が共産主義者であったことよりも、赤いウィーンを取り巻く政治文化の方に、ポランニーのマルクス主義再評価の主要な理由があった、ということについては、ほとんど疑う余地がない。

赤に覆われた都市

ポランニーは、形式的にはウィーンに亡命していた。初めの数年間は苦労を強いられたが、その後はまったく居心地よく感じるようになった。それは、ウィーンが労働者党の運営するヨーロッパで唯一の大都市だったからでもあった。この党には欠点がなかったわけではない。党は、労働者階級の選挙民の「狭い意味での直接的な物質的利益」への奉仕に焦点を当てていたが、「全体としての共同社会のニーズを満たし、労働者階級の代表を権力の座にとどめることを通じてこの階級の利益を長期的に擁護する」ような、「柔軟な」政策の必要性には無自覚だった。[183] しかしポランニーは、全体的には赤いウィーンを、民主主義の輝く光として、また、制度的な改革——普通選挙権と代議政治——が根本的な社会政治的転換を企て、労働者階級が権力を握り、その利害が都市の構成に刻印されている都市として見なしていた。彼は、ヨーロッパ全般における今日の社会的趨勢を考慮して、政治的分野ではなく大衆の日常生活にもっとも衝撃的な転換が見られる、と述べた。とりわけ若者のあいだでは、「過度に工業化した都市生活」への反発があり、身体的なスポーツやフォークダンス、「自然のリズムと美への欲求」が高まっていた。彼はこの趨勢を、友人のエーリヒ・フロム〔一九〇〇—一九八〇。ドイツ出身のアメリカの社会的精神分析家〕に先駆けて、「所有することではなく、存在すること」という標語で要約した。それらは特にウィーンで顕著であり、民衆が生まれ変わるときの生みの苦しみであった。社会民主党が自治体権力を掌握したおかげで、著しい変化が生じた。幼稚園や図書館、成人教育プログラムが拡大され、多数の文化団体が設立された。労働者は自分の好きな日に社会主義新聞を読み、集団的な健康体操に参加し、相対性理論の社会主義的意味に関する講義に出席するとともに、男たちは社会主義的なチェスクラブやガーデニンググループに参加することができた。[184] アルコールの消費は減少し、禁酒協会が急増した。フォークダンスやスポーツの人気が高まって、個人的達成から団体精神への根本的な倫理的転換が生じた。

ポランニーは、とりわけ文化と教育改革の分野での赤いウィーンの取り組みに感銘を受けた。ブダペストの青年活動家時代に労働者教育に従事したことがあった彼は、この点で、オーストロ・マルクス主義者と考え方が同じだった。[185] 教育は彼らの事業のなかに深く根を下ろしており、それは、労働者階級を「教育の政治［を通じて］社会化された人間へ」転換させるものの一つとして明確に捉えられていた。[186] オーストリアの社会主義運動は、文化協会である教育協会から発達した。協会は、教育を通じて啓蒙を普及させることに熱心で、労働者の利益を増進させる主要な道具として教育を認めていた。社会民主党の指導者たちは、ブルジョア文明において優越的な物質主義的で商業主義的な倫理よりも社会の文化的レベルを高めていくことに党の使命がある、と考えていた。このような理由から、彼らは労働者の教育に大きな信頼を置いていたのである。[187] ポランニーが特に称賛した政策は、一九一九―一九二〇年に行われたウィーンの学校改革であった。その理論的基盤は、精神分析運動をフロイトと共同で創始したアルフレート・アドラー（ポランニー一家の主治医で友人）によって確立された。[188] ポランニーの認めるところによれば、学校改革は実際にはきわめて慎重に行われた。改革は、学校の規律と学校生活のシステムの構成上の基礎として、既存の帝国学校法（ハプスブルク時代の教育制度を規制した法令）を受け入れ、社会主義教育の理念――ソヴェト・ロシアで試みられていた――を発展させるのではなく、内容よりも教育方法の問題に取り組んだ。それにもかかわらず、この学校改革は著しい進歩の見通しをもたらした。改革は、保護者たちの学校との定期的な接触や、生きた現実――とりわけ子供たち自身の経験と周囲の状況、および彼らの地方的・地域的な環境――に適応した教育（例えば、波止場や発電所や展覧会、あるいは森への遠足）や、とりわけ歴史の授業において「普通の人びと」の功績を十分に認める民主的なアプローチを奨励した。ポランニーの結論によれば、この学校改革は、「狭い範囲で行われたにもかかわらず、ウィーンの社会主義的転換におけるもっとも重要な要因の一つであり、新しいウィーンを世界の社会主義運動のなかでもっとも活力ある勢力の一つにした、前述したような生活形式と一般的な労働者階級の文化を確立させた」ことを証明した。[189]

それでも、ウィーンの急激な変化は、主に教育学や社会主義的教壇からの説教に対する応答ではなく、社会組織における実質的な変化への応答であった、とポランニーはその意義を明確化するために説明を付け加えた。社会主義的労働者運動が政治権力を握ったことは、キリスト教的な価値の繁栄を鼓舞し、労働する人びとに、彼らの社会的重要性や道徳的な目的、そして「責任とリーダーシップの精神」を感じさせた。[190] ポランニーが感動したのは、「ほぼ一晩で」帝都ウィーンが「洗練された労働者階級の文化を持つ世界的に有名な大都市へ」と転換されたことである。[191] 娘のカリの回想によれば、そこでは「政治的な意思決定に関与していることに、労働組合と労働者階級の真の意味があった」のであり、それは、「ブルジョア的背景」を持つ彼女の父がそれまで決して想像しえなかった現象であった。例えば、メーデーのパレードで数十万の労働者とその家族が、すべての地区から横断幕や旗や楽団を携えてリングシュトラーセを行進する。そのとき突然、「前衛としての労働者階級」の理論がポランニーにとってなるほどと思われた。[192] 要するにポランニーは、その一〇年後にジョージ・オーウェルがバルセロナで描いた啓示*のようなもの――思いがけなく労働者たちが、「あなたをまともに見て対等な者として接する」――を経験したのであった。中間階級急進派のための別組織の設立という、彼の以前の政治的プロジェクトは、確かに背後に退いた。ポランニーの民主主義についての抽象的な自由主義的概念――今や彼はそれを、階級分化という現実を「表層的に」取り繕っているものと考えるようになった――もまた同様に退いていった。[193]

オーストリアの社会民主党員たちは、ハンガリーの姉妹政党とは違って、急進的知識人層を大衆運動に有機的に結合させることに成功した。社会民主党員たちは知的に開かれていてダイナミックであり、そこにはヒルファーディングやレンナーのような才能豊かで創造的な思想家たちが含まれていた。彼らは、資本主義企業の組織化の増加とそれに伴う階級的敵対の緩和が社会主義への平和的移行の展望を高める、という命題――ポランニーはそれに共感した――を練り上げていた。ポランニーはまた、オーストリア社会民主党のもっとも才能豊かな哲学者であるマックス・アドラー〔一八七三―一九三七。オーストリア社会民主党左派の理論的指導者〕を称賛していた。シャーファーによると、ポランニーとアドラーは気持ちが通じ合っていたという。ポランニーが魅了されたのは、歴史過程における人間の意志の役割に関するアドラーの思想や、「先験的に社会化された個人」という彼の概念、[194]そしてマルクス主義にカントの倫理的普遍主義を結びつけようとする彼の試み――物象化と疎外への資本主義の諸傾向は、他の人間を目的に対する手段として扱う結果をもたらすが、集団的な定言命法**はそれに対する抵抗を意味するに違いない、と解釈されている――であった。[195]そのような抵抗のなかで、「新しい人間」〔ブルジョア的利己的価値観を脱し、集団的価値観に基づき行動する人〕の創造のプロセスはすでに

* イギリスの作家、ジャーナリストであるオーウェルは、スペイン内戦の記事を書こうと一九三六年にスペインに赴いたが、バルセロナで民衆の蜂起に立ち会い、民衆の覚醒に大きな感動を覚えた。

** カント倫理学の根本原理。「あなたの意思の格律が常に同時に普遍的な立法の原理として妥当しうるように行為せよ」という無条件の行為要請。

始まっており、文化革命（バウアーの言葉では「魂の革命」）は資本主義国家の転覆を待つ必要がないのである。[196]

社会民主党の指導的影響力を持つ人のなかでポランニーがもっとも尊敬したのは、バウアーだった。二人は友人になり、ポランニーがウィーンを離れた後も文通を続けた。[197] バウアーはマルクス主義者だったが、マルクスが、支配階級がその階級自身およびその階級の市民社会や他の諸国家に対する関係を組織するような一組の疎外された諸制度として資本主義国家を理論化したのに対し、バウアーは、権力がさまざまな社会諸階級に配分される制度として資本主義国家を理解した。[198] またマルクスは、議会制民主主義をブルジョア支配の政治的外皮と見なしたのに対し、バウアーはそれを、その内容が諸階級勢力間のバランスによって決定され他の党に対する労働者党の投票力で測られる、政治的には中立的な形態であると考えた。[199] ポランニーは、バウアーの民主主義や国家や社会主義についての諸概念を、古典的マルクス主義の諸概念よりもしっくりくると感じていた。また彼は、テンニースとギルド社会主義への熱狂をバウアーと共有した。[200] バウアーの主張によると、オーストリア社会民主党は、政治革命の戦略を拒否したにもかかわらず、ドイツの姉妹党とは対照的に改良主義の潮流と革命的な潮流の双方を含んでおり、改良主義の支配は条件次第であった。[201] ポランニーは、この第三の道、とりわけ機能主義的民主主義（あるいは「産業」民主主義）についてのコールに示唆されたバウアーの命題を、魅力あるものと考えた。[202] それは社会主義を、民主主義の経済領域への拡張を表現するものと理解し、民主主義のプロレタリア的な内容は、議会においてよりもむしろ、労働組合や労働者と農民の協同組合を通じて表現される、と考えていた。政治的民主主義は市民層を原子化するのに対し、機能的民主主義は労働者を、経済における彼らの機能に従って生産者と消費者として組織する。[203] このように、それは政府を市民と結合させ、市民の自己教育の手段を提供する。

バウアーとポランニーの理解では、ハプスブルク君主国の転覆に続く数年間のうちに、オーストリアが政治的民主主義と機能的民主主義を合体させるのが見られ、プロレタリアートのヘゲモニーに対する対案として機能的民主主義が現れた。一九一八年革命〔君主政を転覆させ共和政を樹立した革命〕の中核を形成していた兵士および労働者評議会は、いつでもソヴェト〔評議会〕共和国を樹立できる態勢にあり、それはバウアーを当惑させる見込みであった。社会民主党は、運動の戦闘的な部隊においても得ていた信頼を用いて、彼の言う「ブレーキ」を革命的動態にかけ、工場の規律を回復させて、新しい共和国への忠誠心を教え込もうとした。[204]その結果、機能的民主主義が、労働組合と社会民主党機関のかたちをとって勝利を収めた。労働者評議会における革命的諸要素は巧みに打ち破られ、評議会は周辺化されて、労働者階級のアイデンティティの戦闘的意味と彼らが体現していた政治的な力が薄められることになった。

一九二〇年代初期のポランニーは、戦争直後の数年間に、普通選挙権から労働者権力までの道が直線的に導かれるという社会民主主義の仮定が試された、と考えていたが、この仮定が正しいことが示された結果、自由主義と民主主義の長期にわたる結合が最終的に分離することが明らかになった。かつては親しい関係にあった資本主義と民主主義は永続的な対立状態に入り、自由主義は資本主義と手を結んで、民主主義の炎を退けた。以前には民主主義と競争の擁護者であった自由主義が、一八七〇年代からは「不毛」になった。[205]今や自由主義は独占資本におもねり、現実の弱々しく派生的な反映である「ネオ・デモクラシー」か、あるいはまったくの権威主義的反動かのどちらかを支持することになった。[206]権威主義的反動の格好の例は、ポランニーの古い論敵であるミーゼスであった。ミーゼスはエンゲルベルト・ドルフースによるオーストロ・ファシズム政権の経済顧問を務めており、ポランニーが一九二〇年代末に注意深く研究したミーゼスの著書『自由主義』にはファシスト政府への熱狂が含まれていた。[207] しかし、自由主義者が見捨てたにもかかわらず、民主主義の松明は、ウィーンでの社会民主主義の躍進が立証したようにまだ高く掲げられており、「勝利の途上にある民主主義を止めることができるものはないだろう」と考えられていた。[208]

この挑戦的な戦いの言葉が発せられてまだ間もないうちに、オーストリア社会民主党は長期の後退を迎えつつあった。新しい共和国のなかでは、社会民主党は首都とその州を統治したにすぎなかった。そこでは、社会民主党はますます強力になって党員数も一九二〇年代を通じて着実に増加していたが、キリスト教社会党と汎ゲルマン派〔ヨーロッパ各地のドイツ人を統合して、特にロシアと対抗しようとした政治潮流〕が諸州を支配して国家を指揮し、産業の所有権が既存のエリートの手中に残り続けた。国家は、バウアーやポランニーが想像したような中立的機関ではなく、バウアーが後に認めたように「確実にわれわれを後戻りさせる、ブルジョアジーのますます断固とした階級支配」であることが明らかになった。[209] このような妨害に直面して、社会民主党は後退した。社会民主党は、「労働者階級」が国民的な政治権力に復帰するだろう、と言葉のうえで主張し続けたが、実際に焦点が当てられたのは、党員の募集や教育、そして自治体での文化活動であった。[210] これはポランニーの賛同を得たが、党が一般党員の参加を制限する選挙マシンになっていることに憤慨していた左派の社会民主主義者から批判を浴びることになった。[211] これは、主に中間階級の知識人の安定した寡頭制が労働組合と社会民主党組織を支配し、彼らの覇権に盾突く下からの自発性を回避する貴族的なアプローチである、と左派の社会民主主義者は異議を唱えた。[212]

悲観的な予測は、他国、とりわけイギリスの出来事によっても確認されるように思われた。ポランニーが『オーストリア・エコノミスト』に提出したレポートの大半は、イギリスについてのものだった。

彼が長らくイギリス労働党を尊敬していたのは、キリスト教社会主義のルーツや、フェビアンとギルド社会主義の哲学、そして、主要産業の社会化を支援しながら同時に自由貿易のための「戦いに参入する」意欲、という点を考慮してである。[213] しかしイギリスにおいても、戦後間もない時期には労働運動が高まったが、その後は後退してしまった。労働組合員の数は一九二〇年代半ばに低下し、一九二四年の労働党政権は、急進的な選挙公約に従って行動することができなかった。一九二六年のゼネストは労働運動の政治的・産業的戦闘部隊の敗北につながり、ポランニーは大きく失望した。

ヨーロッパの社会民主党は行き詰まって、その理論家たちは再考を余儀なくされた。バウアーは以前の改良主義的社会主義を見直して、労働者階級がその力をブルジョア議会の枠組みのなかで効果的に増大させ、「その形式を社会主義的な内容で徐々に埋めていく」ことができる、と考えたのは誤りであったと認めた。当時の出来事は「このような幻想を反駁した」。労働者政党が政治権力を握ったところでは労働者はさまざまな譲歩を勝ち取ることができたが、所有諸関係が本当に危機にさらされているとブルジョアジーが考えるときはいつでも、彼らは、民主主義を放棄してファシズム運動にその力を貸すことになるだろう。[214] バウアーは、民主主義と資本主義の対立は社会主義的転換の方向に向かうが、その道は複雑なジグザグを経由しながら迂回していくだろうと考え、次のように主張し続けた。ヨーロッパの労働者階級の持続的な強さは、経済成長を損なわせ、経済的・社会的危機を引き起こし、経済的エリートはそれに力で対応しようとするだろうが、それによって政治的分極化の時代が爆発し、社会民主主義の前進への扉が開かれることになるだろう、と。彼は、一九三〇年代にこの命題をファシズムの診断へと発展させた。ファシズムは、民主主義がもたらした階級的諸勢力の膠着状態から生じた。つまり、民主主義は新しい労働者階級に賃金の上昇と利潤の低下を保証する自信を与えるとともに、資本家のエリートたちを脆弱で絶望的にし、彼らにファシズムを後援する準備を整えさせた。しかし、勝利したファシズムは、新たな革命的時代の先触れとなる階級闘争への諸傾向を先鋭化するのに役立つだけである[215]。

ポランニーはバウアーと同時期に、社会学的にはるかに洗練された、類似の議論を展開した。ポランニーの主張によれば、西欧社会は、「個人的自由の二つの領域である経済と民主主義との相互作用を基礎にして生成した[216]」。それゆえ、人間的な自由がこのそれぞれ二つの別々の領域において制度的に表現されていることに問題の根源がある。市場社会に対するポランニーの非難の中心はこの点にある。彼はロバート・オウエンとシモンド・ド・シスモンディ〔一七七三―一八四二。スイスの経済学者、歴史家〕の信奉者であり、国家と市民社会とのヘーゲル的区別の観点から批判を組み立てたマルクスとは異なっている、と自認していた[217]。ポランニーは一九三〇年代の初頭にこの命題を練り上げたが、後にそれは『大転換』の中心的モチーフになった。彼はバウアーに賛成して、労働者階級への参政権の付与によって、近代における民主的な統治が資本の支配と和解できない緊張に入った、と主張した。民主主義が労働者の陣営に入る一方で資本家が経済を所有しているために、階級対立は政治と経済の分離と交差するようになり、社会全体が混乱に陥った。政治的民主主義の領域から、「経済に干渉し、それを妨害し崩壊させる諸力が発生し」、資本主義経済は、「無責任で歪んだ反経済主義の化身としての民主主義に対して、一斉攻撃で応ずる[218]」。このように左派政府は、彼らの民主的な指令を経済的目的に向けようとすると、失敗せざるをえない。なぜなら、資本家の利害は、市場メカニズムへの介入に対して産出の減少で対応しようとするからである。産出の減少には、「民主主義」に反対する激しい非難――インフレーションや保護主義、通貨安定の無視という罪で民主主義を非難する――が伴う。この矛盾の結果として、左派は「経済を再建する能力を欠いたまま政治領域を支配する」か、「右派に政治権力を譲渡する」か、というジレンマに直面した[219]。

状況は持続不可能なものであった。資本主義はグローバルな経済システムとして強固になっていたが、政治的民主主義は国ごとに確立されていた。第一次世界大戦における自由主義文明の崩壊とその後の数十年の経済的・政治的危機の背後には、このような資本主義と民主主義の矛盾が横たわっていたのである。今や経済の領域と政治の領域は再び結合されなければならなかった。二つの「全体主義的」解決策が提供されたが、共産主義は経済に対する政治の勝利を示し、ファシズムは経済による政治の廃止を表していた[220]。双方の運動は領域間の分割をなくそうとする意志を示してはいたものの、共産主義は民主的政治の全体主義的具体化であるのに対し、ファシズムは自由と民主主義の廃止を決意していた[221]。ポランニーは、領域間の裂け目を橋渡しすることのできる第三の道を望んでいた。それには、三つの分野における経済的・政治的な教育と組織化が併っている[222]。つまり、第一は、どの社会にも共通する一般的経済法則（不可避性）を「理論経済学」において明らかにすることであり、第二は、上述したように、経済的な見通しのためのメカニズムを練り上げることである。そして第三は宣伝的なもので、一般大衆に基礎的な経済情報を広く流布することである[223]。社会科学による民衆教育によって、どのように資本主義が機能しているのか、なぜ資本主義は民主主義と矛盾するようになるのか、そして、どのように民主主義の利益は社会主義社会への移行に役立つのか、を多数の住民が理解できるようになるだろう。

　ポランニーが提唱した戦略は基本的に教育的なものであり、政治的分野に彼が介入しても、それはいつも学術的なもの――例えば、社会主義経済に関するセミナーの組織――であった。彼とは対照的に、彼の妻は活動家であった。彼女のバッグにはレーニンやオーストリアの共和国防衛隊〔オーストリア社会民主党が一九二三年に設立した準軍事組織〕の労働者民兵の写真が入っていたし[224]、また、状況の行き詰まりに関する彼女の理解は戦略に焦点が当てられていた。赤いウィーンについての彼女の分析は、社会民主党の党員であったにもかかわらず、党の指導部や夫の分析とは非常に異なっていた。彼女は、夫とともに、ウィーンの労働者階級が自信を高揚させていることに驚嘆し、いくつかの社会民主主義的改革に熱狂していた。しかし、ポランニーが、一九一八―一九一九年の社会民主党による革命的動乱の圧殺を、反革命の反動を未然に防ぐという点で正当化したのに対し、彼女は、それを歴史的な機会――オーストリアがバイエルンとハンガリーの評議会共和国を橋渡しする機会――を逃すものであっただけでなく、一九二〇年代と一九三〇年代初頭の一連の士気の低下した譲歩に向かう方向を定めた臆病な腰砕けでもあった、と考えた。彼女の主張によれば、その根本的な原因は、社会民主党の「決定論――自動進行論とまでは言わないまでも――」の哲学、「敵対者」の活動と自身の無為を「歴史的必然」という魔法のマントで覆い隠すのに役立つ、歴史的進歩についての宿命論的な見方にあった。[225] 重要なことは、この運命論が、社会民主党が武装した同志たちを動員し、右派の諸党派――キリスト教社会党、汎ゲルマン派、ナチス、護国団〔両大戦間期のオーストリアで活動した右翼系の準軍事組織〕――からの脅威に対抗して赤いウィーンを防衛するのに失敗した要因の一つであった、ということである。[226]

　一九二七年七月の出来事がイロナの批判を生み出した。その年の初めに、三人のファシストが社会主義者の行進に向けて発砲し、傷病兵一人と八歳の少年一人を殺した。[227] 誰が致命的な発砲をしたのか疑問の余地はなかったにもかかわらず、三人は無罪となった。ニュースを聞くや否や、ウィーン中の労働者は仕事を中止して、議会に向かって行進した。[228] サーベルを身につけた騎馬警察が警告もなく群衆を攻撃し、八五人を殺害した。[229] それは、ピータールー*、クローク・パーク**、シャープヴィル***に匹敵する、大規模で衝撃的な大虐殺だった。

　ポランニー一家はクロスターノイブルクのドナウ・リゾートの貸しアパートで避暑中だったが、イロナはウィーンへ急いで戻った。取材許可証を持っていたので、彼女は警察の障壁を突破することができた。[230]彼女が目撃したのは、「社会民主党指導部とその政治のまったくの見当違い」にほかならなかった。[231]党の指導部は、一般党員の声を聞くことも、彼らと相談したりすることもできず、市全体で勃発したデモ行進やストライキへの支援の広がりに面食らうことになった。党指導部は、共和国防衛隊をその日の遅くまで動員してほしいという一般党員の要求を拒否し、武器の支給のための緊急要請を断固として拒んだ。[232]指導部と一般党員の隔たりがさらに広がったとき、指導部はゼネストの決行を叫んで主導権を取り戻そうとした。しかし、その行動は象徴的なものとして意図されていて、抗議に対する統制を取り戻すことを目的にしていたにすぎず、ゼネストの呼びかけはすぐに取り消された。そのような不決断の徴候は、ストライキに反対して立ち上がった護国団を鼓舞するのに役立っただけだった。この重要な瞬間に、社会民主党はファシズムと対決するのを躊躇したのだった。社会民主党は、ゼネストという最高のカードをあえて切ろうとしたものの、このようなためらいがちなやり方のために、護国団はゼネストを威圧する勇気を得ることになった。その後の対決においては、社会民主党はむしろ見て見ぬ振りをした。

指導部がファシストの脅威に対する物理的抵抗を行うのを拒否したことに反対して、イロナと彼女の同志は社会民主党の内部に左翼反対派を設立した。この左翼反対派が、――指導部に相談することなく、

＊一八一九年八月一六日、マンチェスターで起きた民衆弾圧事件。選挙法改正を求める民衆に騎兵隊が突入して、多数の死傷者が出た。
＊＊一九二〇年一一月二一日にダブリンで起きた、イギリス軍によるアイルランド人虐殺事件。血の日曜日事件とも呼ぶ。
＊＊＊一九六〇年三月二一日にヨハネスブルク近郊で起こった、アパルトヘイトに反対する民衆に対する弾圧事件。

彼らの受動的政策に反対して——護国団に抗する活発な直接的行動を呼びかけたとき、彼女は党から資格を一時停止され、一九二九年には追放されることになった[233]。後に彼女は、『武装する労働者』という本でこの数年の教訓についてまとめたが、それは、共和国防衛隊に特別な焦点を当てた戦間期オーストリア労働運動の研究であり、社会民主党の一連の気後れの結果生じた、共和国防衛隊とより広い労働者階級内部の士気喪失の様子を描いている。一九二七年の大失敗は、その後数年にわたり何度も繰り返される先例となった。彼女の主張によれば、「オーストリアの労働運動には強力な潜在力があった」のに、それは「次々と拠点を譲り渡す長期にわたるプロセスのなかで、少しずつ無駄遣いされてしまった[234]」。そのため、一九三四年二月に社会民主主義者たちが最終的に武装抵抗に乗り出すときの条件は、明らかにより不利なものになっていた。

沈みゆく船の船長

ポランニーのウィーン滞在の最後の数年は、個人レベルでは不幸からかけ離れていた。彼の姪のエヴァからの彼女らしい報告によれば、彼は「幸せで、明るく、穏やか」に見えた。彼の義理の母は気高く、善良で親切な人で、子供のカリにとって神の恵みのような存在だった。「子供は元気に育っており、アパートはきちんとしていて小綺麗で、親しみのあるもの」に思われた[235]。市の中心に住んでいた他の家族には、彼の伯父のカールと叔母のイルマ、妹のソフィ(「活力と存在感に満ち溢れた素晴らしい女性[236]」)、数年前に社会主義学生グループに属していた「楽しい」若者である妹の夫のエゴン・セーチがいた[237]。ポランニーの社会的活動範囲は豊かで多様であり、そこには、ハンガリー人の亡命者コミュニティや、『オーストリア・エコノミスト』の編集者および記者、一九二九年に彼が結成に参加した社会民主党の宗教社会主義者同盟の同志たちが含まれていた。[238] 不定期の（特に、一九三〇年の「経済統計」に関するエルンスト・マッハ協会での）講演の招待や、小旅行——例えば、キリスト教社会主義について講演をしたオランダやスイスへの小旅行——という仕事に、彼は喜びを感じていた。[239] ウィーン到着時の苦しい状況から好転して、明るい光を浴びるようになった彼の個人的風景は、暗さを増す社会全体の雰囲気とは対照的であった。オーストリアが世界的経済危機に巻き込まれたとき、一九二〇年代後半の政治的・経済的安定は消失した。一九二九年から一九三三年を通して雇用水準と平均賃金は急落し、一九二七年の七月に始まった権威主義的傾向が勢いを得て、公的生活は反ユダヤ主義の激発によって中断された。護国団が一九三〇年に本格的なファシズム綱領を誓約し、その翌年にウィーンで行進を企てた。一九三二年、オーストリア・ナチス党が選挙で大躍進を達成し、困窮した農民と雑多な反抗者に脇を守られた「失業インテリ」の群れが、その旗のもとに集まった。[240] 一九三三年の春、議会は無期限に閉会され、それ以後、政府は政令によって行動するようになった。ストライキとデモ、そして出版の自由、国家と自治体の選挙は、共和国防衛隊ともども非合法化された。キリスト教社会党首相のエンゲルベルト・ドルフースは護国団と同盟して、著名なファシストを国家公安委員会長官のポストに任命し、彼の同盟者で後援者のベニト・ムッソリーニ〔一八八三—一九四五。イタリアの政治家、ファシスト党の創立者〕に敬意を払うためにローマを訪れた。

ファシストの躍進に直面した受け身的な社会民主党は、知的支持者のなかに多様な対応を引き起こした。なかにはその戦略を擁護する者もいたが、幻滅する者もいた。幻滅する者のうちのある者——著名な例として社会学者のポール・ラザースフェルド〔一九〇一—一九七六。オーストリア出身のアメリカの社会学者〕——が学術的な仕事や他の形の内部移住〔自らを周囲から精神的に隔離すること〕に没頭する一方で、マリー・ヤホダ〔一九〇七—二〇〇一。オーストリア出身のイギリスの社会心理学者〕のような者たちは党の路線に積極的に反対した。[241]ポランニーと妻のイロナは、一九三三年のクーデタについて解釈が異なっていた。イロナにとって、社会民主党の合憲的方法による抵抗へのこだわりと、党員（ウィーンの成人の五人に一人が党員だった）を動員することの拒絶は、もう一つの臆病さを表しており、労働運動の壊滅の可能性を増大させる以外の何ものでもなかった。ポランニーは、社会民主党の戦略に関する妻の失望をいくらか共有していて、党の躊躇や退却はその支持者のあいだに幻滅や士気喪失を引き起こし、極右に自信を付けさせるだけである、と認識していた。しかし彼は、党が一九三三年のクーデタまで掲げていた「強固な野党の立場」を称賛し、敗北するかもしれない紛争に引き込まれることを拒否する——特に政治的ゼネストを呼びかけることで、一九二七年の誤りを繰り返さない——という賢明さに対しては、特別な賛美を手放さなかった。というのも、彼にとってそのような行為は「内戦」に等しいものであり、それは護国団に権力を握るための口実を与えるものであるか、あるいは、ナチスがその存在感をさらに増加させることを可能にするものだったからである。[242]

社会民主党がドルフースのクーデタに対して「強い反対」を示そうとも、おとなしく屈服して支持基盤の大部分を失ってしまおうとも、もはやウィーンは赤くなかったという事実に変わりはない。ポランニーは、大切な社会民主主義の実験が解体され、社会主義者が裏切り者として扱われるようになったので、移住の可能性についてイロナと議論し始めた。というのも、オーストリアが警察国家になれば、彼はその標的になる恐れがあったからである。彼は、素早く嘘を思いつくことができない社会主義者として、窮地から抜け出すのは困難だと見ていたのだろう。[243]一九三二年末の頃、ポランニーは『オーストリア・エコノミスト』が抱える雑多な問題について弟に手紙を書いた。『オーストリア・エコノミスト』の将来はもはや保証されておらず、名の知れた社会主義者を雇っておくことなどさらにおぼつかなかった。社会主義者たちはファシストの検閲における監視のもとで、それまで以上に慎重に言葉を選ばなければならなかった。「私たちの給料を一〇パーセント下げたにもかかわらず『オーストリア・エコノミスト』は財政的に苦しい状況にあります」。また、「政治的圧力が高まっており」――一編集者が逮捕された――、現在の指導部のもとでは雑誌が生き残ることはできないだろうと、「オーストリア銀行の頭取が個人的に知らせてくれました」。ポランニーが仕事を失う前に編集長のフェーデルンが、「もう続けていくことができない、立退くことになるだろう」と繰り返し言っていたが、それは「時間の問題」に過ぎなかった。それを考慮して、『オーストリア・エコノミスト』側は、ポランニーが「イギリスへと発つ」のを許したのだった。[244]

移住は決して簡単な選択ではなかった。ポランニーは自分の仕事に打ち込みながらフェーデルンの代理を務めていたし、ポランニー一家はウィーンに根を下ろして周囲とさまざまな関わりを続けていたからだ。彼らは、ウィーン市内に多くの友人と同志がおり、カリは学校に通っていた。イロナの母も住み着いていたし、イロナはウィーン大学で勉強していて、彼女の期末試験は一二月まで終わらなかった。[245]しかし、「ウィーンにとどまることはより危険だろう」から、リスクのある賭けに出る必要があった。[246]それに、彼らが移住することになるなら、少なくとも目的地についてはほとんど困難がなく選択することができた。カールは一九三一年にイギリスを訪ねた。イギリスには友人や知人たちが住んでいたし、彼は英語を流暢に話した。また、コールのような著名な人物との交友関係が仕事を探すのに役立つことは確かだった。さらに、『オーストリア・エコノミスト』のジャーナリスト活動を通じてイギリスの政治と社会についての関心は深まっており、彼のイギリスびいきが曇ることはなかった。(彼は「イギリス的な精神の行き渡った宇宙[247]」を住処とし、宗教的寛容や政治的民主主義、「および全般的な人道主義的見方」

といった、彼が「アングロサクソン的」伝統と呼んだものに対して誇張された評価を抱いていた。彼はそれを、「普遍的平和と進歩の共通の基盤」の「無限に貴重な」資産と見ていた。[248]）一九三三年の四月にカールは、当時ナチス占領下のベルリンに住んでいたマイケルに、自分たち夫婦はイギリスに移って、そこで「例えば労働者大学のような非常に控え目な職で経済学の講師」の仕事を探すだろう、と示唆した。[249]その六月に彼はロンドンを再訪し、そこでもう一人の労働党知識人であるハロルド・ラスキの家の夕食会で、コールとトーニーとの友情を新たにした。[250]夏には、考えが固まって、彼とイロナは予想された目的地であるバーミンガム——そこでカールはウッドブルック・クエーカー・スタディ・センターで講義をした——に降り立った。[251]

九月に、ポランニーは、『オーストリア・エコノミスト』の編集長に昇進した。それは、彼がフェーデルンと共同で就いた地位であった（今ではポランニーは彼を友人と見なしていた[252]）が、これは沈没しつつある船の船長に昇進するようなものだった。ウィーンの社会民主党組織の入り組んだ対抗文化は、解体されるか、共和国防衛隊とともに地下活動に追いやられるかのどちらかだった。週を追うごとに、オーストリアを出国する圧力が高まっていった。シャーファーに打ち明けたところによれば、自分の社会主義的見解を考えると、彼はもはやオーストリアを「自分がいるべきところである」と感じることができなかった。[253]彼は一一月のあいだ休暇をとり、曖昧な状態でロンドンで過ごした。彼の片足はウィーンにあり、もう一方の足は亡命地にあった。[254]今やイギリスの首都ロンドンが亡命先の選択目標となっていた。彼はウィーンを離れることを決意し、仕事を見つけるまで家族をウィーンに残しておくことにした。マイケルは彼に、急な意思決定を控えてもうしばらく待ち、イギリスの雑誌で論文を発表することによって新しいキャリアに入っていく準備を慎重に行うべきだ、と助言した。しかし、カールは、弟はオーストリアの「状況が分かっていない」とロンドンの友人たちに説明した。[255] そしてカールはマイケルに、ウィーンの政治的雰囲気の悪化がとても急なので「意味のある仕事をすることができなくなった[256]」と伝えた。『オーストリア・エコノミスト』は当局官憲による二度目の押収を受けて、閉鎖の危機が迫っていた。一二月に彼は辞表を出し、マンチェスターで教授職を得ていたマイケルに、自身のイギリス到着を乗り切るための五〇ポンドの支援を頼んだ。[257] 翌月、カール・ポランニーは、友人や同志たち、妻と娘に、そして、きらきら輝く――今では悲惨な――自治体社会主義の思い出に別れを告げた。

第四章 挑戦と応戦

カール・ポランニーはロンドンで再び亡命者となり、厳しい経済状況のなかで下宿生活をしながら仕事を探すことになった。とりわけ愛する人たちを残してきた多くの避難民たちは、誰もがいつも気力を挫かれ怯えており、一九三四年のイギリスは、イギリスびいきの人にとってさえエデンの園どころではなかった。イロナがいないことが強烈に身にしみた。イロナが半年ほどカールの滞在先を訪ねることができたのは、たった一回にすぎなかった。[1]娘のカリが三月にポランニーのところにやってきたときは、気分がいくらか高揚したものの、生活は相変わらず「地獄」の状態だった。いずれにせよカリは、「「彼の」精神的な重荷を分かち合う」には幼すぎたのだった。彼は時折、あまりに孤独で寂しく、グラント夫妻やマクマリー夫妻のような最良の友人たちの慰めさえ受け入れられないほどだった。[2]それでも彼らは、ポランニーにとってなくてはならない支援体制を懸命に用意してくれた。ドナルド・グラントとアイリーン・グラントは第一次世界大戦後にウィーンに移り、そこでクエーカー教徒の福祉プログラムを運営していた。二人は再び一九三三年に、ポランニーがイギリスおよびアメリカの学校や大学で講義をして生計を立てていたロンドンに移動した。カールはグラント夫妻と一九二〇年から親しい間柄にあり、二人を通じて、一九三二年にウィーンを訪ねたジョン・マクマリーとベティ・マクマリーに知り合ったのだった。[3] グラント夫妻はロンドンで、学生キリスト教運動のシニア部門である補佐的キリスト教左派運動（以下、補佐的キリスト教運動と略記）内部で熱心に活動する、堅く団結した社会主義サークルをつくった。[4] ロンドンという首都に基盤を置いていた彼らのグループは遠方からもさまざまな人びとを引き寄せたが、そのなかにはシェイクスピア学者のケネス・ミュアーも含まれていた。

しばらくのあいだポランニーは、ゴルダーズ・グリーンのマクマリー夫妻の家に同居することができた。そこは、補佐的キリスト教運動に関するミーティングが行われるグラント夫妻の住まいの近くにあった。[5] ポランニーはその後一年間のあいだ、グラント夫妻の家に滞在することができた。優しく指導力のある性格のアイリーン・グラントは、彼らの補佐的キリスト教運動の支部にとって欠くことのできない存在だった。また、穏やかでもったいぶらないジョン・マクマリーは、ポランニーとともに、メンバーを知的に導いていく光のような存在だった。マクマリーとポランニーは「互いに心から尊敬し合い、きわめて好意的であった」[6]。彼らはともに、左派寄りのリベラルな環境のなかで政治に関心を抱いたことがあるが、大戦を経験する（両人とも兵士として戦闘に参加した経験がある）あいだに、ホイッグ〔一六八〇年ごろに都市の商工業者を基盤に形成されたイギリスの政党〕的な進歩の観念〔進歩の味方とその敵との二項対立によって歴史を描く史観〕が自分たちの信念を擁護するものではなく、精神的・社会学的な土台が保証されるためにはもっとラディカルな行動計画が必要である、と確信するに至った。激しく真剣な知的交流を通して、マクマリーはマルクスの疎外論に関するポランニーの知識を学ぶ一方で、マクマリー自身が「人格的」[7] と名づけているものの観点からスピリチュアルなことについて考察するよう、ハンガリー人のポランニーに勧めた。そして、ニュー・ブリテン運動の定期刊行物に、ルドルフ・シュタイナーの著作の概説を書くようにポランニーに依頼した[8]。マクマリーとポランニーは、各自、あるいは共同で、時代の危機に関するいくつかの命題の輪郭を以下のように提示した。(1)資本主義は、民主主義とはもはや相容れないところにまで発展してしまった。(2)ファシズムは、政治の否定、すなわち、「経済の副産物としてしか存在しない」国家の創出に連動する運動として見なされるべきである。(3)共産主義とファシズムとの主要な違いは、ファシズムにとって不可欠な独裁制は、共産主義とは本質的に両立しない一時的な現象である、という点にある[9]。だが、マクマリーとポランニーの仲間たちは、二人は一見類似しているようであるけれども行動様式には明確な違いがある、と感じていた。革命についてのマクマリーの予言はソフトで控えめなトーンでなされたが、ポランニーの予言は新約聖書の「黙示録」のような調子で叙述された[10]。

グラントとマクマリーの両夫妻は、避難所や交流の場を提供してくれただけでなく、専門職の斡旋業者としても行動してくれた。五人が数々の座談を重ねる過程から『キリスト教と社会革命』という本の企画が生まれ、ポランニーはその編集作業を引き受けたことで、三七ポンド（現在の価値に換算しておよそ二五〇〇ドル）を稼ぐことができた。オックスフォード大学やロンドン大学が主宰する学外公開講座におけるチューターの仕事をジョンとドナルドがすぐに推薦してくれたが、ようやくそのポジションを確保できたのは一九三六年になってからだった。それまでのポランニーの金銭的状況はきわめて厳しかった[11]。ポランニーはフリーランスの講師の仕事と並行して、週に二日ほど『オーストリア・エコノミスト』のために働くことで、何とか生計を立てようとした[12]。たびたび休暇をとって、イギリス海峡のワイト島などを訪問する余裕はあったけれども、その大西洋横断旅行の交通手段は蒸気船の三等席であった。また、マクマリー夫妻の家を出た後にポランニーが移り住んだアパートは、広いなどとはとうていい言えない代物だった。[13] さらに、彼のイギリス滞在の最初の二年間は、金銭的助成や大学のポジションを繰り返し申請してもそのほとんどが不認可となる、という有り様だった。彼が申請して断られたうちの一つは、財源が見つかりさえすれば受け入れ可能だと副学長がほのめかした、リバプール大学の特別研究員のポストだった。だが、その資金提供者は現れなかった。[14] またポランニーは、ドイツ系ユダヤ人のための中央英国基金に応募した。だが、彼が「ドイツにおけるユダヤ人コミュニティのメンバー」ではない、あるいはポランニーがまだ学術的ポストを失ったとは認められない、という理由で採用されなかった。しかし、その不採用通知には、ポランニーが学術支援協議会(AAC)に応募するよう勧める記載があった。[15] AACは、亡命した学者たちの職探しを支援したり、仕事が見つかるまで奨学金を提供したりすることで、亡命した学者たちを援助する機構であった。その創始者のメンバーには、ヤコブ・マルシャクや核物理学者のレオ・シラード、ロンドン・スクール・オブ・エコノミクス〔LSE〕の大学教師のウィリアム・ベヴァリッジ、アイリーン・パワー、そしてマンハイムが名を連ねていた。ポランニーはすでに彼らのほとんどと知り合いだったが、AACの秘書のエスター・シンプソン(彼女はウィーンでグラント夫妻と過ごしたことがあった)や、執行委員会のメンバーの一人であるリチャード・トーニーとは新たに固い友情を育むことになった。[16] ポランニーはまた、補佐的キリスト教運動のメンバーによって支援された。とりわけ、その書記長でクエーカー教徒のフェミニストであるジョー・フェアフィールドは、ポランニーへの援助をAACに説得してくれた。フェアフィールドが教会を介して、国際友好のための世界同盟と接触を試みた結果、同盟はポランニーに渡すための五〇ポンドをAACに提供することに同意し、同額が彼の手元に渡るように希望する、とAACに通告した。[17] AACは、ポランニーがスウォンジー・カッレジで特別研究員の職を見つけられるかもしれないと伝えてきたが、最終的には彼を支援できないという決定を下した。[18]（ベヴァリッジは次のような結論を出した。カール・ポランニーは「アカデミックな世界に属してきたとは言えず、AACからの支援を受けるのは適切でない。彼が勤めていたウィーンの市民大学は、あくまでも成人教育の場であって、これを除けば彼はジャーナリストでしかない」、と。[19]）このAACの決定に対する不服の訴えが組織されて、ポランニーを推薦するコールやラスキ、マンハイム、マルシャク、トーニー、そして経済学者のJ・B・コンドリフからの意見が殺到し、注目を集めることになったが、すべては無駄に終わった。サー・ハレー・スチュワード・トラスト〔社会的・医療的プロジェクトを支援する助成金事業〕への応募も、AACの秘書のウォルター・アダムズの支援にもかかわらず実現しなかった。

それでもAACは、アメリカ講演旅行の招待をポランニーが確保できるよう支援した。[20]この件において彼は、知人でオーストリア・クエーカー教徒のウォルター・コッツに助けられている。コッツは、ジュネーヴで学生運動や亡命者の福祉問題に関わり活躍した人で、ニューヨーク在住のリベラルな知識人層の新星であるエドワード・モローと緊密な関係を築いていた。クエーカー教徒の家庭に育ち、ローズヴェルトのニューディーラーとなったモローは、ラスキの生涯の友人だった。また、彼はソヴェト連邦との友好関係の育成に努める組織である、アメリカのロシア研究所のメンバーでもあった。[21]モローは、一九三〇年代に祖国を追われたドイツ人の学者たちの救援に携わり、アメリカのAACに相当する、追放されたドイツ人奨学生のための救援支援委員会――それは、トーマス・マン〔一八七五―一九五五。小説家〕やハーバート・マルクーゼ〔一八九八―一九七九。哲学者〕のようなドイツ人亡命者に給付金や講演旅行の機会を提供した――の秘書補佐官に任命された。モローの正規の職は、一九一九年にカーネギー国際平和基金の支援で創設された、学生や学問の国際交流の促進に努める国際教育研究所（IIE）の議長であった。[22]カールは弟のマイケルに、IIEは「小鳥さえ飛ばないような荒れた郊外にある多くの大学で学ぶ学生たちの政治教育を改善するために、可能であればヨーロッパ人の講師を派遣する」ことを望んでいる、と報告している。すでにコッシはモローに、ポランニーをその講師として推薦しており、モローはそれを承諾した。ポランニーは喜んで次のように書いている。講演旅行は、「世界のために政治教育をする、という私の生涯の天職にぴったりです。それをするために私は生まれてきたようなものです」。[23]

ポランニーのアメリカ講演旅行の謝礼金は、およそ一七五〇ドルだった。それは相当の金額ではあったが、彼を金銭的困窮から解放するには十分ではなかった。彼は講演旅行が始まる少し前の一九三四年一二月に、オックスフォードのオリエル・カレッジを訪ねた。そこで何らかのポジションが得られるかもしれない、と「希望に満ちて」帰宅したのだが、そのとき彼は、オックスフォードの上流好みの俗物根性などについて考えてもいなかった。結局、彼がオリエル・カレッジの学長から受け取ったのは、「ポランニー氏は実際に学術的ポジションに就いた経験がないので、同氏を『特別研究員社交室のメンバー』に指名することに対して、何人かの評議員が反対しています」、という報告だった。[24]これに続いてポランニーは、教会の基金が彼のために用意したはずの五〇ポンドを、神学専門家のオットー・パイパーの支援のためにAACが、スウォンジー・カレッジに創設された奨学金として使ってしまった、という一撃を受けた。[25]フェアフィールドらによる調停に従ってAACは最終的にその過ちを認め、五〇ポンドを戻した。[26]それまでのあいだポランニーは、弟のマイケルからの施し物や、『オーストリア・エコノミスト』の編集者の任を解かれる際に受け取った少額の退職金、そして同誌から支払われた、定期的ではあるが少なくなった給料――オーストリアがナチス・ドイツに併合されるまで同誌が細々と存続していた期間、カールは通信員としてのポジションに留まっていた――に頼らざるをえなかった。[27]補佐的キリスト教運動のメンバーたちは、自分たちの理想にポランニーが貢献してくれたことに感謝して、クリスマスに一二ポンドをプレゼントしてくれた。そのとき彼は、「深く心を動かされました」、と身振り手振りを交えて嬉しさを表現した。「孤独を運命づけられていると思ったまさにそのときに、こんな素敵なことがあるんだなんて。この思いやりと温もりに、私はどれだけ感謝したことでしょう」、と彼はそのときの気持ちをマイケルに打ち明けている。[28]

ファシズムからの逃亡

ポランニーの苦境は、ヨーロッパ全体の苦境を体現するものであった。「おそらく世界の終わりが近づいています」、と彼はマイケルに宛てた手紙のなかで苦悩を綴っている。人間の社会が、「ヨーロッパ大陸では死を想起させる形で存続しています」[29]。ポランニー自身の命は、一九一九年の原初的なファシズム運動のために危険にさらされ消耗させられたことがあった。その後まもなくして、イタリアでムッソリーニが権力を掌握した。ムッソリーニが台頭して来るまでは無政府主義的なサンディカリストであった、彼の従兄弟のオドン・ポールは、イル・ドゥーチェ〔国家指導者〕という新運動の若々しい伝道者に転身していた。その一〇年後のドイツでは、数世紀のうちで「もっとも徹底的で完全な、社会システムの破壊」、すなわち一九一七年のロシア革命よりもはるかに破壊的だとポランニーが見なした経験をしたために、マイケルはベルリンを去らざるをえなくなった[30]。今やオーストリアも、イタリアやドイツと同じ病に倒れつつあった。共和政の最後の数年間に、警察の手入れが社会民主党の建物に連続して入ったのである。その一つに、ウィーンにある社会民主党の地方本部が、警察に一〇日間占拠された後で破壊されてしまった一九三二年の事件が挙げられる。この事件は、一九三四年二月一二日に、リンツ〔オーストリア〕

第三の都市」の社会民主党員が、類似した攻撃は武装して抵抗する、という決定を下すことに繋がっていった。[31]ファシズムへの断固とした抵抗をアピールしたイロナのような人びとを、「共産主義者」であるとして除名した同党の指導層は、そのような決定に反対した。だが、そうした草の根の反対運動は国中に広がっていった。[32]イロナはアパートの管理と母の世話を娘のカリに任せて、合流してきた共和国防衛隊と一緒に速やかに地下活動に専念した。二月一四日、カリは武装した戦士が近くの兵舎から列をなして行進するのを目撃し、一晩中、大砲の発砲音を耳にした。それは、共和国防衛隊の部隊が立てこもっていたゲーテホフが絶え間のない砲撃にさらされたからである。[33]内戦が四日間続いた後、オーストリアの労働者たちは打ち負かされてしまった。しかし、オーストリアの労働者たちの英雄的な態度、すなわち、「闘わずに降伏するよりも、戦闘行為に加わる方がよい」というスローガンに集約された態度は、ヨーロッパ内外の他の反ファシズム闘争を奮起させた。

今やオーストリアには、「教権的ファシズム」体制が構築されつつあった。二月に始まった内戦の結末として「ドルフース一味」がナチス体制に取って代わられてしまい、自分の妻と娘は脱出を余儀なくされるだろう、とポランニーは心配していた。[34]その結末に至るまでには四年のプロセスがかかったが、いずれにせよ、彼の予言はほぼ的中した。ドルフースは一九三四年の半ばに、政権に就いたまま民主主義のあらゆる痕跡を廃止し、ファシスト的団体協調主義《コーポラティズム》路線の体制を立て直した。その過程は、ドルフースの後継者であるクルツ・シュシュニックの体制下で強化された。ポランニー夫妻にとって、いちばんの心配はカリのことだった。ポランニー夫妻は当初から、主に経済的な理由で、カリをロンドンに一緒に連れて行くことに決めていた。しかし、カリの教育が中断されることを最小限に抑えるために、ロンドンへの移住を夏まで遅らせることにした。[35]だが、二月の戦闘で、ロンドンへの移住を早めざるをえなくなった。内乱状態が鎮まって学校に戻ったとき、カリは、校長先生や大好きな数名の先生がいなくなっており、「祖国オーストリア」を象徴するピンバッジが生徒に配られていることに気がついた[36]。すでに政治への関心が強かった一〇歳の少女のカリは、その理由を尋ねた。そしてカリは、共和国防衛隊として闘っている父親を持つ友人と一緒に洗面所に行き、愛国的な装飾のピンバッジをトイレに流した。それから二週間も経たないうちに、イロナはカリをロンドンに送り出した[37]。イロナ自身は、健康状態が良好ではなかったけれども、表の顔としては工科大学で学び続け、電気化学やX線研究の講義を受けながら、共和国防衛隊のための宣伝活動や研修会を組織するべく、ウィーンに留まった[38]。イロナは、社会民主主義にファシズムの烙印を押すことを拒否して非常識なコミンテルン系の党から離れた、非合法の共産党に加わった。彼女の行動主義はたしかに勇敢だったが、彼女の夫が皮肉っぽく書き残しているように、「監獄は満員で、逮捕された人びとはすぐに釈放されるほどだ。だから、今の状況は危険なものではなかった[39]」。

　一九三〇年代を通してファシズムは、中欧と南欧への支配を強化していた。そのため、ポランニーとイロナは、家族や友人や同僚たちの脱出を支援するために、今まで以上にエネルギーを注ぐことになった。一九三八年にはオーストリアがドイツに併合されたので、ポランニーは自分たちの危険を心配しなければならなくなった。というのも、一九二四年からオーストリアにあった彼の市民権が、将来的にはドイツの市民権に変更されることが決まったからである。そうなれば、彼のイギリスへの居住許可と帰化のための申請が台無しになるかもしれない[40]。さらに運の悪いことに、ドイツによるオーストリアの併合は、イタリアに在住する兄のアドルフばかりか二人の姉妹のソフィとラウラまでもが、ファシストの鞭の下で生活し続けることを意味した。一方、ブダペストに残った母のセシルは、孤独と健康状態の悪化、そして生活資金の不足に苦しめられていた。[41] にもかかわらず、カールと弟のマイケルがセシルと他の親族を援助することは、反ユダヤ主義的な法律により制限されることになった。一九三三年にベルリンに住んでいたときのマイケルは、「教養のあるドイツ人であれば、そのような粗野な出来事には耐えられないだろう」、と天真爛漫に考えていた。[42] だが彼は、後にそのような主張を撤回して、中央同盟国*のために先の世界大戦で戦ったのだから反ユダヤ法からの免除だけは保証されるだろう、と控えめに考えるようになった。[43] しかしながら、そのような希望さえなくなって、マイケルの財産は没収され、親族に金銭の支援をする能力が奪われてしまった。[44] 同時期のハンガリー政府は、ベルリンおよびローマと同盟関係を結び、一九三八年にはニュルンベルク法を模範とする反ユダヤ主義的な一連の措置を導入した。その翌年、セシルは他界したが、セシルの子供たち〔アドルフ、ラウラ、カール、マイケル、ソフィ〕は誰も、母の葬儀に参列するために危険を冒してまで祖国に戻ることはできなかった。[45]

一方、姉のラウラとその子供たちはウィーンから確実に脱出しようと努め、アンシュルス〔一九三八年三月一三日のドイツによるオーストリア併合〕の数日前の一九三八年三月初めには、アメリカに出発する準備を終えていた。ビザを得るには宣誓供述書の提出と資産家の保証人が求められるため、ポランニー家の人びとは奔走し、ヤーシやラザースフェルド、レーデラー、そしてシラード兄弟を含むアメリカ在住の影響力のある広範な友人たちや親族の支援を取りつけることができた。問題を難しくしたのは、アメリカの入国管理局が、移民希望者は彼らの出身地に基づいて各国に交付される割り当てで申請するように義務づけたことだった。オーストリアがドイツ帝国の一部になってしまったために、ウィーンが出身地であるラウラは、ドイツの割り当てで申請せざるをえなくなった。ラウラの息子のマイケルは、四月にアメリカに入国する許可をなんとか手に入れることができた。そしてアメリカに渡った彼は、救済された者が次の救済者になるという、よくある役割の逆転によって、ラウラや妹のエヴァ、その未来の夫のハンス・ザイゼルのための宣誓供述書を確保する作業にただちにとりかかった。六月にラウラの家族の友人から、一週間以内にビザを受け取れそうだという楽天的な報告を受けたのだが、ラウラはその二カ月後に逮捕され拘置されてしまった。[46]この知らせを聞いて驚いたポランニー家の人びとは、救援のためのエンジンを加速させた。「公式および半公式の手段を講じるために」最良の弁護士をウィーンに送り込む一方で、ラウラの娘エヴァはカールとマイケルを介して、クエーカー教徒による支援を探し求めた。カールはまた、エヴァが望んでいた、パリを経由してロンドンに行くために必要な汽車の切符を購入して彼女に送った。(ソフィとその夫のエゴンにも送ったようだ。[47]) ラウラの伝記を書いたジュディス・サパーによれば、弁護士やクエーカー教徒、加えて、ラウラの悪い健康状態を証明する医者の証書、さらに事件を担当しているオーストリア警察官の寛容な働き(あるいは買収)が功を奏して、ラウラは審理が予定されていたまさにその日に釈放された。そして、彼女はただちにロンドン行きの飛行機に乗り込んだ。[48]

ラウラがロンドンに滞在しているあいだ、カールはしばしば彼女を訪ねた。ラウラは一年間そこで過ごし、精神状態の落ち込みを理由に入院治療を延長しながら、延期されっぱなしのアメリカのビザを待ち続けた。[49]カールは意識的にまめにラウラに手紙を書いて、家族の苦労話や日常生活の話を届けて彼女を楽しませた。(その話の一つに、カールが一九三九年の初めに、反ファシズムの人びとに向けて講演したエピソードがある。それは、一二名の聴講者がみな一見とても満足していたように見えたのだが、一一名はカールの魅力的な雄弁術を喜んだだけであり、残る一名はどうやら「ナチのスパイ」で、集まった人数の少

*第一次世界大戦時のドイツ帝国、オーストリア＝ハンガリー帝国、オスマン帝国、ブルガリア王国から構成された連合国。

なさをほくそ笑んでいたのではないか、という話であった。)[50] 一九三九年三月にラウラとカールとマイケルは、第二の故郷であるイタリアから追放されたアドルフとイギリスで合流した。[51] 兄弟姉妹四人は、この貴重な集まりを楽しむことができたが、その機会は末の妹の不在によって悩まされた。ソフィは、ナチの支配するオーストリアに残ったままだったのだ。

ファシズムのウィルスを診断する

ファシズムは恐怖し闘うべきものであったが、それはまた、社会運動あるいは政治体制としての現実においてばかりか、とりわけその「本質」において、人間の歴史や天地創造とどのように関わるのかを理解し説明せねばならないものでもあった。この問題に関するポランニーによる最初の主要な論文「ファシズムの本質」は、一九三四年に執筆された。その要点は、ファシズムは三つの敵――社会主義、民主主義、キリスト教――を同時に攻撃しようとする運動であり、この三方向に向かう攻撃的性格がその本質的特徴である、ということである。カールは、社会主義は民主主義を近代的に継承していると論じた点で、オーストリア・ファシストの理論家であるオトマール・シュパン〔一八七八―一九五〇。オーストリアの哲学者〕と意見を同じくしていたが、社会主義も民主主義もキリスト教の伝統に根ざしている、と主張した。つまり、魂の教義は非宗教的用語で言えば個人の自律性の原理として表現できるが、そこから、社会的平等と民主主義(「個々人の兄弟愛」)、したがって、「人種的寛容と平和主義的国際主義」まではあと一歩だ、というのである。[52] 彼はアイオワ大学の学生たちに、その要点を繰り返し次のように説明した。「個人主義は自由主義に通じ、自由主義は民主主義に通じ、民主主義は社会主義に通じている」と。[53] 最近のヨーロッパ大陸の経験が示したように、民主主義は「社会主義の方に向かっていく傾向があり」[54]、ファシズムの存在理由は社会主義を妨げることであるので[55]、民主主義もまた排除されねばならないことになる。

「ファシズムの本質」で印象的なのは、ポランニーが、ファシズムによる社会党や労働組合、キリスト教平和主義者、宗教社会主義者への迫害について言及し、ナチズムが「キリスト教に対する対抗宗教として」認められるよう熱望していると述べながらも、ユダヤ人やユダヤ教についての記述はどこにも見られないことである。ある解説者は、彼が、ファシズムに関する決定的で包括的と見なされている論文において、なぜ「ナチのいちばんの憎悪対象であるユダヤ人」のことに言及しなかったのか、当惑している、と述べていた[56]。それは、この論文が『キリスト教と社会革命』という主題の本のなかで発表されるものだったからであろうか。そうであれば、彼のファシズムに関する他の著作で反ユダヤ主義が大きく取り上げられていてもよいはずだが、そのような執筆はなされていない。ユダヤ人問題に対する彼の立場が難しいため、ということは理由としてありうる。ナチズムにとって反ユダヤ主義が重要であったことを彼が過小評価しているのは確かであり、一九三三年には、ドイツ在住のユダヤ人の苦しみが強調されすぎているとして、「ユダヤ人に関する報道」への苛立ちを表明していたようである[57]。もう一つの解釈によれば、ポランニーの論文は、護国団の支持者である、イン川の向こう岸のナチ突撃隊〔ナチスの準軍事組織で褐色シャツ隊と呼ばれた〕よりも反ユダヤ主義的傾向が少ないシュパンを主要なターゲットとしており、ナチというファシズムの亜種ではなく、ファシズム一般にとって本質的なものは何なのかということにより広く焦点を当てていた[58]。確かに彼のファシズムの理解には、「代表制民主主義と労働者階級の諸制度」に過激に反対する運動で繋がったかなり広範囲にわたる集団――アイルランドに派遣されたブラック・タンズ部隊*、目覚めるハンガリー人団体**、イタリアの戦闘者ファッシ***、さらにフィンランドからオーストリアに至る諸国の義勇軍スタイルの将校特派隊――が含まれていた。[59]

シュパンは、一つにはオーストリアの卓越した極右イデオローグであったために、「ファシズムの本質」のなかでとりわけ言及されている。今日ではほとんど知られていないが、シュパンは当時のファシストの著名人で、ズデーテン地方のファシスト同志会のカリスマ的指導者であった。彼は、フリッツ・ティッセンのようなドイツ産業主義者の称賛を受けてドイツのナチ党に勧誘されており、護国団ならびにキリスト教社会党のメンバー――その党首であり二度目の連邦大臣でもあるイグナツ・ザイペルを含む――に尊敬されていた。[60] ザイペルの後継者であるドルフースは、シュパンのカトリック・コーポラティズムを、その中世的影響を受けた身分制国家のビジョンとともに、自分自身の参照規準として採用していたが、そのことは、ドルフースが民主主義の最後の痕跡さえ消し去って一九三四年の五月一日に持ち込んだ新しい制度のなかできわめて明確になった。ポランニーもある程度シュパンに焦点を当てるが、それは、マルクス主義を含む社会主義が「徹底的に個人主義的」であり、代表制民主主義はそれゆえ社会主義にドアを開いている、という自身も共有する見解を、シュパンがきわめてはっきり述べていたからである。[61] もっと興味をそそるのは、シュパンがまたギルド社会主義者に挑戦していたことである。経済的個人主義を激しく非難して中世的秩序に戻ることを唱導した、反動的でロマン主義的な経済学者であるアダム・ミュラーの著作を参考にして、シュパンは、ギルドを復活させてオーストリア身分制国家の中心的支柱に位置づけることを提起していた。それに対してポランニーは、ファシスト的ギルドの秩序と社会主義ギルドの秩序とのあいだにできるだけ鋭い線引きをしようとした。彼は、ギルド制度が、「それを個人の自由の最高の表現と考える人びとと、まさに個人の自由を否定する社会理念の体現であると考える人びと、という二つの対立するグループの合言葉」になってしまった、と警告した。[62] それら二つの道がヒンターブリュール〔オーストリアのウィーン近隣の小都市〕で交差したとき、シュパンはすでに、自分が考えるギルド制度の反動的バージョンを展開しつつあった。ポランニーは、「コーポラティズム原理がイタリアのファシスト政治に出現したと言える」数年前に、ウィーンの教授〔シュパン〕がコーポラティズム原理を「新しい国家理論の論拠」にした、と述べている。[63]しかし、とりわけポランニーのいとこのポールがそう強調しているように、イタリアでは、ファシズムとギルド社会主義との境界がひどくぼやけていた。ポールは『ファシズム』を出したその同じ年に、二冊目の本である『イタリアにおけるギルドと協同組合』を刊行したが、そこではムッソリーニの労働政策を称賛している。（他ならぬG・D・H・コールによる補遺論文も含まれている。[64]）ポールは独裁政治への信奉について、左派に親しい用語で次のように正当化した。ムッソリーニの運動は「機能的民主主義」を構築して社会を統合しようとする「革命的」プロジェクトであり、イタリアは、ファシズム的労働組合がイタリアの「中世ギルドとギルド共和国」から創造的刺激を引き出すという高尚な役割を果たす革命を通じて、コーポラティズムのユニットとして再編されていくだろう、[65]と。

ポランニーは、一九三〇年代半ばに書いた多くの論文のなかで、社会的統一（もしくは「全体性」）、「機能」「ギルド組織」という諸原理の右派版と左派版を用心深く区別するシュパンを批判している。混沌

---

* アイルランドの独立戦争時、イギリス政府がアイルランド共和国陸軍（ＩＲＡ）と戦う王立アイルランド救助隊を支援するために、第一次世界大戦の退役軍人から募集してアイルランドに派遣した部隊。

** ホルティ体制下のハンガリーで白色テロを実行した反ユダヤ主義的過激組織。

*** ムッソリーニが一九一九年に設立したイタリアのファシスト組織。

とした原子的で遠心的な自由主義的資本主義の構造よりも「機能的でコーポラティブな組織」の方が社会の「本質的性質」に適している、と主張している点で、シュパンは抽象的・学術的な意味において正しい。しかし、全体性についての彼の概念は、社会の有機的性格に関するいかなる道理的・科学的定義からも大きく外れてしまっており、彼の「ロマン主義的な偏愛は彼を中世へと向かわせ」、平等を、ヒエラルキー、つまり、あらかじめ定められているルールに応じた行動として厳格に決められた自由と取り替えてしまうような、社会秩序の概念にしてしまった。[66] 経済的および政治的「諸議会」を重視する、シュパンによる機能理論の近代社会への適用は、資本主義の制度的オルタナティブを提示したように思われるが、断じてそんなことはない、とポランニーは主張した。社会主義的秩序では、「人類共通の公正と正義の理念」を体現し表現する「政治議会」が優先されるので、私的所有はその影響の下で『社会主義的所有』、つまり公的所有に変わる傾向がある」。しかし、シュパンのモデルでは逆に、「支配するものは政治議会ではなく、断固として経済議会であり、このことは、シュパンが好むかどうかには関係なく、事柄を資本主義に有利になるよう進めていく」[67]。実際、シュパンの「機能的に組織された」ファシズムでは、自由主義的資本主義においてより「もっと徹底的な」やり方で私的所有が支配することになる。このことは、一九三四年のコーポラティズム的なオーストリアを見れば一目瞭然である。本当の機能的国家であれば、「普通の人びと」により大きな言い分を与えて政治領域を民主主義的に高めていくはずであるのに、オーストリアでは、民主主義の廃棄を隠すためにさっさと「機能主義の仮面」を身につけた営利階級の力が強くなっていったのだった。[68]

ポランニーはここで、ファシズムの本質に到達した。ファシズムの本質は、シュパンのユートピアにではなく、それが覆い隠そうとしたもの、つまり、労働者を商品生産ロボットにするウルトラ資本主義制度の構築――それには、政治領域から労働者たちを排除することが不可欠である――にある。[69] ファシズムは、制度としては、「資本家階級の庇護の下で」計画経済の導入を含む革命的手段を用いて資本主義を救出する、ということを意味している。また、運動としてのファシズムは、労働者たちにもっとも対立する資本家階級によって生み出されたものである。[70] 労働者たちはファシズムの「情熱的流行」にいちばん疑念をもっておらず、そしてインテリ層はその繁殖土壌であった。こういったことは、「教育が社会的盲信への予防手段にならない」ことを想起させてくれる。[71] しかし、ファシズムが進展した秘密は、その支持基盤の数の多さにあるのではない。それは第一に、資本家や司法組織、軍隊、警察から受けた暗黙の支援があったからであり、第二に、労働運動が弱体化していたからであった。[72] だが、なぜファシズムはそれほど早く勝利してしまったのだろうか？　ポランニーの説明は、ファシズムが資本家や他のエリートたちから受けた支援や労働運動の戦略ではなく、一九一四年以後、世界的規模に拡大する前の一九世紀後半に現れた政治的・経済的危機がファシズムの基礎にある、ということを強調している。この大きな危機が唯一の根源だとすれば、ファシズムは、凝り固まった、「民衆統治に対する資本主義の敵対」であった。このようにファシズムは、産業資本主義が始まったときから内包されていた「反民主主義のウィルス」の、もっとも新しくもっとも悪質な突発的拡大に他ならなかった。[73]

ポランニーは一九三〇年代末に、「ファシズムのウィルス」という論文で、このテーマについて推敲した。そこでは、労働者階級に選挙権を与えるなら資本主義が終焉するかもしれないという、一九世紀のエリートたちの恐れが、イギリスからの資料を使って描かれている。一九世紀のエリートたちは、トーマス・マルサスとデヴィッド・リカードゥによって確立された「経済法則」に従って、次のように議論していた。「貧民が自分の運命を忍耐強く耐えてさえいれば、餓死の危険はないだろう。自分たちの悲惨な状況に甘んじて従いさえすれば、彼らはともかく生き延びることができるだろう。それゆえ、貧民を統治の手段から遠ざけておかなければならない。さもなければ貧民は、自分たちを含む共同体の生存が依存する所有制度を破壊するために政治を利用することになるだろう」[74]。そして、民主主義と資本主義とは両立しないという原則が、保守主義者たち（E・バーク、R・ピール）や自由主義者（T・B・マコーリー）、社会主義者（R・オウエン）によってそれぞれ異なる仕方で擁護された。ピールは、チャーチストによる普通選挙権への要求を、「国制に疑問を抱かせる」ことになるという理由で反対した。ローマ史家で議会のメンバーであるマコーリーは、「純粋に民主主義的な制度は、遅かれ早かれ、自由ないし文明、あるいはその双方を破壊してしまうに違いない」と警告した。そのような危険は、「多数派が政府であり、つねに少数派である富裕な人びとを徹底的に思うままにしている」アメリカではっきり見えているが、不幸なその国は、自由ないし文明の破壊に終わると思われる下降スパイラルに入った、とマコーリーは一八七五年に述べている。そして彼は、「カエサルやナポレオンのような人が、政府の支配権を強い力で握るだろう」けれども、そうなるとアメリカは、「五世紀のローマ帝国のように、二〇世紀の未開人によってひどく略奪され荒らされることになるだろう」と、激しく非難していた[75]。

マコーリーの言葉は、ポランニーにファシズムを予期させるものだった。市場機構の破壊的影響で、労働者たちが、必然的に自分たちの利益のために文明に逆らって行動する政治的・産業的民主主義を強く求めることで自己防衛せざるをえなくなるならば、資本主義はカエサルの手法（現代の用語を用いれば、ファシズム）で救われなければならないだろう。マコーリーが近代のフン族とヴァンダル族（四一〇—四五〇年にローマ帝国を襲った民族）への恐れについて表現したのと同じ頃、文学では早くもファシズムの予感が現れていた。ドストエフスキーは、精神的独裁によって、大衆が喜んで受け入れる永遠の依存という状況に導かれる、民衆の「不可能な自由」への要求を描いている。またその後には、労働者住民が人間的なレベル以下に貶められることを描いたH・G・ウェルズのディストピアや、ジャック・ロンドンによる、大企業の鉄製のかかとで踏みつけられた人びとの亡霊という例が出てくる。彼らの予告は、暴動化した労働者階級の民主主義への願いに反撃するには、過激な措置を動員する以外、エリート資本家の選択肢はほとんどないだろう、という妥当な直観に基づいていた。そのような前兆があったにもかかわらず、ドストエフスキーやロンドンの時代のリベラル派は、普通選挙権が繁栄する市場経済と調和するだろうとまだ陽気に確信することができた、とポランニーは続ける。彼らは、いくつかの国があまり骨を折ることなく参政権を拡大させた事実を指摘できたが、だからといって、それが民主主義と資本主義との対立が和らいでいる確かな証拠であるとは言えない、と彼は主張する。彼らの安心感は幻想だったのであり、それは、世界市場や「繁栄するアメリカの姿によって創り出された間違った印象」のような、一連の不確かな束の間の現象からもたらされたものだったのだ[76]。戦後、こういった幻想は、すべて二重の転換の結果として一掃されることになった。つまり、自由放任の形態から組織され規制された形態へと資本主義が転換することによって、政治権力が直接かつ有効に経済を操縦できるようになり、参政権の拡大も可能になったのであった。

普通選挙権を許可すれば、簡単に分かるように、「国家に決定的影響を及ぼす労働者階級」を生み出すことになるだろうが、同時に、市場のパニックや、「生産機構の完全な停止という切迫した危険」が引き起こされる可能性も出てくる。というのも、議会が、自己調整的メカニズムに干渉して市場資本主義を「弱らせ、その信用を傷つけ、混乱させる」からである[77]。その結果として、民主主義は機能不全に陥ってしまい、経済システムの収益性は押し下げられて、経済システムが徐々に停止し始める[78]。労働者は防衛的な目的で選挙の力を使おうとするが、経済エリートたちは、民主主義をそそのかして自分たちの意志に従うよう左派の政府に圧力をかけ、それに失敗すれば、民主主義を暴力的に抑圧することで労働者階級の影響力を減らしていこうとする。この点から見れば、「ファシズムの時代」は、「市場によって組織された産業社会の全般的危機」を予告するものであった。ファシズム自体は、強固に武装した資本家エリートたちが最後の賭けに打って出たものとして（あるいは、ポランニーが後に言っているように、ロシアやその他の地域における労働者の反乱に対する「中産階級の反動」として）考えられる。[79] 手短に言えばファシズムは、ヒトラーが一九三二年にデュッセルドルフで演説したように、経済的不平等と政治的平等は両立しないという事実の病理的な徴候だったのである。[80] ポランニーがまとめ直した要点によれば、民主主義と資本主義は、「それぞれが正反対の利害をもつ二つの異なる階級の道具になっているために、膠着状態に達している」のだが、それは、当時の社会的大変動がそのような「激震」によって特徴づけられる理由を説明している。[81]

袋小路から脱出する道は二つ〔ファシズムか、社会主義か〕しかなかった。そう思わせる根本的な理由は、自己調整的市場という自由主義的ユートピアにあった。それは市場経済の拡大の持続不可能な加速と社会的骨組みからの経済の「離床」を一般化させたが、どちらも文明を崩壊させていくしかないものだった。[82] 経済と政治との切断が縫い合わされることで社会が再び統合されるとき、初めて治療が可能になる。ファシズムは、不平等で非民主主義的な土台のうえでの社会の再統合を意味したが、社会主義は、平等の理想という土台と民主主義の原理が社会中に広がったうえで社会を再統合することを意味した。長い目で見れば、近代産業社会は、ファシズム的になるか、民主主義的で社会主義的になるかのどちらかである、とポランニーは結論づけた。歴史は新しい段階に入った。世界秩序はもはや、帝国間や国民国家間の衝突によって決められることはないだろう。今や、戦いの場はファシズムと社会主義・民主主義との社会政治的闘争となっており、その最前線は、国家のなかにも国家のあいだにも引かれていた。[83]

補佐的キリスト教運動の行動主義

ファシズムは、恐れられ、説明を求められ、阻止されるべき運動である。ファシズムの出現は確かに、ポランニーが一九三〇年代半ばに行動主義に復帰した背後にある要因の一つであった。「キリスト教左派」の中心であったポランニーやグラントやマクマリーのサークルの決定的な目的は、効果的な社会変革は、単に狭く考えられている政治生活の「非人格的な領域」、つまり、立法によって実現される制度的変化の領域だけでなく、教育や文化、地方自治活動の「人格的領域」、すなわち、宗教が特権的に関わっている日常的領域をもターゲットにすべきだ、という信念に基づいていた。[84] だが同時代のキリスト教社会主義者たちは、「社会主義の本質について漠然と考えて」いた。それゆえ、反ファシズムキャンペーンをする社会主義運動には、知識ある急進的な積極派集団を形成することが必要だった。[85] ポランニーのサークルは、まず、補佐的キリスト教運動のメンバーのうちに支持者を得て制度的足がかりを獲得することに取りかかった。彼らは、補佐的キリスト教運動の卓越したメンバーであるトーニーに手紙を書き、自分たちの提案を検討するように頼んだ。労働党の影の実力者〔トーニー〕はキリスト教社会主義グループをつくろうとする彼らの努力を支持したけれども、会合では、キリスト教社会主義グループは補佐的キリスト教運動から独立すべきだということが明らかになった。カールのサークルはこの勧告を受け入れるのを渋ったが、補佐的キリスト教運動の一般会員の意見はトーニーの見解と明らかに同じであった。[86]

ポランニーは、嫌悪感を抑えながらも、ニュー・フォレストのサンディ・ボールズ（イギリス・ハンプシャー州にある森林と公園）で開催されたサマーキャンプに参加して、[87]補佐的キリスト教運動の会報や覚書を書いたり編集したりするのを手伝った。そして、多数の会合では、とりわけ、当時ドイツ語で公刊されたばかりのマルクスの初期の著作について講義を行い、これらの著作は「いまに世界を救うだろう」と情熱的に語った。[88]彼は英語圏の聴衆に、それら初期の著作はマルクスの使命を理解する手がかりになるものであり、資本主義の条件下での疎外問題を深く洞察する鍵でもある、と会報で解説した。[89]ポランニーを運動の過激派と見なした者もいたが、彼自身は、自分の位置をまったくそのように考えていなかった。[90]マルコム・スペンサー（『経済と神』の著者）やJ・H・オルドハム（『キリスト教と人種問題』の著者）と並んでマクマリーやフェアフィールドも同席していたある会合で、彼は、「サークルのなかで自分がほぼいちばん保守的だ」と冗談を言った。[91]だが実際は、彼のグループは、補佐的キリスト教運動を、「保守主義の要塞」としての以前の立場から「社会主義」の立場へと前進させた——彼らは一九三五年の闘いで勝利した——のだった。[92]

おそらく、ポランニーがキリスト教的社会主義に関わったことの主要な成果——彼の「イギリスにおけるいちばんの成功」——は、『キリスト教と社会革命』であったと思われる。[93]『キリスト教と社会革命』は、有名なキリスト教聖職者による論文集である『キリスト教と危機』に対する反撃として企画されたものだった。『キリスト教と危機』は、（そのタイトルにもかかわらず）大恐慌とそれに伴う害悪を、時代遅れの自己満足で論じており、「キリスト教には、一〇〇年前にウィリアム・ウィルバーフォース（一七五九—一八三三。イギリスの政治家、奴隷制廃止主義者）などが大解放令において黒人奴隷と白人奴隷の解放を成し遂げたときとまさに同じように、現在の社会危機に耐えるに十分な手段がある」という、慰めの前提に終始して構成されていた。さらにそれは、共産主義の現象をかろうじて認めるにすぎず、ファシズムについて言及することはまったくなかった。ポランニーと彼の仲間は、そういった話題をオープンにして共産主義者自身に語らせる本を出版することで応えようとした。[94] そして彼らは、オーウェルの『パリ・ロンドンどん底生活』のような同時代の古典シリーズで急速に名を知られることになった、ビクター・ゴランツという格好の出版社を見つけた。[95] ポランニーは編集チームのリーダーとして、寄稿者――マクマリー、ジョゼフ・ニーダム、とりわけウィスタン・オーデン――のさまざまな意見が理想的なバランスで配置されるように、彼らとともに綿密に作業した。[96]（成功はしなかったものの、彼が取り上げたかった一つのテーマは、ルカーチによって――ルカーチが拒めばフランツ・ボルケナウによって――書かれるはずの「マルクス主義無神論者」だった。[97]）一万一〇〇〇部ほどが売れ、ポランニーの書いた章を絶賛する、『ニューステイツマン・アンド・ネーション』に掲載されたトーニーによる好意的な書評に助けられて、彼の努力は報われた。[98]

ポランニーは、一連のパンフレットや手紙、また、ユダヤ教徒およびキリスト教徒協会のような団体への講演で、自分の宗教哲学やグローバルな政治状況について発表した。彼の宗教哲学の要点は、「キリスト教の精神的本質」（あるいは「真の性格」）は個人の自由である、とキリスト教が人類に示した公理にあった。彼は、「神が存在するから個人は無限の価値をもつ」のだと主張したが、[99] この言い回しのなかに、自由と共同体と平等と普遍主義との不可分な関連――これは、カールの聖書解釈における、キリスト教の教義の中心をなす――を見出すことができる。「キリスト教による人格の発見は、いかなる人間も救われるべき魂を持つという真実の発見であり」[100]、それゆえ、すべての人間は道徳的に平等であるので、彼らは他者との共存について考慮せずに倫理的に行動することなどできない。そして、仲間を通してそのなかで互いに存在することによって共同体を創造するよう、定められている。これは、前キリスト教文明が見落としていたことを道徳的に認識した、ということを表すものであるが、そのような認識は、歴史のなかで支配的な力になることが運命づけられている。[101] こういった見方は、一人よがりのキリスト教的ホイッグ主義にはなかった。新たな危急の事態が到来し、「人類が生き延びていかねばならないのなら、共同体の方向に」[102] さらに向かわざるをえない、というところまできたにもかかわらず、キリスト教は、来たるべき転換に不可欠である「意識改革」を導いていけるような手段を、それ自身の伝統のなかに持ち合わせていなかった。それでもキリスト教は、そうとは気づかず、その転換を阻む一つの壁を築き上げていた。つまり、「個人の自由の絶対性、すなわち、社会からの自由」というユダヤ‐キリスト教的公準が、「機械によって生み出された複雑な社会を一歩一歩」つくり出していったのだった。[103]

このような断言について詳しく分析すれば、そこには、個人主義の誤った転換と産業社会の複雑性という、二つの相互に関連する要素が内包されていることが分かる。道徳的な個人主義はキリスト教において初めて出現したが、それは、カルヴァンや資本と関連する宗教的・社会経済的革命——ヴェーバーとトーニーがそれぞれ記録にとどめている——とともに前面に出てきた、とポランニーは主張する。生まれたばかりの資本主義から初期の反資本主義運動までの三〇〇年間は、「道徳的な個人主義とリベラルなキリスト教は当時の状況に適合していた」。だが、社会経済的な複雑性と市場化が増大するにつれ、それらは次第に人類の要請に適応できなくなってきた。[104] 複雑な産業社会においては、人類は他者への強制を避けられない。神との純粋に個人的な関係、または「自制する」というトルストイ的立場によって逃れられる状況が終わり、人類は、全体としての社会関係について集合的な道徳的考察を必要とするようになる。[105] 当時、複雑な社会における自由の問題など提起されることがなかったので、イエスは、「人類の自由と共同体が実現されるのに必要な枠組み」として社会について考えてはいなかった。[106] それから一五〇〇年経っても、「単純な」社会のニーズに合わせたイエスのアプローチが、いまだに自由主義的《リベラル》キリスト教徒の理想の基礎になっている。それは、「社会の現実」、つまり、その制度や歴史についてどう認識しているのかをまったく明示することなく、「社会の現実のすべての現象のなかに害悪としての」権力を見ていたのである。[107] その結果、徐々に悪影響が増し、「効率の礼賛」や「科学・技術の権威崇拝」への服従さえ生じることになったのだが、[108] ポランニーの主張によれば、自由主義的キリスト教徒の理想では技術崇拝の奨励は非難されるべきことであった。彼は、サンディ・リンゼイ――後でさらに言及する――に共鳴して、二つのタイプの個人主義、すなわち、「神を犠牲にした個人的エゴの感情」を讃える「無神論的な」種類の個人主義と、「個人は魂を持っているがゆえに」尊厳があるという「宗教的個人主義」を仮定する。[109]「無神論的な」タイプの個人主義は、それが市場や「機械」の出現と結びつくと、とりわけ致命的に有害になる。そういった環境のなかでは、「無神論的な」タイプの個人主義は「破壊的タイプのエゴイスティックで競争的な個人主義」を生み出し、[110] そのことによって市場社会の繁栄がさらに促進されることになるのである。

ポランニーの分析によれば、自由主義的キリスト教には弱点があった。それは、道徳的個人主義が道徳的共同体と両立できないことをはっきりさせた。イエス以来、人間は仲間との親交のなかでしか自分の真の本性を満たすことができないという真実が認識されてきたが、この真実は自由主義的個人主義によって否定され、市場社会によって掻き消されてしまって、そのために戦間期の危機が生じることになったのだ。[111] 一九三〇年代、宗教的熱意が絶頂にあったポランニーは、キリスト教は「戦間期の危機を打開できる唯一の力でもある」[112]と主張したが、現存する教会はそうではなかった。というのも、現存する教会は、悲惨な状況を救済の兆候として絶賛し、「大衆の精神を革命的な考えに反対する方向へと強力に導きながら、生活の苦しみを喜んで受け入れなくてもそれを運命として甘受するよう」彼らを説得している点で、咎められるべきだったからである[113]。もはやキリスト教は、教義の本体としてさえ十分なものではなくなった。彼は、「存在についてのキリスト教の解釈をかつてなく」信仰しながらも、「新約聖書に限界があること」、そして、「ポスト・キリスト教」の時代が始まっていることを「確信する」ようになった[114]。キリスト教的個人主義は、現代産業社会の現実に適応した形に解釈し直される必要があった。この点からすれば、社会主義はキリスト教的個人主義を真に継承するものであり、キリスト教的個人主義の最初の約束を実行できる唯一の運動なのであった。

オックスフォード大学・ベリオール・カレッジの人脈

キリスト教左派がポランニーの一九三〇年代半ばにおける政治的・知的環境のコアを成していたとすれば、それと交錯する第二のサークルには、コールやトーニーのような労働党の知識人が含まれていた。彼はすでにウィーンで、間近に迫ったイギリスへの移動について弟のマイケルと話していた折に、コールとの付き合いを復活させたりトーニーやメイナード・ケインズと会ったりする機会を楽しみたいと言っていた[115]。彼らを介してキリスト教左派や労働党と接触をもつことにより知識人として認められるようになったポランニーは、かなり以前から、経済史学会の集会に出たり、チャタム・ハウス（王立国際問題研究所）でヨーロッパのパワー・オブ・バランスについて講演したり、コールやトーニーやR・W・

セトン・ワトソン〔一八七九―一九五一。イギリスの歴史家〕とお茶を囲んで談笑したりしていた[116]。

両大戦間のイギリスで、コールとトーニーはラスキと一緒に、左翼の政治思想に多大な影響を与える三人組を結成した。彼ら三人はみなポランニーと同様に、イギリスの野党の役割を果たすという労働党の方針が政治の舞台を転換させ、今や保守党と自由党との二大政党が社会システムの基本問題に関して意見を異にするようになったことは、ラウンドヘッズ（議会派）とキャバリアーズ（王党派）とのイギリス内戦〔一六四二―一六五一〕の時代以後初めてのことだ、と考えていた[117]。三人ともフェビアン協会に加わっていたが、その功利主義的でテクノクラート的な傾向や道徳的理想主義の乏しさには耐えられなかった。とりわけコールとトーニーはすでに、一九世紀後半の自由主義――それは、古典的自由主義の理論不足や貧困階級の困窮を問題にして、創造的混乱の状態を経験した思想潮流であった――に、倫理的かつ知的に方向づけられており、新しいコミュニティの土台に関する研究を進めていた[118]。このプロジェクトには、ベリオール・カレッジの研究者であるトーマス・グリーン〔一八三六―一八八二〕とアーノルド・トインビー〔一八五二―一八八三〕という二人の中心人物が関わっていた。

グリーンは、ポランニーが一九三〇年代に読んで絶賛した著書のなかで、個人と社会との関係に関する古典的自由主義の概念についての批判を展開していた[119]。彼は、社会的なキリスト教とロマン主義思想を吸収し、そして、道徳的目的をもつ国民共同体として理論化された国家を備え、一般国民と政府をその不可欠の構成要素とする有機的全体、というヘーゲルの社会描写――国家は個人と社会と普遍的精神とのあいだの生き生きした結びつきを提供するといった、通俗的なヘーゲル理解は取り除かれている――を支持していた[120]。グリーンにとって社会は、政治的ならびに社会的存在から構成されているのであって、単に個人が堆積する砂山ではない。自由主義的伝統の、孤立した自律的個人というのは神話であり、自分の利己的必要を追求する孤立した原子的個人は公共精神に基づく倫理も市民社会も生み出しえない、とする点で有害である。自己が実現されるのは共同体の生活のなかにおいてだけであって、それゆえ政府には、全体としての普通の人びとのよき生活に関わる道徳的義務がある。自由主義的な政治理論をグリーンが急進化させたとすれば、トインビーは同じことを経済理論で行ったと言えよう。トインビーは、人間の不幸は情け容赦のない自然法則の結果であるという、スミスやマルサスやリカードゥの主張を非難した。実際、産業革命のあいだにイギリスで経験された貧困と経済的混乱は、防ぐことのできる不正義と利己的態度から生じたのだった。トインビーの方法論的提案は、道徳性を「実践科学としての経済学」に結びつけるということだったが、そこから、自由主義的政治経済思想は共同体の統合や福祉の権利や国家の介入主義を強調するように訂正されるべきだという、政策に関連する結論が引き出された[121]。一般的には自由貿易を支持するトインビーだが、「労働の自由な交換」の教義に対しては批判的だった。トインビーのベリオール・カレッジでの講義を熱心に聴いたポランニーは、彼のコメントに心から賛同した[122]。

一九世紀の第四半世紀と二〇世紀の初めのオックスフォード大学は、左に転換する自由主義的理想主義者たちから刺激を受けていた。彼らの大部分は自由党の支持者で、ある点ではほとんどが社会主義に共鳴しており、多くの者が社会主義とキリスト教との自然な結びつきを当然のことと見なしていた[123]。ベリオール・カレッジは自由主義的神学と社会主義思想との出会いの中心的な場であり、その扉は、ポランニーの四人の友人で指導者でもある人びとに開かれていた。その四人とは、オックスフォード大学の副学長でその学外公開講座代表団（ポランニーはそこに職を得た）の議長でもあるサンディ・リンゼイ（卿）〔一八七九―一九五二。哲学者〕、以前のベリオール・カレッジの仲間でポランニーがイギリスで生活し始めたときしばしば会っていたトーニー[124]、一九二四年にリンゼイが学寮長としてベリオール・カレッジに戻れるよう助力した、ベリオールの同窓生であるマクマリー、そして、マクマリーと同様にリンゼイの個人指導を受けていたコールである。年長のリンゼイとトーニーの二人は、ポランニーがイギリスを拠点とする際の一組の身元保証人で（もう一組の身元保証人はマンハイムとコールであった）、彼がイギリスに着いたときに教職に就く手助けをしてくれた[125]。彼は、リンゼイやトーニーに対して、自分より少し若いマクマリーやコールよりも敬意を払い、距離を置いていた[126]。また、リンゼイ、トーニーおよび、トーニーの義理の弟であるW・ベヴァリッジは、一九〇七年までベリオール・カレッジの学寮長であった理想主義哲学者のエドワード・ケアード（一八三五―一九〇八）の学生であった[127]。

リンゼイの名前は今ではほとんど忘れられてしまっており、道徳的哲学者リンゼイの大げさな宣言のような「内容のないキリスト教の高揚したトーン」はポストモダンの耳には不快に響き、さらに、彼のイギリス化されたヘーゲル主義はもはや専門的な哲学者のあいだで多くの支持を得られないでいた[128]。しかし彼は、一九三〇年代には傑出した知的人物であった。リンゼイは、市場社会批判と社会主義の共同体主義《コミュニタリアン》的論拠を展開するために、グリーンの哲学、すなわち、カルヴァン主義寄りのキリスト教とルソー主義的政治理論（とりわけ、国家は国民共同体に役立つために存在する、という一般意志の考え方）を参考にしていた。彼の『キリスト教と経済学』（一九三三）は、市場社会によって影響される「手段の目的への転倒」について批判した。というのも、そうなると経済関係が、私たちの言う人格的責任の意味を弱めることによって人間の支配者になってしまうからである[129]。『キリスト教と経済学』で彼は、「道徳的平等に基づき共同体の観念を通して表現されたキリスト教の『効力ある理想』が民主主義社会を基礎づけている」が、社会主義はこの同じ原理を拡大したものにすぎない、と議論する[130]。キリスト教は、民主主義、平等、友愛の基盤になっているだけでなく、二つの形態の個人主義——リンゼイはこれら二つの対立を、近代の決定的な敵対関係として考えている——の一つを支持している。個人主義の一方の形態は、理想主義的あるいは「キリスト教的」なものであり、「自由の理想に根差した個人主義で、……人の尊厳や価値と関連したものである」。もう一つの形態は、物質主義的あるいは「科学的な」ものので、「あらゆることにおいて自己利害や、力と物的満足を求めて物や人を冷淡に操作しようという意志に動機づけられた、世俗的で原子論的な個人主義である」。産業革命以来、技術進歩が政治的・社会的な組織化よりも先行したので、世俗的で原子論的な個人主義がキリスト教的個人主義を押しのけることになってしまった、とリンゼイは考える。「道徳的で精神的な革命を伴わずに[131]」物質的革命が起こったという、リンゼイがポランニーよりも前に主張したことは、戦間期に高まった危機を説明するものであった。

トーニーのキリスト教的社会主義もまた、科学的なものより精神的なものを優先することや、共通善への信念で統一された有機的社会の擁護、そして、個人的人格を実現できるようにする国家の役割の肯定、といったことに関して、グリーン（および彼の弟子であるケアードとチャールズ・ゴア）の伝統に根ざしている[132]。ロス・テリルは、社会的統一がいかに達成されるかという問題に関するグリーンからトーニーへの進歩に注意を促したが、それは有益であった。グリーンは断固として、倫理的で温情主義的なことを強調しており、共同体への社会的奉仕に力点を置いている。これに対してトーニーは、社会的奉仕への関心を共有しているけれども、それよりも、社会統一の創出に不可欠なものとしての社会主義的転換を要請する政治的主張の方を重視した[133]。彼の意見によれば、社会は「権利の保障ではなく義務の遂行」を中心にして組織されるべきであり、「社会が保護する権利は社会的義務を果たすのに必要なものでなくてはならない」のだ。トーニーは、彼の著書の『平等』において、「国民生活」の統一性は「もはや時代遅れの所有権や意味のない法律上の区別によって解体されるべきではない」――これは、ポランニーがこの本のなかで下線を引いている文章である――と忠告している。[135]

ギルド社会主義の影響を受けたトーニーのビジョンは、単なる個人の利得ではなく社会的目的を表現するために行われる個人活動として定められた機能を、諸個人が遂行することによって共通善が実現される、機能的社会というものであった。[136] したがって資本主義に対する彼の批判は、資本主義が、社会的目的に基礎を置く機能的社会ではなく、個人的権利を中心に組織された機械的な社会である、ということに向けられている。ポランニーが称賛した『宗教と資本主義の興隆』においてトーニーは、個人的利益の動機と市場経済の自己調整的メカニズムが、中世ヨーロッパで支配的だった相互的義務の規範をいかに奪ったか、ということを跡付けた。中世ヨーロッパの時代には、社会的なものと精神的なものは複雑に絡み合っていると解釈されており、経済的利害は、「魂の救済という、人生においてなされるべきことに従属していた」。それゆえ経済活動は、「他の活動と同様に道徳性の規範に義務づけられている、個人の振る舞いの一側面でしかない」。[137] さらに、資本主義の青年期には社会的義務（あるいは「目的」）が「市場メカニズム」に負けてしまったが、資本主義の衰退期には状況が変わっていくことになるだろう、とトーニーは論じる。[138] 彼は、ポランニーの『大転換』に先んじて、福祉給付を拡大させることが市場メカニズムの終焉において決定的だと主張する。というのも、福祉給付には、労働者の自信と保障を向上させ、経済的産出を低下させる傾向があるからだ。したがって、「産業システムが効率を確保するため数世代にわたって依存してきた」飢えに対する恐れという動機が、「もはや効率の確保を保証しなくなる」のである。[139]

トーニーは、もう一人のベリオール・カレッジの元フェローであるアーノルド・J・トインビー〔一八八九―一九七五〕の著作、とりわけ数巻から成る『歴史の研究』をよく理解した読者だった。トインビーは、ここで議論したベリオール・カレッジの他の急進派やポランニーと同じように、実証主義的でホイッグ主義的な進歩の見通しに縛られながら成長したが、西洋文明のもろさとその崩壊の可能性をさらすことになった第一次世界大戦の経験に衝撃を受けていた。そこでトインビーは、以前の楽観的なメリオリズム〔人間の努力によって世界が改善されるという考え方〕について徹底的に考え直し始め、『歴史の研究』という世界史の壮大な物語――最初の六つの巻は一九三〇年代に刊行された――に結実する課題を見出した。[140] それは、挑戦と応戦、および撤退と復帰の連続（あるいは法則）に支配された進歩と循環の運動として理論化された文明のダイナミズムで語られる、文明の興隆と衰退の歴史を表現していた。後者〔撤退と復帰〕は、創造力豊かな少数者と無気力な人びとを、社会において二分する。つまり、創造的少数者は、通常の期待を避けたりそこから撤退したりして、しばしば相対的に孤立しながら創造的活動に取り組み、その後、主流に復帰する、というのである。[141] だが、挑戦と応戦は、撤退と復帰の概念よりも豊かな概念であり、ポランニーの関心を引き付けた。その前提によれば、あらゆる歴史的プロセスにおける主要な説明すべき出来事は、個人と社会に立ちはだかり個々人の精神的源泉を試練にさらす挑戦である。個人が厳しい試練に直面するとき、挑戦に失敗することもあれば、しっかり対応して勝利し、その過程で新たな「創造」を生み出すこともある。[142] 社会についても同じことが言える。社会も、存続していくなかで、「そのすべての構成員ができる限り自分自身で解決していかなければならない」一連の問題に直面する。どのような問題も試練を受けることを要求する挑戦であり、解決を見出す者もいるのに失敗する者もいるというように、「この一連の厳しい試練を通して、社会の構成員は次第に分化の程度を強めてゆくのである」。厳しい試練が次々と襲いかかるとき、途中で挫折する文明もあれば闘い続ける文明もあるし、また、新たな挑戦によって試される新しい力や制度の更新過程で英知や資質においてさらに成長していく文明もある。妨げになる制度は、「新しい力と速やかに平和的に調和する」のか、「革命を通して遅ればせながらも暴力的に排除される」のか、あるいは、適応することも排除されることもともに無視するのか、これらのいずれかである。最後の場合には、「社会的な異常が古い制度の不自然な『働き』から生じる。古い制度は、それを支配できなかった新しい力によって、今や自動的に手に負えなくなる制度になるだろう」。挑戦と応戦のそれぞれの段階の「全体的結果」において三つの帰結がどのような割合で現れるのか、それは、戦間期が示しているように、「社会の運命の結果にとってきわめて重大なこと」であろう。[143]

ポランニーは、トインビーの『歴史の研究』を複雑な気持ちで読んだ。その高慢な一般化の一部はこじつけのように思われたが、危機の歴史的時期に同時に突入した民主主義と産業主義を近代の双子の支配的制度と見なすトインビーの認識に彼は強く賛同し、[144]挑戦と応戦の概念をきわめて刺激的なものと考えた。実際、この概念は、後に彼自身の「二重運動」の概念へと注いでいく重要な支流となり、その概念のモデルとさえなった。ポランニーが読んだところによれば、産業革命は、商業革命[*]の「挑戦に対する」イギリスの「応戦」を表していた。商業革命は、主に銀の流出によって西ヨーロッパに挑戦したが、次いでさまざまな応戦——〔原料や貴金属の〕発見の旅、国民国家の建設、海外帝国の樹立、奴隷貿易、そして、とりわけ産業革命そのもの——が展開された。したがって、産業主義は一つの応戦であるとともに、そ

* 一六世紀の大航海時代に、東インド航路の発見やアメリカ新大陸の征服などによってヨーロッパに生じた、貿易および商業のあり方の大きな変化。

のなかで発展してきた「規制システム」に挑戦を提起するものでもあった。その挑戦に対する応戦が市場経済の発明であり、今度は市場経済が「人間社会への挑戦」を提起して、それに対する応戦として国家の「介入主義」が発展することになった。現在の段階は、介入主義が引き起こした「市場経済の解体」によって提起された、新しい挑戦によって特徴づけられる。[145] それゆえ、時代の問題は、今やどのような応戦が出現するかということである。これは、ポランニーが後に『大転換』において解明することになる問題である。彼は『大転換』のなかに、挑戦と応戦の弁証法を密かに縫い込んだのである。[146] 彼自身の解答は社会主義であった。すなわち彼は、人生のこの段階では、運動の中心的な理論的立場はマルクス主義によって担われるべきである、と考えていた。彼は、キリスト教の異端として現れているソヴェト共産主義を含むイデオロギーとしてのマルクス主義を、（トインビーに同意して）西ヨーロッパのキリスト教世界の派生物である、と理解したのであった。[147]

キリスト教の成就としてのマルクス主義

ポランニーは、世界観と政治的軌跡においてベリオール・カレッジの社会主義者たちに近かったけれども、マルクス主義的伝統を彼らよりも——おそらくマクマリーは別として——受け入れていた。実際、彼がかつてないほど熱心にキリスト教に熱情を注いだと思われる同じ時期に、マルクス主義にもこれまで以上に緊密に関わっていたことは、キリスト教とマルクス主義についての彼の理解に関する何らかのことを示している。第三章で叙述したように、彼はウィーン滞在中にマルクス理論を再評価し、市場社会についてのマルクスの社会学、とりわけ商品の物神性理論のなかに豊かな可能性を見つけていた。一九三二年にマルクスの初期の著作が刊行されたことや、マクマリーなどのキリスト教左派の同志と熱狂を分かち合ったことで、マルクスに対する彼の称賛は一九三〇年代を通じて深まっていった[148]。彼はマルクスの哲学を、キリスト教の伝統と一致しているばかりか、キリスト教の伝統から「無意識的に発生し」その最善のものを体現していると考え[149]、彼自身の見解を「マルクスの分析のキリスト教的理解に基づくもの」と特徴づけるようになった。マルクス主義の「真理」が「キリスト教の内実」と同義である、と理解されたのである[150]。彼の主張によれば、マルクス主義だけが、とりわけ共同体の開花が個人の開花の前提条件であるという洞察から、キリスト教の教えを「複雑な」産業社会の条件に適応させることができた。要するに彼は、キリスト教的マルクス主義を冗語であると考えた。だから、「第一にマルクス主義者で、二次的にキリスト教徒であるという立場」は、「その逆の場合と同様に実在しえないのである[151]」。近代においては、これら二つの信条がただ互いに依存し合っているにすぎない。つまり、キリスト教が社会転換の道徳的基礎を提供しているのに対して、マルクス主義は、それをいかに達成するのかを示しているのである。

ポランニーは、マルクス主義を「体系としてよりも方法として」考えた点で、ルカーチと違わなかった[152]。実際、彼は、一九二〇年代と一九三〇年代を通じて何度も読み直したルカーチの『歴史と階級意識』を、「理論と実践の弁証法」、すなわち、歴史における「物質的」要因と「観念的」要因との相互作用、および、階級意識が果たす基軸的役割に有用な理解を提供するもの、と見なした[153]。しかしポランニーは、彼の旧友であるルカーチとは違って、マルクスの方法に関する自身の理解を具体化することがなかった。その代わりに彼は、マルクスの予言的で人間主義的な特質について次のように強調した。マルクスは、人間と人間との相互関係に焦点を当てて、「人間に独自な動機が行きわたり、人間と人間との関係が、媒介されずに直接的で人格的である」社会主義社会のビジョンについて言及しており[154]、この点で、マルクスは「イエスを超えている」と[155]。人間の真の本質は自由であり、自由の達成のために人間には「仲間との交流」が必要である、ということをイエスは明らかにした[156]。だがイエスは、産業資本主義にこの洞察を適応することの困難さを予測しなかったし、予測することができなかった。マルクスが論証したのは、広がった社会的分業を有する近代社会は人間の相互依存の領域を深めたが、しかし、それは疎外された仕方でそうしたのであり、「自己疎外の新しい悲劇的形態」を生む原因となってしまった、ということだった[157]。

ポランニーのマルクス解釈によれば、マルクスの強調点は、経済的関係が直接的で人格的な形態をとる非市場社会と、人間と人間との関係が交換価値——商品物神性を介して「幽霊が現実になる」ような「幽霊的世界」を生み出す——という非人格的外観を通じて表現される市場社会との対照に置かれている[158]。資本の物神化は商品の物神化から発生する。資本は、現実には「人間と自然との相互作用の結果にすぎない」のに、近代においては「独立した存在であるかのような外観」をとり、「人間と自然に並ぶ第三の独自的生産要因として立ち現れる」。そして実際に、「人間と自然の生産における有効性は資本の存在とその量に依存している[159]」。さらに、市場社会は人類をいくつかの仕方で分裂させてしまう[160]。第一に、すべての経済的関係が市場の媒介を通じて処理されるために、個人的な経済的アクターがその仲間から引き裂かれることになる。各自の運命が価格によって決定されることは、自分たちの行為の社会的結果に責任をとる各自の能力を弱めて、神の前で私たちが人間性を実現し責任を引き受けることを妨げ、「人類の道徳的発展」を遅らせることにつながる[161]。第二に、これと関連して、市場社会は社会の諸領域の制度的分離をもたらすが[162]、このことはすでに「われわれの時代の主要な問題」となっている。というのも、市場社会は、価格メカニズムに調節されて責任が通用しなくなった経済的領域から、責任が重要な意味を持つ政治的領域を引き離してしまうからである。[163] 第三にポランニーは、自身の初期の自由主義的社会主義とは反対に市場経済は階級的分割を固定させている、と考えるようになった。階級分割によって引き裂かれているので純粋に政治的共同体を構成することはできない、というのが、一九三〇年代に彼が観察していた「世界の破壊への道の究極的な理由」であった。なぜなら、国民の大部分が生産手段の所有から排除されている限り、「国民《ネーション》は、国際的な共同体を今日において可能にするのに必要な、大規模な経済的調節を遂行する意志と力を欠くことになる」からである。[164]

社会を断片化させ社会関係を不透明にする傾向があるために、「資本主義」に対して「人間の真の本質」が「反発する」のであり、この点に関してもマルクス主義は啓示を与えている、とポランニーは結論づける。[165] だが、一つの点で不満があり、階級を「究極的な現実」と理解しているように思われるマルクスには批判的である。ポランニーは、階級という用語は「全体としての社会的利害」にのみ適用される――階級は、「発展の先導者」として、全体としての社会を代表するようになって初めて有効である――、と考えている。[166] だが彼は、発展の先導者の役割が誰によって担われるべきかという認識においてマルクス主義者に同意していた。マルクスが解明したように、現代の産業社会はそれ自身の内部に、社会の自己疎外を解決する萌芽を、全体性としての社会の再構成を導いていくことのできる階級であるプロレタリアートの形態で含んでいる。[167] 社会の再構成を導きうるプロレタリアートの能力は、「人間と自然が生産における唯一必要な要素である」と認識させる、生産過程における彼らの立場から生じる。というのも、労働者は社会的再生産に不可欠な存在であり、したがって社会は「労働者から成り立ちうる」が「所有者」からは成り立ちえないからである。つまり、プロレタリアートは、「普通の人間」を代表しているのである。[168] ポランニーは、この主張を強化するために、「貧しい人びとが同情を必要としたからではなく、彼らが人類を代表しているが故に彼らと親しく接した」イエスを思い起こさせる。[169] プロレタリアートの「歴史的使命」は、生産手段に対する共同体の統制を確立するような転換をもたらすことであり、それを通じて人間と人間との関係を「直接的で人格的」にすることである、と彼は結論づける。それがひとたび達成されるなら、「人間的社会が現実的なものになるだろうが、それは、社会が人格と人格の関係という人間的なものになるからである」。[170]「この真理を否定することが現在の世界危機をもたらした」が、世界的危機を克服する道は、理論的にはマルクス主義によって、実践的には「ソ連邦の社会主義」によって示されているのである。[171]

モスクワの苦しい試練

全体として、ポランニーを含むキリスト教左派の人びとはソヴェト連邦の忠実な支持者であった。彼らが誇らしくデモで掲げた横断幕は、ソヴェト連邦の国旗の図柄であるハンマーと鎌に重ねた十字架を特徴としていた。[172] しかし、忠実なキリスト教徒のあいだでは、これは一般的共感を得ることができなかった。「マルクス主義と聖書主義の結合が、現代のキリスト教徒――このキリスト教徒のなかには兄のカール・ポランニーも含まれている――のあいだでますます受け入れられてきているように見えること[173]」にマイケル・ポランニーが怒りを爆発させたのは、その格好の例である。

カールとマイケルの双方を知る人は、彼らの性格の違いに驚いたことだろう。兄のカールは社交的で元気に溢れ快活であるが、それとは対照的に、弟のマイケルは控えめで「イギリス人的」だった。しかし彼らはとても親しく、カールの言葉によれば、子供の頃は「熱く愛情深い」関係で結ばれており、互いへの優しい気遣いと尊敬の気持ちは生涯を通じてずっと続いた。二〇世紀の最初の一〇年間、彼らはきわめて親密で、世界観も多くの点で共通しており、二人とも反唯物論的哲学とキリスト教に傾倒していた。ポランニー兄弟の「黄金時代」[174]であったこの時期に、とりわけ社会主義についてのイデオロギー的相違がはっきりしてきていたけれども、だからといって精神を共有する幸福感が削がれてしまうことはなかった。カールは安堵して、遅くとも一九三二年頃には、長年にわたって二人のあいだを裂いていたけれども「今ではかなり一致を見出すことのできる」「ソヴェト連邦に関する見方」について、マイケルと理解し合えるようになった、と母親に報告することができた。[175]だが、この状態が長く続くことはなかった。エンドレ・ナジの記述によれば、彼らがイギリスに移ったとき、二人のあいだには「憂鬱な亀裂」のような緊張と苦悩の時期が始まった。二人の関係にぎこちなさが入ってくるのだが、その根は個人的なことと政治的なこととの双方にあった。マイケルはカールのイギリスへの移住計画を思いとどまらせようとし、カールがイギリスに着いたときに冷淡に接したが、マイケル自身は、カールの「不機嫌」とソヴェト連邦に対する彼の態度が摩擦の要因だと考えていた、と何人かが指摘している。[176]しかし、そもそもの不仲の主な原因は、カールが感じていたように、兄弟間で面倒を見合う義務のアンバランスにあった。一九三四年にカールは、「信愛なる父が、二九年前にお前の世話を自分に任せた」ことをマイケルに思い起こさせ、「今やもう、君は私の助けを必要としない」、と書いている。[177]求められればいつだって金を出したことをくどくど言いながら、父親役はもう不要だろう、と四三歳の弟に畳みかけるカールの態度は、明らかに家父長的であった。だが、カールが戦後、物理的にも精神的にも消耗して苦労していたときでさえ、またイギリスに着いた後の困難な時期にも、弟からは彼が望んでいたほどの見返りは得られなかった。（彼の打ちひしがれた魂を後方支援して立ち上がらせ助けてくれたのは「いつもマイケル以外の人びと」だった。[178]）一九三〇年代の初頭、二人の物質的環境があまりにも違うのに気づいたことで、このカールのたまらない気持はさらに大きくなった。弟のマイケルは、三つの豪奢な応接間と六つの寝室ばかりか、彼とその妻がオペア〔英語習得のために住み込みで家事を手伝う外国人女性〕の他に三人雇っていた使用人用の部屋が二つもあるマンチェスターのマンションに住んでいたのに対し、カールは、下宿住まいをしながら臨時の仕事のために駆け回っていたのだった。[179]それに加えて、マイケルの妻のマグダが、さらなる摩擦の原因になっていた。彼女は、夫の兄のカールを疑い、金を吸い取るヒルのようだと非難し、「強欲」であるとけなした。そして、イロナの革命主義的行動を、嫌悪を抱きながら見ていた。[180]カールの回想によれば、カールとマイケルはマグダの反感を無視しようと努めていたが、彼女の強烈な反感は、一九三四年頃から二人のあいだに「影響を及ぼし始めた[181]」。

　カールとマイケルとの政治的不一致が計画経済やマルクス主義、とりわけソヴェト連邦について慢性的な対立形態をとり始めたのも、この時期である。マイケルは、いくつかの機会にロシアを訪問し、『ソ連邦の経済』（一九三五）と『自由の軽蔑』（一九四〇）でロシアについて分析した。彼は、スターリン主義的経済がまったく中央集権的に計画されていない、と主張した最初の一人である。彼の主張によれば、「計画経済のシステム」は、一九二一年以来、ソヴェト連邦において試みられてこなかった。五ヶ年計画は「計画経済のシステムではなく、単に計画された生産のシステムにすぎないが、そのように言うことさえ誇張である。というのも、計画のシステムとしての本質に少しも強調点が置かれていないからだ[182]」。要するに、ソヴェト連邦のシステムはほとんど資本主義と同じであって、大きな違いは、「政府が『所有者』（経営者）を指名するので私的な合意を通じて『所有権』を移転させることができない」

ことである[183]。

これは、カールの分析とは反対であった。彼にとってソヴェト連邦経済は、一九三〇年代の社会主義システムの構築までは資本主義的であった。一九三〇年代の中頃に、彼はロシアに「新しい形態の民主主義」が生まれつつあると認識した。そして彼は、モスクワ裁判*は、陰謀の脅威を鎮圧することにより「共産党の内部におけるより大きな議論の自由」を保証したとして、モスクワ裁判を頑固に弁護した[184]。

カールとマイケルの兄弟は、これらの問題をめぐって激論を交わし、しばしば痛烈な言葉を投げつけ合った。マイケルが、シドニー＝ビアトリス・ウェッブによる媚を売るような『ソヴェト共産主義』の調査結果を批判した「真実とプロパガンダ」という論文を刊行した際、カールは、マイケルのソヴェトに対する偏見はモスクワ非難者に対する彼の支持と同じくらい嘆かわしい、と批判した。同じ手紙のなかでカールは、科学的研究の自律性についてのマイケルの主張に「無条件な同意」を示したけれども、その論文がソヴェト連邦に見られる後見人的態度への批判を一面的に展開していることには難癖をつけた。例えば、アメリカにも明らかにそれに類似する点があり、大企業が「君の知っているように、教育と研究を支配している」ということが無視されている、というのである[185]。

兄弟間の反目は、彼らの姪であるエヴァの、ソヴェト体制による処遇に関わったとき、感情的なものへと変わった。エヴァとその夫のアレックス・ヴァイスベルクは、一九三二年にロシアに移住したのだが、アレックスがそうしたのは共産主義的計画を支持していたからであったのに対し、エヴァは主に、

＊一九三六年から一九三八年にかけてモスクワで三回にわたって行われた「反ソヴェト陰謀分子」に対する公開裁判。この裁判でニコライ・ブハーリンなどの多数の幹部が有罪とされ粛清された。

「山の向こうに」何があるのか見たいという「好奇心」に動かされたためであった。[186] アレックスは物理学者としてハルキウ〔ウクライナ北東部の都市〕で働き、エヴァはモスクワの近くの陶器工場でデザイン管理職としての場を見出した。一九三六年の春に、彼女は逮捕されて投獄された。エヴァは、トロツキストと共謀してセラミック製品のデザインにナチスの鉤十字を忍び込ませており、スターリン暗殺という明白な目的のために拳銃を所持しているとする、捏造されたばかげた容疑に直面したのだ。[187] 偉大な老人〔スターリン〕自身がエヴァの事件を扱い、彼女はルビャンカ刑務所〔モスクワのルビャンカ広場にある黄色の大きな建物〕において一六カ月のうちの大部分を独房監禁状態で過ごすよう裁定された。[188] 彼女は、知的なチェスをしたりフランス語会話を練習したり詩をつくったりして、正気でいようと懸命にもがいていたが、とうとう騙されて、捏造された自白にサインしてしまった。[189] 独房に戻り、騙されたことや知人たちを巻き込んでしまったことに激しく苦しんで、彼女は手首の動脈を切ろうとした。記述書によれば、彼女が選んだ道具は靴のかかとに隠していた剃刀か針金だったが、それが役に立たなかったのか、監視人がちょうどそのときに来て止めたためかで、彼女の命は救われた。[190] それからまもなく、彼女の母親のラウラ（当時ラウラは、たまたまモスクワに住んでいた）による陳情も功を奏して、エヴァの釈放が認められることになったが、こういうことは一九三八年のロシアでは珍しかった。[191]

　こうしたエヴァの経験は、叔父であるカールとマイケルとの、憎悪に満ちたやりとりの種になった。カールがマイケルに、「ある人物が明らかな事実を教えてくれたことを強調して、エヴァがきわめて公正な法的手続きで扱われた」と話したとき、マイケルはショックを受けて憤慨した。マイケルはエヴァから、「『普通の裁判』ができるようにするには『ほんの少し』自白しなくてはならず、そうしなければ裁判されることなく銃殺される」という印象を尋問官に持った、と聞いていた。このようなプレッシャーが続いたために、「彼女はとり乱し、自分と同様に無実な他の人びとをも巻き込むような、誤った自白をしてしまった」、というのだ[192]。それに対してカールは曖昧に答えた。自身の経験に関する姪の説明は「彼女の感じる雰囲気や立場」によってくるくる変わっている、とカールは不満を表明し、また、ソヴェト共和国の検事には「法律に細心の注意を払い続ける」義務があることを彼女自身が理解していた、と断言した[193]。

エヴァの苦しい体験は、叔父たちの諍《いさか》いの主要な関係事項となったばかりか、彼女の幼馴染みであるアーサー・ケストラー〔一九〇五―一九八三。ユダヤ人のジャーナリスト、小説家、政治活動家〕によっても取り上げられることになった。彼は、『真昼の暗黒』〔一九四〇〕の物語と登場人物の主要部分をエヴァの体験に基づいて構成したのだが、その話は強制収容所における政治的専制と心理的拷問に関するものであった[194]。ケストラーには、それらのことについての豊富な知識があった。共産主義者であった彼は、一九三〇年代の初めにロシアに移住して、そこで店員と恋に落ちたのだが、彼はこの店員を半ば故意に「些細な問題」で秘密警察に密告し、「彼女の消息は二度と聞かれなくなった」のだった[195]。モスクワ裁判のときに彼は共産主義と手を切り、「国家資本主義的・全体主義的専制[196]」としてのソヴェト連邦の分析を展開するが、これは、彼が論文集『ヨギと人民委員』（一九四五）を献呈した親友であるマイケル・ポランニーの解釈と同じであった。この本の中心的な論文「ソヴェトの神秘と現実」は、ソヴェトの法制度を批判するものだった。とりわけそれは、一九三五年のソヴェト法典「青少年のあいだの犯罪と闘う措置について」が、死刑に相当するような罪を含めて、犯罪に責任を負う年齢を一二歳にまで引き下げたことを報告し、そのことを、進歩的政治のあらゆる見せかけがロシアでは船外に投げ捨てられてしまった証拠として取り上げた[197]。カールはそれに激怒し、ただちに『ザ・ニュー・ステイツマン・アンド・ネイション』に反論の手紙を書いた。この手紙は、ソヴェト連邦の評判を落とすためにはなはだしく目に余るような事実の歪曲に取り組む「十字軍戦士」としてのケストラーに言及している。またこの手紙は、青少年の犯罪に関する司法権が教育当局から法廷に移されたことを認め、この移行を正当化していた。「犯罪の闇の世界」が学校制度のなかで扱われている不良少年を利用してきたことは「経験」が示す通りであるし、また、一二歳の青少年が死刑に直面することがあるというケストラーの主張は事実を誤って伝えている、と。[198]

この最後の点に関してポランニーは正しかった。一九三五年の法律は、一部の犯罪についてのみ一二歳以上の青少年に犯罪責任を科したが、通常は死刑に相当する犯罪は含まれていなかったのである。[199]だがカールの敵対者であるケストラーは、決定的な問題では確かに正しかった。一九三〇年代には死刑が拡大され、一九三五年の法律は野蛮を極めていた。実際、ケストラーが言うように、いかなる「文明国も」、一二歳の子供を犯罪法廷で成人として裁く心構えなどないだろう。[200]また、「レーニン死後のソヴェト法の歴史」は「生活のあらゆる領域における個人的自由の漸次的凍結」として特徴づけられる、とケストラーが主張したのは正しかった。[201]これは、よく知られている長い禁止事項――妊娠中絶、同性愛、等々――を含んでいるばかりか、カールの大好きな文学作品である『ハムレット』の上演にまで及んでいた。おそらく『ハムレット』は、その筋の運びが権力の簒奪を中心としているという理由で、あるいはまた、彼の好きな『ハムレット』の主人公に、断固としたやる気や楽観主義、不屈の精神といった英雄的なロシア人の性格が欠けているという理由で、その上演がスターリンによって禁止されたと思われる。

アメリカの社会的保護制度の拡大

ポランニーの国家への愛着は、ハンガリーを別にすれば、いつも大きな国家と帝国を志向していたが、それは大きな国家や帝国が歴史的進歩の原動力であるからだった。彼が子供の頃は、ロシアや「イングランド」やドイツが大きな役割を演じていた。一九三〇年代、そしてそれ以後も、彼は相変わらずロシアにもっとも愛着を感じており、ロシアが「来たる数世紀のあいだ」世界をリードしていくことを望んでいた。[202] 同じ時期、ドイツへの彼の特別な愛着が薄らいでいく一方で、中国、そして、とりわけアメリカへの偏愛が大きくなっていった。[203] 彼は、世界的問題においてワシントンがモスクワと並んで指導的役割を果たしていくという展望を歓迎し、「ロシアに対してと同じように、アメリカへの私の信頼は不動です」、と一九三〇年の初めに宣言した。両国はさまざまな点で異なっているが、その政体は次の二点で著しく類似していた。いずれの国も政治的には、近代史において「社会を構築していこうとする意識的で計画的な決定」から生まれた、ただ二つの国である。また、社会学的には両国とも、「工場労働者への教育の普及が驚くような仕方で」肉体労働の性格を「変え始めて」おり、産業労働と知的労働との「新しい種類の結びつき」をつくり上げつつある。[204]

ポランニーにとってロシアはずっといちばん好きな国であったけれども、アメリカとは違って訪れることは一度もなかった。彼のアメリカへの最初の訪問は、二つの講演旅行という形をとって行われた。[205] これらの講演旅行では、一九三四年と一九三五年の収入の大部分を得られたばかりか、ご褒美としてヤーシを訪れることもできた。彼は教えることを楽しみ、彼が訪れたカレッジの方も感謝の報告を組織機関に送った。[206]「南部の小さなカレッジ」の学生は「とても愛想がよく知的であるが、残念ながらいかなる国際問題にも関心がない」と前もって注意されていたが、「そのような偏見はまったくの嘘であることが分かった」と、彼は喜んで報告した。（だが彼は、国際対立の問題に関しては、学生たちは「観念論的な幻想主義と騙されやすい悲観主義」とに嘆かわしいほど両極化している、と感じた。[207]）しかし、この講演旅行には危険なほどの労苦が伴っていた。旅行の行程は懲罰的なほど過酷であり、クラークスビルからパークビルまで、コンウェイからラストンまで、そしてニュー・ウィルミントンからタスキーギまで、さらにオニオンタからサラトガスプリングまでを、寝台列車またはグレーハウンド会社の長距離バスで移動した。[208] ある講演旅行の巡回には、「中西部での六週間の滞在、中央南部と南東部での八週間の講演旅行、東部での二、三週間の講演旅行」に加えて、約三〇のカレッジや大学での一泊二日の滞在、さらに高校への取材訪問とそこでの対談などが含まれていた。[209] 典型的な例を挙げれば、アイオワ州のデモインではロータリークラブと女性研究所で講演し、梱包工場や毛織物工場、障害児学校、地方新聞の事務所を訪ね、その後、講演のためにフォート・ドッジ（「まさに孤立主義者の要塞」）に向かった。仕事による健康の悪化についてのポランニーの不満を企画者が認めているように、仕事量は余りにも過度である上に、講演旅行の行程は交通の便の悪い人里離れた町々を回るものであった。[210] さらに、娘のカリがグラント夫妻と一緒に生活できた――実際、カリはイギリスに到着して以来ずっとそうしてきた――にもかかわらず、巡回講演はほとんど妻の要望を考慮せずに企画された。

耐えがたいほどの過酷なスケジュールだったが、ポランニーの講演旅行は「興味がつきないほどの経験」で、アメリカの政治的・社会的生活を学ぶ短期集中コースのようであった。[211] 左派的なヨーロッパの知識人は、ジャン・シャルル・ド・シスモンディの時代から、営利企業の利害がいかにアメリカの社会と文化を支配しているかに驚いてその多様な恐怖を表現してきたが、そういったアメリカのイメージは、今や、ニューディール政策によって改善されつつあった。[212]ポランニーはいくつかの点に関し、アメリカについての伝統的で懐疑的な見方に従って、次のように考えていた。「派閥と衆愚政治」に取り憑かれたアメリカの建国の父たちは、著しく「保守主義的な資本主義的傾向」を憲法のなかに挿入した。[213]そして憲法は、私有財産の領域を政治から切り離し、政治の干渉から守るために私有財産を「考えうる最高レベルの保護下に」置くようにした。その結果、「普通選挙権が制定されたにもかかわらず、アメリカの有権者は所有者に対して無力であり」、大規模な営利企業は、「政治的機関の権威を掘り崩すために」いかなる手段をも展開することができた。[214]労働条件の規制についても社会保障についても、アメリカの社会政策は遅れたままであった。その上、イギリスと違ってアメリカには、知的な「キリスト教徒の公衆がまったく存在していない」のであった。[215]

それでもポランニーは、この国に好感をもっていた。一九三六年には彼はすでに、「奇妙に聞こえるかもしれないが、ほとんど一種のホームシックのような状態で」次のアメリカ旅行のことを考えていた。そして、一九三九年にはついに旅行を計画し始めた。[216]カナダに滞在する友人たちが彼をアメリカでの仕事に就かせようとしてくれ、思いつき程度だったものが移住の見込みにまで発展していった。[217]彼は、非常に多くの点――アメリカのダイナミズム、その統治システムの諸側面、外交政策（「恐怖から自由である大陸の寛大なメッセージ、……わずかな海外植民地しかなく、それらの放棄に必要な道徳的力を備えているが故に、人間性と一致していると感じられる国民の精神」）、そしてとりわけ、「組織された集団の指導者よりも進歩的である」ことが知られている「普通の人びと」――で、アメリカ社会を愛するようになっていた。[218]カールの覚書には、アメリカ民主主義についての相反する受け止め方が見られる。彼はあるときは、「戦争中のイギリスには民主主義（自由、寛容、言論の自由）が驚くほど生き残っているが、そのことは奇跡としてアメリカ人を驚かせた。というのも、平和なときでさえ、アメリカ人には言論や良心の自由がほとんどないからである」、と書いた。[219] だが別のときには、アメリカの憲法はそのあらゆる欠陥にもかかわらず、少なくとも「人民民主主義的」な要素を政治領域のなかにしっかり埋め込ませられるようにしたし、[220] また、アメリカの民主主義は、封建的な殻で覆われていないおかげで「イギリスよりもはるかに広く自由の観念を」、そして「ヨーロッパよりもずっと高い程度で平等の観念を」具体化できた、と論評した。[221] そして、このような理想はきわめて大きな所得格差によって損なわれてきたかもしれないが、にもかかわらずアメリカでは、金持ちは「社会的に優越している」と感じていない」し、「普通の市民は劣っていると感じていない」、と率直に述べている。[222] 階級的に分裂したイギリスと違ってアメリカは、「人種差別」を別にすれば、「所得格差とは無関係な一つの言語、一つの行動、一つのマナー基準、一つの見方から成る」国民《ネーション》であり、[223] その結果、大衆の教育的到達点は「前例がないほど高い」ものとなっている。[224] ポランニーはとりわけ、フランクリン・ローズヴェルト（「偉大な指導者」）とニューディールに魅せられており、深刻な大恐慌から脱出して「アメリカの大転換が進展していくだろう」、と予言している。[225]

ローズヴェルトのニューディールに対するポランニーの評価は第一印象では好ましくなく、当初のうちは、コミンテルンや多くの労働党の左派がそうだったように、懐疑的に反応していた。彼は、大恐慌を悪化させるのに加担した行為であるとして、一九三三年の世界通貨会議を台無しにしたローズヴェルトを痛烈に批判し、[226] 第一次ニューディール政策を立案したローズヴェルトの専門家顧問団であるコロンビア大学の学者たちを、「計画経済的ファシズム」の一員に加えた。[227] しかし、職場における運動の高揚を背景に実施された公共事業や社会保険プログラムを掲げた第二次ニューディール（一九三五―一九三六年）が実施されるまでには、彼はローズヴェルト政権に対して好意的になっており、その行動に対する評価では、ニューディールへの急進的な批判――財政的・福祉的措置が保守主義的である、営利企業のインサイダーによって支配されている、大企業の利益を推進している、といった批判――がまったくなくなっていた。[228]講演旅行の機会を利用して、彼は土埃にまみれたテネシー渓谷に足を運んだ。そこでは、農村地帯に電力を普及させるための国家による投資に深く感銘し、彼は『オーストリア・エコノミスト』のレポートのなかで、国家によって引き受けられた共同決定権をもつ公共的事業にまで産業を高めた政策体制として、ニューディールを激賞している。[229]『大転換』においても、彼は同じようにニューディールを、「労働と土地の周りに社会的保護をめぐらそうとする」試み――実際、ヨーロッパにおけるいかなる社会的保護よりも幅広いものだった――として要約している。別のところで彼は、「党派的政治家であったローズヴェルトが、政治家としてのフランクリン・ローズヴェルトに変身した」と描き、ローズヴェルトが初期の孤立主義を放棄して「狭量で手に負えなくなっていた世論に」勝利したことを喜んでいる。危機の状況を社会学的に理解する力をもつローズヴェルトは、決然とした指導によって一九三〇年代初頭の社会的惨禍を防ぐことができたのだった。そして三〇年代の終わりには、彼は孤立主義的公衆に「国際主義的課題に備えるよう」用意周到に準備させていた。ローズヴェルトがニューディールを見捨てて福祉計画を抑制し戦争へと突き進んでいったときにさえ、ポランニーはまだ彼を支持していた。ローズヴェルトが「国民を政治的に統一し、巧みな操縦と賢明な判断で孤立主義的公衆に国際主義的課題を覚悟させることによって」、国家の「産業生産力を戦争生産へと転換させたスピードはきわめて速く、ヒトラーが数年かかったことを数カ月でやり遂げることができた」、と彼は述べている。[230]このことはポランニーによれば、「驚くべき最高の民主主義」の見本であり、アメリカは国際問題でへゲモニー国としての役割を引き受けるべきである、という彼の見解を確証するものだった。[231]

家庭生活について

一九三六年、残念なことにカール・ポランニーは、イギリスで正規の教師の仕事を見つけるためにアメリカ講演旅行を断念せざるをえなかった。[232] しかし、イギリスに留まる別の積極的な理由もあった。この年の四月に、結核から回復してイタリアのリビエラ海岸で数カ月静養していたイロナがロンドンに到着したのだ。[233] 当時、カールは親しい人から「ディッキー」（太っちょさん）――このニックネームは娘のカリのつくった言葉で、ヘルニアの膨らみによる、幼児のようなよちよち歩きの感じから来ていた――と呼ばれており、キルバーンにある小児精神科医が経営する、学生向けの食事つき下宿屋に住んでいた。その家主は料理人を探していて、イロナにその仕事を与えてくれた。家事はまったくイロナに向かない仕事だったが、「ポランニー一家が客としてここに永遠に住んでいてほしい」と家主が嬉しそうに語るほどに、イロナの努力は感謝された。[234] ディッキーは時折、台所に入って手助けしたいと思ったが、それはストーブの上に置かれた薬缶に水を供給することぐらいであり、料理を手伝うことは断じてなかった。[235] ドン・グラントが思い起こしているように、カールは「まったく古いタイプの男」だった。「一九三〇年代には、絶対に男がしないいくつかのことがあり、その一つが料理だった」。彼の料理能力が限られていることは、彼が友人のケネス・ミュアーをホストとしてもてなしたときの劇的な出来事に鮮やかに示されている。「彼ら二人は椅子に座って大いに話し込んでいたが、数時間後、『そろそろ昼食の時間じゃないかな』とミュアーが言い、ディッキーは『私が用意します』と答えて隣の部屋に消えた」。二、三分経ってから彼は戻り、会話が再び始まった。時計がチクタクチクタク鳴ってときが過ぎていった。「突然、大きな爆発音が聞こえた。彼はストーブの上に、ふたが閉まったままの豆の缶詰を直に置いていたのだった！」[236]。

イロナがイギリスに到着した年は、娘のカリが寄宿学校に向かった年でもあった。一九三六年の初頭、カリはエリート私立学校のベダレスに入学することができたが、奨学金を獲得してもなお多額の臨時費用が必要だった。彼女の両親は、数年と数ヵ月のあいだ、資金調達のために奔走することになり、寄付や寄付金を求める資金集めの懇願書をたくさんの友人や親戚に送った[237]。イギリスの階級的に分断された学校制度に対するポランニーの批判や、「唯一健全な原理は、住民のすべての階級を対象とする一律の国民教育である」という、アダム・スミスに同調した彼の主張を考慮すれば、娘を私立のエリート校に入学させるのを何の疑いもなく決めたことや、その決定に含まれる矛盾に気づくことさえなかったようであるという事実は、私たちを当惑させる[238]。イロナもまた、何の疑問も抱いていなかった。彼女は子供の頃、「六人のいとこ全員がベダレスの比較的新しい進歩的な寄宿学校に入学するためにイギリスに行ってしまうのを黙って見ている、という辛い体験」をしていた。それだけに彼女は、自分には阻まれた特権を娘が得られることを熱望していたのであった[239]。

カールとイロナにとって、一九三六年は幸福な年だった。長くて辛い別居生活が終わり、二人の関係は（ほぼ）通常に戻った。しかし、彼らの物質的環境は快適というにはほど遠いものだった。キルバーンは「薄汚い地域」で、彼らの部屋には簡素な家具しかなく、床にマットレスが敷いてあるような状態だった[240]。イロナは田舎に引っ越すようカールとカリに求めた。彼女が挙げた理由の一つは生活費が安くなることであったが、娘の記憶によれば、その動機は、幼い頃に動植物に囲まれて育ったイロナが「ガーデニング好きだった」ことにあった[241]。さらに、イロナがカールをキリスト教左派の影響から遠ざけたいと望んでいたことも、その理由として考えられる。彼女は、キリスト教と社会主義との混合や、その社会運動の原理を嫌っていた[242]。グラント夫妻とマクマリーは、ともに家庭を実験的な「社会的単位」として立ち上げることを考えていたが、しかし、これは計画段階を超えるものではなかった[243]。グラント夫妻、マクマリー、そして彼らの広い仲間のあいだの友情は、確かに言葉の古い意味において、また、しばしば近代的な意味において同志的であり、緊密であり、親密であった[244]。グラント夫人のアイリーンは真からポランニーを尊敬していて、二人の友情は通常の範囲を超える程度にまで進んでいたかもしれなかった。人生の後半になってイロナが娘のカリに打ち明けたところによれば、彼女はカールのアイリーンへの親しさを受け入れることはできたが、彼女がまだウィーンにいたあいだに提示された、カリを自分の家族の養女にするというアイリーンの申し出はとうてい承諾することができなかった[245]。事の詳細がどうであったにせよ、カリのアイリーンに対する関係、そしてカールのアイリーンへの関係をめぐる嫉妬が、ポランニーの家族と〔アイリーンの住む〕ロンドンとのあいだに距離を置いてほしいというイロナの望みを燃え上がらせたことは明らかである[246]。幸いなことにこの望みは、町から離れるという彼女の夫の仕事に関連する必要と一致していた。その結果、ポランニーのキリスト教的行動主義は抑制されることになった。だがこのことには、補佐的キリスト教運動の精神的リーダーであるゾーエ・フェアフィールドの死去や、ポランニーとマクマリーの友情関係の冷え込み、教師としての重過ぎる負担、彼のアメリカへの移住、キリスト教左派の集団に衝撃を与えていたファシズムの脅威の一九四四年以後の衰退、といった他の出来事も影響していた[247]。

一九三七年の七月、イロナは理想の牧歌の地である「完全な荒野」に、日当りのよい小さな平屋住宅を見つけた。[248] それは、オーストハウス〔ケント州やサセックス州によくある、乾燥炉を備えた建物〕が点在する、絵のような谷を臨む野原に位置していた。そこはちょうどケント州の「汚い地域ときれいな地域のあいだ」を分割する所にあったが、その家はきれいな地域の方に面していた。[249] そこにはガスも電気も供給されておらず、ボロウ・グリーン駅あるいはメイドストーン駅付近に向かうバスが通る道に出るには、たくさん歩かなければならなかった。だがその家に電話が備え付けられていたのは、カールにとって重要なことだった。[250] イロナはすぐに庭作りの仕事にとりかかったが、ノースダウンズ〔イングランド南東部の丘陵地帯〕の粘土質の土壌は手に負えず、地面を掘るのに「つるはしが必要だった」。一年後、彼らは再び引っ越したが、今回の家はショアハムというケント州の小さな村までほんの数マイルの所にあった。イロナは、自分たちの新しい家を「ヒイラギの場所」と呼んでとても気に入っていた。家には、古い壁や段差のある床、太い梁、もてなし用の暖炉があり、とりわけ、春になるとプラムの花が咲く、緑に覆われた庭があった。[251] カールは、キリスト教左派との連絡が少なくなったにもかかわらず、全体として見れば「男子学生のように嬉しそう」だった。[252] 彼は机の前に座って、「木々にふり注ぐ太陽と光を浴びた青々とした野原」を楽しむことができた。[253] カールは最終的に、労働者教育協会（WEA）のクラスで教えるという安定した仕事を見出した。

教えることは、わずかな報酬しかもたらさないのにひたむきな努力を要求した。というのも、ポランニーが教えた中心的科目であるイギリスの社会経済史は自分の専門領域ではなかったし、また、講義の準備をしたり、次のクラスがあるケントやサセックス近郊の町まで汽車やグリーンラインバスで行ったりするのに、多くの時間が費やされたからである。[254] 一部の授業は、「仕事をこなすのを身体的に」妨げるヘルニアの痛み――その痛みはときとして、「書類カバンや必需品であるタイプライター」を運ぶことさえできないほどだった――のために、うまくいかなかった。実際、失敗に終わった授業もあった。

特にモーリー・カレッジの授業は「壊滅的であった」。彼が（イロナには隠して）マイケルに打ち明けたように、少なくとも一つのカレッジの雇用者は「当然のことながら、私を気に入らなかった」ので、「カレッジとの関係の悪化」を避けるために辞職することを考えさえした。しかしながら全体としては、影よりも光の方が大きかった。仕事は授業期間だけだったので、イースターと九月下旬のあいだには研究のための自由な時間があったし、また、通勤時に寛ぎを感じることもできた。（「仕事に疲れ果てて、電車に腰をかけ、車窓に広がる南イングランドの田園風景を眺めながら家路に向かっているときほど幸せなことはなかった」、とポランニーはマイケルに書いている。[255]）しゃっくりに悩まされながらも、教えることに大きな満足を感じていたポランニーは、自分自身がこの職業のために生まれてきたと考えて、WEAの講義――講義が行われるクラスの大部分は、ホワイトカラーの労働者、例えば実験技師、事務員、ジャーナリスト、看護士から成っていた――を、あたかもハーヴァード大学の招待講演に臨んでいるかのように準備した。[256] 新聞に載った彼の死亡記事のなかで、かつての学生がカールの教師ぶりを大げさな言葉で次のように描いている。「彼はほとんど講義しなかったが、実に実り多い議論を刺激する並外れた能力があった。彼は思想を聞き手の頭に投げ込み、できる限りの角度からそれを検討するよう私たちを優しく導いてくれた」。またポランニーは「討論の技法を効果的に用いてくれたが、これらセッション一つひとつの準備のために、公式の講演に必要とされる以上のエネルギーを費やしたにちがいない、と感じられた」。そして、この回想は次のように続く。ポランニーは、「自分のクラスを、週に一度教えるために訪れる集団に過ぎない、と考えるような人ではなかった」。彼は、「私たち学生を友人として人格的に接してくれ、個人的に読書したり自身の問題に対応したりするのを大いに助けてくれた。こういったことすべてから、彼がユーモアと魅力豊かな素晴らしいセンスの持ち主であったことが分かる[257]」。

ポランニーの教育経験は、政治的・社会的変革の道具としての成人教育への彼の取り組みを深めていくことになった。WEA（労働者教育協会）は、彼にとって理想の制度であった。その会長は同志のトーニーであり、チューター協会の会長が同志コールであった。WEAの使命は、社会環境のために高等教育を受けられない労働者に広く一般教育を提供することであった。ポランニーの考えによれば、その目的は、労働者階級を卑屈な習慣から解放し、闘争心を高めてその歴史的使命への意識を発展させることであるが、それを達成する手段には、労働者に彼らの階級の歴史を教えることと、「制度的な社会統一」や社会変革の展望、労働運動が直面する課題の重要性を明確にすることが含まれていた。[258]このようなプログラムは、「資本主義社会の基本的前提」――(1)個人は利得の原理に従って行動すべきである、(2)賃金制度は不可避的である、(3)経済活動は「公的生活や社会道徳の領域から切り離される」べきである、(4)急進的な変革は「不可能か不道徳かのどちらかである」、(5)「計画は隷属への道である」、(6)「民衆統治は文化の生来の敵である」――をはっきりさせることになるだろう。[259]階級に基づく偏った教育内容を提供しているとWEAを非難する人びとに対し、カールは党派性の原理を、批判的な教育の不可欠な要素として、また、虐げられている大衆を「責任ある」社会の構成員に転換させるうえで不可欠な要素として擁護した。[260]労働者が「憲法擬制〔国家憲法は上から与えられたものではなく、人間によって創出されたものである、という考え方〕」の重要性と社会的機能について教えられなければ、彼らは「伝統的な呪物への無力な生贄に転落してしまう、すなわち、責任ある市民ではなく、調教された馬鹿者になってしまう」だろう、と。[261]

ポランニーの指摘によると、WEAに対する左派の批判は、WEAの博愛主義的で自由主義的な傾向への難癖であり、労働者の急進化よりも体制内化への道をWEAが提唱することを非難するものであった。コールでさえ、「現実の労働者」のほとんどがWEAを形成するうえで「実際の指導的役割」を演じることがなかったということや、ＷＥＡが「労働者階級の真の教育運動」になるのに成功せず、「そのような運動を目指す試みと成人教育の『一般的提供者』としての」奉仕のあいだで彷徨っていたということは残念だ、と後になって表現せざるをえなかった。[262]ポランニーは、このような欠陥を指摘する見方をある程度まで共有し、ＷＥＡが「労働者階級の社会主義的使命」を十分に指導していないことを批判した。しかし彼は、この使命についてのもっと硬直的な解釈を支持するマルクス主義者からは距離を置いていた。というのも、マルクス主義者の提案するシステムは、民主主義を危険にさらす「無責任な論客」を生み出すからである。[263]成人教育を受けた労働者が以前より快適な仕事に移動する一方で、低賃金の肉体労働に従事したままの労働者もいることを認識していた彼は、成人教育は少なくとも、エンパワーメントと、教育の階級分断を掘り崩す手段を提供する、と主張した。イギリスでは、教育の階級的分断によって、労働者階級は保護のない劣等条件のなかで維持される一方で、上流階級は統治する者として訓練されていた。[264]「このような基本的に封建的な社会での」教育は、「指導力、責任、規則という仕事のために特権階級になされる教育であり」、「残りの者は従属的な立場を受け入れるよう教えられる」、とカールは嘆いた。[265]

ポランニーの考えによれば、教育制度は、イギリス社会の嘆かわしい「二つの国民」への分断の核心部分にあった。子供時代に抱いていた英国紳士についての好印象を忘れて、彼は上流階級を酷評した。上流階級は、地位や財産を崇拝すればするほど「道徳的な感受性」に欠けていく[266]とか、イギリスの上流階級は、大陸で知られているいかなる人びとよりも「比較にならないほど地位や財産を鼻にかけている」というのである。（「スノッブ〔上流気取りの人〕」になろうとしても、イギリス人に較べれば「アマチュア」にしかなれないさ、と彼は冗談を飛ばしている。[267]）とはいえ彼らは、「決して退廃した人ではなかった[268]」。実際、どの国にとっても危険は、支配階級の退廃よりも普通の人びとの退廃によって引き起こされる。この点から見れば、イギリスは致命的な危機にある。[269]社会が教育のある者とない者とに分断されていても諸階級間の意思疎通が親しく行われているウィーンやブダペストとは違って、イギリスの階級的分断は強固であり、労働者には自律性が欠如していた。彼らは「口下手」で責任を恐れており、「きわめて感情的」で「現状認識に欠けている」[270]。労働者たちは最初のうちは、産業化のトラウマによって意識が鈍り、屈辱的な態度になっていた。しかし、産業化は、人間性を彼らから剝奪して文化と自信を奪い去ったけれども、豊かになった経済と帝国が彼らに高い生活水準を与え、労働者たちはますますブルジョア的習慣に従っていった。大量失業や一九二六年のゼネストの敗北の影響、そして、ラムジー・マクドナルドの挙国一致内閣が彼らをあきらめと服従の雰囲気に凍結させた氷のような一九三〇年代には、労働者たちは最終的に沈黙を余儀なくされるようになった。[271]この点に関して、政治もまた重要な役割を演じたのであり、イギリスと大陸ヨーロッパでは、民主主義が対照的な経緯を辿った。イギリスでは、広範な社会的平準化に先立って民主主義が比較的早く確立されたのだが、そのことは、普通の人びとを政治的市民《デモス》であることから排除することになった。それとともに、自由が平等よりも重視されるという、イギリス民主主義の大きな特徴が形づくられたのであった。[272]この長い歴史的背景のなかでは、普通選挙権でさえ、イギリス労働者階級を解放することができなかった。「なぜなら、労働者階級が内部から拘束されていたからである」[273]。これに反して、ほとんどの大陸諸国、特にその東の半分では、労働者や農民の地位と収入は相変わらず低かったけれども、民衆《ナロード》としての彼らは人民《ピープル》であった。すなわち、彼らは神の羊の群れであった。例えば、トルストイあるいはゴーリキーの小説の登場人物と、イギリスの小説家によって描かれた登場人物とを比較してみよう。「貧しい人びとを真剣に取り扱う同じ態度」は、トマス・ハーディーの小説においてしか感じることができないだろう。[274]

「市場システムに対する底知れない憎悪」

カール・ポランニーは、トマス・ハーディーと並んで、特にキプリング、ショー、D・H・ローレンス、グレアム・グリーンのような、イギリスやアイルランドの小説の熱心な読者であった。また彼は、他の別の方法を通じても、イギリスの文化生活のなかに自分を溶け込ませていた。ドナルド・グラントの息子のドンがクリケットの試合に参加するよう彼を招き、彼はただちに承諾して充実した二日間をロンドンのロードクリケット場で過ごした。最初の日には「勝ち負けに無関心だった」ポランニーは、再挑戦を求められると、「分かりました。でもルールを教えてくださらなければ」と答えた。そこでグラントはルールを説明し、「二日目には、彼はゲームの複雑さとその象徴性の虜になってしまった。スポーツマンではなかったが、あらゆる行動に含まれている意味に興味を持つ彼は、人類が行うあらゆる競争に関心を示した……。とはいえ、彼が再びクリケットの試合に出ることはおそらくなかっただろう」[275]。

クリケットそのものはそれほど好きになれなかったけれども、ポランニーのイギリスびいきは基本的に変わらなかった。彼はイギリスに到着したとき、世界的問題を解決するためにイギリスは「特別の貢献、おそらく決定的な貢献」をするだろうと考えていて、「イギリス人の生活と思想の感触を身につけることができるなら、自分だって、誰にもできないような仕方で貢献できるようになるだろう」と言っていた。[276]また、寛容さとか、「仲間が落ち目になったときにその人を鞭打つ」のを拒むといったことを含む、イギリス独自の特質として彼が見なすものを、笑いを誘うほど大げさに称賛した。[277]そして彼は、イギリスの政治文化に長年にわたって敬意を払い続け、イギリスが誇るいくつかの伝統を支えてきた既得権に関して批判的な見方が驚くほど欠けていることを露呈させた。彼は、イギリスの政体を（アメリカの政体と並んで）自由の灯台と称賛し、アングロサクソンの政治文化の民主的伝統を、「普遍的な平和と進歩という共有財産にとって限りなく貴重な資産」として受け入れていた。しかし、イギリスでそれらが長く続けば、「完全な社会的平等」をその政治制度のなかに導入することが必要となるだろう、と彼は考えていた。[278] イギリスの「政治思想の分野へのもっとも重要な貢献」は寛容の思想であったが、彼は寛容を、非国教徒と少数意見を受け入れることであるばかりか、イギリスの政治制度を他の諸国に押し付けるべきではないという確信を含むものとして理解していた。[279]

しかしながら、イギリスの経験には、ポランニーのイギリスびいきを痛いほど試練にさらすものもあった。イロナが思い起こしているように、「『大転換』の背後にある情熱である、市場システムへの底知れない憎悪」は、資本主義の古典的な母国との出会いから生まれた。そして、「イギリスで暮らす前にはなかったそのような憎悪は、死ぬまで続くことになった」。[280] 彼女の説明は、市場経済に対する夫の幻滅のすべてを語ってはいないとしても示唆的である。カールとイロナが最初に出会った頃には、彼は市場経済を熱烈に支持し、それを単にメカニズムとして、つまり、財を所有する個人がそれを交換できる方法として考えていた。[281] 一九二〇年代には彼は、権威主義的な政治と同盟している経済的自由主義から退いて、機能する計画経済の可能性を認め、計画経済とその市場的側面とのあいだの優位性のバランスについて語るようになった。一九三〇年代の初め、彼はグローバルな世界市場の崩壊とソヴェト連邦の計画経済の躍進について観察していたが、彼の市場システム批判はこの間に発展し、イギリスへの移住によって――この国でその経済や社会を経験し、その歴史を研究していくなかで――さらに深められていった。

イギリスは「正常な」資本主義社会になったのかという、ローカル・ヒストリーにおける一つの問題に関して、ポランニーは動揺する傾向があった。その当時、彼はイギリスの政治文化を、「主に貴族的で農村的」[282]、あるいは「封建的」なものとしてさえ描いていた。イギリスの政治文化には、「さまざまな専門的職業集団のそれぞれの独占と特権を認知することに基づく」社会統合や、「すべての生産者に労働条件や収益、職業的な名誉、および伝統を保障する」目的で形成された経済生活の社会的制度が含まれていた。このような規範には、「原子論的な個人主義」と「無制限な競争」を抑制する傾向があった。[283]しかし、彼の主な強調点は、都市的で市場を推進するものとしてのイギリスの政治生活が、一九世紀以後、金融的・産業的利害によって支配されている、ということにあった。[284]

この立場は、産業革命の社会的影響に関するイギリス経済史の画期的論争に彼が参加することによって明確になった。一方の陣営にはアーノルド・トインビー、ウィリアム・カニンガム〔一八四九―一九一九〕、ハモンド夫妻が立って、産業主義が貧民に与えた影響について批判した。もう一方の陣営にはジョン・クラパムを中心とする修正主義学派が立ち、経済成長がすべての人の利益になったことや、社会経済的変化の漸進的性格について明確に強調した。[285]ポランニーは、普通の人びとを地獄に投げ込んだ大惨事の経済的性格よりもその社会的性格に注目する点で、トインビーとその仲間に同調したが、市場経済が一九世紀の創造物であること、それが重商主義的な秩序を急激に侵害したものであることを、彼らより熱心に主張した。[286]市場経済以前のシステムは、その再生産が一種の共同体的意識に依存していて経済は「不可視」であり、中心的要素――分業、分配様式、行為の目的――が非経済的な価値や制度と複雑に絡み合って、市場が全体としての経済システムにおける従属的な要素にすぎなくなっていた。一九世紀の初頭、土地と労働の商品化がそのような有機的な統一体を分解して経済生活を社会的骨組みから離床させたのであるが、このような劇的な出発点を評価する際に、彼は以下の二要因を強調した。一つは技術発展である。（彼はオウエンやシュモラーやサボーと同じように、それを「機械」として言及している。[287]）彼は、産業革命を生み出すうえで資本主義的生産関係の役割が大きいと考える人びとに対し、因果関係が反対であるということ、すなわち、精巧な機械技術が商業社会に導入された結果として資本主義が生じたということを主張した。なぜなら、機械は商品市場だけでは役に立たないけれども、資本主義は「すべての生産要素を得るための市場を必要とした」からである。[288]もう一つの要因は、土地と労働の商品化のイデオロギー的正当化であり、この正当化は、産業革命時代のイギリス政治経済学を支配した。[289]このことと関連して彼は、人間を市場行動への自然的性向を有するものと考えたアダム・スミスや、労働の商品化を正当化し「商業法則を神の法則として認識した」エドマンド・バーク、従属と不平等を「人間の自然状態として」合理化したジェレミー・ベンサムに言及している。しかし、ポランニーが真から嫌悪していたのは、リカードゥとマルサスであった。というのも、彼らは、院外救済〔貧民を救貧院の外で賃金補助によって救済する制度〕の廃止を正当化する理論を提供したからである。[290]この措置は、一九三四年に、飢えの恐怖を効果的な力に変えることで機能する労働市場の創出を実現させることになった。[291]

リカードゥとマルサスの学説が支持した道徳的確信は「破壊的であった。貧困は自然の救済として見なされ、あらゆる人道主義的な行為は、彼らの苦痛を必然的に増大させるから人類に対する犯罪と見なされる」、というのである。[292]リカードゥの賃金鉄則*とマルサスの人口法則**は、とりわけ不道徳な役割を演じた。なぜなら、このような推定されただけの苦難の法則によって、「貧民は自らを貧困における苦痛に身を委ねる」よう説得され、「喜んでその運命に従う」ことができるようになるからである。[293]しかしながら、ポランニーが彼の学生たちに説明したように、市場自由主義的な方針に沿って社会を構築することは、土地と労働を単なる商品として市場法則に従って生産し再生産することであり、空中楼閣を築くことなのである。経済的自由主義が完全に社会の物質的生活を支配すれば、社会生活は確実に破壊されるだろう。実際、一九世紀初頭のイギリスでは、このようなあまりにも恐ろしい事態が広がって、双子の応戦が引き起こされることになった。一つは開明的な保守主義からの応戦であり、もう一つは自由主義的急進主義からの応戦である。後者の応戦は、将来の潮流（とりわけキリスト教社会主義）の根拠を準備するもので、人間と自然が商品の地位に還元されることに抵抗していた。ポランニーはこのような考察に従って、彼の名前を有名にすることになる、自由放任的自由主義の導入は防衛的な反作用を引き起こすという命題、すなわち、周知のように彼が「二重運動」と表現した、挑戦と応戦という命題に到達したのであった。彼は今や、『大転換』の草稿の全体を通じて、この命題の展開に取りかかったのである。

*平均賃金は長期的にみて、慣習的に必要とされる生活必需品をまかなえる程度の金額に局限されるという賃金理論。
**算術級数的にしか増加しない食糧と幾何級数的に増加する人口との不均衡から、食糧の継続的不足と貧困の発生を説明する説。

第五章

大変動とその起源

一九四〇年の初頭に戦争の「まやかしの」局面*が総力戦的な軍事的敵対に変わったわずか数週間前、ポランニーは幸運にも窮地から逃れる経験をした。ジョサイア・ウェッジウッド卿とイロナとの家族的つながりのおかげで、イロナは三月に、カールは四月に、それぞれイギリスへの帰化許可証を受け取ることができた。それがなかったならおそらく彼らは、枢軸国の市民権を有する数万のイギリス居住者、とりわけ、一九四〇年と一九四一年に敵国人としてマン島の収容所に抑留されたユダヤ系の人びとの列に加わっていたことだろう[1]。カールがそれ以後死ぬまでずっと保持するイギリスの市民権は、アメリカへの移動をも容易にした。なぜなら、戦争中にイギリスの市民権がなければ、帰国許可は保証されなかったからである[2]。戦時中のイギリスは、健康状態を考えればカールにとって理想的な居住地とは言えな

*ドイツが一九三九年九月にポーランドに侵入した後、イギリス、フランス、ドイツは戦争に突入したが、一九四〇年五月にドイツがフランスに侵攻するまで陸上の戦闘が行われない状態が続いたこと。

かったうえ、ロンドン大学の図書館を利用するための出費とロンドンに通うことの難しさから、彼の研究は妨害された[3]。（鉄道輸送が戦争のために完全に止まったことさえあった。[4]）ポランニーの帰化に続いてすぐに、アメリカのベニントンにあるリベラル・アーツ・カレッジ（人文科学、社会科学、自然科学の諸分野にわたる基礎的な教育研究を行う、大学院を持たない四年制大学）から長期滞在の客員講師の申し出が届いた。それは彼の研究にとって幸いなことであり、彼は喜んで受諾した[5]。

ポランニーは、八月の初旬にリバプールから出航したときには短い滞在を想定しており、また、ベニントンを平凡でつまらないところだろうと考えていた。だが、ベニントンは嬉しい驚きをもたらし、たちまち彼を魅了するようになった。手厚い給料や「きわめて質の高い人間らしい交際とコミュニティの雰囲気」は、ベニントンが「第二のベダレス・スクール（イギリス・ハンプシャー州にある、リベラルアーツの精神に基づく一三歳から一八歳までの学生の寄宿学校）に匹敵すると感じるほどの」印象を彼に与えた[6]。また、アメリカでは「カレッジが総合大学《ユニバーシティ》であり」、ベニントン大学が「この国の女子カレッジのベストテンに」入っているということを知って、ポランニーは安心した。ラザーズフェルト（彼は「しばしばベニントン大学の女子学生を」インターンとして受け入れていた）から聞いたところでは、ベニントン大学はその姉妹校であるサラ・ローレンス・カレッジよりも「はるかに上位に」あったし、「流行の精神分析にかぶれていて、実にインテリぶっている」サラ・ローレンスに対して、ベニントンは「非常に豊かで社会的に高く評価されており、ずっと厳粛な場所であった」[7]。さらに、「他のカレッジはあまりにも貧しいか、きわめて階層的で保守的であるために、私のような人間は求められない」と、ポランニーは言い添えている。彼は、自分がその職にうってつけの人間であることに何の疑問も持っていなかった[8]。身分は任期制の名誉教授（学部には所属しない）で、仕事の負担は軽かった[9]。そのため彼は、（不承不承ではあったが）以前に契約していた講演旅行を一二月に行うことができた。給料は終身雇用の同僚がもらっていた額のほぼ半分であったが、数週間のうちに、契約が一年間に延長されるかもしれないということや、外部資金が得られるなら次年度以降の契約の見込みもあるということが明らかになった。契約の延長が確定される前でも、キュナード・ライン〔大西洋横断の定期船〕のチケットをキャンセルした方がよいと考えていた彼は、まだ二週間しか滞在していないのに契約が延長されたことを知って、小躍りして喜んだ。また彼は、長いアメリカ滞在のおかげで、ラウラとの連絡を再開できるようにもなった。そして何よりも嬉しいのは、イロナが言っているように、「研究と執筆の見込みが現実とは思えないほど素晴らしいことだった」[10]。

　農村地帯に広がるバーモンド州の一角の緑の丘に位置するベニントンは、ポランニーにとって戦争から脱却できる平穏な場所であった。ほんの数週間のうちに、彼はすっかり「ここは居心地がよい」と感じるようになっていた[11]。彼がやってきたとき、大学のキャンパスは建てられてからまだ一〇年も経っていなかった。建物は完璧な状態だったがグランドの整備は終わっておらず、樹木はまだ若木の程度だった。ベニントン大学はエリート養成機関であった。この大学は寄付金不足のために高額の授業料を求めていたが、実際、それはアメリカでいちばん高かった。大学の哲学は革新主義的であり、ウィスタン・オーデン〔一九〇七―一九七三。イギリス出身でアメリカに移住した詩人〕やバックミンスター・フラー〔一八九五―一九八三。アメリカの思想家、建築家〕、ケネス・バーク〔一八九七―一九九三。アメリカの文芸評論家〕、マーサ・グレアム〔一八九四―一九九一。アメリカの舞踏家〕といった一群の創造的な革新者を引き寄せていた。またこの大学は、カリキュラムの要素として視覚芸術と舞台芸術を取り入れた最初のカレッジでもあった。（ダンス愛好者として知られていないポランニーも、大学のダンス・フェスティバルに参加した[12]。）ジョン・デューイ〔一八五九―一九五二。アメリカの教育学者でプラグマティズム哲学の代表的思想家〕――ポランニーはその著作の熱心な読者であった――が大学の評議会の委員を務めており、「実践を通じて学ぶ」というデューイの考えが大学の倫理的な基準となっていた。ベニントン大学は公共心を育てることに努め、学生はボランティア活動やインターンシップに参加するよう奨励されていて、戦争のあいだは、ベニントン大学の耕地での肉体労働に週当たり数シフトで従事した。

ポランニーは、ベニントン大学の倫理的で共同体的な精神だけでなく、教師一人に対して学生五人という比率や勤勉な雰囲気も、大いに自分の気性に合っていると思った。(「女子学生は本当にがんばって学習し研究している」。彼女らはポランニーの講義を、尊敬の眼差しで、ときには「強い関心」をもって聴いていた。[13])カレッジは、ドラッカーやエーリヒ・フロムを含む政治的亡命者にも友好的な環境を提供していた。オーストリア人たちはポランニーを、「亡命者としてではなく、人柄と立場に基づいて」他の学部にすぐに紹介することを保証してくれた。[14]カレッジがヨーロッパからの亡命者を受け入れたことは、その政治的雰囲気を物語っている。一人の卒業生が思い起こしているように、「教師の多くがヨーロッパからの亡命者であること」は、「さらなるホロコーストを防ぐのはあなたの責任だということを感じさせ」た。[15]学部のメンバーのほとんどがリベラルで、ポランニーの推測によれば彼らの九〇パーセント以上がローズヴェルトに投票したが、[16]極左的な見解が積極的に表明されることはなかった。(つい最近までドラッカーが「トロツキストは火あぶりの刑にかけられた」と謎めいたことを言っていたが、私たちの主人公であるポランニーがそれによって不当に混乱させられることはなかった。[17])ポランニーの推測では、補助スタッフも民主党に傾いていた。一九四一年に行われたローズヴェルトの年頭演説を、カールとイロナは大西洋の両側で、それぞれが「喜びと誇りと高揚」を感じながら聞いた。大学の肉体労働者も、「カレッジの荷造り室や商店、自動車修理工場、道具部屋、物置」の肉体労働者も、みんながそれを聞いていたが、カールは、「彼らの大統領が彼らに向けて話しているのだから」それは当然だと感じた。[18]

ベニントンへのポランニーの赴任には、不都合な点が一つあった。それは、夏の初め頃、イロナが次のようなジレンマに直面して「重い心身の衰弱」に苦しんでいたことだった。マイケルに打ち明けているように、「心」はアメリカにあったがその一方で、イギリスを離れるなら自分は「死んだも同然」のようになるだろう、と彼女は感じていたのだ。[19] イロナはしばしば無慈悲とさえ思われるイギリスの冷酷さを嘆き、[20]「人と人との交流の希薄さ」や急進的な政治が欠如していることに不満をもらしていた。（彼女は「希望のない国で見込みのない目的のために闘うことを場違いのように感じていた」[21]。）だが、そのように先の見通しが立たず、孤立感や周期的な失業、真に満足できる仕事に就ける可能性がほとんどないときでさえ、それ以外の点では寛ぎを感じており、自分を受け入れてくれた第二の母国であるイギリスに満足し、この国への「ほとばしるほどの愛情」を抱いていることを認めていた。また、まやかしの戦争の訪れを特に煩わしいと感じることもなかった。[22] 頭上に不穏な戦争のどよめきを感じることもあったが、彼女の手紙はほぼすべてのリスクから遠ざかっているように思わせるもので、カールを安心させた。ある手紙では、「私たちの村はかつてないほど平和です。戦争について見聞きすることはありません」、「私は爆弾を作っている者にも爆弾による被害にも遭ったことがありません。……犬の喧嘩さえ見たことがないのです」と書いている。[23] そして、戦争状態がショアハムの人びとの驚くほどの親切心を引き出していることを付け加えている。彼女はロンドンをますます慈しむようになっていた。[24] 戦時の苦悩のなかでロンドンは、彼女がよく知り愛するサンクトペテルブルクやウィーンのような、他の苦しんでいる都市と類似する静けさを醸し出していた。[25] イギリスを離れることを考えると「心が掻き乱された」けれども、最終的に彼女は、「カールと一緒に生活しなければならない」と決心した。[26] 彼女はベニントンで生活することを計画し始め、パイロットとしての訓練ができる航空学校を近くに見つけたいと考えた。[27] この決意とともに長い冒険物語が始まるのであるが、それは、大西洋横断の旅や、遠く離れた恋人であるカールへの思い、そして、イロナ自身について言えば、繰り返されるビザの申請と拒絶、長期にわたる引き裂かれた感情――ヨーロッパにとどまりたいという気持ちもイロナには強く残っていた――から成っていた。

カールは週に何回も、「イロナ」（「親愛な妹」とか「可愛い小鳥さん」、「私の猫ちゃん」といった呼び名で）に手紙を書き、弟のマイケルも彼女と定期的に連絡をとった。[28] カールはしばしば手紙に詩を同封し、借金を返済した後では送金することもできた。（「君に五〇ポンド送ります。お金が余ることがあっても、一ペニーたりとも銀行に残さないように。君もカリも本物の服を身に着けるようにし、残れば靴を買ってください」[29]。）手紙が到着するのに蒸気船では二〇日要するのが高速船では一〇日しかかからないが、郵送料は高くなる。「きわめて倹約家」である彼は、通常は前者を選んだが、何か緊急なことがあれば速い方にすると言って、妻を安心させた。[30] カールは、彼女の「鉛筆書きの小さなスクラップ・ノート」を読むのが好きで、何度も読んでそれらを暗記し、自分自身に向けて読み上げることもあった。[31] 他方イロナは、「もっともっと」頻繁に彼からの連絡があれば嬉しいのにと思いながらも、彼が『大転換』に懸命に取り組んでいることをよく承知していた。[32]

ポランニーの手紙のいくつかでは、『大転換』に取り組む姿が生き生きと描かれている。「私は数週間のあいだぶっ通しで一日中、仕事をし、読書しています」[33] と書かれた手紙もあれば、「セリグマン図書館の一八世紀の救貧法コレクションの、薄くて埃っぽいパンフレットを徹底して調べていること」や、「特権的に利用できるコロンビア大学の図書館の、薄暗い空気調節装置が施された書庫」の様子を伝えているものもある。カールは、自動車学校の教習のために三〇分間くらい中断されることはあったけれども、最近の三週間ほど、自分の時間をこれほど多く「研究とその進展のためにコロンビア大学図書館の至るところで使ったことは、一九二〇年以来、一度もありませんでした[34]」。別の手紙では、積雪の日のことについて書いている。「ぼくの木造の家の前には三〇センチぐらい雪が積もっており、床には足首か膝あたりまで本が積まれています。ところで昨日、大変動の本質に関するぼくの理論を完全に確証する文章を、金本位制についての最新の著作のなかに見つけました[35]」。（イロナはそれに対して、「あなたの家の周りの雪とか床の上の本のことや、私には十分に理解できない金本位制や大変動について書かれた手紙を、何度も読み返しました[36]」、と返事をしている。）

戦争と移民規制は、彼らの生活や手紙のやりとりのなかに悲しくなるほどたびたび侵入してきて、不安定になりがちだった気分をさらに増幅させた。手紙はしばしば遅れるし、完全に紛失してしまうことも稀ではなかった。（カールは、三週間以上ものあいだ、手紙を一通も受け取らないことがあった[37]。）さらにビザ問題は、イロナや多くの親類にとってますます手に負えなくなる悩みの種となった。とくに困難なのは、長兄アドルフの息子たちのケースであった。彼らは、ファシストのイタリアから逃げてアメリカに入国しようとしていたときにキューバで足止めされた。サパーが述べているように、不運な事情が重なって、アメリカ国務省のビザ政策は、「少年たちの到着に合わせるかのように厳しく引き締められることになった」。一九四一年六月、領事館員は、「ドイツやイタリア、ロシアの支配下にある地域に居住する両親や子供、夫、妻、兄弟または姉妹を持つすべての申請者にビザ発行を差し控えるよう」命じられ、これによってアドルフの息子たちは入国できなくなった。というのも、彼らの近親がファシストのイタリアに住んでいたからである。マイケルが立腹したように、新しい政策はとてつもなく残酷で偽善的であった。それは、「ヒトラーの影響力から国を防衛するという口実のもとに、反ユダヤ人主義政策を追求」していたのだった。[38]

甥のケースへのカールの関与（あるいは関与の欠如）は、姉ラウラとの一連の不和を引き起こした。不和の根底には、彼らの異なる気質があった。カリの言葉によれば、ラウラは「標準的な中欧のユダヤ人ブルジョアの母親」であり、「コネの卓越した使い手である彼女は、私の父ならけっしてしないようなことを家族の利益のためにしていた」。他方、カールは「イギリスのプロテスタントの倫理を身につけ」ていて、「人は法に背いてはならないという厳格な法遵守の考え」を持っていた。そのため、彼はラウラに「いつも少し疑いを抱いており、彼女なら、家族の成員を助けるために、自分がまったく正しくないと見なすやり方で人的つながりを利用するだろう」と考えていた。[39] カールは、アドルフの息子たちのケースに、この倫理を「少々度を越えて」実行に移した。[40]「明確な許可をえないまま」ラウラが自分の名前を利用するのをやめさせるために、カールは、「私に最初に相談することなく、私の署名が入った電報を絶対に打ってはならない。私はそれを拒絶せざるをえない」ということを彼女に理解させようと、マイケルに助けを請うたのだった。そして、「アメリカとイギリスの常識はウィーンとは違っており」、「必要に応じてアメリカとイギリスの常識に合わせねばならない」ことにマイケルも気づいてくれるだろう、とカールは書いている。[41] 結局のところアドルフは、「カールが何とかする」ことも「マイケルにそのための時間がある」ことも疑って、姉のラウラがこの場合の責任を引き受けるべきだ、と主張し、[42] 最終的には、ラウラのたゆまぬ努力とアメリカの移民政策の変更のおかげで、アドルフの息子たちは一九四三年にビザを付与されることになった。[43]

ポランニーは、甥のケースにはごくわずかしか関わらなかったが、イロナがアメリカに入国するのを支援することには熱心だった。彼自身はビジタービザ〔旅行者ビザ〕で到着し、指紋が入念にとられて外国人として登録された。その後、彼はワシントンまで出向いて、国務省にビザをノンクォータビザ〔各国に一定数で割り当てられる移民割当ビザをクォータビザと言うが、それと別枠で発行されるビザ〕に格上げするよう申請し、カールとイロナは次にはノンクォータビザで入国することが許可された。[44] ベニントン大学が彼の勤務を二年の雇用と決めていたので、ノンクォータビザの発行はもともと可能であったはずだが、カレッジは、二年間という勤務形態を妨げる学内規定を優先させて、ポランニーとの雇用約束を取り消さざるをえなかった。[45] そういうわけでポランニーは、ベニントン大学における身分を頼りに移住することはできず、その代わりにクォータビザを求めざるをえなかったのである。[46] 他方、イロナは、出入国のビザの申請手続きを一九四〇年の九月に開始したが、手続きは長引くことになった。正確な理由は分からないが、当時の駐英アメリカ大使がファシストの同調者であるジョセフ・ケネディ・シニア＊だったことが影響した、と考えられる。ケネディはブレッキンリッジ・ロング〔一八八一―一九五八。アメリカ合衆国の外交官、国務次官補〕の仲間であり、ロングも、移民規則を監督するワシントンの手ごわい大物であった。またロングは、骨の髄まで反動的な反ユダヤ主義者でもあった。（彼はヒトラーの『我が闘争』を、「共産主義と混沌の唱道者としてのユダヤ人に雄弁に反対する」ものとして絶賛していた。[47]）ロングの「ファシスト寄りの」姿勢が懸念されたにもかかわらず、彼の友人のローズヴェルト大統領は彼を国務次官補に任命し、ロングは、望ましくない者がアメリカ合衆国に入国するのを阻止するうえで決定的な役割を果たしたのだった。中欧のユダヤ人の入国を妨害し始めた彼は、申請者および二人のアメリカ人の保証

＊一八八八―一九六九。アメリカの政治家・実業家、駐英大使（一九三八―一九四〇）、第三五代大統領ジョン・F・ケネディの父。

人について詳細な情報を求める四フィート〔一二〇センチメートル以上〕にものぼる長いビザ申請書を導入し、ビザ発行を遅らせるために行政手段を利用するよう領事館員に命じた。[48] 彼の妨害的な行為の結果、ドイツ（オーストリアを含む）からの移民に割り当てられるクォータビザの九〇パーセントが利用されなかった。

「当局の側の突然の完全な態度変更」の背後には、十中八九、ロングの決定があった。カールがイロナへの手紙のなかで心配していたように、その変更は「君のかつての同志はみな、どんな難民船を使っても入国できない」ということを意味していた。[49] イロナがクォータビザを取得できずにイギリスで立ち往生しているため、カールとイロナは、娘のカリをベニントンまで一人旅をさせることを考えたが、「ふしだらで下劣な連中を乗せた船に少女一人が乗る危険」[50] をカールが心配したために、この考えはすぐに取り消された。カールはこの時点で初めて、カナダに行くことがイロナにとって暫定的な解決策になるかもしれない、と考え始めた。この思い切った打開策をイロナがとるならば、必要なものは自分が用意する、と彼は彼女に約束した。[51]

一九四一年の初頭、ポランニーは、ジェットコースターのように浮き沈みの激しかった自分の人生がより楽しく見通しのよい時期に入っていくだろう、という希望に胸を躍らせていた。その理由の一つに、『大変動の起源――政治的・経済的考察』（または『一九世紀の解剖学――大変動の政治的・経済的起源』）と暫定的に題された彼の著書、『大転換』が進捗していたことがあった。このような印象は、彼の旧友のマルシャクによる『大転換』の概要へのコメントで確認される。[52] もう一つに、魅力溢れるイロナが海を渡ってやってくる見込みが確実になってきたことがある。彼は、「今の私の立場はとても気楽で」、ここ数年にわたり駆使してきたような「精緻な戦術」はもはや要らなくなったと、かなりの希望をもってマイケルに伝えている。[53] イロナは短期間でビジタービザを取得し、このビザで二月に大西洋を横断して訪問を実現することができた。イロナの滞在中に、カールはベニントン大学の交流会で彼女を同僚に紹介した。同僚たちは、イロナに共産主義者の経歴があることを知っていたので、彼女が「少なくとも、『英雄的』とか『戦闘的』、または『感情的』『情熱的』『好奇心が旺盛』『型にはまった』、あるいは『型破り』」といったもののうちの一つに当てはまるだろうと考えていたのだが、実際の彼女は、彼らが心配していたような恐ろしい女性とは正反対だった。彼女は、「熱狂的ではなく淡々としており、また、感情的でもなく有能」で、彼らは、「彼女の魅力や知性や人柄に完全に圧倒された」。喜び安堵した夫のカールは祝辞を楽しみ、交流会を「とてつもない成功」だったと評価した。[54]

しかし、このアメリカ訪問の最中にイロナがクォータビザを受け取る見込みが後退して、彼女とカールはビザを取得するための二つの道を同時に追求することになった。一九四一年一月にドイツ人のクォータビザの発表があったので、カールは彼女とカリに、それぞれがクォータビザを申請するよう助言し、カール自身も申請した。彼は、長期的には、イロナとカリをも包括するノンクォータビザを申請し取得することを望んでいたけれども、[55]アメリカの入国審査官がイロナを不適格者と見なすかもしれないと危惧していた。知り合いのJ・B・コンドリフは冷淡に、「尋ねられた質問に彼女がどのように答えるか、私にはまったく分かりません。彼女が共産党員であった経歴を知っている私のような者は誰も、保証人または身元保証人として行動することはできないでしょう」と肩をすくめて言い、「私の見込みでは」、彼女は「あなたのクォータビザで」入国することになるでしょう、と付け加えた。[56]

三月、イロナは、出国許可が拒絶されて新たな落胆を味わい、即座に、最終的にはイギリスから出国しないと決心した。彼女がこのような決心をしたのは、繰り返されるビザの拒絶への失望のためでもあったが、政治闘争や生活体験として戦争に関わろうとするためでもあった。彼女は、空いた時間を理論的・実践的な航空力学の研究に使い、女性補助空軍（ＷＡＡＦ）に加わることを申請した。彼女の言葉によれば、彼女は一九四〇年に、「戦争遂行の努力のなかで自分自身を役立てたい」という理由からイギリスを離れないことを決めたのであった[57]。そして、彼女はカールに次のように手紙を送ることになる。「これが単なる戦争ではなく、戦うべき戦争そのものであるということがはっきりしてきて、女性補助空軍に属することがますます私にとってのすべてになってきています。好戦的愛国主義といったようなものに取り憑かれている、と考えないでください。イギリスを離れれば、イデオロギーとは無関係なのです。実際に私は、イギリスを去ることを恐れています。それは、イギリスを離れれば、私のなかにある不滅を意味するもの、まさに精神の在りかたと気性のような何ものかが死んでしまうかもしれません[58]」。言うまでもなく彼女の苦渋の決意は、おそらく娘のカリの選好に影響されてのことだったのだろう。アメリカ人を「好きになれない」新進の共産主義者であるカリは、彼女の父が大西洋を飛び越えたことに冷ややかだった。カリの「信念、性向、人生計画」は当時、イギリスを中心に形成されていたので、彼女をアメリカに「無理矢理に行かせる」ならば「彼女の鋭意はくじかれ、彼女のいちばんよいものが台無しになる」だろうことは、両親の目からすれば明らかであった[59]。

イロナは自分とカリの出国許可申請を取り下げる決意をしたが、カールがアメリカに滞在している限り、ジレンマが続いた。マイケルは、イロナへの手紙で次のような理解を示した。「カールのことを別にすれば、あなたの義務、あなたの積極的な関心のすべては、向こうのアメリカではなくここイギリスにあります」。また、イロナとカリのイギリスへの愛着を考えれば、アメリカに移住することは「精神的な打撃になるでしょう」。他方、離れて暮らす経験は、「この厳しい時代にあってはありふれた辛さの域を超えるものではありません。離れて暮らすことは例外ではなく、ごく一般的です。これが、あなたにとって必要な決断に向けた私からの助言です」。だがそのような決断は、彼の兄のカールが「この数年間やっているような類の講義の仕事では生計を立てることはできない」という事実に「強いられた」ものであった。マイケルは次のように続ける。「カールが、過度の、まったく過剰な負担をせずに暮らしていける場所から」イギリスに戻ることなどできないでしょう。もちろんカールの「幸せの多くが」仕事以外から「引き出されている」としても、「長年の研究によって」準備されてきた、著作を執筆するという機会を放棄することなどできないでしょう、と。

私〔マイケル〕の見るところでは、〔もしそのような機会を自ら放棄するようなことになれば、それは〕きわめて深刻で重い犠牲を伴うことになるでしょう。著書を執筆するこのチャンスは、気まぐれな運命が差し出す最後のものなのです。……これまで長く亡命と放浪を重ね、積極的行動を妨げる慢性的病を抱えてきた五四歳のカールは、今、終生の思索の成果を収穫し結集させて仕上げることを目的としなければなりません。それは、彼にとっても社会にとっても有益な、彼が行いうる唯一のことですが、ここイギリスではそれに取り組むことができません。それができるのはアメリカにおいてだけなのです[60]。

イロナは夫からも説得された。これまでなら、彼女と一緒に生活できなくなると思われるなら、「自分の計画がアメリカでうまくいっていても」、また、「いかなる約束があっても」、彼女のいないアメリカに留まることはない、と主張して、イギリスに戻ることを自ら申し出ただろう[61]。しかし、もはやそういった事情が当てはまらなくなり、カールは今や彼女を丸め込もうとした。「君は私と一緒に行動すべきだと思っています」。「仕事がなく、病気がちで規定の年齢を超えてもいる」イロナがイギリスを離れても、それはイギリスの戦争遂行努力を妨げることにはほとんどならないだろうし、何よりも、これまで以上にずっと「私にとって君が必要なのです。君なしに私は生きられません」。それでもイギリスに留まらねばならないとイロナが決心するなら、「私は喜んで孤独に死んでいくこともできます」、とカールは大げさなお涙頂戴の言葉で締めくくった。[62]

結局のところ、一部は夫による説得のために、また、おそらくWAAFへの参加申請が失敗したために、イロナは説き伏せられることになった。彼女はベニントン大学に数学と物理学の講師の職を申請し、六月にそれが認められた。[63] 彼女は九月に出発することを希望していたが、すぐに新しい二つの移民問題が生じた。一つは、カナダ経由でアメリカに戻ることによって自分のビザを入手しようとする、カールの試みが失敗したことだ。それに加え、アメリカ政府は、カールにすべての手続きをもう一度初めからやり直さざるをえないようにする新しい移民規制を議会で通過させたので、[64] イロナの出国許可、とりわけ入国ビザの問題は未解決のままで数カ月が経過することになった。待機しているあいだに彼女はイギリスの科学慈善機関である王立研究所に就職したが、カールは、「国務省にビザの取り扱いを見直させるのに成功するまでにイロナがそこに落ち着いてしまわないよう望んでいます」と、トニ・ストルパーへの手書きの手紙のなかで心配していた。[65] 一九四一年の一二月に、イロナはやっとのことでアメリカに到着した。

イロナ自身の言葉によれば、彼女は「アメリカで受けた最初の衝撃を比較的簡単に切り抜けることができた」[66] し、ベニントン大学は「かなり理想的な場所できわめて美しく、優れた図書館を備えている」、と思った。二人合わせた収入は、彼らの過去の生活と較べれば十分に快適に過ごせるほどの額（五五〇〇ドルで、現在の貨幣価値にすれば八万ドル）だった。[67] カールは毎朝、彼女を小さな家から大学まで、三五ドルという格安で手に入れた「彼らの親しき友」である大きな旧型のビュイック・セダン――天井は水漏れしやすく、カビが後部座席にまで広がっていた――に乗せて行った。（「ポンコツ車でも、何とかすればちゃんと動く」[68]。）彼は、山並のあいだを縫って広がる透き通った眺めや、「白く凍ったような森から立ち現れてくる」紫と濃紺の色合いが目を楽しませてくれる、バーモント州の高速道路を独り占めしながらドライブするのが好きだった[69]。イロナはベニントンを楽しみ、熱心に仕事に専念した。彼女を「非常に優れた女性であり、すばらしい教師である」と評価したベニントン大学学長のルイス・ジョーンズは、彼女を（彼女の夫よりも優先して）無期限に雇用したいと望んだけれども、彼女はたった一年後に、三〇マイル〔約五〇キロメートル〕ほど離れたところにあるレンスラー高等技術研究所の航空学科の実務的な職に移った。そして同時に軽航空機のパイロット免許を獲得し、一九四二年の一二月にはイギリスへの本国送還を志願してその飛行技能を軍事的に利用できるようにしようとした[70]。一方、カールはこの間ずっと、剣ではなくペンに焦点を置いていた。彼はベニントン大学で二年間、形式的には常勤講師であったが、一九四一年の春、講義する責任のない形での雇用を可能にする、ロックフェラー財団からの研究者奨学金を獲得した[71]。今や彼は、ただひたすら自分の本に集中することができるようになり、言葉が次々とほとばしるように湧き出てきていた[72]。

生涯でいちばんの情熱

『大転換』へと結実した種子は、第一次世界大戦のガリツィアでの交戦によって荒廃した地域で植え付けられたものであった。カール・ポランニーはこの地で、社会の新しいイメージが見出されるまでは有効な倫理的行動は達成できないだろうと予言していたが、そのイメージが「制度的ビジョン」としての実体を獲得し始めるのは、ウィーンにおいてであった。それは、分離された領域というより社会における「自然的プロセス」として考えられた経済についてのビジョンであり、それと相関的な、自己意識的に統一された集合的存在として考えられた社会についてのビジョンである。そのような社会のビジョンは、現在の地平を支配している悪いイメージ——個人主義的な利潤を最大限に追求する者としての人間、また、それ固有の論理とルールに従って自動的に機能する、一見独立したような市場経済を支える彼らの行為——とは対照的なものである。[73]だが、ポランニーを彼の最高傑作の執筆へと駆り立てた諸問題が融合されたのは、イギリスにおいてであった。彼は、当時の問題に関する論争を見守り、自由主義的世界秩序の崩壊（ドラッカー、フロム、シュンペーター、エドワード・H・カー）や全体主義の出現（コルナイ、ボルケナウ）、経済計画の社会学（マンハイム）、大恐慌の原因（ライオネル・ロビンズ）などを探求していた学者たちから多くのものを学んだ。彼はこれらの理論家の一部——その大部分が個人的な友人であった——からアイデアを借り、また他の一部からは別の命題を展開する刺激を受けた。彼が思案していたのは次のような問題だった。大恐慌の原因は何か？　自由主義文明との断絶はどのくらいの規模で生じているのか？　自由主義的政治経済は最終的な衰退に入りつつあるのか？　自給自足やコーポラティズムや計画への一般的な移行は進行しているのか？　ファシズムとスターリン主義という二つのもっとも極端な実例は、対立的現象として理解すべきなのか、それとも全体主義の双子の兄弟として理解すべきなのか？　不況に見舞われた人びとがヒトラーを支持して投票したという通俗的観察を超えて、危機とファシズムの出現との関連をどのように考えたらよいのか？　これらの難問に取り組むことを通して、『大転換』は初めて形を取り始めた。ファシズムの侵入について理解しようとすれば、一九世紀のイギリスにおける市場システムの起源にまで遡って研究する必要があるが、この課題の追求は、ポランニーがＷＥＡ（労働者教育協会）の教師としての職を得たことによって推し進められた。彼の名を知らしめることになる著書『大転換』の主な命題が最初に書き留められたのは、経済史の講義草稿だったのだ。

ポランニーは、『大転換』の草稿を一九三〇年代の末に書き始めた。彼の要約によれば、そのテーマは「資本主義と大転換」――市場システムの本質とそれに関連する精神構造、両大戦間における自由主義の崩壊に続く危機、そして、オルタナティブな政治経済秩序の発生――についてであった[74]。一九三〇年代末の著書の企画に関する格言めいた要約的ノートのなかで、彼は自分の核心的命題を次のように振り返っている。イギリスの運命は一九世紀に完全に「経済メカニズムによって決定される」ようになったので、市場が当たり前のこととして受け取られるようになり、「当時の経済崇拝が以前よりずっと確固としたものになっていった」。しかし、市場経済の支配は維持することができなくなって自由主義的世界秩序は崩壊し、次に、「われわれの文明のもっとも明白な失敗」を暴露した破壊としてのファシズムの台頭――なぜなら、ファシズムは「われわれがまさにもっとも大切にしてきたものを犠牲にしたからである」――を促すことになった。今や世界には、経済統治の新しい方法と、ポランニーが「経済からの自由」と呼ぶ新しい哲学が、どうしても必要である[75]。すでに見たように、私たちの主人公ポランニーは、これらのプロセスを客観的に分析するだけでは満足しなかった。一九世紀の自由主義のなかで育った彼は、後に戦争とファシズムを間近で経験し、一九三〇年代には家族とともに、生計についても職についてもきわめて厳しい状況を耐え忍んだ。それが、周囲の数百万人の人びとが投げ込まれた経済的悲惨と不安に彼の関心を向けさせ、解決策を発見せねばならないという切迫感を高めた、ということに間違いはない。ポランニーはソヴェト連邦の発展の献身的な信奉者であったが、アメリカのニューディールの成功を夢中で追いかけてもいたし、さらに、社会学にも、また自由主義的資本主義の中心地であるイギリスの歴史にも精通していた。

『大転換』で展開されたポランニーの主張の本質は、四つの議論を結合することから成っている。第一は、市場経済は、経済領域を政治領域から分離することで、神によって与えられた自然的な人間社会の条件を破壊する、という人類学的公理である。ポランニーが弟のマイケルへの手紙で書いているように、彼の本の「もっとも重要なところ」は、市場の「破壊的な結果」についての描写である。[76]土地と人間労働があたかも「キュウリ」のように、市場の諸力が処理する「擬制商品」として取引されるシステムの存在ほど、「人間社会の伝統的組織に反するものはない」。[77]その結果生じる社会は、「自己調整的」市場の神話と商品化された土地および労働という「擬制」を中心にして人為的に組織される。そのような社会はキリスト教的・社会主義的価値を侵害し、必然的に抵抗を誘発させた。第二は、歴史哲学の主張である。西洋文明は人間の自己決定に対する強い衝動から生み出されてきたが、この動態が社会を経済領域と政治領域とに切り離したとき、それはとりわけ、資本主義と民主主義とのあいだに和解できない矛盾を生じさせた。第三は、この命題に、保護主義のキリスト教的・社会主義的理解と、保護主義と市場システムは両立しないというオーストリア経済学派の分析とを注入して、それを、ジョージ王朝時代のイギリス〔一七一四―一八三〇〕、および両大戦間のヨーロッパの福祉政策に適用したことである。この時代のイギリスとヨーロッパの諸社会では、政治と経済の相互浸透が経済停滞と政治的衝突を出現させていた。第四は、現代史の分析的な描写である。ポランニーはそのなかで、先の三つの命題を両大戦間期の政治経済（コーポラティズム、ファシズム、共産主義、金本位制の終焉、世界市場の崩壊）に適用し、国内的および国際的レベルにおける経済プロセスと政治プロセスとの関連性を、細心の注意を払って描き出した。

さらにこの本は、支配的な自由主義的規範に対するオルタナティブな社会像を提示する宣言と分析的な歴史的見通しから成っており、経済的・社会学的・政治的・倫理的事項に関する数十年におよぶポランニーの思索の総括を表している。彼はこれらの事項の後半二つに焦点を当てる傾向があり、自分の本を政治哲学の著作として分類していた。この本が提起する決定的問題に、以下のような問いがある。「社会科学が道徳的相対主義や精神分析上の独我論、知的ニヒリズム、そして、死に至る病に通じていることは、すべてのことから明らかである。しかし、社会科学があらゆる人間の方向づけの中心であり基礎であるべきだということは、いかにすれば可能になるだろう？」[78]。一九四〇年の終わりに彼は、ベニントン大学の講義で自分の主要な考えを確認することができた。イロナへの手紙によれば、彼のいちばん重要な目標は、政治的・経済的・文化的な領域における社会的組織化の根底にある道徳的価値の観点から「大転換の時代」を説明することだった[79]。『大転換』の「中心テーマ」は次のようであった。

> 現在の世界危機は、究極的には、産業文明の第一段階としての市場経済に由来する。過去の二五年は、市場経済に基づく国際経済システムが崩壊した結果なのである。「経済的」社会はユートピアである。というのは、いかなる人間社会においても、経済は社会全体の必要に従わなければならないからである。経済システムの改革は社会の破壊という苦痛のうえで達成されねばならないが、オルタナティブは、改革を達成する民主的方法と反民主的方法とのあいだにある。ヨーロッパでは、民主的方法を利用できないことが明らかになったために、ファシズムが避けられなくなった。アメリカは、ニューディールの最初の五年間の成果のおかげで例外的であることができた。だが、これ〔経済システムの改革〕は世界的過程であって、

国際的秩序の再統合はまだこれから達成されなければならない。[80]

数カ月後、詳細な要約がつくられた。主な議論は、当時ポランニーが弟のマイケルに書いているように、「大変動は経済秩序の問題に起因しており、過去の一五〇年は何よりも経済決定論の時代であった」ということである。大変動は経済と政治の制度的分離から生じたのだが、この制度的分離は次に国内領域と国際領域との分離を条件づけ、それに干渉することになった。それゆえ、「私たちは、四つの相互依存的な制度領域――それらはいずれも、自己調整的、あるいは少なくとも比較的自律的であると想定されている――から成るシステムのようなものを手に入れる」。この巨大なメカニズムは「自律的で自己調整的な経済領域」という基本的仮定を軸として旋回しているが、しかし、これは「ユートピア」である。というのも、それは、土地、労働、貨幣が「実際には市場メカニズムによってのみ調整されうる」という想定に依存しており、この想定が実際に実施されるなら、「社会的構造そのもの、すなわち、人間や自然資源、企業が破壊されることになるからである。したがって、その結果として生じる社会の自己防衛は、真の意味で不可避的である」[81]。一九世紀末以後、自己防衛の「対抗的運動」は国家の介入主義を呼び起こしたが、この国家介入主義は次に「市場の自己調整能力」を損なわせることになった。ここに、「四つの代表的な制度――(1)市場経済、(2)民衆による統治、(3)金本位制、(4)バランス・オブ・パワー――のあいだで発展した独特の緊張と圧力」の起源がある。「主な緊張は、(1)失業、(2)為替レートへの圧力、(3)階級的緊張、(4)帝国主義であった」が、これらの緊張は「独立していると想定された諸領域における不完全な自己調整の結果として」発達したものであり、「当時の大きな歴史的出来事を説明している」[82]。

ポランニーは、この本の解説的な命題を強調するために、『自由主義的ユートピア——大変動の起源または経済からの自由』をそのタイトルとして推薦したが、それでは「売れないだろう」と考えた出版社の圧力から、『大転換』というタイトルを不承不承受け入れた。[83] 誤解されることがよくあるが、このタイトルは、何らかの歴史社会学ではなく彼の予言を指し示すものである。彼の考えによれば、転換と社会の再統一への道を準備する「客観的要因」は「完全に私たちの統制の外に」あるが、「この統合は民主的基盤のうえで達成されなければならない」。なぜなら、平等や自由な議論、良心の自由という意味での民主主義は、もっとも忠実に「人生に関するキリスト教的解釈の必要条件を表現する」からである。[84]

ポランニーは一九四二年の一年間を執筆に費やした。[85] この年の秋、彼とイロナは並んで一緒に薪ストーブを囲んでいた。部屋の外は紅葉の真っ盛りで、そのなかをリスやシマリスが遊び回っていた。彼はマイケル宛の手紙で、妻が彼の本に真剣に打ち込んでくれているので「補助のような仕事以外、私のすることはほとんどない」、と書いている。[86] 一九四三年もほとんど、このような努力が続けられていた。だが、戦況の旗色が日独伊の枢軸国側に不利になったとき、カールはイギリスに帰りたくなった。彼は「当時あらゆる人びとが耐えねばならなかったいちばん恐ろしい試練である電撃戦の直前に」、アメリカを去ってイギリスに向かった。「到来しようとしている戦争の決定的な局面で戻っていなければ、私と故国とのあいだで何かが崩れるだろう」、とカールは直観したのだった。[87] 転居の準備という緊急事態のために、また、アメリカの大学の最後の講演旅行で時間をとられたために、彼は、ほぼ完全な原稿を三人の友人の手もとに残すことを余儀なくされた。彼ら三人は最終章をつなぎ合わせた。感謝したポランニーは、「三人のうちの一人は自由主義者（ドラッカー）、もう一人は保守主義者、三人目は社会主義者（ホースト・メンダーズホーゼン）です。彼らは、それぞれが折り紙つきの頑固者であるにもかかわらず、私の本を出版するという仕事を本質的に正しいと信じて、協力しながら推し進めてくれました[88]」、と書いている。序文は社会学者のロバート・マッキーヴァーによって書かれたが、ポランニーは彼を、「活発で明るく、潑剌としたスコットランド人」と見ていた[89]。マッキーヴァーは、「私自身が言わないでおいていたこと、すなわち、私のアプローチが持つ一般的な人間的意味を明晰に公式化してくれました[90]」と、ポランニーは述べている。アメリカの出版社は、最終原稿を受け取る前にすでに続編を依頼していた。暫定的に『普通の人びと《コモンマン》の基本計画』——あるいは、おそらく、ポランニーが「現実主義と予言」の混淆という理由から好んだと思われる、『帝国を飼いならす』というタイトル——と名づけられた、続編としての小型の本は、最初の本で隠されていた政策的意図を前面に出そうとするものであった[91]。彼は、少なくともその続編によって『大転換』を「政治から切り離した状態」にしておくことができるという理由から、その申し出を喜んで受け入れた[92]。

　当然のことながら、ポランニーは自分の原稿を気に入っていた。だが彼は、多くの著者が経験する自信喪失の瞬間に、自分のテキストが「きわめて冗長な議論であり、これまで人類に加えられた退屈なものの一つである」と述べ、「真に私の考えていることが表現されているかどうか疑わしい」と付け加えた[93]。他の人たちは、彼の書いた『大転換』をどのように評価していたのだろう? 草稿の諸章を読んだ友人たちからは全体として応援のコメントが来た。労働党の有名人であるトーニーは、「名高い辛辣な批評家」であることをポランニーに痛感させざるをえないほど、多くの赤を入れたけれども、「示唆的な思想に満ちている」と『大転換』を評価した[94]。コールは、原稿のいくつかの章を「複雑な気持ちで」読んだ[95]。カールもイロナも、ベリオール・カレッジで交わされたコールとの静かな会話を通じて、「周囲の雰囲気を独特の静寂さで満たす」彼の「感情豊かで詩的な人格」に魅了されていた。このフェビアンの賢者コールは、ポランニーが「制度主義に復帰」していることを一般的に称賛し、『大転換』の全般的な議論が「非常に興味深く、かなり正確である」、と賛辞を伝えた。[96] しかし、コールの称賛には、いくつかの点で――とくに、「一八二〇年代の未解決な問題が一九二〇年代の危機を説明する」という、この本の中心的テーマの一つに関して――ポランニーは「決定的に間違っている」、あるいは誇張の罪を犯している、という観察も混じっていた。[97]

この本に対するもっとも感動的な賛辞は、紛れもなく、刊行される少し前に書かれたマイケルによるものだった。彼はカールへの手紙で、その本の意義を著者の長い歩みとの関係において総括した。本は「あなたが言わねばならなかったことのすべてをかなりうまく」描き出し、「生涯の思索と情熱」を表現しています。それはきわめて個性的で、「あなた独特の感情を伴うきわめて情熱的な文体」で綴られており、他には誰も書くことができないでしょう。この本によってカールは名をなし、「遅咲きながらも、無名に近かったのがきわめて著名な状態になっていく扉が」開かれることになるだろう、と弟は愛情を込めて（おそらく茶目気たっぷりで）予言した。それは、ようやく確実な物的基盤を彼に保証する見込みを与えるものでもあった。[98]

当初、著書の評判は期待されたほどではなかったが、マイケルの予測は正確だった。この本が「反復的で曖昧な」散文体のために、あるいは、ヤーシが、「準マルクス主義的な理解できない議論」を長々と述べる、彼のかつての秘書の性向――ポランニー家全般の「散漫な思考傾向」とヤーシが考えていた一つの実例――として冷笑したものによって、一部の読者は読む意欲をそがれた。[99] 経済雑誌の評価はどっちつかずで、この本について『エコノミック・レヴュー』は「漠然とした一般化で満ちている」と片づけ、『ジャーナル・オブ・ポリティカル・エコノミー』は、著者が「用語を恣意的に使用し、出来事を誇張して解釈」している、と非難した。[100] 歴史家は「事実のねじ曲げ」に腹を立て、『大転換』で使われている方法は「歴史家の方法というよりも制度主義的社会学者の方法である」と騒ぎ立てた。[101]『大転換』は、アメリカの主流と左派の社会分析においてほんの「周辺的な」地位を得たにすぎず、イギリスでは「無視に近い沈黙で迎えられた」。[102] サリー・ランドルズが説得的に推測しているように、『大転換』に引き付けられた聴衆がイギリスで少なかったのは、部分的には、学術的機関とのつながりを欠き「評判の高い大学での地位」を持たない著者の仕事を評価することを嫌がる、イギリスの大学の鼻もちならない傾向が反映されていた。[103] さらに重要なのは、イギリスの経済思想と政策に関する議論が、影響力を高めつつあるケインズ主義者と少数の自由放任経済学者との長期的な闘いに支配されていた状況のなかで、ポランニーがどちらの陣営にも属していなかった、ということである。『大転換』がようやく広範囲の聴衆を獲得するようになったのは一九八〇年代になってからであるが、この幸運の到来は伝記の範囲を超えた事柄である。

『大転換』は一九四三年の秋に、カールとイロナがイギリスに向かって出航した後すぐ印刷に回された。[104] 帰国は楽しいものだったが、講演旅行の直後のことであり、前もって用意された住居もなかったので、ゆったりすることはできなかった。ロンドンに到着して落ち着くまでに二人は小刻みの移動を余儀なくされ、当初のゲストハウス（マウントビュー）住まいから、九月には賃貸アパート（ジャクソンズ・レーン、ハイゲイト）へと移った。カールにとって、このような長旅は、子供のときに驚いたおもちゃの列車編成――それぞれの列車は、別の列車がその上を走り、さらにその上をもっと小さな列車が走ることができるように設計されていたが、「その仕組みは複雑な切り離しのために分からなかった」[105]――

を思い起こさせた。もう一回引っ越しをすることで、激しい移動は最終的に終わり、夫妻は「ホルンジー〔ロンドンの北部にある地区〕の奥まった、風変わりで快適な所に落ち着くことになった。そこは、踏み固められた道から外れた人目につかない静かな地域で、リビングルームの窓の向こうには美しいポプラ並木が見えた」[106]。彼らはここで、一九四七年の初頭まで生活し仕事をした。カールは大学で終身的な地位を得ようと試みたが、それは叶わなかった[107]。例えばハル大学とロンドン・スクール・オブ・エコノミクスに応募し、リンゼイやトーニー、マンハイム――一部の学者が大きな犠牲を払ってでも審査員に選出されることを望むような、著名な審査員リストに入っている人びと――に支援されたにもかかわらず、その地位を獲得することはできなかった[108]。また彼は、戦争による停電が続いているあいだに旅することを嫌がって、オックスフォード大学からの学外講座の教師の申し出を断った。その間、彼はロンドンでWEA（労働者教育協会）の教師をしながら、臨時の空き時間に、ラスキン・カレッジのサマースクールなどで労働組合員に教えることによって、かろうじて生計を営むことしかできなかった[109]。カールとイロナは経済的には貧しかったが、「どういう訳か」みじめには感じなかった。カールはヤーシに、「私たちはこの国の一部になってしまったに違いありません。そうでもなければ、ほとんど身体に染み込んでいるような深い幸福感について説明することができません」[110]。

殺戮のメカニズム

ポランニーは、ロンドンでの暮らしが終わりに近づいた頃、枢軸諸列強の敗北と新しい世界秩序の設計という地政学的な出来事を目撃した。それはちょうど、「産業主義」が人類を消滅させてならないのなら「人間の本質の要請に従わなければならない」という、彼の信条を要約した『大転換』の最終章を仕上げた頃のことだった。[111] つまり、最終章の熱気は、この本の著者が歴史的な危機のなかで経験したことから生じていたのである。人類は、社会主義を目指して推し進んでいくのか、それとも深い裂け目に急速に転落していくのかという、まさに十字路に立っていた。ポランニーは、イギリスと東欧に、社会主義共同体への転換の見込みを見出していた。この点に関する彼の楽観主義は、第二次世界大戦の開戦直後、彼が故国と呼ぶ二つの国（ハンガリーとイギリス）で左派による実験が試みられたときに浮上したのだが、その希望には、言葉では表現できない恐ろしい出来事が含まれていた。戦争とホロコーストの形態をとりながら、気味の悪いほど野蛮な状態が近づいてきたのだった。

ナチスに占領されたヨーロッパからの途絶えることのない報告は、戦時中、それがなければ享受できていた充足したポランニーの生活に陰鬱な影を落とした。送られてきた知らせのなかでもっとも心を掻き乱したのは、「ハンガリーのユダヤ人の身の毛のよだつほど恐ろしい事件」として彼が一九四四年の初夏の頃に言及したことである。[112] ハンガリーのユダヤ人コミュニティの半分以上の人びとが、二カ月足らずのうちに、ナチの占領者とハンガリー当局によって駆り集められて大量に虐殺されてしまったのだ。これは、人類の歴史における最大規模のジェノサイドの一つであり、ブダペストがソヴェト連邦によって解放されるまでに総数五〇万人以上のユダヤ人が殺害されたのだった。カールは後に、マイケル宛ての一九四七年の手紙で、それまでの一〇年間にわたって罪のない人びとに加えられた筆舌しがたい犯罪のいくつかを列挙している。それは、（今ではカールが「恐怖」であったと認める）モスクワ裁判と同時に始まり、[113] ゲシュタポ（国家秘密警察）による捜査から、チェコの小村であるリディツェの住民のナチスによる殺害、そして、アウシュヴィッツ＝ビルケナウ強制収容所へのユダヤ人の送還へと続いた。そういった身の毛もよだつような目録は、広島と長崎の人びとを殺戮した大量殺人の実験で終了した。ポランニーは、予測できる将来にこれと同じくらいの恐怖がさらに経験されることになるだろう、と予言した。というのも、これら出来事のすべては、次のようなもっと深刻な問題の兆候を示しているからである。すなわち、「私たちは人間性を高めていく物質的・道徳的気質を有しているにもかかわらず」、「自らが創出した技術的環境のなかで自分自身を将来にわたって維持していくこと」がますます困難になっているのである[114]」。

一九四〇年代の恐怖は、彼自身の人生におけるさまざまな場面でポランニーを待ち受けていた。ロンドンで暮らしていたとき、彼は、近代戦争の技術と現象学について間近で熟慮することができた。ロンドンやその郊外の住民と同じように、彼はV‐1飛行爆弾〔ナチス・ドイツの空軍が開発したミサイル兵器〕の「耳障りな音や息つく暇もない発射音」を聞きながら、窓から離れて、その飛行経路の終着点に居合わせる不幸な人びとのことを考えた。さまざまに異なる市民の集団――「家のなかで寛ぐ家族、地域の店で家族のために食料を調達している主婦、遊んでいる子供、売り場で働く労働者、会議中の聖職者、バスに乗っている乗客たち」――が、まさに抹殺されようとしていたのだ[115]。彼は、科学技術の進歩の結果について考えた。とりわけ、「居住可能な地球の外側の空間」を超音速で飛行するV‐2弾道ミサイル〔ナチス・ドイツが開発した世界初の誘導ミサイル〕を配備することは、今や、文明が「保護されない」生活と「警告なき」死に直面していることを意味していた[116]。一九四四年の後半には、爆弾や飛行爆弾やミサイルが、カリの働くロンドン地区のカムバーウェルに大量の雨のように落下してきたが、その数は、彼女が数えるのを諦めたほどの多さだった[117]。彼女は生き延びたけれども、友人や家族には、戦争によって不幸な人生を余儀なくされた者が何人かいた。その一人は、飢え死にして占領下のパリで見捨てられたアンナ・クラチコで[118]、もう一人はカールの義理の甥のエンゲル・ジェルジだった。ジェルジは、戦争中の大部分をハンガリーのウォレンバーグの家〔スウェーデン大使ウォレンバーグが、ハンガリーのユダヤ人をホロコーストから保護するために用いた家〕で持ちこたえたが、一九四四年に逮捕されて「労働」収容所で死亡した[119]。三人目はイロナの母で、彼女が一九三九年の中頃にショアハムを訪れたとき、そこに留まるようカールに懇願されたが、彼女は、戦争は回避されると確信してベルリンの自宅に戻り、一九四三年の連合軍の空襲で死亡してしまったのだった[120]。

ホロコーストは、当然のことながらカールが会話ではめったに触れない話題であったが、彼はそれに関する自分の考えを書き留めていた[121]。ナチスの絶滅収容所の映像記録が放映されたとき、彼は、イギリスを震撼させた「恐怖のけいれん」や、産業的ジェノサイドの動機とその技術を理解しようとする際に感じる当惑、そしてそこから生じる苦悩について、次のように記述している。「犯罪がいかに大きいものか、それを測るいかなる参照枠組みも尺度も存在しない」。彼らが犯したのは、殺戮の道具として医学を利用し、飢えを組織化し、征服された諸国の数百万の人びとを抹殺するための精巧な工場を建設する、という犯罪だった。これら数百万の人びとの「絶滅は、計画されて周到に準備されており、システム的かつ細部にわたる注意が張りめぐらされていて、一人の人間の死にかかる費用が確実に最小限になるように遂行されていた[122]」。

ポランニーの直系の家族はほとんどが戦争勃発の前にヨーロッパを逃れたけれども、妹のソフィの運命は深刻な心配の種であり、彼の言葉で言えば「苦しいほど複雑で難しい状況」にあった[123]。ソフィの夫のエゴン・セーチは、以前にも逮捕されて起訴されていたが、一九三八年に再び逮捕されることになった。「コーヒーハウスの捜索のときには彼は、ナチスによるウィーン接収の最初の数日間にわたって展開されたテロにたまたま居合わせた犠牲者の一人だった[124]」。エゴンがダッハウの強制収容所に拘束されたとき、彼の釈放の見込みは比較的期待できるものだった。クリスタル・ナハト〔一九三八年一一月九日の夜から翌日にかけてドイツ各地で発生した反ユダヤ主義暴動〕の前の一九三八年の夏には、当局はまだ、監獄や強制収容所に逮捕された人びとをも含む有効なビザの所有者にパスポートを与えていた。セーチ家の娘の一人のマリアはすでにアメリカに着いており、ポランニー家の人びとは次に、ソフィとエゴンがビザを獲得するのを手助けしようとしていた。最初にイギリスのビザが得られ、次いでアメリカのビザが一九三八年の九月に供与されることになっていた。この時点ではカールは、ソフィの対応が「何はともあれ、内面の精神的な静けさで輝いています」と、ポランニー家の人びとに報告することができた[125]。しかし、カールとイロナが非常に可愛がっていた、ソフィのもう一人の娘であるエディスはウィーンに残っており、ソフィは「誠実な良い母親の典型だったので、エディスを一緒に連れて行くことができない限りウィーンを離れようとしなかった[126]」。そこでポランニー家の人びとは、イロナの助けを借りてエディスをイギリスに連れて行くことに成功し、海辺の空気で彼女の結核が治ることを期待して――残念ながらそれは実を結ばなかったが――、宿舎を海岸沿いに見つけられるよう手助けした[127]。しかし、ビザをセーチ家の息子のカールのために確保するのはもっと難しいということが分かった。というのも、彼には精神的障害があったために、同じような配慮が当局から得られなかったからである[128]。一九三九年の初頭、ゲシュタポ〔ドイツ国家秘密警察〕がソフィを呼び出して彼女のパスポートを押収し、彼女の夫のエゴンを救うには息子を見捨てなければならないという「選択」を突きつけた。「息子のビザを獲得するか、息子を施設に残しておくかのいずれかを選ばない限り」、エゴンは解放されないか、あるいは彼らのパスポートが返却されないことになる、という連絡を受けたのだった[129]。〔息子を見捨てなければならないという〕後者の選択を断るのであれば、ソフィはナチスに占領されたオーストリアで一か八かやってみるか、それとも、イギリスまたはアメリカの入国管理局からの寛大な決定を期待するかの、どちらかしかないだろう。

差し迫る破局を完全に予測することは誰にもできなかったが、エゴンとソフィの窮状の深刻さは明らかであった。カールは五月に、「ソフィの夫が救われるかどうかは疑わしい」とマイケルに打ち明け、「だが、このことをソフィやエゴンに示唆するのは道徳的に許されないだろう」と付け加えた[130]。カールとマイケルは、そのあいだも精いっぱい入国管理局に働きかけた。ソフィとエゴンのイギリスのビザが一九三九年の七月に失効することになっていたので、カールは彼らのビザの更新を強く求めたが、ソフィたちの息子のカール・セーチのために、メキシコのビザを獲得する試みも、ロンドンやウィーンのクエーカー教徒のとりなしで助かるかもしれないというカールの希望も、すべて徒労に帰してしまった[131]。戦争が勃発する少し前の九月初旬にカールはマイケルに手紙を書き、自分がイギリスの市民権を得た安堵感とラウラがアメリカのビザをまもなく得るだろうという希望を伝えたけれども、ソフィからの知らせがまだ来ないことにやきもきしていた[132]。そのときには、ソフィはすでに夫抜きで避難しようと決心していたが、しかし、それは遅すぎた。一九四一年の三月、ソフィとその息子のカールはポーランドに移送され、エゴンはその一カ月後にダッハウの強制収容所で処刑されてしまったのだ[133]。

とりわけソフィの運命が受け入れがたいのは、サパーが述べているように、「逃れることもできたのに、彼女は道徳的な義務あるいはためらいに惑わされてその機会を活かす選択をしなかったことだった[134]」。エゴンの処刑とソフィの国外追放の知らせを受け取ったとき、長兄のアドルフは、合理主義的過ぎる言い方ではあるが、みんなの心にわだかまっていたに違いないことのすべてを次のように表現した。「かわいそうで間抜けな少年カール——彼の運命は何をやっても決して変わらなかっただろうし、変えられなかっただろう——がいなかったなら、エゴンはおそらく救出され、ソフィはアメリカで新たに幸せな生活を営むことができただろうに、と感ぜずにはいられない。仕方がないとはいえ、ソフィが息子に対する忠誠のいちばんの悲劇的犠牲者になったことは確かである」[135]。その後の二年間、カールとマイケルはソフィと連絡をとって、彼女に資金を送り続けた。彼女の監禁されたポーランドのユダヤ人収容所は明るい雰囲気で、彼女自身も「とても幸せにしている」[136]、という信じがたい知らせを受け取ったが、一九四二年の三月には、「彼女の息子が殺された」との知らせが届いた。ポランニー家の人びとは、矢も楯もたまらず、ソフィを救うための最後の努力に取りかかった。サパーが書いているように、そのときには「東欧に移送されたユダヤ人の運命について、彼らはある程度まで理解していたに違いない。ウィーンにはソフィを待つアメリカのビザがあるのに、すでに彼女はそれに手が届かないところにいた」[137]のだ。最後に分かっている彼女の居場所は、一九四二年の中頃では、ポーランドのキェルツェのユダヤ人地区であった[138]。「私の最愛の妹は狂人によって殺された」と、カールは嘆き悲しんだ[139]。

新しい民主的ハンガリー

カールは、一九四〇―一九四一年に講義の機会を利用してアメリカの参戦を訴えたけれども、アメリカ滞在中の政治への参加は制限されていた。ロンドンに帰還すると、ハンガリー人の政治的企業家との連絡が再開し、それを通じて政治参加の新しい機会が得られることになった。ロンドンでは、自由ハンガリー亡命者のコミュニティが、少なくとも三つの運動――第一は共産主義者が支配するハンガリー・クラブ、第二はハンガリー公使館員の親イギリス派から生まれて外務省から非公式の支援を受けている運動、第三はカーロイの新しい民主的ハンガリー運動[140]――を支えていた。新しい民主的ハンガリー運動は、イギリスとアメリカの反ファシズム・ハンガリー人居住者の運動として一九四一年の春に開始され、ハンガリーがこれらの国に戦争を布告したこの年の一二月に急激に活気づいた[141]。その目的は、連合軍の戦争努力を促し、ファシストの支配からハンガリーを解放するための闘いを支援して、カーロイを仮の大統領とするハンガリーの戦後の民主的未来を準備することであった。ポランニーは一九一八年に、短期間ではあったがカーロイと知り合いになって彼の政権を支援したけれども、カーロイ伯爵と本当に互いのことを知るようになったのは一九四三年一〇月になってからであった[142]。彼とイロナはすぐに、カーロイとその妻のアンドラーシ・カティンカと仲良くなった[143]。ポランニーはヤーシに、「私には彼ら二人がとても好ましく思われます」と語り、ほんの少数のイギリスの友人を別にすれば、「このひどく傷つけられたカーロイ夫妻ほど、心からシンパシーを感じた人は誰もいません」、と言った[144]。

イギリスのハンガリー亡命者のコミュニティとアメリカのそれとは同質というには程遠かった。このことは、広く定義された彼らの反ファシズム的陣営においてばかりか、もっと狭いカーロイの運動の周囲においても同じだった。政治的に多様である（とくにソヴェト共産主義に対する態度をめぐって）だけでなく、階級区分に沿った分断があり、また「古参の」移民とごく最近やって来た者とのあいだで見解の相違もあり、さらに、クリーブランド〔アメリカ・オハイオ州北東部に位置する都市〕やシカゴ、ニューヨークのような大都市の周りに集住する比較的独立した集団を抱えた地域間の対立もあった[145]。アメリカの、カーロイの一団である民主的ハンガリー人アメリカ連盟（ＡＦＤＨ）は、カーロイの「親友」であるヤーシを含む、もっとも初期の頃からアメリカに基盤を持つ数名のカーロイ支持者によって運営されていた[146]。しかしそれは、親共産主義の離脱者がハンガリー＝アメリカ民主協議会（ＨＡＤＣ）を形成したことによって、一九四三年に分裂した。ＨＡＤＣで精力的に活動した人たちには、前衛的な画家でありデザイナーであるラースロー・モホリ＝ナジやハリウッドスターのベラ・「ドラキュラ」・ルゴシ、カールの姉ラウラの息子であるジョージ・ストライカーとその妻のバルバラ――二人とも、ウィーンの地下抵抗時代のイロナの同志であった――が含まれていたが[147]、ＡＦＤＨに残った人びとは、ＨＡＤＣを赤まむしの巣窟として見るきらいがあった。ヤーシは確固とした反共産主義者であったが、彼の周りの上流階級の反ユダヤ主義の会員はもっと激しい反共産主義者であった。彼らは、隠れ共産主義者のユダヤ人であるカール・ポランニーと親しいという理由でヤーシを非難さえしていた[148]。ソヴェト・ロシアに対するヤーシとカーロイの意見の相違が二〇年以上はっきりしていたにもかかわらず[149]、カーロイがＨＡＤＣの名誉会長を引き受けたときにはヤーシは裏切られたように感じ[150]、何とか怒りを抑えながらカーロイに手紙を書いて、カーロイが重大な誤ちを犯したことを説得しようと試みた。ヤーシによれば、ＨＡＤＣは前衛組織であり、「少数の同調者やその他の党派性を持たない進歩派」を含んではいるものの共産主義者が陰で糸を引いているのに、カーロイが「私たちの同意なく」ＨＡＤＣの名誉会長になるサインをしたことはヤーシに衝撃を与えたし、また広い関心を集めることにもなった、というのである。「あなた〔カーロイ〕がニューヨークの共産主義者への抵抗をほんの僅かしか示すことができず、モスクワの直接的圧力を感じているとすれば、どういうことが起きるでしょう?」、とヤーシは綴った。ヤーシにとって自由ハンガリー運動は、ド・ゴール〔一八九〇―一九七〇。フランス第一八代大統領〕の「自由フランス」〔第二次世界大戦中に、ドイツによるフランス占領に反対してロンドンで設立された組織〕を手本にすべきものであり、「結社の自由と自由主義的社会主義の原理に基づいて形成されるハンガリー」の戦後の有望な指導者としてのカーロイが適切に推進していくはずだった。これを成就させるには、細心の注意を要する綱渡りのような行為、つまり、「ボリシェヴィズムと資本主義のあいだでうまく立ち回ること」が要求される。ド・ゴール的イニシアティブを背後にして主流派の支持を得るには、彼らからの「共感と信頼」を得るための誠実な接し方を熟知している共産主義者との関係を育てる必要があるとはいえ、大きな譲歩をするのは差し控えて、何としてでも共産主義者に「いいように利用されること」にならないようにしなければならないだろう。共産主義者との交渉では、「強気の態度を見せ」、譲歩の限度をはっきり説明して「これ以上はできない！」と確信を持って宣言するように、とヤーシはカーロイに助言した。[151]

イギリスでは、カーロイによって率いられるハンガリー協議会の形態で、三つの自由ハンガリー運動が最終的に統一されたが、表面下ではまだ、アメリカにおける分裂に類似した亀裂が蔓延していた。[152] ポランニー夫妻は、ハンガリー協議会が「共産主義者の付属物」になることを避けるよう注意すべきだと主張したけれども、共産主義に広く共感していた。それだけに、ハンガリー協議会が、ハンガリーのユダヤ人大量虐殺の犯罪からホルティ政権を気味の悪いほど早く免除したように思われるハンガリー民族主義者や、ケストラーのような不屈の反共産主義者を歓迎するのを見て、ポランニー夫妻は落胆した。[153]（当時、ケストラーは完全に共産主義と決別しており、彼の苦しみに満ちた魂を次の主人に委ねる準備をしていた。）ハンガリー協議会の内部政治は、共産主義運動の民族主義的傾斜によってますます込み入ったものになっていった。共産主義者が非公式に同盟を結んだ保守主義的民族主義者は、たいていのカーロイの企画に、とりわけその社会民主主義的支持者——ポランニーが熱心に励ましていた有権者——に、根本的な疑いを持っていたのだ。このことは「左派の協力を不可能」にする恐れがあり、ポランニーにとって大きな不満の種となった。[154]

ポランニーが戦後ハンガリーのためのカーロイ綱領の発展に貢献したことは確かである。カーロイ綱領の主要な項目は、土地の再分配、対外経済政策の「組織化」、労働の権利、失業の減少、生活水準の向上であったが、ポランニーは、自分が果たすいちばんの建設的役割は、共産主義者や社会民主主義者、反ホルティ派の自由主義者との関係改善の促進を目指す持続的な政治分析を提供することだ、と考えていた。[155] 共産主義に対する社会民主主義者と反ホルティ派の自由主義者の懐疑がとんでもない障害になっているので、ポランニーの努力の重点は、ソヴェト・ロシアの評判を回復させることに向けられた。彼は、『ハーパーズ・マガジン』――彼の友人のジョン・カウェンホーヴェンが編集していた定期刊行物――に掲載された論文で、自分の議論の概要を展開した。その論文によれば、一九二〇年代のモスクワの外交政策は「明らかに革命的であった」ので、列強によるモスクワの排除は予想されていた[156]けれども、列強の立場は、ヒトラーのドイツに対するイギリス・フランス・ソ連の外交的同盟の形成を困難にし、外交活動をヒトラーへの融和政策に偏向させることになった。その頃からロシアが「平和政策に転換した」のは明らかだが、このことは、スペイン内戦におけるコミンテルンの戦略によって例証される。スペイン内戦では、革命的変化のための動員という点で左派と手を組むべきだとする強烈な圧力のもとにあったにもかかわらず、共産党は、「立憲主義と合法性以外の目的には関与しないという立場を最後まで崩すことがなかった」[157]。それは共産党のすばらしい成熟を示すもので、例えば、バルセロナにおける労働者権力の樹立は「ヨーロッパでの戦争を意味することになる」ということを認めるものだった。[158] 運動がますます左傾化していくなかで、スペイン共産党は、西側の政府に対するモスクワの「建設的政策」の確固たる証であり続けた。このことは、認識されて当然だった。ポランニーが主張したように、もしイギリス政府が、共産主義の協力的意図を裏づける多くの証拠から適切な結論を引き出して、ベルリンに対してモスクワと同盟していたなら、一九三九年のヒトラー＝スターリン協定〔独ソ不可侵条約〕は必要とされなかっただろう。だが事実はそうではなく、ロシアは「イギリス外務省によってヒトラーとの協力に駆り立てられる」ことになったのだった。[159]

ポランニーの弁護によれば、ヒトラー＝スターリン協定は孤立から生まれた絶望的な急場しのぎの方法であり、それは同じ理由から、ロシアが新しい現実主義的なアプローチを熱心にとっていたことの確固たる証拠であった。「復讐への自然な衝動を盲目的情熱へと駆り立て、正当な農民の反乱の炎を猛火へと煽り立てる」ことを熱望するような、以前の非妥協的な外交政策に代わるオルタナティブとして、ロシアは今や、その最大の敵との同盟に真面目に賛成する準備ができていた。[160] そこでポランニーは、西側はもっと注意深くロシアの行動を研究して建設的なアプローチをとるべきである、と助言した。彼は、モスクワが依然として「世界革命戦略」をとる能力を有していることを認めていたが、西側列強の側の反抗的で建設的でない態度に挑発される場合に限ってモスクワはそのような戦略をとるだろうと考えていた。[161] モスクワは、一九三九年のフィンランド攻撃に見られるように帝国主義的拡大（「自制心の喪失」）を図ることはできるが、国境を拡大しようという願望を真には抱いておらず、「拡大主義的政策とは明らかに正反対」の立場をとっていて、アメリカと同じように、「繁栄するための平和以外の何もの」をも必要としていなかった。[162] モスクワは、隣国との軍事同盟を通じてその目的を達成しようと努め、「国内問題についてはそれぞれの国に任せる」傾向があった。そのような外交政策は、新しい国際主義、すなわち、中欧と東欧に「平和と安定をもたらすこと」を約束する前触れでもあった。[163]

ポランニーは、理解しがたい、本質的に好戦的で拡大志向的な歴史的に唯一の例としてスターリンの外交政策を説明する、当時登場し始めたコールドウォリーズ〔冷戦を推進する人びと〕を厳しく批判した。中欧および東欧に対するクレムリンのねらいは、修辞的表現をとってはいるが基本的には緩衝地帯を設けようとする現実政治に導かれている、と彼は正しく主張した。この点に関する彼の意見は、ロンドンやワシントンで影響力のある専門家のものと一致していた[164]。グランド・アライアンス〔第二次世界大戦中の米ソ英の同盟〕の軍隊がベルリンやローマや東京に向かって進攻したとき、あらゆる陣営の有力な発言者は、包括的な戦後和解を通じて勢力範囲をめぐる合意が達成されると考えていた、ということを想起しなければならない。モスクワが領土分割についての合意を構想する一方で、アメリカは、かなりグローバルな役割を引き受けながらもその伝統的な勢力領域を維持し続けた。そして、イギリスはヨーロッパにおける指導的な海洋大国として行動し、ソヴェト連邦は主要な陸の大国としてイギリスに対抗した。スターリンはチャーチルに対して、ルーマニアとブルガリアにおけるソ連邦の自由裁量と引き換えにギリシャにおけるイギリスの自由裁量を認めたが、このような評判の悪い骨子と精神の領土分割協定は、複雑に絡み合った論理と原理を示唆していた[165]。ポランニーは、クレムリンが、東欧の緩衝地帯で、民族ブルジョアジーと小ブルジョアジーを含む「進歩的勢力」との協力を頼みにしながら「社会主義」を漸進的な方法によって建設しようと計画していた、と主張した点でも正しかった。他方、コミンテルンの理論家たち、とりわけヴァルガは、社会主義は混合経済を伴う「進歩的民主主義」の形態をとりうると主張し、イギリスの戦後の労働党政権をその典型として考えていた[166]。

ポランニーは、ソヴェトの外交政策の明らかに防衛的な性格について誇張して述べたが、これと関連することとして、彼には、二つのまったく意味の異なる「拡張」——初期のソヴェト体制の世界革命的な野望と、一九三〇年代から散発的に燃え上がった大ロシア的で狂信的な愛国主義的冒険主義——を混同する傾向があった。これら二つの段階は、一定の表現上の連続性があるとはいえ、まったく違っていた。前者では、海外の革命はロシアによって支援され、その地域の被抑圧諸民族は自決権を認められるべきだ、とされていた。それに対して後者では、独立を宣言したかつての帝国の諸民族が再併合され、

（スペインのような）海外の革命は抑圧されて、「社会主義」は、（ユーゴスラビアにおけるように）力によって強制されるやり方がとられていた現地の闘争で達成されるよりも（ハンガリーにおけるように）力によって強制されるやり方がとられていたのである。一九二〇年代の世界革命という目標の取りやめは、ポランニーが想定したように、平和的ソヴェト連邦の出現を促進させることにはならなかった。むしろ、世界革命からの退却は、ロシアを世界の列強として再浮上させようとする暴力的な再構築の本質的要素であった。ロシアは周期的に過剰拡張の発作を起こしがちだったが、とりわけ一九四七年がそうだった[167]。モスクワが解放した地域における、その民主主義的意図についてのポランニーの分析はかなり感傷的でさえあり、モスクワは「ソヴェト連邦の支配下に置くことを図る」のではなく「複数政党に基づく代議制的統治の形態」の発達を認めるだろう、と強く主張した。彼は、西方への拡大を通じて「ロシア革命は、それに伴ってフランス革命のような社会的変革をもたらしている」、と考えていたのだった。ポランニーは一九四六年の手紙のなかで、モスクワの「建設的」意図を先見の明をもって認識したとする、自身の『ハーパーズ・マガジン』の論文「なぜロシアを激怒させるのか」について言及し続けた[168]。彼は、この論文を書いた一九四三年当時、「ロシアが東欧に民主的統合をもたらすだろう」と主張して、自分が「自立した考えを持っている」ことをカーロイに誇らしげに述べている[169]。

ポランニーのソヴェト連邦とそのヨーロッパ計画に関する分析によって、アメリカでのいちばん親しい政治的対話者であるヤーシとの関係に亀裂が入った。ポランニーは、公的には、アメリカにおけるカーロイの同盟集団のいずれにも与していなかったが、ヤーシの組織の支持者と自認してその内部論争にも参加していた[170]。しかし、論じられている問題をめぐる彼の立場はＨＡＤＣ（ハンガリー＝アメリカ民主協議会）の側に近かった。ヤーシとポランニーは、ソヴェトの戦術や意図、それと関連するカーロイの基本姿勢の硬直性について、激しく意見を異にするようになった。ヤーシより年下のポランニーは、カーロイの政治的性格を、貴族的なロシアの革命的ナロードニキ主義と「マジャルの祖先から」継承した穏健な政治的現実主義との混合と理解して、心からそれに同調し称賛していた[171]。そして彼は、戦後のハンガリーについてのカーロイの見通しを支持した。その見通しとは、ハンガリーは社会的(社会主義的でさえある)転換を必要とするばかりか、その対外政策においてはドイツ寄りの伝統と決定的に断絶してソヴェトやスラヴ的東方へと向かうだろうというものであり、さらに、ハンガリーが近隣諸国や「大きな西方の民主主義諸国」との友好な関係を維持しているときでさえ、地域におけるモスクワの「安全保障の利害」は無条件に認められる、というものだった[172]。しかし、ヤーシはカーロイにそれほど好感を抱いていなかった。ヤーシは、ロシアのナロードニキ主義が個人的自由の西欧的理想によって活性化されてきたというのに、「私たちの友人カーロイはマルクス主義の決まり文句と権力政治の考え方に魅了されている」、と思っていた[173]。そして彼は、西欧の未来は「アジア的全体主義に対する指導者たちの道徳的抵抗」によって決まるだろう、と主張した[174]。ヤーシは、なくてはならぬ気骨がカーロイに欠けていることに苛立っており、さらに悪いことに、カーロイよりもポランニーの方がはるかに「共産主義あるいは隠れ共産主義への共感を隠しているように見える」、と主張したのだ。この非難は、年下のポランニーを激怒させ狼狽させた。ポランニーは精力的に反論し、ドナウ圏へのロシアの関与に対する自分の声高な支持はモスクワの意図の冷静な評価を反映するものであって、決してそのイデオロギーや政策を大規模に推進させようとする解釈ではありえない、と述べた[175]。

ソヴェトの問題がカーロイとポランニーとの喧嘩に一役買ったのは当然であったが、これを機に彼らの関係は目立って悪くなっていった[176]。その背景には、ソヴェト軍のハンガリーへの進軍と、ソヴェトが占領した東側地区におけるカーロイ抜きの暫定政府の形成があった。この冷遇を前にして、ソヴェトに対するカーロイ伯爵の態度は冷え込み、ハンガリー政治において積極的役割を果たすという彼の決意も弱まった。[177]ハムステッドにあるカーロイのクイーン・アンヌ・アパートメントでの議論で、ポランニーは友人であるカーロイに対して、現実世界への効果的な政治的介入を妨げることになったカーロイの優柔不断さと自制主義――それは、抽象的には称賛に値するとされてきた「彼の原則への情熱的で不屈の忠誠」の結果であったが――を非難した。カーロイはハンガリーの政治から退場することもなかったが、かといって新しい体制への支援を「行動で」示すこともしなかった。だが、これら二つの道のどちらか一つをとることは可能であり、選択の時期がやってきていた。カーロイが新しいソヴェト主導のハンガリーに同調できないことを「魂の深部で感じている」のであれば、自分の政治的野心をすべて放棄すべきであった。しかしポランニーは、彼に第二の道を勧め、「新しい体制を支援することをただちに決心する」よう要求した。これには、カーロイが「支援の公的声明」を出すこと、「進歩的な外国の世論の前でその正当性について認めること、そして一刻も早くハンガリーに帰国すること」、という三つの約束が伴うだろうが、カーロイが機会を逃さないなら可能性のある二つのシナリオが自ずと現れるはずだ、ということが含まれていた。その第一のシナリオは、ロシア人がハンガリーのクスリング〔占領軍と協力する裏切り者〕――広い政治的基礎を欠いた、ロシアによって厳重に支配されている将軍あるいはテクノクラート――を大統領に指名するもので、このシナリオではカーロイに目立った役割はなく、一時的に過ぎないとはいえ「東欧の民主化は速度を落とすことになるだろう」。第二のシナリオでは、カーロイは外交政策の分野で短期的に名目上の指導的役割が与えられるが、国内的な役割はない。ロシア人はこのシナリオを好意的に考えないだろうから、カーロイは、新しい支配者に無条件の服従を誓わないとしても、

「信頼に必要な前提条件として」、大君主ロシアへのハンガリー人の対抗を組織するいかなる意図も絶対に否定するという、バランスのとれた態度を示さなければならない。そのようなアプローチによってカーロイは、民族農民党や「左派的小農地所有者」、社会民主党、共産党が協力し合う民衆的左派の支配的体制を築き上げるうえで一役担うことができ、急進的土地改革を続行する象徴的な保証人として行動することができるだろう。だがそういったことは、カーロイが、新しいハンガリーの建設を助けるために自分が間もなく帰国するという強いメッセージを自分の支持者に向かって広く伝えて、初めて可能になるだろう。リスクの高い選択ほど獲得するものも大きいのが常である。ポランニーが大げさに推測するように、東欧の状況のバランスを取り戻すことができるのはカーロイだけだった。「成功したハンガリーの左派体制」が「地域全体の進歩的政治の大規模な安定化」をもたらすだろうことに「議論の余地はなかった[178]」。

一九四五年一月、カールとイロナは行動に移った。カールと連名で彼女はカーロイに、「前進するか、後退するか」という困難と積極的に闘うよう訴える手紙を書いた[179]が、カーロイはこのアドバイスを受け入れなかったように思われる。というのも、すぐに喧嘩が始まったからである。イロナは、カーロイが「ギャングのような態度で」策を弄する助言者の言いなりになっている、と非難した[180]。カーロイは反撃してイロナに、彼の運動の理事会とハンガリー協議会における地位を辞任するよう勧告した[181]。(きわめて高圧的なこの民主主義者カーロイは、「好むと好まざるとにかかわらず、運動と協議会の政策をつくるのはもともと私なのだ」、と言った。)カーロイは、ソヴェトの突撃は、土地改革や普通選挙といった、モスクワとの良好な関係に特徴づけられる進歩的な方向へとハンガリーが向かえるようにする状況をつくりだすという、イロナとカールの意見を支持したけれども、「ヒステリックな仲介者がいなくても」自分はハンガリーの共産主義者との妥協を独力で見出すことができる、と主張した[182]。イロナは辞任を拒絶し、カーロイは彼女を非難した。カーロイは、自分の運動が「共産党のシンパの集会所と見なされること」や、もっと悪く「小型の共産党」と見なされることを望んでいなかった[183]。その上、彼はハンガリー協議会のメンバーを自分の個人的な弟子と考えていた。カーロイは「新しい民主的ハンガリー運動の会長であるばかりか、ハンガリー亡命者の大多数の指導者でもあって、彼らに対する行為に責任を負っていた」ので、「適材適所の人材を選ぶ権限」が彼に与えられていると思っていた。イロナが「代表」としてカーロイから指名されることを期待するカールにも、カーロイは否定的に返答した。その理由の一つは、彼とカールが指名を正当化するのに十分なだけの強い関係を築いていないということだった。もう一つの理由は、イロナが自分と夫は「まったく別の意見を持っている」と言ったにもかかわらず、カーロイは「事実上あなたたちはすべての問題に関して同じ意見だ、と確信するようになった」ことだ。カーロイに賛成しないばかりか、十分な「忠誠または信頼」を証明することができないイロナのような人びとは、退くしか道はなかった[184]。しかしイロナは、たったその数カ月後に「あなたへの私たちの愛情と称賛と友情は変わることがなく、密度の濃いやりとりに伴う多くの波乱や警告にも耐えてきました」、とカーロイに手紙を書いた。それは、彼女の温かさと平衡感覚を証明するものであった[185]。

ポランニーは一九四五年から一九四六年にわたって、かつての同志であるカーロイの演説と行動を、消えることのない失望感を抱きながら観察していた。確かに、この時期にソヴェトの軍事的統治と共産党に背を向けることは不適切であった。ロシア人は、ハンガリー国民をファシズムから解放して国民統一の柔軟な枠組みを提供し「注目すべき」程度の自治を彼らに許容する点で、ハンガリー国民にとって欠くことのできない支援をしていた。ポランニーは、共産主義者の刊行物が、「マルクス主義の健全な思想の理解と実り多い利用に向かって」西欧人が進むよりも「はるかに健全な西欧思想の理解を前進させていること」を示している、ということを知って喜んでいた[186]。これらすべてを考慮に入れて、ポランニーはカーロイに、例えば、ハンガリーの土地改革が「まやかし」であったという労働党左派の機関紙が広めた主張や、「ハンガリーに、左派的なスローガンで隠蔽されたバドリオ体制〔一九四三七月、イタリアでムッソリーニ政権を打倒して成立した内閣〕をロシア人が構築している」というもっとひどい非難に反対して、新体制を公的に弁護するよう、説得しようとした。ポランニーの主張によれば、一九三〇年代のスペインの共和主義者や一九四〇年代のギリシャの民族解放戦線の頑強な防衛とは対照的に、労働党左派が共産主義者のハンガリー介入に懐疑的であったことは、少なからずカーロイ伯爵の曖昧な態度と沈黙の結果であった。一九四六年の初頭にポランニーは、イギリスの労働党政権がブダペストの保守的な小土地所有農民党に支援を提供したとしても「何ら不思議ではないだろう」とカーロイに忠告し、それは右に向かって大きくシフトする前触れになるかもしれない、と付け加えた[187]。

カーロイは納得できず、ポランニーの議論を、「イギリス人の目を通して」世界を見る彼の傾向により歪められていると考えて、過小評価した[188]。右派民族主義的なシフトが起きるなら、その責任は断固としてモスクワに帰されるべきだ、と思うカーロイは、共産主義者による燃え上がるような民族主義の支持を激しく批判した。彼は生涯を通じて「軍服を着た愛国主義」に反対していたのだった。そして彼は、ロシア人がそれを支援しているのを見て愕然とした[189]。共産主義者の政治的基礎の強化を目的にするなら、「反発を強めて自分自身の立場を弱め」、結局はしっぺ返しを食らうことになるにちがいない[190]。そのように動揺した翌年、彼は、行動を差し控えるようにというポランニー夫妻による忠告を無視して明確な意思決定をしたが、それは彼らの助言に従うものではなかった。一九四六年の四月、カーロイはポランニーに、来月、国民議会で演説するという目的だけのためにハンガリーに帰り、その後ただちにロンドンに戻る、と伝えた。そして、「祖国で国内の政治に参加することはできないだろう」と嘆き、「こういった不愉快な妥協はもはや私には要らない」と述べた[191]。ハンガリーがソヴェト化したために、カーロイを歓迎する道は閉ざされ、ハンガリーのフランス大使としての二年間の任務が終わると、彼は政治生活から引退することになった。

戦後計画

戦争が終わるとともに、ポランニーの日常生活はきわめて寛いだものになり、停電や爆撃の苛立ちと恐れは色あせた思い出となっていった。しかし彼には、平和ということが何か不適切な表現であるように思われ、いくつかの点で戦争よりも「耐え難い」とさえ感じられた。というのも、依然として社会が資本主義に支配されていて、人間の価値が「所有制度の要求に徹底的に従属しているからである[192]」。だがそれにもかかわらず、希望は高まっていた。計画経済の思想は、それが一九三〇年代の失業の惨禍に応えたことや、また、戦間期に政府の経済的介入が有効性を証明したことによって、民衆の想像力のなかに根を下ろしていた。イギリスにおいてもアメリカにおいても公衆は、戦争の物的・精神的負担を進んで引き受けるだけでなく、「統制、配給、労働管理、徴集」の形態での計画の必要性に自分たちの行動を適応させようとする意志を示した。このように、普通の人びとは「彼らの指導者よりも進んでいた[193]」。リベラルなイギリスでは、「全面的な計画経済」と為替管理の導入が政治と産業との分離を消し去ったけれども、「だからといって、公衆の自由が抑制されたわけではなかった[194]」。

ところで、経済計画の普及は戦時中の逸脱、あるいは正常への異常の侵入なのであろうか？　また、経済活動はいつものようにすぐに回復するのだろうか？　一九四五年七月の総選挙は、もっと重大なことが進行していることを示した。いつも楽観的であるポランニーは、アトリー労働党政権〔一九四五―一九五一年〕のもとでイギリスが資本主義的な過去を脱皮して大きな転換に乗り出している、と確信していた。イギリスは、一世紀以上にわたって、人間性に対するピューリタン的悲観主義と「調和的自由放任の美徳を有するユートピア的楽観主義」とを併せ持つ「市場社会によって条件づけられ」てきた。自由放任は、「普通の人びとに、彼らの生活を破壊する犠牲を払って、産業資本主義の極端に急速な成長を促す労働と存在の形態に従うように強制する」。しかし今や、社会主義と協同組合的共同体によって、自由放任とは反対の原理が有効性を持つようになり、「人間が自身の産業的環境を人間存在の要請に合わせて調整できるようになるだろう」、というのである。[195]

アトリー政権は、揺りかごから墓場までの福祉国家というベヴァリッジの提案を実行に移したことで、労働党の歴史において名誉ある位置を占めることになった。しかし、アトリー政権が「社会主義共同体」の建設に全力で取り組んでいるというポランニーの確信は、幻想であるように思われた。というのも、平等主義的な約束が次々と破棄されていったからである。このことはとりわけ教育政策に関して著しかった。政権に就くまでの労働党は、一九四四年の教育法令の反平等主義的条項に反対していたが、政権に就くと同時にその実行を進めた。この教育法令は、誤解を招くような名称のパブリックスクール〔中高一貫の私立学校〕に国家制度の枠からはみ出した排他的立場を認めたまま、教会付属学校に引き続き国家制度の枠内の特権的立場を与えた。中等教育の構造は、階級的に分断されたイギリスの社会を反映しており、優生学的偏見――知識の尺度で測る個人の位置は、当然ながらその人の社会階級における地位と密接に関連する傾向にあるという考え――によって方向づけられている。それは、専門的・産業的階級を志望する生徒に大学教育を提供するよう設計されたグラマースクールとともにパブリックスクールが上流階級の領分を維持する一方で、下層では「近代中等学校」が、知的水準の低い民衆に、労働生活に必要な安価で基礎的な教育訓練を提供することを保障した[196]。

ポランニーは、学校制度の再編についてほとんど論評を加えていないが、来たるべき社会主義への転換において教育が果たすであろう批判的な政治的役割に関する考えを、次のように書き留めている。教育は第一に、労働党の政治的機構の機能にとってきわめて重要であり、労働党の一般党員は「主体として、あるいは政府のための政治委員として行動する」ように訓練され、「現実に存在する単なる反資本主義的態度」を反復するだけではなく、時代の複雑な問題、例えば、「イングランド銀行の国有化」について意見を述べることができるように教育されるべきである。第二に、労働者階級がイギリスを社会主義的未来に導いていこうとするなら、自分たちの利害をより広い公衆の利害に従属させていかなければならない。それには、「禁欲生活」を実行して「インフレの危険」に立ち向かったり、生産性を低下させると強迫する「無断欠勤や山猫ストライキ」のような抑圧的な労働組合活動とか労働者の抵抗形態を終わらせる必要性といった、政治的な難問に大胆に取り組んだりすることが求められる。それゆえ教育は、市民的徳や責任感、階級的利害を国民的利害に従属させることを基礎づける啓蒙された階級意識、というような道義心を高めるのに必要不可欠なものになる。第三に、アトリー労働党政権の社会主義的経歴は産業労働者階級に根を下ろすことで保障されていたけれども、この階級は未熟な形態で存在しているので、社会主義の冒険が真に成功の見込みを得ようとするなら、適切な教育がなされなければならない。ポランニーが真剣に観察したところでは、労働党に投票した多くの労働者は、自分たちが政府の社会主義的綱領を支持していることに無関心であるので、それだけに、自身の利害についての意識を高めるうえで教育は決定的に重要だと思われた[197]。さらに、政治に民主的な規範と実践が十分に広がるためにも教育が不可欠であり、とりわけ外交政策ではこのことがもっとも急がれる。そこでポランニーは、WEA（労働者教育協会）の冊子『市民と外交政策』を執筆して、すべての市民が国際問題に通じていなければならない、という主張を展開した[198]。

アトリー政権の活動と無為無策に関するポランニーの評価からすれば、とりわけ彼の関心は外交問題にあった。労働党はちょうど戦後和解の環境が整った歴史的な時期に政権に就いたのだが、労働党は外交問題について、野党のときには急進的な新しい考え方を公約していたのに、政権に就くやいなや、イギリスの伝統的な帝国主義的行動計画を脆弱な経済的条件が許容する限りで再編しようと急速に動いた[199]。この問題に関してはポランニーは伝統主義者であり、イギリス帝国の衰退を積極的に促進されるべきこととして見るより、それを食い止めなければならない脅威だと考える支配層の見方を共有していた。彼は、国際法と国連によって保障されたグローバルな枠組みのなかでイギリス、アメリカ、ソヴェト連邦が権力の三角形として機能するような、新しい世界秩序を予見した。それは、三つの大国がそれぞれ影響圏を維持しながらも、イギリスが西ヨーロッパとイギリス連邦を率いることを主張する、主流派の意見の重要な部分に近かった。イギリスはその「自由裁量」（独立した外交政策）を維持して「大陸ヨーロッパと世界への影響力を強めるよう努めるべきである」、と彼は提案し[200]、イギリスは戦後のヨーロッパの「当然のリーダー」になるだろうし「その指導的立場を自由に利用すべきである」、と述べたのだった[201]。

この展望において決定的な問題は、どれほどワシントンとモスクワが好意的な態度をとるかということとだった。ポランニーにとっては、友情の手をロシアにまで差し伸べることが大切であり、この点で彼は少数派の立場を代表していた。そうでなければ、関係はイデオロギー的な意味を帯びるようになり、イギリスが社会主義的方向に進んでいく見込みが修復できないほど傷つけられることになるだろう。「人類の未来」は、まさしく「イギリスとロシアの協力関係が成功するかどうか」にかかっているのである。このことは言うまでもなく、イギリスとロシアの協力関係が成功するかどうか」にかかっているのである。このことは言うまでもなく、イギリス領域とソヴェト領域とに分割されるべきだと彼が主張するヨーロッパ大陸に特別な重要性を置くものだが[202]、イギリスがアメリカにどのように関わるべきかについては何も明確になっていない。一九四〇年代の初頭、ポランニーは、アメリカがグローバリズムに向かうことを奨励し称賛しており、彼は何人かのアメリカの指導者、とくにローズヴェルトや、それほどではないにしろ、戦時中の経済計画を総轄したジェームズ・バーンズを尊重していた。アメリカ滞在中にポランニーは、彼が利用できるフォーラムの場を使ってアメリカの参戦を支持し、アメリカが不参加であり続けるなら、ドイツと日本が「二つの海洋を支配する」ようになり、アメリカはラテンアメリカに対する覇権を放棄せざるをえなくなるだろう、と聴衆に警告していた[203]。戦後期には彼は、アメリカの「海洋の安全保障」に対する関心をイギリスが受け入れ、アメリカと協力して地球の再構築に専念すべきだ――ソ連邦との協力を妨げない限りで――、と主張した[204]。ポランニーは、イギリス政府が前向きに動いて政治的世界の空白を埋めるのに積極的に役立とうとしていないことに幻滅する一方で、アメリカのバーンズと彼の国務省の仲間が平和のために全力で働いて非常に良い仕事をしたこと、とりわけ、主権国としての中国の復興にクレムリンと協力したことを称賛した[205]。

ポランニーは一九四三年に、イギリスとアメリカの関係を、プロシアとオーストリアの「覇権をめぐる闘争」――この闘争は半世紀後にプロシアの勝利で終わり、ハプスブルク帝国は一九一八年に崩壊するまでその目下のパートナーとして行動した——と比較しながら、協力と対立を組み合わせることについてロンドンの聴衆に説明した。(このような比較を聞いて聴衆の一人は機嫌よく笑いこけたが、その人はアメリカ大使館の代表であった。)[206] しかし、その三年後、英米関係についてポランニーが描いた歴史的比喩は劇的に変化し、彼は、ケネス・ミュアーの『リーズ・ウィークリー・シティズン』で発表した論文において、一九四六年はイギリスの一七七六年——長期にわたって行われてきた抑圧が、制止できない抵抗に変わる転換点——の始まりを意味する、と警告した。彼は、植民地アメリカが、本国の支配に対して自らを保護する手段を専制的なイギリスに奪われてきたということを、イギリスの聴衆に思い起こさせた。「しかし、一八世紀における植民地に対するイギリス貿易の締めつけは、二〇世紀においてアメリカの自由貿易帝国主義が活気を取り戻したイギリスにもたらしている脅威と同じくらいに非情であった」[207]。

実際に起こった世界的出来事のいったい何が、このような寓意に満ちた方向転換を引き起こしたのだろう? ポランニーは、帝国主義間の闘争としてよりも民主主義を求める世界史的闘争の契機として戦争を解釈する自分の見解に従い、戦時中の民主化の精神がニューディールの精神と合流することで、アメリカとイギリスに計画された社会転換が生み出される——そのような社会転換は、戦後の和解が確実になったときに世界に広がっていくだろう——ことを期待した。この地政学的診断に織り込まれているのは、『大転換』の「資本主義 対 民主主義」という命題を政党政治的な観点から解釈した、民主主義の側に立つ労働党とニューディール派 対 ウォール街と共和党員とトーリー党、という命題である。[208] ポランニーの歴史的解釈の変化は、このような概念的枠組みのなかで理解されなければならない。彼は、世界的な左派的転換の期待にもかかわらずワシントンがまったく反対の方向に進みつつあることに、はっきり気がついたのだった。ヨーロッパでは民主的社会主義がイギリスで活気を取り戻し、ロシアは新しい形態の社会組織を切り開いているが、大西洋の反対側ではアメリカが古い秩序の要塞としての地位を占めるようになってきている。国内のニューディールの約束は、〔イギリス連邦やソヴィエト連邦といった〕「地域的単位」で構築される新しい世界的秩序計画に転換されるべきだった。しかしひとたび「大きな政府」が軍事的生産によって経済成長を回復させると、ローズヴェルトは逆のコースに舵を切り、アメリカと世界を「金本位制と自由貿易の経済」――ポランニーのいたずらっぽい表現によれば、「原始的なトロツキスト的形態の資本主義[209]」――の方に誘導した。アメリカの立場に立つなら、アメリカの「一九一四年以前の世界の復活という回顧的ユートピア」が「幻想的」だとは見えないだろう、とポランニーは警告した。イギリスが「アメリカに口説き落とされて言いなりになるならば、アメリカのユートピア的な計画は実行に移され……、ついでソ連邦もそれを受け入れざるをえなくなるだろう[210]」。

イギリスに対する強制は主に、レンド・リース制度*に付帯された諸条件と、大規模なアメリカの貸付（英米金融協定）、およびブレトンウッズ協定に関連して約束された義務の形態をとっていた。英米金融協定の嘆願者である大蔵大臣のヒュー・ダルトンの言葉によれば、アメリカの貸付に付けられた融資条件のねらいは、イギリス政府が「ポンドの通用力を回復させ、アメリカ政府の方針に沿って自由主義的な通商政策をとることができる」よう助けることであった[211]。イギリスの多くの市民は、不公正な条約が押し付けられたと感じ、一九四五年五月の戦勝の日に高かったアメリカへの支持が一九四七年にはどん底に落ち込んだ。（イロナはカールへの手紙のなかで、「ケンジントン・チャーチ・ストリートで古物商を営む老婦人が、ある日、『アメリカ人お断り』というポスターを貼り出していたが、そのような普通の人びとは「反アメリカ旋風」に夢中になっている、と書いてカールの関心を向けさせた[212]。）

ワシントンの大戦略〔国家目標を達成するためにあらゆる国力を効果的に利用する戦略〕への反対が、二つの時期にイギリス下院議会で表明された。一九四五年一二月にブレトンウッズ協定が下院で議決されたが、二九人の労働党と七〇人の保守党の下院議員はそれに反対票を投じた。[213] 議会の反乱を指導したトーリー党の一般議員は、ブレトンウッズ協定は金本位制に戻ることをイギリスに強いるものだ、と声高に抗議した。実際、彼らの反感は、ワシントンがイギリスをうまく言いくるめて帝国特恵制度（帝国内の貿易はこれによって免税の資格を享受していた）を放棄するよう仕向けていることに対する憤慨で増幅されていた。一九四六年一一月の第二の反乱は、労働党政権の外交政策の全般的行動をめぐる労働党若手議員の不満を表しており、それは、リチャード・クロスマンによって指揮されていた。一九三〇年に労働党の「人民戦線」に属していた彼は、一九三〇年代後半にモスクワを拒絶したことで受けた破壊的影響を引き合いに出しながら、ソ連との協力を支持する党の幅広い選挙民の意見を代弁した。クロスマンは、外交政策に関する「野党の見解」に屈服したことについて労働党の最前列議席議員〔大臣〕たちを叱責し、「世界の資源の完全な社会主義的計画化と統制を確保しようと努力するすべての国民と集団に最大限の激励を与えるとともに、彼らとの協力を促進するよう、また、国際問題における立ち居振る舞いを見直すように」進言した。そして彼は、イギリスが、二つの超大国のあいだに介在して世界の敵対的ブロックへの分裂を阻止するヨーロッパの社会民主主義の第三の勢力を指揮することによって、「民主的・建設的な社会主義的」外交政策を構築する可能性がある、ということを強調した。[214]

*一九四一年三月に成立した武器貸与法に基づき、アメリカがイギリスやソ連などの連合国に軍事物資を提供するが、その支払いは緊急時終了後でよい、という制度。

これはポランニーの見解でもあった。彼は、クロスマンが、独立したイギリス外交政策の主張を実際に公表したことを称賛した[215]。イギリスにまだ残されている大きな政治的・外交的影響力を第三勢力の組織化に活用して、ロンドンが先頭に立って「できる限りイギリス連邦と西ヨーロッパを計画する」ことが、絶対に必要であった[216]。社会主義への世界的な傾斜は尊重されなければならなかったのだが、それは、西ヨーロッパの国民国家の基本的要素である国内経済政策に対するアメリカの侵入によって脅かされており、とりわけブレトンウッズ協定で構想された金為替本位制のために危険にさらされていた。金為替本位制は、左派の側の多くの人びとでさえ愚かにも信じているような「無害な制度」ではまったくなく、実際には「アメリカのドルによる世界支配の準備以外の何ものでもなかった」[217]。ポランニーは地方紙に寄稿した論文において、クロスマンの反乱を、ブレトンウッズ協定の「危険」に対する「イギリスの普通の人びと」の反感の表現として称賛した。ブレトンウッズ協定はアメリカのイギリスに対する融資条件とともに、実際は金本位制の復活を目指そうとするシステムだったのである。「自由貿易の煽動という仮面を被った」ブレトンウッズ協定は、「統制された対外経済」への戦線布告であるとともに、社会主義イギリスの見込みに対する戦線布告でもあった。なぜなら、貿易の自由化は、国際的市場の諸力に産業特化の方向を決定する裁量権を与えるからである。これは力強い経済計画とは両立しない。イギリスは「自国の通貨を自由に管理し続けなければならず、また、対外貿易を自由に計画しなければならない」、とポランニーは主張した[218]。

彼は、イギリスの社会主義的軌道を頓挫させようとしているいくつかの政治勢力やアクターを確認した。それは第一に、ウォール街とその「冷酷な共和党の」同調者であり、ケインズと並ぶほどに大きなその影響力は、ブレトンウッズ会議のいたるところに刻印されていた。ケインズは、「共和党の大企業」

の利害を守る約束をすることで「彼のライフワークを台無しにしてしまった」のだ。[219] 第二にそれは、保守党の指導部、とくにチャーチル自身であり、「イギリスをアメリカに」結合して「アングロサクソン資本主義の世界的要塞」を構築する――その反民主的な性格を考えれば、公的調査と議会審議という正当な手続きを脇に追いやるための政府間協定と不正な方法が必要になる――ことを目標にしていた。[220] 第三は、「アメリカ、より正確には共和党の大企業」に身を委ねた労働党の最前列議席議員であった。[221] ソヴェト・ロシアに対する敵対心のおかげで外務大臣に任命されたアーネスト・ベヴィンは、バーンズと国務省の激しい反共産主義に味方したばかりか、アメリカをヨーロッパへの軍事的関与に引き込み、イギリスを積極的にアメリカの航空母艦として立ち上げようとした。[222] 労働党政権は、予算の大きな割合を軍事費（核爆弾を作る計画を含む）に振り当てたが、それは、アメリカの貸付が必要と見なされることを説明できるのは軍事費だけだったからである。軍事費は、シャー支配下のイランからアパルトヘイトの南アフリカまでの右派独裁政権や、ギリシャの国民解放戦線のような左派の民族解放運動と闘うために反復される軍隊派遣などを支援した。またそれは、ポランニーにとって残念なことに、パレスチナにおけるユダヤ人植民者のエスノクラシー〔特定の民族集団が他の民族集団を抑圧的に支配する体制〕を構築するのにも貢献した。[223] これらすべての点で、労働党は伝統的な保守的外交政策の立場をとったのだが、それは不可避的なことだったのだろうか？　ポランニーはそのようには考えなかった。彼は、労働党の下院の若手議員の反乱を、迫りくる抵抗を先取りして「イギリスの労働党とアメリカのニューディール派との新しい連帯の約束」を告げる威嚇射撃と解釈した。そして、「ニューディール派に共和党の自由貿易帝国主義を払いのけるよう」訴え、彼らがそれに成功するなら、「そのとき、イギリス国民は本国で社会主義を樹立するばかりか、その原理をイギリス連邦のすべての取り決めに適用することができるだろう」と予測した。[224]

しかし、労働党左派とニューディール派に対するポランニーの期待が萎んでいくのに時間は長くかからなかった。本国では、労働党の下院の若手議員の反乱は立ち消えになり、一九四七年以後、政府は、若手議員による大きな分裂に妨害されることなく大西洋主義の外交政策を推し進めていった。大西洋の対岸のアメリカでは、ニューディール派は、ポランニーが彼らのために書いた脚本を読むことさえなかったように思われる。ワシントンでは、前副大統領のヘンリー・ウォーレスのまわりに結集した主要な政治家たちが、戦争の終結を、ニューディールの約束――ソヴェト連邦と協力して、法と自由と経済発展のための勇敢な新しい世界を創造すること――を達成に導く唯一の機会であると考えていたけれども、ニューディール派の戦略的思考の主眼は主流派と重なり合っていた[225]。全体としての政治エリートのなかに、戦後の地理経済的再編成の二つの柱をめぐる合意が生まれたのだった[226]。二つの柱のうち一つは、国際的支払いは、自動的な市場メカニズムに委ねるよりも、多角的調整を通じて国家によって管理されるべきだということ、またもう一つは、繁栄は、一九三〇年代を特徴づけていたアプローチとは逆に、国際貿易の水準の増大と資本規制の縮小を通じてもっともよく達成されるということであった。これらの立場においては、コーデル・ハルのような保守派とウォーレスのようなニューディール派は意見が一致していた[227]。ポランニーに対して失礼な言い方になるが、ブレトンウッズ協定は「冷酷な共和党主義」ではなく、冷酷な二大政党間の合意を表現していた。実際、ブレトンウッズ交渉の初期段階の中心人物であるヘンリー・モーゲンソーとハリー・デクスター・ホワイトは、いずれもニューディール派であった。ホワイトがソヴェト式の計画化を称賛したにもかかわらず、ニューディールはアメリカを市場資本主義にとって害がないように設計した。また、明言されてはいないが、ブレトンウッズ協定は、世界的規模で策略を繰り返す過程においてドルを世界の最重要の通貨として確立させ、アメリカを覇権的地位に上昇させていく、ということを目標にしていた。[228] モーゲンソーの考えでは、ブレトンウッズ協定の目標は、国際通貨の運用に関する政府間の調整や投機的な国際資本移動の廃止、経済成長と完全雇用の達成を含む、「新世界のためのニューディール」を提供することだった。[229] しかし、トルーマンが大統領に就任すると、モーゲンソーはすぐに財務省から追い出されて、計画のとくにニューディール的な先端部分が削除されてしまった。とはいえ、その基本的な輪郭はまだ残っていた。[230]

ニューディール派は、公式には欧州復興計画（ERP）として知られているマーシャル・プラン*の企画においても重要な働きをした。[231] ERPの約束とは、自国に経済危機が迫るときでも高い輸出水準をアメリカに保障し、西ヨーロッパにおける経済崩壊と政治闘争を回避させ、西ヨーロッパ地域をロシアに対する防波堤として確立することであった。それは、敗北したヨーロッパにヘゲモニーを行使する、大西洋沿岸国の企業主義的な自由主義的ブロックの核としてのアメリカ、というビジョンによって導かれており、[232] その計画には、世界経済をアメリカの企業資本主義と類似する方針に沿って再建し、ヨーロッパ人の自立本能に対抗して、ソヴェトと対立するアメリカの利益を促進する、ということが含まれていた。[233] ERPの二つの主な課題は、反ソヴェト政治戦線の組織化と、自由主義を基盤にしたヨーロッパ経済の復興であったが、これら二つが結合することによって、ヨーロッパ共通市場の創設という第三のものが生み出されることになった。

マーシャル・プランと西ヨーロッパの統合は、ブレトンウッズ協定と同じように、ポランニーの仲間を含む国際的な左派を分断させたが、戦後のアメリカ主導による自由主義的世界経済の要であるこうい

*一九四七年七月に、アメリカ大統領トルーマン政権の国務長官であるマーシャルが発表したヨーロッパ経済復興援助計画。

った取り組みは、当時の人びとにどのように受け止められたのだろう？　反発を招いたのか、それとも歓迎されたのだろうか？　ポランニーの妻のイロナは、マーシャル・プランを「トルーマン・ドクトリン〔一九四七年三月にトルーマンが表明した、共産圏を敵視し、封じ込める世界政策〕の最先端」と見た。[234] これに対し、ポランニーの友人であるホルスト・メンデルスハウゼンは、マーシャル・プランを心の底から歓迎して受け入れた人びとを象徴していた。

メンデルスハウゼンは、一九三〇年代には、ドイツの新しい始まり《ノイ・ベギネン》〔スタート・アゲイン〕運動〔ナチス・ドイツに対する、共産主義者と社会民主主義者から成る抵抗組織〕で活躍したリヒャルト・レーヴェンタールとヴィリー・ブラントの同志であり、ゲシュタポ（国家秘密警察）に逮捕された後、逃げ出してベニントン大学で職を得ていた。彼は一九四五年にヨーロッパに戻るとすぐに、大西洋主義が興隆できるような政治的・経済的枠組みを確保するための中心的な役割を演じたが、社会主義者でニューディール派という彼の肩書がこの役割を果たすうえで役立ったのだった。彼はベルリンで再びノイ・ベギネン運動の同志たちと連絡を取って、西側地区の社会民主党が、その腹違いの姉妹である、東側地区の共産主義者に支配された社会主義者統一党と合体することを防ぐ闘いに積極的に参加した。[235] メンデルスハウゼンの本業は、連合軍政府の統治期間中のドイツ副知事である将軍ルシウス・クレイの経済顧問だった。クレイは、ドイツ経済を解体するというモーゲンソー＝ホワイトの戦略に反対して、自由主義的市場体制としてのドイツの再建が長期的にはワシントンの利害により役立つだろうと主張した。メンデルスハウゼンはクレイの副官として、マーシャル・プランの基盤を築くことに協力し、そして、連邦準備制度理事会の研究員としての次の職においては、マーシャル・プランの実施や国際通貨基金の組織に関する勧告を行うのであるが、それは、ポランニーの基本的な考え方から直接に影響を受けていた。[236] メンデルスハウゼンはまた、ＥＲＰによって生み出されたシューマンプラン*の代表として、欧州統合の初期の制度である欧州石炭鉄鋼共同体（ＥＣＳＣ）

を創設することになり、その宣伝に努めた。それは彼にとって、アメリカの権力とニューディールの（または社会民主主義的）イデオロギーとの幸福な融合を意味していた。シューマン・プランが可能になる条件は、ヨーロッパが戦争や侵略や敗北によって弱体化してアメリカからの強い影響力が浸透することであり、また、その構想が中央集権的計画と国際的レベルの市場経済との独創的な混合を表現していることである。[237] メンデルスハウゼンがランド研究所の職を得るのに役立った論文において、彼はECSCを、マーシャル・プランやトルーマン大統領のポイントフォアプログラム〔一九四九年の大統領就任演説で提唱された、途上国への技術支援プログラム〕と並ぶ、「国際的な次元におけるわれわれの文明の活力の大胆な主張」として位置づけた。[238]

ERPとヨーロッパ統合に関するポランニーの見解は、ブレトンウッズ協定に対する彼の姿勢と同じように文献で十分に裏づけられてはいないが、彼が反対の意見を抱いていたことは確かである。ポランニーは、危険な先祖返り的動きを示したドイツがアメリカ主導によって自由主義的資本主義として復活することに反対し、「組織されたヨーロッパの枠組み[239]」のなかでの四カ国関与によるドイツの再建を要求した。[240] 彼はERPに批判的だったようであり、よく知られたERPの反対者で親ソヴェト派のヘンリー・ウォーレスが大統領選に出馬することを熱烈に歓迎した。[241]（ウォーレスはERPのことを「戦争プラン〔Martial Plan〕」として言及していた。）実際、ポランニーは、大学におけるウォーレス支持の進歩派の軸としての役割が自分自身にある、と考えていた。[242] ヨーロッパ統合に関して言えば、ヨーロッパの保守的傾向やベヴィンのような労働党の大臣の冷戦主義の考え方を考慮すると、イギリス主導でのヨーロッ

＊一九五〇年五月九日に、フランス外相ロベール・シューマンがフランスと西ドイツの石炭と鉄鋼の共同管理を提唱した宣言のこと。この宣言を基礎に、一九五一年に欧州石炭鉄鋼共同体が創設された。

パ諸国家の社会民主主義的連合という彼の夢はますます遠のいたように思われた。筆者に疑問の余地がないわけではないが、ポランニーが書いた手紙からすれば、おそらく彼は危惧しながらシューマン・プランを見ていたと思われる。一九五〇年か一九五一年に書かれたその手紙は、「アメリカに完全に敗北を認める決定をした反動主義者あるいは裏切り者」としてのフランス、イタリア、そして西ドイツの指導者に言及している。[243] ベヴィンが外務大臣であったりマーシャル援助金を受け入れたりしたにもかかわらず、イギリスはまだ十分に社会主義的であってそれらの指導には心底から従っておらず、ヨーロッパ統合にイギリスが参加する見込みはまだ抑えられていた。ポランニーの覚書によれば、シューマン・プランは、「明示も言明もされていないにもかかわらず、現実的で脅威を与えるものであり、イギリスに経済的（それゆえ社会的、政治的な）消滅という代償を払わせ、資本主義的西ヨーロッパと協力するよう強制すること――その核心にはＥＣＳＣがある――がそのねらいであった」。「二つの基本的なヨーロッパ産業〔石炭業と鉄鋼業〕の大規模な資本主義的合併であるＥＣＳＣは、何よりも社会主義イギリスに反対して運営されるだろう」。そして、「イギリスから不本意な同意を引き出したら、次の標的はロシアに向けられるだろう」。要するに、西洋世界の大西洋主義的な統合は、ロシアや東欧、中国に対する「攻撃」のスタートの合図を画すことになるだろう。この裏切りの道筋は、ポランニーが講演原稿で書いているように、確立されてはいなかった。シューマン・プランにはまだ、「社会主義的措置に転換される、あるいは、外交的に打ち負かされる」可能性があった。しかし、いずれの選択肢が実際に達成されるのか、その唯一の手段は、「情けないことにイギリス労働党」に託されていたのだった。[244]

第六章　「不正義と非人道的行為」

　国際的な規模で一九四五年以後の時代を特徴づけた不確実性と不安定性は、カールとイロナのそれぞれの人生に影響を与えた。二人の落ち着き先は一九五〇年まではっきりしなかったが、選択肢の一つとしてブダペストが二人の念頭にあった。友人たちは定期的に、戦後のハンガリーの魅力をカールとイロナに思い起こさせた。エンドレ・ハヴァシュは、「ここ〔ハンガリー〕での出来事は興味深く、ときには美しくさえあります」、「生活は大変活気に満ちていて、私たちの精神は生き生きとして力強く、私たちは国民のために働いていています」、と書いてきた。一九四七年にハンガリーを訪問し、「重要なあらゆる人物」――元ガリレイ・サークルの会員で当時、共産党の指導者であったマーチャーシュ・ラーコシと、その代理人のエルネー・ゲレーを含む――と面会した別の友人は、次のように報告してきた。「私の印象では予想以上です。新体制は、想像されているよりも住民に深く浸透しています。ハンガリーの雰囲気の新鮮さには驚くばかりで、躍動しつつある母国に戻ることに魅力を感じている自分に気づきました。もちろん陰うつで反抗的な人びとも多くいますが、何よりも生活水準が着実に向上しており、一、二年もすれば『彼らも説き伏せられるだろう』、と確信します」[2]。

しかしながら、ポランニーと親しいハンガリー人の家族や友人のほとんどは亡命しており、そうでない人たちは亡くなっていた。カールとイロナはカーロイとの口論に続いて、旧い知人のラーコシ自身の口から、カールが帰国しない方がポランニー夫妻にとってよいだろう、と警告された。この助言を受けた二人は、「重苦しい気持ちで」ハンガリーでの生活に終止符を打つ決意をした[3]。しかし、だからといってそのことで二人の母国の訪問が妨げられることはなかった。一九四六年にイロナはきわめて意義のあるブダペスト旅行を企画し、土地改革を調査するためにブダペストから地方の農村を回った[4]。同年の後半にカールは、ブダペストのパーズマーニ・ペーテル・カトリック大学で「公式の講演」をするために招待された[5]。労働党の国際部門を率いてイギリス外務省の直通電話を指揮していた、ベリオール・カレッジの卒業生のデニス・ヒーリーの支援で、カールに旅行認可とプラハ行きの航空券の座席が与えられたのだが、残念なことにハンガリー当局から入国許可証が提供されず（カールは伝達不足のためだと思っていた）、彼は旅行を延期することを余儀なくされた[6]。

一九四八年に帰還問題が再び頭をもたげた。ポランニー夫妻の友人や親戚は、ハンガリーへの帰還に積極的だった。例えば、ラウラの息子のジョージは、二人がブダペストに戻って共産主義の樹立に参加するよう切望した。ブダペストで一年の大部分を過ごしたイロナは、当時進行中の社会的・政治的転換を描写し、彼女の愛する人たちに定期的に報告した[7]。それによれば、一九四九年にはラーコシは、サラミを一気にスライスするようにして反対派を攻める「サラミ戦術」という彼自身が名づけた手段で、敵対する政党を打ち負かして弱体化させた。また、構築された共産主義経済は相対的に自給自足的な経済を意味しており、不釣合いな重工業部門や行政的意思決定による資源配分、生産性を向上させるための政治的インセンティブの広範な利用、そして、資本蓄積のために全資源を動員することなどによって特徴づけられていた。ゲレーはこのプロジェクトの宣言で、ハンガリーを「鉄、鉄鋼、機械の国家」に転換させなければならない、と総括した。[8] ハンガリーに鉄の鉱床がまったく欠如していることを考えれば、この宣言は奇妙とまでは言えないものの、あくまでも大胆な野望でしかなかった。

イロナはハンガリーの共産主義化を「上からの革命」として歓迎し、共産党の指導力を称賛して、ハンガリーが「現在立たされている苦境」の原因は、了見の狭い民族主義者《ナシヨナリスト》が、「アメリカの攻撃からソヴェト連邦を擁護するという共通の利害」よりも「民族的《ナシヨナル》利害」をひどく持ち上げたことにあると説明し、新体制を擁護した。[9]「私が政治的に何者かであるとするなら、私はハンガリーの共産主義者です」、とイロナは娘のカリに手紙を書き、「ソヴェト連邦の城壁であり、かつその最初の防衛線」であるハンガリーを建設する一助となるようこちらに来なさい、と命じている。[10] 夫のカールは、ハンガリーの政治的自由の抑圧や、農業国であるハンガリーには適さないように見える急速な工業化に関して、イロナたちよりも批判的だった。[11] とはいえ、カールも、おそらく恒久的にハンガリーに戻ることに魅力を感じており、一九四八年の彼は、ブダペストでの研究職を選んでコロンビア大学の職を放棄するという考えに傾いていた。ブダペストの地で人生の「残された年月をハンガリーの学問に」捧げたい、とカールは願った。[12] その主な動機として彼は、ハンガリーでの自身の活躍の機会への期待と、イロナがアメリカから排除されてしまったことを引き合いに出している。[13] カールは、「東欧的正統と近代的学問とのあいだに」広大な知の「懸け橋」を構築し得る立ち位置に立つ唯一の人間として、自分のことを認識していた。そういうわけでカールはイロナに、「現在の知識と経験と見識を携えて帰国することよりも大きな奉仕を、私は新生ハンガリーに対してできないと確信しています」、と控えめに気持ちを打ち明けた。[14] それは、イロナが待ちわびていた知らせであった。イロナは、カールの「率直で無条件の帰国志願」を「私たちの人生の喜び」として語り、カールが就くことのできる研究職の欠員情報を見逃さないよう注意した。[15] その仲介者として行動することに同意したカーロイは、宗教兼教育大臣に支援を要請してくれた。[16] ハヴァシュも推薦状を書いてくれて、カールのことを「きわめて役に立つ、正直かつ聡明な人物」と説明し、「カールの見解がマルクス主義から少し離れているとしても、彼はソヴェト連邦に友好的な態度を持っています」、と大臣に請け合った。[17] しかし、カールに適した職は見つからなかった。

ハンガリーでないとすれば、ポランニー夫妻はどこに定住したらよいのだろうか？　夫妻は「イギリスを愛し」、自分たちのことを「イギリス人」[18]であると見なしていた。多くの親しい友人がイギリスで暮らしており、アトリー政権が切り拓いた社会主義の展望に心から期待を寄せていたカールは、イギリスに落ち着きたいという希望を、一九四〇年代の中盤から終わり頃まで繰り返し主張していた。カールは、ニューヨークからサンディ・リンゼイに宛てた手紙で、「ここ〔ニューヨーク〕で新しい生活を始めること」はできません、と書いた。なぜなら、ポランニー夫妻はいろいろな出来事を通して「あまりにも深くイギリスの土壌に根差す」ようになっていたし、カールの『大転換』は、「それがどう受け止められるにせよ、イギリスの労働者たちに」捧げられたからである。リンゼイは、カールに適した就職事情について何も知らなかったのだろうか？　リンゼイが就職先を見つけてくれていたのなら、カールはおそらくそれを引き受けたであろう。[19] 残念なことに、就職先は一つも見つからなかった。それが引き金となり、より豊かな仕事上の満足感を得られることが見込まれる、アメリカというもう一つの魅力ある選択肢に気持ちが傾く結果となった。少なくとも、すべての「退役」軍人を対象とした第三期教育〔中等教育を終えた人を対象にした、大学などの教育段階〕にかかる授業料の提供を認めたＧＩ法案*の影響によって、アメリカの大学制度は活気に満ちて充実していた。左派とリベラルの選挙民の「知的かつ精神的な破綻」は、世界のどの地域よりもアメリカで顕著であったが、そのことはカールにとっては有利に作用したはずだ。なぜならそうした逆境こそ、「有益な何かを為す」カールの能力を高めることになるからである。[20] だがイロナとカリは、アメリカ本土への定住に頑として反対した。[21] カールが認めざるをえないように、ニューディールを経験したにもかかわらず、アメリカは依然として市場資本主義の本拠地であったからだ。永住の地をどこに定めるかをめぐる対立線が、カールとイロナのあいだに、そしてそれぞれの内部にも引かれることになった。そして前途には、多くの思いがけない紆余曲折を伴った、ためらいに満ちたつらい時期が待ち受けていた。

カールの選択とイロナの試練

かつてアメリカで『大転換』を書き上げたポランニーにとって、この国で自分の研究計画を展開できるという見通しは、彼の心をわくわくさせた。とりわけコロンビア大学は適した環境に見えた。コロンビア大学は、両大戦間に社会科学分野におけるアメリカの一流大学の一つとなり、ハーヴァード大学やシカゴ大学と競っていた。そして、ベーラ・バルトークやポール・ラザースフェルド、ジョン・フォン・ノイマンなどの、並外れた才能を持つオーストリア＝ハンガリー系の移民や亡命者を引き寄せていた。[22]

＊一九四四年の復員軍人援助法。大学の授業料や生活費、低コストの住宅の提供を含む、第二次世界大戦の退役軍人の社会復帰を支援する法案で、八八〇万人の退役軍人が教育給付を利用した。

コロンビア大学の経済学部はかなり進歩的で、ウェズリー・ミッチェルを中心とした制度主義経済学者による伝統ある研究集団を擁していた。制度主義の経済学者たちは、ポランニーがよく知っていて非常に尊敬していたもう一人の左派の自由主義である、コロンビア大学の重鎮だったジョン・デューイから哲学的刺激を引き出していた。[23] おそらく、コロンビア大学の制度主義者の発言力は間違いなく弱体化しつつあったが、経済学部の博士課程の学生数から見れば、コロンビア大学はこの国の指導的な機関の地位を保っていた。[24] ミッチェルは一九四四年に引退したが、その情熱はジョン・モーリス・クラーク〔一八八四—一九六三。アメリカ制度学派の一人〕、カーター・グッドリッチ〔一八九七—一九七一〕、ラグナー・ヌルクセ〔一九〇七—一九五九。アメリカで活躍したエストニア出身の開発経済学者〕のような人たちによって途絶えることなく引き継がれた。

ポランニーは一九四六年の秋、アメリカの大学で職を得る可能性を探すために、コロンビア大学の社会学者マッキーヴァーとアマースト大学の経済学者のウォルター・スチュワートに手紙を書いた。[25] ポランニーはマッキーヴァーに、コロンビア大学の経済学部で一、二年の客員教授のポストを得られないかどうか、遠慮がちに尋ねた。[26] このスコットランド人〔マッキーヴァー〕の返事に励まされたカールは、正式な申請書をグッドリッチに宛てて郵送した。もし採用されたなら、「未開経済、市場経済の制度主義的側面、および国際システム」の領域を網羅しながら、「人間の社会において経済システムが占める位置に関する」研究を行う、という決意をポランニーは固めていた。国際関係論か政治学のポストが理想的だが、経済学部で働くことになるとしてもなんら問題はない、とポランニーは書き添えた。[27] ポランニーの申請は、グッドリッチと他の制度主義者が運よく人事委員会に代表として出席したことは幸いだった。ポランニーの申請は、スチュワートによっても支持された。[28] 一週間も経たないうちに、一任期限りではあるが申請が承認されたことを知って、ポランニーは小躍りして喜んだ。一九四七年一月にポランニーは、イギリス南部の都市サウサンプトンで乗船してニューヨークへと向かった。[29]

病気による数回の過酷な発作が起きたことや、総合教育経済学クラブ以外には活気ある議論に恵まれなかったことを別にすれば、コロンビア大学でのポランニーの最初の数カ月は、誰に聞いても「殊のほか」楽しいものだった。[30] 彼は忙しく過ごし、一日の時間を「ホテル、図書館、オフィス」の場所に割り振って、「朝から晩まで働いた」。このオフィスは、（サバティカル休暇中の）J・M・クラークから借りたもので、ホテルの部屋とは対照的に「広かった」。ホテルの部屋は「非常に狭いために荷物を開くことすらできず、そこでできたのはせいぜい読書ぐらいだった」[31]。ポランニーは同僚たちに温かく迎えられた。制度主義経済学者のなかでもっとも親しかったのは、グッドリッチであり、彼はその学問的背景から、ポランニーの考え方について非常に深く理解することができた。グッドリッチは、コールの助言と支援を受けて、経営者の特権に対する一九一〇年代における労働者の侵害、すなわち、ギルド社会主義を生み出したサンディカリズムの高揚に関する博士論文――その学位論文の公開版にはトーニーによるはしがきが付されていた――を書いていた。[32] またポランニーの研究は、ジュリアン・スチュワードのような人類学者の想像力をも虜にした。社会学部に関して言えば、亡命期のフランクフルト大学社会研究所を同学部が主催したことにより、ロバート・マートン〔一九一〇―二〇〇三。パーソンズと並ぶ、代表的なアメリカの社会学者〕やポール・ラザースフェルド、シーモア・マーティン・リプセット〔一九二二―二〇〇六。アメリカの政治社会学者〕、チャールズ・ライト・ミルズ〔一九一六―一九六二。アメリカ社会学の正統派（構造機能主義）を痛烈に批判した〕といった多くの左派の社会学者が集まっていた。[33] マートンとラザースフェルドは、採用されてすぐに社会学部の大御所的な存在になっていた。マートンは権威ある理論家として知られ、方法論の研究者として著名なラザースフェルドは、アメリカにおける「社会科学の方法論学者の長老」として畏敬される地位に登りつめるところだった。[34]

マートンとラザースフェルドはタルコット・パーソンズ〔一九〇二―一九七九。機能主義の代表的社会学者〕とともに、ピエール・ブルデューが言及している、戦後のアメリカ社会学における「カピトリヌスの三神」〔ローマのカピトリーノの丘の上のユピテル神殿に祭られたユピテル、ユーノー、ミネルウァの三神〕であった。ポランニーは、この三人全員と関わりがあった。[35] パーソンズは社会学の主要な現代理論である機能主義の専門家で、ポランニーが『初期帝国における交易と市場――歴史と理論における経済学』の二つの章のなかで、純粋に持続的な重要性を持ち批判的評価に値する、と称賛した『経済と社会』第一巻の共著者だった。[36] マートンとラザースフェルドは、一九五〇年代のポランニーの主要な研究計画について、きわめて重要だと励ましてくれた。マートンはポランニーと親密で、互いに尊敬し合う間柄だった。実際にマッキーヴァーを別にすれば、コロンビア大学でマートンほど親しい関係で、かつ、ポランニーの研究の力になってくれた人はいなかった。[37] マートンとポランニーは頻繁に会い、階級闘争やマックス・ヴェーバーの社会理論といった社会学の話題から古代世界の経済史やマルクスの初期草稿に至るまで、熱心に議論した。[38] また、ポランニーはラザースフェルドとも仲が良く、執筆途中の原稿を彼に見せたりしていた。[39] いつ二人が出会ったのかについては正確には分からないが、彼らは一九二〇年代のウィーンでよく似た環境にいた。ラザースフェルドは学究的世界に入る前に、社会民主党の活動家としてウィーンで党の青年集団を設立し、その新聞を発行していた。[40] 彼のキャリアを決定づけるチャンスは、驚異的な高失業率に苦しむ小さな工業都市であるマリーエンタールについての先駆的な社会学的研究とともにやってきた。ラザースフェルドはこの研究を、マリー・ヤホダと、少年時代の友人でポランニーの甥のハンス・ツァイゼルと一緒に進めていた。そして、後の一九三〇年代にはニューヨークで、社会研究所から支援を受けて、ポランニーの友人のエーリヒ・フロムを含む何人かのメンバーとともに共同研究を行った。[41] ラザースフェルドとポランニーが一九四〇年までに知り合いになったのは確実であり、ポランニーは同年に、「驚くほど素敵で、すぐれた能力がある知的な男性」だとラザースフェルドについて記している。[42]

ポランニーは自身を、経済学部と社会学部という二つの学部の中間に位置していると考えていた。だが社会学者たちはポランニーを経済学者と見なし、それとは反対に経済学者たちは彼を社会学者と見なした。[43] ポランニーの研究は経済学者のアーサー・R・バーンズの構想力を大いに刺激したのだが、概して社会学者たちの方が、ポランニーの考え方をよく受け入れた。ポランニーがもっとも親密に接したのは少なくとも最初のうちは、新参者の彼をすぐに寛いだ気持ちにさせてくれた、思いやりが深く率直で頼りになる同僚のマッキーヴァーだった。[44] なぜ二人がそれほど緊密に結ばれたのかを理解するのに想像力はほとんど要らない。マッキーヴァーはラスキのようなイギリスの左派の人間と親密な間柄にあり、大陸ヨーロッパ、とりわけオーストリアについて熟知していた。マッキーヴァーの学術的研究の生涯にわたるテーマは共同体《コミュニティ》で、「共同生活のなかで」人間を道徳的な絆で結びつけ合う諸原理について研究していた。『共同体』はマッキーヴァーの最初の著書の書名であり、彼の二番目の著書『社会科学原論』がイギリスのWEA（労働者教育協会）での授業のために執筆されたことは明らかだった。[45] マッキーヴァーはまた、プリンストン大学がマイケル・ポランニーに名誉博士号を授与したときには、名誉が「相応しくない方のポランニー〔マイケル〕に授けられてしまったね、と鼻先で笑いながら不満を示すほど、新しい同僚〔カール・ポランニー〕の研究を高く評価していた。[46] マッキーヴァーは新しい友人となったポランニーの研究を励まし、例えば『アメリカン・エコノミック・レヴュー』に論文を投稿するよう勧めた。（だがマッキーヴァーは、経済の原理が執筆過程に反映されるべきであり、「主張しなければならない内容のごく小さな断面だけを取り上げて、そこから全体的な長い論文を執筆してください[47]」と忠告した。）ポランニーはマッキーヴァーの助言を丁重に辞退したが、それはおそらく、自分の研究の目指すべき方向性がまったく決まっていなかったためであろう。ポランニーは出版契約に従って、政治的指向を有する『大転換』の続編を準備する約束をしていたが、彼の知的活動の重点はますます経済史の方に傾いていき、今や、一般経済史に関する教科書の執筆を考えるようになっていた[48]。

コロンビア大学での最初の任期が終了すると、ポランニーは短期間の旅行に出かけた。友人たちや親戚と一緒に計画した旅の行程には、トロントを迂回してシカゴとベニントンに行くことが含まれていた[49]。この旅行は、彼がアメリカでの四カ月間の滞在を省察する機会になった。この四カ月はまったくのどかで素晴らしかった。このままいけば、六月にはロンドンに戻る——安定した職が彼を待っているわけではないが——予定だった。ポランニーは、コロンビア大学に契約更新を依頼する申請書を提出し、同時に、他の研究機関との契約の可能性についても調査した[50]。彼の関心はとりわけシカゴに向けられていたが、もちろんそれはシカゴ大学の経済学部ではなかった。同大学の経済学部はマルシャクが警告してくれたように、自由放任主義的思想が支配的だったので、ポランニーが就職する見込みはほとんどなかった。しかし、シカゴ大学の社会科学部は（コロンビア大学と並んで）、近代産業社会の文化的基礎に関する批判的調査研究においてもっともすぐれている、と評価されていた[51]。ポランニーは、シカゴ大学の政治学者と人類学者に手紙を書いて、「限定された教育義務」を担う客員教授として受け入れてもらえるかどうか、尋ねている[52]。

これらの嘆願の手紙を投函して間もなく、グッドリッチから、ポランニーをコロンビア大学の一般経済史の客員教授として再任することを承認する、という電報が届いた。今回の任期はまる一年間であった[53]。続いて同じ週に、シカゴに来るよう命じたデヴィッド・リースマンからの手紙がポランニーのもとに届いた。シカゴ大学の社会科学部のスタッフが満場一致で、正教授としてポランニーの採用を支持したのである[54]。それから間もなく、ニューヨークのニュースクール・オブ・ソーシャルリサーチ（現在のニュースクール大学）の学部長から三度目の朗報が届いた[55]。ポランニーの郵便受けが突然、安定した雇用の申し出の書類で満杯になったことで、彼は有頂天になった。ポランニーを長期にわたって悩ませた経済的不安定さを思えば、その喜びは当然であろう。彼が子供の頃に経験した経済的にも安定した世界は無情にも一九〇五年から崩れ去ったが、その九年後には、ヨーロッパの政治的・倫理的構造の崩壊が続いた。ポランニーがようやく定職を得てからファシズムが迫りくるまでの時間はさほどなく、イギリス亡命中に就いた職は、本質的に不安定だった。『大転換』は一部で高く評価されたが、そのときポランニーの職業人生は終わりに近づいていた。イギリスでもアメリカでも求職がうまくいかなかった頃、自身の年齢が就職を「妨げる要因」になっている、と思ったことがあった[56]。それだけに、保障や承認や自分の将来の研究を構築していくためのしっかりした基盤がようやく獲得されたことが分かり始めたときのポランニーの歓喜は、とどまることを知らないほどだった。「私はまったく未知のことを感じ始めています。精神が驚くほど躍動し、小さくて温かい泉が湧き立って、小鳥たちが初めて聞くような歌を奏でています。数日、いやこの両日、いいえこの三日目も、『小鳥』と『泉』が話しかけてくるのです」、と彼はイロナに伝えた。ポランニーは心の底から安らぎを感じた。この感覚は、「私が人生において安全に暮らすための保証を得たことから生まれたものです。専門職。生計。〔仕事〕。そして、私自身の研究。これらを得たのです。前途に少しも悪夢はないし、破滅に苦しむこともありません。……これらが将来消えているかもしれない、という心労もありません」。それは、彼が一度も「経験したことのない」感情だった[57]。

どの申し出を引き受けるかをめぐるジレンマは不快なことではなかったが、どれを選択するかという決断は容易にできなかった。だが、コロンビア大学の魅力は明らかだった。この大学は高い給料を申し出ており、より少ない授業時間を求めてきた。[58] そこでの職は、ポランニーに「最上級の大学院教員という権威」を与え、彼がこれまで教えてきた講義を前進させる――そのことは、彼が準備してきた「原始的経済」についての教科書の土台にもなる――と同時に、新しい世代の院生に影響を与える見通しを提供するものであった。[59] 二つの大学は双方とも客員教授としての有期契約を申し出ていたが、シカゴ大学は、有期契約を後には正規に変更するという「決定的意思」をも文書で伝えてきた。[60] さらに、風の町〔シカゴの愛称〕でポランニーが過ごした週に、シカゴ大学を選択する強力な理由が加わった。それは、同キャンパス内でポランニーが、「現在の私であるにもかかわらず」採用する準備をしてくれたコロンビア大学とは違って、シカゴ大学は「現在の私であるからこそ採用を望んでいる」、と気づいたからだ。彼は決心し、「私はシカゴ大学を選ばなければなりません」、とイロナに手紙を書いた。「喜びでいっぱいです。シカゴ大学のすべてのカレッジが私の採用決定を支持しているのです。加えて、年齢制限の問題の解決や資金やカリキュラムなど、できるかぎり可能なことをすべて行ってくれています」。仮にシカゴ大学が九月一五日までにポランニー夫妻の宿舎を準備していたなら、彼は二週間後には講義を始めていたことだろう。[61]

もしもポランニーがシカゴ大学に移っていたとしたら、彼の人生航路はいったいどう変化しただろうか、という問いを発せずにはいられない。ウィーンからの移民で一時的にシカゴ大学の東洋研究所を統率していたアドルフ・レオ・オッペンハイムと交流していたなら、ポランニーはアッシリアの考古学《アッシリオロジー》への関心を深めていただろうか？　経済学者のフランク・ナイトやミルトン・フリードマンと論戦を交わしていただろうか？　ナイトは、ポランニーの友人で制度主義経済学者のカール＝ウィリアム・カップに対して行ったように、「社会主義の宣伝活動」の提供者であるとして、一九五〇年代の赤狩りの対象者のなかに公然とポランニーを加えただろうか？[62] このような問いは答えられないものとなった。というのも、ポランニーは、六月後半にまったく思いがけなく、コロンビア大学から契約条件の改善――身分は一年間の客員教授のままに過ぎないが、正教授並みの給料（七五〇〇ドル）と最小限の授業時間が保証されることになった――についての電報を受け取ったからである。[63] ただちに彼はイロナに宛てて、コロンビア大学で付与される「職位についての確かな長所を理解しました。私は白紙委任状を提案されたのです」、と書いた。[64] ポランニーはしばらくのあいだ決断をめぐる苦闘を続け、友人や知人たちに助言を求めた。博識者で都市に関する批評家のルイス・マンフォードは、コロンビア大学の学生に教える方がよりやりがいがあると助言し、おまけにシカゴでの生活の悪口を付け足した。「自分の最大の敵にすら、シカゴで働くという過酷な運命を望みません。大学の外は、知的に荒廃しています」[65] と。しかし、当時のコロンビアの状況もシカゴと似たようなものだった。

この瞬間に、満足のいく調整が円滑に実現するように思われた。ポランニーは、自分の傍らに一緒にいるイロナと、ニューヨークで一、二年を忙しく楽しく暮らす姿をついに想像することができたのだった。慈しみ合う二人の愛情は輝きを維持しており、その手紙のやり取りを見ると、彼らは新婚ほやほやのカップルと勘違いされることも十分あるだろう。イロナからのある手紙は「私の愛するディッキー」に始まり、次のように続く。「幸福感が押し寄せてくるのを感じながら、仕事から帰っています。一四番のバスから見下ろすハロウエイ・ロードは、どんなに愛らしく人間的に見えるでしょう。学生の知性を大切に育て教育し影響を与えながらも、自分自身の道と闘っているあなたのことを想うとき、こうした幸福感がこみ上げてきます。そのほとんどは、あなたへの信頼と私たちが一つであることから生まれるのです」[66]。

「二五年ものあいだ祈り求め願ってきたすべてのこと——もちろん私たち独自の結びつきに関わることです——が実を結んだのですね」、とカールはイロナへの返事で喜びを表現した。そして、たとえ世界が数十年前よりも「いっそう危険な状況になり、荒廃が進んでいる」としてもなお、「多くの人びと」が私の著作と指導力を大いに求めているだろうから、私は「旧世界の中枢を解体する」ための手段を鍛えているのです、と付け加えた[67]。彼は、コロンビア大学での安定した基盤のおかげで、世界各地に自分の伝えたいことを広めることができるようになるだろう、と考えた。そして、イロナに早くニューヨークに来るよう、別の手紙で促した。

この至福の時間は、二つの打撃に消されてしまう前の、一瞬の輝きであった。一九四七年七月、ポランニーがコロンビア大学で授業を開始してからほんの数日後に、イロナが自動車事故に巻き込まれてしまったのだ。イロナは軽傷だったが、その影響は大きかった。イロナの事故がカールの心をひどく動揺させた事実は、いつもならそれほど気にしなかった彼の夢に関するメモ書きから立証することができる。もっとも恐ろしい悪夢は、八月のある夜に訪れた。薄明りのなかでカールの目に、狭くて天井が低い複数の部屋がある建物がかすかに映った。いちばん奥の部屋は大破しており、その床の上にイロナが横たわっていた。汚らしい灰色のごみくずで出来た厚い覆いに包まれたイロナは、撃ち落とされてのたうち回る虫のようであり、汚れていた。それは恐ろしい光景だった。どこにあるのか分からない場所のぼろぼろの小部屋で、意識を失って息をする以外に何もできない状態で伏せているイロナを見て、彼の胸は張り裂けそうになった。哀れな状態で横たわり死の淵をさまようイロナは、小さくて平べったい灰色の物体のようで、虫の息の状態だったのだ。ポランニーは恐ろしい情景のために感覚が麻痺し、破滅の恐怖と妻の悲惨な状態を前にして硬直した。[68]

もう一つの打撃は、金属〔自動車事故〕ではなく、書類による打撃であった。それは徐々に響いてきて、第一の打撃とは比較にならないほど深刻な事態を招いた。打撃の対象はイロナの肉体ではなく、彼女の入国資格であった。再度言及することになるが、実はイロナはニューヨークへの移住に乗り気ではなく、コロンビア大学での身分が更新されることは「絶対に」ないだろうというカールの予想に、むしろ安堵していたのだった。[69] 初夏には数カ月以内にロンドンに戻るとイロナに断言したのに、今や、想定外の好運と高揚した気分に踊らされて、一年以上アメリカに留まることに熱心になったカールは、「私たちが定住するための費用を工面する」ために「せっせと貯蓄しています」、とイロナに報告した。彼女は複雑な心境だったが、アメリカに入国申請を行い、申請が当然受け入れられると思っていた。グッドリッチがポランニーに請け合ったように、コロンビア大学の学長がイロナの入国申請の承認を国務省に働きかけて、国務省がイロナのためにロンドン大使館に介入したことは、確かである。アメリカ合衆国に永続的に在留する外国人としての二人の地位は、「否定されようのない、確固たるもの」になる、とカールは確信していた。[70] それにイロナのアメリカからの前回の出国は、「再入国許可証を所持して」帰国した「戦争ボランティア」としての出国だった。再入国許可証には、彼女が出航する前に手渡された「彼女の身分を保証する」という「英米紳士協定」の添付文書があった。再入国許可証と「紳士協定」が有効であるかぎりは、明らかにビザさえ必要とされないはずであった。[71] だが、これらの保証は絶対的ではなかったのだ。長ったらしい「神経を衰弱させる」遅延の後に、アメリカ大使館は、その保証が完璧でないことを伝え始めた。八月二〇日にイロナは、副領事から面接に出席するよう求める通知を受け取った。[72]

この政治的背景には、マッカーシズム*の影響を受けたアメリカ側の変化があった。一九三八年に連邦議会は、下院非米活動委員会を設置し、続けて、政治体制の国内変革を主張することを犯罪と定めるハッチ・スミス法を通過させた。続く一九四〇年のヴォーリス法は、政治的急進主義者を排除するための大きな権限を政府に付与し、その一年後に連邦議会は、「公共の安全」――それがどのように定義されるにせよ――を危険に陥れる疑いのある潜在的移民すべてに対してビザを拒絶するという、全面的な自由裁量権を領事館員に与える決定をした。戦時中にスターリン体制を称賛した合衆国の支配層は、戦後、政策転換を急いだ。もはや共産主義は信頼できる味方ではなく危険な存在であり、入国管理を徹底させることで防がねばならない有害な脅威として、性病や結核と一緒に分類されるようになった。さらに重要な局面を迎えたのは、トルーマン大統領がかの著名な忠誠審査令に署名した一九四七年三月である。同審査令のもとに数百万人の連邦職員が愛国心不足の徴候があるという嫌疑をかけられ、マルクスやレーニンを秘かに賛美したとか、ブルジョア国家の転覆を主張したなどの理由で罪を負わされて、職場を追われた。同年にトルーマン政権は、外交旅券を所持する者を除いて、あらゆる外国人の共産主義者の入国を禁止した。[73]

九月九日に晴れやかで平然とした気分で尋問室に入ったときのイロナは、そのような暗雲を感じなかったし、それは思いもよらないことだった。しかし審問が進行するにつれて、人情味のかけらもないカフカ的〔不条理な〕世界の残酷さが明らかになってきて、大丈夫だというイロナの自信は消え去った。書記官たちが関係書類を取ってくるよう指示され、また、イロナの事件を審議するために無言の職員たちが集まってきた。六時間近くにわたる審議中にイロナは繰り返し退出を求められたが、面接の目的が、イロナの市民権の資格と再入国許可の法律上の専門的事項の確認ではなく、彼女の「経歴」、すなわち彼女の信条と過去の政治的な結びつきを審議するためだと理解したとき、イロナはそれがあらかじめ判決の決められた道化芝居であることを悟った。信条について尋ねられたイロナは、「抽象的なものは信じていません」が、イギリスでの私の市民権、イギリスの生活様式、そしてイギリスが将来に「ロシアとアメリカの両国から」自立することを信じています、と答えた。職員はイロナに対して、あなたは社会主義者ですか？　社会主義は暴力を用いずに実現可能ですか？　と質問した。その通りです、とイロナは答え、それから自分が「党や組織」に属していないことを補足した。すると職員たちは、過去に「党」に属していたことがあるか、と迫った。その時点でイロナは、自分の応答に曖昧なニュアンスや愛国的な話を入れ混ぜる努力を止めて、一九二〇年代初頭に共産党に所属していた事実を「クソ野郎どもに話した」[74]。

その結果、イロナ・ドゥチンスカは「永久に」アメリカ合衆国への入国を禁じられることになった[75]。この決定は、米移民局が犯した多くの「ばかげた不正義と非人道的行為」の一つであった。同機関は、かつてジェームズ・ウェクスラーが指摘した通り、「静かな、長時間の精神的拷問」の適用業務に特化していたようだ[76]。イロナについての決定は、人種主義（と反ユダヤ主義）の精神を注入された法律である、一九二四年のジョンソン＝リード法の規定に依拠していた。同法律に見え隠れする理論的根拠は、東欧と南欧からの移民を減少させることだった。その目的のために潜在的移民の国籍は、今の市民権ではなく出生国によって決められたのだ。しかし、イロナのビザ申請を退けた決定は、ジョンソン＝リード法

＊一九四八年から一九五六年頃をピークに反共産主義キャンペーンに基づいて展開された政治運動で、多くの人びとが公職から追放されるなどした。

の一般的な法的規定によってではなく、一九四一年の大統領令が付与した裁量権に依拠して行われた。つまりイロナは、ハプスブルク帝国で生まれたからではなく、共産主義という属性《エスニシティ》を理由に入国を阻まれたのである。

ポランニーは妻のビザの交付を当然のように考えていたので、彼女が永久的に入国を禁止されたことを知って打ちのめされた。彼は尋問の「茶番劇」に激昂し、とりわけ大使館の職員たちが妻の高潔さを疑い、王立航空研究所の技師を務めた彼女の戦時中の功績を無視する諸報告を行ったことに怒りを覚えた。[77]大使館を批判しながらも彼は、この問題の小さな側面、すなわち、尋問当時のイロナが交通事故の後遺症に苦しんでいたのではないかという点に注意を向けた。カールはドラッカーに、脳震とうのせいでイロナが「尋問者の真の意図を完全に理解していたのか疑わしい状態にあった」可能性について、医学的専門知識を用いないでそれとなく打ち明けている。[78]彼はアメリカ合衆国が反共産主義の狂気に感染していた程度を過小に評価しており、アメリカが政治的自由についていまだ寛容さを維持している、と決めこんでいた。したがってイロナの排除は永久的なことではないはずだと考えて、入国拒否の決定に対してイロナが控訴することを全力で支援する、とポランニーは誓った。もしそれに失敗すれば、一、二年のあいだはイギリスで働くために戻ることになるのか……？　それとも思い切ってカナダに行けば、異なる解決策が見つかる可能性はあるだろうか？　一九四七年から一九四八年にかけてなら、イロナはトロントに滞在することがおそらく可能だろう。彼女は自分の研究を続けて、「進歩的な」活動家の層を含むハンガリー人の大きなコミュニティのメンバーと知り合いになることもできるはずだ。[79]その後イロナがカナダの市民権を取得すれば、彼女はポランニーを訪問するためにニューヨークへの旅行が許可されるかもしれない。あるいは、彼がカナダで仕事を見つける可能性もあるかもしれない。[80]

実際のところ、イロナは大使館の職員たちの意図を完全に理解していた。そのため、二人の関係は厄介なものになってしまった。カールはアメリカ滞在を延長させたいという自らの願望をイロナにひた隠しにしながら、ヨーロッパに対する彼女の愛着にはほとんど注意を払っていなかったようである。この根本的な不一致によって、夫婦の危機は深刻化した。どこを定住地にするかをめぐって始まった夫婦の確執は、アメリカ合衆国に一緒に住みたいという二人の希望を阻んだワシントンの決定のために悪化したのだ。この問題は、個人的な怒りや誤解――それらがなければ素晴らしく温かく調和的な関係だったであろう――のためにいっそう厄介なものとなり、深刻な不安を生じさせた。イロナはビザの申請拒否について、重要な真実〔アメリカの立場とイロナの立場の衝突〕を露呈させた、意地悪で敵意のある行為として受け止めていた。尋問を通じて、イロナは正確に「アメリカとアメリカの立場を評価した」が、大使館の職員たちも同様にイロナを正しく評価したのだった。したがってこの決定には「根拠」があり、カールが懇願したような、アメリカ合衆国に赴くために彼女が闘うことなど不可能だった。「どんな犠牲を払っても良いからアメリカに入国したいとひたすら望んでいたとしたら、私は今、そこにいるでしょう。ただし、それは私ではないでしょうけれど」、と彼女はカールに主張した[81]。そして、尋問の供述への応答をすべて翻《ひるがえ》すとしても、私のビザの決定は覆《くつがえ》りません、と付け足した。仮にそんなことでもしたなら、彼女は「脅かされ責められ」ていただろう[82]。こうした経緯から、その年、カールはコロンビア大学に留まることにした。他方、イロナは、「敵側」の立場をとる、つまり、共産主義ハンガリーに戻って「国家建設に奉仕する」ことで、尋問者に少しばかりの仕返しをした[83]。

このイロナの挑戦に対するポランニーの応戦には、かなりの程度、芝居じみた特徴が見られた。彼は、イロナへの手紙の一つの冒頭で書いているように、二人の意思疎通を妨げていた「距離と遅れの危険を克服するために」、少しずつ歩み寄る行為を重ねたが、いずれも「不条理な誤解や困難の増大」を招いただけだった。[84] 彼は自分を憐れむ調子で、自身の苦悩をイロナが理解してくれるよう促した。何年も前にポランニーは、「自らの良心に反して行動する圧力を克服したように思われた」後で、精神の錯乱状態に陥ったことがあった。その暗い時期と比較しても現在の深刻さの度合いが大きいということを、カールはイロナに伝えようとした。「私たちが望みを挫かれるように運命づけられ（そのトーンはお涙頂戴風から悲劇風に変化していく）、二人とも破滅——無駄死——するよう定められているとするなら、私たちはいったいどうしたらよいのでしょう？　一人ずつ滅びさせてほしいものです。おそらくあなたには生き延びる機会があって、私にはないでしょう。私はあなたが自分の道を歩んでいくことに同意し、私自身の義務を最後までやり遂げるよう努めるつもりです[85]」。カールは凍てつくような絶望の言葉で二人の将来のあらましを述べた後で、希望のある道を提示した。イロナのアメリカ入国拒否の知らせを聞いてから、ただちに彼女と一緒にハンガリーに行くことも考えたが、しかしそれは、二人が北米への定住を妨げられることで初めて意味を持ち得た選択肢であり、しかもまったく見通しが立っていないものだった。「私と一緒にやっていくつもりがない、とあなたは言っている！」——それは不誠実と同じくらいに不道徳なことだ、と理由づけしながら——、とカールは嫌味を述べた。「アメリカ合衆国との個人的な喧嘩」のために私たちの関係が過度に決定されることなど許されるはずもないが、それにしても、あなたはなぜ、副領事の脅し文句を言葉通りに受け取らずに闘わないのか、と彼はイロナに畳み掛けた。合衆国当局とイロナの衝突は「突然の啓示」のようにカールには思われ、やがて強迫観念になっていった。それは二人の互いの未来に暗い影を投げかけていた。イロナは自分がアメリカに行きたくないことをアメリカ当局の執念深い入国拒否のせいにしているが、それは明らかに不誠実なことであり、彼女はそのことを白状すべきだったのだ。カールは、イロナが自らの道を進んでいくという「考えには耐えられる」けれども、ただしそれは、自分自身と私に対してあなたが誠実だと確信できる場合に限られます、と深いため息をつきながら言った。重要な点は、「一連の行為を実際には自由に選択しているのに、強要された」と自身に言い聞かせる行為をイロナに止めさせることだった。[86]

　この時期までに、二人の関係はとてつもなく悪化していた。二人はダグ・ジョリーに助言を求めた。[87]ジョリーとポランニーとの友情は、グラントとマクマリーを中心とするサークルで共有した時代にまでさかのぼる。ジョリーは当時、スペインに赴いて国際旅団〔スペイン内戦中に人民戦線政権を支援するために設立された、外国人義勇軍の準軍事組織〕の前線外科医として二年間を過ごした。ある説によれば、彼はこの遠征におけるイギリスの「もっとも重要な志願兵」だった。その後、帰還してからは陸軍医療部隊に属し、その功績が認められて大英帝国勲章を授与された。[88]ジョリーはポランニー夫妻と親しく、友人としての思いやりや寛容さや忠実さが信頼されていたので、理想の相談相手のように思われたのだ。[89]ジョリーは、カールとイロナから状況認識についてのそれぞれの報告を受けると、感情を高ぶらせた手紙を「親愛なるディッキー」宛に速達で送った。ジョリーは、ポランニーが自身の要求を妻のそれよりも度を越して優先させている、と激しく非難した。「今あなたがイロナにしているように」他人に指図することなど許されません。「人格を壊すようなことを」イロナに押しつける行為は、一刻も早く止めるべきです。むろんあなたに対する彼女の愛情と信頼は、遅かれ早かれあなたの要求を受け入れるのに十分でしょう。しかし、余りにも性急に北米に移住すべきだとあなたが主張し続けるなら、イロナの魂の破壊という犠牲をもってしか二人の結婚の殿堂は救済されない、という危険が待ち受けているでしょう。「彼女がいかにあなたとの結婚の殿堂を守りたいと思っているにせよ、イロナ、の本心は、あなたの言うとおりにアメリカに行くことを望んでいるとは思われません」、とジョリーは結論づけた。[90]

ポランニーはこの友人の説教を無視して、最終的には自分の思い通りにした。だが彼の勝利は、説得と和解の過程を通して徐々に準備されなければならなかった。オンタリオ湖の水にイロナがそのつま先を浸すように事を運ぶべく、彼は慎重に誘惑を開始した。ポランニーはイロナに、（トロントをよく知る）マッキーヴァーから確認済みの、次のような多くの文化的ステレオタイプを引き合いに出して、カナダの良さを伝えた。カナダ人は侵略的な隣国〔合衆国《アメリカ》〕に対して道徳的な優越性を強く主張する傾向がある。カナダ人は自分たちの国民《ネーション》を、社会性が高く、あまり物質主義的でなく、そして「イギリスに近い国」として認識している。カナダの住民たちは、イギリスを自分の母国のように受け止めている。こうした点は、イギリスからの来訪者に対して「二重の安心感」を保証する。また、カナダは知識人や外国人を受け入れているが、その寛容さは、知識人が「ブランド」として、外国人が「恒久的な部外者《アウトサイダー》」として扱われているイギリスよりも優っている。[91]（イロナはこの点だけはよく知っていた。彼女は戦時中のイギリスで、オーストリア国籍であったために職探しの際に困難に見舞われたことがあった。[92]）ポランニーは、トロントの知人たちのもとにイロナを滞在させる可能性があるかどうかを入念に調べ始めた。知人の一人は、イロナが家事を「少しだけ手伝うこと」と引き換えにゲストとして滞在しても構わない、と申し出てくれた。[93]

妥協もなされた。ポランニーは数年にわたって北米における将来的見込みに固執するのを控えた。一九四八年に彼は、イリノイ大学に教職を申請したが、すでに述べたようにその数カ月後には、ハンガリーでの職の下調べをも行っている。コロンビア大学への着任が確定したのは、社会科学研究評議会が経済制度の起源に関する学際的プロジェクトの所長として、ポランニーに七〇〇〇ドルの給与を与えることを決定した同年の後半だった。だがその一年後に、彼はコロンビア大学の再任の申し出を辞退して、「永久にイギリスに戻る」決意を宣言した。[94] 一九四九年の後半、彼はイロナとサバティカル休暇をロンドンで過ごすことができたので、その際にWEAでいくつかの講師の職を得ることができた。また、ダホメの西アフリカ王国に関する大英博物館のコレクションに夢中になった。[95] 一九五〇年の初頭にポランニーがコロンビア大学に戻って就いた職は再び期限付きで、しかも一学期間だけだった。[96]
カールにとっての朗報は、イロナがカナダへの定住を考え始めたことだった。けれども彼女の軌跡は直線的ではなく、緩やかな螺旋を描いた。イロナはカナダで一九四七年の冬から一九四八年まで過ごし、一九四九年には数カ月ほど滞在した。そして最終的にイロナは一九五〇年に、トロント東部の郊外に位置するピッカリングに移住した。彼女はそこで、蜘蛛の巣だらけの小さなコテージを買った。オンタリオ湖へと注ぎ込むすぐ手前のルージュ川の急な岸辺の端にあるそのコテージは、木々が生い茂り、イロナの植えたポピーなどの花々が咲く魅力的な庭に囲まれていた。[97] 一九五三年に教職を退いてからカールはピッカリングに移住したが、それまでの数年間も、イロナと一緒に大学の休暇をピッカリングのコテージで過ごした。退職後、カールは数年にわたってコロンビア大学の非常勤教授の職に留まり、いわゆる学際的研究プロジェクト(その成果は『初期帝国における交易と市場』として刊行された)を共同で主宰し、夏学期と冬学期のあいだはほぼ毎月、列車か飛行機でニューヨークまで足を運んで経済史のセミナーを行った。[98] イロナはそうしたときでさえ、激しい孤独感に陥りがちだった。そのため二人は、ピッカリングを退職後の二人の最終的な居場所だと考えなかった。[99] イロナが一九五四年に大きな手術を受けてからは、二人は再びイギリスに戻る計画を話し合い、具体的に動き出した。カールはマンチェスター大学に特別研究員の職を申請した。彼のコロンビア大学の同僚に対しては、妻の病気のために「退職後は忙しくなること」が予想されるので、「イギリスへの帰国を望んでいる」、と説明した[100]。しかし、マンチェスター大学への申請は通らなかった。それから間もなくして、カール自身の健康状態が悪化したために、放浪生活の扉はそこで閉じられることになった。

歩みを重ねて道を拓く ――共同研究

北米への定住を決めたことがイロナにとって正しかったのかどうか、確かなことは分からない。だが、彼女の夫は活躍した。到着して最初の数カ月は、あまり良好ではない居住環境のために研究が妨げられた。コロンビア大学がアパートを見つけてくれるという約束をなかなか果たさなかったので、しばらくのあいだ、「下宿屋」での滞在を余儀なくされることになったのだ[101]。とはいえ、それほど待たされることなく、コロンビア大学のモーニングサイド・ハイツ・キャンパスの反対側の角にアパートが見つかった。ポランニーはそこをハンガリー人作家のニコラス・ハラスと共用した。アパートはアッパー・ウエスト・サイドに位置し、ラウラを含む中欧からの亡命者がその周辺に集まっていた。ラウラ（彼女は彼の経済学史の講義の一つに参加した[102]）はちょうど角を曲がったところに住んでおり、ポランニー家の家庭医であるユリウス・ホロウのような他の知人たちも近所の住人だった[103]。

コロンビア大学に着任してからの四年間、ポランニーは、「たった一日の労働日に全力を捧げるように」過ごした[104]。彼は朝早く起床して朝食の準備をしながら、玄関に『ニューヨーク・タイムズ』がズドンと落とされる音を待った[105]。その日のニュースに詳しく目を通してから、一般経済史と古代の経済制度（バビロニア、イスラエル、ギリシャ）に関する大学院課程の講義とセミナーの準備に取りかかった[106]。ポランニーの研究は、本が散らばった自宅か、キャンパス内の彼の研究室で行われた。アテネのアゴラをモデルに建てられていたキャンパスは、格別に研究に適した場所に感じられたにちがいない。一日が終わってキャンパスを後にする前に研究室を片付けるのが日課だったが、ときには「散らかった状態があまりにひどく、一時間近くを要する」こともあった[107]。

一般経済史のポランニーによるセミナーは一九五三年まで行われた。セミナーには、大学院生や（グッドリッチやバーンズを含む）[108]少数の経済学部の教員に加えて、カップのようなゲストも出席した。彼の研究の経済的基盤は、コロンビア大学と、フォード財団を筆頭とするさまざまな機関からの資金提供に支えられていた。それは、ポランニーの退職までの給料や、退職後に続けられた一連の経済制度に関するセミナー（コロンビア大学の学際的研究計画としても知られている）に関連する旅費、およびその他の費用を提供した。また、イロナのための毎月の俸給もそこから支払われた。近親者を雇用するのは顰《ひん》蹙《しゅく》を買うだろう、と人類学者のコンラッド・アレンズバーグが助言したにもかかわらず、イロナは研究助手をしばらくのあいだ勤めた[109]。もっとも困難だったのは、フォード財団が一九五八年に資金提供を中止し、わずかな助成金をロックフェラー財団から拒否されることになったときであるが、別の団体から支援を受けて、ポランニーはセミナーを続けることができた[110]。

教えることはポランニーにとって大いに楽しく、彼の授業はしばしば、講義形式から長時間のセミナーに変わることがあった。ポランニーはそうした機会に、月並みな説得力しか持たない教師たちによる間違った教授法に対して反撃を試みた[111]。折に触れて受講生を大学のラウンジに連れて行き、一、二杯のビールを飲みながら政治や時事問題について議論した[112]。彼は学究生活を、専門職というよりも天職と考えるようになった。学究生活は、四〇年前にブダペスト大学を退学させられたときから妨げられてきた進路でもあった[113]。とはいえ、ポランニーと合衆国の大学生活とのあいだにズレがなかったわけではない。「ポランニーは大学人ではなく、学外者のようだった」、と彼の大学院生の一人であったアン・チャップマンは回想している。この回想は、ハーヴァード大学から来た博士号を持つコンラッド・アレンズバーグや、卓越した古代アッシリアの学者であるオッペンハイムのような同僚らが「ポランニーにとってどれほど有り難い存在だったか」、ということを示すものだ。「アカデミックな世界では、その世界の名簿にまず名前が載らなければならず、それから入場許可を得る必要がある。アレンズバーグとオッペンハイムは、彼の代わりにそうしてくれたのだった[114]」。

ポランニーはいくつかの点で、教授らしくないように思われた。彼は、休暇をピッカリングで過ごすとき以外にはフォーマルな装いをし、いつもネクタイか蝶ネクタイを付けていた[115]。ポランニーのアパートの同居人の息子であるロバート・ハラスは、「彼は学者のようには見えなかった」と回想している。「ポランニーには気楽でくつろいだところがまったくなかったのです。サスペンダーを着用してズボンを腰の上にまでグイッと引き上げており、一風変わって見えました[116]」。それ以外では、ポランニーはお決まりの学者風のスタイルに倣っていたようだ。彼は「世間からまったく隔離されたような学者ではなかった」が、あまり実践的なタイプでもなかった、とドン・グラントは思い起こしている。例えば、友人がカーテン・レールの取り付けの手伝いを頼んでも断り、断ったことを正当化するためにあらゆる類の言い訳を口にするのが常だった[117]。またハラスは、「ポランニーが金本位制を説明しようとしたときにコップのミルクをこぼしたこと」や、彼の父親が早朝に電話で起こされたことを覚えていた。「その電話は、国境からかけられたものでした。ポランニーが列車でカナダに帰る際にパスポートを忘れていたからです[118]」。トロント空港に到着したときについても、同じような逸話が残っている。空港では、考え事で上の空の教授が置き忘れた手袋かスカーフかを届けるために、係員が追い駆ける姿がしばしば目撃された[119]。

こういった注意散漫な大学教授というステレオタイプのなかに一粒の真実があるとすれば、それは、彼が高齢だったということではなく、研究に没頭していたということである。コロンビア大学時代を通じて、ポランニーの教育と研究が歩調を合わせて進展したのは確かである。チャップマンの回想によると、彼は「講義することだけでなく、対話を重視していた。というのもポランニーは、テーマをより掘り下げることや、他者がそのテーマに新たな光を当てられるように配慮することを望んでいたからである。彼はテキパキしていて率直で、他者が思考する内容に関心を持ち、それ以上のことを知りたいといつも欲していた[120]」。

ポランニーにはあらゆることに対する旺盛な知識欲と絶えることのない探求心があり、彼は毎日の事柄のなかにすら新しい洞察を見出す名人だった。モーゼス・フィンリーによれば、彼の特技は、「聴衆に疑問を投げかけて、それまで誤解されたり無視されたりしてきたテキストに注目させることだった」。(「ポランニー自身が適当ではない、弁解の余地のない間違った応答をした」ときでさえ、聴衆に興味を持たせることができた[121]。)その格好の例が、ポランニーの大姪のジーン・リチャーズの追憶に残っている。リチャーズがピッカリングを訪問したとき、ポランニーは古代社会の経済に関する研究をしていた。「彼はちょうど新約聖書の主の祈りの節を一人で読んでいたのですが、急に立ち上がって叫んだのです。『神よ、古代社会には配給制度があります! 今日も私たちに日々の糧をお与えくださいますように!』[122]」。

年を経るごとにポランニーのセミナーは、彼と密に連絡を取って研究を続けたいと思う新しい大学院生たちを引き寄せた。その最初の大学院生はハリー・ピアソンとウォルター・ニールで、一九五〇年代の初頭には、フィンリー、チャップマン、マーシャル・サーリンズ、アブラハム・ロトシュタイン、テリー・ホプキンズが彼らに続いた[123]。チャップマンの回想によれば、ポランニーはセミナーで「喜んで教え」、「自分の研究内容が理解されていくことを欲しており、聡明で好奇心の強い聴衆を集めたがってい た」[124]。ポランニーは、経済制度に対する新しい「社会学的」アプローチを発展させたことを誇りに思い、自分のやり方で「若手の研究者集団」を育てることに熱心で、彼らが研究計画を推し進めてくれるだろうことを信じていた[125]。といっても、その使命に対するポランニーの取り組み方は型通りではなかった。ロトシュタインによれば、ポランニーは「意図的に、あるいは意識的に」学派をつくろうとせず、ある人のアプローチが十分に説得力を持っているなら、「それは自分がいなくても広がっていくだろう」と考えるのだった。また、「『新しい思想』は『多くの人たちが歩いて道ができる』ように進展するものなので、学生を教育したり彼の視点を他者と分かち合うことに仕事の重点を置いていました。実践的な目論見はないけれども、道理のある明確な思想が提唱されるなら、経済に関する基本的な主流派の見方を転換することは可能である」、と常に語っていた[126]。ポランニーの強みのなかに、研究計画、主に複数のセミナーを入念に企画する能力が含まれていた、ということには疑う余地がない。彼のセミナーでは、自由に意見交換がなされるとともに、それらの考えを最終的な成果、とりわけ『初期帝国における交易と市場』にまで実らせようとする意欲がみなぎっていた。だがポランニーは、同僚たちやかつての学生たちとの執筆企画を共同で進めていくときには、あまり能率が良くなかった。ただし、ポランニーが共編者のアレンズバーグやピアソンと一緒に書いた『初期帝国における交易と市場』の章〔第一二章「諸社会における経済の位置」〕は、たった四ページであるとはいえ、例外的に予定通り執筆された。

アレンズバーグやピアソンと並んで、一九五〇年代中頃のポランニーにもっとも近い協力者は、フィンリーとチャップマンだった。二人は、ポランニーの学生の大多数とは対照的に社会主義運動に精通しており、ポランニーの概念的な言葉づかいが彼らの耳に心地よく響いた。[127] 一九四〇年代後半にチャップマンは、メキシコの社会主義的な環境で過ごした。当時のメキシコは、「アメリカ合衆国よりもはるかに知的に開かれた」国だった。彼女は「公式には」共産主義者でも社会主義者でもなかったが、「そのような経歴を持っていた」ために、ポランニーは彼女に対しては「他の人と較べて気兼ねをしなかった」。ポランニーとチャップマンは緊密に協力し合って仕事を進め、あるときにはセミナーの運営を手伝ってもらうためにチャップマンを雇用した。[128] 彼女より一〇歳年上のフィンリーは、一九三〇年代にコロンビア大学で博士論文提出資格者となり、大学の社会研究所の仲間に加わって同研究所の機関誌に寄稿したことがあった。[129] フィンリーがポランニーと出会ったとき、フィンリーにはすでに博士号といくつかの注目すべき刊行された論文があったが、フィンリーの研究の理論的側面は、年長のポランニーとの交流を通して開花した。一九五一年にフィンリーとポランニーは、互いの考えを集中的に交換し始めた。この年、フィンリーが研究していた『オデュッセウスの世界』は、ポランニーとの出会いがなければ、本として公刊されて書棚に並ぶことはなかっただろう。[130] 二人の影響は相互的だった。「アリストテレスによる『経済』の発見」を含む、ギリシャに関するポランニーの著作のいくつかには、フィンリーとの対話が大いに活用された。ムハンマド・ナフィシーによると、ポランニーは、「フィンリーという研究者の形成期における信頼できる助言者だった」。しかし、若いフィンリーは、決して助言者のポランニーに対して敬意を表する態度を取らなかったし、ポランニーへの個人的批評には多くの批判が含まれていた。（ある手紙では、ポランニーの経済統合の理論について「興味がない」、と書いた。[131]）二人の親密な関係は、ポランニーが学際的研究プロジェクトの研究助手の仕事をフィンリーに依頼し、フィンリーがそれを承諾した一九五四年まで続いた。[132] しかしフィンリーは、(下院非米活動委員会――赤狩り――に協力するのを拒否した理由で)ラトガース大学での好条件の教師の職を解雇されたために、苛立たされることの多いポランニーの雑用係として、相対的につまらない仕事を低い報酬で引き受けることになった。[133] それを境に二人の関係は悪化していき、フィンリーは、約束していた『初期帝国における交易と市場』のアリストテレスに関する章の原稿を取り下げてしまった。[134]

ポランニーは、多くの研究協力者をフィンリーと同様に大切にした。そのなかには、人類学者のポール・ボハナン、ハリー・ピアソン――二人とも「前途有望」な「傑出した著述家」だった――や、「輝ける若き社会学者」のテリー・ホプキンズがいた。[135] こうした称賛の形容は、ホプキンズがポランニーに紹介した、大学院生のイマニュエル・ウォーラーステインについても当てはまる。ウォーラーステインは、ポランニーを「とても感じがよく知的で、打ち解けた人だった」と振り返り、「関心を引きつける人で、比較的珍しいキリスト教社会主義の価値観を持っていた」、と語っている。[136] さらに、これらの著名な人物たちと並んでマーシャル・サーリンズの名前も挙げなければならない。サーリンズはポランニーと交流しながら博士論文を執筆し、ポリネシアの経済システムに関する自身の研究にポランニーの経済的統合様式の諸類型(互酬性と再分配)を適用した。[137] だが、血の気が多いとさえ表現できるもっとも熱心なポランニーの弟子は、ジョージ・ドルトンだった。ドルトンは一九五〇年に師匠〔ポランニー〕の講義に参加したが、それから一〇年が過ぎて初めて、言葉の正しい意味での「知的対話」が二人のあいだで始まった。[138] ドルトンは尊敬する師匠から、きわめて辛辣な非難をしばしば受ける初学者という栄誉に与った。ある長い手紙のなかでポランニーは、実質主義者《サブスタンティヴィスト》であるかつての学生〔ドルトン〕にきわめて酷い侮辱をもったいぶって次々と矢のように浴びせたが、そうしたことは珍しいことではなかった。「君の再分配擁護論は……交換至上主義的であるだけでなく、功利主義のベンサム主義的な変種です[139]」。この手紙を受けてポランニーの信奉者のドルトンは、「真の教会〔カトリック教会〕の霊的交わりからなぜ破門されるのかを伝える、ローマ教皇の勅書を受領した異端者のように」自分のことを思い、感情を掻き乱された、と書いている[140]。

ポランニーの周囲に集った最後の著名な人物は、一九五〇年代に彼の非市場制度についてのセミナーに参加したポール・メドウである。政治問題が話題になったとき、「まったくの初学者」であったにもかかわらず、彼は「並外れた創造的な理論的頭脳」の持ち主であることを示した。しかも彼は、（プラハで）ロシア出身のナロードニキの移住者である両親のもとに生を授かった、という、カールを喜ばせる経歴の持ち主だった[141]。「ここ最近の四〇年の世界的問題は、ロシア人が逃げてしまったことです……ポールがロシア人であることは間違いありません」、とポランニーは弟のマイケルに書いた[142]。メドウは年老いたポランニーの「頼みの綱」となった。二人は、『一九六〇年代の大転換』という仮題が付された『大転換』の続編の共同制作を楽しみにしていた[143]。若いメドウはラトガース大学の職に任命され、経済学の博士課程のプログラムに従事することになった。ポランニーが感動して述べているように、それは、「私たち〔ポランニーとメドウ〕の方法に基づいて……経済成長と開発という分野において、分析的手法を制度的方法に従属させる」アメリカ初の試みを代表するものだった。このことが「突破口」となって、自分たちの方法が「受容されていく可能性は十分にある」、とポランニーは大喜びした[144]。

ポランニーが本一冊分に該当する共同研究プロジェクトを一緒に試みた、まだ名前を挙げていない、かつての二人の学生のことについても言及しなければならない。その一人は人類学者のローズマリー・

アーノルドである。ポランニーは一九五〇年代の初頭に学際的研究プロジェクトの事務責任者の職に、彼女を任命したことがある。ギニア沿岸の交易組織についてのアーノルドの研究は、ダホメの貨幣と社会構造に関するポランニーの研究に刺激を与えた。[145] 後に二人は共同で、『ダホメと奴隷交易――古代経済の分析』〔邦訳書のタイトルは『経済と文明――ダホメの経済人類学的分析』〕として(ポランニーの名前で)刊行されることになる本に取り組かかった。アーノルドはさらに、ダホメとその交易港のウィダ〔Whydah〕(または Ouidah)に関して、『初期帝国における交易と市場』に複数の章を寄稿した。[146] アーノルドとポランニーの研究には独創的なところがあり、マックス・グリュックマンのような卓越した学者から注目された。しかしながら、共同研究はうまく進まなくなってしまった。それは、アーノルドが自身の貢献が十分に評価されていないと不満を持つようになり立腹したためだった。そして最終的には、激しい言い争いで二人の共同研究は終わることになった。[147]

ポランニーとより永続的な関係を築いたのは、かつての学生であるアブラハム・ロトシュタインである。ロトシュタインとポランニーとの関係は一九五一年に始まる。当初はあっさりとした関係だったが、数年後にロトシュタインが、「ロシアの貿易独占と自由世界の市場志向の収縮によって引き起こされた脅威に直面する」国際貿易の問題を研究するためのNATOフェローシップを獲得した際に、本格的なものとなった。[148] それから一〇年間、ロトシュタインとポランニーは二つの原稿に共同で取り組んだ。一つは、すでに草稿ができていた『ダホメと奴隷交易』であり、アーノルドがそれから手を引いたときに、ロトシュタインが彼女に代わって参画したものだった。もう一つは、先延ばしにされた『大転換』の続編である。一九五二年に考えられた『大転換』の続編の目的は、当初それが『経済からの自由』と題されていたように、「非経済的諸制度に『意識的に埋め込まれた』経済を備えたポスト市場社会に向かう、世界の適応について理論化することだった」[149]。一九五〇年代中頃に、書名は『アメリカ合衆国の大転換』に変更された[150]。それは、アメリカ合衆国における市場社会の発展の歴史的分析に始まり、「非経済的諸制度――労働組合、企業、政府」のなかに経済を「再び埋め込むこと」や「機能的財政の重要性」を展開する諸章が続き、最終章は「自由と平和――経済から政治へ」となっていた。この最終章は、世界の政治秩序と経済秩序のあいだの相互作用に関連する『大転換』での探究を刷新しようとするものだった[151]。一九五〇年代の終わりには、同プロジェクトの主題は再び変容した。新しいテーマは『自由と技術』で、それは、「ジョージ・バーナード・ショー、サルトルと実存主義者、ロバート・オウエン、「その他の」哲学的形而上学的問題」を含む広い分野を横断するものとなった[152]。繰り返される書名の変更と理論的解釈の修正にもかかわらず、大幅な進展はほとんど見られなかった。言うまでもなく、二人は協力して『ダホメと奴隷交易』に取り組んでいたが、ポランニーの完璧主義が遅延の一因になっていた。ポランニーには、自分が完璧主義に陥っているときにはうまく対処できないのに、他の人がそうなったと彼が診断するときには巧みに治療できるという、悪い癖があった。ポランニーに治療された人のなかに、ホプキンズがいた。ホプキンズが完璧主義に陥って『初期帝国における交易と市場』の約束していた章を執筆できなかったとき、ポランニーは、「完成させるまで外出しないで部屋で座っているようホプキンズに指示して、原稿を書かせることに成功した」[153]。だがポランニーは、同様の治療法を自分自身に適用することには消極的だった。ポランニーはしばしば、改善の余地があると思ったら印刷に回すことを拒否した。ポランニーが書いた一つの論文に関して、「私は四〇もの草稿を数えました!」、とロトシュタインは回想している[154]。これこそ、『自由と技術』が机のいちばん下の引き出しに残されることになった主な理由である。また、ポランニーが「『ダホメと奴隷交易』を決して手放さなかった」ために「私たちはそれを完成できなかったのです」[155]、とロトシュタインは述べている。

機械文明のなかの市場

イギリス時代とアメリカ時代のあいだにポランニーの関心事のバランスに変化が生じたことは、よく知られている。『大転換』では前資本主義的社会に関する叙述がもっとも弱い部分だったが、一九四八年までにはそれが中心的な関心の的になり、その状態は継続した。この展開は、どう説明されるのだろうか？　ポランニーの人類学や古代史への没頭は、政治的・経済的失望からの逃避であろうか？　イギリス時代に、人民戦線からアトリー政権までのいくつかの政治的プロジェクトの熱狂的支持者であったポランニーは、キリスト教左派とカーロイによる自由ハンガリー運動に参加した。しかしアメリカ時代には、彼が活動しうる条件は整っていなかった。一九三〇年代に左派の急進的キリスト教徒は社会の隙間《ニッチ》で栄え、スコッツボロの青少年の防衛をめぐって、共産主義者の団体とアフリカ系アメリカ人の教会の団体との連携が結成された*。しかし一九四〇年代には、これらすべてが活動停止となり、その後一〇年経つまで再開しなかった[156]。一九三〇年代の闘争的な労働組合運動は取り込まれ、一九四〇年代半ばに一時的に高まった後に抑圧された**。一九三〇年代にニューヨークの知識人を大いに活気づけた急進化は止まってしまった。そうした傾向は、ポランニーが論文を寄稿したことのある定期雑誌『コメンタリー』の変質にも見られる。この雑誌は当初、反スターリン的ユダヤ系左派の会報として出発したが、自由主義的で、とりわけ新保守主義的傾向の強い、反共産主義の旗を掲げる主要雑誌に変わってしまった[157]。ポランニーは、イギリスでは活動家の聴衆への講演を定期的に行っていたが、合衆国ではそういった講演は、例えば社会主義キリスト教徒の団体での講演のように不意に依頼されただけで、例外的だった。[158] この時期には、ポランニーの支持した社会運動が衰えただけでなく、彼が選んだ政治的プロジェクトの多くが挫折した。一九四〇年代末までには、ニューディールは企業の利害に完全に抑え込まれ、アトリー政権はＮＡＴＯと資本主義に従属的に強く結びつくに至った。さらに、モスクワの覇権的地位にはいささかの善意もないということが判明したのだ。こうした事実を認め、彼の希望が幻想に終わったことを認識したとき、ポランニーは落胆したに違いない。

一九四〇年代のポランニーの軌跡には政治的に引き起こされた断絶が見られる、とサリー・ハンフリーズが論じた背景には、こうした文脈がある。『大転換』でポランニーは、彼の社会主義な見方と「原始主義的な〔primitivist〕」見方を結びつけることに失敗した。しかし、アメリカ合衆国への移住が「政治的世界からアカデミックな世界への」移動となったことを受けて、ポランニーは今や、自身の思想の二つの部分〔社会主義な見方と原始主義的な見方〕を分離することで、そのような失敗を免れることができる、と考えるようになった。といっても、資本主義の矛盾と社会主義の展望を強調する、彼の社会主義的見方が弱められたわけではない。アメリカ時代を通じて、ポランニーの経済史学はもはや市場社会ではなく、前資本主

＊一九三一年、アラバマ州で九人のアフリカ系アメリカ人の青少年が、列車内で二人の白人女性を強姦した嫌疑によって起訴され、すぐに死刑判決が下された。この裁判を人種主義差別の象徴として受け止めた共産党は、公正な裁判の権利と無罪釈放を求める闘争を展開し、この事件は国際的な問題となった。

＊＊アメリカ労働運動は、一九三五年に労働者の団結権・ストライキ権を認めたワグナー法のもとで活発に展開したが、一九四七年に労働組合加入を義務づけるユニオン・ショップやストライキ権を制限したタフト＝ハートレー法により抑制されるようになった。

義社会の研究に照明が当てられるようになった。このことは、政治学からの方向転換を示している。それは、「アメリカの戦後の問題に対する自身の理論の意義」を詳しく述べるのに彼が乗り気でなかったことによっても説明されてきた。社会主義経済の問題に対するポランニーの関心は抑えられたままであり、「彼の晩年における評論誌『共存』との関わりや、ハンガリーとイタリアでの講演、計画経済の人間主義的側面に関するメドウの研究へのポランニーの影響などを通じて、それは時折現れたに過ぎなかった[159]」。

一九四〇年代後半と一九五〇年代初頭のポランニーの著作において政治的テーマへの関心が明らかに低下していることを、ハンフリーズが確認したのは正しい。それは、ポランニーが自身にとって厳しい政治的土壌〔合衆国《アメリカ》〕に移り住んだ状況を反映している、という彼女の指摘もかなり説得的である[160]。しかし、「社会主義経済学の諸問題」がもはやポランニーの著作の中心にはないと想定する点で、彼女は間違っている。ナフィシーが指摘しているように、前資本主義諸社会についてのポランニーの研究は、重要な意味において論理的な前進、すなわち、『大転換』の関心のさらなる発展を表現していた[161]。これから見ていくようにそこには、ポランニーが「社会主義経済学の核心的テーマ」と見なしていたもの――市場システムとそのイデオロギー的遺産の衰退、どのように経済を社会に再統合するのか、「機械文明」が迫りくる時代にいかにして科学と技術を民主的に制御するのか――が含まれていた。その過程においてポランニーは、「機械」の概念に照明を当てながら、産業社会と商業社会の関連性を理論立てるための新しい方法を模索していた。

機械と市場システムは相互補完的である、とポランニーは長いあいだ考えてきた。技術のあらゆる力を解放するために「私たちは人間社会を自己調整的市場へと転換し、思考と価値観をこの特異なイノベーションに適合させたのです」と、かつてポランニーは一九四一年にベニントン大学の聴衆に語ったことがある。だが、そうしたシステムが崩壊し、人類はもはや「自己調整的社会」を信頼できなくなり、その代わりに「私たち自身で社会を調整すること」を学習しなければならなくなった。この社会的覚醒《エピファニー》から、「科学と権力」を普通の人びとの要請に結びつけるための、献身的な「人間の新しい理想」と新しいヒューマニズムが生まれてくるだろう。機械による生産が要請することに人類が自ら嬉々として、あるいはしばしば熱狂的に服従した機械時代は、終わりを告げるだろう。[162] この命題は、『大転換』でさらに詳しく展開された。そこでの中心的な議論の一つは、孤立し規制された諸市場から自己調整的市場経済への移行は、「市場が異常に発達する何らかの内在的傾向」ではなく、商業社会に導入された「機械という人為的現象」から生じた、というものだ。工場制度の発展を促した精巧な機械の利用は、「商業から産業へと重心を決定的にシフト」させたのである。[163]

このような文章における市場と機械に関するポランニーの論述には、曖昧なところがある。「機械」は市場システムをもたらしたが、同時にそれは商業社会から産業社会への移行を誘導した。一九三〇年代にポランニーが理解していた通りに、崩壊へと向かっている一つの統合された社会構成体として産業資本主義を理解するならば、曖昧さを批判する差し迫った理由はない。だが、市場社会が死滅しつつある一方で産業主義（または機械文明）が引き続き栄えるとすれば、両者の関係を慎重に考察する必要がある。ポランニーが第二次世界大戦後に没頭した対象は、この難問であった。ポランニーの議論は、時間を経るごとにヴェーバー的な響きを帯びるようになった。だが、ヴェーバーが「市場システムの優越性を確信」[164] して、官僚主義的行政の冷酷な機構にますます従っていく世界においていかに個人の自律性を確保するか、という問題を提起したのに対し、ポランニーの場合には、鉄の檻が機械によって構築されたことが問題とされている。つまり、機械が市場に対して、あるいは機械が市場を介して社会一般に、標準化と自動化という機械の痕跡を刻印したことが問題なのである。[165]

ポランニーの考え方における微細な変化を示す一つの通過点を、ロンドン大学での講義内容に見出すことができる。ポランニーはそこで、近年の人類史における新時代を画する破壊的な要因として、機械化について言及している。そして、ウイリアム・ブレイクやジョン・ラスキンやモリスの名前を挙げながら、機械を恐れるべき対象として受け止めた批判的思想の伝統のなかに彼自身を位置づけている。機械化された産業が人間と労働と自然とのあいだの「繊細な均衡」の混乱を生じさせたことは、強いられた都市化や工場のような「人為的環境」における人間の魂の劣化によって例証されてきた。しかし実際には、そのような人間社会の発展のなかで生じた不均衡を、資本主義という一つの社会構成体の責任に帰することはできなくなった。というのも、仮にそうすれば、「まさに機械による生産を組織化するために資本主義が導入された」、という事実を見逃すことになるからだ。それゆえ、市場資本主義が明らかに退潮しているにもかかわらず、人間が機械をいかにして扱うのかという問題が残ったのである。経済が「社会のなかで切り離された独自の『経済領域』」として存在し、またそれが市場システムによって支配される産業文明の段階は終焉し、新しい段階が始まろうとしている。[166]

この進展しつつある研究計画は、ポランニーがアメリカに旅立つ直前に執筆した二つの論文のなかでより明確に規定されている。最初の論文は「時代遅れの市場志向」で、それは、「機械時代の最初の一世紀は恐怖とおののきのうちに幕を閉じようとしている」、と大げさに告知するところから始まっている。[167]そして、第二の論文「経済決定論の信仰」では、トインビーの挑戦と応戦のモチーフを展開して、「機械の挑戦」に対する人間の「最初の応戦」を代表してきた競争的資本主義が、今や世界中で、もっとも顕著にはヨーロッパで「下り坂」にある、という主張を提起している[168]。自由主義的資本主義の仕組みが衰えるとともに新しい挑戦が出現しているのだ。「産業文明の不吉な先触れには、すべてを無力化する分業、生活の規格化、人間に対する機械の優位、自発性に対する管理機構の優位が見出される[169]」。産業革命によって構築された社会は「人間存在のさまざまな条件を乱してきた」が、やがて「人間を滅ぼしてしまうかもしれない」。現に、「人間と機械が長期にわたって共存しうるかどうかを予測することは誰にもできない[170]。人類が挑戦を受けているのはこうした産業文明の問題であって、一部の人が考えているような「資本主義の問題」ではないのである[171]。

産業文明の新しい段階の挑戦に対する応戦を展開していくなかで、ポランニーには二つの選択肢が見えてきた。一つは本質的にテクノクラート的な選択肢であり、産業の要請に人間が適合するよう強いた前世紀のやり方をそのまま継続するものだ。もう一つの民主的な選択肢は、それとは反対の方向を求めて、「生産者と消費者が自ら計画的に介入すること」による「産業問題」の解決を目指す[172]。この目標の達成は決して容易ではないし、とりわけイデオロギー的土壌を暴力的につくり上げてきた市場社会の遺産が残存しているために、その実現は阻まれている。市場社会は、決定論的論理と「物質主義的道徳」を原動力にして動く。人間が、飢えと利得という功利主義的計算に動機づけられた経済のリズムに合わせて踊る行為を、市場社会は前提にしている[173]。市場社会の論理を内面化してきたために、人間は機械の奴隷として仕えることに順応してきたのだ。

ポランニーによれば、民主的計画が成功するためには、それが、市場社会に浸透していた見方とはまったく異なる「人間と社会の総合的な見方によって規律づけられる」必要がある。そのための基盤を準備するためには、彼が独自の立場から提供してきたような、自由主義市場イデオロギーを体系的に暴露することが要請される。[174]ここに至ってようやく、彼が前資本主義の諸経済を研究する意義が明らかになってくる。というのも、既存の社会から自らを遠ざけることで、それを批判的に考察することが可能になるからだ。そして、経済的行為があたかも市場志向的な個人的行為であるかのように普遍的にモデル化しうると想定することが間違っている、と認識できるからである。マリノフスキやリヒャルト・トゥルンヴァルト、そして言うまでもなく、ポランニーのコロンビア大学の同僚であるマーガレット・ミードといった人類学者たちによって報告された、「原始的経済」のフィールドワークは、利己主義や物々交換したり交換したりする性向を文化的に普遍的であると見なす前提を解体した。そして、「原始的経済」がある意味では現代の市場社会よりも人間的である「と同時に、それほど経済的ではない」、という事実を明らかにした。[175]彼らが証明したように、市場経済以外では、日常の経済生活に対する態度は、「生産手段の功利主義的論理」によってではなく社会文化的に決定される傾向がある。[176]

次々と公表されつつある民族誌の学術的証拠のなかでポランニーを興奮させたのは、物質的利得は「原始的な」人びとにとって第一の関心事ではなく、明らかにそれは、その社会構造の関数だった、ということだ。このことは、現代の資本主義的規範とは根本的に異なる「経済」を構築するための新しい方法を切り拓いた。ポランニーは各年度の数回の講義を、「互酬性」を「原始的生活のすべての関係に浸透している態度と確認した、トゥルンヴァルトの考え方の紹介に充てた[177](「『大転換』が示しているように、私は当初から、あなたの著作に多くの恩恵を受けています」、とポランニーはトゥルンヴァルトに宛てて手紙を書いている)。レイモンド・ファースとマリノフスキが調査した太平洋諸島では、純粋に経済的な諸制度は存在せず、「経済」は、他から切り離され区別された領域の形態を取っていなかった。むしろ、経済的な諸構造（分業や分配の様式など）は、非経済的な価値や制度の影響を大いに受けていた。

共同体が経済を吸収し、経済を方向づけていたのである。自由主義的資本主義において共同体が経済に統治されているのとは逆に、共同体がその価値を経済に吹き込んでいたのである。この意味において、「原始的」社会の経済システムは不可視である、と言える。というのも、経済は、社会的諸関係の全体性のなかに埋め込まれていたからである。

経済的諸制度と社会秩序との関係を描く際にポランニーが用いた有名な用語は、「埋め込み〔embedded-ness〕」である。[178] 何がこの用語の選択に導いたのか私たちは確信できないが、一九二〇年代以降のジャーナリズム活動を通じて彼自身によって執筆されたもののなかに――例えば、社会秩序に相互扶助的経済が「組み込まれている」仕方を描くときに――、類似する用語を使った痕跡を見つけることができる。[179] またポランニーは、アメリカの制度学派の経済学者であるウォルトン・ハミルトンが一九三二年に使った用語に注目していたように思われる。ハミルトンによれば、制度は「集団の習慣、あるいは人びとの慣習のなかに埋め込まれている、普及した持続的な思考や行動の仕方」を意味する。[180] そして、おそらくポランニーは、トゥルンヴァルトによるこの語の用法に着目していたようだ。現に、トゥルンヴァルトがこの概念の創始者であると考える人びとがいる。ファースを引用しながらジェンズ・ベッカートが指摘しているように、トゥルンヴァルトは『人間社会』〔全五巻、一九三一―一九三五〕のなかで、「埋め込まれた〔embedded〕」（*eingebettet*）という用語を使っている。[181] しかしながら、ファースとベッカートは、トゥルンヴァルトの用法がカールのそれと異なる点を見逃している。ドイツの人類学者のトゥルンヴァルトにとって「埋め込まれた」とは、個人の経済活動はめったに独立して行われることがなく、普通は共同体のより広い経済循環のなかに組み入れられている、という事実を示す表現だった。このように用いられる埋め込みは、経済協力や分業と同義である。一九三〇年代中頃のポランニーは、この語をそのように用いたことがあった。例えばミードの『サモアの思春期』〔一九二八〕に関する注釈で、これを言い換えた一節に基づいてポランニーは「埋め込み」を用いている。「重視すべきは、個人が何を行ったかでもないし、また、個人の技量でもその漁獲や収穫の量でもない。つねに重んじられるべきは、より広い社会的状況における個人の位置である」[182]。しかしながらポランニーのその後の用法は、個人の具体的行為から、例えば経済と社会の関係というような社会的諸関係全体のあいだの（いわば、社会関係の一般的な）関係に拡張されていった。（コロンビア大学でのポランニーの最初の博士課程の学生の一人が「埋め込み」の観点から「産業的秩序」を研究していることについて、彼は弟マイケルに満足気に伝えている[183]。）

「原始的」社会から人間の歴史の全体的な広がりまで視野を広げることでポランニーは、経済的行為は一般的に、物質的財の利己的《エゴイスティック》な追求ではなく自負心や威信や公的称賛や私的名声によって制御される、ということに気がついた。ほんの少し前の一八世紀までの西洋の経済は、まだ社会のなかに「吸収」あるいは「埋め込まれて」いて、物質的労働や暮らしは、自律的な自己調整的市場によってではなく、諸制度の重なり合うシステムによって統治されていたのだった。一九世紀になって自律的な自己調整的市場が他から切り離されたシステムとして結晶化したときに、初めて逆転が生じた。すなわち今度は社会が「市場のなかに埋め込まれる」ようになり、あらゆる諸制度が市場の律動に合わせるようになったのである。この見方によれば、人類の喫緊の課題は、産業文明を人間存在の要求に順応させることであり、その使命は、経済主義的誤謬や経済決定論によって植えつけられた偏見との闘いを要請している。そのような誤謬や偏見を捨てることで、人間の動機が豊かな異質性から構成されていることに目覚め、自らの社会を意識的に「創造し形成する」自由を獲得するだろう[184]。

要約すると、大転換とは依然として確かな歴史的可能性なのであり、それが彼の研究計画を導き続けたのである。ポランニーは、「産業文明における生活の意味を理解するための新しい土台」を築くという自身の課題について、ある意味では哲学的で精神的使命であるとさえ考えていた[185]。この課題は人生の終わりに至るまで彼を夢中にさせたが、数多くの講演や未公刊のテキストのいくつかのファイルを別にすれば、比較的少ない成果しか生み出さなかった。とりわけ、『大転換』をかつての学生の力を借りて現代化するというポランニーの試みは行き詰まり、最終的には失敗に終わってしまった。しかしながら、経済学と経済史の領域における二つの課題の方は、コロンビア大学での彼の新しい制度主義的立場により適合しており、たくさんの講演や雑誌論文、そして二つの報告書と一冊の共編著に示されるように、より実り多いものとなった。二つの課題のうちの一つは脱構築的なもので、それは、経済主義的誤謬を暴露し、そのことと関連させて市場経済の新奇性を証明しようとするものだった。もう一つの課題は構築的なもので、学者や政策担当者が産業民主主義や混合経済における民主的計画の手段を発展させるのに役立つ一連の概念の完成を目指すものだった[186]。

どちらの課題も、概念的な基盤を鍛え直すだけでなく、とりわけ「原始的」社会と古代社会の経験的な調査を必要とするものだった。古代史研究の現代的意義を過小評価すべきではない、とポランニーは主張した。実際にそれは、「日常生活の問題を概念的に理解するためにもっとも緊急に必要とされる道具箱の一つであることが明らかになるだろう[187]」。一九四七年のポランニーの研究の焦点は、(「初期封建制と封建制の衰退」という見出しのもとで彼が言及した)非市場社会一般の政治的・経済的動態に当てられたが、その後一〇年が経たないうちに、彼は古典アテネとダホメの研究に専念するようになった[188]。これら二つの政体がポランニーの関心を引きつけたのは、二〇〇〇年も前の事例であるにもかかわらずそのいずれもが、「経済計画を市場の要請」と効果的に調和させる方法を発見していたからである[189]。

彼の経済学的で経済＝歴史学的な研究課題はより広い精神的＝政治的使命に貢献することになるだろう、とポランニーは確信した。「私たちが望ましいと考えるべき社会がどのような社会なのかを決めるのは、経済学者ではなく倫理学者や哲学者なのです」、と彼はプラトンのように語っている。しかしながら、経済を「制度化された過程」として経済学者たちが認識するようになれば、彼らの規律となっている教条主義的で決定論的な主流派が、世界の不安定な状態の主な原因で社会進歩に対する障害であり、かつ、未来を形成する能力への私たちの信頼を致命的に掘り崩す悲観主義の主要な源泉となっている、ということを完全に理解できるようになる。したがって、(1)民主主義や市民的自由のような政治的獲得物は、市場システムによって人間に贈られたものであり、(2)経済的正義は政治的自由を犠牲にしてのみ達成され、(3)主流派の理解によれば、経済的行為は効用を最大化するために行為する諸個人が行う希少性〔与えられた人間の欲望や必要に較べて、資源が不足している状況〕に導かれた選択である、といった神話を拒絶する骨の折れる任務が経済学者たちの肩にかかってくるだろう。こうしたやり方を通して、主流派に批判的な経済史家たちは哲学者たちを支援することができる。またそのような経済史家たちは、人類が「公正かつ自由でありうる」ということ、そして、そのために生産効率の低下や消費の大きな節約が要請されるとしてもそれで構わない、ということの証しを提供できる。[190]「畏怖の念を引き起こす産業文明の挑戦」は、「より広い諸概念を入念に仕上げる課題を要請している。それは、「私たちの産業的経済を人間社会の基礎構造のなかに」吸収する問題に取り組むための、制度主義的で歴史的な新たな方法論である。これこそが、ポランニーの研究計画の核心にある関心事であった。[191]

ポランニーがコロンビア大学時代に発展させた、「実質主義的経済学《サブスタンティヴエコノミックス》」と自ら名付けた経済分析の方法が制度主義的分析の方法に基づいていた、ということは明白である。[192] 彼は、市場的行為が必ず衰退すると予測される時代に備えて制度主義を更新することに、自らの役割を見出した。「市場の諸制度が支配的地位から退潮していくにつれ、経済の実質的な意味が制度主義という名のもとに自ずと再び幅をきかせるようになるでしょう。これは『収束性のある』運動です。市場システムの周辺部は、過去およびー程度は少ないかもしれないがーー未来の非市場システムという布全体に施されている模様と同様の複数の布（アメリカの制度主義）で縁どられ、継ぎ合わせられているのです」、とポランニーはロトシュタインにやや謎めいた文章を書き送ったことがある[193]。

ポランニーが言及したのは、アメリカの制度主義と、ヴェーバーおよびアンリ・ピレンヌに代表されるヨーロッパの歴史家や社会学者の同胞たちの収斂である。市場経済が退いていくにつれて「その理論と方法の範囲が縮減していき、制度主義が自ずと前面に登場するようになる」、とカールは考えていた。「ヴェブレン、ミッチェル、あるいはクラークによって考案されたアメリカの制度主義と、ヴェーバー主義的タイプの歴史的制度主義は、制度分析の主要な方法論的道具である経済制度の一般理論に収束しつつある[194]」。

経済学者の揺れ動き

ポランニーは、自身の歴史的で制度主義的な経済学の輪郭を描く一方で、それを経済思想の全体的な流れのなかに位置づけようとした。ポランニーはフィンリーに、その「哲学的源泉はアリストテレスです」、と語っている[195]。このギリシャの哲学者の理解によれば、人間は「生まれながらにして自己充足的」であり、「生計を保障するための制度化された過程として」の経済を有している[196]。そして、生産と消費を媒介する基本制度は、家政すなわちオイコスである。家政は所有物から構成されるのではなく、両親や子孫、奴隷などの諸個人から構成される。近代西欧では、政治経済学が科学として形成され始めたとき、その実践者たちはアリストテレスと同様に、人間の物質的生活の組織化と制度的構造を基準として「実質主義的《サブスタンティヴ》」（あるいは「社会的《ソサイエタル》」）な観点から経済を取り扱った。モンテスキューは経済制度を、「社会全体の枠組みにおけるその機能に応じて形成されたもの」として考察している。重農主義者たちとアダム・スミスは富の概念を、本質的に実質主義的な方向で構築した[197]。しかし、一七八〇年代が分水嶺となった。制度的に区別された領域としての経済という意味は、ジョゼフ・タウンゼンドにおいて、さらにマルサスとリカードゥにおいて、より頻繁に見られるようになった。これらの著述家たちは、啓蒙的合理主義の「契約する個人」という仮説を引き合いに出しながら、「経済動機に制御されて形式的《フォーマル》合理性［すなわち経済化《エコノマイジング》］という経済原理に従う、社会から切り離され自律化した経済システム、という近代的な概念を確立した[198]」。マルサスやリカードゥの著作では、「人口（マルサス）や土壌の収穫逓減〔土地に生産要素を追加的に投入する場合、投入一単位当たりの収穫が徐々に減っていくこと〕（リカードゥ）という仮定」のなかに「実質主義的要素」が閉じ込められている[199]。そこでの新しい着想は、「人間の欲求と必要の無限性、今日の用語で言えば希少性という事実から」生じるものとしての、経済的行為である[200]。これは、アリストテレスと正反対の見解を表現している。というのも、アリストテレスは「希少性の仮定を明確に拒絶した」からである[201]。

　ポランニーの目から見れば、一九世紀は経済理論における揺れ動きを経験した。マルサスやリカードゥの形式主義的（または「経済主義的」）アプローチは、フリートリヒ・リストやケアリーやマルクスの社会的《ソサイエタル》アプローチに反論された。しかし、次に社会的アプローチが、カール・メンガーらによる新古典派経済学の構築過程を通じて、形式主義的アプローチからの反論を受けることになった[202]。ポランニーの理解では、メンガーは複雑な役割を演じた。ポランニーはセミナーで、「人間の行為から価格が生じる」ことを証明した点において、メンガーの価値と「市場過程」の理論は「人間精神の最大の偉業の一つ」である、と称賛した。その理論によれば、価格は、製造された商品そのものの属性というよりもむしろ、人格と社会関係の属性と見なすことができる。これは、ポランニーが嫌悪していた、価値は商品に内在するという見解とは対照的だった。[203] しかし、オーストリア学派のメンガーとその共同研究者たちは、合理的な経済化の行為を経済行為と同一視し希少性を自然な与件として想定する点で、致命的な誤りを犯した。その結果、経済学の主題は際限のない人間の欲求を満たすべく希少な資源を配分することである、という思い込みが生じてしまったのだ。[204]

メンガー以後の経済学者の揺れは、古典派経済学の個人主義的かつ実証主義的な方法論に対する批判を前進させた初期の制度主義に見られるように、再び社会的アプローチの方へと傾いた。ドイツの制度主義者とアメリカの制度学派は社会経済的な変化に鋭敏であり、古典派経済学（とりわけ自然法則に制御された人間という、個人主義的把握）を痛烈に批判した。また、生物学や人類学の最新の研究や、それらがもたらした文化的変化と社会の進化に関する新しい見解に対しても鋭く反応した。[205] ポランニー自身の研究は、ドイツとアメリカの制度主義から大きな影響を受けている。「ヴェブレンの秘密は社会主義者だったことだが、最たる秘密は、実際には彼が社会主義者でなかったことだ」、という格言めいた言い回しでヴェブレンをずばり評価できるほど、ポランニーはヴェブレンの著作に精通していた。[206]「資本主義にとっての市場法則の意義を過小評価する」ヴェブレンの傾向には批判的であったけれども、ポランニーは多くの意見の一致を見出し、「『形式主義《フォーマリズム》』の支配に対する『実質主義的《サブスタンティヴ》』な叛逆の提唱者」としてヴェブレンを高く評価した。[207]

ドイツの歴史学派の流れを汲む者とアメリカの制度主義者が限界主義者*の経済分析を乗り越えようとしたことは称賛に値する。しかしながら彼らは、「実証的な概念体系」を発展させることができなかった。[208] メンガーと同じく、ポランニーの思考に含蓄ある影響を与えた思想家のマックス・ヴェーバーは、彼らができなかった実証主義的な統合理論のための概念を完成させようと挑戦した。ヴェーバーは、限界主義者の経済理論を受容したけれども、安定した社会秩序の基礎を自由市場が提供するという考え方については批判した。つまり経済領域は倫理的・政治的関心によって方向づけられねばならず、そのような作用に関する研究は制度的構造の理論を必要とする、というのである。ヴェーバーは、制度主義の経済学者であるカール・クニースとヴィルヘルム・ロッシャーのもとで研究したことがあり、彼らとともに「合理主義的な」方向づけの観点から資本主義について議論することに同意した。合理的な方向づけは、利己心が共同体や義務に従属する封建社会の温情主義的文化とは対照的な倫理的理念（または「精神《スピリット》」）として理解されている。[209] ヴェーバーは、プロイセンにおける資本主義の発展に関する研究のなかで、経済に対する文化の対抗的位置づけという、典型的に歴史学派的な命題を展開した。純粋に経済的な観点から見れば、農業国であったプロイセンの転換は進歩的であるが、それは、国民《ネーション》の倫理的・政治的基盤の崩壊という犠牲を払って達成されたのであった。このことは、資本主義社会の不安定な側面に向けられた、ヴェーバーの広い関心を物語っている。市場だけでは合理的な社会秩序の基礎を提供することはできない。市場の作用は、道徳と国家――国家については、市民的秩序と進歩を保障する、概して慈悲深い非人格的な存在と考えられている――が設定する枠組みのなかに限定されなければならない。[210] 統合的な資本主義社会の社会的な前提条件が市場の行為者の利己心にしか求められないのであれば、経済学の研究は、その文化的外皮（または精神《スピリット》）や制度的構造の理論によって補完される必要がある。

コロンビア大学に在職中のポランニーは、経済史への自身の方法について、ヴェーバーの研究プロジェクトを批判的に利用して更新することである、と位置づけていた。ニューヨークに向けて出発する少し前に、彼はマイケルへの手紙のなかで、ヴェーバーの生涯にわたる著作を「一九四七年という現在において理解しうる水準にもっていくためには、初めからやり直す必要があると分かった」ので、再度読み直しています、と打ち明けている。[211]ヴェーバーの功績は、「一般経済史」の分野を最初に切り拓き、それを、「人間社会において経済システムが占める位置」について理解するための概念的道具で満たしたことである。[212]ポランニーはさらに、経済的行為の形式的合理性と実質的合理性とを区別する（形式的合理性は経済的諸行為の量化と計算とに関係し、実質的合理性は経済的諸行為が「究極的価値」に役立つ程度に関係する）ヴェーバーから、創造的な刺激を受け取った。[213]ただし彼は、ヴェーバーの方法を無批判に受容したわけではない。おそらく、ドイツの社会学者であるヴェーバーは、生まれたばかりの経済人類学を無視していたために、経済主義的誤謬の犠牲になったのであろう。[214]また、経済と市場を同一視し、さらには人間の取引と物々交換の必要性という神話に賛成したために、ヴェーバーは自らの形式的／実質的という二分法を、それが有する独自の根源的な結論にまで高めることができなかった。[215]ポランニーが自身の課題にしたのは、まさにそのことであった。

＊労働価値説に基づく古典派経済学を批判し、追加的な消費から得られる効用の増加分である限界効用や、生産要素の一単位の増加によって可能になる生産物の増加量として定義される、生産要素の限界生産力、といった限界概念に立脚して近代経済学を樹立したレオン・ワルラスやカール・メンガーなどの経済学者。

ヴェーバーの誤謬の核心は、「経済的《エコノミック》」という用語の二重の意味に関連する罠に陥ってしまったことにある。ポランニーの主張によれば、「経済的」という用語の第一の意味、すなわち、一八七一年にメンガーが最初に公式化しライオネル・ロビンズによって広められた形式的な意味であるが、それは、経済学を経済化と同一視するようになり、希少性の条件下におけるさまざまな選択肢の合理的選択に関する研究として経済学を定義してきた[216]。しかし、メンガーが形式的な意味の生みの親として最初にこの病を広めたとするなら、彼は後年の著作で、それとは自覚しないままにもう一つの実質的意味を規定したことで、自分が広めた病の治療薬を発明することになった。それは、「物質的な欲求充足」に関する研究としての経済学であり、「意識《マインド》や理性的合理性よりも身体と身体的諸欲求から、より多くの手がかり」を引き出す科学《サイエンス》であった[217]。こうしてメンガーは、人間経済の一般理論のための実行可能な基礎を提供する概念を創り出し、それが制度主義者たちの手に渡ったというわけである。その人間経済の一般理論は歴史と人類学を含むだろうし、すべての人間社会に対して一貫して適用されうるだろう。それゆえ人間経済の一般理論は、市場現象だけに焦点を絞ることで「原始的諸共同体」の理解には何の役にも立たない形式的経済学とは対照的なのである[218]。経済的という用語の二つの意味が異なることがどれほど重要かを考慮するなら、これほど多くの社会科学者たちがそれらを混同してきたことは恥ずべき事態である。市場システムの興隆によって、実際にはこの二つの意味が同時発生した事情を考慮すれば、理解できないわけではないとしても。「経済的」ということの二つの意味の「混同」を推進した点で、ヴェーバーはアルフレッド・マーシャルと並ぶ「主犯」だった。ヴェーバーの経済史アプローチの基本的な弱点でもある理論上の欠陥は、希少性の公準が前資本主義社会にも当てはまる、と想定したことにある[219]。欠陥を含んだ図式に依拠して、ヴェーバーは近代合理性が諸価値から解放されていると信じた。しかしポランニーから見れば、近代経済は社会から切り離されてしまった〔disenbedded〕のである[220]。

このようにポランニーは、経済思想を歴史的に概観することによって自分のアプローチを位置づけたのだった。彼の方法は、アリストテレス派と特徴づけることができる。それは、現代人類学の発見によって豊かにされ、経済的な相互作用の基本的な諸類型をモデル化するために採用された「アリストテレスの互酬性と再分配」の概念を用いるとともに、アメリカの制度主義やヴェーバーの「一般経済史」(ヴェーバーの「一般経済史」の欠点は、メンガーの実質主義的定義のおかげで訂正された)から刺激を受けている[221]。ポランニーの理解によれば、実質的要素がすべての経済の共通点を指し示すのに対し、制度的次元はそれらの違いを明らかにする。

ポランニーの実質主義的《サブスタンティヴィスト》理論のなかにある種の機能主義を識別することは、ある程度可能である。機能主義は、デュルケームとマリノフスキやアルフレッド・ラドクリフ＝ブラウンのような人類学者によって展開された。機能主義は、人間の本質によって創出され統合され調整されるシステムとして社会を認識した。機能主義の主張によれば、社会の諸制度は特定の社会的必要を満たすために存在する。そして、一連の所与の社会諸関係が機能的に補完的である限りにおいて、社会は統合された全体として認識される。これはポランニーの考え方と同じである。ポランニーのアプローチは、「経済、および、社会における経済の位置を取り扱うすべての社会科学における」適用可能性を追求し、とりわけ、「非市場経済の経済学」の基礎を提供することを目指した[222]。経済に関する実質的な意味が、諸経済を比較するための唯一かつ真に普遍的なパラメーターである、と彼は主張した。そして、全体としての社会の一般的な諸目的との関係のなかで経済行為を理解する必要がある、と力説したのだった[223]。ポランニーの制度主義のなかにも、機能主義的側面が確認される。そこでは、経済は「組織の問題」であり、組織は「制度の働きに関する運営上の特徴」から定義され、制度はその機能——共同体に提供するサービス——に従って表現される。[224] 経済制度は、社会の安定性と統一性を保証しながら、資源をいかに利用するかということや、さまざまな経済要素を全体としての社会のなかに統合し埋め込んでいく努力をどう評価するかということを通じて、目的を具体化するものである。これは、経済過程におけるさまざまな要素の「統合形態」を探求するという、経済学者の中心的任務を定める。[225] 経済過程は、「さまざまな運動が相互に依存し、相互の機能が関連し合う傾向を示す限りにおいて、統合されている[226]」。

ポランニーの研究計画の概略は、一九五〇年までには定まっていた。彼がヤーシに打ち明けたところでは、実現可能な目標は、初期社会の経済、とりわけ交易や貨幣や市場といった現象に関する新しい解釈を提供しながら「比較経済史の基礎を築く」ことだった。[227] それは、次のようなさまざまな問題に対する科学的な解答を追究するものであった。例えば、「原始的経済」と産業資本主義との相違をどのように規定するのか？[228] 市場システムが存在しないときに経済はどのように機能するのか？ 市場的交換が存在しない場合に経済統合はどのように実現されるのか？[229] ——これらの難問は、一九五〇年代のポランニーの研究の中心的な位置を占めていた。ポランニーが発見したことは、『初期帝国における交易と市場』、および、二つの遺著である『人間の経済』と『ダホメと奴隷交易』において発表された。[230]

丘の上の都市

ポランニーの研究は、彼が自ら認識していたように「実際には古代経済史に属する」が、だからといってそれは古物研究ではなかった。彼にとって人類の直面する中心的な問題とは、「諸市場に基づくシステムと科学的で総合的な計画に基づくシステムとの競争であり、また、それらのありうる組み合わせ」であって、それゆえその研究目的は、「現在の私たちの関心に応え、その視野を広げること」にある。[231]北米時代に準備されたポランニーの三つの著作はいずれも、前近代的な交換の諸制度に関する研究であり、再分配、互酬性、制度的な価格設定によって経済統合を実現しうるかどうかを確認することを目的としていた。[232]彼はとりわけ、諸市場と「実施されている中央計画」とを巧みに結合させた過去の諸経済に関心を寄せた。ポランニーの多くの文章は、現代の経済秩序にとって過去の諸経済が有する意義を見出そうとした様子を伝えている。[233]なかでもギリシャ社会の研究は、近代の経済に対する啓発的な洞察をもたらすものだった。というのも、市場と計画の諸システムが、ある意味でギリシャ文化を起源としているからだ。市場システムの起源は、「小規模の計画化」と食料品の小売市場が共存したアッティカ〔古代ギリシャのアテネ領域〕に見出される。そして計画システムの起源は、紀元前四―一世紀頃のエジプトを支配したマケドニア王朝による「大規模な官僚主義的な計画化」を、古代エジプト王が改良した諸方法のなかに求められる。[234]「私たちの政治学、哲学、科学、芸術を誕生させた才能によって、すでに高い評価を得ている古代ギリシャ人は、あらゆる進歩的な人間の経済の創始者でもあった」、という命題をポランニーは主張した。[235]

ポランニーがフィンリーに伝えたように、「市場交易〔market-trade〕と精巧な種類の計画経済の両方」を生み出した古代ギリシャ人が、経済学についてはまったく無知であった！というパラドックスが、この命題の重要性を倍増させている。[236]例えばギリシャの哲学者たちは、価格が政治的な規制に従うものと考えていたために、価格理論を発展させる必要性を感じていなかったし、政治的権力と経済的権力との明確な違いを認識する必要性も感じていなかった。ギリシャの哲学者たちの世界では、経済的資源は原則として人的役務の形態を取っており、経済的資源の割り当ては、「親族関係や婚姻関係や半封建的な従属関係などの非売買的な性格の諸関係を介して実施された[237]」。マケドニアが支配したプトレマイオス時代のエジプトにおける計画経済は、近代的な意味での「経済的」なものではなかった。古代アテネの市場は、小売市場であれ土地や銀鉱山の賃貸借であれ、「政治的規律と道徳的規律を有するポリスによって規制されていた（残念なことにいまだに経済史家が『経済的』という用語で示すような、市場の諸法則によって規制されていたのではない）[238]」。

古代アテネは、ポランニーの理想とする丘の上の都市だった。それは、再分配、互酬性、市場交換といった諸要素が「有機的全体」へと効果的に統合されうる可能性を示していた。そして、自由と権力集中を正反対の原理であると見なす、近代の想定の愚かさを露呈させるものだった[239]。アテネの民主的ポリスは、その規律を経済的・社会的領域の隅々に行き渡らせ、そして個人に対しても貫いた。しかしこれは、自由の否定ではない。というのも、自由は国家への参加を通して実現されるものであり、ポリスとその法は「正義と道徳性の制度的な具現」として理解されていたからである。公務の輪番制やくじ引きによる選抜などの諸制度を有するアテネの民主主義は、少なくとも市民に適用されたものとしては、平等の原理の勝利や、すべての市民が「公的な行政機構の複雑な働きを熟知する」仕方で参加するという原理の勝利を表すものであった。そこでは、市民を疎外する官僚制から正義が提供されるのではなく、どの市民も精通している諸制度のなかに正義が具現されることが保証されていた[240]。市民は楽しげかつ義務として、議会や陪審員制度、祭事やスポーツ競技や観劇、そして商取引やその他の物的慣行に参加した。良き生活とは、個人的欲求の充足が単に足し合わされるものではなく、公的活動への参加に精神を集中させることである、と理解されていた。獲得することそれ自体が目的であるような獲得志向の交易は脅威と見なされたけれども、それが市場活動を排除したわけではない[241]。民主的ポリスの偉業は、それが「官僚制なしに中央国家計画を効果的に実施できた」ことに加えて、市民の軍事的、政治的、その他のサービスに対して支払われた貨幣が用いられるために、食料品市場の発展に重要な刺激を与えたことにある。言い換えれば、アテネの民主主義を効果的なものにするために、「ポリスから支払われた貨幣を介しての都市レベルでの再分配」が必要とされ、その結果、地域市場が創出されたのだった。市民の暮らしを国家と市場が用意したのである。だが、そこには官僚制も必要とされず、社会的・政治的構造の境界を市場の諸力が破壊する危険もなかった[242]。ポランニーにとって、民主的アテネはまさに赤いウィーンの先駆けだったのだ。

ポランニーの古代ギリシャに関する歴史学的研究が『初期帝国における交易と市場』のなかの一つの章という形をとって公刊されたとき、とりわけオックスフォード大学の歴史家のジェフリー・ドゥ・セイント・クロイは、有無を言わせぬ激しい批判を浴びせかけた。クロイは、『初期帝国における交易と市場』の書評を一九六〇年に執筆した。クロイはそこで、ポランニーの執筆した章が本全体で説得力に欠けるものの一つになっているとして、次のように指摘した。同書は、ポランニーの一般理論のために「価値が損われて」いる。例えば、「アッティカの雄弁家の個人的演説やユーモラスな詩に含まれる、ギリシャの商業活動に関する膨大な証拠について無知であること」を露呈しており、ソロンとペリクレスの時代の原始的で「未熟な〔naïve〕」経済と、ヘレニズム時代のプロト市場経済とのあいだに、「まったく根拠のない境界線」を引いている。古典ギリシャの諸経済が互酬性と再分配の諸関係に基づいていたとする、同書の想定には説得力がない。オックスフォード大学の古典学者〔クロイ〕は、こうした事態は五世紀以降には「明らかに存在しない」、と酷評した[243]。

クロイの批評は突き刺すような苦痛をポランニーに与えたに違いない。しかし、彼は喜んでそれに耐えた。というのも、その批評は『初期帝国における交易と市場』の一部についてこそ批判的であったが、本全体については、「一九世紀と二〇世紀の高度に発達した社会以外に関心を持つ、すべての人類学者と経済史家」の興味に応える「草分け的研究」、と称賛してくれたからである。[244] ポランニーは感謝の気持ちを、評者〔クロイ〕と自分の研究協力者たちにすぐに伝えた。クロイは「古代アテネに関する私の見解を情け容赦もなく批判した」が、重要な点は、「彼が私たちの一般的アプローチをきわめて興味深いと考える、すばらしい紹介をしてくれた」ことである、と。[245] 現にクロイは、「『初期帝国における交易と市場』の重要性」を認識し、その意義を一流の経済史ジャーナルで発表してもくれた、「私たちの仲間以外の最初の学者」だった。これは、ポランニーが長いあいだ待ち望んでいた大きな成果であった。[246]

『初期帝国における交易と市場』は古代を研究する歴史家にとって刺激的な書物である、ということが証明されたが、その影響がもっとも大きかったのは、新しい学問分野である経済人類学であった。同書は、形式主義者《フォーマリスト》（新古典派経済学の道具の普遍的妥当性を支持する）と実質主義者《サブスタンティヴィスト》との論争に火をつけ、その論争から経済人類学そのものを誕生させたのである。この論争を引き起こすことで、『初期帝国における交易と市場』は経済人類学への関心を高めることに貢献した。同書が刊行される以前、経済人類学の分野では毎年ほぼ一〇本の主要論文と数冊の書物が出ていただけであったのが、刊行後にはその数字が何十倍にも上昇した。[247] だが、社会科学全体で見れば、同書の影響はポランニーの期待に応えるところまで行かなかった。もちろん、彼の期待があまりにも楽観的であったことは確かである。ポランニーは、あらゆる産業化された経済において「市場」はその支配的な地位を取り返しがつかないほど失う運命にあり、その結果、主流派の経済分析は衰退を免れず、彼のような制度主義的アプローチが「自ずと影響力を持つようになるだろう」と、長いあいだ考えていた。[248] しかしながら、実際は逆の方向に流れていた。アメリカ合衆国という国家は、戦争以来、国防総省《ペンタゴン》と社会科学研究評議会（ＳＳＲＣ）*を通じて動き、「価値中立的」な専門知識に重点を置きながら、社会科学の課題を定義し直した。[249] 部分的に軍事計画に組み込まれた経済学は、外から与えられた目的を達成するための社会工学の一形態として実施されるようになり、経済学の新古典派的変種が正統的な地位を確立した。[250] この新たな動機付けに反応した学者たちは、自らの中立的立場を意図的に装い、専門的能力を強調するようになった。こうして社会科学は実証主義へと急速に傾斜していき、急進的な視点から離れていくことになったのである。[251]

*社会科学を抽象的な議論から、社会が解決を要請する公共的問題に学際的に取り組む方向へと転換させることを目的とする、一九二三年設立の学術機関。

第七章　存在の不確かさ

一九五六年に、ポランニーの心を動かした著しく対照的な二つの出来事が起こった。一つは、ハンガリー民衆の感情の噴出が蘇ったことである。ポランニーは一〇代の頃、彼が書いたロシアのナロードニキ運動《ポピュリズム》に関する賛歌のいくつかの章句のなかで、ハンガリー民衆の感情の噴出を、「世界史におけるもっとも勇敢で純粋な革命の一つ」として称賛したことがあった。[1] 一九五六年の出来事は、ハンガリーに対する彼の思いを「再び掻き立てた」。「それだけではありません。この出来事によって私は今や、愛する母国を与えられました」、と彼はマイケルに書いている。[2] 残酷な弾圧にもかかわらずこの出来事は、「将来性のあるハンガリーが出現する」中心的な力、すなわち「ポピュリスト〔人民主義者〕」と現在迫害されている党の改革者との結びつき」に、光輝くような形を与えたのだ。[3]「この結びつきは、とりわけカールとイロナが賛同していた二つの運動の連携だった。それゆえポランニー夫妻は、英訳されたハンガリーの詩集を共同編集するという、ハンガリーの未来と二人の絆を祝福する過程で[4]新たに発見した彼らの共通目標を実現しようと決意した。詩集『鋤《すき》とペン』の創作過程は、カールとイロナが一緒に過ごした最後の数年間のなかでもっとも幸福な時間の一コマだった。『鋤とペン』というタイトルは、ハンガリーのポピュリズムを高く評価する二人の意図から選ばれたものであり、二人には「ポピュリストと現在迫害を受けている党の改革者との結びつきが将来のハンガリーを出現させる種子になるという、共有する信念」があった[5]。詩は、きわめて適した媒体だった。詩人のシャンドール・ペテーフィは、一九世紀ハンガリーの自由主義革命の指導者として知られている。ポランニーが数十年前の卒業式で声を張り上げて朗読したのは、ペテーフィの詩だった。ポランニーが属した「改革の世代」にとって、ペテーフィと同様の役割を果たした詩人はアディであった。この企画に「大いに興味を示した」オーデンが、序文の執筆を依頼された。『鋤とペン』は、改革のなかで倒れ命を落とした同志であり詩人でもある、エンドレ・ハヴァシュの思い出に捧げられるものとなった[6]。

もう一つの出来事は心身を消耗させるものだった。ポランニーは生涯のなかで何度か、長期におよぶ体調不良に悩まされてきた。晩年の体調不良は一九五三年の夏に始まり[7]、一九五六年は死に向かう節目の年になった。膀胱が炎症を起こし、翌年、癌と診断されたのだ[8]。それから七年ものあいだ、ポランニーはしばしばトロント病院に入院して、X線とコバルト60の放射線治療や数回の手術を受けた。だがいずれの治療も癌の転移を防ぐことはできず[9]、死の予告をもたらす診断は避けられなかった[10]。ポランニーは、すでに一九四〇年代に遺言で自身の財産をイロナに譲る意思を固めていたが、今度は、自身の著作に関する遺産の管理に着手し始めた[11]。これらの年月に書かれた書簡には、ポランニーが自らの人生の形成と意味を熟考し、己の人格、および、自己と他者との関係を評価している、明確な傾向が認められる。そこにはまた、達成されるべき複数の未完の企画や、成し遂げたい和解の内容も含まれていた。例えば、ハンガリーへの帰還やマイケルとの和解に関するものがそうである。

度重なる病院通いのあいだでも、ポランニーは充実した生活を送ることができた。一九六二年に彼が二週間の入院を終えたとき、イロナは、「私たちは多忙ながらも幸福です」、カールは「機嫌が良く……とても元気です」、と述べている。[12] 翌年の別の長期入院の後、カールはマートンに宛てて、度重なる入院生活が「楽観的で希望的な医学的所見を遠ざけることになりました。〔しかし〕私は再び仕事に復帰するつもりです」[13]、と書いている。また、予期しなかった数度にわたる癌の診断でさえ、歓迎すべき副作用をもたらした。なんと、彼の神経症が治ったのである。[14] それでも入院の期間は、幾度か健康状態が悪いために長引いた。最悪の事態は一九六三年の終わりに訪れた。彼はその間、大量出血して少なくとも二カ月にわたる入院を強いられた。[15] カールの友人ウォルター・ニールの表現によれば、それは「秋の地獄」であった。[16]

知的活動に関していえば、入院によってポランニーの研究の進展が過度に阻まれることはなかった。彼の公的な活動が、身体的能力の制限によって大きく妨げられることもなかった。以前はポランニーがセミナーの開催されるニューヨークまで足を運んでいたのだが、今では、友人たちやかつての学生たちに彼の住むピッカリングに来てもらうようにした。また、それまではほとんどの招待講演を引き受けていたけれども、この病気をしてからは慎重な姿勢で臨むようになり、一部の招待講演を断ったりキャンセルしたりし、弱々しい声を補うために会場のアナウンス設備を使うようにもなった。[17] ポランニーは癌を患っているにもかかわらず、自分が今や知的生産の極みに達したと確信し、「復帰」できたことに歓喜しながら、「まさに今」私は真価を発揮しています、とマイケルに宛てた一連の手紙のなかで書いている。[18] ポランニーは自分のその状態を、父の死後に経験した「緊張」から生じた「極度の精神的苦痛」に起因する、知的生産性がきわめて低かった中年期（「ゴドーを待ちながら」過ごした「失われた」三〇年）

の状態と対照させていた。[19]ポランニーの言う失われた数十年というのは、彼の誤った思い込みである。実際には、ポランニーはまさにこれらの数十年のあいだに一連の価値ある貢献を成就させたのであり、その後、彼の思索は後退し始めたのである。一九五六年以降には、重要な問題提起を行った内容のあるテーマが彼の文章から生まれることはなかった。とはいえ、ポランニーの精神は活き活きした状態を維持していた。彼は、印象的なさまざまな話題について書き続けた。そのなかには、パーソンズの社会学や、自由と技術、さらに植民地以前の西アフリカなどが含まれていた。（「私はダホメの資料に夢中になって取り組んでいます」、「それを大いに気に入っています」、とポランニーは書いてピアソンを驚かせた。[20]）

老獪な罪人

「老獪な罪人」と名づけられた未刊の草稿で、ポランニーはタルコット・パーソンズをめぐる謎に取り組んでいる。ポランニーは、パーソンズを「私たちの友であり敵でもある」と見なしていた。[21]一方でパーソンズの世界観は、非常に魅力的で親しいものに感じられた。パーソンズは、ポランニーが精通していた環境から出てきた人間であった。パーソンズの父は、（キリスト教が教師で社会主義は生徒という位置づけではあったが）キリスト教化された社会主義を布教したことがあった。[22]若き日のタルコット・パーソンズは、倫理的に方向づけられた経済学を発展させようとし、功利主義的個人主義や社会の原子化を推進するエンジンとしての市場システムや、社会的諸価値の経済に対する従属についての批判を展開した。[23]彼は、ハイデルベルクでレーデラーやマンハイムと一緒に研究し、またロンドンでは、人類学者のエドワード・エヴァンズ＝プリチャード〔一九〇二―一九七三〕やファースと交流しながら、トーニーやマリノフスキの著作やイギリス理想主義哲学に夢中になって取り組んだことがある。パーソンズの機能主義的社会学の見解は、ポランニーの社会学といくつかの共通性を示していた。例えば、パーソンズの社会学が統合の概念に優先的地位を与え、社会がその内的諸要素を調節するよう保証する手段に注目する点がそうである。その一方、パーソンズの思想はまったく異質で有害でさえあるように思われた。それは、経済の形式主義的見解、および、あらゆる相互依存関係に先行して存在するモノであるかのように個人の諸行為を取り扱う、社会的行為の原子論的な理解を、新古典派経済学と共有していた。[24]パーソンズの思想は、人間社会を存在論的に統一されたものとして描き、分化の諸過程によって社会統合が脅かされる可能性を否定していた。[25]また政治的に見れば、パーソンズは一九四〇年代にはニューディール支持者であったが、その後、公民権運動を支持しながらも、強硬かつ声高に反共産主義を掲げる冷戦体制下の自由主義者へと転向している。[26]

パーソンズの魅力的な側面も嫌悪感を抱かせる側面も、アメリカの自由主義的知識人の右傾化の節目となった『新しいアメリカの右翼』〔一九五五〕に彼が寄稿した論文で明確に示されている。[27]『新しいアメリカの右翼』は、自由主義を自認する体裁を保ちながらも、本質的には保守主義的なマッカーシズムについての一連の弁明を寄せ集めた論集であった。興味深いことに、パーソンズ論文の中心を占めていたのは、ポランニーの「二重運動」を逆転させた解釈であった。パーソンズの議論によれば、産業化がアメリカの経済生活における国家の役割を拡大させてきたが、市民は自由企業のイデオロギーに縛られたままである。「マッカーシズムによって表現された緊張の核心」は、この矛盾に起因する。[28]政治システムを不安定にするそのような緊張は、近年の国際的な次元における「危険で険悪な状況」の影響を受けている。そうした状況は、「国民のなかの多くの異分子」が国益のために熱狂的に立ち上がるように、社会が「動員」されることを要請してきた。この要請は、「私的利害を擁護する」というアメリカの伝統的信念と衝突せざるをえないものであり、マッカーシズム的テステリア〔極度の過敏性や攻撃性〕のなかで突発した緊張と精神的病理を生み出したのであった。[29]

『新しいアメリカの右翼』は、ポランニーへの挑戦状だった。それは、彼のコロンビア大学のセミナーから誕生した機能主義と戦前の多元主義という、重要な政治理論と社会理論から成る思想潮流を利用していた。[30]『新しいアメリカの右翼』はまた、そうした思想潮流を保守主義的かつ反民主主義的で反共産主義的な、ポランニーにとっては受け入れがたい主張に結びつけていた。仮に、急進派《ラディカル》としてのポランニーの自己認識が一九五〇年代にはいくぶん穏やかになり、また、狭隘な社会主義の綱領について、自由と技術という「新しい」問題に適切に対応できない、と批判的に考えるようになっていたとしても、なおポランニーは、市場社会に対する「神聖な憎悪」を抱き続けていた。イロナによると、ポランニーのそうした憎悪はアメリカ時代を通じて「強まった」のだった。[31]『新しいアメリカの右翼』に正面からの批判を試みはしなかったが、ポランニーはパーソンズが示した具体的な挑戦に対して応戦した。

パーソンズ、あるいはより正確には、パーソンズが共著者である『経済と社会』に対するポランニー学派の最初の論評は、ピアソンとホプキンズが師匠〔ポランニー〕と緊密に連携しながら刊行するに至った『初期帝国における交易と市場』において公表された。『経済と社会』に対するピアソンとホプキンズによる批評に鋭さを与えているのは、『初期帝国における交易と市場』と『経済と社会』が同じ学問領域での競合する試みを代表している、と指摘した点である。リチャード・スウェードバーグが言うように、アメリカ社会学は、工場生活や社会的流動性や職業編成などの残余的部分を別にすると、経済的行為の大部分の研究を経済学者たちに委ねてしまう傾向があった。けれども、そうした残余的部分から構築されたのは、断片化されて歪められた経済ビジョンでしかなかった。一九五〇年代中頃になるとそのような「残余的」アプローチは放棄されたが、それは『経済と社会』と『初期帝国における交易と市場』の功績に負うところが大きかった。[32] ピアソンとホプキンズは『経済と社会』について、「一般理論を目指した力作」であると称賛して率直に敬意を示し、[33] そしてポランニーとパーソンズの方法に見られる共通性について、次のように指摘した。「ある社会が繁栄する場合に十分に満たされるべき客観的な機能的要請という視点から」社会を考察する点において、また、社会的諸制度が「これらの機能的前提条件の達成に必然的に貢献する」と解釈する点において、ポランニーとパーソンズの方法はともに「機能的」なのだ、と。[34] ポランニーとパーソンズの方法は、社会と経済の関係を一般的レベルで考察するという、同じ見方をとっていた。また、欲求充足のための物質的手段を継続的に供給する過程として経済過程を把握するポランニーの実質主義的な概念は、パーソンズの機能主義と両立するものであった。[35] ポランニーとパーソンズの方法は、経済的行為を三つのカテゴリーに分類する手法を展開しており、ポランニー学派的な「統合のパターン」(再分配・互酬性・市場交換)は、パーソンズの「配分決定」(「権威的機関」・「構成員」・「個人的競争」)に対応している。[36] ホプキンズがパーソンズと面会したとき、二人のあいだに多くの違いがあるものの、とくに埋め込み概念を中心とする共通の基盤が存在していることを、互いに認めた。[37] だが、両者のあいだの相違が見過ごされることはなかった。ポランニーやピアソンやホプキンズから見てパーソンズが明らかに方向性を間違えたのは、パーソンズが、ヴェーバーやデュルケームと同様に、経済的という用語の形式的意味と実質主義的な意味との差異を理解できていないことだった。この差異を理解できなければ、市場を経済制度の原型と見なす誤謬を許すことになってしまう。[38] このためにパーソンズは、「近代社会における市場経済の位置」を理論化することができていないし、彼が社会的行為の諸形態として概念化したサブシステム――経済、政治、宗教――それ自体が現代の市場社会に特有な社会的諸形態の産物であることを理解できていないのだ。[39]

　ポランニーは、一九五〇年代の残りの時間を、すなわち彼に残された人生の数年間を、パーソンズの機能主義を批判的に評価する研究に充て、その課題に取り組み始めた。「一般社会学」の構築という点では「完全な失敗」であるとはいえ、パーソンズの「思想的世界は、パーソナリティ構造と役割期待との関連づけを通じて、原子論的で個人主義的な図式の空白部分の一部を埋めていることで、大いに評価されています」、とポランニーはピアソンに宛てて書いている。[40] ここで言及されているのは、パーソンズの社会的行為理論における統合の概念化についてである。彼の社会的行為理論では、完全な統合が生じるのは個人の欲求が社会の期待と一致するときである、と説明されている。『社会システム』でパーソンズが述べているように、社会の「期待システム」〔社会の期待と個人の動機づけが一致するように調整する仕組み〕が妨げられるところでは、社会的統合は崩壊する。次に「再均衡化のプロセス」が起こり、「新しい価値パターン」を内面化した調整された均衡が生成してくる。[41] この考え方は、パーソンズがマートンと一緒に二〇世紀の中頃に発展させた、「社会的緊張」理論の中心にあるものだ。パーソンズとマートンの関心は、社会的緊張によって生じる不安に対する個人の反応に向けられていた。それとは対照的に、ポランニーの関心はマクロ・レベルにあった。「緊張」という用語は、一九三〇年代と一九四〇年代のポランニーの著作を興味深いものにした概念であるが、この用語がパーソンズの研究に現れたのもポランニーと同時期だった。ポランニーは、一九世紀における産業を規制するためのヨーロッパ政府によるさまざまな取り組みが「諸緊張」を生み、経済と政治の諸領域の「誤った統合」をもたらす結果になった、と述べている。[42] 彼が他のところで議論しているように、ますます硬直した国民国家の体制が地域の枠を超えた自由な世界市場と両立しない状況が一九世紀末に判明したのだが、それと同時期に「経済的緊張」が生じ、それが世界戦争に帰結したのである。[43]『大転換』の「崩壊への緊張」と題された章でも、同様の展開が分析されている。その後、つまり、彼のパーソンズ社会学に対する関心が深まった際に、ポランニーは機能主義的観点からかつての自らの考察に立ち戻り、『大転換』を貫く「ストレスと緊張」の命題に光を当て直すことになる。彼は数年間にわたり、「制度変化における緊張の役割」と題した草稿〔友人たちにはこの草稿を「老獪な罪人」と呼んでいた〕に取り組んだ。同草稿は、パーソンズの研究を睨みながら、社会的緊張という用語を使って彼の一般理論を再構築するものだった。[44]

「老獪な罪人」の草稿でポランニーは、市場システムは「その強靱さを二つの源泉から引き出している」、と主張した。市場システムは、制度的には、「雇用、資源の利用、一定の生活水準が保障される安定性と完全性の程度」から、そして動機づけとしては、「現実の決定要因としての飢えや利得が『所得を稼ぐ努力』に帰結する際に伴う、緊張の相対的な欠如から」それぞれの強さを引き出している。しかし市場システムは、「制度的な、あるいは動機づけの側面から生じる緊張のもとに置かれることがあるかもしれない」。制度が不適切な例としてポランニーは、「大量失業や資源の未利用、雇用保障の欠如、独占の発達など」を挙げている。動機づけとしての飢えや利得が「要求された行動を生み出す効果」を失うとき、動機づけの不十分さが生じる。動機づけの不十分さは現代の支配的な傾向であり、労働の動機を減退させる失業給付制度や、「利潤の誘因力」を低下させる累進課税制度において端的に現れている。新たな期待パターンが生み出す「緊張」はそれらに対する「適応」を要請するが、その際、動機づけの側面に負荷が集中しがちである。飢えのムチが弱められるとき、被雇用者は労働について別の動機づけを求めるようになる。そして、利潤動機が薄れるときには、雇用者は威信や権力、地位、公的義務のような非金銭的な動機づけを重視するようになる。[45] このような過程を経て、新しい均衡が見出される。ポランニーの主張によれば、純粋に進歩的な「適応」は制度的変化を要請するもので、「経済が社会のなかで占める位置の変化」が進行中であるという認識が求められる。すなわち、特異な制度と動機づけのシステムを有する市場システムが老衰状態に入ったために、完全雇用と国家介入が新しい規範になったのである。[46] 労働組合や経営組織、そして政策のパターンの諸変化は、偏狭な経済主義的展望からより視野の広い「社会的・政治的展望」に向かいつつある、現在進行中の転換を示しているのである。[47]

ポランニーはパーソンズの概念的な基本枠組みに魅力を見出し、それを彼自身の制度改革論として改編することに挑戦した。だが、望ましい改革の内容については、ポランニーは、パーソンズ以外の同時代人たち、とりわけ、パーソンズの同僚だったジョン・ケネス・ガルブレイスからより多くの知的刺激を受けた。ハーヴァード大学の経済学者であるガルブレイスが執筆した『ゆたかな社会』が一九五八年に刊行されたとき、ポランニーは彼と自分の考えが近いことに気がついた。同書では、「ケインズの『一般理論』以降の経済学のいかなる研究よりも深い考察がなされている。また、ケインズが自らの学問領域内にとどまったのに対し、ガルブレイスはその領域を意識的に越えようとしている」。『ゆたかな社会』は、「アメリカ資本主義が直面している諸問題」についての真にラディカルな「再解釈」を前進させた。[48] ガルブレイスの本が明確にしたのは、資本主義の形態学と現象学において当時進行していた根本的な転換についてであった。ポランニーの議論によれば、産業革命以来、市場経済の主要な正当化の論理は、物的貧困や生活必需品の不十分さをずっとその根拠としてきた。他方、市場経済が生み出す不平等や搾取、そしてそこから生じる不安定性は市場経済のアキレス腱であり続けてきたが、「多方面にわたる規制と制度改革」を通じて不平等は軽減され、貧困は減少し、不安定性が大幅に改善されるようになった。[49] 産業化の過程が大きな成功をおさめたことによって、ヨーロッパやアメリカのような社会は今や、完全雇用や、物質的福利の有り余るほどの豊かさを誇るようになった。[50] ガルブレイスが明らかにしたのは、この移行に伴った政治的・文化的衝撃である。一律の賃金引き上げは、所得再分配のオルタナティブとして機能する点では、「所得の不平等に関連する社会的緊張」を解消した。[51] 十分な定期収入と仕事がどこにでもある状況が出現するようになるにつれて、労働者の安定性という用語は、もはや賃金と労働の観点から説明することができなくなった。今や労働者の安定性は、「何が生産されるかに関係なく」、単に生産が継続され拡大することに依存するようになったのだ。こうした事態は、「これまで経済過程を制度化してきた様式に適合させることができない」ような社会的・文化的緊張の出現という、新たな変化を生じさせている。そうした変化に関連する議論が、ポランニーの「進歩と居住」*に類似するガルブレイスの用語で、すなわち、効率性と公平性の対立として論じられたのだ。[52] 産業的近代においては、「効率性を最大化する方法」を介して技術が合理的に利用可能となり物質的福利が充足した一方で、生産が自己目的化されてあらゆる人間的価値が生産に従属させられ、生産性・効率性・繁栄が神聖な三位一体として構造化されたのであるが、ポランニーはこれに異議を唱えていた。[53] ポランニーによればこの問題は、資本主義社会のみならず「社会主義」社会にも該当する。諸個人が「貨幣的動機〔貨幣愛を行為の動機づけとすること〕の踏み車」に鎖でつながれて、「個人の生活」が物的財の蓄積にますます奉仕するようになってしまったが、こういった問題に向き合う用意は何も為されていない。[54]

*『大転換』第三章「居住 対 進歩」では、近代以降の急速な経済的・技術的進歩が人間の暮らしや文化や自然に対して破壊的な影響を与えた歴史について述べられ、そうした進歩の速度を調整するための政策の意義が指摘されている。

急速な技術進歩がいつまで続くか見当がつかないなかで見えてくる陰鬱な展望は、効率性が「社会の倫理を決定する者」としての地位に永続的に就くことである。そうなれば、自由は長期にわたる衰退を余儀なくされるだろう。[55]だが、このような危機的な状況はユートピア的な可能性をも生み出すだろうし、「効率性の優位」の降格と「機械」への抵抗は、ついには機械がもたらす「本来の成果」、すなわち、人間の解放の展望を切り開くことを可能にする。[56]そのためには、ある種の文化的な革命が必要になる。文化の革命によって、「もう一台の車やより高価な衣服、あるいは、販売圧力による偽りの商品」ではなく、教育や科学や探究による自己陶冶、自然との交感、そして芸術や詩のような創作活動が、価値あるものと見なされるようになる。さらに、「人生において避けられうるリスクに対する安全保障」や「雇用主への屈辱的な従属」からの自由に価値が見出されるようになる。[57]この綱領《プログラム》はとりわけ、企業権力の濫用から労働者を保護し、「労働者個人に究極的な産業的自由を付与することによって」、組織労働者の諸権利を立憲化するような法律改革を要請する。このような改革は、市場から自由な領域を社会のなかで強化し、その範囲を、その現実的な基盤である政府や企業や労働組合からその外へと押し広げていくだろう。[58]ポランニーが生涯を終えるまでの数年間に関心を注ぎ込んだのは、『ダホメと奴隷交易*』の執筆、「老獪な罪人」の研究、そしてそれらと並行して行われた、技術への期待とその危険に関連する一連の問いであった。

自由と技術

一九五〇年代の中頃、ポランニーは「複雑な社会における自由」の問題に再び興味を抱くようになり、自由と技術の関係を考察する本の執筆計画を立て始めた。その本には、とりわけ、若きヘーゲルと若きマルクスについてのいくつかの章や、後期実存主義の哲学に関する章が含まれる予定だった。ポランニーは、ラインハート出版の編集者に宛てて、同書の基本的な主題を次のように書いている。「複雑な技術文明に固有な、根源的な自由の喪失が進行しています。私たちが喪失しつつある自由は、法的・政治的な性格のものではなく、いつでも行使できる自由であり、その喪失の影響は日常生活の形而上学にまで深く及んでいます。私たちは道徳的な方向感覚を失っており、科学・技術・経済組織をめぐる不吉な兆しに直面するなかで無力な状態に放置されていますが、その根本的理由はここにあるのです[59]」。

『自由と技術』は、文明に内在する「存在の不確かさ」の問題を浮かび上がらせようとするものだった。すなわち、この文明においては、解き放たれた技術が社会を編成して、以前には想像できなかったような仕方で社会を危険にさらしているのである[60]。この本は、見せかけではない自由を獲得するには、「真の精神生活」を可能にする必要条件としての「社会の現実」を、人間が受容するように呼びかけるところで結びとする予定だった[61]。ポランニーによれば、「社会の現実」という用語は、規範、法律、諸制度が道徳的承認を要求するような仕方で諸個人の行為に制約を加える、といった社会的連関を介して諸個人が各人の能力を十分に発揮する、という概念を示すものだった[62]。機械がもたらした複雑な分業の結果として社会的相互依存関係が強化されたときに、社会という意識が生まれたが、それと同時に、諸個人の自由の行使への社会的制約の不可避性や、諸個人が権力や経済価値の諸関係に巻き込まれることの不

＊ポランニーの遺稿集の一つ。本書第六章参照。かつて彼の大学院生だったロトシュタインがボハナンの助言のもとに編集して、一九六六年に公刊に至った。

可避性が、苦痛を伴いながら意識されるようになったのである。「複雑な社会」においては、「社会とは無関係」に「個人的な救済に通じる自由を各自が追求」できる、と想定するのは幻想でしかない。アナーキズムや、青年期のポランニー自身の立場であった、個人主義的で自由主義的な社会主義、そしてそのさまざまな現代版（サルトルのような実存主義など）は、社会と関係することなく各自がそれぞれに自由を追求できると想定しているが、それは偽りの誘惑である。[63]『自由と技術』は、「機械文明のなかで生きる意味と生の統一性」を再建することを、人間が直面している課題として論じる。[64]その課題の核心部分となるのは、市場の自由（「同僚を過度に働かせることや、共同体に対して相応の奉仕をせずに法外な金儲けをすること」）から離れ、制度的生活という集合的な構成として了解される自由や、さまざまな市民的自由〔civic liberties〕を通して確保される自由、そして、再洗礼派やクエーカー教徒が「内なる光〔諸個人のなかに神が現れ、神の存在は直接的に諸個人の経験に現れるという、クエーカー教徒の根本概念〕と呼ぶ」ものに従って諸個人が生きることを可能にする自由に向かって、自由についての理解を刷新することである。[65]

こうしたポランニーの研究方針の文脈の一部は、彼の時代に進行していた、生産と破壊の手段をめぐる革命によって形成された。両大戦間期の諸国家は、自由主義的であれファシスト的であれ、共産主義的であれ、いずれのタイプにおいても、技術革新と生産過程の科学的な合理化を推進していた。それらの諸国家が明言した目的は、国家の競争力を高め、経済危機をそのしかるべき場所、すなわち、非合理的な過去に委ねてしまうことであった。戦争を通じて技術進歩がいっそう加速したことは、第五章で述べたように、ポランニーを恐怖で戦慄させた。戦後、自動車産業の生産工程が自動装置によって機械化され（同時期に、「オートメーション」という新語がつくられた）、また一九五一年にはデジタル電子コンピュータＵＮＩＶＡＣＩ〔世界最初の商用コンピュータ、Universal Automatic Computer の略〕がさらなる技術革命の到来を告げた。[66]鉄のカーテンの両側で、技術は経済効率や日常生活に驚異的な影響をもたらす魔法の杖として見なされた。このような時代の精神は、「化学によって快適な生活を！」というデュポン社の広告のキャッチフレーズにも、「化学はパン、美、繁栄を提供する！」といった東側陣営の諸国のスローガンにも要約されている。[67]

騒々しい技術進歩と、植民地後の世界への産業の急激な進出は、社会科学者たちに次のような疑問を提起した。このような展開の原因は何か？　こうした事態は何を意味しているのか？　と。一八世紀産業革命の起源を研究した経済史家たち、例えばポランニーのセミナーに参加した若いゲストのデヴィッド・ランデスは、こうした問いへの説明の重心を企業家活動と技術革新に置いた。それに対して、クラーク・カーやラルフ・ダーレンドルフのような社会学者たちは、「産業社会」の概念を刷新して根本的に定義し直した。カーは、一九六〇年に次のように断言している。「世界は新時代、すなわち、全般的な産業化の時代に突入している。……世界の諸国民は至るところで、速さの違いがあるにせよ、産業主義へと突き進んでいる」[68]。そうした産業主義の一般的な見通しは明るいものだった。すなわち、伝統的かつ農業的な後進性から科学的‐産業的な近代性への移行は、繁栄と同時に自由主義的民主主義の勝利の行進をもたらす、希望に溢れた行程だと考えられたのである。カー、ガルブレイス、そしてパーソンズ主義の機能主義者たちは、産業化があらゆる社会に共通する要請を課すと想定して、それらの社会は類似した編成パターンへと収斂していく、という命題を入念につくりあげた。産業化の初期段階における混乱や非効率性は克服されつつあるとする見解が、（ダニエル・ベルやシーモア・マーティン・リプセットといった、コロンビア大学のもっとも著名なポランニーの同僚たちによって盛んに）議論された。そして、その他の政治的・社会的諸問題は、技術的な問題の地位に格下げされることになった。これは、政治の終わり《ポストポリティカル》を告げる、〔ベルによる〕「イデオロギーの終焉」の命題であった。[69]

一九五〇年代には威勢のよい自由主義的な観点から産業社会論が構築されたが、それに対するロマン主義的およびマルクス主義的な批判も目立たない形で存在していた。産業主義に対する初期の批判はロマン主義からのものだった。ロマン主義の批評家たちは、文化〔Kultur〕を文明〔Zivilisation〕に対置させた。すなわち、直接的な社会諸関係から構成される旧来の有機的共同体《ゲマインシャフト》と、出現しつつある利益社会《ゲゼルシャフト》――途絶えることのない産業発展、価格や利潤の冷徹な計算、そして生活自体の量化に適合した魂のない功利主義的社会――とを対置したのだった。ラスキンやモリスのような批評家たちによれば、技術や分業は、人間を「歯車」に改造する形態での新しい奴隷制をもたらした。[70] ブレイクに始まりコールリッジを経て、ウォルター・ホイットマン(ポランニーの考えでは、ホイットマンは産業社会における「人間の自由の意味」を啓示した)やトルストイ(技術文明に対するもっとも透徹した批判者)、そしてD・H・ローレンス(ポランニーは、機械時代における人間の感情の貧困へのローレンスの洞察を称賛した)に至る詩人たちは、ロマン主義に生命力を付与した。[71] また、ルソーやシスモンディやテンニースのような、ポランニーが尊敬する何人かの社会科学者たちも、産業社会のロマン主義的批判に貢献した。他方、マルクスはロマン主義的ではなかったけれども、ブルジョア的な合理化された世界観を激しく批判し、「機械の運動」と科学が労働者の活動に指図し機械の目的に人間を従属させる産業資本主義について、痛烈に非難した。[72] さらに言及に値するのは、ポランニーのお気に入りの人類学者であるリチャード・トゥルンヴァルトとブロニスワフ・マリノフスキである。トゥルンヴァルトは、人間性を維持するために道具が発明された「原始的な諸社会」と、機械が人間を従属状態に押しやった近代とを対比した。またマリノフスキは、「近代の機械化の目的を欠いた推進」を激しく批判し、「今日のもっとも不快な出来事、かつ最大の不幸」として科学を非難した。[73]

ポランニーの北米時代における産業社会と技術崇拝に対するロマン主義的批判は、最高潮に達したとは言えないまでも、きわめて活発だった。そうした批判は、ヴィルヘルム・レプケのような自由主義者たちやアーノルド・ゲーレンのような保守主義者たち、あるいは、テオドール・アドルノやマックス・ホルクハイマーやハーバート・マルクーゼのようなマルクス主義者たちによっても支持された。[74]ポランニー自身の見解は、容易に予想されるように、非マルクス主義的左派の見解に近かった。ポランニーの友人のマンフォードはその典型である。おそらくポランニーは、一九五一年にコロンビア大学で開催された芸術と産業技術に関するマンフォードの連続講演に参加したようである。マンフォードはそれらの講演のなかで、技術崇拝への批判を展開した。マンフォードの批判は、「機械文明」において現代人が「量的なもの、計量的もの、外的なもの」を過剰に評価し、「機械を模倣する」ようになり、機械的な画一性と反復的な秩序という特徴や反復作業と訓練への機械的服従という特徴を身につけるに至った、というものである。叫ぶロマン主義作家であるマンフォードは、「人間精神の自律性」を支持して、「機械への抵抗」を呼びかけた。[75]マンフォードの連続講演がポランニーの関心を機械時代に生きる人間の問題へと駆り立てたことや、彼の概念の一部が確かにマンフォード的な響きを持っていることは、十分にあり得る。ポランニーによれば、機械は「効率、オートメーション、適応性」という特徴を市場に刻印し、その結果、社会が「機械を中心に」再編されるようになった。そして、機械化された外的世界によって「人間が空虚や不満や自己疎外の状態」に放置される一方で、「これまで人間の精神生活を育んできた個人的自由への希望が失われたために」、人間の精神生活は「消滅寸前のところまで」来ている。[76]このようなポランニーの叙述に見られるマンフォードに似た表現は、マンフォードから借用しているものでは決してない。これまで本書で見てきたように、ポランニーの技術文明に対する一般的な態度は、マンフォードから知識を得るよりもずっと以前に形成されていたのである。

ポランニーがマンフォードと同じくらい熱心に科学と産業に対する批判を展開したとしても、その批判はマンフォードほどあからさまにロマン主義的なものではなかった。確かにポランニーは、人文科学と社会科学に「自然科学的な見方」を導入することに反対していたし、「科学の時代」が「科学的野蛮」を伴っていることを嘆かわしく思っていた。また彼は、W・W・ロストウ〔一九一六―二〇〇三。アメリカの経済学者〕のような偽りの予言者に対してとりわけ強い敵意を抱いていた。というのも、「テクノクラシー、管理主義、ネオ・テクノクラシー、産業化といった反動的な流れ」がロストウにおいて「科学的頂点」に達した、と考えていたからである。[77]さらにポランニーは、新しい技術が労働者により多くの努力を強いる傾向があることや、機械がつくりだした便利な機械装置に消費者が依存する傾向について論じている。便利な機械装置は、消費者の自律的な精神的能力の発達を阻害することで、彼らをマスメディアに捕らえられた言いなりの人に変え、また、複雑な技術システムを監視する能力があると主張する専門家階層に権力を譲渡するように消費者を促した、と。[78]しかし彼の批判は、科学や技術そのものに向けられたのではなく、（第四章で論じたように）ウェルズやリンゼイに倣って、道徳的進歩よりも速く科学と技術が突き進んできたその速度に対して向けられていた。ポランニーは「科学の人間化」を要請したが、それは、オウエンのような社会主義者たちが主張した、ある種の「意味のある社会」を創出するのに必要な本質的な条件と同じである。また、ポランニーの叙述には、「機械の恩恵と呪い」の両方に言及する傾向があった。機械の呪いとは、「人間の役割が機械に奪われた社会において、人間が人間らしく存在する条件が消滅する」という恐怖である。そして機械の恩恵とは、「人間化された産業社会において人間の精神の自由が救済される」という希望である。[79]

この文脈において、オウエンは特筆に値する人物である。ポランニーはオウエンを、現代ではドストエフスキーに匹敵する予言的能力を備えていた、と称賛した。[80] 今日生きていたならオウエンは、「機械と社会についての彼の発見が喫緊の問題になった世界において、いかに生きるべきかを指し示す真の指導者になっていることだろう」。[81] オウエンは、「西洋人の意識」を形成してきた三つの歴史的洞察のうち三番目のものを示した天才である。[82] 旧約聖書を通して伝えられた第一の洞察は死の認識であり、第二の洞察である自由の認識は新約聖書で啓示された。機械が「もたらした」「複雑な社会」においては「社会からの自由、すなわち個人の自由の絶対性という」イエスの前提が適切ではない、ということを認識したのはオウエンであった。これこそ、「社会についての認識」の啓示は誰よりもオウエンの功績による、とポランニーが見なした理由である。[83] オウエンの啓示は、もちろんロマン主義的な諸要素から構成されてはいない。ポランニーは、オウエンが「機械の敵では決してなかった」ことを、私たちに想起させる。オウエンの名前を冠した運動の「オウエニズムとは、その担い手が労働者階級である、産業宗教であった」。[84] ウェールズ人の空想的な企業家であるオウエンによれば、労働者階級の貧困は、標準的なロマン主義の語り手が示唆したように、産業化それ自体のせいでも、あるいはマルクス主義者が主張したように、他の階級による体系的な権力行使のせいでもなかった。労働者階級の貧困の原因は、特異で歴史的に偶発的な、機械化と市場化の結合のなかに求められるのだった。[85] 競争によって製造業者が費用を削減するように強いられることは不幸であった。だがオウエンは、そうした不幸は、産業化または資本制的生産様式に固有な特徴から生じるというよりも、人間の才能が開花させた生産諸力を人間が一時的に合理的に管理できない状況から生じている、と考察した。ポランニーの考えによれば、オウエンの天分は、「機械」が本質的に新しい社会環境を創出したことを理解したことであり、社会に機械を編入する際には、人間の意識における広範囲に及ぶ大変革を支える、協力と社会的連帯の新しい諸形態の発展が要請される、ということを認識した点にある。[86]

『自由と技術』という本の企画を準備する講演や未刊行の論文でポランニーは、オウエン的な文脈やロマン主義的文脈から離れて、技術のパラドックスという命題の構築に向けて挑戦している。技術は真の意味での「自由の具体化」であり、社会をより「徹底的に人間的」にすることができる。技術は、必要性を満たし不安の諸原因を取り除くために求められている。また技術は、人間を「無知と無力さ」から抜け出させ、文明の光のもとに導くことができる。[87] 他方技術は、社会をますます機械的な構造に押し込める。この警戒すべき傾向はとりわけ二〇世紀に明白になった。二〇世紀は、人間の道徳的自己を封じ込める、継ぎ目のないイデオロギーの包囲網をつくることを可能にするマスメディアを発達させ、さらには、人間を「億単位で溶解させてただの物質の塊」に変えてしまう核兵器を発明した。[88] 要するに、技術には概して人間の進歩を促進させる傾向があるが、「移行期」の現代では、技術の「危険な影響」が明らかになった。つまり、技術は人類に、「不安の狭路を通過するよう」、すなわち、絶滅と全体主義に対する不安を経験するよう強いてきたのだった。マスメディアの産業化が全体主義の扉を開いたという事実は、技術が専制をもたらすと警告したロマン主義の主張の正しさを証明することになった。また、核爆弾のような技術は、複雑な社会の「壊れやすさ」と、社会が存在することの「不確かさ」を示した。[89] ポランニーの知人であるシラードによる発見が、不注意にも、人間を殺傷する技術である原子力エネルギーの利用に結びついたことや、コロンビア大学が初期の原子力研究を支援した事実は、原子爆弾に対する激しい憎悪と恐怖をポランニーにもたらした。

自由と技術に関するポランニーの論考や講演は予備的な考察にとどまり、最高水準の彼の研究を代表するものにはならなかった。とりわけ、埋め込まれた／離床した諸経済に関する長期にわたる彼の研究プログラムに、自由と技術の弁証法が十分に関連づけられることはなかった。ポランニーは依然として、人間が大転換の影響力のもとに置かれている（アメリカ合衆国においてさえ国民は、「南北戦争と同じくらいに深刻で決定的な危機的状況下にあり、想像できないとはいえ確実に存在する、新しい種類の生活様式を求めている」）、と確信していた。[90] だが、当時まさに起こりそうな転換とは、『大転換』で予見された見通しにどの程度沿うものだっただろうか？　技術社会における自由についてのポランニーの考察は、二重運動の概念*を修正しただろうか？　市場社会に関する著名な理論家となったポランニーが、戦後の数十年にわたる市場社会の変容を分析するとき、曖昧さと両義性を付与しがちだったことは注目に値する。概して彼は、当時の西洋を「市場社会」と見なし続けていたが、例えば「資本主義はある程度、その権力構造を計画経済と福祉国家を雛型にしてつくっている」と述べているように、場合によってはさまざまな定式化のあいだで揺れることがあった。[91] 技術進歩（「改良」）と人間存在（「居住」）の要求との矛盾が市場システムのもとで原理的に和解しうるのかという問題について、彼は一つの論文のなかで正面から取り組んでいる。そのような和解が少しでも可能になるとすれば、それは、「あたかもパイロットが視力を奪われた後で無視界飛行に挑戦するような」、「長くて辛い危機」と非常に多くの非合理を併うことになるだろう。というのも、技術と人間存在の調和の基礎をなす経験と判断は、見えざる手の結果としてもたらされるのではなく、「人間の欲求とニーズを形づくり、物質的必要性と道徳的必要性を調和

*市場社会の破局の起源を分析した『大転換』の重要概念の一つ。擬制商品諸市場を舞台に展開される、「市場経済 対 社会の自己防衛」の対抗と衝突を表現する。本書第五章を参照。

させ、労働と余暇を均衡させ、自由とその制限とを均衡させるといった、人間社会を形成する諸力」によってもたらされるからである。[92]

技術の問題が市場社会のなかで解決される展望をポランニーはほとんど信じていなかったけれども、ソヴェトの計画化がその代案になるという期待も、一九五〇年代にはまったく消えていた。産業化に適応するという、西洋と本質的に同じ課題にロシアが直面していることへのポランニーの確信は、以前より強くなっていた[93]。市場社会と同様にソヴェトにおいても、「賃金、住宅、福祉、社会保障、階級的特権をなくし平等を推進する」といった従来の物質主義的諸問題に加えて、脱物質主義的な諸問題である生存と全体主義の問題が生じており、産業の自動化《オートメーション》、「生産への労働者民主主義の浸透」、「原子力の有毒な核廃棄物の脅威」、そして「有色諸民族による反乱」といった、「道徳的・政治的」目的に関わる諸問題が出現しつつあった[94]。平和と自由が「将来の主要な関心事」になりつつある、とポランニーは一九五六年に述べ、続けて、「西洋、つまりアメリカとロシアにおける物質主義の終焉が視野に入ってきており、世界はいわゆる『経済的な』軸から『道徳的・政治的な』軸へと戻り始めている」、と期待を込めて書いている[95]。

ポランニーは一九五八年に執筆した「新しい西洋のために」という論文のなかで、西洋文明が直面する課題についての彼の診断を最新のものに書き換えた。彼は「西洋」という言葉によって、相互に関連する三つの現象に注意を向ける。それらは、ギリシャ・ローマの古代からこれまでの長い期間を通じてユダヤ＝キリスト教的価値観と一体化してきた、諸社会の歴史的・地理的集合、近代において資本主義または社会主義の形態をとった産業文明、および、現在の状況下では、ソヴェトと協力してナチス・ドイツと対決した列強諸国の連合である[96]。西洋のもっとも貴重な遺産は、普遍主義、民主主義、そして個人の責任倫理という諸価値である。しかしながら西洋が、「それらの価値が根づいているのはヨーロッパとアメリカだと主張し、市場経済以外の経済組織に対するヴィクトリア朝的偏見によって地理的な東洋との関係を断った」とき、西洋は、それらのすべての価値を否定することになった。[97]「ヒトラー主義との長い闘い」を通じて取り戻した西洋の「精神的影響力」は、アメリカ主導の市場資本主義という「衰退しつつあるものを見込みのないままに支持するうちにいたずらに失われ」つつあった。また、西洋の衰退は、戦後の決定的な運動、すなわち民族解放闘争が植民地後の世界を創出し、その世界に産業化をもたらすことによって加速されてきた。このような産業化は、「一六八三年のウィーン包囲の解除以降*にヨーロッパが享受してきた優位性」を脅かしてきたのである。[98]

こうした出来事は、相互に結びつきながら西洋文明全体に弔いの鐘を鳴らしているのだろうか？　一見すると、そのような問い自体が馬鹿げている。アメリカ合衆国は世界でもっとも強い国であり続けているし、また、「どちらかといえば、西洋文明は以前よりも急速に拡大してきた」。[99]しかしながら、「精神的な」側面では、逆の事態が進行しているように見える。「東洋」が「現在のところ、世界の問題について創造的に考える習慣を持っていない」ことは確かであるが、そのことに関しては西洋も同じである。[100]資本主義と社会主義がつくりあげてきた成果の時代はずいぶん前に去って、今では「誇るべきこと

＊オスマン帝国による最後の大規模なヨーロッパ進撃作戦。オスマン軍は、オーストリアの首都で神聖ローマ皇帝の居城のウィーンを長期間にわたって包囲した。だが、中央ヨーロッパ諸国連合軍に包囲を打ち破られ、それに続く一六年間の大トルコ戦争で敗北に帰した。その結果、オスマン帝国はヨーロッパ諸国に大規模な領土の割譲を行う条約（一六九九年のカルロヴィッツ条約）を締結し、その後、弱体化した。

は何もない」。確実に西洋は「非難を受けている」。それはまさしく西洋が世界を、恵まれてはいるが、かつてないほどに不確かかな、「産業的で科学的で経済的な道」[101]へと導いてきたためである。

カールはマイケルへの一連の手紙のなかで、「新しい西洋」を創造することに関する自らの考えについて、すなわち、西洋文化の最善のものを保持し、それを西洋の権力集団から解放する文明についての概略を、以下のように述べている。[102] 新しい西洋は、「アメリカニズム」に疑問を表明し、産業化の過程に制限を課すだろう。そうなれば、新しい西洋の政治家たちは、フルシチョフを手本にし、西洋の犯罪を非難するようになるだろう。[103] 西洋の諸国家は、適切に制御されるなら、アジアと他の第三世界の新興諸国に対して有能な助言者としての積極的な役割を果たすことができるだろう。というのも、技術文明を創出した、「資本主義と社会主義の変種の両方」を含む西洋だけが、「今日のアジアで進行中のさまざまな議論に対して有益に貢献しうる」立場にあるからだ。「そして、第三世界は西洋から学ぶことを熱望しているので、西洋に耳を傾けるだろう。そうするのは、西洋の利己的な毒を鵜呑みにするためではなく、多くの必要な警告を選び取るためであり、また、西洋の助言に従って行動するのではなく（第三世界は自らの行動動機を持っており、それに従って行動するはずだ）、第三世界が役に立つと考えるものを自由に取り入れるためである」[104]、と。このような議論はマイケルを納得させるものではなかった。実際、兄の新しい西洋についての考察を丹念に読んでいた当時のマイケルは、兄とは正反対の企画、すなわち、唯一の超大国の地位を目指すアメリカのキャンペーンに西洋文化を貢献させることを推進する企画の中心人物だったのである。

兄と弟の緊張緩和《デタント》

第四章で述べたように、カールとマイケルの関係は一九三〇年代にこじれた。二人の書簡のやり取りは、互いの見解への頑なに思われる曲解や、例えばヒトラーとスターリンによる一九三〇年代の協定をめぐる二人の辛辣な議論の応酬によって、一九三〇年代末に中断した。一九四〇年にカールがアメリカに出発する際、マイケルは「冷淡で形式的な」別れの挨拶をし、カールは傷ついて失望感を露わにした。そうした出来事にもかかわらず、基本的な兄弟愛には修復する力が保たれており、二人は一九四〇年の最悪の状態から和解に向けて歩み寄る方法を模索していたようだ。二人のあいだの激論は続いたが、だいたいそれは、不一致があっても相互の愛情を再確認しなければならない、という同意に代わっていった。[105]マイケルが書き残しているように、『大転換』が刊行されたことで、二人の関係は「劇的」なかたちで明らかになった。なぜなら、彼ら相互の愛情の深さに匹敵するのは二人の社会哲学のあいだに大きく開く亀裂だけであったからである。マイケルは、『大転換』が刊行される一週間か二週間前に、カールに宛てて手紙を書いている。「この世界において私はあなたと複数の絆で繋がっています。そうした絆は、私たちそれぞれが考えているよりもずっと緊密で大切なものです。あなたの成し遂げた独創的で類例のない功績を認めないように徹底的に運命づけられて生まれ育った人がいるなどとは到底考えられません」[106]。その後、間もなく、兄弟の関係は再び冷え込み、しばらくのあいだ連絡が途絶えてしまった。[107]

カールがベニントン大学に滞在して『大転換』を執筆しているあいだ、マイケルは意識的にイロナに連絡を取り続けた。兄との政治哲学の違いを些細なものだと受け止められるようになったマイケルは、「二人の政治哲学へのアプローチが接近している明らかな兆しが見えていますし、それらがいつかどこかで合流するだろうことは確かです」と述べて、イロナを安心させた。[108] こうした言い回しは、経済に関するカールの見解にマイケルの見解が近づいたことについても、当てはまるだろうか？　一九三〇年代の後半にマイケルは、後に「新古典派的総合」として知られるようになった理論に関する独自の解釈を行い、正統派経済学のなかにケインズ理論を組み込んだ。一九四四年に刊行されたマイケルの著書『完全雇用と自由貿易』についてカールは、「私がこれまでに読んだもののなかで、市場経済（私の独自の定義では、労働と土地に対する完全市場を含む）の害悪をもっとも徹底的に告発した書です」、と称賛した。カールからこれ以上の賛辞が贈られる可能性はほぼありえないことだった。だが、カールは同じ時期に、ケインズ主義の計画が「国家による規制の完全な欠如と両立しうる」[109]とするマイケルの主張を批判している。マイケルの見解のいくつかの側面が矛盾しているとカールが考えていたのは明らかだったし、そのように解釈することはおそらく妥当であろう。というのも、フィリップ・ミロウスキーが指摘しているように、若い方のポランニー（マイケル）は「本当に風変わりな人間」であり、「あらゆる計画の話題を頑なに拒絶する」一方で、「ケインズ主義的なマクロ経済学の強固な支持者として、相対的に孤立した」立場に立っていた。[110] マイケル自身の言葉で言えば、彼は、「最小限の『計画』を偶然にも取り込むことになった、もっとも『ラディカルな』ケインズ主義的態度」を採用したのだ。[111] マイケルはモンペルラン協会*でハイエクと行動をともにし、その研究は保守主義者たちに受け入れられたにもかかわらず、彼は、「自由貿易のあらゆる有害な影響」をそのままにしておくように要求するような、あるいは、「原則としていかなる種類の国家企業にも」反対するような、自由主義的保守主義の教条主義的な諸要素を酷評する用意があった。[112] さらにマイケルは、まったくハイエク主義的ではない提案、例えば、議会は単に国家の課税と歳出を可決するだけでなく、「国民所得全体の分配を議会の毎年の決定に従わせるようにすべきだ」、という提案を準備したことさえあった。[113]

当時のカールの経済哲学は明らかに、弟マイケルのケインズ主義的自由主義よりも左派的だった。カールは、資本主義国家が計画の活用を拡大すべきだと強く確信しており、資本主義国家が労働者を営利企業に雇用するよう強制できることを認識すべきだ、という考えを提案した。[114] しかし、このようなラディカルな提案は、国際的レベルでは「自由貿易の害のない形態」、そして国内的レベルでは市場と利潤動機が支配する混合経済、すなわち彼の言葉で言えば、「自由放任と全面的な計画経済とのあいだ」の中道と矛盾することなく並置されていた。[115] この程度ではあるけれども、一九四〇年代の経済に関するカールとマイケルの見解はごく僅かに接近したようであり、「ロシア人の新たなイスラム〔敵〕」とソヴェトの支配階級が有する「秘教的なイデオロギー」に対して批判の声を上げようとするカールに芽生えた新しい態度が、弟との緊迫を和らげるのに役立った。[116] 加えて、意外なことに、ポランニー兄弟は、アメリカ合衆国の反共産主義立法に苦しめられている点で自分たちが結ばれていることに気がついた。カールは妻のビザ申請の許可が下りなかったことで、マイケルは自身のビザが下りなかったことで、反共産主義立法に悩まされていたのだった。

マイケルがビザを申請した時期は、上院議員のマッカランやマッカーシーによって推進された赤狩りの高揚が頂点に達した一九五〇年代初頭と、時を同じくしていた。アメリカ議会は一九五〇年に、マッカラン国内治安法を通過させた。マッカラン国内治安法とは、共産党の全構成員と関連団体の支持者た

＊計画経済と共産主義に反対し、自由主義経済の重要性を国際的に普及することを目的とした政治団体。一九四七年にスイスのレマン湖東岸に位置する保養地モンペルランで創設された。

ちに司法当局への届出を要求し、政府職員として雇用される権利を「破壊分子」から剝奪し、「潜在的な破壊分子」を収容所に拘留するための大統領による緊急事態時の権限を認め、さらに、国務省の排除対象または国外追放の対象となった「破壊分子」に該当する人びとだけでなく、ビザの申請に訪れる人びとの考え方と経歴をも強制的に調査する、という法律である[117]。マッカラン国内治安法の狂信的な激しさは、ブラック・ユーモアの一コマのように、筋金入りの反共産主義者であったマイケルを取り締まりの対象とした事実からも明らかである。マイケルは、一〇年前のロンドンで自由ドイツ科学・学習研究所――共産主義者が運営する団体であることを彼は知らなかった――で講演をしたという理由だけでビザを拒否され、そのため、オファーされたシカゴ大学のポストを放棄せざるをえなかった[118]。マイケルが書いたいくつもの嘆願書は、共産主義に対する生涯を賭けた闘いを示すような、アメリカへの従順な宣言の形態をとったり、嫌疑自体への詳細な反論（彼の一〇年前の講演内容の本質には、ソヴェト連邦での科学的実践における政治的歪みを批判する内容が含まれていた）の形態をとったりしていたが、いずれにせよ、一八カ月にわたり、領事館員たちがそれらに影響されることは何もなかった[119]。マイケルの伝記の著者が指摘しているように、論議を呼んで反共産主義のベストセラーとなった、ケストラーの著書『ヨギと人民委員』（一九四五）がマイケルに捧げられるかたちで書かれた事実ですら、領事館員たちに「まったく影響を与えなかった。というのも、アメリカ大使館の職員たちは誰もそのようなことを知らなかったからである」[120]。マイケルは最終的な手段として、申請を移民ビザからビジタービザに変更したが、それでもなお、アメリカへの扉は閉ざされたままだった[121]。

カールの晩年の数年のあいだに、兄弟の関係が賢明で忍耐強い和解に至ったことは間違いない[122]。彼らの経済哲学は一九四〇年代を通して、（少なくとも、マイケルがモンペルラン協会の立ち上げに関わったことを別とすれば）わずかではあるにせよ、接近していったようだ。一九五〇年代のはじめには二人とも、アメリカのビザが拒否されたことで悩まされた。数十年間にわたる二人の書簡、とりわけ、癌の発病によってカールの死が予期されたときに書かれた往復書簡には、多くの優しい感情表現が見られる。病院のベッドに隔離されたとき、カールは「親愛なるミッシー〔マイケルの愛称〕の愛情」に支えられた。[123] それ以前にも、例えば最初の診断が下ったほんの数日後にカールは、父とイロナを除けばミッシーほど「心から愛した人はいません」、と打ち明けている。カールは、「最愛の父の早すぎる突然の死という運命の打撃から」マイケルを守るために自らが後見人となった困難な時期のことを思い出し、[124] また、人生に「暗い影を投げかけることになった」一九三〇年代のマイケルとの激しい論争と「疎遠な関係」について、後悔しながら振り返った。そして、マイケルから受けた多くの優しさ、とりわけ、「最悪の時期」の自分と一緒に過ごして「狂気」から救う手助けをしてくれたことを思い出した。[125] だが、そうした相互の愛情に満ちたやりとりの後、兄弟の和解は再び、政治的・イデオロギー的な対立のために覆えされてしまう。その根底にあったのは、冷戦の評価をめぐる兄弟の衝突だった。カールは、「冷戦がますますミッシーを狂信的にしている」と考えた。とりわけマイケルが、文化自由会議〔一九五〇年にＣＩＡの資金援助を受けて創設された、反共産主義的文化人の提言団体〕、すなわちフランシス・ストーナー・サンダース〔一九六六—。イギリスのジャーナリスト、歴史家〕が「文化的冷戦」と名づけたものの参謀を集めた組織で重要な役割を果たしていることについて、カールは激怒したのだった。[126]

一九五〇年に西ベルリンで開催された文化自由会議の第一回大会の主唱者は、ケストラーだった。共産主義との関係を断った後、ケストラーはクロスマンとともに、元共産主義者たちとその同調者たちが個人的に体験した共産主義への幻滅と転向についての手記である、『神は躓く』（一九四九）の刊行準備に関わった。ケストラーは、この書籍の成功に続けて文化自由会議を恒久的な組織として立ち上げるべく、同書に寄稿した人たちや、ボルケナウやシドニー・フックのような他の元共産主義者たちに声をかけた。文化自由会議の使命は、アメリカの文化的偉業を示すことによって、芸術と科学における共産主義の影響力に対抗し、ワシントンの外交政策の目標を推進し、さらに、民主主義についてのアメリカ的理解を支持する知識人たちを支援することであった。[127]

かつてコミンテルンの指導者のヴィリ・ミュンツェンベルクの相棒役を務めたことがあるケストラーは、プロパガンダの手法、とりわけ、西側の陣営の諸国民の政治的な時代精神に影響を与えるための文化前線の組織を結成する手法を学んでいた。その戦略は、現在のＣＩＡに継承されている。ＣＩＡは、実際にはアメリカ合衆国の「文化省」として活動し、フォードやロックフェラーやカーネギーといった「泥棒男爵」〔一九世紀のアメリカで、不正な取引や詐欺や恐喝によって巨万の富を蓄財した実業家や銀行家〕の財団を通じて金を配分することによって芸術家や学者たちの反共産主義ネットワークに資金を供与し、さまざまな組織を指揮した。[128] 自らの目的に役立つ、すでに構築された手法を文化自由会議のなかに見出したＣＩＡは、文化自由会議に資金を提供することを承知し、その実権を掌握したのである。

意外に思われるかもしれないが、ＣＩＡは、ケストラーよりもずっと控えめなやり方で反共産主義を奨励しようと努力していた。ケストラーの耳障りで攻撃的な言動は、「民主党寄りの左派」を支持する社会層の一部を遠ざけてしまった。（「ケストラー化する」という表現は、共産主義の同調者たちに対する侮蔑的な攻撃を意味するようになった。[129]）ＣＩＡの目標は、冷戦期の自由主義者とヨーロッパにおける左派の知識人とを連携させる「統一戦線」を構築し、ヨーロッパにおける左派の知識人を大西洋主義に従わせることによって、知識人階層に働きかける共産主義の影響力への防波堤を構築する、というものだった。[130] 文化自由会議は、ヒトラーとムッソリーニの裁判では元ファシストやその追従者たちの名誉回復に意欲を示したほど、右派の知識人に働きかけることに積極的だったが、その幹部メンバーは穏健な社会民主主義者や「民主的社会主義者」であった[131]。文化自由会議の機関誌は、ガルブレイスのような左派寄りの民主党員や、ヒーリーやヒュー・ゲイツケルのようなフェビアン主義者たち（二人ともカール・ポランニーの知り合いだった）、そして、一九三〇年代のファシズムとの闘争を通して見解が形成されたオーデンやスティーブン・スペンダーといった作家や詩人たちからの寄稿を歓迎した[132]。文化自由会議が後援した雑誌『科学と自由』は、そうした戦略の典型だった。要するに、文化自由会議は市民的自由を擁護し、「多くの人びとが国際関係の緊張緩和という用語の意味を理解するよりはるか以前に」その意味を認識しており、その上でソヴェト陣営との知的交流を支援し、冷戦期の西側の軍人たちを穏和にさせることを奨励した[133]。

ミュンツェンベルクの傍らで学んだ、文化の前線組織を構築するという教訓を応用することができなかったからなのか、あるいはそうする意欲がなかったからなのか、ケストラーはそうした活動の中心的役割から外れることになった。それでもケストラーは文化自由会議を支え続け、自分の二人の友人にそれを支援するよう説得した。その一人が、ケストラーのもっとも親しいハンガリー人の友人であるマイケル・ポランニーだった[134]。マイケルは、文化自由会議に加入しただけでなく、複数の高名な国際会議をも企画し、さらに、一九五三年初頭に創刊された『科学と自由』の編集に携わった[135]。もう一人の友人が、パウル・イグノトゥスだった[136]。ハンガリーにおける都市志向的な文学的傾向を扱った機関誌の元編集者であるイグノトゥスは、ロンドンに移住してからは、カーロイの自由ハンガリー運動に慎重かつ優柔不断な仕方で賛同した[137]。彼は一九四九年のハンガリー訪問の際に逮捕・投獄され、一九五六年まで釈放されなかった[138]。一九五六年に勃発したハンガリー革命が失敗した後、彼は二度目の亡命に向けて出国した。

亡命中、イグノトゥスは、移民コミュニティの著名な代弁者として、ハンガリー著作者協会（海外部門）の総裁の役割を果たした功績によって、またたく間に文化自由会議のハンガリー部門の要人という地位を築いた。[139] 一九五七年に彼は、カール・ポランニーに加入を勧めるよう、ハンガリー著作者協会に提案した。その頃のポランニーはイグノトゥスと親しい間柄だったので、まったく不信感がないわけではなかったけれどもすぐに加入を承諾した。[140]

イロナによれば、カールの晩年にマイケルとのあいだで生じた「険悪な感情を引き起こした原因」は、イグノトゥスの書いた「悪意が込められた」論文だった。[141] そうしたイロナの発言は、イグノトゥスの論文の読者を困惑させるように思われる。というのも、同論文が非礼なものにはほとんど見えないからだ。そこに侮蔑的な箇所があるとすれば、それは、若き日のカール・ポランニーが「時代に取り残されるのかもしれないという恐怖――翌日には時代遅れに見えるような片隅へと追いやられるのではないかという恐怖――に取り憑かれていた」、という叙述だった。この不安、もしくは恐怖は、ガリレイ・サークルのメンバーの典型的な特徴を示すもので、同サークルは「理にかなった判断」が得意ではなかった、とイグノトゥスは補足している。[142] この指摘が辛辣な批評であるとしても、感情を害するようなものではないだろう。ポランニーの激しい怒りの反応を理解するには、その背後にある意味と文脈に注意を向ける必要がある。イグノトゥスがＣＩＡの支援を得て『ハンガリー文学新聞』という雑誌を創刊したことは、ポランニーを悲嘆させ激昂させた。イグノトゥスの論文が掲載された巻の編者を務めたエドワード・シルズ*も文化自由会議の賛同者で、その巻はまさに、マイケル・ポランニーの功績を称えた記念論文集だった。[143] それだけに、カール・ポランニーを軽く挑発した文章は、カール自身にとってはことさら悪意に満ちたものに感じられたのだ。イグノトゥスとシルズはＣＩＡの指示を受けて、実の弟マイケルを含むハンガリー亡命者コミュニティに触手を伸ばすためにあちこちに忙しく働きかけていたようである。

ポランニーの感触に本質的に真実味がないとすれば――いくつかの点で鋭さがあるとしても――、単なる老人の疑い深い妄想として、これを却下してしまいたくなる。一九五〇年代の後半にマイケルがピッカリングを訪ねたとき、カールはマイケルに強い口調で、「冷戦にたかる寄生虫」と関係を断つように助言した。そしてカールは、『エンカウンター』〔詩人のステファン・スペングラーなどによって一九五三年にイギリスで立ち上げられた機関誌〕や『パリ・レヴュー』〔一九五三年にパリで設立された英文学雑誌〕のような、CIAから資金提供を受けて設立された刊行物にマイケルが関わることは、政治的干渉に妨げられない知的探求における自由市場――そこでは個人の才能が重要であり、権力やイデオロギーは影響力を持たない――に参加することと著しく矛盾する、と詰め寄った。[144] 文化自由会議の設立に際してCIAは、その表向きの冷戦の敵を模倣し、自由の概念をつくり直したり表現の自由を制限したりするために資金と権力を利用したのだ。「将来性のある種子」を買い占めるためにアメリカのドルが動員される事態を傍観するのは「ぞっとする」、とカールは怒りを露わにした。[145]

CIAが文化自由会議を設立し支配していたことが公然の事実になったのは、もはやポランニーが「だから忠告していたのに！」と叫ばなくなった後だった。とりわけ一九五〇年代のイギリスとフランスで嫌疑が持ち上がった。『サンデー・タイムズ』は、文化自由会議の主要雑誌『エンカウンター』について、「アメリカに占領された国々における治安レヴュー」[146]と名指ししたが、CIAと文化自由会議

＊一九一〇―一九九五。マックス・ヴェーバーの研究者で、マンハイムの業績をイギリスに紹介した。著名なシカゴ大学の社会学者で、パーソンズとの共著もある。

との連携を本当に知っていたのは、選ばれた数人に限られていた。シルズ、ベル、ケストラーのような文化自由会議の幹部らは、彼らの組織のための資金がＣＩＡから出ていることを知っていたが、他の加入者たちは噂を信じないようにした[147]。マイケル・ポランニーは後者に属していたように思われる。マイケルは、戦争直後の数年間にＣＩＡの存在に気づいていたことを否定したが、もしその事実を知っていたらＣＩＡのために「嬉々として」働いただろう、と補足している[148]。要するに、ワシントンの冷戦の十字軍に弟が積極的に貢献し関わることから利益を得ていると推測した点において、カールは正しかったのである。一九三〇年代に、カールの不運と、マイケルが自然科学者として巨額の財産を手に入れつつあったという事情が重なって、弟よりも兄の方がはるかに貧しい生活を送ることになったことと、マイケルの名声の高まりや立派な経歴がこれまで述べてきた冷戦期の活動への熱狂的関与に負っていると見なすこととは、まったく別の話である。ワシントンの策謀とそのハンガリー人の手先を見抜くカール・ポランニーの嗅覚は、『ハンガリー文学新聞』創設の際にも鋭く発揮された。この新聞についてポランニーは、イグノトゥスを中心にしたハンガリー亡命者コミュニティという「腐敗の元凶」に「資金提供を行う組織の参謀」であるとして、明敏に言い当てている。このことは今日では公然の事実になっているが、それは当時の彼が知りうる情報ではなかった。現在、公然となっているという事実とは、イグノトゥスとその仲間のハンガリー著作者協会の幹部たちが文化自由会議の資金援助によって『ハンガリー文学新聞』が破産しないで済む事情を知っており、フォード財団が文化自由会議自体を設立した（部分的には正確な事実である）と確信していたことである。フォード財団がアメリカのソフトパワー計画のエンジンであることを知ったイグノトゥスとその仲間たちは、狡猾にも、助成金の出どころを隠すための仲介的な団体として『ハンガリー文学新聞』を設立したのだった[149]。イグノトゥスは文化自由会議の札付きの支持者であったが、他の亡命知識人たちは馬鹿正直さと自暴自棄から文化自由会議に引き寄せられた。例えば、その典型はジュラ・ボルバンディである。小農業者党の支持者の経歴を持つボルバンディは、一九五〇年代後半にカール・ポランニーとマイケル・ポランニーの論文を掲載した、指導的な亡命者のための雑誌『地平線〔*Látóhatár*〕』の編集者を務めた。金銭的に追い詰められた状況に直面したその雑誌の編集者たちは文化自由会議に資金援助を求めたが、ポピュリスト的な傾向を理由に断られた。[150]ボルバンディは、カール・ポランニーをはじめヤーシにも推薦状を書いてもらうために接近している。果たしてカールは、編集者のボルバンディにしつこく懇願されて、文化自由会議の潤沢な資金のおこぼれを『地平線』誌が確保できるように手助けしただろうか？　マイケルの発言が「文化自由会議で重要な意味を持っていた」当時、編集者たちに便宜を図るべく彼が弟を説得することは可能だっただろうか？[151]

このような出来事は、カールの気力を奪うものだった。ポランニーは、一九五六年のハンガリー蜂起後に逃亡した知識人が新たにハンガリー亡命者コミュニティに加わることで批判的陣営が活気づくことに期待していたが、それは失望に終わった。というのも、ハンガリー人亡命者の海外ジャーナルは「アメリカの組織」に忠誠を誓い、「もっぱらアメリカの利害と目的」のために活動したからである。また、亡命知識人たちは概して、「不快で」、「不誠実で」、「多くの腐敗から成るマジャル・ユダヤの混淆」だった。[152]ポランニーは、消極的な抗議としてハンガリー著作者協会（海外）から退会し、積極的な抗議を表明するために『鋤《すき》とペン』と『共存』（詳細は後述）を発行すべくエネルギーを注ぐことにした。[153]

ハンガリー著作者協会から退会後ほどなくして、先にとり上げたイグノトゥス論文における嘲笑的な文章が、マイケルの功績をたたえる『記念論文集』に掲載された。カールがそれに抗議した際、マイケルは、イグノトゥス論文は害にはならない、とあからさまに否定した。カールが何度も主張を繰り返したために、マイケルはやっと説得に応じた。だが、この事件をめぐる部分的な停戦協定がなされてすぐに、文化的冷戦をめぐる兄弟の諍いが再び勃発した。カールは、『エンカウンター』のようなＣＩＡに資金援助されたプロパガンダの雑誌にマイケルが関わることについて、〔「品位がない」〕とか「腐敗している」などと〕口汚い言葉を浴びせた。マイケルは、文化自由会議への誇り高い奉仕を肯定したり、西ドイツの社会民主党指導者であるヴィリー・ブラントの名前を挙げたりして、文化自由会議がカールの立場とそれほど違わない社会民主主義者たちを含む統一戦線だ、と想起させることによって応酬した。[154]その一年後には、二人のあいだの緊張緩和はきわめて危うい状態になっていた。兄弟がロンドンで再会したとき、カールの病状が悪化していたにもかかわらず執拗な口論が繰り返されるために、アイリーン・グラントはマイケルを脇に連れて行って喧嘩を止めるよう懇願しなければならなかった。その後でも、「二〇分と経たないうちに、二人が居る部屋から口喧嘩の声が聞こえたので、アイリーンは部屋に入ってマイケルを連れ出す必要があった[155]」。

以上の議論で明らかになったように、とりわけ、戦後のカールとその弟〔マイケル〕の険悪な関係は、政治的に有害で精神的に空虚だとカールが罵《ののし》った、ハンガリー人の亡命者陣営やそのコミュニティと密接に関連していた。ハンガリー人の亡命者陣営やそのコミュニティに対するカールの評価は、母国に対する彼の意見とはまったく対照的だった。一九五六年に母国ハンガリーは政治革命に挑み、彼の気分を高揚させた。五六年革命は政治的希望の源泉を再び満たしたのである。

社会主義の「精神的再生」

一九五六年二月、ソヴェト連邦共産党（ＣＰＳＵ）の第一書記ニキータ・フルシチョフは、先任者のヨシフ・スターリンによる恐怖政治の手法を批判したことで聴衆を驚かせた。ポランニーは、フルシチョフのスターリン批判について、そのような暴露は道徳的にきわめて重要なものだと考えた[156]。フルシチョフを担ぎ上げたわけではないが、その演説には「人間が（覆い隠されないで）登場している」[157]、とポランニーは確信した。確かにフルシチョフの演説は、『大転換』の新しい章――今度の展開には希望が垣間見られる――を書くように」ポランニーを鼓舞した[158]。同演説による暴露のもっとも直接的な影響は、共産主義運動を動揺させ麻痺させたことだった。その動揺が拡大した夏から初秋にかけて、ポーランドのポズナニ市での蜂起から引き起こされた政治的危機は、牢獄から釈放されて二年しか経っていないヴワディスワフ・ゴムウカの権力への復帰を後押しした。そして、この出来事がハンガリー蜂起の引き金になった。

ハンガリー革命は、政治へのポランニーの関心を再び覚醒させた。ハンガリー革命は、「数十年にわたって」ポランニーを夢中にさせてきた「科学や教育や論理といった内省的な世界」から彼を引きずり出した[159]。ハンガリー革命の経緯――人びとを集結させた過程、参与した人びと、革命の目標、とりわけハンガリー革命の原因――、およびその影響について、ポランニーは情熱をもって分析した。蜂起の原因に関する説明のハイライトは、革命の隠された決定的な要因としてポランニーが見なしたもの、つまり、ある社会主義国が他国に対して「隠密に」支配を実行するという、危険で道徳的に正当化できない社会主義諸国間の関係の本質についての解明であった[160]。ハンガリーは植民地ではなかったけれども、そ類した類の政府は、国内の有権者の権力ではなく「別の国家の権力」によって基礎づけられていた。こうした類の宗主国／属国の関係は、資本主義的政体のあいだで行われる場合にも十分に有害であるが、ソヴェト陣営のなかで行使される場合には著しく害のある性質を帯びた。資本主義的世界では、「間接支配」は相対的に円滑に行われる。というのも、支配はそこでは「日常生活の細部」にまで侵入する必要がないからである。だが、「中央集権的政府とその機能」が「最重要の要素であり、かつ駆動力」である社会主義経済においては、そうではない[161]。社会主義経済の制度的配置は「技術的な強み」と同時に、社会主義経済に固有の脆弱性をもたらす。なぜなら、「中央の小さな揺らぎ」がシステム全体に波及するために、「政策の変更が小売店や家族や個人へと届いていく時間のなかで、小さな揺らぎが破壊的衝撃にまで拡大していくからである」。モスクワの最新条項に従ってある政策が導入されると、それは、「ある国の社会・経済組織をやみくもに破壊してしまうような、不規則で恣意的な指令となって」現れる[162]。ハンガリーの政治体制における全般的な失政や、その他の構成的な歪みや機能上の歪曲は、ハンガリーの経済組織が細部に至るまで「厳格に行使される外国の支配に従属している」、という事実から生じている[163]。このような帰結は、隠れて実行された外国の支配に特有なものである。外国の支配といっても、それが表立って行われる場合と隠れて行われる場合とを区別して考える必要がある[164]。主権国家の時代にあっては、ハンガリー政府は、自国の権威が宗主国と属国との関係に依存するという事実を公然と認めることができず、市民の利益に奉仕するための政府の行動を誠実に示せなかった。そればかりか、最初に外国の支配を否定したがために、一連の嘘をつき続けざるをえなかったのだ。市民の異議申し立てに対応する際にハンガリー政府は、「周知の事実を抑えるか、捻じ曲げるか」、あるいは「恐怖政治」に訴える、といった態度をとるしかなかったために、体制はますます強権的で専制的になった。そうして、「共産党と民衆とのあいだの溝」は容赦なく拡大していったのである。[165]

ハンガリー蜂起は、究極的にはハンガリーとロシアとの亀裂を抱えた関係から生じる緊張によって引き起こされたという以上の分析に基づいて、ポランニーは、蜂起の経過が共産主義の改革を求める要求によって方向づけられた、と解釈した。蜂起を、共産主義者たちの主導によるものであるが、一八四八年革命の旗印の下に結集して闘った自由主義的で民族主義的《ナショナル》な反乱の要素を含んでいるとして歓迎したマイケルのような人びとと、カールは意見を異にした。[166] カールによれば、そのような分析は、この運動の核心部分に反スターリン主義的共産主義者の改良主義とハンガリーのポピュリズムとの同盟、あるいは両者の融合とまで表現しうるものが存在したことを見逃している。ハンガリーのポピュリズムは、「主導者が『人民《ピープル》のなかに入っていく』のではなく、主導者自身が人民の出身であることを除けば」、ロシアのナロードニキ運動にいくぶん類似した運動である、とポランニーは理解していた。[167] ポピュリズムにおける伝統的前衛である農民層は、「数多くの不平・不満」を共産党の指導部への敵意に集結させたけれども、それが「革命的要素に発展することはなかった」。[168] 革命的要素を準備したのは、労働者階級の「起爆力」であった。途絶えることのない大量のストライキや市街戦、バリケード、そして労働者評議会の設立といった形態での労働者階級による「英雄的」な干渉が、蜂起の中心部分を構成していた。蜂起当初の特徴は、民族主義的《ナショナリスティック》でも自由主義的でもなく、むしろ「社会主義の諸原則への忠誠」を明確に示していた。[169]

ハンガリー蜂起の帰結を見ればその意義はきわめて大きい、とポランニーは評価した。ハンガリー蜂起は、ソヴェト陣営内の転換のための潜在力を示しただけでなく、第三世界における社会主義運動に計り知れない教訓を与え、また、西洋における急進主義の再編と再活性化の道標になった。これら三点について、順を追って検討しよう。

ハンガリー蜂起のもっとも直接的な影響は、「真の」解放運動であるはずのロシアの共産主義が、「衛星諸国に独立した政府を与え損なった結果、それらの国」を著しく腐敗させてしまったことを、確証した点である。[170] 衛星諸国のモスクワからの独立や民主化、そしてそれぞれの経済に「一定の市場的諸要素を導入する」ことに関連する改革が、緊急に要請されていた。[171] 一九五六年の事件からこうした教訓が引き出されるというポランニーの希望は、ハンガリー蜂起が粉砕されたことで後退した。だが彼の希望は、一九六一年七月にソヴェト連邦共産党が発表した新綱領によって劇的に呼び覚まされた。ポランニーの友人のフロムが警告したとおり、新綱領はまったく見かけ倒しに過ぎず、そこには「マルクス主義の用語」が織り込まれ、「義務や家族や愛国心や労働といった、保守主義的な諸価値」が詰め込まれていた。[172] ポランニーはフロムを大いに尊敬し、その人間主義的なものの見方を信頼しており、フロムの見解がマルクス主義に（そして「西洋」自体に！）「生を救済する諸要素」を吹き込んだ、と高く評価していた。だがこの新綱領の問題に関しては、ポランニーはフロムではなくモスクワの方を信頼した。[173] 彼は、一九六一年の新綱領で使われている一部の用語、とりわけ、西側陣営の経済を「国家独占資本主義」[174] と描写していることに苛々させられたが、（ほぼ丸一週間かかって）新綱領の全ページを熟読したポランニーは、そのメッセージを、真に畏敬の念を引き起こさせるものと判断した。[175] 新綱領が、「一九一九年の共産党創設以降の現代社会主義運動の歴史のなかでもっとも重大な出来事であることは疑いえない」[176]。社会主義はもはや、所有関係の単なる転換として理解されるべきではない。今や社会主義理解の力点は、生活の質と、経済を社会的諸関係に「埋め込むこと」に置かれるようになった。[177] 新綱領は、国内的には次のことを、すなわち、穏健な労働組合主義を再生させたり、地方で農村文化を復活させたりすること（「オウエンの協同村」を連想させるような、「農村の町に経済組織を再び埋め込むこと」）、民主主義に部分的な譲歩を行うこと（「議会制の可能性」が実行可能なものとして語られている）を約束した[178]。国際的な領域については、新綱領は平和的な共存と非暴力革命を強調している[179]。理論的には新綱領は、正統派マルクス主義の硬直性に揺さぶりをかけてその概念を解体し、「経済科学」を高い地位に昇格させる代わりに、労働価値論を降格させている。またそれは、「経済的報酬原理を、農村社会の組織と機能を統治する個人の動機づけとして」容認する一方で、「精神的な諸価値」の重要性を認めている[180]。新綱領は少なくとも「偉大な創造的諸力」を促している、とポランニーはダルトンを相手にまくし立てた[181]。新綱領は、たとえその影響力が微々たるものであったとしても、「将来の扉を開く所作の始まりを告知」しており、ひょっとすると、「人類の歴史の巨大な進歩のうちの控えめな一歩を踏み出させるものだ[182]」。新綱領は、ほかのどんな個別の出来事よりも、私を社会主義に連れ戻しました、とポランニーはアイリーン・グラントに報告している[183]。

ポランニーが社会主義の信条を放棄したことはなかったことを考慮するなら、「思想回帰」というのは誇張である。ポランニーのソヴェト連邦への称賛は、ブダペストの大虐殺によって大いに損なわれたとはいえ、一九六一年の新綱領や、他の諸地域で社会主義的転換が進行していることで埋め合わされた。ポランニーは、中国における共産主義者の支配を、「ここ二世紀に西洋の外で起きた、その地域に由来する本質と核心を有する最初の出来事」として歓迎した[184]。中国共産主義の支配は、一〇年も経たないうちに国民《ネーション》を変えた。そしてアフリカは、中国以上に短期間で同様の成果を成し遂げつつある[185]。中国やアフリカでのこうした過程を、ヨーロッパや北米が経験した発展の諸段階をただ繰り返しているのに過ぎないと考える懐疑的な人たちに対して、ポランニーは反論した。西洋ではどこでも「社会の自己防衛が……機械の影響に極めて立ち遅れていたが、今日の産業化の拡大においては順番が逆転している。アジアやラテンアメリカやアフリカは、西洋から教訓を学んでいる。新たな経済組織は、技術的効率性の最大化を要求するよりも社会の安全性を優先させている。機械から人間へと重心が移ってきた[186]」。

輸入代替工業化や国有化に推進されて「産業主義の道が拡張したこと」は、社会主義の現代的な形態を表現している[187]。大転換には、これまでにはなかった興味深い新たな章が書き込まれようとしていた。それには、南に向かうグローバルなパワー・シフトがテーマに含まれていた。というのも、世界経済のさまざまな圧力は「あらゆる国々にその対外経済を社会化するように強いており」、すべての国が、市場経済とは異なる統合的な仕方で行動できるからである。市場経済ではそのように「行動することはまったく不可能だった」。イギリスやアメリカのような国家は今や、「最新の対外的な経済組織をそのほとんどが備えるに至った、きわめて貧しく小さな国々に較べてさほど力があるわけではない」。なぜなら、そうした小国は、「市場経済が対立し合う対外経済で協力関係を結ぶことができる」からだ[188]。このことはキューバによって証明された、とポランニーは考えた。キューバは対外交易の独占を有しているおかげで、フロリダ海峡の全域から向けられる脅威に耐えることができたのである[189]。

キューバの事例が示すように、経済革命は政治的覚醒を伴う傾向があり、そのことは世界的な規模で確認することができた。アフリカやアジアやラテンアメリカでの脱植民地化の歴史的運動は、少なくとも一九六〇年前後の活気溢れる時期には、中立主義の領域を拡大することで、超大国をその古巣の北の方へと押し戻す兆しが見られた。チュニジアで開催された全アフリカ人民会議の議決においてと表明された、アフリカから植民地的権力と超大国を排除しようとする決定は、ポランニーにとってとりわけ印象深かった。「全世界は、昨日まで不変であったことが永遠に過去のものとなったことを認識しています。

希望が再生したのです。」、とポランニーはマイケルに書き送った[190]。

ハンガリー革命は、このような世界的な進展に関して、創造的な刺激と警告とを表現している、とポランニーは確信していた。すなわちハンガリーの運命は、次の両面において、「世界的な意義を象徴している[191]。ハンガリー革命は一方では、近現代で「初めての、ポピュリズム的で社会主義的な英雄的抵抗」であり、社会主義の「精神的再生」とマルクス主義の新たな躍動を証明し、そうすることで、世界中の農業社会におけるポピュリズム的で社会主義的な転換に関連するものに大きな影響を与えている[192]。他方、ハンガリー革命の原因とその帰結は、社会主義のプロジェクトの病理、とりわけ、当局と「人民とのあいだの精神的交流の欠如」という問題をさらけ出したが、ポランニーは、そのような社会主義の病理が発展途上の世界全体で繰り返される危険について憂慮した[193]。

ハンガリー蜂起が第二世界と第三世界における社会主義の進展に影響を与えたのは明らかであるが、その西側世界への衝撃も大きかった。それは、旧い共産主義の中心部分を解体して、ニュー・レフトとして認識される存在を出現させる直接の一要因となった。共産主義の軍隊によるハンガリー蜂起の弾圧は、ソヴェト帝国主義の行動が全世界の共産主義者の良心を掻き乱した最初の事例ではない。ヒトラー＝スターリン協定、および東ドイツ蜂起の粉砕は、ハンガリー蜂起以前の諸例である。しかし、これらの場合には、クリス・ハーマンが指摘しているように、「『躓いた神』〔共産主義〕に抵抗する人びとの多くが、社会民主主義か自由主義かに転向したのだった。このことは、一九四〇年代後半から一九五〇年代初頭においては、『自由』と『民主主義』を掲げるアメリカ帝国主義の要請を受け入れることを意味した。共産主義者の主導で一九三五年に創刊された『レフト・レヴュー』のかつての執筆陣だったイギリス人作家や批評家たちの多くが、一九五五年までには、ＣＩＡから資金提供を受けた雑誌『エンカウンター』

に寄稿するようになっていた」[194]。

一九五六年に事態が大きく動いた。それ以前には、自由主義的諸国家による対ナチス・ドイツ戦争は自由のための十字軍として宣伝されてきたのに対して、一九五〇年代中盤には、公民権や脱植民地化への足踏みや抑制の利かない帝国主義的謀略への衝動のために、大々的に唱えられてきた民主主義的諸目標は重荷になった。こうした出来事のすべてが、一九五六年の報道記事で大きく取り上げられた。モンゴメリー・バス・ボイコット事件*やアルジェリア戦争**、そしてイギリスとフランスとイスラエルによるエジプト占領***などが、そうした事例である[195]。一九五六年に、若い共産主義者でＷＥＡ（労働者教育協会）の講師を務めていたエドワード・トムスンは、時代の新しい雰囲気を次のように表現した。

> スターリン主義が風を起こしたが、今やその旋風の中心はハンガリーにある。以前にも述べたように、ハンガリー蜂起の煙は今でもブダペストの上空に立ち昇っている。……辛い受難を経験したこの地にドルが播かれたことも、また事実である。しかし、ダレス氏［アメリカ国務長官］が期待したように、その種のために収穫が増加し続けるわけではないことは、必ず明らかになるだろう。……怒りに満ちた歴史の転換によって、「反ソヴェト的」な社会主義的諸評議会――学生、労働者、兵士の各評議会――に収穫がもたらされることになるだろう[196]。

多くの種子は西側にも播かれた。イギリスでは、トムスンが雑誌『ニュー・リーズナー』を創刊して編集を続けた。同誌は、意見を異にする共産主義者たち――一九三〇年代における人民戦線の経験や戦時下のさまざまな抵抗運動、「ソヴェト連邦との友好」のためのキャンペーン運動、そして一九四五年のイギリスの選挙で労働党の地滑り的勝利をもたらした、民衆の社会主義的世論によって形成された仲間——の声を表現する定期刊行物だった[197]。正統派の共産主義の伝統を破ったトムスンが入念に調べ上げたソヴェト体制の批判的分析は、粗削りで不正確であったにせよ、それはスターリン主義の犯罪に対する道徳的批判とスターリン主義的イデオロギーへの批判の両面を捉えており、興味深く辛辣で、読者をたちまち魅了した[198]。『ニュー・リーズナー』の創刊号でトムスンが提起した「社会主義的な人間主義」の宣言は、スターリン主義の独裁制や反知性主義やエリート主義、そして決定論を酷評した[199]。トムスンは次のように省察している。すなわち、マルクスとエンゲルスが人間を歴史の創造者として認識し、「思想を、人間が世界を理解したり推論したり議論したり論争したり選択したりするための媒介として」理解していたのに対して、スターリン主義者の台本の人間は、客観的な環境によって機械的に構成される対象とされており、人間の社会的諸関係と歴史的経験はモノとモノとの関係に還元される。そして思想は、「帝国主義者の料理が悪臭を放ち、労働者階級の料理が健全な匂いを発するのと同じように」決定されるのである[200]。その帰結として道徳的なニヒリズムが生じたが、それは、「道徳的原則のための意識的な闘争はあらゆる『政治的』決定に介入しなければならない」とする、トムスンの考えと対照的だった[201]。

* 一九五五年一二月に、アメリカのアラバマ州モンゴメリーでバスの白人優先席に座った黒人の逮捕事件をきっかけに、キング牧師を中心に始まった人種差別抵抗運動。
** 一九五四年から一九六二年にかけて行われた、フランスの支配に対するアルジェリアの独立戦争。
*** 一九五六年一〇月、ナセル大統領のスエズ運河国有化に反発したイギリス・フランス・イスラエルがエジプトを攻撃したスエズ戦争。

カール・ポランニーに関する文献において、トムスンは概して、ポランニーの精神的かつ知的な同志として引き合いに出される。[202]ポランニー自身が早くも一九五八年の時点で、「私の見解は、『ニュー・リーゾナー』の創刊号でのE・P・トムスン氏の見解にいくぶん似ています」と認めていることは、あまり知られていない。[203]トムスンとポランニーという二人の思想家はともに社会主義的ヒューマニストであり、産業革命に関する歴史的研究ではその破壊的影響を強調した。（ただしトムスンは、産業革命の「大きな精神的成果」として、労働者の階級意識の形成を認めた。[204]）また二人は、マルクス主義の経済主義的変種の不毛さへの軽蔑と、戦後資本主義に対する道徳的批判を共有し、さらに、（トムスンにとっては）モリスや（ポランニーにとっては）コールによって代表されるイギリス社会主義思想の特徴であるロマン主義的伝統をとりわけ重んじた。コールは長らく、初期のニュー・レフトの学生団体の助言者的存在だった。『ユニヴァーシティ・アンド・ニューレフト・レヴュー』の編集者たちは、オックスフォード大学のベリオール・カレッジでのコールのセミナーの定期的な参加者であり、ニュー・レフトを誕生させることになった本質的で個人的なつながりの重要ないくつかが最初に築かれたのは、そのセミナーだった。[205]ポランニーとトムスンはコールと同様に、「遠近両用の」政治的ビジョンを発展させた。一つの焦点は、急進的な社会主義変革という長期的な見通しだった。もう一つの焦点は、「議会主義的な労働者主義の見通しと適合する」ように表現した一連の短期的な戦略目標であった。[206]

本書の読者は、ニュー・レフトがポランニーに本来の活動場所を提供した、と思われるかもしれない。エドワード・トムスンや他のニュー・レフトの思想家たちは、ロマン主義的ユートピア志向とマキャヴェッリ的な現実政治とのあいだを揺れながら、ポランニーが馴れ親しんでいた用語を使用し、第三世界のさまざまな闘いについてはジャコバン〔急進的な変革主義〕的な立場を、そして母国イギリスに近い先進国においてはフェビアン〔穏健な改革主義〕的な行動様式を好んだ。[207] ニュー・レフトの思想家たちとポランニーは、消費主義の浸透によって階級構造が分解されたために、労働者階級を革命的勢力として期待できなくなったとする悲観主義的な考え方を共有していたが、固有の労働者運動（とりわけ、一九五六年のハンガリー革命）からインスピレーションを引き出していた。[208] レイモンド・ウィリアムズのようなニュー・レフトの理論家たちが発展させた、近代における人間社会の破壊という診断、すなわち、マルクス主義のいう階級対立によってではなく、主として「道徳的知覚……の妨害」によって人間社会が破壊されるという診断を、ポランニーは概して共有していた。[209] 彼は、左派の再生が成功するには、脱物質主義的な思考を核心に据えた「新しい社会主義の構想」が不可欠であり、「広範囲にわたる野心的で多面的な知的プロジェクト」が要請される、という主張を歓迎した。[210] そして、ヨーロッパの政治に第三の道を切り拓こうとする、コールを筆頭にしたヨーロッパのニュー・レフトたちと意見が一致していた。第三の道は、スターリン主義と組織化された社会民主主義に対して批判的であったが、低開発の世界の中立的な国家には「断固として前向きな」態度で対応した。そして、NATOとワルシャワ条約〔冷戦時代の東欧諸国とソヴェト連邦のあいだの共同防衛条約〕に反対して、冷戦による分断を超えた関わりや交流を創出することに熱心だった。[211]

ポランニーは、一九五〇年代中頃に出現したときから一九六〇年代初頭に後退するまでのニュー・レフトの盛衰をじっくりと見守った。確かに彼はニュー・レフトの潮流に「属していた」が、「内部にまでは入り込んでいなかった」。それはどうしてであろうか？　いくつかの理由が考えられる。第一に、ポランニーの研究がほとんど知られていなかったからである。[212] ポランニーは一部のニュー・レフトの思想家、とりわけウォーラーステインに大きな影響を与えたものの、ニュー・レフトの仲間全体への彼の影響は、例えば友人のフロムやコールやコロンビア大学の同僚であるマルクーゼとかミルズに較べると、はるかに小さかった。第二の理由は、ポランニーの経歴と地理的な事情に関わっていた。彼はカナダに住んでいたが、そこに有力なニュー・レフトの組織（一九六四年に設立された平和行動学生連盟）が誕生したのは、彼の死後だった。ポランニーの居住地からそれほど離れていたわけではないアメリカ合衆国のニュー・レフトは、労働党の支部に影響を与えたイギリスのニュー・レフトに較べると、活動的でなく気まぐれで、ポランニーとは相性が悪かった。第三に、彼のユートピアの構想は、理論的には「経済からの自由」という主張に要約できるのだが、それはニュー・レフトの一要素として扱われて、最先端の学問が哲学や心理学やカルチュラル・スタディーズの時代にあっては、ポランニーは経済史家と見なされてしまったからである。[213] 当時注目されていたテーマは、マスメディアや快楽原理に関するもので、スピーナムランド時代やメソポタミアの古代都市国家についてではなかった。第四の理由は、ポランニーの政治的気質の深部が主に旧左派から形成されていたことである。ポランニーは、国家を社会的進歩の重要な仲介者と見なしており、警告や多くの紆余曲折にもかかわらず、ソヴェト体制を支持し続けた。また、西側の社会とソヴェト社会は収斂しつつあるという、ミルズやマルクーゼが普及させた考え方にある程度共感してはいたものの、それを受け入れたわけではなかった。そして、戦争の脅威という重要な問題に関してポランニーは、モスクワの立場に賛同した。[214] ソヴェト連邦は「真に平和と人類の未来を擁護しており」、ニュー・レフトが大きな課題として着目してきた文化と「生活の質」の問題についても長足の進歩を遂げている、と、ポランニーは一九六三年にフロムに宛てて大げさに述べている。[215] ポランニーにとってもっとも重要な関心事はソヴェト陣営の存在理由であり、彼は人生の最後の数年間、東西陣営のあいだの知的交流を促進するための雑誌の創刊にエネルギーを注ぎ込んだ。そして、雑誌の名称を「共存」にすべきだ、と提案した。[216]

カール・ポランニーの生涯における最後の企画は、当時、国際政治と国内政治を同時に支配していた、二つの相互に関連する問題への彼の応答から生まれた。第一の問題は、西側陣営における反共産主義と、その下で途絶えることがなかった社会的・政治的後退である。アメリカ合衆国ではマッカーシー上院議員による赤狩り旋風は潰されたけれども、彼の復讐は別の手段で維持されていた。一九五九年と一九六〇年に西側諸国を訪問したポランニーは、その後、アメリカ合衆国よりも「全体的に知的雰囲気」が良くないことを嘆いた。あらゆる諸階層に「冷戦の影響が浸透している」ために、進歩的な思想と活動が腐敗させられ、停滞を強いられていた。[217] 少なくとも、共存の意味が「ソヴェトとアメリカの暫定協定」に限定されずに、世界のあらゆる諸国民《ネーションズ》に対する「共存の平和的枠組み」を確保するものとして広く理解されるならば、共存は解毒剤になるはずだ。[218] ポランニーにとって共存という用語は、自由主義的な社会主義者としての信念（相互尊重、協力）であると同時に、避けようもない差異への現実主義的な承認を含むものであった。不信と敵対という冷戦の害毒との闘いのなかで、共存の構想は、ある種の形而上学的な側面における、ポランニーにとっての「生きる意志」を体現していた。[219] ポランニーが提案した『共存』の中心的な三つの目的の最初のものは、冷戦を終わりに導くために、その起源を取り上げることである。[220] 第二は、中立主義的で社会主義的な諸価値を支持することであり、そして第三は、「英語圏の国々や大陸ヨーロッパで、アメリカをスポンサーにつけて冷戦プロパガンダ〔反共産主義キャンペーン活動〕を行っている多くの似非・科学的な諸機関に対抗すること」であった。[221] 第三の点で『共存』は、アメリカから資金提供を受けているかどうかの言い訳をする必要がないという理由から、優位な立ち位置にあった。

第二の問題は、フルシチョフ政権によって変更された地球《ジオ》イデオロギー的方針であった。「共存による平和」という表現は、世界のメディアにとってはフルシチョフの方針を要約したキャッチフレーズのように思われた[222]。この表現は、二つの超大国の弱い方であるソヴェト・ロシアは一九四〇年代に獲得した領土を維持したいと望んではいるが、核による潜在的な人類絶滅の時代にあっては軍事的手段によってさらに領土を拡張する見込みがなく、それゆえ、現状の国境の安定化が重要視されるべきである、という認識を示した。ポランニーは、クレムリンによる平和・共存キャンペーンにおけるプロパガンダ的な側面に気づいていたし、また、ロシアの「大国主義的な優越思想」やその「衛星諸国」の無力さを認識していた[223]。それにもかかわらず彼は、モスクワの新しい発言には嘘偽りのない態度が含まれている、と信じてしまうのだった。共存は、社会主義諸国が「自由経済諸国で支持されている普遍主義的市場を暗黙のうちに受け入れることなく、自由な市場経済と『共存』できる」という、まったく合理的な主張を表現しているように見えた[224]。そして、「ソヴェト連邦」は、「共存に貢献しうる知的・制度的装置の必要性を正しく認識している」、とポランニーは補足した。彼は、共存というタイトルで雑誌を立ち上げるのに際して、「ソヴェトに対する理論と態度の改善」への貢献を副次的な目的にしていた[225]。

ポランニーは、共存の問題が前資本主義的諸社会の歴史研究と継ぎ目なく繋がっているように思われ、自身の研究に正当性を与えているように思われた。カールはマイケルに宛てた一九五六年の手紙で、カールとその協力者たちが『初期帝国における交易と市場』において提示したさまざまな方法の「真に歴史的な時事的関心」は「ロシア人による共存の提唱」から生まれたものです、と書いている。というのも、その提唱は、『初期帝国における交易と市場』で概念的に構築された「交易と市場の区別」を「西側にとって必要不可欠なもの」にするだけでなく、それらを「近い将来における平和的な共存の鍵」にしていくだろうからである。[226] コロンビア大学時代にポランニーが研究していた非市場的な古代の諸経済では、「交易港」、すなわち、商人たちが集う政治的に中立な場所を介して、互いに活発に交易することが可能であった。結節点として役立っていた交易港と同じような、規制された国際経済における新たな制度的工夫が、今後、非市場的な諸経済のあいだの交易を促進していくことになるだろう。「交易のための国家機関や為替平衡基金、対外支援部門、投資局など」がそのような制度的諸例となって、この種の対外交易のための制度の発展が、「平和的な共存を求める闘争」のなかで重要な役割を果たすようになっていくだろう。[227] したがって、『共存』の第三の目的は、冷戦による分断の懸け橋となる政治的対話と知的協働のための広場を創出することであった。そのような広場において、『初期帝国における交易と市場』のなかで練り上げられたようなテーマが再び話題になれば、政策分野で取り入れられるべき視点が入り、よりいっそう議論が活気づくだろう。それらがさらに政策の領域に取り入れられるならば、政府組織が国際交易を仲介するよう彼が提案したさまざまな方法がほどなく採択されて、「世界的な協働」に向かう取り組みが実践されていくことになるだろう。ポランニーはこのように確信していた。[228]

カールとイロナは『共存』の創刊に向けて、友人や知人と連絡を取り始めた。[229] 編集委員会の中心的な活動を担う候補として、ポランニーを別とすれば、ジョーン・ロビンソン、トーマス・ホジキン、そしてルドルフ・シュレジンガーの名前が挙がった。[230] ポランニーはすでに一九三〇年代に、ロビンソンの研究を称賛していた。[231] フェビアン社会主義とマルクス主義思想への鋭い関心を結びつけた労働党左派のロビンソンは、ソヴェト連邦を訪問した経験があり、また、定期的に中国を訪問していた。中国の毛沢東による革命は、ロビンソンに大いに感銘を与えた。彼女によれば、それは「計画経済の平和的実践」の手本であった。[232] ロビンソンは一九六一年までにポランニーと数回ほど会って話をしたことがあるが、そのなかには、ピッカリングで交わした午後の、長時間におよぶ充実した議論も含まれる。ロビンソンは、新しい雑誌のいちばん活動的な編集者の一人になった[223]。ホジキンは、オックスフォード大学の学外公開講座代表団の事務局長を務めていた頃からポランニーを知っており、クエーカー教徒としての生い立ちやベリオール・カレッジでの教育、そして共産主義者の信念といった彼の世界は、ポランニーにとって馴染み深いものだった[234]。（ベリオール・カレッジと共産党はホジキンが愛した二つの機関だった、とクリストファー・ヒル〔一九一二―二〇〇三。イギリスの歴史学者〕はホジキンの追悼会で回想している。）一九四九年に共産党を脱退したのちもホジキンは活動的な政治生活を続け、クワメ・エンクルマ〔一九〇九―一九七二。ガーナ初代大統領を務め、アフリカ独立運動の父と呼ばれる〕やフランツ・ファノン、チェ・ゲバラのような急進的な活動家たちと親しく交流した[235]。シュレジンガーも元共産党員であり、ウィーン生まれの彼は、ベルリンではヴァルガとの協同研究に携わりながら、しばらくのあいだ共産党の地下組織で活動した。その後モスクワに逃れて、国際農業研究所のドイツ部門の責任者になった。シュレジンガーの私設秘書は、スターリンの妻のナジェジダ・アリルーエヴァだった[236]。スターリンの近親者との純粋で直接的なつながりがあったにもかかわらず、シュレジンガーは「偏向」の嫌疑をかけられて逮捕されたが、モスクワ裁判の少し前にこの件で有罪になったことは、彼にとって幸いだった。ロシアを追い出されてから彼は、チェコスロヴァキアとポーランド経由でスコットランドに到着し、グラスゴー大学で教師の職を見つけた。シュレジンガーはイロナとは親しかったが、彼女の夫のカールとはそうでなかった。（おそらくシュレジンガーの政治的気質が、カールが心地よく感じるものよりも荒っぽく、正統派に近かったからであろう。グラスゴー大学のある同僚は、「古典的なスターリン主義者で、ひどいドイツ語なまりの英語を話し、図体が大きく、ゆっくりと足を引きずるように歩く男だった」、とシュレジンガーを描写している。そして学生はシュレジンガーのことを、「無愛想でよそよそしい」と見ていた。子供たちの印象では、シュレジンガーは「とてもどう猛で親しみの湧かない男」だった。[237]）シュレジンガーが編集長の職に任命されたのは、もっぱらイロナの尽力によるものだった。[238]
編集チームの最初の仕事は、雑誌の支援者を得ることだった。ポランニーの考える編集チームの五カ年計画とは、「勇敢な年長の指導者たちが、冷戦の前線を出し抜くような既成体制の外側にある、世論形成の戦略的な要所」に影響を与えることであった。[239]その点を考慮すれば、「著名人」からの支持を得ることが重要だった。[240]サルトルが指名リストの一番目に並び、バートランド・ラッセル（ラッセルは以前から文化自由会議に加入していた）がそれに続いた。[241]最初の段階で積極的な勧誘を受けた非マルクス主義者の大物は、カーだった。ポランニーはカーが執筆した『ソヴェト・ロシア史』を称賛していた。[242]編集者たちは、カーが『共存』の企画に冷水を浴びせかけたことを知って、大いに落胆した。企画の鍵を握るシュレジンガーとロビンソンに対してカーは、『共存』は社会主義者の雑誌として見られるだろうし、その議論はすべて、社会主義に関する内輪の問題とされてしまうことも避けられないだろう、と警告した。[243]編集者たちはこのカーの警告を心に留めた。そして『共存』の副題から「社会主義」という用語を外して、「変化する世界における経済学・社会学・政治学のための雑誌」とし、社会主義者ではない寄稿者を探すように努めた。[244]しかし、社会主義者とそうでない人を区別する境界線は、正確にはどこに引くべきだったのだろうか？　ガルブレイスは明らかに候補者ではあったが、アメリカ政府に近いという理由でリストから外された。[245]ポランニーは、ガルブレイスの代わりの候補として、科学者で小説家でもあったチャールズ・パーシー・スノー*に打診してみたが、失敗に終わった。彼が打診したもう一人の候補は、カナダ人の文芸批評家のノースロップ・フライだった。フライは、「道徳的・知的な支援」をしてくれた。[246]

「著名人」に対する思惑を孕んだ働きかけはほとんど成果をもたらさなかったが、編集者たちのそれぞれの人脈は確実で、興味ある情報源であった。ボハナンやホプキンズ、ニール、そしてウォーラーステインを含むポランニーの友人たちやかつての学生たちに論文の執筆依頼がなされ、そのすべての人たちが寄稿を快諾した。（だが、ウォーラーステインの論文は編集者サイドで拒否され、ポランニーはそのことに激しい不快感を抱いた。）[247]ジョン・マクマリーの名前も議題に上ったが、ポランニーが一九四〇年にアメリカに立ち去って以降、かつて親密だった二人の音信は途絶えていた。彼に『共存』への寄稿を依頼するとしても、それは近い将来のことではなかった。[248]マッキーヴァーとマートンは寄稿に同意したが、どちらも約束を最後まで遂行することはなかった。だがマートンは、ケネス・ボールディング――クエーカー教徒の経済学者で、まもなくケネディ大統領の環境問題顧問に任命された――とタルコット・パーソンズに打診する支援をしてくれた。「企画全体に共感」を示したパーソンズは、締め切りの期日が確定していない、将来の寄稿者リストに登録されることを了承した。[249]ポランニーはさらに、かつての同僚のネイサン・グレイザー〔一九二三―。アメリカの社会学者〕とリースマンに働きかけた。リースマンは、『共存』という雑誌の名称が連想させるソヴェト的イメージへの批判的見方を示して寄稿を断ってきたが、祝福の気持ちと、漠然としてはいたものの温かい支援の意思を表明してくれた。[250]彼の支援の一つは、アミタイ・エツィオーニ〔一九二九―。存命中のアメリカの社会学者。共同体主義を代表する思想家〕に打診してみてはどうか、と編集者たちに助言をしてくれたことだった。エツィオーニはコロンビア大学の新進気鋭の社会学者であり、『平和への困難な道』という、東西陣営のいっそうの緊張緩和のための声明書を公刊したばかりだった。[251]しかし、このリースマンの助言は、ポランニーが求めているような支援ではなかった。ポランニーには、ロストウやアーサー・シュレジンガーといった著名な冷戦イデオローグと並ぶ、「敵陣営の主導者」の一人に見えるエツィオーニに関わっている時間などなかった。[252]

ポランニーは一九六三年に、彼とその仲間の編集者たちが「冷戦の狂乱状態に加わらない」ことを「反共産主義者たち」が決して許さずに、「モスクワによって操られた連中」と見なしている、と不満を述べている。[253]（シルズは「ソヴェトびいき」という言葉を使っていた。[254]）だが、自分が「共産主義者たち」からも許されていない、とポランニーは付け加えている。[255] 編集者の立場からすれば、こうした事態は深刻な問題を提起した。『共存』創刊号の寄稿者を第一世界と第三世界から確保することはできたが、東欧諸国からの寄稿者を引きつけることはより困難であった。ルカーチやオスカール・ランゲは温かい返事をくれたが、最初の段階で目星をつけて打診した彼ら以外の人たちは、辞退したか、返事さえくれなかった。返事をしなかった人たちのなかには、ポーランドの哲学者のアダム・シャフ〔一九一三―二〇〇六。マルクス主義哲学者〕や経済学者のミハウ・カレツキ＊＊が含まれていた。（ポランニーはかつて、カレツキがコロンビア大学の大学院クラブで講演するのを目の当たりにしたことがあり、「偉大なカレツキ」と言及していた。[256]）その結果、創刊号から第三号までは、ハンガリーとユーゴスラビア以外、共産主義世界からの寄稿はなかった。[257]

一九六二年に掲載予定論文の一覧表が作成され、翌年の初頭には、ロバート・マクスウェルのペルガモン出版とオスロ大学出版が共同で創刊号を引き受ける、という合意がなされた。[258] 編集者たちは、ナチ

＊一九〇五―一九八〇。イギリスの物理学者で小説家。『二つの文化と科学革命』（一九五九）や『科学と政治』（一九六一）など著書が多数ある。

＊＊一八九九―一九七〇。有効需要論や失業理論や投資決定・景気循環の理論などのマクロ経済学の先駆け的存在。スウェーデンやイギリスでも活躍し、社会主義者のランゲと政策決定において交流のあったポーランドの経済学者。

ズムから逃れるためにイギリスに移住したルテニア*出身のユダヤ人のマクスウェルが経営する出版社を選択したが、カールとイロナはその選択について消極的だった。二人は、マクスウェルの関心が金銭ではないかと疑っていたのだ。「マクスウェルは、潜在的な多くの読者の手に届かなくなるような『高級誌』を望んでいます」、「この雑誌が誰によって読まれるかどうかなど、マクスウェルは気にも留めていないようです」、とイロナは不満を漏らした。[259] また、各号ごとに一〇〇ポンド（現在に換算して二六〇〇ドルの価値）の報酬を受け取るというシュレジンガーの決定に対して、イロナは、そのようなことになれば『共存』が台無しになると猛烈に反対した。「雑誌の価格が手の届かないほどの値段で販売され、さらに編集者が報酬を受け取ろうものなら、ボランタリーな仕事のあらゆる基礎が消滅してしまうでしょう」。これが、「誰からの意見にも耳を貸さないシュレジンガーの意図的な行為によるものであること」は明白だった。[260] 革命家であったシュレジンガーにとっては、「マクスウェルのような詐欺師」から一〇〇ポンドを受け取ることは「一種の身売り」であった。[261]

意見の相違や喧嘩があったにもかかわらず、『共存』の創刊号は予定通りの一九六四年五月に、続いて第二号が一一月に公刊された。もちろん編集者たちは高い目標を設定していたが、実際にはまったくそれに届かなかった。創刊号をAリストの著名人で飾ることはほとんどないに等しかったし、Bリストの著名人を多く登場させるという目標も実現しなかった。[262] しかし、最初の数号の水準はかなり高かった。各号には、『共存』との個人的結びつきのある著者たち、例えば編集者たち（ロビンソンやシュレジンガー）や、ポランニーの学生と友人たち（ミュアー、フロム、ヨーゼフ・ボグナー）からの寄稿論文、および招待論文が含まれていた。招待論文のなかには、少なくとも五名のインド人（計画立案者や経済学者を含む）と三名のハンガリー人と三名のオランダ人（経済学者）の論文や、ユーゴスラビアと中米の西インド諸島からの寄稿、あるいはリン・タージョンやジョージ・カンパーのようなケインズ主義経済学者、そして中国研究者のマース・エンゲルボール＝ベルテルやソヴェト研究者のジョン・サマーヴィル、さらに驚くべきことに、保守主義の歴史家であるエルンスト・ノルテ〔一九二三―二〇一六。ドイツの歴史家、哲学者〕の論文が含まれていた。そして、キリスト教社会主義の内容に関連する論文が二本収められていたが、ポランニーがそれを見たら、間違いなく喜んだであろう。とりわけそのうちの一本は、ローマ教皇ヨハネ二三世による回勅（一九六三年の『パーチェム・イン・テリス〔地上の平和〕』）について議論したものだったが、ポランニーの解釈によると、その回勅は、「資本主義の世界共同体という白昼夢」を追いかけている信徒たちに警鐘を鳴らすものであった。[263]

ポランニーは、『共存』創刊号を実際に手にとって感触を楽しむことができなかったし、その影響を知ることもできなかった。短期的には、論文の質への満足感と、抑制的な政治的主張や低調な販売数への失望とのあいだで編集者たちは翻弄されることになったが、長期的には、『共存』は質の高い雑誌として定着するようになり、今日に至ってもなお、社会科学の書棚を美しく飾り続けている。[264] しかし、創刊号が刊行されたのは、ポランニーがこの世を去ったほんの一週間後だった。ポランニーは少なくとも、自らが長年抱えてきた企画が実現することを知ることができて満足していた。それは、満足のゆく結果をもたらしたのだ。ところで、ポランニーの生涯全体は満ち足りていたのだろうか？

＊現在のウクライナ・ザカルパッチャ州。もともとチェコスロヴァキア最東端の地方であったが、一九三九年にハンガリーに組み込まれ、一九四四年にはナチス・ドイツに占領された。

ブダペストの夕暮れ

カール・ポランニーは、マイケルに宛てて書いた一九五九年以降の手紙のなかで、自らを「満ち足りた人生」へと導くことになった、「大きな幸福感」の経験について述べている。[265] 彼の晩年は、満ち足りた感覚が膨らむ一方であった。彼のマイケルとの関係は和解の局面に入っていたけれども、慢性的な緊張がある程度残っていたので、カールは、彼自身の新しい見方を表現するための『共存』や『鋤とペン』のような企画を急ぐしかなかった。夫婦関係は晩年においても成熟していった。イロナは、ピッカリングで一人暮らしをしていたときに多くの悲哀と苦痛を経験したが、その後に笑顔を取り戻してから交した二人の手紙は、今までにないほどの優しさと献身さで溢れんばかりだった。[266] 二人の政治的見解は、フルシチョフの演説やハンガリー蜂起や「中国の変化」、そして「アフリカの覚醒」といった、世界のあらゆる場所で出現している「社会主義の精神的再生」によって、さらに収斂していった。[267] ハンガリー革命の英雄的行為も、ポランニーとハンガリーとの結びつきを活発にした。ポランニーが生涯の終わりに近づくにつれて完全な充足感が得られていったのは、少なからず、彼が幼少期に過ごした都市や、かつて生活し愛したヨーロッパのいくつかの都市を訪問したおかげであった。

一九五九年の秋、カールとイロナは「ヨーロッパで三週間――一生分に匹敵する、あるいは一生分の重みのある数週間――」を過ごした。二人は、ロンドンではドナルド・グラントの家に滞在してトーニーら旧友たちと再会し、また、ベアトリス・デ・ワード（若き日のカールが一緒に「踊った」相手）と丸二日間を過ごした。[268] そしてケンブリッジでは、ロビンソンや歴史家のマイケル・ポスタンのような新しい知人と会い、その後、パリとウィーンでの滞在を経て、ブダペストにまで足を延ばした。[269] 一九五六年の希望が粉砕されて間もないブダペストの状況が分かることで、二人は大いに心を動かされた。ブダペストの雰囲気は「とても気味が悪く」、「人びとは『本心を表さない話し方』をしていました。友人を気遣えば、あなた〔ヴァリアーニ〕もすぐそのように話すようになるでしょう。……多くの昔馴染みや友人に会ったのですが、悲劇は海のようでした。……都市も通りも悲しみに浸っていました」、とイロナは伝えている。[270]

　ヨーロッパの別の場所でも、二人はそのような痛みを感じた。アメリカ合衆国が西欧から世界の指導的中心の地位を奪ったまさにその歴史的瞬間にその国に移住したポランニーの目には、ヨーロッパが今や「明らかに地方的である」ように映った。[271]「西洋は文化崩壊によって合衆国の半分も脅かされてはいなかった」が、ここでも冷戦が、共存の理念で表現される寛容や相互尊重の規範を弱体化させていた。[272]ヨーロッパの社会主義運動ですら熱気と活気を失ってしまったことを、ポランニーは意気消沈しながら語った。それでも彼には、訪ねたヨーロッパ諸国の一般的な雰囲気が「元気で活気がある」ように感じられた。[273]特にウィーンは「際立って陽気で、愛国心に満ち、健全な道徳的水準を維持していた[274]」。青年時代の懐かしい人たちや場所とのつながりを再び取り戻し、それをとても楽しんだポランニー夫妻は、再度、旅行計画を立てることにした。一九六〇年の秋、カールの主治医は旅行をしても良いという許可を与えた。[275]カールとイロナは一一月に、ロンドンで「きわめて活発な一週間」を楽しみ、ロビンソンやカーと『共存』について議論した。その後、旧オーストリア＝ハンガリー二重帝国の両首都〔ウィーンとブダペスト〕に向かった。[276]今回の旅路では、ハンガリーにほぼ一週間、以前のときよりも長く滞在することができた。ハンガリー滞在でのハイライトは、ルカーチとの「すばらしい再会」だった。イロナはルカーチと一二年間、そしてカールは四〇年間も会っていなかった。[277]今回の旅は、「『再会』を濃縮したような五週間でした。……感傷を刺激する旅でもあり、若い頃に通った馴染みの場所や親しかった友人たちに別れを告げる旅でもありました。五二年前、友人たちと一緒に世界を変革する企画に着手しました。その頃から世界は大きく変わってしまいましたが、幸いにもかつての面影を残している友人たちに私は今会ってきたのです」、とポランニーは表現している[278]。

一九六三年の秋、なんとか持ちこたえる程度の健康状態で過ごした人生の最終段階で、ポランニーは最後の別れの挨拶をするためにヨーロッパを訪問した。彼はイロナと一緒に、ロンドン、ウィーン、パリ（チャップマンを訪問するため）を訪れた。旅のクライマックスは、三週間のハンガリー滞在――その多くはブダペストでの滞在であり、そこには、友人と会うために計画したバラトン湖（ハンガリー西部にある中欧最大の湖）までの小旅行が含まれていた――だった[279]。カールが驚き感謝したのは、ブダペスト大学（今日ではエトヴェシュ・ローランド大学に改名）での招待講演を依頼されたことだった[280]。約一〇〇名の聴衆に捧げる原稿を準備するために、彼は丸一週間ものあいだ情熱的に取り組んだ。講演会場に到着し、聴衆のなかに多くの旧友や「古参」の顔を見つけたときの様子について、イロナは次のように思い出して語っている。「ええっと、そうですね。私たちの熱意がどのように旧友たちの元に届き、向こうからの愛情がどれほど私たちに注がれたのかを表現するのは難しいことですね」。講演原稿の準備自体が「大変な作業でした。パーソンズ（主義）の社会学を内容としたもので、ハンガリー語で書いたのです。資料が完成したときには私たちは体調を崩していました。……」しかし、二時間の持ち時間の最良の部分は「とてもうまくいきましたね。ディッキーは、多少自在にハンガリー語を話すようになっていました[281]」。（カールの短い説明によれば、彼は「パーソンズ体系の批判的評価」、および前資本主義経済に関する自らの研究の核心となる諸発見について発表した[282]。）二人がマルギット島にある、やや傾斜した「とても愛らしく落ち着いた」、天井の高いホテルに戻ったとき、夜のとばりが落ちつつあった。ブダペストの街は、「一〇月の霧雨に優しく包まれている」ようであった。[283]

その瞬間、カール・ポランニーは、今度のブダペスト訪問を通して人生の充足感とその最期をしみじみと感じずにはいられなかった。彼は、母国に戻るためにずいぶんと「遠回り」をし[284]、さまざまな旅路を経て、ついに帰還を果たしたのである。ポランニーは、エトヴェシュ・ローランド大学から特別ゲストとして招待され「王者のような待遇で」迎え入れられたが、この大学は約六〇年前に彼を除籍し、さらに、一九一九年の初頭に台頭しつつあった共産主義の潮流を非難するために演壇に立った彼を追いやったことがあった。そして、今やポランニーは、自分を著名にした研究成果を要約した論文――絶筆となった――で、共産主義の理論を豊かにするための知的源泉として、またブルジョアという敵を包囲するより良い方法として、自身の研究成果を捧げたのだ。この最後の訪問のあいだもポランニーは、彼に寄り添う、生涯で最愛のイロナ――伴侶であり同志でもあった――とともに、文化的・政治的な活動に身を投じたり、バルトークの演奏会に参加したり、作家や詩人と歓談したり、『共存』のための寄付金を呼び掛けて回ったりした。[285] また、ジョージ・ストライカーのような親戚やガリレイ・サークル時代の古い知人たち、とりわけ、経済学者のアルパド・ハースとの長時間のおしゃべりを楽しんだ。ハースや友人たちとの夕食の時間には、社会主義の原理と戦略の問題について議論したが、そうした問題は、ポランニーの生涯にわたる政治的で知的な赤い糸を紡いできたのだった。革命を伴わずに社会主義体制を樹立することは可能だろうか？　ハンガリーの社会民主主義者たちは、一九一九年に共産主義者と行動をともにすべきだったのだろうか？　また、第二次世界大戦後に権力を掌握した共産主義者たちは名誉ある行動をしてきたと言えるのだろうか？[286]　激しくも愛情に満ちた議論は続き、深夜にまで及んだ。

エピローグ

社会主義の失われた世界

カール・ポランニーは、古典的自由主義の政治経済学を批判したことでよく知られている。古典的自由主義の政治経済学の誤謬が「二度と繰り返されない」ことを信じて、ポランニーはこの世を去った。[1] 古典的自由主義の綱領が繰り返されることは確かになかったものの、それを維持しようとするさまざまな努力がなされてきた。ハイエクやマイケル・ポランニーやその仲間たちがモンペルランから呼びかけた警告は、栄光の三〇年〔第二次世界大戦後に続いた高度成長期。一九四五―一九七五年〕にはほとんど聞き入れられなかった。しかし、一九七〇年代にグローバル資本主義が構造的危機に突入したときには、長期的繁栄下で収益をあげる促進剤の役割を果たしてきた諸政策や諸制度はもはやうまく機能しなくなったように思われた。製造企業や金融会社は、世界経済がグローバル化するにつれていっそう競争的になる国際市場のなかで利益を高めていくには法人税の引下げや規制緩和が重要である、と考えるようになり、それらを強く求めた。[2] 政策立案者たちは、経済的かつイデオロギー的な混乱のなかで、新自由主義の思想集団〔Neo Liberal Thought Collective〕が繰り返し提唱してきた主義と主張に傾聴し始めた。[3] この新しいパラダイムは、古典的自由主義とまったく同じものではなかった。古典的自由主義における国家の役割は「自然な」市場秩序を補正したり安定化させたりすることだったが、新自由主義における国家の役割は、市場競争の条件を構築して継続的に支援することである。そして、「新《ネオ》」（および「秩序《オルド》」）自由主義的経済ユートピアの更新者たちは、社会の隅々までが市場によって植民地化されるべきであり、経済取引への諸規制を解体することが万人の利益に貢献するだろう、という信念を古典的自由主義者と同じように熱烈に支持した。

その結果もたらされたのが、新自由主義的資本主義——すなわち、グローバルに統合され、過剰に民営化され、貿易保護が取り除かれ、金融化され、そして社会的排除がもたらされる資本主義——だった。[4]個人的選択というレトリック、すなわち、私たち一人ひとりが自分自身のライフ・チャンスを創出するという考え方は、実際の社会的流動性が低下しているときでさえ、大いに受け入れられた。しばしば指摘されてきたように、それはポランニーが予見していた世界だった。二〇一〇年に、ポランニーのピッカリングの自宅があったオンタリオ湖の対岸に位置するニューヨーク州北部でストライキをしていた被雇用者たちは、僅かな賃上げ要求さえ認められないとする通告を工場長から受けた。その理由は、労働者は「大豆や石油と同様に商品であるため、商品の価格が上下する」のが当然である、というものだった。これは、ポランニーの次のような言葉を想起させる。「人間の労働を胡瓜のような野菜と同じように売買される商品として」取り扱うシステムは、「常識《コモンセンス》からのグロテスクな逸脱」である。[5]労働党の上院議員のディックビー・ジョーンズがつい先頃言ったように、大臣が失業者に向かって「仕事に戻るよう仕向けるために飢える」ことを要求したなら、ポランニーはこうした事態を即座に、福祉に対するマルサス主義的敵意、あるいは「貧しい人びとは自分たちの悲惨な状態を受け入れて初めて」生存しうるという信念に駆り立てられた運動の再来と見なしただろう。[6]

労働力の市場化と自然の市場化の破壊的影響に関するポランニーの診断は、彼の功績に現代的な雰囲気を与えており、その持続的な魅力を説明する。他方、彼の処方箋は、二一世紀の耳には時代遅れに聞こえるばかりか、無関係なようにさえ響く。ポランニーは、一九世紀後半から二〇世紀初頭にかけてイギリス労働党やオーストロ・マルクス主義の社会民主党などが立ち上げた社会主義的プロジェクトという、現在では失われた世界に属していたのだ。それらは、資本主義社会の有害な影響を抑制しようとする「社会改良の党」ではなく、資本主義社会の根源を攻撃することに力を注いだ「改良主義的な社会主義の党」であった[7]。それらの党にとって資本主義は非難されるべきものだった。それゆえ、改良主義的社会主義の党は、資本主義社会の基本的な所有関係を根絶し、既存の制度を議会主導で少しずつ変更していく漸進的な過程を通じて社会を社会主義へと転換させようと試みたのだった。だが、改良主義的社会主義の党による実践はしばしば、社会改良的な党の実践と同様に、資本主義社会に飼いならされた。にもかかわらずそれらの党は、真っ赤な旗を高く掲げ続け、資本主義の近い将来の崩壊や社会主義的共和国への前進を差し迫っているように語る左派であることに変わりなかった。

　ポランニーの生涯を考え抜くことがやりがいのある研究であるのは、それによって私たちが改良主義的社会主義の実験を徹底的に考察することができるからであり、また、今では周辺的で失われさえしたように見えるが、ほんの数世代前には政治的・文化的景観の至るところで深く独特の道を刻んでいた世界を探究することができるからである。ポランニーは、社会民主党の積極的な党員では決してなかったが、その成人期の大部分を通して、改良主義的社会主義のプロジェクトを断固として支持していた。ポランニーの見解はオーストリア社会民主党やイギリス労働党の年配の著名人たちの見解とよく似ていたが、そうした著名人たちのなかには、オットー・バウアーやマックス・アドラー、リチャード・トーニー、そしてダグラス・コールのようなポランニーの友人たちが含まれていた。しかしながら、少なくともジェルジ・ルカーチがその文学理論で「典型人物」と定義した意味において、ポランニーの方が彼らよりも典型的な改良主義的社会主義者であった、と敢えて主張することができる。というのも、ルカーチの文学理論によれば、典型人物とは、社会階級または歴史的運動の平均的代表でも寓話的化身でもなく、その人物の唯一無二の生涯におけるそれぞれの物語の特質のなかに、多くの人びとに共通する一般的な諸側面が統合されているからである。[8] 典型人物は歴史的瞬間を要約し、その個性は、ある運動や時代の決定的要素を集約的に表現する。著者（あるいは伝記作家）がルカーチ的な意味における典型的な主人公を設定するならば、有力な人物を記述の対象として選ぶ際にはできないような仕方で、歴史的瞬間や運動の細部について描くことが可能になる。

　ポランニーが彼の時代の改良主義的社会主義を代表していた限りでは、それは少なくとも、彼の友人のコールのような「ボリシェヴィキの魂《ソウル》」と「フェビアンの抑制した口ぶり《マズル》」を結合したものではなかった。あるときにはポランニーは、土地と労働の商品化に基礎づけられた社会が強いる束縛の解体が必要であると理解された、人間の自由を根本的に拡大することに強い関心を置いた。しかし、別のときには彼の視野は、より温かでいっそう人びとを結びつけるような社会的保護を市場経済に付与することに限定されていたようだ。そうしたポランニーの傾向は（隠喩的に表現すれば）、社会民主主義の伝統的な最小限綱領（改良）と最大限綱領（革命）、つまり、目前の苦難の改善と社会の革命的な転換という二つの異なる視界に対応させた「遠近両用」レンズを用いながら政治戦略を考察するものだった。しかし、「現実主義的な」約束《コミットメント》と「ユートピア的な」約束は、行き当たりばったりで互いの足を引っ張るだけで、戦略的な橋渡しによって結びつけられることはなかった。マンハイムの定義によれば、ある運動または精神構造《メンタリティ》がユートピア的であるのは、それが、現存の枠組みから社会的諸制度をもぎ取り、それを新たなルールと規範に基いて再構築しようとする場合である。[9] このように理解するなら、ポランニーのユートピア主義は、市場システムを通じて現代の経済が組織される必要性はないしそうすべきでもない、という主張のなかで、あるいはそれと関連して、市場システムを自然的なものと見なす命題に対する根源的批判において提起された、「資本主義について何を為すべきか」という問いのなかで脈打っていると考えられる。ポランニーは、古代社会における非市場的制度の歴史的証拠と、価格形成市場が存在せず、個人の利得追求が拒絶されて相互扶助的志向による行為が好まれていた小規模社会に関する人類学的資料から裏付けを引き出すことで、現代における経済組織の非市場的方法をラディカルに拡大させるための論拠を前進させた。

　伝統的な社会民主主義にとって、改革の最小限綱領は、労働者階級の議会代表を増やすことを通じて国家の掌握に到達し、それによって社会主義的転換という最大限綱領に向かう扉を開くことであった。それは、国家の社会学的中立性への信頼に基づいて考案された趣意書であった。ポランニーも同様に国家を、「『社会』の手段、および保護者」として理解していた。そして、社会主義への移行に関する彼の考えは、社会福祉への責任を国家が引き受けることと並んで、私的所有を公的所有かつ／あるいは協同組合的所有に置き換えることを中心に置いていた。[10] この社会主義への移行戦略は、彼のもう一つのロマン主義的見通しのきわめて現実主義的な側面である、と彼は考えた。だが実際にはそれは、日常用語の意味でのユートピア的な信条――幻影にすぎず、魅力的ではあるが到達不可能な目的地――でしかなかった。政治機構、とりわけイギリス国家が自由主義経済に適した諸条件を創出する際に果たした中心的役割に注目した功績によって、ポランニーが称賛されるのは当然である。それに較べて彼は、資本蓄積の利益とその要請に対して国家が一貫して適合してきた方法については、ほとんど注意を払わなかった。国家は、契約を承認したり、契約違反を罰したり、所有権の排他的な壁を維持したり、商品交換の媒体を標準化したり、労働力の再生と安全と流通を規制したりする。また国家は、労働力の属性をビジネスの必要に合わせて調整したり、社会的・物理的なインフラや、資本主義の再生産に奉仕する価値観とか信念を教え込むことに投資したりする。[11] しかし、資本主義社会の政治問題を組織する機関はいかなる意味においても資本主義国家であり、「一般的利害」が幻想かもしれないことについてポランニーが認識していた箇所を、彼の著作のなかに探そうとしても無駄だろう。[12] ポランニーのもっとも忠実な弟子が認めているように、彼の枠組みは「権力の動態」を解明するのには不向きであり、「二重運動に対して偏ることのない領域として国家を扱う」傾向があった。[13] 一九世紀の後半以降に市場システムを掘り崩してきた法や規制として彼が想定しているものの多くは、現実には公共財を提供したか、あるいは「市場の失敗」を補正したかのいずれかであって、市場システムの機能を深刻あるいは究極的に損なうものではなかった。クリス・ハンとキース・ハートが議論しているように、ポランニーは、国家の介入や株式会社の発生を現代資本主義に不可欠な発展として理論化することに乗り気でなかったために、戦後の時代を俯瞰する分析手段を失った。[14] 商品化された労働力に基づくシステムが商品化されない諸制度の支援的枠組みを必要とすることや、資本主義が労働組合運動や福祉政策や国家の介入や公的所有を取り込みうることを、ポランニーは評価できなかった。

国家の社会学的中立性と民主主義的ゲームの政治的公平性に対するポランニーのフェビアン主義的な信念は、一九四五年に熱烈に抱いた次のような幻想を支えていた。その幻想とは、政権に就いた労働党の大臣たちが、熟慮された選択によって社会主義転換を目指す政策を実行している、というものである。

しかし実際のところ彼らは、イギリス資本主義を安定させてそれを再生させたにすぎなかったのである。[15]一九六三年（ポランニーがウィーンを訪問するより少し前）のオーストリア大統領選挙で社会民主党が投票総数の過半数の五五パーセントを確保し勝利を収めたことについて、ポランニーは歓迎した。戦後を通してオーストリアの社会民主党は、保守系の国民党との連立政権の形態で統治してきたのだが、一九六三年の結果は、その新たな高みを示していた。さらなる高みは、ブルーノ・クライスキー——ポランニーの姪のマリアは、彼のもとで経済顧問として働いていた——の社会民主党政権が一〇年以上にわたって単独で統治するようになった、一九七〇年代に到来した。ある時点の選挙では、社会民主党が単独で総投票の五五パーセント以上を獲得したほどであった。[16]古い改良的社会主義者の夢は実現した。選挙民の半数以上が社会主義政党に投票したのだった。だが社会民主主義者は、社会主義的諸制度に着手せずにコーポラティズム的諸制度の構築に取りかかり、さらに後には、コーポラティズム的諸制度を新自由主義路線《ネオリベラルライン》に沿って鋳直したのだ。これには、おそらくポランニーも驚いたことだろう。ポランニーの二分法的な見方からすれば、自由主義的な政治経済は、社会民主主義が中心的な役割を演じる対抗運動のなかに自らの敵を見出す。市場自由主義と社会的対抗運動との衝突は、市場システムが作用する土台を不可避的に掘り崩し大転換の前触れとなる、とポランニーは考えた。しかし実際の社会民主主義は市場システムの再建を手助けしたのであり、市場システムは戦後の数十年を通じて著しく拡大してきた。それは、より多くの労働力を従属的雇用に組み込んでいったばかりか、かつてないほど広範な生活領域が市場の諸力によって内的に植民地化されつつある、とブルクハルト・ルッツが表現した世界が、創出されたのである。かつては家庭で遂行されていたサービスや諸活動が商品化され、家族や近隣やその他の「非市場的」な居住環境との経済的な連携が弱められることで、人びとは消費の商品化された諸形態にますます取り込まれていった。[17]

現代の権力関係に関するポランニーの分析は、多くの部分が間違っている。場合によっては不承不承であったとはいいながらも彼は、社会民主主義が資本主義的機構を支持してきた程度を著しく過小評価した。彼は、民衆の社会民主主義的プロジェクトが資本によって解体されることの意味を理解しようと努めた。それは、彼の時代とほとんど同じように私たちの時代を悩ませている現象でもある。（本書を執筆している二〇一五年の初頭には、この現象がギリシャの将来の可能性として迫ってきている。その共同の執行者は、ベルリン、ブリュッセル、ＩＭＦである。）しかしながらポランニーは、資本主義的な経済活動と国家権力との不可分で内在的な関係についても、資本主義的諸関係によって民主主義的制度自体が形づくられたことについても、検討しなかった。[18] ポランニーは、社会民主主義がその最大限綱領を脇に追いやったことに真剣に取り組むことができなかった。それゆえ『大転換』は、反資本主義の宣言としても、あるいは子供を寝かしつけるときの社会民主主義的なおとぎ話として読むことも、いずれも正当である。社会民主主義的な甘い夢を提供する者は、控え目な理想家が目覚めて、対抗運動――いくぶん悲しげに、市場機構の歯車を改善し改良し修理するという使命として再解釈された対抗運動――に取り組むのを助けるのである。[19]

こうしたすべての点にもかかわらず、ポランニーの市場システム批判には永続的な力がある。世界の状態は変わり、その新自由主義的な様相は、彼が主題として取り上げた「市場原理主義」とますます酷似してきている。またポランニーの名声は、トーニーやコール、あるいはバウアーやアドラーのような彼の友人たちと較べてみても高まってきている。そうした友人たちは二〇世紀半ばまでの社会民主主義の代表的な知識人であったが、ポランニーはそうではなかった。しかし今や、彼の名声は彼らよりも光り輝いている。このような幸運の逆転をどうやって説明できるだろうか？　一つの理由は、先に説明したように、ポランニーの思想が資本主義の新自由主義的段階にうまく適用できる――それに先行する資本主義の国家主義的段階にはそれほど当てはまらなかったにしても――からである。別の理由は、トーニーとその仲間が社会民主主義者として模範的だったのに対して、ポランニーはルカーチ的な意味において典型的だったことである。トーニーたちは社会民主党の代表的知識人であり、彼らの著作は二〇世紀前半の社会民主党という組織の特殊的な経験と必要性に連動していたが、それに対してポランニーの社会民主主義に対する関係は、党組織から独立的かつ暫定的なものだった。ポランニーが社会民主主義の中心にあった自由主義と社会主義との対立にずっと悩まされてきたとか、彼がその主流派に棘《とげ》のある言葉をしばしば投げかけたとか、あるいは社会民主党のサンディカリズム派とフェビアン主義派とのあいだで揺れ動いていた、といったように単純化することはできない。というのも、ポランニーはこういったすべての点に関して、ぎりぎりのところでトーニーやコールと一線を画していたからである[20]。ポランニーが、対抗的な政治的プロジェクト――ブルジョア的急進主義やアナーキズムやスターリン主義――に積極的に支援の手を差し伸べたことが、トーニーやコールらと一線を画した一つの要因であったかもしれない。確かにこのことは、労働党の上院議員のモーリス・グラスマン――彼は『大転換』を資本主義の「ドイツ・モデル」*への賛歌として再解釈した――のような社会民主主義者や、元ＩＭＦ総裁でフランス社会党の指導者のドミニク・ストロース・カーン――彼の『大転換』好みは、青年時代の

＊市場競争による調整に基づくアングロサクソン型の資本主義とは対照的な、協議を通じた調整に基づくドイツ型の資本主義の発展モデル。

急進主義の擦り切れた思い出への郷愁か、悩ましい良心への慰めを物語っていた――のような場当たり的な新自由主義者や、社会主義者やアナーキスト、はたまた環境保護主義者を含むさまざまな読者たちに訴えかけた理由を説明する手助けになっている[21]。社会参加と党派性を懐疑的に捉える時代になってようやく、ポランニーの名前を特定の伝統に強く結びつけることができないことが、彼の主張の影響力を強めている。トーニーやその仲間とは異なって、ポランニーの気質は、何らかの組織された政治的プロジェクトに参加することや、既成の秩序との妥協を余儀なくさせる政党に加入することを嫌った。このような彼の気質は、ハムレットに関する論文(一九五四)のなかで、暗に、かつ雄弁に語られている。同論文でポランニーは、主人公が「『世界の誤りを正す』ことを拒絶している」と強調する。彼によれば、ハムレットのためらいは、「今やかつてないほど激しく憎悪する世界の一部を自身が構成しているのではないか、という恐怖の自覚から生じている」[22]。究極のところ、堕落した国王に向けて武器を手に取ることで自身も堕落してしまうことと、無益な批判の嵐に平然とさらされることと、どちらがより高潔であるというのか?

新約聖書と並んで『ハムレット』もまた、人間の苦悩の経験を古典的に取り扱った世界文学の一つである。第一次世界大戦の戦闘中の極限状態のなかでポランニーは、磁石に吸い寄せられるように、これら二つの書物に惹きつけられた経験がある。その数年後にポランニーは、苦悩を深めることを通じて、市場システムの理論化に取り組んでいった。ポランニーの理論と古典的マルクス主義理論の比較を論じたマイケル・ブラウォイは、この点に光を当てている。不正義と抑圧の経験が資本主義機構を停止させる集団的強みに結びついている搾取された階級こそが、前進的変化のカギを握っている、と古典的マルクス主義理論は考える。ブラウォイの解釈によれば、ポランニーにとって前進的変化のカギは苦悩の領域に存在しており、苦悩の普遍性は市場システムという共通の源泉から生じているのである。労働者は失業や貧困や劣悪な労働条件に苦しめられており、農民は土地の押収やプロレタリア化に悩まされている。また、地主貴族は領有地の劣化と安価な食料輸入に苦しめられているし、資本家は「市場の無政府性」と熾烈なグローバル競争に悩まされている。そして、制御されない市場が、壊滅的な環境破壊と「自由時間の植民地化」を人類全体にもたらしている。[23] これらのことのなかに私たちは、ポランニーがなぜ多くの読者にますます恵まれるのかという問いを理解する手がかりを見出すことができてきたのではないだろうか？　新自由主義の時代にあっては、市場化にともなう社会的混乱や道徳的腐敗への嫌悪感が広がっているが、市場システムを廃棄するプロジェクトは信頼を得られずにおり、また、社会民主主義ははるか以前に革命の赤い旗を投げ捨ててしまった。このような状況のなかで、ヴァルター・ベンヤミンが「左派のメランコリー」〔左派の思想と文化に宿る、敗北の記憶と憂鬱〕と名づけた種子が、至るところに広がっている。「消極主義的静けさ」の空気が権力者を批判しているのは確かだが、それは、拠りどころを持たない人びとの反乱の精神に対しては首尾よく働きかけられないでいる。むしろこの静けさは、冷笑的で自己憐憫的、あるいは諦めきったやり方で、不満のエネルギーを浪費している。[24] ポランニー自身は冷笑主義を免れていたとはいえ、少なくとも、同時代の社会民主主義者に共通した形態の宿命論に陥る傾向があった。それは、民主主義の時代の幕開けとともに労働者階級が増大すれば人類の文明は不可避的に社会主義に向かって駆り立てられていくだろう、という確信である。[25] この命題は、日常的な意味でのユートピアであることが明らかになった。しかし、宿命論と左派のメランコリーに対する解毒剤の一つは、マンハイム的な意味でのユートピアによって提供される。マンハイム的なユートピアとは、社会の現実を変える集団的行為を後押しすることができる、先取的で変革的な思想である。ポランニーの遺産は、そのような思想として、非市場的ユートピアを擁護したことにあるのだ。

訳者解説

カール・ポランニー（一八八六―一九六四）の生涯は、ハプスブルク帝国末期のウィーンとハンガリーで過ごした時代（一八八六―一九一九）、オーストリアへの亡命からイギリスに移住するまでのウィーン時代（一九一九―一九三三）、アメリカのベニントン大学での滞在時期を含めたイギリス時代（一九三三―一九四七）、戦後の北アメリカ時代（一九四七―一九六四）の四つの時期に区分される。

これまでのところ、この四つの時期のすべてにわたるポランニーの思想的・理論的変容を取り上げた研究は、ポランニー＝レヴィットとメンデルによる共著論文「カール・ポランニーの思想と人生Ⅰ・Ⅱ」（駒井洋・奥山真知訳『経済評論』三五巻七号、八号、日本評論社、一九八六年。英語版は Kari Polanyi-Levitt and Marguerite Mendell, "Karl Polanyi: His Life and Times", *Studies in Political Economy* 22, 1987）以外にはなかった。本書は、四つの時期それぞれの時代背景と思想的、政治的な課題や難題、それらに挑んだ同時代の社会科学者たちの応答と著作、そうしたもののポランニーへの影響というきわめて複雑な文脈を再構成し説明する方法で、カール・ポランニーの思想形成の全体像に迫った最初の本格的な評伝である。とりわけ、ポランニーの思想形成の起点を、一九世紀末から第一次世界大戦を挟む一九一九年までのハンガリー時代に彼が経験した急激な資本主義化とそれがもたらした自由主義と共同体主義との対立（ハプスブルクのジレンマ）や、当時のブダペストのユダヤ系知識人が置かれた社会的地位に関連づけて論じた本格的な研究は、本書が初めてである。

本書は、存命中のポランニーの親族や知人、およびその遺族へのインタビュー調査、大量のアーカイブズの調査、そしてポランニーの両親や兄弟姉妹、妻や娘、友人や知人、同僚や弟子との膨大な手紙のやり取りを追跡しながら当時の状況を再現して描写することによって実現した、驚くべき緻密な作業の成果でもある。次に、本書の各章の論点と特徴を概観する。

Ⅰ　『カール・ポランニー伝』の論点と特徴

序章では、世紀転換期のブダペストを特徴づけていた急速に進行する資本主義化と、それがもたらした社会の分解と伝統的共同体の破壊、そうした動きへのロマン主義的反動に直面したカール・ポランニーが、この衝突の過程で生じた自由主義思想（経済的自由主義も含む）と共同体主義思想とのジレンマを思想形成の創造的な緊張としていった過程に照明を当てると同時に、彼と同じ傾向が友人のジェルジ・ルカーチやカール・マンハイムや弟のマイケル・ポランニーらユダヤ系ハンガリー知識人に共通する特徴だった、と指摘する。彼らは、政治的、経済的、社会的な危機の時代——ハンガリー資本主義の急速な発展と自由主義の行き詰まり、第一次世界大戦の勃発とオーストリア＝ハンガリー二重帝国の解体、戦後のハンガリー革命とその挫折、スターリン主義の台頭、一九三〇年代の世界経済危機、ファシズム、第二次世界大戦――を生き抜き、それぞれの方法で社会を再統合する社会科学の在り方を模索した、二〇世紀を代表するハンガリー出身の知識人である。本書でデイルは、彼らのような同時代人たちが生きた知性史的な文脈のなかにカール・ポランニーの思想と生涯を位置づけながら、ポランニー固有の思想形成の展開を追跡している。

第一章「東西のサロンで」では、父ミハーイのイギリス的な合理主義的自由主義と母セシルのロシアのナロードニキ的な社会主義から合成された影響をポランニーが強烈に受けて育った家庭環境が描写され、そこで彼が自由主義（イギリス的なもの）と社会主義（ロシア的なもの）を融合する課題を抱え、その課題が彼を導き最晩年の『共存』の企画にまで貫通する生涯的テーマになっていったことが、強調される。

次に、ハンガリーで同化ユダヤ人として生きるべくキリスト教に改宗してもなお、反ユダヤ主義の高まりのなかで社会の主流から排除されたポランニーと同世代のユダヤ系知識人たち（デイルはドイッチャーの用語を借りて、彼らを「非ユダヤ的ユダヤ人」と呼んでいる）が先頭に立って、ハンガリーの後進性や世紀転換期の文化的危機や社会的矛盾、そして宗教や多民族文化の問題に敏感に反応しながら、既存の社会の限界や民族問題を解決するための思想へと駆り立てられた様子が描写される。

デイルによれば、活気を失ったハンガリーの保守主義と古典的な自由主義に批判的なブダペストの急進的な対抗文化には、ルカーチを中心としたロマン主義的な資本主義批判、議会制民主主義に対して批判的なサボーを中心とした労働組合主義《サンディカリズム》、そして、封建制の打破と普通選挙権を掲げるヤーシが率いたブルジョア急進派（自由主義的社会主義）という三つの潮流があった。そしてポランニーの立場は、彼が強い影響を受けたヤーシの立場に近かった。ハンガリー時代のポランニーの思想形成に影響を与えた両親（父の死を含む）や同時代人の影響や歴史的背景を綿密に描写した本章は、それ以降の諸章を貫くテーマや舞台を設定しているという意味でも、重要な役割を果たしている。

第二章「戦争の十字架を背負って」では、まず、ユダヤ人の若い知識人から主に構成されていたガリレイ・サークルの教育・文化活動にポランニーがルカーチやマイケルとともに参加し、「科学的方法を擁護して、宗教と形而上学を拒否する」立場から、コントやスペンサーやマッハやマルクスなどに関する多くの講演会やセミナーを組織したことが紹介される。次に、ポランニーが執筆した論文「われわれのイデオロギー的危機」（一九一〇）の次のような結論、すなわち、ベルンシュタインに近い立場から「組織された資本主義」の進展によって「安定化傾向」が促進されるという楽観的な結論が、第一次世界大戦の勃発と経済混乱によって事実上否定された事態を踏まえて、「自由主義文明の崩壊」を説明する課題を彼が背負うに至った経緯が描かれている。

また、一九一五年一月から一九一七年一二月までハンガリー軍の志願将校を務めたポランニーが、大量破壊と殺戮の惨禍と死の恐怖に直面して戦争の愚かさを認識し、自らの魂を傷つけられ苦しんだ時期に夢中で新約聖書を読み、「キリスト教に……急進的な世界変革プロジェクトのための前提条件としての倫理的共同体の構築を可能にする規範と実践」を求めるようになった局面が、克明に描写されている。

そして、自由主義的社会主義（土地改革や競争の自由化、普通選挙の実施）を掲げてヤーシが一九一四年に創設した急進ブルジョア党の民主化運動へのポランニーの関わりや、一九一八年一〇月のオーストリア＝ハンガリー二重帝国の解体後に生まれたカーロイの連立内閣（白菊《アスター》革命と呼ばれる民主主義革命）への参加、その退陣を受けて一九一九年三月二一日に成立したハンガリー評議会共和国への関与、そして評議会共和国の崩壊と白色テロのなかでの亡命の経緯が、詳しく語られる。本章を読むことで、ポランニーの当時の政治思想であった自由主義的社会主義が袋小路に陥っていった状況や、ハンガリー時代の後半にはキリスト教と聖書の解釈が彼の再出発の原点になっていたことが分かる。

　第三章「赤いウィーンの勝利と悲劇」では、まず、生涯の伴侶となったポランニーとイロナ・ドゥチンスカが正反対の性格であった（ポランニーがキリスト教徒で、ジャーナリストの仕事をし、優柔不断な自由主義者で哲学青年だったのに対して、イロナは無神論者で、エンジニアとして研究をし、革命家であり戦闘的な共産主義者だった）にもかかわらず、互いに強く惹かれ合い一九二三年に結婚して一人娘のカリをもうけたこと、そしてイロナとの結婚生活のなかでポランニーがうつ状態から回復して、夫と父親の役割を楽しく果たしたことが、活き活きと描かれる。

　次に、ウィーン時代のポランニーの最大の関心事が、欧州全体を襲った当時の社会的混乱と分裂の原因を究明し、社会を再統合するための方向性を探ることにあった、という点が指摘される。ポランニーはフェルディナント・テンニースの『共同体と利益社会』から強い影響を受けて、社会的混乱の根本原因としての市場社会の出現（経済領域と政治領域の分離）とその帰結を考察するようになる。ディルによれば、ポランニーは、ハンガリー時代の自らの政治的信条だった自由主義的社会主義の限界を超えるものとしてギルド社会主義を位置づけ、ギルド社会主義の特徴を、⑴分離された経済領域と政治領域の再統合をめざす社会理論（機能的社会理論）、⑵労働を商品として売買することの拒絶、⑶生産者自身による産業の統治、と定義した。

　さらに、ミーゼスによって点火された社会主義経済の実行可能性をめぐる「社会主義計算論争」を経て、ポランニーは次のような独自の主張を展開していった。すなわち、個人の「責任を通しての自由」（個人の選択や行為が他の人びとに与える影響に対する責任を、個人が自ら倫理的能力に応じて引き受ける自由）を妨げている市場経済を強烈に批判し、生産者と消費者の社会的連関を見えるように組織化（透明に）することで、各人が「責任を通しての自由」を実現できるような、市場経済でも中央計画経済でもない、ギルド社会主義（産業民主主義）的な「第三の道」を提唱したのである。

そして、ウィーン市政を掌握した社会民主党の主導する自治体社会主義（赤いウィーン）の成果（特に、幼稚園、図書館、成人教育プログラムなどの文化・教育改革）について、帝都ウィーンを「ほぼ一晩で、洗練された労働者階級の文化を持つ世界的に有名な大都市へ」と転換させた、と彼は高く評価した。しかしながら、世界的な経済の低迷の煽りを受けてオーストリアでファシズムが台頭し、ウィーンの自治体社会主義の包囲網が構築されるのを目の当たりにしたポランニーは、普通選挙の実施と議会制民主主義の発展と労働者教育の深化を通じて社会主義を実現していくといった、自らの社会主義の理論と実践の再検討を余儀なくされる。ポランニーはファシズムを分析対象とし、「資本主義と民主主義の非両立」論を主張するようになる。第三章を読むことで、『大転換』に繋がるポランニーの根本的なテーマや社会哲学や政治思想が、ウィーン時代に形成されたことが理解できる。

第四章「挑戦と応戦」では、弟のマイケルとは対照的に経済的に苦しい生活状況を余儀なくされたイギリス時代のポランニーが、グラント夫妻やマクマリー夫妻の仲介でキリスト教社会主義の運動に関わり、キリスト教とマルクス主義についての認識をいっそう深めていく過程が描写される。ポランニーは、自身も編集に携わった『キリスト教と社会革命』（一九三五）に収録された論文「ファシズムの本質」のなかで、「労働者を商品生産ロボットにするウルトラ資本主義制度の構築」をファシズムの本質として把握し、ファシズムが攻撃する社会主義と民主主義はともにキリスト教の伝統（個人の自律性の原理）に深く根ざしている、と主張した。この時期のポランニーは、キリスト教にかつてないほどの情熱を注ぐと同時に、マルクスとマルクス主義にも熱い関心を注いだ。一九三二年に刊行されたマルクスの初期著作『経済学・哲学草稿』を読んだポランニーは、マルクスの哲学について、「キリスト教の伝統と一致しているばかりか、……その最善なものを体現している」と高く評価している。そして、社会転換のための道徳的基礎を提供するキリスト教と、その実現に到達するまでの道筋を示すマルクスの思想（およびキリスト教的な目標の実現に貢献するマルクス主義）とは相互補完的である、という認識を示すようになる。

一九三〇年代半ばのポランニーの知的環境の中心を形成したのは、自由主義神学と社会主義思想との出会いの場であった当時のオックスフォード大学のベリオール・カレッジにおける、古典的な自由主義に疑問を持つ研究者との交流の場だった。ポランニーはトーニーの『平等論』から、「時代遅れの所有権」のために破壊された社会統合の回復に不可欠な要請である「社会主義的転換」という議論を吸収し、また、アーノルド・トインビー・ジュニアの『歴史の研究』における「挑戦と応戦」という概念から、文明のダイナミズムを説明する視点を学んだ。それらは後に、『大転換』の二重運動の概念として活かされることになる。そしてイギリス時代のカールとマイケルは、ソ連の計画経済やブハーリンなどを粛清したモスクワ裁判の評価をめぐって激論し、長期にわたる兄弟の対立と葛藤が始まることになる。第四章は、ファシズムや資本主義、民主主義、社会主義、マルクス主義についてのポランニーの考え方を理解するうえで、彼のキリスト教認識がいかに重要だったかを、しっかりと教えてくれる。

第五章「大変動とその起源」では、アメリカのベニントン大学に滞在した一九四一年から一九四三年までの時期に執筆された『大転換』の誕生の過程が描かれている。デイルによれば『大転換』は、自由主義的世界秩序の崩壊（ドラッカー、フロム、シュンペーター、E・H・カー）や全体主義の興隆（コルナイ、ボルケナウ）、自由な社会のための計画についての社会学（マンハイム）、大恐慌の原因（ライオネル・ロビンズ）を探求していた学者たちから多くを学びながら、市場経済の危機とファシズムの出現との関連をどう理解すべきかという難問に、ポランニーが全力で取り組んだ成果でもあった。

『大転換』は、「支配的な自由主義的規範に対するオルタナティブな社会像を提示する宣言と分析的な

歴史的見通しから成っており、経済的・社会学的・政治的・倫理的事項に関する数十年におよぶポランニーの思索の総括」であった。この時期のポランニーは、妹のソフィの家族をアメリカに救出するためにイロナや兄弟と協力して全力を尽くすが、彼らはナチスによって強制収容所に拘束され処刑されてしまい、深く嘆き悲しんだ。また彼は、一九四五年の総選挙でアトリー労働党政権が誕生したことによってイギリスが社会主義的方向に進み、イギリス労働党がアメリカのニューディール派と連携することで自由貿易と金本位制にとって代わる戦後の国際経済秩序が形成される可能性に期待したけれども、ケインズの死とブレトンウッズ体制の樹立により、その期待は急速にしぼんでいった。こういった状況が濃密に叙述されている第五章は、本書の白眉の一つになっている。

第六章「『不正義と非人道的行為』」では、ポランニーが一九四七年にアメリカのコロンビア大学の客員教授に着任してからの、ポランニー夫妻が直面した深刻な葛藤や彼の研究生活の様子が描かれている。コロンビア大学の客員教授の職を得ることが決まり、長期にわたる不安定な生活から解放されて自分の将来の研究基盤の保障が得られたことにポランニーは歓喜したが、共産党員としての活動歴のある妻のイロナのアメリカ入国申請がマッカーシズムによる入管規制強化のために拒絶されたことを契機に、イギリスから彼女をアメリカにすぐにでも移住させたいポランニーとイギリスに留まりたい彼女とのあいだで、結婚生活が破綻しかねないほどの深刻な葛藤が生じることになった。最終的にこの葛藤は、彼女

がカナダのピッカリングへの移住を受け入れることで解決された。ポランニーは、教える仕事が天職のように感じられ、あらゆることに対する旺盛な知識欲と絶えることのない探求心があり、毎日の事柄のなかにすら新しい洞察を見出す名人だった。彼は、コロンビア大学での一般経済史のセミナー（一九四七年から一九五三年まで）や学際的研究プロジェクト（「経済的諸制度の起源」および「制度的成長の経済的側面」）を通じて、ハリー・ピアソン、ポール・ボハナン、ウォルター・ニール、モーゼス・フィンリー、マーシャル・サーリンズ、アン・チャップマン、テリー・ホプキンズ、アブラハム・ロトシュタイン、ローズマリー・アーノルド、ポール・メドウなどの多数の若手の人類学者や制度主義経済学者を育て、彼らとの共同研究の成果として、共編著『初期帝国における交易と市場』（一九五七）や遺著となった『ダホメと奴隷交易』（一九六六）や『人間の経済』（一九七七）を刊行している。北アメリカ時代のポランニーによる原始社会や古代社会（古代ギリシャ）の経済史的・制度主義的研究は、社会主義経済の問題に対する彼の関心の後退を意味するものではなく、市場社会の衰退と経済が非経済的諸制度（政府、労働組合、大企業、機能的財政）に埋め込まれていく傾向（混合経済の進展）という歴史的文脈のなかで、民主的計画化のための政策的手段を発展させるのに貢献する一連の概念（経済計画を市場の要請と調和させる方法を含む、制度主義分析の主要な方法論的道具）を探ろうとするものだった、ということが分かる。本章は、『大転換』執筆後のポランニーが探究した課題とその到達点を明らかにしている。

第七章「存在の不確かさ」では、膀胱が炎症を起こし、翌年に癌と診断されて死に向かう節目の年となった一九五六年から、逝去する一九六四年までのポランニーについて描かれる。彼は、生涯の終わりに向かうなかで人生の充足と幸福感の高揚を経験する。妻イロナとの関係も優しさと信頼に満ちて成熟したものになり、また、冷戦下のＣＩＡの文化政策をめぐって深刻な対立が生じた弟マイケルとの緊張関係も和解の段階に達した。研究意欲も旺盛で、彼はパーソンズの社会的行為論の概念的枠組み（統合と「社会的緊張」の概念化）に魅力を見出し、それを草稿「制度変化における緊張の役割」において自身の制度改革論として改編することに挑戦している。失業給付制度や累進課税制度の影響によって飢えと利得を動機とする市場システムが老衰状態に陥るとともに、完全雇用と国家介入が新たな規範になるように進行しつつある、制度変化の理論化を試みている。また、一九五〇年代には「自由と技術」に関する本の執筆計画を立てた。そこで彼は、技術が社会編成を規定することで社会を計り知れない規模の危険にさらし、機械が複雑な社会的分業と社会的相互依存関係の強まりをもたらす現実のなかで、「生きることの意味」と自由を人間はいかに再定義するのか、というテーマを考察している。また、一九五六年のハンガリー蜂起の原因について彼は、ロシアとハンガリーの関係——宗主国／属国の関係——から生じた政治的・経済的緊張として分析している。同時にポランニーは、社会主義の精神的再生の重要な契機としてハンガリー蜂起を位置づけ、その潜在的な影響力（ソヴェト陣営内の民主化と改革、西洋における急進主義の再活性化、第三世界における社会主義のさまざまな運動への影響）に期待した。

エピローグ「社会主義の失われた世界」では、労働と自然の商品化の破壊的影響に関するポランニーの診断が新自由主義的資本主義への批判的文脈のなかで再評価されて、現代的な説得力を持つことが確認される。さらに、ポランニーが成人期の大部分を通じて支持したイギリス労働党やオーストリア社会民主党の「改良主義的社会主義」——議会主導による既存の制度の漸次的改良によって社会主義的転換を目指す政治思想——の意義と限界がディルによって指摘され、「市場システムを通じて現代の経済が組織される必要はないしそうすべきでもない」とする、ポランニーの「非市場的ユートピア」の主張こそが彼の遺した知的遺産である、という結論が述べられる。

II　ユダヤ系知識人のジレンマ

本書全体を通して照明が当てられる人物は、ポランニーの妻イロナ・ドゥチンスカ＝ポランニーを除くと、カール・ポランニー自身と弟のマイケル、彼ら兄弟の友人であるルカーチとマンハイムの四人である。彼らが属していたブダペストの知識人集団は、利益社会を志向する個人主義的で普遍主義的な見方と共同体志向の保守的で共同体主義的な見方との衝突として特徴づけられる、「ハプスブルクのジレンマ」に振り回され苦悩した。彼らは、ハンガリーの後進性（例えば、当時の識字率は四、五〇パーセント）を自覚し、普通選挙などの西欧の先進的で革新的な政治制度や知的な潮流（とりわけイギリスの政治や文化や思想）にいち早く同調してそれらを吸収しようとした。彼らには、自分たちを「西欧の諸発展の外側」に位置づけて、西欧の同世代の知識人たちよりも「現在に対して徹底的に幻滅し、未来に臨む際にはより情熱的にエネルギーを注」ぐ傾向があった。しかし、同化ユダヤ人である彼らの多くは、ますます反ユダヤ主義を強めていくハンガリーの「国民共同体」からは排除され、ユダヤ人のルーツを持つという理由から社会的地位の低さや差別的な扱いに苦しめられ、どれほど優秀であっても多くの者が、「フリーランスのジャーナリストやアーティスト、研究者、あるいは家庭教師などの周辺的な知的職業に就くこと」を余儀なくされた。このような世紀転換期のハンガリーのなかに「本物のルーツ」を見つけることができない彼らには、自身から絶えず逃げていくように思われる共同体への憧れに突き動かされて、さまざまなタイプの社会主義の潮流を支持する傾向が見られた。本書は、両大戦間期を通じて彼らが自らの「時代の経済的・政治的・精神的な危機を診断するという課題」にいかに取り組んだのかを検討し比較することによって、カール・ポランニーの独自性を浮き彫りにしている。

急速な資本主義化が進展する一方で、政治的・文化的に統合された国民国家を形成することが遅れていた一九世紀のハンガリーでは、多数の少数民族が国民として認められることを競い合い、マジャル民族を多数者とするハンガリー社会への同化が急速に進展していた。ポランニーやルカーチの父親世代のユダヤ人は、キリスト教への改宗やマジャル化した姓への改名（出生時のポラチェク・カーロイからポラーニ・カーロイへ）によって主流派への仲間入りを目指し、新しいハンガリー国民の形成に参加するとともに、商人や銀行家や実業家として経済的近代化や資本主義化に貢献した。ハンガリーの支配層であるマジャル人貴族も、西欧化の担い手として同化したユダヤ人層との連携を重視し、彼らを積極的に利用した。また、ハンガリーの場合、農民の言葉であるマジャル語が国民の中心的言語であったために、ドイツ語を話すユダヤ系商人もフランス語を話す貴族もこの言葉に同化するようになり、ブダペストのマジャル化が加速的に進むことになった。しかし、ポランニーが「マジャル・ユダヤの混淆」と特徴づけるこのようなハンガリー社会は、同化ユダヤ人を差別する「反ユダヤ主義」を生み出す母胎にもなっていった。金融や商業などの限られた分野でユダヤ人が成功すればするほど、資本主義発展がもたらす矛盾への不満がユダヤ人に向けられるようになり、ユダヤ人は、利己的で物質主義的で非倫理的で、「国民を堕落させる根のないコスモポリタンである」、というステレオタイプ化された批判にさらされるようになる。ポランニーとその仲間が属したユダヤ人知識人層も、キリスト教に改宗したりマジャル語を学んだりして深く同化したが、境界的で周辺的な立場に自分たちが置かれている現実――よそ者として扱われ、大学のような彼らにふさわしい職業分野においてさえキャリア面で差別される――に直面した。彼らは、西欧の近代化から取り残されたユダヤ人の文化的伝統や共同体から脱出して、西欧化を志向する同化ユダヤ人としての道を選択したにもかかわらず、成功したユダヤ人であるがゆえに非難の標的にされ周辺化されるという、「非ユダヤ的ユダヤ人」特有のジレンマを抱え込んだ。このように、社会の主流派から徹底的に排除されながらも経済的・文化的資源に恵まれて育ったユダヤ人知識人層は、世紀転換期の文化の危機に対してきわめて知的に反応し、「社会的変化とその矛盾」の問題に取り組むのに適した立場にあった。彼らは「同化という問題そのものが消えてなくなるような社会秩序」を希求した。

カール、マイケル、ルカーチ、マンハイムの四人は、「ハプスブルクのジレンマ」や「非ユダヤ的ユダヤ人」のジレンマを抱えた亡命ユダヤ系知識人として、「歴史的な激動と衝突の連鎖、すなわち、ハンガリー資本主義の急速な拡大、帝国のシステムから国民国家のシステムへのいっそうテンポの速い大陸規模での移行、第一次世界大戦とその終止符を打つことになった革命、経済的ナショナリズム、ファシズム、スターリン主義の勃興、そして大恐慌を生き抜いた」点で共通していた。第一次世界大戦後の革命の敗北と白色テロによって亡命を強いられ、一九三〇年代初頭のファシズムの台頭によって再度の亡命を余儀なくされた彼らは、ヨーロッパと世界を破滅させている「政治的動乱の意味」を理解するための探究に従事し、「社会の分裂に関する診断」をそれぞれ異なる方法で研究した。ルカーチにとっての問題の核心は、商品形態がすべての生活現象に決定的に影響する支配的形態となっている資本主義社会では、部分的な経済過程を担っている人びとが「全体としての社会的過程」を理解できない、ということにあった。彼は『歴史と階級意識』（一九二三）で、商品世界に統合されていると同時に意識的な政治的存在でもあるプロレタリアートだけが全体としての社会を理解する能力を有しており、それゆえ、階級分裂を克服して社会を統一する役割を果たしうる、と主張した。マンハイムにとっての社会的分裂の根本的な原因は、統合された社会を自由主義的近代が経済領域・政治領域・宗教領域へと分裂させてしまい、市場システムの出現が政治領域と宗教領域を経済に従属させたことに求められる。彼は『イデオロギーとユートピア』（一九二九）で、利害にとらわれない社会集団である「自由に浮動する知識人」が他の社会階層をイデオロギー的に統合する役割に期待した。マイケル・ポランニーの関心は、科学と倫理、あるいは科学と宗教が引き裂かれている状況に向けられており、この亀裂が縫合されて統合される課題こそが彼にとっての中心的な問題となった。彼はこのような関心から社会の絆として「伝統」を評価し、伝統を軽視する「全体主義的で合理主義的な教義」を批判した。そして、言葉では表現できない「伝統」を継承している、自生的秩序としての自由主義的資本主義の擁護論を展開して、自由主義を再構築しようとした。マイケルの主張への対抗命題を構築した兄のカール・ポランニーにとって、根本問題は、市場資本主義が伝統的な社会経済的慣行を解体して経済を社会から離床させ、経済と社会のあいだに深刻な亀裂を生じさせたことに求められる。カールは、経済を社会に再び埋め込むことによって、市場資本主義がもたらした経済と社会のあいだの裂傷を修復させる道筋を主張し、この修復が「個人の責任と共同体の発展」をともに可能にするような社会の再統一の道に不可欠である、と考えたのだった。

ところで、カールとその五歳年下の弟マイケルとの兄弟愛や、二人の思想的な葛藤と和解の努力に関する描写（特に第七章）は、本書の魅力の一つである。イギリスの自由主義思想を信奉した父の教育方針に従い「ジョン・スチュアート・ミルの教育をモデルにし」て育てられた二人は、ブダペスト時代には強い精神的絆で結ばれていたが、一九三〇年代以降になると、ソ連の経済計画や政治哲学やマルクス主義をめぐる政治的不一致が原因で激しい対立状態に陥った。しかし、ポランニー兄弟の「互いへの優しい気遣いと尊敬の気持ち」は、激論を繰り返しながらも生涯を通じてずっと続いていたのであり（第四章）、『大転換』へのもっとも感動的な賛辞を贈ったのもマイケルだった。注目すべきは、冷戦と

CＩＡの文化政策の評価をめぐってカールとマイケルが衝突したことであり、二人の関係は、政治的・イデオロギー的な対立によって繰り返し引き裂かれることになった。カールはとりわけ、ＣＩＡの資金援助によって創設された文化自由会議でマイケルが重要な役割を果たしていることに激怒した。晩年にも、二人のあいだのこうした対立関係は解消されなかったが、カールはマイケルとの政治的・思想的対立から生じる緊張と葛藤を、マイケルとは異なる見解を表現するための『共存』や『鋤とペン』といった企画（第七章）の実現に向けた活動へと転換した。彼は最晩年にマイケルに宛てた手紙のなかで、自分の人生を総括した言葉とマイケルへの愛情を改めて告白している。ポランニー兄弟の関係は、慢性的なしこりを残しながらも、カールの人生の最後には「和解の局面」に達した、と言うことができるだろう。

Ⅲ　ポランニー研究の国際的進展とデイルの拓いた新地平

一九八八年にカール・ポランニー政治経済研究所がモントリオールのコンコーディア大学に設立されて以来、そこに所蔵されている各種草稿や講義録、研究計画、蔵書、家族や知人との書簡などの未公刊資料に基づくポランニーの思想的理論的研究が、設立者であるカリ・ポランニー＝レヴィットやマーガレット・メンデルを中心に活性化されるようになった。そして、同研究所を拠点に本格的なアーカイブズ研究が始まり、カール・ポランニー国際会議がほぼ二年に一度、一九八六年の第一回大会（ブダペスト）から二〇一七年の第一四回大会（ソウル）を経て、二〇一九年の第一五回大会（ウィーンとブダペスト）まで開催されてきた。ポランニーの思想・理論・歴史的な国際研究は、そのようななかで、ここ三〇年間にわたって飛躍的に進められてきたのである。[1]

二一世紀になると、ウィーン時代やイギリス時代における思想形成にまで踏み込んでポランニーの全体像を明らかにしようとする、従来のような、『大転換』や晩年の経済人類学に焦点を当てた研究を超える一連の研究が現れた。その代表的なものは、主にミケレ・カンジャーニ[2]とカリ・ポランニー＝レヴィットとクラウス・トマスベルガーが編集作業を行った『大転換年代記』全三巻（Karl Polanyi, *Chronik der großen Transformation. Artikel und Aufsätze 1920-1947*, Bd.1-3, Marburg: Metropolis Verlag, 2002, 2003, 2005）である。『大転換年代記』の各巻の冒頭論では、収録された論考の背景を成している、ポランニーの思想形成や彼が目撃した歴史的事件の分析、そして知人や友人との知的交流などが解説されている。また、カール・ポランニー政治経済研究所の設立当初からポランニー研究を支援してきたフレッド・ブロックは、『大転換』の第II部前半の多くを占める「スピーナムランドから改正救貧法」までの約四〇年間にわたる「救貧法論争」についてのポランニー解釈の現代的意義を解明し続け、マーガレット・ソマーズとの共著『市場原理主義の力――カール・ポランニーの批判』（Fred Block and Margaret Somers, *The Power of Market Fundamentalism: Karl Polanyi's Critique*, Massachusetts: Harvard University Press, 2014）を著した。ポランニー没後の一九七〇年代のアメリカで、『大転換』の「救貧法論争」が保守主義の側から（ポランニーの意図とは逆に）用いられた文脈を批判する同書は、アメリカの社会政策論争のなかで繰り返し出現する「スピーナムランドの暗い影」と貧困の自己責任論をめぐる現代の批判的議論に大いに貢献している。

近年は、カンジャーニとトマスベルガー、ローザ・ルクセンブルク研究所のミカエル・ブリイによる支援や協力関係のもとで、ポランニーに関連する中欧・東欧の拠点研究が構築され、そこでポランニー国際会議が開催された。また、ポランニーの重要論文の英訳プロジェクトも進展して、『経済と社会』

(Karl Polanyi, *Economy and Society: Selected Writings*, Edited by Michele Cangiani and Claus Thomasberger, Cambridge: Polity Press, 2018）や、ポランニーの自由論と社会主義論に焦点を当てた論文集『カール・ポランニーの社会主義的転換のヴィジョン』（Michael Brie and Claus Thomasberger [eds.] *Karl Polanyi's Vision of Socialist Transformation*, Montréal: Black Rose Books, 2018）の公刊が実現した。さらに、二一世紀の経済人類学が新たに展開するなかで、ポランニーに対する再注目や再評価も盛況になってきている。[3] 以上のように、ポランニーの思想史研究はさらに深まりながら普及しており、とりわけ、国際平和の危機や欧州複合危機のただなかで、ポランニーの現代性が鋭く分析される研究成果が生まれてきている。

今日の市場社会の欠陥を是正しようとする実践面からのアプローチと関連した、アジアでの新たな展開も見られる。ソウル市による二〇一四年からの社会イノベーション・プロジェクトの一環として、ソウルにカール・ポランニー研究所（アジア）が立ち上げられ、いくつかのポランニーの著書や研究書が韓国語に翻訳されてきた。[4] その過程のなかで、第一四回カール・ポランニー国際会議が二〇一七年一〇月にソウルで——初めてアジアで——開催されたのである。日本においても『市場社会と人間の自由』（若森みどり・植村邦彦・若森章孝編訳、大月書店、二〇一二年）や『経済と自由——文明の転換』（福田邦夫・池田昭光・東風谷太一・佐久間寛訳、筑摩書房、二〇一五年）など、ポランニーの論文集の新たな邦訳が相次いでいる。現在、「カール・ポランニーと社会的連帯経済」というテーマで、分野横断的な研究者や協同組合、社会的企業、有機農業の理論家や実践家などが集い、ここ三〇年間の国際的なポランニー研究の成果を吸収しながらポランニーの現代的意義を再評価する、という動きも誕生しつつある。[5]

以上のように、現在、ポランニー研究のルネッサンスが到来しているが、本書の執筆者のギャレス・デイルは、独特のポランニー研究をここ一〇年にわたって集中的に展開してきたイギリスの研究者である。ポランニー＝レヴィットやメンデルの研究拠点であるカナダのモントリオールがフランス語圏のケベック州であることを考えれば、イギリスを拠点とするデイルの登場は、これまで非英語圏を中心に展開されてきたポランニー研究史に新しい局面を切り拓きつつあり、ポランニー研究の深まりと現代的意義を英語圏で大いに普及させていくことになるだろう。ここで訳者がとりわけ強調したいのは、「思想の理解においてそのコンテクストを重視する」、デイルの知性史的アプローチや思考の斬新さであり、彼が切り拓きつつある、ポランニーの思想史研究を知性史へと統合していく方法である。この方法はデイルの強みであるが、二〇世紀初頭から現代にかけての中・東欧、ロシア、中東の歴史への幅広い知見を彼が有していることも、大きな強みになっている。

デイルはこの一〇年のあいだに、本書の他に、ポランニーに関する下記の二冊の単著を刊行している。『カール・ポランニー――市場の限界』（*Karl Polanyi: The Limits of the Market*, Cambridge: Polity Press, 2010）は、未公刊資料を使ってポランニーの思想形成を年代順に丹念に追跡する思想史研究のスタイルで書かれた、英語圏で初めてのポランニーの研究書である。同時代の思想家たちとの違いや彼らの影響を織り交ぜながらポランニーの思想を相対化したり評価したりするデイルのポランニー研究の方法の特徴は、同書においてすでに確認できる。『カール・ポランニーを再構築する――発掘と批判』（*Reconstructing Karl Polanyi: Excavation and Critique*, London: Pluto Press, 2016）は、本書『カール・ポランニー伝』では詳しく展開していない、ポランニーの政治思想（資本主義と民主主義の対立命題）やマルクス主義との関係、『大転換』の形成史、ロシア論（スターリン体制の評価）、国際関係論、経済人類学を時代の論争的な文脈のなかで考察し、彼の全体像を歴史的に理解しようと試みた、知性史的アプローチによる最初のポランニーの研究書である。

さらに、デイルが編集・英訳した『カール・ポランニー――ハンガリー著作集』（Karl Polanyi, *The Hungari-*

an Writings, Manchester: Manchester University Press, 2016）は、ポランニーのブダペスト時代とウィーン時代の初期に当たる一九〇七年から一九二三年のあいだにガリレイ・サークルの機関紙『自由思想』と『ウィーン・ハンガリー新聞』で公表された論説や論文、講演、演説などの三九のテクストから構成されている。この刊行によって、ポランニーが三三歳まで暮らしたブダペストにおける思想形成の核心が初めて明るみになり、主著『大転換』の思想的起源を追跡する研究は、ついにポランニー研究の空白部分だったハンガリー時代にまでさかのぼることになった。以上のようなデイルのポランニー研究には、二〇世紀の思想的政治的な文脈のなかでポランニーを論じることによって新たなポランニー研究の地平を切り拓くという、従来のポランニー像を革新する視点が含まれている。

第一にデイルは、ポランニーの政治思想や市場経済観、宗教観（キリスト教理解）、社会哲学（自由論）、社会主義論、国際関係論、経済人類学の形成過程を、時代の歴史的背景や論争的な文脈のなかで考察する。デイルがポランニーの思想形成を理解するうえでとりわけ重視するのは、すでに指摘したように、ポランニーが青年期を過ごした世紀末から二〇世紀初頭のブダペストにおける思想地図（ハプスブルクのジレンマ）と、ユダヤ系知識人が置かれていた境界的で周辺的な立場（非ユダヤ的ユダヤ人）である。デイルが時代の論争的文脈として取り上げたのは、一九二〇年代では、第一次世界大戦の原因と帰結をめぐる西洋文明の没落の議論、社会主義計算論争、および、資本主義と民主主義の対立に関する議論であり、一九三〇年代では、大恐慌の原因や国際関係の緊張と平和の危機、ファシズムの台頭やその本質、再建金本位制と緊縮政策などに関する議論である。また一九四〇年代では、自由主義的資本主義の崩壊とそのオルタナティブに関する諸研究、とりわけドラッカーの『経済人の終わり』（一九三九）、シュンペーターの『資本主義・社会主義・民主主義』（一九四二）、マンハイムの『変革期における人間と社会』

（一九四〇）、弟マイケルの『完全雇用と自由貿易』（一九四五）、そして、ハイエクの『隷従への道』（一九四四）などが、ポランニーに大きな影響を与えたことに着目している。デイルは、このような二〇世紀前半の激動の歴史を生きた同時代人に共通する文脈のなかで、『大転換』を構想し叙述したポランニーの思想と理論の独自性を浮かび上がらせようとする。

第二にデイルは、ポランニーによって独自に解釈されたキリスト教（自由、平等、人間の連帯についての教えとしての福音）とマルクスとの結合をポランニーの思想的核心として理解し、彼のキリスト教社会主義像の究明に焦点を当てている。このような「ポランニーをポランニーたらしめる」思想的転回が起きたのは、ハンガリー時代の末期からウィーン時代の初期（一九一八年から一九二三年）のあいだである、とデイルは考えている。彼によれば、ポランニーはこの時期以降、独自のキリスト教社会主義の立場に依拠しながら、ウィーン時代の後期とイギリス時代を過ごして、一九三〇年代の世界経済危機とファシズムの起源を市場社会の形成に求める自らの市場経済観や危機分析を構築し、『大転換』の枠組みを獲得していったのである。

第三にデイルは、『カール・ポランニーを再構築する』において、ポランニーの社会主義論に関するソフトな解釈とハードな解釈との対立に注目し、それを現在のポランニー研究における最大の論点として提起している。ソフトな解釈は、『大転換』の二重運動を社会民主主義的に捉え、市場経済の拡大に対する社会の自己防衛の運動を資本主義の行き過ぎを是正する社会政策につなげて理解し、資本主義的市場経済の暴走を抑制・調整する様式（いわば経済を社会に埋め込む様式）として解釈する立場である。このソフトな解釈は、ブロックとソマーズの『市場原理主義の力』を含む、現在におけるポランニー研究の多数派の見解である。これとは対照的にハードな解釈は、労働や自然の商品化の条件となっている福祉国家のあり方そのものを批判的に捉えるもので、「資本主義経済の無際限の拡大要求と、相互扶助的な社会関係のなかで生きる人びととのあいだに生じる根本的矛盾」を理論化する命題として二重運動を解釈する立場である。妻のイロナと娘のカリの証言によれば、カール自身は、労働・土地・貨幣の完全な脱商品化や資本主義そのものの廃止によって、経済が社会に再び埋め込まれると考えていた点で、ハードな解釈の立場に近かった、とデイルは述べている。だが、二重運動の硬軟二つの解釈を可能にする文章が『大転換』の二重運動の説明に混在している、ということも事実である。今後のポランニー研究は、このような解釈の幅を含んだ彼の社会主義論をめぐって展開されていくだろう。

第四にデイルは、『カール・ポランニー伝』の最後の文章において、「非市場的ユートピア」の構想こそがポランニーの最大の知的遺産である、と提起している。ポランニーは市場経済を、人為的に社会から離床させられた経済として把握し、このような異形の経済領域によって統治される市場社会について、人類史における逸脱と批判した。そして、人間の共同体の目的のために経済を従属させるような「社会における経済の位置」を研究しながら、「産業文明を新たな非市場的基礎に移行させる」ためのプロジェクトを構想し続けた。デイルは、この未完の構想を、社会の現実を変えるための集団的行為を後押しする、新しく先取的かつ変革的な道標となる思想という、マンハイム的な意味でのユートピアとして評価し、非市場的ユートピアを擁護した点にポランニーの知的遺産がある、と主張する。これは、デイルが提起した挑戦的なポランニー研究の課題である。

註

1　若森みどり「解説　ポランニーの市場社会批判と社会哲学」（カール・ポランニー『市場社会と人間の自由——社会哲学論選』若森みどり・植村邦彦・若森章孝編訳、大月書店、二〇一二年）を参照されたい。

2　カンジャーニは、『複雑な社会における自由』というポランニーの論文集を一九八七年にイタリアで公刊した、故サルサーノのプロジェクトと意思を引き継ぎ、アーカイブズの研究成果を反映した新たなポランニー論文集（フランス語版とイタリア語版）の公刊に貢献し、さらにドイツのトマスベルガーと協力して、カール・ポランニー『大転換年代記』の編集プロジェクトを実現した。カンジャーニ自身は早い段階で、戦間期のポランニーの思想形成に照明を当てた研究や、晩年のポランニーの経済人類学を「マックス・ヴェーバーの経済社会学の批判的再構築」の一環として位置づける研究を行っている（若森みどり『カール・ポランニー——市場社会・民主主義・人間の自由』NTT出版、二〇一一年）。

3　例えば、クリス・ハン、キース・ハート『経済人類学——人間の経済に向けて』（深田淳太郎・上村淳志訳、水声社、二〇一七年）を参照されたい。

4　若森みどり『カール・ポランニーの経済学入門——ポスト新自由主義の思想』（平凡社、二〇一五年）は、このプロジェクトの一環として韓国語に訳された。

5　二〇一九年五月の日本協同組合学会第三八回春季研究大会の共通テーマは「協同組合と社会的連帯経済」であり、社会的連帯経済の重要な思想的起源としてカール・ポランニーの思想が取り上げられた。こうしたテーマとポランニー思想とを関連づけた名著である、折戸えとな『贈与と共生の経済倫理学——ポランニーで読み解く金子美登の実践と「お礼制」』（合同会社ヘウレーカ、二〇一九年）を参照されたい。

訳者あとがき

本書『カール・ポランニー伝』は、Gareth Dale, *Karl Polanyi: A Life on the Left*, New York: Columbia University Press, 2016 の全訳である。

著者のギャレス・デイルは現在、ロンドンにあるブルネル大学の経営・人文科学・社会科学部で上級講師の職にあり、政治学と国際関係論を教えている。デイルの研究領域および彼の関心はきわめて広く、カール・ポランニー研究の他に、ソヴェト・ロシアと中東欧の政治経済と歴史に関する研究や、気候変動と環境政治学、欧州連合のギリシャ危機と移民問題への対応、ウェールズ党の思想や実践とブレグジット、北極帯の地政学、そして現代世界の社会的連帯経済をはじめとする社会運動の研究など、多岐にわたっている。そして本書の他にも、訳者解説で紹介した『カール・ポランニー』（二〇一〇）や『カール・ポランニーを再構築する』（二〇一六）の他、共編著『グリーン成長』（二〇一六）などの多数の著書がある。デイルの著書はすでに、ドイツやオランダやスペイン、ハンガリー、トルコ、ロシア、中国、韓国などで一四カ国語に翻訳されているが、邦訳は本書が初めてである。

本書におけるポランニー像は、整然と体系的に統一された思想と理論を形成した社会科学者というよりも、「変貌自在で矛盾する諸側面から構成され」ている。日本においても、『大転換』（吉沢英成・野ロ建彦・長尾史郎・杉村芳美訳、東洋経済新報社、一九七五年）や『人間の経済』（Ⅰ玉野井芳郎・栗本慎一郎他訳、Ⅱ玉野井芳郎・中野忠他訳、岩波書店、一九八〇年）、近年刊行されたポランニー論文集（『市場社会と人間の自由』若森みどり・植村邦彦・若森章孝編訳、大月書店、二〇一二年）や『経済と自由』（福田邦夫・池田昭光・東風谷太一・佐久間寛訳、筑摩書房、二〇一五年）などの邦訳および研究書（拙著『カール・ポランニー』NTT出版、二〇一一年など）を通じて、「多様な顔を持つ」ポランニー像が紹介され、受容されてきた。すなわち彼は、市場社会の「二重運動」（市場経済の人間や自然に対する破壊的影響と、それに対抗する社会の自己防衛との対立）を論じた経済学者として、あるいは、社会的制約から切り離され自立して拡張運動を遂げてきた経済領域を「再び社会に埋め込む」ことの重要性を、古代ギリシャの経済制度の研究や貨幣や贈与の人類学的研究の知見に基づいて主張した経済人類学者として認識されてきた。また、二〇世紀の戦間期における列強諸国による国際的な政治・経済秩序を批判した国際政治経済学者としても、民主主義と自由（人格的自由、社会的自由、市民的諸自由）と協同性を希求した思想家としても認識されつつある。ポランニーの多様な顔は、たしかに魅力的である。

本書の独創性は、市場社会の危機と時代の変化に立ち向かいながら人間の自由と民主主義を実現する新しい共同性を探究し続けた、ポランニーの著作や政治的活動に見られるある種の「錯綜」と「一貫性のなさ（矛盾）」を浮き彫りにし、そのことによって、ポランニーの二重運動論や「埋め込み」命題のなかに「矛盾と緊張」が内在していることを鮮明にした点にある。だからといってデイルは、ポランニーの二重運動論や「埋め込み」命題の重要性を否定しているのではない。

デイルによれば、ポランニーは市場社会という用語について、ある文脈では「一九世紀の自由主義的資本主義」の意味として用い、他の文脈では「完全に実現することが不可能な経済的自由主義者のユートピア」として説明している。ポランニーの「埋め込み」命題についても同様に、それが資本主義の枠内での制度改革や規制を意味するのか、あるいは、市場社会の崩壊を前提とした協同組合的社会主義を意味するのか、それほど明らかではない。それゆえ、ポランニーの二重運動論も「埋め込み」命題も、これまでに異なる解釈をもたらしてきたのである。

二重運動論の「社会の自己防衛」の命題は、資本主義的市場経済のリスクから普通の人びとを保護する福祉国家の理論的基礎として読むこと（ソフトな解釈）も可能であるし、労働や自然や貨幣の「商品擬制」を破棄して多様な形態の民主主義に経済を従わせるという社会主義論の基礎としても読むこと（ハードな解釈）ができる。こうした二重運動論に内在する「錯綜」や「矛盾」と、それゆえに生じる解釈の多様性は、現在のポランニー研究における最大の争点の一つである。ソフトな解釈に比重を置けば、資本主義の内部で改良を積み重ねる社会民主主義者、あるいは、福祉国家（福祉資本主義）の支持者としてのポランニー像が出現する。それとは対照的に、ハードな解釈に重点を置けば、福祉国家と資本主義の改良に満足しない社会主義者、あるいは、効率性の価値を降格させてでも人間の自由と民主主義の成熟を目指そうとする社会主義者としてのポランニー像が出現する。重要な論理や概念においてさえ錯綜と一貫性のなさ（矛盾）を抱える「変貌自在な」ポランニー。ディルが照明を当てるのはこのようなポランニー像である。それは、ポランニーが生き、かつ経験した時代の文脈やその激しい変化のなかで独自の思想形成を遂げていった過程を生涯にわたり、大量の資料や証言に基づきながら緻密かつ正確に描いた、本書の最大の成果である。本書のポランニー像は、ポランニーの思想や彼が生きた時代を深く考察するうえで多くのヒントを与えるとともに、「訳者解説」で述べたように、従来のポランニー像を刷新してポランニーの現代的意味を再検討するきっかけを提供している。

本書第一章「東西のサロンで」と第二章「戦争の十字架を背負って」では、これまで明らかにされてこなかった、世紀転換期のブダペストでポランニーとその仲間のユダヤ系知識人たちが知的に成長する過程が描かれている。この箇所は、栗本慎一郎氏による名著『ブダペスト物語』（晶文社、一九八二年）の現代的展開として読むことも可能である。ポランニーの遺稿『ダホメと奴隷交易』を邦訳し経済人類学を日本に定着させることに貢献した栗本氏は、一九一八年の革命を控えたブダペストを舞台に、ポランニー兄弟やルカーチやマンハイム、そして数学者のノイマンや作曲家のバルトークなどの多くの「天才」が輩出されて「革命的な民衆文化」が花開いた当時の状況を活き活きと描き、ブダペストの精神史を、「ユダヤ人でありながら、マジャル貴族に対する反抗文化運動の中心を担ったポランニー」たちに照明を当てて展開した。デイルによる本書の第一章と第二章では、自由主義と共同体主義との対抗という「ハプスブルクのジレンマ」や、マジャルに同化し混淆しながらもユダヤ人として差別されるユダヤ系知識人の立場の矛盾（「非ユダヤ的ユダヤ人」のジレンマ）から生じる苦悩が、彼らをコスモポリタン的な市民にまで成長させ、亡命先でも次々と開花させた知的「創造力」の源泉となった経緯が、資料や証言に基づいて緻密に描かれている。いわば「現代版のブダペスト物語」である本書の第一章と第二章を、今でも色あせることのない栗本氏の『ブダペスト物語』と比較しながら楽しんで読んでいただきたいと思う。

さて、デイルの原著の翻訳作業を開始してから、この六月で三年が経過した。「謝辞」でデイルが説明しているように、本書は、彼とその研究協力者たちが「拡大鏡を使って一語一語たどりつつ」解読したという、読みにくい「クモの脚のような」字で書かれたポランニーによる多数の書簡の引用から構成されているのだが、そうした文章は難解だった。また、デイル特有の文体や創作的表現や言い回しは多くの場合、訳者たちにとってきわめて難しく、日本語にするのに予想をはるかに超える時間とエネルギーを要した。本書の難解な箇所については、繰り返しデイルにメールで質問をして邦訳の精度を高めるよう努めたが、質問したその翌日には詳細な回答とコメントが届けられることもしばしばで、訳者たちはデイルの真摯さと情熱に感銘を受けた。こうした意味で、本書の翻訳作業は、著者と訳者との共同作業の過程でもあった、ということを付言しておきたい。

最後まで再検討を積み重ねたのは、ハプスブルク帝国末期のハンガリーにおける複雑なユダヤ人問題、および多民族（あるいは少数民族）問題と関連する訳語の工夫であった。最終的な段階で、ethnic は民族的、nation は国民または民族、national は国民的または民族的、nationality は諸民族集団あるいは「国民ならざる諸民族集団」といったように、文脈に応じて訳し分けカタカナのルビを振った。また、Eastern Jew、Western Jew は、それぞれ「東方ユダヤ人」、「西方ユダヤ人」と訳すことにした。

訳稿の作成については、謝辞と序文、および第六章と第七章を若森みどりが、第一―三章を太田仁樹が、第四章と第五章、エピローグを若森章孝が担当し、各章には訳者による補註を付した。多数の人名の表記の確定と人名表示を統一する作業は太田仁樹が行い、最終的な訳文の仕上げと訳語の統一、索引作成は若森みどりと若森章孝が行った。訳者たちは全力で取り組んだつもりであるが、思わぬ誤りを犯しているかもしれない。そうした点は、今後、読者のご批判を得るなかで正していきたいと考えている。

本書の翻訳や刊行にあたっては何人もの方々から直接的なお力添えをいただいた。とりわけ、大阪市立大学経済学部のチャールズ・ウェザーズ先生からは、デイルの独特の表現や言い回し、難解な文章の解読、そして英語の人名のカタカナ表記について、適切な助言を頂戴した。また、家族という理由、および研究機関に所属していないという理由から、しばしば礼を控えてしまいがちになるのだが、訳文の誤りや改善点を指摘し、大量の文章の推敲に協力を惜しまなかった、母の若森文子に深く感謝する。また、聖書研究を志したが戦争によって夢を断たれ、戦時中にもシェイクスピアの『ハムレット』やカーライルの著書、そしてポケット版の聖書を携えていた亡き祖父（斎藤義男）の励ましを、翻訳の過程で何度か感じることがあった。

本書の翻訳作業は二〇一六年から始まったが、このプロジェクトを遂行するにあたって、科学研究費補助金基盤研究(c)「国際経済秩序と平和に関するカール・ポランニーの制度主義的アプローチの展開」（研究課題／領域番号 16K03577）の助成を受けたことに感謝する。

最後に、本書の刊行の意義についていち早く理解を示され協力を惜しまれなかった平凡社編集部の水野良美氏にお礼を申し上げる。どのように忙しいときにも水野氏は訳者たちに伴走され、遅れがちな翻訳作業を励まされ、資料提供やコメントの作成など、実質的にも細部にわたって支援してくださった。水野良美氏に謝意を捧げ、この小文の結びとしたい。

二〇一九年五月一八日

訳者を代表して

若森みどり

Great Transformation Today, ed. Chris Hann and Keith Hart (Cambridge: Cambridge University Press, 2011), 103; Phillipe Steiner, "The Critique of the Economic Point of View: Karl Polanyi and the Durkheimians," in *Market and Society: The Great Transformation Today*, ed. Chris Hann and Keith Hart (Cambridge: Cambridge University Press, 2011), 59–60.

15 Cf. Alasdair Macintyre, *Against the Self-Images of the Age: Essays on Ideology and Philosophy* (London: Duckworth, 1971), 40; Claus Offe, *Contradictions of the Welfare State* (London: Hutchinson, 1984), 263.

16 ソフィの娘のマリア・セーチはアメリカに移住し、戦後になってオーストリアに戻った。彼女はハンガリー蜂起の直後まで共産主義を支持したが、その後、社会民主主義に引き寄せられた。Erzsébet Vezér, "The Polanyi Family," in *The Life and Work of Karl Polanyi*, ed. Kari Polanyi-Levitt (Montreal: Black Rose. 2000), 25.

17 以下で引用されている。Max Koch, *Capitalism and Climate Change: Theoretical Discussion, Historical Development and Policy Responses* (Houndmills, U.K.: Palgrave, 2011), 69–70.

18 例えば以下を参照のこと。Brian Roper, *The History of Democracy: A Marxist Interpretation* (London: Pluto, 2012).

19 この点について筆者は、以下の論文で展開している。Gareth Dale, "Social Democracy, Embeddedness, and Decommodification," *New Political Economy* 15, no. 3 (2010): 369–393; Gareth Dale, "Polanyian Perspectives on the Neoliberal Age," *Current Sociology* 60, no. 1 (2012): 3-27.

20 例えば以下を参照のこと。Richard Tawney, *The Choice before the Labour Party* (London: Socialist League, 1933).

21 Jean-Michel Servet, e-mail to the author, May 2011; Maurice Glasman, "Debt and Democracy: National Economic Institutions in a Global Order," paper presented to the New Political Economy Network, London, May 2012.

22 Karl Polanyi, "Hamlet," *Yale Review* 43, no. 3 (1954): 336–350.

23 また、ここでの議論については以下を参照のこと。Burawoy, "For a Sociological Marxism," 258; Gareth Dale, *Karl Polanyi: The Limits of the Market* (London: Polity, 2010).

24 Walter Benjamin, "Left-Wing Melancholy," *Screen* 15, no. 2 (1974): 28–32〔野村修訳「左翼メランコリー」、高原宏平・野村修編集解説『ヴァルター・ベンヤミン著作集1　暴力批判論』晶文社、1969年〕.

25 説明として、以下の文献を参照されたい。Gareth Dale, (2014) "Karl Polanyi in Vienna: Guild Socialism, Austro-Marxism, and Duczynska's Alternative," *Historical Materialism* 22, no. 1 (2014): 34–66; Gareth Dale, "The Iron Law of Democratic Socialism: British and Austrian Influences on the Young Karl Polanyi," *Economy & Society* 43, no. 4 (2014): 650–667.

285 KPA-59-3, Ilona to Kari, October 10, 1963.

286 Mihály Simai, interview, 2010, and e-mail to the author, August 2013.

◆ エピローグ

1 Jamie Peck, *Constructions of Neoliberal Reason* (Oxford: Oxford University Press, 2010), 27.

2 Neil Davidson, "Introduction: What Was Neoliberalism?," in *Neoliberal Scotland: Class and Society in a Stateless Nation*, ed. Neil Davidson, Patricia McCafferty, and David Miller (Newcastle: Cambridge Scholars Press, 2010).

3 Philip Mirowski and Dieter Plehwe, eds., *The Road from Mont Pèlerin: The Making of the Neoliberal Thought Collective* (Cambridge, Mass.: Harvard University Press, 2009); Philip Mirowski, *Never Let a Serious Crisis Go to Waste: How Neoliberalism Survived the Financial Meltdown* (London: Verso, 2013).

4 Jamie Peck, Nik Theodore, and Neil Brenner, "Postneoliberalism and Its Malcontents," *Antipode* 41, no. 1 (2010): 94–116; Gareth Dale and Nadine El-Enany (2014) "The Limits of Social Europe: EU Law and the Ordo-Liberal Agenda," *German Law Journal* 14, no. 5 (2014): 613–650.

5 KPA-21-22, Karl Polanyi, "Community and Society," 1937〔若森章孝訳「共同体と社会」、若森みどり・植村邦彦・若森章孝編訳『市場社会と人間の自由』大月書店、2012年〕; Steven Greenhouse, "In Mott's Strike, More Than Pay at Stake," *New York Times*, August 17, 2010, www.nytimes.com/2010/08/18/business/18motts.html.

6 KPA-18-8, Karl Polanyi, "The Fascist Virus" (n.d.)〔若森章孝訳「ファシズムのウィルス」、若森みどり・植村邦彦・若森章孝編訳『市場社会と人間の自由』大月書店、2012年〕; Gerri Peev, " 'Starve the Workshy into Taking a Job': Labour Peer Says Cut Dole for Young," *Daily Mail*, April 26, 2010, www.dailymail.co.uk/news/article-1268744/Labour-peer-Digby-Jones-says-cut-benefits-young-people.html#ixzz0mHUPM7pf.

7 John Saville, "Hugh Gaitskell (1906–1963): An Assessment," *Socialist Register* (1980): 148–169.

8 George Lukacs, *The Historical Novel* (Lincoln: University of Nebraska Press, 1983)〔伊藤成彦訳『ルカーチ著作集3 歴史小説論』白水社、1986年〕.

9 Karl Mannheim, *Ideology and Utopia* (London: Routledge, 1991)〔高橋徹・徳永恂訳『イデオロギーとユートピア』中央公論新社、2006年〕.

10 Karl Polanyi, paraphrased by Michael Burawoy, "For a Sociological Marxism: The Complementary Convergence of Antonio Gramsci and Karl Polanyi," *Politics & Society* 31, no. 2 (2003): 258.

11 Gareth Dale, "Capitalism and Migrant Labour," in *The European Union and Migrant Labour*, ed. Gareth Dale and Mike Cole (Oxford: Berg, 1999) 281–314; Mike Kidron, *The Presence of the Future*, unpublished book manuscript (n.d.).

12 Burawoy, "Sociological Marxism," 258.

13 Timothy David Clark, "Reclaiming Karl Polanyi, Socialist Intellectual," *Studies in Political Economy* 94 (2014): 76.

14 Chris Hann and Keith Hart, "Introduction: Learning from Polanyi," in *Market and Society: The Great Transformation Today*, ed. Chris Hann and Keith Hart (Cambridge: Cambridge University Press, 2011), 8; Keith Hart, "Money in the Making of World Society," in *Market and Society: The

261 Kari Polanyi-Levitt, telephone interview, April 2009.

262 これらのリストには、グンナー・ミュルダール（KPA-51–5, Polanyi to Myrdal, January 31, 1961; KPA-52–4, Karl Polanyi to Rudolf Schlesinger, August 18, 1962）、A. J. P. テイラーとアイザック・ドイッチャー（KPA-53–1, Karl Polanyi and Ilona Duczynska to Esther Simpson, March 26, 1963）、C. B. マクファーソン（Karl to Robert Merton, September 16, 1963; コロンビア大学附属のバトラー図書館にあるこの手紙のコピーは、親切にもダン・トンプキンズによって筆者に提供された）、バジル・デヴィッドソン（KPA-51–5, Duczynska to Doreen, February 18, 1961）、ジョゼフ・ニーダム（KPA-53–1, Polanyi and Duczynska to Simpson, March 26, 1963）が含まれている。

263 KPA-38–7, Karl Polanyi, "Reflection on the article titled 'Text of Pope John's Encyclical "Pacem in Terris," Calling for a World Community,' "1963.

264 『共存』第1号は、主に北アメリカで451部が販売され、イギリスで販売されたのは22部だった。雑誌名の *Co-Existence*〔『共存』〕は、1984年には *Coexistence* に、1996年には *International Politics*〔『国際政治』〕へと変わった。KPA-54–1, Rudolf Schlesinger to Robert Maxwell, January 3, 1965.

265 PFP-212–326, Karl to Misi, October 21, 1959.

266 KPA-58–1, Karl to Kari, January 30, 1959.

267 KPA-56–13, Karl to Irene, December 12, 1958; KPA-29–12, Duczynska, "Karl Polanyi."

268 KPA-56–8, Karl to Laura, November 27, 1959; KPA-51–5, Karl to Harry, January 5, 1961.

269 ポランニーは、ポスタンをその妻のアイリーン・パワーを介して、またはトーニーを介して知っていた可能性が高い。KPA-51–1, Ilona and Karl Polanyi to Esther Simpson, November 24, 1959. Cf. MPP-17–12, Karl Polanyi to Misi, May 15, 1957; KPA-51–1, Karl Polanyi to Harry, October 29, 1959.

270 KPA-51–2, Ilona Duczynska to Valiani, April 11, 1960.

271 MPP-17–12, Karl Polanyi to Misi, December 16, 1959.

272 PFP-212–326, Karl to Misi, October 21, 1959; KPA-52–1, Polanyi and Duczynska to Infeld, May 18, 1961.

273 KPA-51–1, Karl Polanyi to Norman Thomas, November 30, 1959.

274 MPP-17–12, Karl to Misi, December 16, 1959.

275 KPA-51–3, Leo Valiani to Ilona Duczynska, 1960.

276 KPA-51–4, Karl Polanyi to Toni Stolper, December 6, 1960.

277 彼らは「ルカーチを困らせないために」、連絡を取るのを控えていた。KPA-53–1, Ilona Duczynska to Professor Vogt, 1963.

278 KPP-1–4, Polanyi to Fromm, January 14, 1961.

279 Anne Chapman, telephone interview.

280 今回は、ビザの問題で強制的にキャンセルされることはなかった。KPA-53–2, Karl Polanyi to Paul Bohannan, September 20, 1963.

281 KPA-59–3, Ilona to Kari, October 10, 1963.

282 KPA-53–2, Karl Polanyi to Harry Pearson, September 25, 1963.

283 KPA-59–3, Ilona to Kari, October 10, 1963.

284 Mihály Simai, interview.

243 カーの態度は、すぐに「友好的な希望」に変わった。KPA-51–5, Duczynska to Doreen, February 18, 1961; KPA-51–5, Carr to Polanyi, January 17, 1961.

244 KPA-51–4, Karl Polanyi to Rudolf Schlesinger, February 18, 1961.

245 KPA-58–1, Karl Polanyi to Hans Zeisel, February 17, 1961.

246 ポランニーやドゥチンスカの親しい友人ではなかったものの、フライは『鋤とペン』を知って称賛した。KPA-53–2, Northrop Frye to Polanyi, July 25, 1963; KPA-53–2, Karl Polanyi to C. P. Snow, November 1963.

247 シュレジンガーはウォーラーステインの議論に同意せず、それを公表することを拒否した。ポランニーはショックを受けた。「編集者の判断は、内容に同意するかどうかで公表するかを決めるべきではない。内容に不同意であるならば、印刷した後で不同意の意見を示せばよい」と、ポランニーは述べた。Immanuel Wallerstein, interview.

248 KPA-52–4, Polanyi or Duczynska to Kenneth, October 18, 1962; Costello, *Macmurray*, 347.

249 KPA-53–3, Karl Polanyi to Parsons, February 16, 1964; KPA-53–3, Talcott Parsons to Polanyi, March 13 and April 6, 1964; Karl Polanyi to Robert Merton, September 16, 1963. コロンビア大学附属のバトラー図書館にあるこの手紙のコピーは、親切にもダン・トンプキンズによって筆者に提供された。

250 KPA-52–4, Karl Polanyi to Nathan Glazer, October 5, 1962; KPA-53–1, Ilona Duczynska to Schlesinger, April 15, 1963; KPA-52–4, David Riesman, Correspondence (n.d.).

251 KPA-53–1, David Riesman to Polanyi, April 3, 1963.

252 KPA-53–1, Polanyi to Medow, January 4, 1963.

253 KPA-53–2, Karl Polanyi to Terry Hopkins, December 15, 1963; KPA-53–1, Polanyi to Medow, January 4, 1963.

254 KPA-52–4, Edward Shils to Esther Simpson, September 28, 1962.

255 KPA-53–2, Polanyi to Hopkins, December 15, 1963.

256 KPA-59–8, Karl Polanyi to Misi, April 28, 1947; Karl Polanyi to Robert Merton, September 16, 1963. コロンビア大学附属のバトラー図書館にあるこの手紙のコピーは、親切にもダン・トンプキンズによって筆者に提供された。KPA-52–4, Duczynska to Simpson, August 21, 1962; KPA-51–5, Duczynska to Doreen, February 18, 1961.

257 ソヴェト連邦から寄せられる「高水準の論文」を確保することを、ポランニーは熱望した。ポール・メドウの援助を得てポランニーは、モスクワの世界経済および国際関係研究所長のアルスマニアン教授など多くの人に打診を試みたが、成功しなかった 。しかし第4号と第5号では、ポーランドの学者、オスカール・ランゲ、ウォジミエシ・ブルス、ジグムント・バウマンたちの寄稿のおかげで、ソヴェト圏からの発信を掲載する枠が拡大した。KPA-52–2, Karl Polanyi to Paul Medow, September 17, 1961; KPA-52–3, Karl Polanyi to Arzumanyan, June 1962.

258 KPA-53–1, Rudolf Schlesinger to Robert Maxwell, January 5, 1963. Cf. McRobbie, "Memories of Childhood."

259 KPA-59–3, Ilona Duczynska to Kari, September 10, 1965. ペルガモンは、後に、不正な目的のためにマクスウェルに利用された。それは、マクスウェルの多くの詐欺行為のうちの最初のものであった。

260 KPA-59–3, Ilona Duczynska to Kari, September 10, 1965.

221 KPA-52–3, Karl Polanyi and Rudolf Schlesinger to Professor Arzumanyan, June 1962; KPA-53–3, Karl Polanyi to Cyrus Eaton (ca. 1964).

222 「共存」という言葉は、かつてソヴェトの外交政策で使われた用語の突如の再来となった。「共存」は、ブレスト・リトフスクでのトロツキーの合言葉だったのだ。だがトロツキーの場合には「共存」はまったく別のことを意味した。「共存」は、ロシアの社会主義革命の生死が他国との競合によって左右された時代における、交戦中の敵国との一時的な和解を意味していた。Isaac Deutscher, *The Prophet Armed: Trotsky 1879–1921* (London: Verso, 2003), chapter 11〔田中西二郎・橋本福夫・山西英一訳『武装せる予言者・トロツキー』新潮社、1964年〕.

223 KPA-30–2, Karl Polanyi, "Polanyi on Polanyi," 1958–1960.

224 KPA-50–1, Karl Polanyi to Carter Goodrich, February 12, 1957.

225 KPA-30–2, Polanyi, "Polanyi on Polanyi."

226 PFP-212–326, Karl to Misi, February 23, 1956.

227 KPA-51–3, Polanyi, "Proposal for a Survey of Socialist Thought."

228 PFP-212–326, Karl to Misi, February 23, 1956.

229 KPA-53–3, Polanyi to Eaton (ca. 1964).

230 KPA-52–4, Ilona Duczynska to Esther Simpson, August 21, 1962.

231 MPP-17–13, Karl Polanyi to Michael (n.d.).

232 Geoffrey Harcourt, and Prue Kerr, *Joan Robinson* (London: Macmillan, 2009).

233 KPA-51–5, Karl Polanyi to Istvan Meszaros, April 24, 1961; Letter from Karl Polanyi and Ilona Duczynska to Istvan Meszaros, March 30, 1961, reproduced in Gareth Dale, ed., *Karl Polanyi: The Hungarian Writings* (Manchester: Manchester University Press, 2016).

234 Michael Wolfers, *Thomas Hodgkin: Wandering Scholar—A Biography* (Brighton, U.K.: Merlin Press, 2007), chapter 3.

235 Wolfers, *Hodgkin*, 136, 157,189.

236 R. Beerman, "Rudolf Schlesinger: An Appreciation," *Soviet Studies* 21, no. 4 (1970). 409–410.

237 Recollection of Stephen White, personal communication, September 11, 2013; Beerman, "Rudolf Schlesinger"; Zsuzsi Meszaros, personal communication. シュレジンガーの妻は、夫と同じタイプの〔無愛想でがさつな〕人だった、とスーシ・メサーロシュは補足している。彼女がメサーロシュの家族を訪問した際、「ドアを開けたときのことを覚えていますが、彼女はタンクのようにそこに突っ立ったまま『お邪魔します！』と挨拶したのです。食事のときには、彼女の口から飛び出てくる食べ物を避けるために、私たちは少しばかり頭を引っ込めなければなりませんでした」。

238 Kari Polanyi-Levitt, interview, December 2008.

239 KPA-53–1, Karl Polanyi to Rudolf Schlesinger, 1963.

240 KPA-52–4, Duczynska to Simpson, August 21, 1962.

241 ラッセルの文化自由会議との関わりは安定的ではなかった。ラッセルは名誉議長を3回辞任し、1956年に4回目の辞任をする際、とうとう脱退した。KPA-52–4, Polanyi or Duczynska to Kenneth, October 18, 1962; KPA-52–4, Duczynska to Simpson, August 21, 1962; Coleman, *Liberal Conspiracy*, 165.

242 KPP-1–4, Polanyi to Fromm, January 14, 1961.

204 E. P. Thompson, *The Making of the English Working Class* (Harmondsworth, U.K.: Penguin, 1968), 913〔市橋秀夫・芳賀健一訳『イングランド労働者階級の形成』青弓社、2003年〕.

205 Hall, "Life and Times."

206 Peter Sedgwick, "A Return to First Things," Balliol College Annual Record, 1980, www.marxists.org/archive/sedgwick/1980/xx/gdhcole.htm.

207 Peter Sedgwick, "The New Left," in *The Left in Britain 1956–1968*, ed. David Widgery (Harmondsworth, U.K.: Penguin, 1976 [1964]).

208 この点で、イギリスのニュー・レフトの思想家たちは、彼らのアメリカの仲間たちであるリースマンやガルブレイス、ライト・ミルズの仕事に大きく依存していた。以下参照。Hall, "Life and Times."

209 Sedgwick, "New Left." 137.

210 Hall, "Life and Times." 185.

211 Hall, "Life and Times"; Sedgwick, "New Left."

212 なぜ『ニューレフト・レヴュー』に提出されたポランニーの論文が掲載されなかったのかと尋ねられたとき、ペリー・アンダーソンは1962年初めの編集上の「混乱」が影響している可能性がある、と回答している。アンダーソンが『ニューレフト・レヴュー』11/12を編集した4人の編集者から引き継いだとき、活動休止が続いていた。彼が「幽霊船に乗るような感じだった」と表現する編集の舵取りを始めたとき、そこにはほとんど取り扱うべき書類も来訪者もなく、電話もまったく鳴らなかった。Anderson, e-mail correspondence with the author, August and September 2013; Cf. KPA-52–3, Kenneth Muir to Karl Polanyi, January 7, 1962.

213 例えばマルクーゼにとって、社会主義は「経済からの自由、生存のための日々の闘争からの自由」を約束するものであった。Herbert Marcuse, *One-Dimensional Man* (Boston: Beacon Press, 1991 [1964])〔生松敬三・三沢謙一訳『一次元的人間』河出書房新社、1980年〕. 本書の第5、6、7章でとり上げたポランニーの「経済からの自由」と比較されたい。

214 「自由と技術」のポランニーの草稿は、ソヴェト史についての彼のいくつかの著述と同じように、収斂論の要素を含んでいる。例えば、KPA-42–17 (Karl Polanyi, "Plan for Work" [n.d.]) のなかで、ポランニーは、ソヴェト連邦が農業の集団化と急速な産業化の選択を決断した際に「国際情勢が相当重要な要因となっている」として、「これが真実であることが明るみにされるほど、西洋文明の制度的変化を決定づけたのと同じくらいの政治的・経済的要因の影響を、ロシアが受けると判断しなければならないだろう」、と主張した。試論的に展開されているこのポランニーの主張を、東西が抑圧的な官僚化に向けて収斂しているとするミルズとマルクーゼの主張、あるいはクラーク・カーの「多元的産業主義的」収斂理論と、同一視すべきではない。

215 KPA-55–1, Karl Polanyi to Fromm (n.d.).

216 KPA-51–5, Ilona Duczynska to Doreen, February 18, 1961.

217 KPA-52–1, Karl Polanyi and Ilona Duczynska to Professor Infeld, May 18, 1961.

218 KPA-51–5, Karl Polanyi to Rudolf Schlesinger, January 31, 1961.

219 KPA-52–1, Polanyi and Duczynska to Infeld, May 18, 1961.

220 KPA-52–4, From Karl or Ilona to Kenneth, October 18, 1962; KPA-53–1, Karl Polanyi to Paul Medow, January 4, 1963.

185　KPA-52–2, Polanyi to John, May 1, 1962.

186　Polanyi, *Livelihood of Man*, li〔玉野井芳郎・栗本慎一郎訳『人間の経済 I』岩波書店、1998年〕.

187　KPA-56–13, Karl Polanyi to Irene Grant, December 12, 1958.

188　KPA-56–13, Karl Polanyi to Irene, September 22, 1960. 強調は原文通り。

189　キューバの防衛を支えるためには、追加的要素、すなわち、「政治的に動機づけられた別の権力が介入する準備が整うこと」が不可欠である、とポランニーは主張した。KPA-51–4, Karl Polanyi to Mr. Stevenson, November 10, 1960.

190　ポランニーは政治的覚醒が引き続いて勢いを増していき、中立主義やソヴェト連邦が恩恵を受けるだろう、と確信していた（例えば、KPA-57–8, Karl to Michael Polanyi, January 2, 1960）。しかし、コンゴ共和国大統領であったパトリス・ルムンバが失脚したとき、ポランニーはその確信を挫かれた。「ベルギー人の脱出ではなく、国連が裏切ってアメリカのための要塞を維持して、ソヴェトとの和解を棚上げしたのだ。その結果として、植民地主義者が完全な勝利を手にすることになり、新しい国民は分裂させられ当惑させられ、一時的に麻痺状態に陥ったのだ」、と彼は主張している。MPP-17–12, Karl to Misi, October 10, 1960; KPA-51–5, Karl Polanyi to Rudolf, February 9, 1961.

191　KPA-52–4, Polanyi to "honourable Mr. Doctor," September 29, 1962.

192　KPA-56–13, Polanyi to Irene, March 15, 1963; KPA-52–4, Polanyi to John, November 5, 1962; KPA-51–5, Karl Polanyi to Meszaros, April 24, 1961.

193　KPA-56–13, Polanyi to Irene, March 15, 1963.

194　Chris Harman, "1956 and the Rebirth of Socialism from Below," *International Socialism* 112 (2006): 77–162.

195　ポランニーはスエズ崩壊についての自身の考えをほとんど書き残していないが、アブラハム・ロトシュタインのポランニーとの会話記録「ウィークエンド・ノート」（KPA-45–6, Rotstein, "Weekend Notes," 1957, 26）によれば、エジプトからのイギリスの撤退は、その侵略の決定よりも致命的な失敗を意味している、というポランニーの主張が確認される。ここに見られるように、この点についてポランニーは、急進主義的であるよりも、帝国主義的現実主義の方に傾いていたといえる。

196　Edward Thompson, "Through the Smoke of Budapest," in *The Left in Britain, 1956–68*, ed. David Widgery (Harmondsworth: Penguin, 1976 [1956]), 66.

197　Stuart Hall, "Life and Times of the First New Left," *New Left Review* 61 (2010): 177–196.

198　David McNally, "E. P. Thompson: Class Struggle and Historical Materialism," *International Socialism* 61 (1993): 75–89.

199　Edward Thompson, "Socialist Humanism," *New Reasoner* 1, no. 1 (1957): 105–143.

200　Thompson, "Socialist Humanism," 112.

201　Thompson, "Socialist Humanism," 125.

202　例えば以下を参照のこと。Christopher Lind, "How Karl Polanyi's Moral Economy Can Help Religious and Other Social Critics," in *Humanity, Society and Commitment: On Karl Polanyi*, ed. Kenneth McRobbie (Montreal: Black Rose, 1994), 149; Tim Rogan, "Karl Polanyi at the Margins of English Socialism, 1934–1947," *Modern Intellectual History* 10, no. 2 (2013): 344.

203　PFP-212–326, Karl Polanyi to Michael, January 5, 1958.

162 KPA-37–1, Polanyi, "Hungarian Lesson."

163 KPA-50–1, Karl Polanyi to Carter Goodrich, February 12, 1957.

164 KPA-36–11, Polanyi (1956) "Concealed foreign rule."

165 KPA-37–1, Polanyi, "Hungarian Lesson"; KPA-36–11, Polanyi, "Concealed foreign rule," 1956.

166 Michael Polanyi, "The Message of the Hungarian Revolution," in *Knowing and Being: Essays by Michael Polanyi* (London: Routledge & Kegan Paul, 1969)〔佐野安仁他訳『知と存在』晃洋書房、1985年〕. ハンガリー事件での反乱者たちにおける自由主義思想と共産主義思想の収斂に関するマイケルの見解は、以下で述べられている。Michael Polanyi, *The Tacit Dimension* (Chicago: University of Chicago Press, 2009)〔高橋勇夫訳『暗黙知の次元』筑摩書房、2003年〕; Coleman, *Liberal Conspiracy*, 123.

167 KPA-52–4, Karl Polanyi to John, November 5, 1962.

168 KPA-37–1, Polanyi, "Hungarian Lesson."

169 KPA-51–5, Karl Polanyi to Meszaros, April 24, 1961; KPA-37–1, Polanyi, "Hungarian Lesson."

170 KPA-56–13, Polanyi to Irene, March 15, 1963.

171 これは以下で引用されている。Duczynska, "Notes on His Life," xix. ポランニーがこのように述べてから3年後、ハンガリーの計画当局は、社会の「あらゆるレベルで経済的態度を強化する」試みのために市場の諸要素を導入する、新経済メカニズムについての研究を開始した。MSZMP 中央委員会に設置されたアジテーション・プロパガンダ委員会の1966年の動きについては、以下で引用されている。Adam Fabry, "The International Political Economy of Neoliberal Transformation in Hungary: From the 'Transition' of the 1980s to the Current Crisis" (Ph.D. thesis, School of Social Sciences, Brunel University, 2014).

172 KPA-55–1, Erich Fromm to Karl Polanyi, 1961.

173 それは互いを尊敬し合う関係であった。例えば、フロムの『人間における自由』〔谷口隆之助・早坂泰次郎訳、東京創元社、1972年〕のなかには、明らかに『大転換』の影響が見られる。以下も参照のこと。KPA-55–1, Karl Polanyi to Fromm, June 25, 1961; KPA-48–6, John Collier to Louis Adamic, May 20, 1951.

174 「トロツキー主義者」のいう「国家資本主義」分析を想起させるこの用語は、「ローズヴェルトとそのニューディールに対して公正さを欠き」、「『福祉国家』に対しては的外れなものだ」。KPA-38–1, Karl Polanyi, "Notes on the Draft Program of the CPSU," 1961.

175 KPA-42–2, Karl Polanyi to George, August 16, 1961.

176 KPA-38–2, Karl Polanyi, "Soviet Thought in Transition," 1961–1962.

177 KPA-38–2, Polanyi, "Soviet Thought in Transition."

178 KPA-38–1, Karl Polanyi, "Notes on the Draft Program of the CPSU," 1961; KPA-42–2, Karl Polanyi, Notes overwritten with "CPSU," 1961.

179 KPA-42–2, Polanyi, Notes overwritten with "CPSU."

180 KPA-38–1, Karl Polanyi, "Notes on the Draft Program of the CPSU," 1961.

181 KPA-42–2, Karl Polanyi to George, August 16, 1961.

182 KPA-38–1, Karl Polanyi, "Notes on the Draft Program of the CPSU," 1961.

183 KPA-56–13, Karl Polanyi to Irene, October 22, 1962.

184 「平和共存」に向けられた毛沢東の嫌悪感について、ポランニーがどのように理解したかは分からない。KPA-55–1, Karl Polanyi to Fromm, June 25, 1961.

140 KPA-50–1, Letter from Zoltán Szabó to Polanyi, August 2, 1957.

141 KPA-55–2, Ilona Duczynska to George Dalton (n.d.).

142 Ignotus, "Hungary of Michael Polanyi," 11.

143 Kari Polanyi-Levitt, telephone interview, April 2009.

144 ポランニーは『パリ・レヴュー』がCIAから資金提供されていると確信していたが、それは後から考えると、もっともな理由があったように思われる。PFP-212–326, Karl to Misi, October 21, 1959; KPA-55–1, Karl Polanyi to Erich Fromm, September 21, 1960; Patrick Iber, "Literary Magazines for Socialists Funded by the CIA," *The Awl*, August 24, 2015, http://www.theawl.com/2015/08/literary-magazines-for-socialists-funded-by-the-cia-ranked.

145 PFP-212–326, Karl to Misi, October 21, 1959.

146 Saunders, *Who Paid the Piper?*, 188.

147 Saunders, *Who Paid the Piper?*, 395.

148 文化自由会議の執行員であるマイケル・ジョセルソンがCIAの工作員として暴露されたとき、マイケル・ポランニーは、彼は追放されるべきではないと主張した。マイケル・ポランニーが最終的に文化自由会議から脱会したのは、同会議に対するCIAの後援が明らかになったことが理由ではなく、同会議が「古参の献身的な会員を、青年時代に共産主義組織に加入していたという疑いで追い出したためである」。Coleman, *Liberal Conspiracy*, 219; Jha, *Polanyi's Philosophy*, 38; Scott and Moleski, *Polanyi*, 267.

149 PFP-212–326, Karl to Misi, October 21, 1959; John Neubauer, "Irodalmi Újság in Exile: 1957–1989," in *The Exile and Return of Writers from East-Central Europe: A Compendium*, ed. John Neubauer and Borbála Zsuzsanna Török (New York: Walter de Gruyter, 2009), 204–229.

150 Neubauer, "Irodalmi Újság."

151 KPA-51–4, Gyula Borbándi to Karl Polanyi, October 17, 1960.

152 KPA-51–5, Karl Polanyi to the editors of Új Látóhatár, "Jóska" and Gyula Borbándi, April 24, 1961; PFP-212–326, Karl to Misi, October 21, 1959.

153 ボルバンディを含む他の人びとは一足先に退会した。KPA-51–4, Karl Polanyi to the Hungarian Writers Union (Abroad), November 21, 1960; KPA-51–4, Jóska to Karl Polanyi, November 15, 1960. Cf. Gyurgyák, *Karl Polanyi*.

154 マイケルはベルリンでの文化自由会議の催しでブラントと知り合いになった。KPA-57–7, Michael Polanyi to Karl, September 22, 1962; ここでのカール・ポランニーについては以下で引用されている。Michael Polanyi, in KPA-57–7, Michael Polanyi to Karl Polanyi, December 3, 1962; Scott and Moleski, *Polanyi*, 244.

155 Anonymous interviewee.

156 KPA-49–3, Karl Polanyi to Abe Rotstein (ca. 1955).

157 KPA-51–1, Karl Polanyi to Paul Medow, September 30, 1959.

158 KPA-49–5, Karl Polanyi to Abe Rotstein, April 10, 1956.

159 KPA-52–4, Karl Polanyi to "honourable Mr. Doctor," September 29, 1962.

160 KPA-50–1, Karl Polanyi to Carter Goodrich, February 12, 1957; KPA-37–1, Karl Polanyi, "A Hungarian Lesson," 1957.

161 KPA-36–11, Karl Polanyi, "Concealed Foreign Rule and Socialist Economics" [Leplezett küluralom és szocialista külgazdaság], 1956.

121 David Caute, *The Great Fear: The Anti-Communist Purge under Truman and Eisenhower* (New York: Simon & Schuster, 1978). 結局のところ1953年6月、マイケルにはビジタービザの交付が許可された。

122 Endre Nagy, "After Brotherhood's Golden Age: Karl and Michael Polanyi," *Polanyiana* 5, no. 1 (1996), www.kfki.hu/chemonet/polanyi//9601/after1.html.

123 カールは書き足している。ラウラは「私の心のなかで、いつも私と一緒です」。アドルフについてもそうですが、「アドルフが手紙を書かないからといって、あるいはそれにもかかわらず、私はアドルフを決して忘れることはありません」。KPA-56–8, Karl to Laura, February 4 (no year).

124 MPP-17–12, Karl to Michael, January 21, 1957; MPP-17–12, Karl to Misi, March 4, 1961.

125 「私を暗闇に放置しないでください」という手紙は、「私に優しくしてください」という言葉で終わっている。MPP-17–12, Karl to Michael, January 21, 1957. Cf. MPP-17–12, Karl Polanyi to Michael, January 24, 1957 (筆者は、マーティ・モールスキーより手書きのコピーの提供を受けた).

126 KPA-53–2, Karl Polanyi to Otto, November 13, 1963; Frances Stonor Saunders, *Who Paid the Piper? The CIA and the Cultural Cold War* (London: Granta, 1999).

127 Saunders, *Who Paid the Piper?*, 99.

128 Peter Linebaugh, *Stop, Thief! The Commons, Enclosures, and Resistance* (Seattle: PM Press, 2014), 116.

129 Coleman, *Liberal Conspiracy*, 33.

130 Peter Coleman, "Arthur Koestler and the Congress for Cultural Freedom," *Polanyiana*, no. 1–2 (2005): 184–202.

131 Saunders, *Who Paid the Piper?*

132 ポランニーはゲイツケルと仲良くなった。かつてゲイツケルはベリオール・カレッジでマクマリーの薫陶を受けたことがあり、また、コールと親しかった。ゲイツケルを敬愛していたコールは、彼をポランニーに紹介した。John Costello, *John Macmurray: A Biography* (Edinburgh: Floris Books, 2002), 120; Ilona Duczynska, "Appendix," in *Der demokratische Bolschewik: Zur Theorie und Praxis der Gewalt* (Munich: List Verlag, 1975), appendix; Margaret Cole, *The Life of G. D. H. Cole* (London: Macmillan, 1971), 169.

133 1950年代の文化自由会議のすべての出版物のなかで、『科学と自由』は「市民的自由のための雑誌」にもっとも近いものであった。Saunders, *Who Paid the Piper?*, 214; Coleman, *Liberal Conspiracy*, 98.

134 Lee Congdon, "Koestler's Hungarian Identity" (n.d.), www.c3.hu/~prophil/profi053/lee.html.

135 Coleman, "Arthur Koestler." アレックス・ヴァイスベルクも、文化自由会議に参加するようポランニーに勧めた。Cf. Mary Jo Nye, *Michael Polanyi and His Generation: Origins of the Social Construction of Science* (Chicago: University of Chicago Press, 2011), 211.

136 Congdon, "Koestler's Identity."

137 George Schöpflin, "Paul Ignotus," *Austrian History Yearbook* 14 (1978); Paul Ignotus, "Exile in London," *Encounter*, August. 1959, 53.

138 Paul Ignotus, *Political Prisoner* (New York: Collier Books, 1964), 55.

139 Congdon, "Koestler's Identity."

101 KPA-37–12, Polanyi, “For a New West”〔東風谷太一訳「新しい西洋のために」、福田邦夫・池田昭光・東風谷太一・佐久間寛訳『経済と自由』筑摩書房、2015年〕.
102 KPA-45–20, Rotstein, “Weekend Notes,” 1958, 21.
103 PFP-212–326, Karl Polanyi to Misi, January 5, 1958; KPA-37–12, Polanyi, “For a New West”〔東風谷太一訳「新しい西洋のために」、福田邦夫・池田昭光・東風谷太一・佐久間寛訳『経済と自由』筑摩書房、2015年〕.
104 MPP-17–12, Karl to Misi, March 5, 1958. 強調は原文通り。
105 KPA-57–5, Michael to Karl, June 15, 1945; KPA-59–8, Karl to Ilona, August 28, 1947.
106 KPA-57–5, Michael to Karl, March 20, 1944.
107 MPP-4–13, Michael Polanyi to Laura, September 22, 1945（筆者は、マーティ・モールスキーより手紙のコピーの提供を受けた）.
108 KPA-57–4, Michael Polanyi to Ilona, November 12, 1943.
109 「私はカールが支持してくれたことを大変喜んでいます。というのも、私が自分の意見を説明する機会を得る前に、彼はいつも私に強く反対したからです」、とマイケルは書いた。William Scott and Martin Moleski, *Michael Polanyi: Scientist and Philosopher* (New York: Oxford University Press, 2005), 196; MPP-4–13, Michael Polanyi to Toni Stolper, December 20, 1945（筆者は、マーティ・モールスキーより手紙のコピーの提供を受けた）; KPA-9–3, Karl Polanyi, Notes on Lippmann The Good Society, 1937–1946.
110 Philip Mirowski, *The Effortless Economy of Science?* (Durham, N.C.: Duke University Press, 2004), 77.
111 マイケル・ポランニーについては以下で引用されている。Phil Mullins and Struan Jacobs, “Michael Polanyi and Karl Mannheim,” *Tradition and Discovery* 32, no. 1 (2005): 20–43.
112 Michael Polanyi, *The Contempt of Freedom: The Russian Experiment and After* (London: Watts & Co., 1940), 57; Mark Mitchell, *Michael Polanyi: The Art of Knowing* (Wilmington: ISI Books, 2006), 138.
113 Michael Polanyi, *Full Employment and Free Trade* (London: Cambridge University Press, 1945), 150.
114 ここでのポランニーについては以下で引用されている。György Litván, “Karl Polanyi in Hungarian Politics,” in *The Life and Work of Karl Polanyi*, ed. Kari Polanyi-Levitt (Montreal: Black Rose Books, 1990), 259–260; Duczynska, “Notes on His Life,” xix.
115 KPA-17–10, Karl Polanyi to Misi, October 26, 1942; KPA-45–18, Rotstein, “Weekend Notes,” 1958, 38–9.
116 MPP-17–11, Karl to Michael, March 10, 1944; KPP-48–5, Karl Polanyi to Jaszi, November 7, 1952.
117 Mike Marqusee, “Patriot Acts,” *The Nation*, 2004, www.mikemarqusee.com/?p=114.
118 さらに、マイケルのソヴェト連邦への訪問と兄弟姉妹の急進主義が、関係を悪化させるのに作用したのかもしれない。以下参照。Stefania Jha, *Reconsidering Michael Polanyi's Philosophy* (Pittsburgh: University of Pittsburgh Press, 2002), 27; Peter Coleman, *The Liberal Conspiracy: The Congress for Cultural Freedom and the Struggle for the Mind of Postwar Europe* (New York: Free Press, 1989), 106.
119 KPA-48–3, Michael Polanyi to U.S. immigration authorities, 1951.
120 Scott and Moleski, *Polanyi*, 223.

78 KPA-45–18, Rotstein (1957) "Weekend Notes," 8; KPA-45–5, Rotstein, "Weekend Notes," 1956, 11.

79 KPA-52–1, Karl Polanyi to Peter Drucker, August 31, 1961; KPA-51–3 Karl Polanyi to Heltai, May 21, 1960.

80 KPA-37–3, Polanyi, "Freedom in a Complex Society."

81 KPP-1–5, Karl Polanyi to Donald Grant (n.d.).

82 Polanyi, *Great Transformation*, 267–268〔野口建彦・栖原学訳『新訳 大転換——市場社会の形成と崩壊』東洋経済新報社、2009年〕.

83 KPA-37–3, Polanyi, "Freedom in a Complex Society"; Polanyi, *Great Transformation*, 268〔野口建彦・栖原学訳『新訳 大転換——市場社会の形成と崩壊』東洋経済新報社、2009年〕.

84 Polanyi, *Great Transformation*, 176〔野口建彦・栖原学訳『新訳 大転換——市場社会の形成と崩壊』東洋経済新報社、2009年〕.

85 Noel Thompson, *The People's Science: The Popular Political Economy of Exploitation and Crisis, 1816–34* (Cambridge: Cambridge University Press, 2002), 79.

86 KPA-37–3, Polanyi, "Freedom in a Complex Society."

87 KPA-36–9, Polanyi, "Freedom and Technology"〔若森章孝訳「自由と技術」、若森みどり・植村邦彦・若森章孝編訳『市場社会と人間の自由』大月書店、2012年〕.

88 KPA-37–3, Polanyi, "Freedom in a Complex Society."

89 KPA-36–9, Polanyi, "Freedom and Technology"〔若森章孝訳「自由と技術」、若森みどり・植村邦彦・若森章孝編訳『市場社会と人間の自由』大月書店、2012年〕.

90 KPA-52–2, Karl Polanyi to John, May 1, 1962.

91 KPA-37–4, Polanyi, "Economics and Freedom to Shape Our Social Destiny"; KPA-30–1, Karl Polanyi, Unpublished interview, 1963〔池田昭光訳「経済学とわれわれの社会的運命を形成する自由」、福田邦夫・池田昭光・東風谷太一・佐久間寛訳『経済と自由』筑摩書房、2015年〕.

92 KPA-33–8, Karl Polanyi, "Economic Aspects of Institutional Growth," Resume of session no. 3, 1958.

93 KPA-45–2, Rotstein, "Weekend Notes," 1956.

94 PFP-212–326 Karl to Misi, February 23, 1956; KPA-30–1, Karl Polanyi, Unpublished notes, 1963; KPA-51–3, Karl Polanyi, "Proposal for a Survey of Socialist Thought and Policies in Our Time" (ca. 1960); KPA-45–18, Rotstein, "Weekend Notes," 1956, 23.

95 PFP-212–326, Karl Polanyi to Misi, February 23, 1956.

96 KPA-37–12, Karl Polanyi, "For a New West," 1958〔東風谷太一訳「新しい西洋のために」、福田邦夫・池田昭光・東風谷太一・佐久間寛訳『経済と自由』筑摩書房、2015年〕; Cf. KPA-45–19, Rotstein, "Weekend Notes," 1958, 4.

97 KPA-42–2, Karl Polanyi, "Dahomey," 1961.

98 KPA-37–12, Polanyi, "For a New West"〔東風谷太一訳「新しい西洋のために」、福田邦夫・池田昭光・東風谷太一・佐久間寛訳『経済と自由』筑摩書房、2015年〕.

99 KPA-37–12, Polanyi, "For a New West"〔東風谷太一訳「新しい西洋のために」、福田邦夫・池田昭光・東風谷太一・佐久間寛訳『経済と自由』筑摩書房、2015年〕.

100 KPA-51–5, Karl Polanyi to Gunnar Myrdal, January 31, 1961; Cf. KPA-45–20, Rotstein, "Weekend Notes," 1958, 22.

Notes," 1957; KPA-45–18, Abraham Rotstein , "Weekend Notes," 1958, 39.

61 KPA-50–4, Polanyi to Bledsoe, January 3, 1959.

62 セミナーでのテキストは次の通り。Karl Polanyi, "Notizen von Trainings-Wochenenden der christlichen Linken," in *Chronik der großen Transformation*, vol. 3, ed. Michele Cangiani, Kari-Polanyi Levitt, and Claus Thomasberger (Marburg: Metropolis, 2005 [1938]), 274–275.

63 KPA-37–3, Polanyi, "Freedom in a Complex Society."

64 KPA-37–4, Polanyi, "Economics and Freedom to Shape Our Social Destiny"〔池田昭光訳「経済学とわれわれの社会的運命を形成する自由」、福田邦夫・池田昭光・東風谷太一・佐久間寛訳『経済と自由』筑摩書房、2015年〕.

65 KPA-35–10, Polanyi, "Economic History and the Problem of Freedom"〔東風谷太一訳「経済史と自由の問題」、福田邦夫・池田昭光・東風谷太一・佐久間寛訳『経済と自由』筑摩書房、2015年〕.

66 Robert Hill, "Literary Executor's Afterword," in C. L. R. James, *American Civilization* (Oxford: Blackwell, 1993), 337.

67 Eric Schlosser, *Fast Food Nation; What the All-American Meal Is Doing to the World* (London: Allen Lane, 2001), 6; Anonymous, *Sept années historiques* (Berlin: Gesellschaft für kulturelle Verbindungen mit dem Ausland [n.d.]).

68 クラーク・カーについては以下で引用されている。Richard Badham, "The Sociology of Industrial Societies," *Current Sociology* 32, no. 1 (1984): 26.

69 Badham, "Sociology of Industrial Societies," 26.

70 Michael Löwy, "The Romantic and the Marxist Critique of Modern Civilization," *Theory and Society* 16, no. 6 (1987): 891–904.

71 KPA-16–3, Karl Polanyi, "The Changing Structure of Society," University of London, 1946; KPA-36–9, Karl Polanyi, "Freedom and Technology," 1955〔若森章孝訳「自由と技術」、若森みどり・植村邦彦・若森章孝編訳『市場社会と人間の自由』大月書店、2012年〕; KPA-45–4, Rotstein, "Weekend Notes," 1956, 48.

72 Karl Marx, *Grundrisse* (Harmondsworth, U.K.: Penguin, 1973), 693〔高木幸二郎監訳『経済学批判要綱』大月書店、1958-1965年〕; Löwy, "Romantic and Marxist," 897.

73 Richard Thurnwald, *Die menschliche Gesellschaft*, vol. 3: *Werden, Wandel und Gestaltung der Wirtschaft* (Berlin: Walter de Gruyter, 1932), 202; マリノフスキについては以下で引用されている。Michael Adas, *Machines as the Measure of Men: Science, Technology, and Ideologies of Western Dominance* (Ithaca, N.Y.: Cornell University Press, 1991), 392.

74 ヴィルヘルム・レプケについては以下で引用されている。Arnold Gehlen, *Man in the Age of Technology* (New York: Columbia University Press, 1980 [1949]), 56–57; Gehlen, *Age of Technology*, 100; Theodor Adorno and Max Horkheimer, *Dialectic of Enlightenment* (London: Verso, 1997 [1944])〔徳永恂訳『啓蒙の弁証法』岩波書店、2007年〕.

75 Lewis Mumford, *Art and Technics* (New York: Columbia University Press, 2000).

76 KPA-37–3, Polanyi, "Freedom in a Complex Society."

77 MPP-17–13, Karl Polanyi to Misi (1943?); Polanyi, "Obsolete Market Mentality," 60, 76〔平野健一郎訳「時代遅れの市場志向」、玉野井芳郎・平野健一郎編訳『経済の文明史』筑摩書房、2003年〕; KPA-30–1, Karl Polanyi, Unpublished interview, 1963.

36 Hopkins, "Sociology and Substantive View," 302; Talcott Parsons and Edward Shils, *Toward a General Theory of Action* (Cambridge, Mass.: Harvard University Press, 1951), 207. ポランニーは統合の「形態〔forms〕」と「様式〔patterns〕」を同じ意味で用いていた。

37 KPA-50–2, Terry Hopkins to Karl Polanyi, 1958.

38 Karl Polanyi, "The Economy as Instituted Process," in *Trade and Market in the Early Empires: Economies in History and Theory*, ed. Karl Polanyi, Conrad Arensberg, and Harry Pearson (New York: Free Press, 1957), 244〔石井溥訳「制度化された過程としての経済」、玉野井芳郎・平野健一郎編訳『経済の文明史』筑摩書房、2003年〕; 以下も参照のこと。Pearson, "Parsons and Smelser," 313.

39 Hopkins, "Sociology and Substantive View," 274; Pearson, "Parsons and Smelser," 314.

40 KPA-51–1, Karl Polanyi to Harry Pearson, October 25, 1959.

41 Talcott Parsons, *The Social System* (London: Routledge & Kegan Paul, 1951), 330〔佐藤勉訳『社会体系論』青木書店、1974年〕.

42 KPA-19–5, Karl Polanyi, "Origins of the Cataclysm—A Political and Economic Inquiry," 1943.

43 政府による干渉は「社会システムへの緊張を強める」、とポランニーは別のところで書いている。KPA-15–4, Karl Polanyi, Lecture XIX, "Contemporary Problems and Social and Political Theory," University of London, 1936–1940; KPA-31–10, Karl Polanyi, "The Trend towards an Integrated Society," 1947–1953.

44 KPA-51–5, Karl Polanyi to Harry, January 5, 1961; KPA-51–1, Polanyi to Pearson, October 25, 1959; KPA-41–7, Karl Polanyi, "The Role of Strain in Institutional Change," 1963.

45 KPA-41–7, Polanyi, "Role of Strain in Institutional Change."

46 KPA-49–3, Karl Polanyi to Carter, February 17, 1954; KPA-35–11, Karl Polanyi, Draft manuscript, "Livelihood of Man," 1950–1955.

47 KPA-41–7, Polanyi, "Role of Strain in Institutional Change."

48 KPA-50–3, Karl Polanyi, "Memo on Galbraith," December 10, 1958; KPA-54–5, Karl Polanyi, to "Friends," 1958–1963.

49 KPA-54–5, Polanyi, to "Friends."

50 KPA-37–4, Polanyi, "Economics and Freedom to Shape Our Social Destiny"〔池田昭光訳「経済学とわれわれの社会的運命を形成する自由」、福田邦夫・池田昭光・東風谷太一・佐久間寛訳『経済と自由』筑摩書房、2015年〕.

51 KPA-37–11, Karl Polanyi, "Galbraith's Farewell to Poverty," 1959.

52 KPA-54–5, Polanyi, to "Friends"; KPA-50–3, Polanyi, "Memo on Galbraith."

53 KPA-23–6, Polanyi, "Fragments," 1947–1960; KPA-50–3, Polanyi, "Memo on Galbraith"; KPA-37–11, Polanyi, "Galbraith's Farewell to Poverty."

54 KPA-37–11, Polanyi, "Galbraith's Farewell to Poverty."

55 KPA-37–11, Polanyi, "Galbraith's Farewell to Poverty."

56 KPA-50–3, Polanyi, "Memo on Galbraith"; KPA-37–11, Polanyi, "Galbraith's Farewell to Poverty."

57 KPA-37–11, Polanyi, "Galbraith's Farewell to Poverty."

58 KPA-37–11, Polanyi, "Aristotle and Galbraith."

59 KPA-50–4, Karl Polanyi to Thomas Bledsoe, January 3, 1959.

60 KPA-42–2, Karl Polanyi to Professor Bidnes (n.d.); KPA-45–7, Abraham Rotstein, "Weekend

(Cambridge: Cambridge University Press, 1989), 12–13.

23 Howard Brick, *Transcending Capitalism: Visions of a New Society in Modern American Thought* (Ithaca, N.Y.: Cornell University Press, 2006); Wearne, *Theory and Scholarship*, 21.

24 例えば以下を参照のこと。Norbert Elias and John L. Scotson, The Established and the Outsiders (London: Sage, 1994), 171〔大平章訳『定着者と部外者』法政大学出版局、2009年〕; Norbert Elias, The Civilising Process (Oxford: Blackwell, 1994), 188〔波田節夫他訳『文明化の過程』上・下、法政大学出版局、1977年、1978年〕; Stephen Mennell, "Parsons and Elias," Sociologie et société 21, no. 1 (1989): 69–86; Greta Krippner, "The Elusive Market: Embeddedness and the Paradigm of Economic Sociology," *Theory and Society* 30 (2001): 775–810.

25 Talcott Parsons, "Sociological Elements in Economic Thought II: The Analytical Factor View," *Quarterly Journal of Economics* 49, no. 4 (1935): 646–667.

26 赤狩りの最盛期には、パーソンズの猛々しい反共産主義をもってしても、FBIにパーソンズへの取り調べを思いとどまらせることができなかった。Mike Keen, "No One above Suspicion: Talcott Parsons under Surveillance," *American Sociologist* 24, no. 3/4 (1993): 37–54.

27 Arthur Lipow, *Political Parties & Democracy: Explorations in History and Theory* (London: Pluto, 1996), 25.

28 「マルクス主義者が考えるように、……〔諸緊張の震源は〕経済構造にあるのではない」、とパーソンズは愚鈍にも付け加えている。パーソンズはマルクス主義を、ポランニーを含むアカデミックな批評者たちのほとんどと同じように、機械論的・進化論的・唯物論的な決定論として見ていた。Cf. Alvin Gouldner, *For Sociology: Renewal and Critique in Sociology Today* (London: Pelican, 1973), 164.

29 Talcott Parsons, "Social Strains in America," in *The Radical Right: The New American Right*, ed. Daniel Bell (New York: Doubleday, 1964 [1955])〔斎藤真・泉昌一訳「アメリカにおける社会的緊張」『保守と反動』みすず書房、1958年〕.

30 リチャード・ウォーカーの主張によれば、ポランニーがいかなる階級理論も展開しなかったことを考慮するなら、ポランニーの暗黙の政治理解は、理念と利害をめぐる競争として政治が現れるとする、戦後の自由主義的多元論に類似している。Richard Walker, "The Two Karls, or Reflections on Karl Polanyi's *The Great Transformation*," *Environment and Planning* A, 45 (2013): 1662–1670.

31 Ilona Duczynska, "Karl Polanyi: Notes on His Life," in Karl Polanyi, *The Livelihood of Man* (New York: Academic Press, 1977), xvi〔玉野井芳郎・栗本慎一郎訳「カール・ポランニー——その生涯に関するノート」『人間の経済 I』岩波書店、1998年〕.

32 Richard Swedberg, "The 'Economy and Society' Perspective in US Sociology," *Current Sociology* 35, no. 1 (1987): 53–62.

33 Harry Pearson, "Parsons and Smelser on the Economy," in *Trade and Market in the Early Empires: Economies in History and Theory*, ed. Karl Polanyi, Conrad Arensberg, and Harry Pearson (New York: Free Press, 1957), 307.

34 Pearson, "Parsons and Smelser," 308.

35 Pearson, "Parsons and Smelser," 308; Terence Hopkins, "Sociology and the Substantive View of the Economy," in *Trade and Market in the Early Empires: Economies in History and Theory*, ed. Karl Polanyi, Conrad Arensberg, and Harry Pearson (New York: Free Press, 1957), 273.

5 Ilona Duczynska, and Karl Polanyi, eds., *The Plough and the Pen* (London: Peter Owen, 1963).

6 ポランニー夫妻は、ロンドンでカーロイの秘書として働いていたハヴァシュと知り合いだった。ハヴァシュは共産主義下のハンガリーに戻り、そこで刑務所の独房で拷問されて死亡した。E. P. トムスンは、「ハンガリー政府への反逆者たちを歓迎し受け入れる」傾向がオーデンにあるという理由から、『鋤とペン』の序文の執筆を彼に依頼することに反対した。KPA-56–8, Karl Polanyi to Laura, November 27, 1959; KPA-51–2, Kenneth Muir to Ilona, April 17, 1960; Lee Congdon, "Ilona and Karl: A Review Essay," *Hungarian Studies Review* 29, nos. 1–2 (2002): 111–118.

7 KPA-49–2, Charles Silberman to Karl Polanyi, August 20, 1953.

8 MPP-17–12, Karl Polanyi to Misi, January 24 and May 2, 1957.

9 KPA-54–4, Polanyi to Scheuer, July 1, 1958.

10 Kari Polanyi-Levitt, interview, July 2006.

11 イロナとカリは、〔カールの著作の〕すべてを管理する任務を与えられた。メドウ、ミュアー、ピアソン、そしてロトシュタインに対してはポランニーの仕事に関する全般的な助言者になるようお願いし、また、カールの友人やかつての学生たち〔ボハナン、ホプキンズ、フロム〕には、人類学的テキストやダホメに関する本(ボハナン)や「老獪な罪人」の草稿(ホプキンズ)や哲学的テキスト(フロム)を割り当てて、イロナとカリは自ら助手として働くことにした。メサーロシュの強い勧めを受けて、イロナは出版に向けて、カールの膨大な刊行物や未公刊の著作の編集を始めた。KPA-30–12, Karl Polanyi, Personal papers, 1943–1967; KPA-51–4, Karl Polanyi to Bohannan, November 24, 1960; Karl to Kari, September 23, 1960; KPA-52–4, Ilona Duczynska to Harry, August 18, 1962.

12 KPA-52–4, Ilona to Harry, August 18, 1962.

13 Karl Polanyi to Robert Merton, April 26, 1963. 有り難いことにこの手紙のコピーは、コロンビア大学のバトラー図書館からダン・トンプキンズを通じて筆者に手渡された。

14 ポランニーは、「心配性でくよくよと思い悩む性質でした。父はいつも自分の具合がどこか悪いのではないか、と心配していました。しかし癌に罹ったときにだけは、心配性を乗り越えたのです」。Kari Polanyi-Levitt, interview, December 2008.

15 KPA-53–2, Karl Polanyi to unknown addressee, 1963.

16 KPA-53–3, Walter Neale to Karl Polanyi, early 1964.

17 KPA-52–3, Karl Polanyi to David Bordua, April 8, 1962.

18 PFP-212–326, Karl to Misi, October 21, 1959; ここでのポランニーについては以下で引用されている。Kari Polanyi-Levitt, "Tracing Polanyi's Institutional Political Economy to Its Central European Source," in *Karl Polanyi in Vienna: The Contemporary Significance of the Great Transformation*, ed. Kari Polanyi-Levitt and Kenneth McRobbie (Montreal: Black Rose, 2000), 379.

19 PFP-212–326, Karl to Misi, March 4, 1961; Polanyi-Levitt, "Polanyi's Institutional Political Economy," 379.

20 KPA-51–5, Karl Polanyi to Harry, January 10, 1961.

21 Karl Polanyi, letter to Carter Goodrich. これは下記の文献から引用した。Malcolm Rutherford, "Walton Hamilton, Amherst, and the Brookings Graduate School: Institutional Economics and Education," 2001, web.uvic.ca/econ/research/papers/ddp0104.pdf.

22 Bruce Wearne, *The Theory and Scholarship of Talcott Parsons to 1951: A Critical Commentary*

ステムにおける経済と政治の分離によって破壊されたという、彼自身の以前の主張をあまり重視しなくなった点にある。ポランニーの強調点は次第に、企業や労働組合や政治において「市場から自由な領域」を拡大していくことに置かれるようになった。KPA-40–2, Polanyi, "Economy of the Classical Polis"; KPA-45–2, Abraham Rotstein, "Weekend Notes," 1956, 11.

240 KPA-40–2, Polanyi, "Economy of the Classical Polis."

241 KPA-37–11, Karl Polanyi, "Aristotle and Galbraith."

242 KPA-40–2, Polanyi, "Economy of the Classical Polis."

243 非公式には、セイント・クロイの批判はいっそう痛烈だった。クロイはフィンリーへの手紙（1969年11月12日）のなかで、ポランニーの図式は「搾取や階級闘争といった扱いにくい諸問題をまったく無視して、完全に政治闘争から切り離して社会経済の発展を説明することが可能です。というのも、はっきり言えば、経済がまだ『埋め込まれて』いるはずの互酬／再分配の状況においてでさえ、経済は自動的に『統合され』得るものとして切り離されているのですから」、と述べている。G. E. M. De Ste Croix, "Review of 'Trade and Market in the Early Empires,' " *Economic History Review* 12, no. 3 (1960): 510–511.

244 Ste Croix, "Review of 'Trade and Market,' " 510–511.

245 KPA-51–2, Karl Polanyi to Harry, July 31, 1960.

246 KPA-51–2, Karl Polanyi to George, August 6, 1960.

247 H. T. van der Pas (1973) については以下で引用されている。Matthijs Krul, "Markets, Economics Imperialism, and Social Theory: A Theoretical and Historical Analysis of the Market in Modern Political Economy" (Ph.D. thesis, Department of Politics, Brunel University, 2015).

248 KPA-31–1, Polanyi, "Report on term paper no. 2," 4.

249 Roger Backhouse and Philippe Fontaine, "Toward a History of the Social Sciences," in *The History of the Social Sciences since 1945*, ed. Roger Backhouse and Philippe Fontaine (Cambridge: Cambridge University Press, 2010), 184–232.

250 Philip Mirowski, *Machine Dreams: Economics Becomes a Cyborg Science* (Cambridge: Cambridge University Press, 2002); Backhouse and Fontaine, "Toward a History of the Social Sciences."

251 Don Howard, "Better Red than Dead—Putting an End to the Social Irrelevance of Postwar Philosophy of Science," *Science & Education* 18 (2007): 199–220; Roger Backhouse and Philippe Fontaine, "Introduction: Contexts of Postwar Social Science," in *The History of the Social Sciences since 1945*, ed. Roger Backhouse and Philippe Fontaine (Cambridge: Cambridge University Press, 2010), 199.

◆ 第七章　存在の不確かさ

1 KPA-51–5, Karl Polanyi to Meszaros, April 24, 1961.

2 PFP-212–326, Karl to Misi, October 21, 1959.

3 KPA-51–1, Ilona and Karl Polanyi to Harry Campbell, October 29, 1959.

4 PFP-212–326, Karl to Misi, October 21, 1959; KPA-51–1, Ilona and Karl to Campbell, October 29, 1959.

227 KPA-48–5, Polanyi to Jaszi, October 27, 1950.

228 KPA-26–7, George Dalton, "Karl Polanyi's Analysis of Long-Distance Trade and His Wider Paradigm" (n.d.).

229 KPA-33–15, Polanyi, Funding application to Wenner-Gren Foundation.

230 1940年代の後半と1950年代の初頭にかけてポランニーは、『人間の経済』の大部分を執筆した。そして、契約で提出を義務づけられていた『大転換』の続編として、その草稿をラインハート出版に渡した。ラインハートは不信感をもって応答し、『人間の経済』は、合意した出版物とはまったく違ったものになっている、と指摘した。それにもかかわらずラインハートは、著者に原稿を提出するよう励ました。ポランニーは1955年に3分の2の原稿を提出して完成を目指したが、完成する日が到来することはなかった。ポランニーの死後、フィンリーは、内容に対する不同意からではなく失望から、その本の刊行を阻止しようとした。(「私は数百ページの未刊行の原稿を持っています。その大部分が未刊行であるのは、部分的には私が刊行を阻止しているからです」、とフィンリーはジェフリー・ドゥ・セイント・クロイに打ち明けた［1969年11月27日］。) ハリー・ピアソンのおかげで、『人間の経済』はついに出版されることになった。MPP-17–12, Karl Polanyi to Michael, July 19, 1955; KPA-49–4, Correspondence; KPA-54–4, Polanyi to Scheuer, July 1, 1958; David Tandy and Walter Neale, "Karl Polanyi's Distinctive Approach to Social Analysis and the Case of Ancient Greece," in *From Political Economy to Anthropology; Situating Economic Life in Past Societies*, ed. Colin Duncan and David Tandy (Montreal: Black Rose, 1994), 10.

231 KPA-39–1, Karl Polanyi, "Greece," 1954; János Gyurgyák, ed., *Karl Polanyi, 1886–1964* (Budapest: Fővárosi Szabó Ervin Könyvtár, 1986).

232 KPA-31–15, Polanyi, Research Proposal No. 1.

233 KPA-33–15, Polanyi, Funding application to Wenner-Gren Foundation.

234 KPA-40–2, Karl Polanyi, "The Economy of the Classical Polis," 1954; KPA-48–3, Karl Polanyi to Moses Finley, November 17, 1951.

235 KPA-39–1, Polanyi, "Greece," 1954. 以下も参照のこと。KPA-51–2, Karl Polanyi to Geoffrey de Ste Croix, August 6, 1960.

236 KPA-48–3, Polanyi to Finley, November 17, 1951.

237 KPA-33–3, Karl Polanyi, Interdisciplinary Project, "Economic Aspects of Institutional Growth," 1953–1955, 28; Polanyi, "Aristotle Discovers the Economy."

238 KPA-48–3, Polanyi to Finley, November 17, 1951; KPA-40–2, Polanyi, "Economy of the Classical Polis."

239 このような主張に基づいて、ポランニーは「再分配 - 互酬と市場とのあいだの根源的対立という、それ以前の自らの基調の大部分を放棄したのだ」、とドラッカー（KPA-49–3, to Polanyi, October 2, 1955）は示唆している。しかし、このドラッカーの解釈は、一部は誤解に基づいている。経済モデルとしては、互酬的で再分配的である市場の諸要素の全体的調和以外について、ポランニーは決して推奨しなかった。ドラッカーの観察に基づいた解釈は、ポランニーの研究の中心が、市場という一要素が支配した19世紀のイギリスから前市場社会へと移ったところから引き出されている。ドラッカーの観察に一理があるとすれば、それはポランニーが晩年に、社会の統一性が市場シ

ランニーの強い同意を引き出したのだった。KPA-27–8, Polanyi, "Annotations on Veblen," 19–23; Thorstein Veblen, "Why Is Economics Not an Evolutionary Science?," *Quarterly Journal of Economics* 12 (July 1898). ポランニーによる註記については以下を参照のこと。KPA-27–8, Karl Polanyi, "Annotations on an article by Veblen" (n.d.), 19–23. ポランニーはまたコモンズの著作を読み、コモンズの制度主義経済学とヴェーバーの著作との類似性(および重要な違い、すなわち、コモンズの力点が「システム」にあるのに対し、ヴェーバーのそれが「精神」にあるということ)について言及している。Cf. KPA-24–6, Abraham Rotstein, Drafts, 1951–1960; KPA-48–6, Polanyi to Rotstein, August 25, 1957; KPA-9–7, Karl Polanyi, Notes on Readings, 1936–1946.

208 KPA-33–15, Polanyi, Funding application to Wenner-Gren Foundation.

209 Simon Clarke, *Marx, Marginalism and Modern Sociology: From Adam Smith to Max Weber* (London: Macmillan, 1982), 201.

210 Clarke, *Modern Sociology*, 194–195, 216, 230.

211 MPP-17–11, Karl Polanyi to Michael, January 6, 1947.

212 KPA-33–15, Polanyi, Funding application to Wenner-Gren Foundation; KPA-23–6, Karl Polanyi, "Fragments," 1947–1960; KPA-31–15, Polanyi, Research Proposal No. 1. 以下も参照のこと。KPA-37–2, Karl Polanyi, "Methodological Problems Connected with the Question of Capitalism in Antiquity" (n.d.); KPA-42–9, Karl Polanyi, "Fragments on Menger," late 1950s.

213 Max Weber, *The Theory of Social and Economic Organization* (New York: Free Press, 1947 [1964]), 184ff.

214 KPA-33–15, Polanyi, "Funding application to Wenner-Gren Foundation."

215 KPA-7–9, Polanyi, "Origins of Institutions."

216 Karl Polanyi, "The Two Meanings of Economic" (n.d.), Columbia University archives. この資料を提供してくれたダン・トンプキンズに謝意を表する。

217 Karl Polanyi, "The Institutional Approach to Non-Market Economies" (n.d.), Columbia University archives. この資料を提供してくれたダン・トンプキンズに謝意を表する。

218 KPA-42–9, Karl Polanyi, "On the Translation of Menger's 'Grundsätze' " (n.d.); KPA-42–9, Anonymous, "Karl Polanyi's Remarks on Menger"; Polanyi, "Institutional Approach to Non-Market Economies."

219 KPA-48–7, Karl Polanyi to Abe Rotstein, April 26 (1952?); Cf. KPA-23–2, Karl Polanyi (1953) Notes on readings; KPA-42–9, Polanyi, "On the Translation of Menger's 'Grundsätze.' "

220 Francesco Boldizzoni, *The Poverty of Clio: Resurrecting Economic History* (Princeton, N.J.: Princeton University Press, 2011), 98.

221 KPA-30–2, Karl Polanyi to Harry Pearson, September 27, 1959.

222 KPA-22–11, Karl Polanyi, Notes and drafts on economy and society, 1953–1957; KPA-30–2, Polanyi to Pearson, September 27, 1959.

223 Cf. Boldizzoni, *Poverty of Clio*.

224 Polanyi, quoted in S. C. Humphreys, *Anthropology and the Greeks* (London: Rout-ledge, 1978), 36.

225 KPA-37–2, Karl Polanyi, "Methodological Problems Connected with the Question of Capitalism in Antiquity" (n.d.); KPA-45–3, Abraham Rotstein, "Weekend Notes," 1956, 6.

226 KPA-22–3, Polanyi, "Notes–Economic Anthropology."

194 KPA-31-1, Karl Polanyi, "Report on term paper no. 2," 1947-1953.

195 KPA-49-2, Karl Polanyi to Moses Finley, October 18, 1953. ポランニーの初期の著作、例えば、人間の活動が「野蛮な利得動機」によって決定されるとする仮定に対する彼の批判には、アリストテレスの影響の徴候が確認される。Karl Polanyi "Wissenschaft und Sittlichkeit," in *Chronik der großen Transformation*, vol. 3, ed. Michele Cangiani, Kari Polanyi-Levitt and Claus Thomasberger (Marburg: Metropolis, 2005 [1920-1922]), 172-199.

196 Polanyi, "Aristotle Discovers the Economy"〔平野健一郎訳「アリストテレスによる経済の発見」、玉野井芳郎・平野健一郎編訳『経済の文明史』筑摩書房、2003年〕.

197 KPA-48-7, Polanyi to Rotstein, April 19, 1959; Polanyi, Arensberg, and Pearson, "Place of Economies in Societies," 125.

198 KPA-51-1, Karl Polanyi, "University seminar on the institutionalization of the economic process," 1959; Polanyi, Arensberg and Pearson, "Place of Economies in Societies," 132.

199 KPA-48-7, Polanyi to Rotstein, April 19, 1952.

200 Polanyi, "Aristotle Discovers the Economy"〔平野健一郎訳「アリストテレスによる経済の発見」、玉野井芳郎・平野健一郎編訳『経済の文明史』筑摩書房、2003年〕.

201 KPA-49-2, Polanyi to Finley, October 18, 1953.

202 Polanyi, Arensberg, and Pearson, "Place of Economies in Societies," 123.

203 KPA-42-9, Anonymous, "Karl Polanyi's remarks on Menger, Brunner & the history of thought about the substantive economy," 1958. 以下も参照のこと。Polanyi, Arensberg, and Pearson, "Place of Economies in Societies," 135.

204 ポランニーは、メンガーの価値論がその「形式主義的」経済学の道具であることに気がつかなかった。メンガーは、経済学が、労働と資源の問題から効用最大化の問題へとその関心を移行していく際の、先駆者だった。それゆえメンガーの価値論――交換関係の基礎にある基本原理――は、労働やその他の自然現象のような、ポランニーが実質的諸性向と呼ぶものの観点からではなく、諸個人が行う主観的な計算によって表現される。「希少性と個人の財産、すなわち、自分が所有するものの全部あるいは一部よりも、他の誰かが持っている何かをほしがる文脈において」、諸個人が主観的に計算する、というのである。Nicholas Xenos, *Scarcity and Modernity* (London: Routledge, 1989), 73; KPA-48-7, Polanyi to Rotstein, April 19, 1952.

205 ドイツの歴史学派のアメリカの仲間たちへの影響力の強さについては、議論の余地があるにせよ、十分に立証されている。19世紀の最後の3分の1の時期を通じて、アメリカの社会科学者のかなりの集団がドイツの大学院で研究に従事した。彼らはそこで、制度主義的な政治経済学に出会った。アン・メイヒューが描いているように、国家と教会は経済問題の解決策を提供する最前線に立つべきだとする考えを含んだドイツ歴史学派の思想は、アメリカの制度主義の創設者たちによってその知的キャリアの初期段階で吸収された。Anne Mayhew, "The Beginnings of Institutionalism," *Journal of Economic Issues* 21, no. 3 (1987): 981.

206 KPA-45-14, Abraham Rotstein, "Weekend Notes," 1957, 34.

207 KPA-48-6, Karl Polanyi to Abe Rotstein, August 25, 1957. 1898年の論文「一連の変化の研究としての経済学」の一節でヴェブレンは、「経済諸制度と厳密に区別できるような、厳密に分離可能な文化現象の領域など存在しない」、と主張している。この主張はポどり・植村邦彦・若森章孝編訳『市場社会と人間の自由』大月書店、2012年〕.

176 KPA-35–10, Karl Polanyi, "Economic History and the Problem of Freedom," 1949〔東風谷太一訳「経済史と自由の問題」、福田邦夫・池田昭光・東風谷太一・佐久間寛訳『経済と自由』筑摩書房、2015年〕.

177 KPA-49–2, Karl Polanyi to Richard Thurnwald, December 4, 1953; George Dalton, "Karl Polanyi's Analysis of Long-Distance Trade and His Wider Paradigm," in *Ancient Civilization and Trade*, ed. Jeremy Sabloff and Carl Lamberg-Karlovsky (Albuquerque: University of New Mexico Press, 1975), 116; Thurnwald cited in Gouldner, *For Sociology*, 226.

178 一部の人が指摘したように、ポランニーは「埋め込み」という用語を一時的にしか使っていない。以下参照。Greta Krippner, "The Elusive Market: Embeddedness and the Paradigm of Economic Sociology," *Theory and Society* 30 (2001): 779; Benjamin Barber, "All Economies Are Embedded: The Career of a Concept, and Beyond," *Social Research*, 62, no. 2 (1995). 実際、埋め込みは『大転換』ではまれにしか登場しない。しかし、それは戦後になって、彼が刊行した著作や論文で繰り返し登場するようになり、未公刊の覚書や草稿ではより頻繁に見出される。

179 Polanyi, Karl "Liberale Sozialreformer in England," in *Chronik der großen Transformation*, vol. 1, ed. Michele Cangiani and Claus Thomasberger (Marburg: Metropolis, 2002 [1928]), 96.

180 Walter Hamilton quoted in Walter Neale, "Institutions," *Journal of Economic Issues* 21 (1987): 1178.

181 Jens Beckert, "The Great Transformation of Embeddedness: Karl Polanyi and the New Economic Sociology," in *Market and Society: The Great Transformation Today*, ed. Chris Hann and Keith Hart (Cambridge: Cambridge University Press, 2009), 40; Raymond Firth, "Methodological Issues in Economic Anthropology," *Man* 7, no. 3 (1972): 473.

182 KPA-7–9, Karl Polanyi, "Origins of Institutions," 1934–1946.

183 KPA-59–8, Karl Polanyi to Misi, April 28, 1947.

184 Polanyi, "On Belief in Economic Determinism," 96–112〔若森みどり訳「経済決定論の信仰」、若森みどり・植村邦彦・若森章孝編訳『市場社会と人間の自由』大月書店、2012年〕.

185 KPA-59–8, Karl Polanyi to Ilona Duczynska, late November, 1947.

186 Polanyi, "Obsolete Market Mentality," 59–60〔平野健一郎訳「時代遅れの市場志向」、玉野井芳郎・平野健一郎編訳『経済の文明史』筑摩書房、2003年〕.

187 KPA-42–14, Karl Polanyi, "Market Elements and Economic Planning in Antiquity" (n.d.)〔佐久間寛訳「古代における市場的要素と経済計画」、福田邦夫・池田昭光・東風谷太一・佐久間寛訳『経済と自由』筑摩書房、2015年〕.

188 KPA-59–8, Karl Polanyi to Ilona Duczynska, September 24, 1947.

189 KPA-35–11, Karl Polanyi, Draft manuscript, "Livelihood of Man," 1950–1955.

190 KPA-37–4, Polanyi, "Economics and Freedom to Shape Our Social Destiny"〔池田昭光訳「経済学とわれわれの社会的運命を形成する自由」、福田邦夫・池田昭光・東風谷太一・佐久間寛訳『経済と自由』筑摩書房、2015年〕.

191 MPP-17–12, Karl to Michael, January 11, 1952; KPA-22–3, Karl Polanyi, "Notes–Economic Anthropology," 1947–1957; MPP-17–12, Karl to Michael, January 11, 1952.

192 KPA-31–1, Karl Polanyi, "The tool box of institutional economics," 1947–1953.

193 KPA-48–7, Polanyi to Rotstein, April 19, 1952.

155 さらなる理由は、ポランニーのロトシュタインに対する評価の変化にあったかもしれない。彼は1950年代中頃の手紙で、ロトシュタインをおそらく自分のいちばんの弟子と見なしていた。だが、ダホメの草稿に関する共同作業を経験した後では、この年下の男性の学識に対するポランニーの信頼は、急速に低下してしまった。KPA-54-4, Anonymous to Paul Bohannan; Abe Rotstein, telephone interview.

156 ポランニーは急進的なアフリカ系アメリカ人のキリスト教信仰についてほとんど言及してはいないが、1930年代のある講演旅行では、できるだけ「多くの黒人知識人に接触しよう」、と努力した。KPA-47-7, Council Trenholm to John Dillingham, March 12, 1935.

157 Alan Wald, *The New York Intellectuals* (Chapel Hill: University of North Carolina Press, 1987).

158 KPA-48-2, Correspondence, 1947.

159 Humphreys, "History, Economics, Anthropology," 174–175.

160 筆者は、戦後の合意から冷戦へと突き進んだ際にポランニーが経験した、度重なる大きな政治的失望について、強調しておきたい。

161 Nafissi, *Ancient Athens*, 174.

162 KPA-12-6, Karl Polanyi, "Notes on the Humanism Series," 1941.

163 Karl Polanyi, *The Great Transformation: The Political and Economic Origins of Our Time* (Boston: Beacon, 2001)〔野口建彦・栖原学訳『新訳 大転換——市場社会の形成と崩壊』東洋経済新報社、2009年〕.

164 Karl Polanyi, Conrad Arensberg, and Harry Pearson, "The Place of Economies in Societies," in *Primitive, Archaic and Modern Economies: Essays of Karl Polanyi*, ed. George Dalton (Boston: Beacon Press, 1968 [1957]), 136.

165 KPA-37-3, Karl Polanyi, "Freedom in a Complex Society."

166 KPA-16-2, Karl Polanyi, "Europe Today and Tomorrow."

167 Polanyi, "Obsolete Market Mentality," 59–60〔平野健一郎訳「時代遅れの市場志向」、玉野井芳郎・平野健一郎編訳『経済の文明史』筑摩書房、2003年〕.

168 Karl Polanyi, "On Belief in Economic Determinism," *Sociological Review* 39, no. 1 (1947): 96–112〔若森みどり訳「経済決定論の信仰」、若森みどり・植村邦彦・若森章孝編訳『市場社会と人間の自由』大月書店、2012年〕.

169 Polanyi, "Obsolete Market Mentality," 59–60, 76〔平野健一郎訳「時代遅れの市場志向」、玉野井芳郎・平野健一郎編訳『経済の文明史』筑摩書房、2003年〕.

170 Polanyi, "On Belief in Economic Determinism," 96–112〔若森みどり訳「経済決定論の信仰」、若森みどり・植村邦彦・若森章孝編訳『市場社会と人間の自由』大月書店、2012年〕.

171 Polanyi, "Obsolete Market Mentality," 59–60, 76〔平野健一郎訳「時代遅れの市場志向」、玉野井芳郎・平野健一郎編訳『経済の文明史』筑摩書房、2003年〕.

172 Polanyi, "Obsolete Market Mentality," 59–60, 76〔平野健一郎訳「時代遅れの市場志向」、玉野井芳郎・平野健一郎編訳『経済の文明史』筑摩書房、2003年〕.

173 Polanyi, "On Belief in Economic Determinism," 96〔若森みどり訳「経済決定論の信仰」、若森みどり・植村邦彦・若森章孝編訳『市場社会と人間の自由』大月書店、2012年〕.

174 Polanyi, "Obsolete Market Mentality," 59–60, 77〔平野健一郎訳「時代遅れの市場志向」、玉野井芳郎・平野健一郎編訳『経済の文明史』筑摩書房、2003年〕.

175 Polanyi, "On Belief in Economic Determinism," 99〔若森みどり訳「経済決定論の信仰」、若森み

書いてもらうよう予定していたデヴィッド・ランデスが含まれていた。KPA-49–3, Karl Polanyi to Landes, July 26, 1955; RMP-68–7, Karl Polanyi to Robert Merton, November 15, 1955; KPA-55–4, George Dalton to Kari, February 11, 1966; Tompkins, "Weber, Polanyi, Finley."

135 KPA-52–1, Karl Polanyi to Carroll Bowen, June 26, 1961; KPA-52–1, Karl Polanyi to Ted, May 26, 1961.「Ted」がカール＝ウィリアム・カップであることは、ほぼ確実である。

136 Immanuel Wallerstein, interview.

137 KPA-54–5, Karl Polanyi to Marshall Sahlins (n.d.). 以下も参照のこと。S. C. Humphreys, "History, Economics, and Anthropology: The Work of Karl Polanyi," *History and Theory* 8, no. 2 (1969): 177.

138 KPA-50–2, George Dalton to Polanyi, February 19, 1958.

139 KPA-52–1, Karl Polanyi to George, May 28, 1961. 強調は引用者による。

140 KPA-52–1, George Dalton to Polanyi, June 2, 1961.

141 KPA-52–2, Karl Polanyi to Rudolf Schlesinger, November 8, 1961; KPA-52–1, Polanyi to Ted, May 26, 1961.

142 MPP-17–12, Karl Polanyi to Misi, March 5, 1958.

143 メドウはポランニーの支援を受けながら、「新しい生活形態の出現に影響をもたらした宗教的見解」というテーマで、（イギリスの代わりに）アメリカを舞台にしつつも、『大転換』を書き直したいと考えていた。ポールは「私にため息をつかせます」、とカールは弟に宛てて書いている。Polanyi to Ted, May 26, 1961; KPA-56–13, Karl Polanyi to Irene Grant, May 25, 1956; KPA-56–13, Polanyi to Irene, March 15, 1963; MPP-17–12, Karl to Misi, March 5, 1958, and Karl to Misi, March 4, 1961.

144 MPP-17–12, Karl Polanyi to Misi, October 10, 1960.

145 Rhoda Halperin, *Cultural Economies: Past and Present* (Austin: University of Texas Press, 1994), chapter four. ポランニーとアーノルドの研究上の関係については、アレンズバーグ宛（KPA-49–4, July 21, 1955）のポランニーの手紙、アーノルド宛（KPA-49–2, August 14, 1953）のポランニーの手紙、および8月18日付のアーノルドの返信を参照した。

146 Abe Rotstein, telephone interview.

147 例えば、参照可能だった書簡が明らかにしているように、コロンビア大学は、ポランニーの研究班と共同で行われたアーノルドの調査研究による成果を彼女の学位論文に組み込むことを認めず、彼女はこれに憤激した。その事情には、別の要因も働いていた可能性もある。そのことは、ポランニーが彼女との手紙の一部を破棄し、アームストロングにもそうするように促した事実によって示唆される。以下参照。KPA-50–2, Karl Polanyi to Conrad Arensberg, January 30, 1958, and KPA-50–2, Arensberg to Polanyi, January 30, 1958; KPA-49–4, Karl Polanyi to Max Gluckman (ca. 1955).

148 Abe Rotstein, telephone interview; KPA-49–5, Rotstein to Harry Pearson, December 27, 1956.

149 KPA-48–7, Karl Polanyi to Abe Rotstein, January 10, 1952.

150 Abe Rotstein, telephone interview.

151 KPA-38–12, Karl Polanyi, Draft outline for a revision of *The Great Transformation*, 1954.

152 KPA-54–4, Polanyi to Scheuer, July 1, 1958; Abe Rotstein, e-mail to the author, February 2015.

153 Immanuel Wallerstein, interview.

154 Abe Rotstein, telephone interview.

113 KPA-59-8, Karl to Ilona (1947?).

114 Anne Chapman, telephone interview.

115 Kari Polanyi-Levitt, telephone interview, March 2009. 娘のカリの証言によると、ポランニーは夏休みにはビーチハウスで「今ではパジャマと考えられるものを、多くの場合に身に着けていました。当時、大変流行っていたからです。父はとても流行に敏感で、一般的におしゃれとはいえませんが、常に服装に気を配っていました」。

116 Robert Halasz, e-mail interview.

117 Don Grant, interview.

118 Robert Halasz, e-mail interview.

119 Kari Polanyi-Levitt, interview, December 2008.

120 Anne Chapman, telephone interview.

121 Moses Finley to Geoffrey de Ste Croix, November 27, 1969.（筆者は、ダン・トンプキンズの所有するこの手紙のコピーを見せてもらった。）

122 Jean Richards, telephone interview.

123 Rutherford, "Columbia University," 31-78.

124 Anne Chapman, telephone interview.

125 RMP-68-7, Karl Polanyi to Robert Merton, November 15, 1955.

126 ロトシュタインは、1951年のポランニーの一般経済史の講義に出席した。ロトシュタインは「ポランニーが誰であるかを知らずに、その単位が他の講義の2倍であるという理由で、受講しました。2倍の単位を獲得したものの、形式的には2倍の時間を勉強することになりました。しかし実際には2倍ではなく、それ以上の価値があったのです。私は、ポランニーの講義が自分にとって有用であると気づくのには十分な経済学者でした」。Abe Rotstein, telephone interview; KPA-51-2, Abe Rotstein, correspondence.

127 「父〔ポランニー〕の社会主義的価値を理解した唯一の学生は、アン・チャップマンでした。彼女はマルクス主義者だったのです」。Kari Polanyi-Levitt, interview, December 2008.

128 Anne Chapman, telephone interview.

129 Daniel Tompkins, "The World of Moses Finkelstein: The Year 1939 in M. I. Finley's Development as a Historian," in *Classical Antiquity and the Politics of America: From George Washington to George W. Bush*, ed. Michael Meckler (Waco, Tex.: Baylor University Press, 2006), 95-125.

130 KPA-49-3, Correspondence with Finley. 以下も参照のこと。Daniel Tompkins, "Weber, Polanyi, and Finley," *History and Theory* 47, no. 1 (2008): 123-136.

131 Mohammad Nafissi, *Ancient Athens and Modern Ideology; Value, Theory and Evidence in Historical Sciences* (London: Institute of Classical Studies, 2005), 212; Tompkins, "Weber, Polanyi, Finley."

132 Tompkins, "Weber, Polanyi, Finley," 126.

133 KPA-54-4, Karl Polanyi to Finley (n.d.).

134 フィンリーは死後に刊行されたポランニーの論文集『原始的・古代的・近代的諸経済』の前書きを書いてほしい、という依頼をまたもや拒絶した（「明らかに、［フィンリー］とあなたのお父さん〔ポランニー〕のあいだに、私がまったく知りえないことが起きています」、とジョージ・ドルトンは娘のカリに説明した）。『初期帝国における交易と市場』への寄稿依頼を断った人たちのなかには、他にも、ポランニーが序文を書くように頼んだロバート・マートンや、編者たちが当初「西欧封建制における互酬性」の章を

93 KPA-8–2, Unknown correspondent to Ilona, 1947.

94 この企画はその後、「制度的成長の経済的側面に関する学際的プロジェクト」に変更された。KPA-33–15, Karl Polanyi, Funding application submitted to Wenner-Gren Foundation for Anthropological Research, 1958–1959; KPA-48–3, correspondence of July 1948; KPA-49–3, Karl Polanyi to William Lane, November 12, 1954; KPA-48–4, Karl Polanyi to Sandy Lindsay, June 10, 1949.

95 In 1948–49, Ilona resided in Edith Grove, Chelsea.

96 KPA-48–4, Polanyi to Lindsay, June 10, 1949.

97 KPA-59–3, Ilona Duczynska to Kari, October 10, 1963; Kari Polanyi-Levitt, interview, December 2008; Abraham Rotstein, "The Reality of Society," Address to the Karl Polanyi Conference, Montreal, November, 2014; Kenneth McRobbie, "Under the Sign of the Pendulum: Childhood Experience as Determining Revolutionary Consciousness. Ilona Duczynska Polanyi," *Canadian Journal of History* 41, no. 2 (2006): 263–298.

98 セミナーは通常、ポランニーのニューヨークのアパートで開かれた。MPP-17–12, Karl Polanyi to Misi, March 6, 1953; KPA-54–4, Karl Polanyi to Walter Scheuer, July 1, 1958; Robert Halasz, e-mail interview.

99 KPA-58–1, Karl to Kari, January 30, 1959.

100 RMP-68–7, Karl Polanyi to Robert Merton, February 17, 1955.

101 William Scott and Martin Moleski, *Michael Polanyi: Scientist and Philosopher* (New York: Oxford University Press, 2005), 201.

102 KPA-48–2, Karl Polanyi, Correspondence, 1947.

103 Szapor, "Odyssey of the Polanyis," 38.

104 KPA-48–5, Polanyi to Jaszi, October 27, 1950.

105 Robert Halasz, e-mail interview.

106 KPA-33–15, Polanyi, Funding application to Wenner-Gren Foundation.

107 KPA-59–9, Karl to Ilona, January 29, 1948; KPA-59–9, Karl Polanyi to Ilona, November 5, 1948.

108 Rutherford, "Columbia University," 31–78.

109 KPA-49–3, Conrad Arensberg to Karl Polanyi, November 8, 1954.

110 それらには、社会科学研究会議、アメリカ哲学協会、ウェナー・グレン人類学研究財団が含まれている。資金調達のために申請書を準備しているとき、苛立ちからか、経済史家のデヴィッド・ランデスがポランニーに次のように漏らした。「学者はますます多くの時間を自らの研究資金の調達のために使っているように思われます。私は今年、用紙が大量に積み重なるまで申請書を書いてきましたが、すべてにややうんざりし始めています。といっても、お金が多くのことを助ける事実は否定しようもないから、申請書を書くことにはきっとそれだけの価値があるのですね」。このランデスの愚痴にポランニーは共感した。RMP-68–7, Karl Polanyi to Robert Merton, October 20, 1958; KPA-30–2, Landes to Polanyi, February 19, 1959; KPA-50–2, Norman Buchanan to Karl Polanyi, February 26, 1958; KPA-54–4, Polanyi to Scheuer, July 1, 1958, corroborated by Kari Polanyi-Levitt, telephone interview, March 2009.

111 KPA-59–8, Karl Polanyi to Ilona Duczynska, March 15, 1947.

112 KPA-59–8, Karl Polanyi to Ilona, April 23, 1947.

62 Bernard Girard, "How Karl-William Kapp was received by economists." Paper presented at European Society for Ecological Economics conference, Lille, June 2013.

63 KPA-59–8 Karl to Ilona, June 29, 1949; KPA-48–2, Karl to Ilona (ca. 1947).

64 KPA-59–8 Karl to Ilona, June 29, 1949.

65 KPA-48–2, Lewis Mumford to Karl, July 12, 1947.

66 KPA-59–8, Ilona Duczynska to Karl Polanyi, spring (1947?).

67 KPA-59–8, Karl (1947) to Ilona, early June; KPA-59–9, Karl to Ilona, January 29, 1948.

68 KPA-59–8, Karl Polanyi to Ilona, August 15, 1947.

69 KPA-59–8, Karl to Ilona, June 29, 1949.

70 KPA-59–8, Karl Polanyi to Ilona, August (?) (1947?).

71 KPA-48–2, Karl Polanyi to Peter Drucker, September 14, 1947.

72 KPA-59–8, Ilona Duczynska to Karl, September 9, 1947; KPA-48–2, Polanyi to Drucker, September 14, 1947.

73 David Caute, *The Great Fear: The Anti-Communist Purge under Truman and Eisenhower* (New York: Simon & Schuster, 1978), 251.

74 KPA-59–8, Ilona to Karl, September 9, 1947; sent from c/o Doug Jolly.

75 KPA-59–8, Ilona to Karl, September 9, 1947.

76 Wechsler, editor of the *New York Post*, quoted in Caute, *Great Fear*, 231.

77 KPA-59–8, Karl Polanyi to Ilona Duczynska, September 16, 1947.

78 KPA-48–2, Polanyi to Drucker, September 14, 1947.

79 さらにトロントとモントリオールには、キリスト教学生運動に関与する「真にすばらしい人びと」の拠点が存在した。しかし、イロナの周囲はそうでなかった。KPA-59–8, Ilona to Karl, September 9, 1947; KPA-54–4, Karl Polanyi to Irene Grant, 1941.

80 KPA-59–8, Karl Polanyi to Kari, September 13, 1947; KPA-59–8, Karl Polanyi to Ilona, September 16, 1947; KPA-59–8, Karl Polanyi to Ilona, September 20, 1947.

81 KPA-59–8, Ilona Duczynska to Karl, September 17, 1947.

82 KPA-59–8, Ilona Duczynska to Karl, September 15, 1947.

83 KPA-59–9, Ilona Duczynska to Karl Polanyi, January 27 (1948?); KPA-59–8, Ilona to Karl, September 17, 1947.

84 KPA-59–8, Karl Polanyi to Ilona Duczynska, mid-September 1947.

85 KPA-59–8, Karl to Ilona, mid-September 1947.

86 KPA-59–8, Karl to Ilona, mid-September, 1947.

87 KPA-30–3, Irene Grant, conversation with Kari Levitt, mid-1980s.

88 Linda Palfreeman, *¡Salud!: British Volunteers in the Republican Medical Service During the Spanish Civil War, 1936–39* (Brighton, U.K.: Sussex Academic Press, 2012).

89 Palfreeman, *¡Salud!*, 185.

90 KPA-48–2, Doug Jolly to Karl Polanyi, September 28, 1947. 強調は原文通り。

91 KPA-59–8, Karl to Ilona, early June, 1947; MacIver, *Autobiography*, 78; KPA59–9, Karl Polanyi to Ilona Duczynska, November 22, 1948

92 SPSL-536–1, Letters from unknown correspondent to Professor Blacket, November 15, 1943, and to Dr. Orowan, December 2, 1943.

2007), 314–366; Robert Merton, James Coleman, and Peter Rossi, eds., *Qualitative and Quantitative Social Research: Papers in Honor of Paul Lazarsfeld* (New York: Free Press, 1979); Paul Lazarsfeld, "A Memoir," in *The Intellectual Migration: Europe and America, 1930–1960*, ed. Donald Fleming and Bernard Bailyn (Cambridge, Mass.: Belknap Press, 1969), 279, 284; Jefferson Pooley, "An Accident of Memory: Edward Shils, Paul Lazarsfeld and the History of American Mass Communication Research" (D. Phil., Columbia University, 2006), 199; Martin Jay, *Permanent Exiles: Essays on the Intellectual Migration from Germany to America* (New York: Columbia University Press, 1985), 60.

42 KPA-59–7, Karl to Ilona, September 6, 1940.

43 対照的に、政治学部は「あまり刺激的な環境ではなく、その正反対であった」。KPA-59–8, Karl Polanyi to Ilona, June 29, 1949; Abe Rotstein, telephone interview.

44 しかし、卒業生の1人は、ポランニーがアメリカの社会学者には仲間の一員として見なされていなかった、と証言している。その理由は、ポランニーの「交易」は「特定のさまざまな歴史的な出来事についての1つの解釈であり」、社会学的方法論の複雑さを考慮していない、というものである。Tim Rogan, "Karl Polanyi at the Margins of English Socialism, 1934–1947," *Modern Intellectual History* 10, no. 2 (2013): 344; KPA59–9, Karl Polanyi to Ilona, April 25, 1949; KPA-59–9, Karl to Ilona, February 17, 1949.

45 Robert MacIver, *A Tale That Is Told: The Autobiography of R. M. MacIver* (Chicago: University of Chicago Press, 1968), 87, 88, 130, 161.

46 11年後、プリンストン大学はカールに特別研究員の地位〔フェローシップ〕を与えることを申し出たが、彼は辞退した。PFP-212–326, Karl Polanyi to Misi, January 5, 1958; KPA-59–8, Karl Polanyi to Ilona, February 13, 1947.

47 KPA-59–8, Karl to Ilona, February 13, 1947.

48 KPA-59–8, Karl Polanyi to Ilona, April 23, 1947.

49 MPP-17–11, Karl Polanyi to Misi, June 11, 1947.

50 KPA-59–8, Karl Polanyi to Ilona, June 29, 1949.

51 KPA-59–8, Jacob Marschak to Polanyi, 1947; C. L. R. James, *American Civilization* (Oxford: Blackwell, 1993 [1950]), 185–186.

52 KPA-48–2, Karl Polanyi to Milton Singer, May 28, 1947; KPA-48–2, Karl Polanyi to Quincy Wright, March 10, 1947.

53 KPA-48–2, Carter Goodrich, Telegram to Karl Polanyi, May 28, 1947.

54 KPA-48–2, David Riesman to Karl Polanyi, June 2, 1947.

55 ニュー・スクールの理事会に自分の席を占有するマッキーヴァーが、これに加わっていたかどうかは不明である。KPA-59–8, Karl Polanyi to Ilona, September 16, 1947.

56 KPA-59–8, Karl to Ilona, June 29, 1949.

57 KPA-59–8, Karl Polanyi to Ilona, August 9, 1947.

58 KPA-48–2, Karl Polanyi to Ilona (ca. 1947).

59 KPA-59–8, Karl Polanyi to Ilona, early June, 1947; KPA-48–2, Polanyi to Sandy Lindsay (n.d.); KPA-59–8, Karl to Ilona, June 29, 1949; KPA-59–8, Karl to Ilona, early June, 1947.

60 KPA-59–8, Karl to Ilona, June 29, 1949.

61 KPA-59–8, Karl to Ilona, early June, 1947.

30 KPA-49–2, Karl Polanyi to Rosemary Arnold, August 14, 1953; KPA-48–2, Margery Palmer to Karl Polanyi, May 27, 1947; KPA-59–9, Karl Polanyi to Ilona, autumn 1947.

31 KPA-59–8, Karl Polanyi to Misi, July 1, 1947; KPA-59–8, Karl Polanyi to unknown addressee, January 1947.

32 Carter Goodrich, *The Frontier of Control: A Study in British Workshop Politics* (New York: Harcourt, Brace, 1921).

33 KPA-59–9, Karl to Ilona, February 17, 1949.

34 Immanuel Wallerstein, *The Uncertainties of Knowledge* (Philadelphia: Temple University Press, 2004), 84〔山下範久監訳『知の不確実性――「史的社会科学」への誘い』藤原書店、2015年〕; Alvin Gouldner, *For Sociology: Renewal and Critique in Sociology Today* (London: Pelican, 1973), 164. 以下も参照のこと。Allen Barton, "Paul Lazarsfeld as Methodologist," *Journal of Classical Sociology* 12, no. 1 (2012): 159–166.

35 古代ローマの三大神については以下を参照のこと。Pierre Bourdieu, *Science of Science and Reflexivity* (Cambridge: Polity, 2004), 18.

36 Karl Polanyi and Conrad Arensberg, "Preface," in *Trade and Market in the Early Empires: Economies in History and Theory*, ed. Karl Polanyi, Conrad Arensberg, and Harry Pearson (New York: Free Press, 1957), x–xi.

37 「ここ何年かのすべての時期において、マッキーヴァーの他には、あなたほど私の研究に対して厚意をもって力になってくれた人はいませんでした」。RMP-68–7, Karl Polanyi to Robert Merton, November 15, 1955.

38 KPA-48–3, Karl Polanyi to Robert Merton, December 4, 1948. コロンビア大学附属のバトラー図書館所蔵の、12月7日付のマートンの手紙も参照した(ダン・トンプキンズはこのコピーを筆者に親切にも回覧してくれた)。

39 KPA-59–8, Karl Polanyi to Joszka, November 22, 1947.

40 Marie Jahoda, "*Ich habe die Welt nicht verändert*": *Lebenserinnerungen einer Pionierin der Sozialforschung* (Frankfurt am Main: Campus, 1997), 38.

41 ラザースフェルドの活動家としての才能と学術的な才能はウィーンで結合して、すばらしい成果をもたらした。ラザースフェルドが現代の調査研究の父として著名になったことはよく知られているが、この分野での彼の修行期間が次の3つの要因――「工場生活の悲惨さ」を詳細に理解しようと欲したこと、オーストリア社会民主党の選挙分野への熱中から生まれた選挙学に魅了されたこと、そして販売用石鹸の法人向け米国市場調査との偶然の出会い――から形成されたことについては、ほとんど知られていない。オーストリアで「ラザースフェルドは、石鹸販売について詳しく調査すると同時に、社会主義者の青年キャンプを運営することができた」。対照的に、社会主義の信念がラザースフェルドの切望した学術的キャリアの妨げになったアメリカでは、そのような可能性は皆無だった。ラザースフェルドの社会主義的関与はみるみると色あせ、青年期を過ごしたオーストリアの精神を思い起こさせるものは、その新即物主義〔Neue Sachlichkeit〕――冷静で超然とした見解、実用主義的で抑制された態度、「事物」の力の強調――だけとなった。以下参照。George Steinmetz, "American Sociology before and after World War Two: The (Temporary) Settling of a Disciplinary Field," in *Sociology in America. The ASA Centennial History*, ed. Craig Calhoun (Chicago: University of Chicago Press,

9 KPA-59–9, Ilona Duczynska to Karl, October 9, 1948; KPA-59–9, Ilona Duczynska to Karl (1948?); KPA-59–3, Ilona Duczynska to Kari, June 21 (ca. 1948).

10 KPA-59–3, Ilona to Kari, June 21 (ca. 1948).

11 KPA-51–5, Karl Polanyi to Meszaros, April 24, 1961.

12 ポランニーは自分がマルクス主義者ではないという理由で、共産主義下のハンガリーで教えることに難色を示した。以下参照。KPA-48–3, Mihály Károlyi to Gyula Ortutay, Hungarian minister of religious and educational affairs, June 23, 1948; KPA-48–3, Mihály Károlyi, Letter, no name, 1948; KPA-59–9, correspondence Karl Polanyi and Ilona.

13 KPA-48–3, Károlyi to Ortutay, June 23, 1948.

14 KPA-59–9, Karl Polanyi to Ilona, May 10, 1948.

15 KPA-59–3, Ilona to Kari, June 21 (ca. 1948); KPA-59–9, Ilona to Karl, October 9, 1948.

16 KPA-48–3, Károlyi to Ortutay, June 23, 1948.

17 KPA-48–3, Endre Havas to Gyula Ortutay, June 23, 1948.

18 PFP-212–497, Ilona Duczynska to Laura, April 29, 1945; Kari Polanyi-Levitt, interview, December 2008.

19 KPA-48–2, Karl Polanyi to Sandy Lindsay (n.d.).

20 KPA-59–7, Karl to Ilona, January 20, 1941.

21 Kari Polanyi-Levitt, interview, December 2008.

22 Nandor Dreisziger, "Émigré Artists and Wartime Politics: 1939–45," *Hungarian Studies Review* 21, nos. 1–2 (1994): 43–75.

23 青年期のデューイは、宗教思想とT. H. グリーンの理想主義〔オックスフォードを拠点にグリーンは、伝統的な「自由放任」の原則を批判し、人格の完成に向けた自己実現として自由を規定した。また、自由主義と政府介入による社会政策とを総合的に理論づけた〕に夢中になっていた。その後、デューイの志向は世俗化し、精神的共同体についての理想主義的世界観も「人間社会の民主的協力として表現」されるようになった。ポランニーがコロンビア大学に到着したときにはすでに引退していたが、名誉教授であるデューイの存在感は残っていた。デューイはポランニーのキャリアにいくつかの親切な支援を与え、『大転換』に関する肯定的な書評を公表し、ポランニーの論文「時代遅れの市場志向」を称賛するコメントを個人的に伝えてくれた。MPP-17–11, Karl to Michael, June 14, 1944; KPA-48–2, John Dewey to Mr. Cohen (ca. 1947); Randall Collins, *The Sociology of Philosophies: A Global Theory of Intellectual Change* (Cambridge, Mass.: Belknap Press of Harvard University Press, 1998), 681.

24 Malcolm Rutherford, "Institutional Economics at Columbia University," *History of Political Economy* 36, no. 1 (Spring 2004): 31–78.

25 Rutherford, "Columbia University," 50.

26 KPA-48–1, Karl Polanyi to MacIver, October 12, 1946.

27 KPA-48–1, Karl Polanyi to Goodrich, November 20, 1946.

28 グッドリッチは、かつてアーマスト大学でスチュワートのもとに学んだことがあった。スチュワートは、コロンビア大学でデューイと一緒に学んだ経験がある。Rutherford, "Columbia University," 66.

29 KPA-48–1, Karl Polanyi, Telegram, sent November 30, 1946.

1947–1952 (Cambridge: Cambridge University Press, 1987), 53.

234 KPA-59–9, Ilona Duczynska to Karl, January 27 (1948?).

235 一部の人は、メンデルスハウゼンと彼の「再出発」〔1929年にドイツ社会民主党内に結成された反ファシスト集団〕の仲間、クルト・シュミット、テオ・ティエール、カルト・マティックを、併合を阻止する主要なアクターとして説明してさえいる。以下参照。Jean Eisner-Steinberg, interviewed in Gerhard Bry, *Resistance: Recollections from the Nazi Years* (West Orange, N.J.: Self-published, 1979), 233.

236 KPA-59–9, Karl Polanyi to Ilona, February 17, 1949.

237 Horst Mendershausen, "First Tests of the Schuman Plan," *Review of Economics and Statistics* 35, no. 4 (1953): 269–288.

238 Mendershausen, "First Tests," 287. トルーマン大統領のポイントフォアプログラムに関しては、以下を参照のこと。www.trumanlibrary.org/whistlestop/study_collections/pointfourprogram/index.php.

239 KPA-19–2, Polanyi, "Britain's Foreign Policy."

240 KPA-19–8, Polanyi, "Meaning of Parliamentary Democracy"〔若森みどり訳「議会制民主主義の意味」、若森みどり・植村邦彦・若森章孝編訳『市場社会と人間の自由』大月書店、2012年〕.

241 Scammell, *Koestler*, 315–316.

242 KPA-59–9, Karl Polanyi to Ilona, January 29, 1948.

243 KPA-54–5, Karl Polanyi to unknown addressee (probable date, 1950–1951). 著者はおそらく、決定的ではないとしてもポランニーである。それは「K. ポランニーの書簡」としてファイルされていて、欄外にポランニーによる判読できない手書きの文字がある。

244 KPA-54–5, Polanyi to unknown addressee (1950–1951?).

◆ 第六章　「不正義と非人道的行為」

1 KPA-48–1, Endre Havas to Karl Polanyi, October 9, 1946; KPA-48–2, Endre Havas to Ilona, June 13, 1947.

2 KPA-48–2, Tibor to the Polanyis, September 2, 1947.

3 PFP-212–497, Ilona Duczynska to Laura, April 29, 1945; KPA-37–8, Karl Polanyi, "The Galilei Circle Fifty Years On" [A Galilei Kör otven év távlatából], 1958; Kari Polanyi-Levitt, interview, July 2006.

4 KPA-57–8, Kari Polanyi-Levitt to Karl (n.d.).

5 KPA-48–1, Karl Polanyi to Denis Healey, September 26, 1946.

6 KPA-48–1, Polanyi to Healey, September 26, 1946; KPA-48–1, Karl Polanyi to Havas, October 25, 1946, and to Karl Mannheim, November 26, 1946; KPA-30–1, Karl Polanyi, "Biographical Information," 1940–1984.

7 Judith Szapor, "From Budapest to New York: The Odyssey of the Polanyis," *Hungarian Studies Review* 30, no. 1–2 (2003): 29–60.

8 エルネー・ゲレーについては以下で引用されている。Adam Fabry, "The International Political Economy of Neoliberal Transformation in Hungary: From the 'Transition' of the 1980s to the Current Crisis" (Ph.D. thesis, School of Social Sciences, Brunel University, 2014), chapter 3.

214 Hansard, Debate November 18, 1946, vol. 430 cc525–94, http://hansard.millbanksystems.com/commons/1946/nov/18/ foreign-policy.

215 KPA-19–24, Karl Polanyi, “The Emergence of the Crossman Opposition” [A Crossman ellenzék felvonulása] (n.d.).

216 KPA-48–1, Polanyi to Kouwenhouven, 1946.

217 KPA-19–24, Polanyi, “The Crossman Opposition.”

218 Polanyi, “British Labour and American New Dealers,” 5.

219 Polanyi, “British Labour and American New Dealers.” 5.

220 ケインズもまた地経学〔ジオエコノミック。安全保障において経済政策を重視する考え方〕的取引に対する公衆の視線を警戒し、国会の妨害を避けるために、アメリカ、イギリス、フランスの財務省のあいだの直接協力を提案した。Benn Steil, *The Battle of Bretton Woods: John Maynard Keynes, Harry Dexter White, and the Making of a New World Order* (Princeton, N.J.: Princeton University Press, 2013), 32〔小坂恵理訳『ブレトンウッズの闘い——ケインズ、ホワイトと新世界秩序の創造』日本経済新聞出版社、2014年〕; Polanyi, “British Labour and American New Dealers.”

221 Polanyi, “British Labour and American New Dealers,” 5.

222 Roger Eatwell, *The 1945–1951 Labour Governments* (London: Batsford Academic, 1979), 46.

223 イギリスの役割については以下を参照のこと。Avi Schlaim, “Britain and the Arab-Israeli War of 1948,” *Journal of Palestine Studies* 16, no. 4 (1987): 50–76. ユダヤ人のパレスチナへの無制限の移住に対してポランニーが反対であったことは、KPA-47–14, Karl Polanyi to Taylor, August 14, 1944 に記録されている。イスラエル国家の建設に対するポランニーの反対はカリ・ポランニー＝レヴィットによって確かめられた (interview, July 2006)。彼の反シオニズムは本質的に弟のマイケルのそれと類似している。以下参照。Paul Knepper, “Michael Polanyi and Jewish Identity,” *Philosophy of the Social Sciences* 35, no. 3 (2005).

224 Polanyi, “British Labour and American New Dealers,” 5.

225 John Gillingham, “From Morgenthau Plan to Schuman Plan: America and the Organization of Europe,” in *American Policy and the Reconstruction of West Germany, 1945–1955*, ed. Jeffrey Diefendorf, Axel Frohn, and Hermann-Josef Rupieper (Cambridge: Cambridge University Press, 1993).

226 Peter Acsay, “Planning for Postwar Economic Cooperation: U.S. Treasury, the Soviet Union and Bretton Woods 1933–1946” (Ph.D. thesis, Graduate School of Saint Louis University, 2000).

227 Acsay, “Postwar Economic Cooperation.”

228 Steil, *Bretton Woods*, 6.

229 Acsay, “Postwar Economic Cooperation.”

230 Burnham, *Postwar Reconstruction*.

231 Yanis Varoufakis, *The Global Minotaur: America, the True Origins of the Financial Crisis and the Future of the World Economy* (London: Zed, 2011), chapter 3.

232 Kees Van der Pijl, *The Making of an Atlantic Ruling Class* (London: Verso, 1984), 28; David Calleo and Benjamin Rowland, *America and the World Political Economy: Atlantic Dreams and National Realities* (Bloomington: Indiana University Press, 1973).

233 Michael Hogan, *The Marshall Plan; America, Britain, and the Reconstruction of Western Europe,*

を示すために着用される花形帽章〕を付けることは国家的記念日の習慣であった。KPA-48–1, Mihály Károlyi to Polanyi, April 1, 1946.

190 KPA-48–1, Károlyi to Polanyi, April 1, 1946.

191 KPA-48–1, Károlyi to Polanyi, April 1, 1946; Cf. KPA-13–10, Hungarian Council of Great Britain: Draft articles and sundry ephemera.

192 KPA-48–1, Karl Polanyi to John Kouwenhouven, 1946; KPA-18–33, Polanyi, Various draft articles, 1945–1946.

193 Karl Polanyi, *The Citizen and Foreign Policy* (London: Workers' Educational Association, 1947), 26.

194 Karl Polanyi, "Our Obsolete Market Mentality," in *Primitive, Archaic and Modern Economies: Essays of Karl Polanyi*, ed. George Dalton (Boston: Beacon Press, 1968 [1947]), 76〔平野健一郎訳「時代遅れの市場志向」、玉野井芳郎・平野健一郎編訳『経済の文明史』筑摩書房、2003年〕.

195 KPA-18–33, Polanyi, Draft articles, 1945–1946.

196 Melissa Benn, *School Wars: The Battle for Britain's Education* (London: Verso, 2011); Denis Lawton, *Education and Labour Party Ideologies: 1900–2001 and Beyond* (London: Routledge, 2005), 52.

197 KPA-18–33, Polanyi, Draft articles, 1945–1946.

198 Polanyi, *The Citizen and Foreign Policy*.

199 Peter Burnham, *The Political Economy of Postwar Reconstruction* (London: Macmillan, 1990), 14.

200 MPP-17–10, Karl to Misi, November 9, 1943.

201 KPA-17–32, Karl Polanyi, "United Nations Organization," 1946.

202 KPA-19–9, Karl Polanyi, "Britain and Poland" (n.d.); KPA-18–25, Polanyi, "Friends of Democratic Hungary"; MPP-17–10, Karl to Misi, November 9, 1943.

203 KPA-59–7, Karl Polanyi to Ilona, November 15, 1940.

204 KPA-48–1, Polanyi (1946) to Kouwenhouven; KPA-19–2, Karl Polanyi, "Britain's Foreign Policy" (n.d.); MPP-17–10, Karl to Misi, November 9, 1943; KPA-18–25, Polanyi, "Friends of Democratic Hungary."

205 KPA-48–1, Polanyi to Kouwenhouven, 1946.

206 MPP-17–10, Karl to Misi, November 9, 1943.

207 Karl Polanyi, "British Labour and American New Dealers," *Leeds Weekly Citizen*, January 10, 1947. ミュアーは1914年から1949年まで『リーズ週刊市民〔*Leeds Weekly Citizen*〕』を編集した。

208 これを厳密にイギリス下院議員席の党派的見解を意味するものとして受け取るべきではない。例えばポランニーは、ウィンストン・チャーチルの政治哲学を非難したときでさえ、戦争指導者としての彼を称賛した。例えば以下を参照のこと。KPA-18–23, Polanyi, "Why Make Russia Run Amok?," 408.

209 KPA-48–1, Polanyi to Kouwenhouven, 1946; KPA-20–2, Karl Polanyi, "Introduction to 'Tame Empires,' " 1938–1939.

210 KPA-18–25, Polanyi, "Friends of Democratic Hungary."

211 Hugh Dalton, quoted in Richard Toye, "Churchill and Britain's 'Financial Dunkirk' " (n.d.), https://eric. exeter.ac.uk/repository/.

212 KPA-59–8, Ilona Duczynska to Polanyi, August 26, 1940s.

213 Robert Skidelsky, *John Maynard Keynes, Volume Three: Fighting for Britain, 1937–1946* (London: Macmillan, 2000), 444.

161 KPA-18–23, Polanyi, "Why Make Russia Run Amok?," 410.

162 KPA-18–23, Polanyi, "Why Make Russia Run Amok?," 409; KPA-15–4, Karl Polanyi, Lecture XXIII, "Contemporary Problems and Social and Political Theory," Morley College, 1936–1940; KPA-20–3, Karl Polanyi, Book plan, 1938–1939.

163 KPA-20–3, Polanyi, Book plan.

164 Carolyn Eisenberg, *Drawing the Line: The American Decision to Divide Germany, 1944–49* (Cambridge: Cambridge University Press, 1996), 82; Palasik, *Chess Game*.

165 チャーチルは回想して、提案された領土分割は一時的なものとして意図されていたが、会議の議事録はそうではないことを示していた、と主張した。以下参照。Daniel Yergin, *Shattered Peace; The Origins of the Cold War* (Harmondsworth, U.K.: Penguin, 1990).

166 Richard Day, *Cold War Capitalism* (Armonk, N.Y.: M. E. Sharpe, 1995).

167 Jack Snyder, *Myths of Empire: Domestic Politics and International Ambition* (Ithaca, N.Y.: Cornell University Press, 1991).

168 KPA-47–13, Polanyi to Jaszi, December 23, 1943; KPA-48–1, Karl Polanyi to Michael Károlyi, April 15, 1946; KPA-19–8, Polanyi, "Meaning of Parliamentary Democracy."

169 KPA-48–1, Polanyi to Károlyi, April 15, 1946.

170 KPA-47–14, Polanyi to Károlyi, December 6, 1944.

171 KPA-47–13, Polanyi to Jaszi, December 23, 1943.

172 KPA-47–13, Polanyi to Jaszi, December 23, 1943; Karl Polanyi, "Count Michael Károlyi," *Slavonic and East European Review* 24, no. 63 (1946): 92, 97.

173 KPA-47–14, Oscar Jaszi to Polanyi, February 15, 1944.

174 KPA-47–14, Jaszi to Polanyi, February 15, 1944.

175 KPA-47–13, Karl to Oscar, September 21, 1944.

176 KPA-48–1, Karl to Oscar, May 15, 1946.

177 KPA-48–1, Karl to Oscar, May 15, 1946. 以下も参照のこと。Károlyi, *Memoirs*, 307, and Károlyi, *A Life Together*, 316.

178 KPA-48–1, Polanyi to Károlyi, April 15, 1946.

179 KPA-48–1, Karl to Oscar, May 15, 1946.

180 KPA-47–15, Mihály Károlyi to Duczynska, January 18, 1945.

181 1944年の春に創設されたロンドンのハンガリー協議会は、カーロイのグループに共産主義者や自由主義者、保守主義者のハンガリー人移住者の寄せ集めが加わることで形成された。KPA-47–15, Mihály Károlyi to Duczynska, January 18, 1945.

182 KPA-47–15, Mihály Károlyi to Duczynska, January 18, 1945.

183 KPA-47–15, Ilona Duczynska to Károlyi, January 21, 1945.

184 KPA-47–15, Mihály Károlyi to Duczynska, January 25, 1945.

185 PFP-212–497, Ilona Duczynska to Mausi, April 29, 1945.

186 KPA-47–15, Karl Polanyi to Sir, January 16, 1945; KPA-54–6, Karl Polanyi, Fragment; KPA-48–1, Karl Polanyi to Endre Havas, October 25, 1945.

187 KPA-48–1, Polanyi to Károlyi, April 15, 1946.

188 KPA-48–1, Polanyi to Károlyi, April 15, 1946.

189 20世紀初頭のハンガリーでは、上着のボタン穴に国旗のコケイド〔着用者の階級や忠誠

War II," *Hungarian Studies Review* 18, no. 1–2 (1991): 62.

146 Catherine Károlyi, *A Life Together: The Memoirs of Catherine Károlyi* (London: Allen & Unwin, 1966), 203.

147 Oliver Botar, "Interview with Zita Schwarcz," in "Documents on Laszlo Moholy-Nagy," *Hungarian Studies Review* 15, no. 1 (1988): 79–81; Oliver Botar, "Laszlo Moholy-Nagy and Hungarian-American Politics II," *Hungarian Studies Review* 21, nos. 1–2 (1994): 91–95.

148 ヤーシはアメリカ時代の最初の頃から、保守的なハンガリー人の反ユダヤ主義者からポランニーを遠ざける持続的な圧力を受けていた。ヤーシの妹アリスの信用しがたい弁明によれば、そのような批評は「もちろん」カール・ポランニーに直接向けられたものではなく、彼を取り巻く多くの支離滅裂で不作法なユダヤ人に向けられたものだった。「(私自身を含む)私たちのあいだに非ユダヤ人は1人もいません」、と彼女の夫の優生学者であるジョゼフ・マッツサルは付け加えた。彼は「ポランニー兄弟の誰とも」、なんらかの仕方で進んで協力することをいとわなかった。Tibor Frank, *Double Exile: Migrations of Jewish-Hungarian Professionals through Germany to the United States, 1919–1945* (Oxford: Peter Lang, 2008), 96.

149 カーロイの回想録では、ヤーシの名前は1920年代以降には現れないが、これは有力な証言である。Michael Károlyi, *Memoirs of Károlyi, Michael: Faith without Illusion* (London: Jonathan Cape, 1956), esp. 208.

150 HADCに身を委ねながらも、カーロイはたとえ成功せずとも、彼のアメリカの追随者たちのあいだにおける団結の回復に努めねばならないと感じた。Dreisziger, "Émigré Artists."

151 KPA-47–13, Jaszi to Károlyi, August 6, 1943.

152 Paul Ignotus, *Political Prisoner* (New York: Collier Books, 1964), 30.

153 ある時点でイロナはカーロイに熱のこもった手紙を書き、ケストラーの有害な影響を抑えるために、彼にソヴェト大使館から講師を招くように勧めた。KPA-48–1, Karl to Oscar, May 15, 1946; KPA-47–14, Polanyi to Taylor, August 14, 1944; George Mikes, *Arthur Koestler: The Story of a Friendship* (London: Andre Deutsch, 1983); Michael Scammell, *Koestler: The Literary and Political Odyssey of a Twentieth-Century Skeptic* (New York: Random House, 2009), 235. その背景としては、以下を参照のこと。Mária Palasik, *Chess Game for Democracy: Hungary between East and West, 1944–47* (Montreal: McGill-Queen's University Press, 2011).

154 KPA-48–1, Karl to Oscar, May 15, 1946.

155 KPA-13–10, Karl Polanyi, "The Economic Objectives of the Council" [A Tanács gazdaságpolitikai celkitüzesei].

156 KPA-18–23, Karl Polanyi, "Why Make Russia Run Amok?," *Harper's Magazine*, March 1943, 404–410.

157 KPA-18–23, Polanyi, "Why Make Russia Run Amok?," 407–408.

158 KPA-7–3, Karl Polanyi, Notes on readings, 1934–1946.

159 KPA-18–23, Polanyi, "Why Make Russia Run Amok?," 408.

160 KPA-18–23, Polanyi, "Why Make Russia Run Amok?," 409. 以下も参照のこと。KPA-9–6 (Karl Polanyi, Notes on "International Crisis," 1944–1946). そこで、ポランニーは外交政策および経済政策におけるスターリン主義体制とファシズム体制のあいだの協力の可能性を概括している。

127 エディスは「ラグビーで上流階級の婦人に仕える」仕事を見つけた。彼女は慢性的な咳を悪化させ、職を解雇され、その直後に死亡した。カリ・ポランニー＝レヴィットは彼女の死の理由を結核として思い起こしているが、ジュディス・サパーはそれが自殺ではないかと考えている。MPP-17–7, Karl Polanyi to Misi, March 21, 1938, and April 14, 1939; Kari Polanyi-Levitt, telephone interview, November 2007, and interview, December 2008; Szapor, "Odyssey of the Polanyis," 40.

128 Szapor, "Odyssey of the Polanyis," 33.

129 MPP-17–8, Karl Polanyi to Miss Ross, June 26, 1939; Szapor, "Odyssey of the Polanyis."

130 MPP-17–8, Karl to Magda, May 4, 1939.

131 MPP-17–8, Karl to Michael, May 15, 1939.

132 MPP-17–8, Karl Polanyi to Misko, September 2, 1939.

133 Szapor, "Odyssey of the Polanyis."

134 Szapor, "Odyssey of the Polanyis," 41.

135 Adolf, quoted in Szapor, "Odyssey of the Polanyis," 41.

136 KPA-59–5, Karl to Ilona, February 25, 1941; Scott and Moleski, *Polanyi*, 189.

137 Szapor, "Odyssey of the Polanyis," 41.

138 Scott and Moleski, *Polanyi*, 189. ポランニーは1940年代の後半、ウィリアム・スタイロンの住居から1マイルもないところに住んでいたにもかかわらず、ホロコーストを扱った彼の小説『ソフィの選択』の主人公がソフィと名づけられたのは偶然であったと思われる。

139 Karl Polanyi, "The Legacy of the Galilei Circle" [A Galilei Kör hagyatéka], in *Fasizmus, demokrácia, ipari társadalom* (Budapest: Gondolat Kiadó, 1986), 193–214.

140 Paul Ignotus, "Exile in London," *Encounter*, August 1959, 53.

141 Nandor Dreisziger, "Émigré Artists and Wartime Politics: 1939–45," *Hungarian Studies Review* 21, nos. 1–2 (1994): 43–75.

142 ポランニーの関与の程度を正確に評価することは難しい。彼はある手紙のなかで、自分自身を「ハンガリー協議会の個人的に選出されたメンバー」(KPA-47–14, to Mihály Károlyi, December 6, 1944) として描き、大部分の時間と余剰エネルギーの「ほとんどすべてを今日のドナウ沿岸地域の政治に向けた建設的な努力に注いでいる」(KPA-47–13, to Oscar, September 21, 1944) と述べている。これに対して、別の手紙では、イロナは活動的であるが、自分はそうではないと述べている (KPA-48–1, to Oscar, May 15, 1946)。そして、彼の名前はハンガリー協議会の日常的活動の記録の大部分において欠席によって目立っている (KPA-14–1, Documents from the Hungarian Council in Great Britain を参照のこと)。KPA-47–13, Polanyi to Jaszi, December 23, 1943; KPA-47–15, Karl Polanyi to Mihály Károlyi, January 20, 1945.

143 彼らがロンドンで最初に出会った場所はおそらく、イロナの監獄からの解放を想起させる場所、つまり、白菊革命〔第2章を参照〕25周年を記念する行事であった。イロナはカーロイ夫妻のあいだに設けられた演壇に座って、「聴衆に深い感動を与えた」短いスピーチを読み上げた。MPP-17–10, Karl to Misi, November 9, 1943.

144 KPA-47–13, Polanyi to Jaszi, December 23, 1943.

145 Nándor Dreisziger, "Oscar Jaszi and the 'Hungarian Problem': Activities and Writings during World

at the Margins of English Socialism, 1934–1947," *Modern Intellectual History* 10, no. 2 (2013): 317–346. 筆者はその代わりに、いくつかの物質的および政治的要因——ギルド社会主義の崩壊、ポランニーの部外者的位置とイギリス労働党に十分に受け入れられていなかったこと、政治的運動論の文献における彼の限られた成果、彼の活動の断続的性質——を強調したい。Kari Polanyi-Levitt, "Introduction," in *The Life and Work of Karl Polanyi: A Celebration*, ed. Kari Polanyi-Levitt (Montreal: Black Rose, 1990), 6.

103 Sally Randles, "Issues for a Neo-Polanyian Research Agenda in Economic Sociology," in *Karl Polanyi: New Perspectives on the Place of the Economy in Society*, ed. Mark Harvey, Ronnie Ramlogan, and Sally Randles (Manchester: Manchester University Press, 2007), 137.

104 MPP-17–10, Karl to Misi, July 8, 1943.

105 KPA-47–14, Karl Polanyi to Ernest, mid-1940s.

106 MPP-17–10, Karl Polanyi to Misi, November 9, 1943.

107 KPA-54–6, Karl Polanyi to Tawney (n.d.).

108 KPA-48–1, Karl Polanyi to Dr. Duggan, October 11, 1946.

109 MPP-17–10, Karl to Misi, September 21, 1943; KPA-48–1, Karl Polanyi, Correspondence, 1946.

110 KPA-47–13, Karl Polanyi to Jaszi, December 23, 1943.

111 Karl Polanyi, *The Great Transformation: The Political and Economic Origins of Our Time* (Boston: Beacon, 2001), 257〔野口建彦・栖原学訳『新訳 大転換——市場社会の形成と崩壊』東洋経済新報社、2009年〕.

112 KPA-47–14, Karl Polanyi to Taylor, August 14, 1944.

113 MPP-17–11, Karl Polanyi to Michael, June 11, 1947.

114 KPA-37–4, Karl Polanyi, "Economics and Freedom to Shape Our Social Destiny" (1957?)〔池田昭光訳「経済学とわれわれの社会的運命を形成する自由」、福田邦夫・池田昭光・東風谷太一・佐久間寛訳『経済と自由』筑摩書房、2015年〕.

115 KPA-19–15, Karl Polanyi, "In the Hands of the Vanquished" (n.d.). Cf. Marie Jahoda, *"Ich habe die Welt nicht verändert": Lebenserinnerungen einer Pionierin der Sozialforschung* (Frankfurt am Main: Campus, 1997), 79.

116 KPA-19–15, Polanyi, "In the Hands of the Vanquished."

117 MPP-17–11, Karl Polanyi to Misi, July 21, 1944; MPP-17–11, Ilona Duczynska to Misi, September 5, 1944.

118 Szapor, "Odyssey of the Polanyis."

119 彼の妻でポランニーの姪に当たるエステル・ポランニー・エンジェルは生き延びた。E-mail from Ruth Danon, May 2013; Judit Szapor, "Laura Polanyi 1882–1957: Narratives of a Life," *Polanyiana* 6, no. 2 (1997), www.kfki.hu/chemonet/polanyi/9702/ szapor.html.

120 Kari Polanyi-Levitt, interview, December 2008.

121 Kari Polanyi-Levitt, interview, December 2008.

122 KPA-19–15, Polanyi, "In the Hands of the Vanquished."

123 MPP-17–8, Karl Polanyi to Michael, May 15, 1939.

124 MPP-17–5, Karl Polanyi to Misi, July 20, 1935; Szapor, "Odyssey of the Polanyis," 33.

125 MPP-17–7, Karl Polanyi to Misi, October 24, 1938.

126 MPP-17–8, Karl Polanyi to Magda, May 4, 1939.

で書かれ〕、私がアメリカに来たときにはほぼ書き上げてしまっていた」。MPP-17–9, Karl Polanyi to Misi, August 22, 1941.

82 MPP-17–9, Karl Polanyi to Misi, August 22, 1941.

83 『大転換』のイギリス版は『われわれの時代の起源――大転換』として刊行されたが、このタイトルの方を、ポランニーも出版社のヴィクター・ゴランツも好んだ。KPA-30–3, Irene Grant, conversation with Kari Levitt; KPA-47–13, J. King Gordon to Polanyi, May 10, 1943; KPA-47–14, Curtis Brown to Polanyi, November 21, 1944.

84 MPP-17–9, Karl Polanyi to Misi, August 22, 1941. 強調は原文通り。

85 カールが弟の以下のアドバイスに従ったのかどうかは疑問である。「あなたは今すぐに本を完成させねばなりません。そのためにはただ単純に次のようにすることです。本の完成を邪魔しているすべてのことを棚上げして、すでに書かれているものを刊行してください」。From Michael's letter to Karl of January 26, 1942. この引用文を提供してくれたマーティ・モデルスキに感謝する。

86 KPA-17–10, Karl Polanyi to Misi, October 26, 1942.

87 KPA-47–13, Karl Polanyi to Miss Lisowski of the IIE, April 10, 1943.

88 社会主義者はホースト・メンダーズホーゼン、他の2人は、ベニントン大学の文学教授、ジョン・コウォンホーベンとドラッカーであった。MPP-17–11, Karl Polanyi to Misi, January 3, 1944.

89 KPA-59–8, Karl to Ilona, February 13, 1947.

90 MPP-17–10, Karl Polanyi to Misi, September 21, 1943.

91 KPA-47–13, Karl Polanyi to J. King Gordon, May 7, 1943.

92 MPP-17–10, Karl to Misi, July 8, 1943.

93 MPP-17–10, Karl to Misi, July 8, 1943.

94 トーニーは特に市場社会の出現に関するポランニーの技術決定論的説明に否定的な意見を述べている。KPA-47–12, Richard Tawney to Karl Polanyi, September 16, 1942; KPA-47–12 Karl Polanyi to John, September 12, 1942.

95 KPA-47–13, G. D. H. Cole to Polanyi, November 5, 1943.

96 KPA-57–8, Karl Polanyi to Michael, October 25, 1943; KPA-47–13, Cole to Polanyi, November 5, 1943.

97 KPA-19–6, G. D. H. Cole, "Notes on *The Great Transformation*," 1943; KPA-47–13, Cole to Polanyi, November 5, 1943; KPA-57–8, Karl to Michael, October 25, 1943.

98 KPA-57–5, Michael Polanyi to Karl, March 20, 1944.

99 OJP-37, Jaszi diaries, entry of December 12, 1943; György Litván, *A Twentieth-Century Prophet: Oscar Jaszi, 1875–1957* (Budapest: Central European University Press, 2006), 508; John Holmwood, "Three Pillars of Welfare State Theory: T. H. Marshall, Karl Polanyi and Alva Myrdal in Defence of the National Welfare State," *European Journal of Social Theory* 3, no. 1 (2000): 23–50.

100 以下で引用されている。Ira Katznelson, *Desolation and Enlightenment: Political Knowledge after Total War, Totalitarianism and the Holocaust* (New York: Columbia University Press, 2003), 51.

101 以下で引用されている。Katznelson, *Desolation and Enlightenment*, 51.

102 ティム・ローガンは、ポランニーのイギリスでの政治的影響力の欠如に関する彼の説明において、ポランニーの哲学的な自己概念に力点を置いている。Tim Rogan, "Karl Polanyi

10, 1940; MPP-17–9, Karl to Misi, January 13, 1941.

53 MPP-17–9, Karl to Misi, January 13, 1941.

54 KPA-59–2, Karl Polanyi to Kari, February 23, 1941.

55 MPP-17–9, Karl to Misi, January 13, 1941.

56 KPA-47–11, J. B. Condliffe to Karl, January 20, 1941.

57 SPSL-536–1, Duczynska, Personal statement.

58 Ilona's letter to Karl, quoted in KPA-47–11, Karl Polanyi to Mar Leigh, April 26, 1941.

59 MPP-17–15, Ilona Duczynska to Misi, November 8 (no year).

60 KPA-57–4, Michael Polanyi to Ilona, March 12, 1941.

61 KPA-59–7, Karl to Ilona December 21, 1940.

62 KPA-59–5, Karl Polanyi to Ilona, May 14, 1941.

63 SPSL-536–1, Duczynska, Personal statement.

64 KPA-59–5, Karl Polanyi to Ilona and Kari, June 26, 1941.

65 KPA-47–11, Karl Polanyi to Toni Stolper, August 24, 1941.

66 MPP-17–10, Ilona Duczynska to Misi, January 27, 1942; MPP-17–15, Ilona Duczynska to Misi, October 10 (no year).

67 SPSL-536–1, Duczynska, Personal statement.

68 KPA-59–5, Karl Polanyi to Ilona (?), late June, 1941; KPA-59–2, Karl to Kari, February 23, 1941.

69 KPA-59–2, Karl Polanyi, "Biographical notes" (n.d.).

70 この応募はおそらく無駄であった。SPSL-536–1, Duczynska, Personal statement; MPP-17–10, Ilona Duczynska to Misi, May 11, 1942; Kenneth McRobbie, "Under the Sign of the Pendulum: Childhood Experience as Determining Revolutionary Consciousness. Ilona Duczynska Polanyi," *Canadian Journal of History* 41, no. 2 (2006): 263–298; Letter from Lewis Jones to Tracy Kittredge, Rockefeller Archive; ハネス・ラーカーは親切にも資料を筆者に提供してくれた。

71 MPP-17–9, Karl Polanyi to Misi, January 13, 1941; MPP-17–6, Ilona Duczynska to Misi, July 31, 1941; KPA-59–7, Karl Polanyi cable to Ilona, April 29, 1941; KPA-59–7, Karl to Ilona, December 21, 1940.

72 MPP-17–10, Ilona to Misi, January 27, 1942.

73 KPA-56–13, Polanyi to Irene, March 15, 1963.

74 KPA-59–5, Karl Polanyi to Ilona, February 25, 1941.

75 KPA-10–5, Karl Polanyi, Notes on projected book, 1930s. 強調は原文通り。

76 KPA-57–8, Karl Polanyi to Misi, October 13, 1943.

77 KPA-21–5, Karl Polanyi, "The Religious Nature of the Crisis," 1936; KPA-21–22, Karl Polanyi, "Community and Society," 1937〔若森章孝訳「共同体と社会」、若森みどり・植村邦彦・若森章孝編訳『市場社会と人間の自由』大月書店、2012年〕; KPA-18–8, Karl Polanyi, "The Fascist Virus" (n.d.)〔若森章孝訳「ファシズムのウィルス」、若森みどり・植村邦彦・若森章孝編訳『市場社会と人間の自由』大月書店、2012年〕.

78 MPP-17–13, Karl Polanyi to Misi (1943?); MPP-17–11, Karl Polanyi to Misi, July 21, 1944.

79 KPA-59–7, Karl Polanyi to Ilona, mid-1940.

80 KPA-59–7, Karl to Ilona, November 21, 1940. 強調は原文通り。

81 ポランニーはこの引用の前に次のように書いている。『大転換』の「大部分は〔イギリス

23 KPA-59–7, Ilona Duczynska to Karl, August 10, 18, and September 13, 1940.

24 KPA-59–7, Ilona Duczynska to Karl, November 13, 1940.

25 KPA-59–7, Ilona Duczynska to Karl, October 1, 1940.

26 MPP-17–9, Ilona Duczynska to Misi, September 13, 1940.

27 KPA-59–7, Ilona Duczynska to Karl, November 22, 1940.

28 イロナはカールに断言している。マイケルは「ほぼ週に2回、私に手紙をくれます。私は彼にとても親しみを感じています」と請け合った。彼の「温かさと友情は、私にはとても大きな、実際とても大きなものであり続けています」。KPA-59–7, Ilona Duczynska to Karl, August 20 and October 8, 1940.

29 KPA-59–7, Karl Polanyi to Ilona, December 21, 1940.

30 KPA-59–7, Karl to Ilona, August 25, 1940.

31 KPA-59–7, Karl to Ilona, August 25, 1940; KPA-59–7, Karl to Ilona and Kari, September 17, 1940; KPA-59–7, correspondence.

32 KPA-59–7, Ilona Duczynska to Karl, October 16, 1940.

33 KPA-59–7, Karl Polanyi to Ilona (1940?).

34 KPA-59–7, Karl to Ilona, July 26, 1941.

35 KPA-59–5 Karl Polanyi to Ilona and Kari Polanyi, March 4, 1941.

36 KPA-File 19, temporary folder, Ilona Duczynska to Karl Polanyi, March 31.

37 KPA-59–7, Karl Polanyi to Ilona, December 3, 1940.

38 Szapor, "Odyssey of the Polanyis," 42–43.

39 Kari Polanyi-Levitt, telephone interview, March 2009; Conversation with Judit Szapor, October 2010.

40 Kari Polanyi-Levitt, telephone interview, March 2009.

41 PFP-212–326, Karl Polanyi to Misi, August 13, 1941.

42 Szapor, "Odyssey of the Polanyis," 44.

43 Thomas Polanyi, "Letter to Eva Gabor," *Polanyiana* 8, no. 1–2 (1999), http://chemonet.hu/polanyi/9912/polanyi.html.

44 KPA-59–7, Karl to Ilona, September 5, 1940.

45 ベニントン大学は講義当たりのポランニーの報酬を125ドルに引き上げることで改善を図った。歓迎すべきことであったが、そのような補償はポランニーには余計なことのように感じられた。MPP-17–15, Ilona to Misi, October 10, 1940; KPA-59–7, Karl to Ilona and Kari, September 17, 1940.

46 KPA-59–7, Karl to Ilona and Kari, September 17, 1940.

47 Carl Steinhouse, *Barred: The Shameful Refusal of FDR's State Department to Save Tens of Thousands of Europe's Jews from Extermination* (Bloomington, Ind.: AuthorHouse, 2007), 93.

48 Peter Gay, cited in Judit Szapor, "To the Editors," *Polanyiana* 8, no. 1–2 (1999), http://chemonet.hu/polanyi/9912/ szapor.html.

49 KPA-59–7, Karl to Ilona, August 25, 1940.

50 KPA-59–7, Karl to Ilona, December 21, 1940.

51 KPA-59–7, Karl to Ilona, December 3 and 21, 1940.

52 MPP-17–9, Karl Polanyi to Misi, August 22, 1941; MPP-17–9, Ilona Duczynska to Misi, October

村邦彦・若森章孝編訳『市場社会と人間の自由』大月書店、2012年〕.

◆ 第五章　大変動とその起源

1　ジョサイア・ウェッジウッドは1910年代の初頭からイロナの母方の家族を知っていた。彼の娘のロザムンドはイロナの従兄、ヤノス・ベカシーと結婚した。カールはウェッジウッドをほぼ同じくらいのあいだ知っていた。SPSL-536–1, Duczynska, Personal statement; SPSL-438–4, Karl Polanyi, "Curriculum Vitae," 1937; Kari Polanyi-Levitt, interview, December 2008.

2　1940年から1965年までの期間のポランニーの3つのパスポートは、イギリスのものである。以下参照。KPA-30–13.

3　PFP-212–326, Karl Polanyi to Misi, April 11, 1940.

4　Kari Polanyi-Levitt, telephone interview, March 2009.

5　KPA-59–7, Karl Polanyi to Ilona, September 5, 1940; KPA-59–7, Karl Polanyi to Ilona and Kari, September 6, 1940.

6　KPA-59–7, Karl Polanyi to Ilona, mid-1940.

7　KPA-59–7, Karl to Ilona and Kari, September 6, 1940.

8　KPA-59–7, Karl to Ilona and Kari, September 17, 1940; KPA-59–7, Karl to Ilona, August 25, 1940.

9　KPA-59–7, Karl Polanyi to Ilona, mid-1940.

10　KPA-59–7, Ilona Duczynska to Karl, September 5, 1940; Judith Szapor, "From Budapest to New York: The Odyssey of the Polanyis," *Hungarian Studies Review* 30, no. 1–2 (2003): 29–60.

11　KPA-59–7, Karl Polanyi to Ilona, November 21, 1940.

12　KPA-59–7, Karl Polanyi to Ilona, July 26, 1941.

13　KPA-59–7, Karl Polanyi to Ilona, September 6, 1940; KPA-59–7, Karl Polanyi to Ilona, November 15, 1940.

14　KPA-59–7, Karl to Ilona, August 25, 1940.

15　Bennington College Alumni Profiles, "The Activist" (n.d.), www.bennington.edu/AfterBennington/AlumniProfiles/ TheActivist.aspx.

16　KPA-59–7, Karl Polanyi to Ilona, November 15 and 21, 1940.

17　KPA-59–7, Karl to Ilona, August 25, 1940. このうわさが何を意味するにせよ、それはデューイに関連しているのではないかと思われた。彼がモスクワ裁判でのレフ・トロツキーに対する告発を調査する委員会の議長を務めたのは、それほど前のことではなかった。

18　KPA-59–7, Karl to Ilona, January 20, 1941.

19　MPP-17–9, Karl Polanyi to Misi, June 7, 1940; MPP-17–15, Ilona Duczynska to Misi, November 8 (no year).

20　KPA-59–8, Ilona Duczynska to Karl, March 5, (1940?).

21　KPA-59–9, Ilona Duczynska to Karl (n.d.).

22　1940年4月から1941年1月まで、イロナはあるエンジニアリング会社で数学助手として働いた。C. V. Blumfield. SPSL-536–1, Duczynska, Personal statement; KPA-59–5, Ilona Duczynska to Karl, November 29, 1940; KPA-59–9, Ilona to Karl (n.d.).

February 17, 1942. Cf. Miliband, *Capitalist Democracy*, 151.

272 KPA-17–20, Polanyi, "British Characteristics."

273 KPA-18–33, Polanyi, various draft articles, 1945–1946.

274 KPA-21–25, Karl Polanyi, "The Cultural Background of the British Working Class" (n.d.).

275 Don Grant, interview.

276 SPSL-536–1, Karl Polanyi to Zoe Fairfield, March 24, 1934.

277 KPA-18–21, Polanyi, "Europe To-Day," 20.

278 KPA-18–15, Karl Polanyi, "Is It Old England Still? An Outsider's View," 1936; KPA-12–4, Karl Polanyi, "Great Britain's Foreign Policy To-Day," 1936; KPA-17–1, Karl Polanyi, WEA Lectures, Canterbury, 1938–1939.

279 KPA-19–8, Karl Polanyi, "The Meaning of Parliamentary Democracy" (n.d.)〔若森みどり訳「議会制民主主義の意味」、若森みどり・植村邦彦・若森章孝編訳『市場社会と人間の自由』大月書店、2012年〕; トニー・ブレアと比較せよ。彼にとって、「私たちの寛容さはイギリスの本質的要素です。だから、それに従ってください。さもなければ、イギリスに来ないでください」。この言葉は以下で引用されている。Terry Eagleton, *Reason, Faith, and Revolution: Reflections on the God Debate* (New Haven, Conn.: Yale University Press, 2009), 127.

280 KPA-55–2, Ilona Duczynska to George Dalton, June 23, ca. 1970.

281 KPA-2–10, Karl Polanyi and Felix Schafer, "Hans Mayer's Lösung des Zurechnungsproblems," 1920s.

282 KPA-17–1, Karl Polanyi, WEA Lectures, Canterbury IV, 1938–1939.

283 KPA-18–16, Polanyi, "Education for Politics," 449.

284 KPA-10–8, Karl Polanyi, "Notes on Malinowski," 1934–1946; KPA-20–13, Karl Polanyi et al., "Critique of Pacifism," 1938; KPA-20–14, Karl Polanyi, "Russia in the World," 1939.

285 KPA-47–14, Karl Polanyi to Sandy Lindsay, July 15, 1944.

286 MPP-17–10, Karl Polanyi to Misi, July 8, 1943.

287 Ervin Szabó, *Socialism and Social Science*, ed. György Litván and János Bak (London: Routledge, 1982), 37.

288 KPA-11–1, Karl Polanyi, "The Theory of Fascism," 1934–1946. 強調は原文通り。

289 KPA-15–4, Karl Polanyi, "Economic Improvement; Social Security," in "Contemporary Problems and Social and Political Theory," lecture series, Morley College, 1936–1940.

290 KPA-38–8, Karl Polanyi, Concluding note to draft manuscript of "Trade and Market in the Early Empires," 1956; KPA-18–8, Polanyi, "The Fascist Virus"〔若森章孝訳「ファシズムのウィルス」、若森みどり・植村邦彦・若森章孝編訳『市場社会と人間の自由』大月書店、2012年〕. バークにとって、「労働は他のすべてと同じ商品である」、そして、「政府が市場に介入するとき、市場のすべての原理は歪められるだろう」。Edmund Burke, *Thoughts and Details on Scarcity* (London: F. and C. Rivington, 1800 [1795]), 6, 29 and passim; KPA-18–8, Polanyi, "The Fascist Virus."

291 KPA-18–8, Polanyi, "The Fascist Virus"〔若森章孝訳「ファシズムのウィルス」、若森みどり・植村邦彦・若森章孝編訳『市場社会と人間の自由』大月書店、2012年〕.

292 KPA-15–4, Polanyi, "Contemporary Problems and Social and Political Theory," Morley College, 1936–1940.

293 KPA-18–8, Polanyi, "The Fascist Virus"〔若森章孝訳「ファシズムのウィルス」、若森みどり・植

ムの脅威のもとにある西洋文明の理念を支えていると付け加えた。これは『大転換』最終章の中心的議論を構成する。そして、その刊行の年に彼は「人間の本質に対するスピリチュアルなアプローチだけが道理にかなっている」、自分は「存在のキリスト教的解釈を信じ続けている」という信念を繰り返した。以下参照。KPA-47–8, Ilona to Toni Stolper, December 4, 1937; KPA-47–6, Karl Polanyi to Otto Bauer, September 19, 1938; MPP-17–9, Karl to Misi, August 22, 1941; KPA-17–11, Karl Polanyi to Misi, May 6, 1944.

248 KPA-47–8, Ilona to Toni Stolper, December 4, 1937, sent from Kingsdown. キングスダウンはそれ以来、ウェスト・キングスダウンと改名された。私の直感を確認してくれたアン・クレメンツに感謝する。

249 KPA-47–8, Ilona to Toni Stolper, December 4, 1937.

250 MPP-17–6, Karl Polanyi to Magda (n.d.).

251 Kari Polanyi-Levitt, interview, December 2008.

252 KPA-47–8, Ilona to Toni Stolper, December 4, 1937.

253 MPP-17–7, Karl to Misi, November 10, 1938.

254 Kari Polanyi-Levitt, interview, December 2008.

255 MPP-17–7, Karl to Misi, November 10, 1938.

256 KPA-48–5, Polanyi to Jaszi, October 27, 1950; KPA-16–2, Karl Polanyi, "Europe Today and Tomorrow," Morley College, 1945–1946.

257 KPA-53–4, [Name indecipherable] to Irene Grant, July 20, 1964.

258 KPA-20–11, Polanyi, "Marx on Self-Estrangement"; KPA-21–33, Polanyi, "Christian Left Study Circle"; KPA-8–2, Karl Polanyi, "Russia and the British Working Class," 1934–1946; KPA-18–32, Karl Polanyi, "Adult Education and the Working Class Outlook," *Tutors' Bulletin of Adult Education*, November 1946, 8–11; KPA-18–33, Polanyi, various draft articles, 1945–1946.

259 KPA-18–31, Karl Polanyi, "What Kind of Adult Education," *Leeds Weekly Citizen*, September 21, 1945.

260 KPA-17–6, Karl Polanyi (n.d.) "Impartiality," Workers' Educational Association.

261 KPA-47–8, Karl Polanyi to Bassett, July 6, 1938.

262 Cole, in Mendell, "Polanyi and Education," 32.

263 KPA-18–31, Polanyi, "What Kind of Adult Education"; KPA-18–33, Polanyi, various draft articles, 1945–1946.

264 KPA-18–19, Polanyi, "The Educated Workman"; KPA-21–24, Karl Polanyi, John McMurray, and Irene Grant, Notes, 1939; KPA-18–33, Polanyi, various draft articles, 1945–1946.

265 KPA-18–16, Polanyi, "Education for Politics."

266 KPA-18–18, Polanyi, "Education and Social Reality"; KPA-1–25, Polanyi, "The Programme and Goals of Radicalism."

267 KPA-17–20, Polanyi, "British Characteristics."

268 KPA-54–6, Karl Polanyi to Toni Stolper, early 1940s.

269 KPA-47–12, Karl to Toni Stolper, February 17, 1942.

270 KPA-18–18, Polanyi, "Education and Social Reality"; KPA-54–6, Karl to Toni Stolper, early 1940s; KPA-18–16, Polanyi, "Education for Politics," 450.

271 KPA-8–2, Polanyi, "Russia and the British Working Class"; KPA-47–12, Karl to Toni Stolper,

and Gustav Stolper, May 19, 1936)。とはいえ、ジョー・フェアフィールドによれば、イロナは2年前の1934年5月にロンドンに着いていた。この点については以下を参照のこと。SPSL-536–1, Fairfield to Walter Adams, May 15, 1934; David Simon, "To and through the UK: Holocaust Refugee Ethnographies of Escape, Education, Internment and Careers in Development," *Contemporary Social Science: Journal of the Academy of Social Sciences* 7, no. 1 (2012): 27.

234 KPA-47–8, Polanyi to Toni and Gustav Stolper, May 19, 1936. The Kilburn address was 72 West End Lane.

235 György Dalós, "The Fidelity of Equals: Ilona Duczynska and Karl Polanyi," in *The Life and Work of Karl Polanyi*, ed. Kari Polanyi-Levitt (Montreal: Black Rose Books, 1990), 40.

236 Don Grant, interview. ポランニーはベイクトビーンズ〔インゲン豆を甘辛いソースで調理した料理〕の爆発的性質に直面して、料理の上で苦戦を強いられた唯一の料理下手なハンガリー移民ではない。ケストラーの自叙伝にも同じような話がある。「突然、大きな発射音がして、硬いものが後頭部にぶつかり、私は叩かれて一時的に意識を失った。スチーム暖房機の上に立てて置いてあった豆の大きな缶詰が爆発したのだった」。Arthur Koestler, *Arrow in the Blue* (London: Hutchinson, 1983 [1952]), 51.

237 KPA-47–8, Polanyi to Toni and Gustav Stolper, May 19, 1936; Scott and Moleski, *Polanyi*.

238 KPA-47–12, Karl Polanyi to Toni Stolper, February 17, 1942; Karl Polanyi in 1945, quoted in Marguerite Mendell, "Karl Polanyi and Socialist Education," in *Humanity, Society and Commitment: On Karl Polanyi*, ed. Kenneth McRobbie (Montreal: Black Rose, 1994), 27; Kari Polanyi-Levitt, interview, December 2008.

239 Kenneth McRobbie, "Under the Sign of the Pendulum: Childhood Experience as Determining Revolutionary Consciousness. Ilona Duczynska Polanyi," *Canadian Journal of History* 41, no. 2 (2006): 263–298.

240 Kari Polanyi-Levitt, interview, December 2008.

241 KPA-47–8, Ilona to Toni Stolper, December 4, 1937; Kari Polanyi-Levitt, interview, December 2008.

242 Kari Polanyi-Levitt, telephone interview, November 2007.

243 Costello, *Macmurray*, 202.

244 例えば、ジョン・マクマリーとアイリーン・グラントとの関係は友情の通常の範囲を超えていた。おそらく、アイリーンと他の補佐的キリスト教運動のメンバー、ダグ・ジョリーとの友情も、その時々において、またドナルド・グラント、ジョン・マクマリー、ベティ・マクマリー、ケネス・ミュアーの妻、マリーを含む人びととの友情もそうであった。Don Grant, interview; Costello, *Macmurray*, 260.

245 カールがロンドンにいるときでさえ、カリはグラント夫妻と一緒に暮らしていた。MPP-17–5, Karl to Misi, October 31, 1934.

246 Kari Polanyi-Levitt, interviews, December 2008 and February 2015.

247 しかしながら、これは、ポランニーのキリスト教信仰が『大転換』を書いているあいだに後退した、というエンドレ・ナジの主張を支持するものではない。例えば、1938年の後半、ポランニーは、自分は「これまで以上に宗教的原理を固く守って」、「キリスト教的意識のマルクス主義的改革」を掲げていると述べている。それから3年後、彼は、自分の「全体的見方は変わっていない」ことを主張し、キリスト教が現在ファシズ

E. H. Carr, November 27, 1944; KPA-54–6, Karl Polanyi, fragment; Polanyi, "Amerika im Schmelztiegel," 275.

219 MPP-17–9, Karl Polanyi to Misi, January 13, 1941.

220 KPA-11–9, Karl Polanyi to Mr. Mummery (n.d.).

221 KPA-16–12, Karl Polanyi, Lecture 11, "Europe Today and Tomorrow," Morley College, 1945–1946.

222 KPA-19–26, Polanyi, "Experiences in Vienna and America"〔池田昭光訳「ウィーンとアメリカ合衆国での経験」、福田邦夫・池田昭光・東風谷太一・佐久間寛訳『経済と自由』筑摩書房、2015年〕.

223 KPA-18–16, Karl Polanyi, "Education for Politics—in England and the United States," *School and Society* 45, no. 1161 (1937): 448.

224 KPA-19–26, Polanyi, "Experiences in Vienna and America"〔池田昭光訳「ウィーンとアメリカ合衆国での経験」、福田邦夫・池田昭光・東風谷太一・佐久間寛訳『経済と自由』筑摩書房、2015年〕.

225 KPA-8–3, Karl Polanyi, "Political and Economic Experiments in Our Time. U.S.A. and New Deal," 1934–1946; MPP-17–6, Karl Polanyi to Misi, January 15, 1936.

226 Karl Polanyi, "Roosevelt zerschlägt die Konferenz," in *Chronik der großen Transformation*, vol. 1, ed. Michele Cangiani and Claus Thomasberger (Marburg: Metropolis, 1933), 178–183.

227 Polanyi, "Roosevelt zerschlägt die Konferenz," 182.

228 Steve Fraser, "The 'Labor Question,' " in *The Rise and Fall of the New Deal, 1930–1980*, ed. Steve Fraser and Gary Gerstle (Princeton, N.J.: Princeton University Press, 1989), 68–69; William Domhoff and Michael Webber, *Class and Power in the New Deal: Corporate Moderates, Southern Democrats, and the Liberal-Labour Coalition* (Stanford, Calif.: Stanford University Press, 2011); John Newsinger, "1937: The Year of the Sitdown," *International Socialism* 127 (Summer 2010): 81–110; Mike Davis, *Prisoners of the American Dream: Politics and Economy in the History of the U.S. Working Class* (London: Verso, 1986); Thomas Ferguson, "Industrial Conflict and the Coming of the New Deal: The Triumph of Multinational Liberalism in America," in *The Rise and Fall of the New Deal, 1930–1980*, ed. Steve Fraser and Gary Gerstle (Princeton, N.J.: Princeton University Press, 1989), 3–31; William Appleman Williams, *The Tragedy of American Diplomacy* (New York: W. W. Norton, 2009), 200.

229 Karl Polanyi, "TVA—Ein amerikanisches Wirtschaftsexperiment," in *Chronik der großen Transformation*, vol. 1, ed. Michele Cangiani and Claus Thomasberger (Marburg: Metropolis, 1936), 281–289; Karl Polanyi, "Arbeitsrecht in den USA," in *Chronik der großen Transformation*, vol. 1, ed. Michele Cangiani and Claus Thomasberger (Marburg: Metropolis, 1937), 290.

230 KPA-36–4, Karl Polanyi, "Public Opinion and Statemanship," 1951〔佐久間寛訳「世論と政治手腕」、福田邦夫・池田昭光・東風谷太一・佐久間寛訳『経済と自由』筑摩書房、2015年〕.

231 KPA-18–25, Karl Polanyi, "Friends of Democratic Hungary: America 1943" (n.d.). 以下も参照のこと。KPA-30–1, Karl Polanyi interview: "In Post–Pearl Harbour America I Learnt to Know Democracy at its Best."

232 KPA-47–8, Ilona Duczynska to Toni Stolper, December 4, 1937; KPA-47–8, Karl Polanyi to Toni and Gustav Stolper, May 19, 1936.

233 これはアーカイブの証拠によって裏付けられている（例えば、KPA-47–8, Polanyi to Toni

203 「私たちは、他民族〔ピープル〕の生活様式に対する寛容を基礎としている、また基礎としてきた中国を手本にしなければならない」、とポランニーは1930年代後半に考えた。KPA-20–4, Polanyi, "Common Man's Masterplan." 彼の中国への熱中はおそらく2人の傑出した中国学者、トーニーとニーダムとの交友によって鼓舞されたと考えられる。

204 KPA-19–26, Karl Polanyi, "Experiences in Vienna and America" (n.d.) 204〔池田昭光訳「ウィーンとアメリカ合衆国での経験」、福田邦夫・池田昭光・東風谷太一・佐久間寛訳『経済と自由』筑摩書房、2015年〕; KPA-18–19, Karl Polanyi, "The Educated Workman: What He Is Contributing to Industry," *Technology Review* 39, no. 5 (1937).

205 ポランニーのアメリカ訪問の日付は、1934年12月から1935年4月、1936年10月から11月であった。

206 IIEの次長によれば、「ポランニーは完全に一級の仕事をした。彼が講演した機関からの報告は満場一致で好ましいものであった」。SPSL-536–1, Edward Murrow to Walter Adams, May 27, 1935.

207 SPSL-536–1, Karl Polanyi, "Reflections on a Visit to Southern Colleges," in Institute of International Education, Extramural Lectures, Report no. 1, 1935, 5, 8–9.

208 MPP-17–5, Karl Polanyi to Misi, December 7, 1934; KPA-47–7, Karl Polanyi to Jack, March 22, 1935.

209 KPA-19–26, Polanyi, "Experiences in Vienna and America"〔池田昭光訳「ウィーンとアメリカ合衆国での経験」、福田邦夫・池田昭光・東風谷太一・佐久間寛訳『経済と自由』筑摩書房、2015年〕.

210 KPA-47–7, Correspondence between Karl Polanyi and the IIE, 1935.

211 KPA-47–7, Karl to Jack, March 22, 1935.

212 For example, Simonde de Sismondi, *New Principles of Political Economy* (New Brunswick, N.J.: Transaction, 1991 [1818]), 339〔菅間正朔訳『経済学新原理』上・下、日本評論社、1949年、1950年〕; Michael Newman, *Harold Laski: A Political Biography* (London: Macmillan, 1993), 290–291.

213 KPA-11–9, Karl Polanyi to Mr. Mummery (n.d.).

214 KPA-21–11, Karl Polanyi, "The Nature of the Present World Crisis," Fellowship of Wives, 1937; Polanyi, *The Great Transformation*, 225–226.

215 ポランニーが社会福音運動〔聖書の原則を産業社会に適用することで、貧困や長時間労働などの社会問題を解決しようとした、19世紀後半にアメリカを中心に展開された宗教運動〕——そのキリスト教信仰は反資本主義的な平等主義的目標を吹き込まれていた——に出会っていたならば、この意見を修正しただろう。KPA-54–4, Karl Polanyi to Irene Grant, 1941; KPA-30–1, Karl Polanyi, "Biographical Information," 1940–1984; KPA-30–2, Karl Polanyi, unpublished fragments, 1958–1960; Karl Polanyi, "Amerika im Schmelztiegel," in *Chronik der großen Transformation*, vol. 1, ed. Michele Cangiani and Claus Thomasberger (Marburg: Metropolis, 2002 [1935]), 275.

216 KPA-47–8, Karl Polanyi to Toni and Gustav Stolper, May 19, 1936; MPP-17–8, Karl Polanyi to Misi, November 12, 1939.

217 MPP-17–7, Karl to Misi, November 10, 1938.

218 SPSL-536–1, Polanyi, "Reflections on a Visit to Southern Colleges," 5; KPA-47–14, Karl Polanyi to

184 Karl Polanyi, "Russia and the Crisis" [Oroszország és a válság], in *Polanyi, Fasizmus, demokrácia, ipari társadalom* (Budapest: Gondolat Kiadó, 1986 [1939]), 142; KPA-15-2, Karl Polanyi, "Conflicting Philosophies in Modern Society," 1937.

185 MPP-17-10, Karl Polanyi to Misi, September 29, 1943.

186 Eva Zeisel, "Prison Memoir," A Public Space, 2011, www.apublicspace.org/back_issues/issue_14/eva_zeisels_prison_memoir.html.

187 Scott and Moleski, *Polanyi*, 163; Walter Gulick "Letters about Polanyi, Koestler, and Eva Zeisel," *Tradition and Discovery* 2, (2003–2004): 6–10.

188 Jean Richards, telephone interview; Zeisel, "Prison Memoir."

189 Michael Scammell, *Koestler: The Literary and Political Odyssey of a Twentieth-Century Skeptic* (New York: Random House, 2009), 158; Gulick, "Letters about Polanyi."

190 Nye, *Michael Polanyi*, 199; Gulick, "Letters about Polanyi."

191 ヴァイスベルクはそれほど幸運ではなかった。1937年に逮捕された彼は、スターリンを暗殺し、ソヴェトの産業を妨害するサボタージュ行為を遂行する陰謀でブハーリン、トロツキー、ヒトラーと協力したことで訴えられた。1940年、秘密警察GPUは彼をゲシュタポに引き渡した。ヴァイスベルクが逮捕される前にエヴァのために仲裁を試みていたが、そのことは尋問者によって彼に不利に利用された。「あなたの妻は人民の敵として逮捕された。だが、あなたは彼女のために介入した。したがって、あなたは人民の敵を助けていることになる。そうでしょう？」。彼女の無罪を確信している、という彼の反論に対して、尋問者は独善的なゴロツキがするような奥の手を出した。「だのにあなたは今、われわれが無実な人びとを逮捕している、と言っているのです！」。Alex Weissberg, *Conspiracy of Silence* (London: Hamish Hamilton, 1952), 17; Judit Szapor, "Laura Polanyi 1882–1957: Narratives of a Life," *Polanyiana* 6, no. 2 (1997), www.kfki.hu/chemonet/polanyi/9702/szapor.html.

192 MPP-17-11, Michael Polanyi to Karl, June 16, 1944.

193 MPP-17-11, Karl Polanyi to Misi, July 11, 1944.

194 エヴァとケストラーはのちに、コミンテルンの代理人から反共産主義の布教者への彼の転向——彼女はそれをあまりにも突発的と考えた——のことで仲たがいした。Conversation with Judit Szapor, October 2010.

195 Frances Stonor Saunders, *Who Paid the Piper? The CIA and the Cultural Cold War* (London: Granta, 1999), 61; Scammell, *Koestler*, 92.

196 Arthur Koestler, *The Yogi and the Commissar, and Other Essays* (London: Jonathan Cape, 1945), 188, 201.

197 KPA-18-27, Karl Polanyi to the *New Statesman* and *Nation*, July 21, 1945; Koestler, *Yogi and Commissar*, 171.

198 KPA-18-27, Karl Polanyi to the *New Statesman* and *Nation*, July 21, 1945.

199 Ger van den Berg, "The Soviet Union and the Death Penalty," *Soviet Studies* 35, no. 2 (1983): 158.

200 Koestler, *Yogi and Commissar*, 172. ケストラーのこれらの言葉は、刑事責任年齢が10歳に引き下げられた今日のイギリスにも当てはまる。

201 Koestler, *Yogi and Commissar*, 177.

202 KPA-47-9, Karl Polanyi to H. G. May 1, 1939.

162 KPA-15–4, Karl Polanyi, Lecture I, "Contemporary Problems and Social and Political Theory," University of London, 1936–1940.

163 KPA-9–4, Polanyi, "Notes on G. D. H. Cole"; KPA-56–13, Karl Polanyi to Don Grant, December 7, 1929.

164 KPA-21–22, Polanyi, "Community and Society"〔若森章孝訳「共同体と社会」、若森みどり・植村邦彦・若森章孝編訳『市場社会と人間の自由』大月書店、2012年〕.

165 Polanyi, "Essence of Fascism." 375–376〔木畑洋一訳「ファシズムの本質」、玉野井芳郎・平野健一郎編訳『経済の文明史』筑摩書房、2003年〕.

166 KPA-21–22, Polanyi, "Community and Society"〔若森章孝訳「共同体と社会」、若森みどり・植村邦彦・若森章孝編訳『市場社会と人間の自由』大月書店、2012年〕.

167 KPA-20–11, Polanyi, "Marx on Self-Estrangement"; KPA-20–12, Polanyi et al., "Notes of a Week's Study."

168 KPA-21–12, Karl Polanyi, "The Economic Order," 1937. 強調は原文通り。

169 KPA-20–25, Polanyi, "Fascism and Christianity."

170 KPA-21–33, Karl Polanyi, "Christian Left Study Circle" (n.d.); Polanyi, "Essence of Fascism"; KPA-18–21, Polanyi, "Europe To-Day," 55.

171 KPA-20–12, Polanyi et al., "Notes of a Week's Study."

172 KPA-29–12, Duczynska, "Karl Polanyi"; Costello, *Macmurray*, 275. これはオーストリアの宗教社会主義者同盟のシンボルでもあった。以下参照。Aurel Kolnai, *Political Memoirs* (Oxford: Lexington, 1999), 151.

173 Michael Polanyi, quoted in Paul Knepper, "Michael Polanyi and Jewish Identity," *Philosophy of the Social Sciences* 35, no. 3 (2005): 284.

174 Endre Nagy, "After Brotherhood's Golden Age: Karl and Michael Polanyi," in *Humanity, Society and Commitment: On Karl Polanyi*, ed. Kenneth McRobbie (Montreal: Black Rose, 1994).

175 Tibor Frank, "Cohorting, Networking, Bonding: Michael Polanyi in Exile," *Polanyiana* 10, no. 1–2 (2001): 115.

176 MPP-17–12, Karl Polanyi to Michael, January 21, 1957; Rogan, "Karl Polanyi at the Margins," 323.

177 MPP-17–12, Polanyi to Michael, January 21, 1957.

178 KPA-59–8, Karl Polanyi to Ilona, August 28, 1947.

179 Mary Jo Nye, *Michael Polanyi and His Generation: Origins of the Social Construction of Science* (Chicago: University of Chicago Press, 2011), 184.

180 マグダも、彼女の姪の世話を頼まれたあるとき苛立った。MPP-17–5, Karl Polanyi to Magda, November 2, 1934; KPA-17–5, Karl Polanyi to Misi, September 18, 1934; KPA-59–8, Karl to Ilona, August 28, 1947; Nagy, "Brotherhood's Golden Age." Cf. Kari Polanyi-Levitt, telephone interview, December 2008. マグダは「私の父〔カール〕からの便りを途中で横取りして、マイケルがそれを手に入れるのを妨害しさえしたものです」。

181 KPA-59–8, Karl to Ilona, August 28, 1947.

182 Michael Polanyi, *The Contempt of Freedom: The Russian Experiment and After* (London: Watts, 1940), 80; 以下も参照のこと。Michael Polanyi, "The Foolishness of History," *Encounter*, November 1957, 33–37.

183 Polanyi, *Contempt of Freedom*, 84.

〔長谷川松治訳『歴史の研究』第1巻、社会思想社、1967年〕.

144 Toynbee, *Study of History*, vol. 3, 378〔長谷川松治訳『歴史の研究』第3巻、社会思想社、1967年〕; KPA-11-1, Karl Polanyi, "Toynbee's Theory of Challenge and Response Applied to the Industrial Revolution in England," 1935–1946.

145 KPA-11-1, Polanyi, "Toynbee's Challenge and Response."

146 以下参照。Karl Polanyi, *The Great Transformation: The Political and Economic Origins of Our Time* (Boston: Beacon, 2001), 69, 160, 162, 178, 188, 228〔野口建彦・栖原学訳『新訳 大転換——市場社会の形成と崩壊』東洋経済新報社、2009年〕.

147 MPP-17-9, Karl Polanyi to Misi, August 22, 1941; MPP-17-11, Karl Polanyi to Michael, March 10, 1944.

148 Costello, *Macmurray*, 225.

149 SPSL-536-1, Karl to Zoe Fairfield, March 24, 1934.

150 KPA-21-19, Karl Polanyi, "A Christian View of Marxism" and "Marxism and Christianity" (n.d.).

151 同じ論点の最近の唱道者はリチャード・ローティである。「キリスト教社会主義は同じことを違う言葉で表現する。今日、市場が決して望まない仕方で、民主的政府は貨幣や機会を再分配するだろう、と期待することなしには、福音書が説く博愛を期待することはできない。そのような再分配の必要性を真剣に受け止めることなしには、新約聖書を、予言ではなく道徳的要請として真剣に受け止めることはできないのである」。KPA-21-27, Polanyi et al. to the editor of *Radical Religion*; Richard Rorty, *Philosophy and Social Hope* (Harmondsworth, U.K.: Penguin, 1999)〔須藤訓任・渡辺啓真訳『リベラル・ユートピアという希望』岩波書店、2002年〕.

152 KPA-15-1, Karl Polanyi, "Marxian Philosophy," 1934–1935, 2. 強調は原文通り。

153 KPA-7-3, Karl Polanyi, Notes on readings, 1934–1946; Rogan, "Karl Polanyi at the Margins," 335–336.

154 KPA-15-1, Polanyi, "Marxian Philosophy," 2; KPA-21-22, Polanyi, "Community and Society"〔若森章孝訳「共同体と社会」、若森みどり・植村邦彦・若森章孝訳『市場社会と人間の自由』大月書店、2012年〕; KPA-20-11, Karl Polanyi, "Marx on Self-Estrangement," 1936–1938; Karl Polanyi, "Christentum und wirtschaftliches Leben," in *Chronik der großen Transformation*, vol. 3, ed. Michele Cangiani, Kari-Polanyi Levitt, and Claus Thomasberger (Marburg: Metropolis, 2005 [1930s]), 257.

155 KPA-20-12, Polanyi et al., "Notes of a Week's Study."

156 KPA-8-8, Polanyi, "Munich and Moskow"; KPA-20-10, Polanyi et al., "The Basis of the Christian Left"; KPA-21-27, Polanyi et al., to the editor of *Radical Religion*.

157 KPA-20-12, Polanyi et al., "Notes of a Week's Study."

158 Polanyi, "Essence of Fascism," 375–376〔木畑洋一訳「ファシズムの本質」、玉野井芳郎・平野健一郎編訳『経済の文明史』筑摩書房、2003年〕.

159 KPA-21-22, Polanyi, "Community and Society"〔若森章孝訳「共同体と社会」、若森みどり・植村邦彦・若森章孝編訳『市場社会と人間の自由』大月書店、2012年〕.

160 KPA-2-17, Karl Polanyi, "Wer ist die Linke?," 1926–1927.

161 KPA-2-17, Polanyi, "Wer ist die Linke?"; KPA-21-2, Karl Polanyi, "The New Social Order from the Point of View of Christian Principles," 1936.

ed. David Long and Brian Schmidt (Albany: State University of New York Press, 2005), 97.

121 Toynbee, quoted in Matt Carter, *T. H. Green and the Development of Ethical Socialism* (Exeter, U.K.: Imprint Academic, 2003), 64.

122 KPA-9-1, Karl Polanyi, Notes on Toynbee, 1934–1946.

123 Carter, *T. H. Green*, 136, 164.

124 KPA-30-3, Irene Grant, conversation with Kari Levitt, mid-1980s.

125 KPA-47-14, Karl Polanyi to Cole, May 22, 1944.

126 Kari Polanyi-Levitt, telephone interview, October 2007.

127 Matthew Grimley, *Citizenship, Community, and the Church of England: Liberal Anglican Theories of the State between the Wars* (Oxford: Clarendon Press, 2004), 5.

128 Stefan Collini, *Absent Minds: Intellectuals in Britain* (Oxford: Oxford University Press, 2006), 464.

129 A. D. Lindsay, *Christianity and Economics* (London: Macmillan, 1933).

130 ラスキは、リンゼイの社会主義概念が個人的貪欲を終わらせるための「倫理的」義務を過度に重視し、所有関係を無視していることを批判した。だが同時に、デーニス・ヒーリーが指摘したように、リンゼイは「オックスフォード大学の1つのカレッジを率いる最初の公然たる社会主義者として」、多くの同僚から「危険な革命家として」見なされた。Healey, quoted in "A. D. Lindsay," http://spartacus-educational.com/PRlindsayAS.htm; Mark Bevir and David O'Brien, *From Idealism to Communitarianism: The Inheritance and Legacy of John Macmurray*, University of California Berkeley Postprints, 2003, http://escholarship.org/uc/item/95m6q13r#page-1. また、以下も参照のこと。Graham Maddox, "The Christian Democracy of A. D. Lindsay," *Political Studies* 34, no. 3 (1986): 441–455; Julia Stapleton, *Political Intellectuals and Public Identities in Britain since 1850* (Manchester: Manchester University Press, 2001).

131 Harry Holloway, "A. D. Lindsay and the Problems of Mass Democracy," *Western Political Quarterly* 16, no. 4 (1963): 798–813.

132 John Street, "Fabian Socialism, Democracy and the State," in *Democracy and the Capitalist State*, ed. Graeme Duncan (Cambridge: Cambridge University Press, 1989), 169; Carter, *T. H. Green*.

133 Ross Terrill, *R. H. Tawney and His Times; Socialism as Fellowship* (Cambridge Mass.: Harvard University Press, 1973), 211.

134 R. H. Tawney, *The Acquisitive Society* (London: G. Bell & Sons, 1930 [1921]), 96. 強調は原文通り。

135 KPA, Polanyi's personal library.

136 Tawney, *Acquisitive Society*, 9.

137 R. H. Tawney, *Religion and the Rise of Capitalism* (Harmondsworth, U.K.: Penguin, 1938 [1922]), 40, 43〔出口勇蔵・越智武臣訳『宗教と資本主義の興隆』上下、岩波書店、1956年、1959年〕.

138 Terrill, *Tawney*, 228.

139 Tawney, *Acquisitive Society*, 182.

140 Richard Overy, *The Morbid Age: Britain between the Wars* (London: Allen Lane, 2009), 36–40.

141 Arnold Toynbee, *A Study of History*, vol. 3, 2nd ed. (Oxford: Oxford University Press, 1935), 365ff〔長谷川松治訳『歴史の研究』第3巻、社会思想社、1967年〕.

142 Overy, *Morbid Age*, 37.

143 Arnold Toynbee, *A Study of History*, vol. 1, 2nd ed. (Oxford: Oxford University Press, 1935), 22–23

97 KPA-56–11, Karl Polanyi to Joseph Needham, October 31, 1934.

98 Rogan, "Karl Polanyi at the Margins."

99 KPA-12–3, Karl Polanyi, Lecture, "On Fascism and Christian Ideals," 1935; KPA-8–8, Karl Polanyi, "Munich and Moskow," 1939–1946.

100 KPA-15–2, Karl Polanyi, Lecture I, "Conflicting Philosophies in Modern Society," University of London, 1937〔東風谷太一訳「近代社会における哲学の衝突」、福田邦夫・池田昭光・東風谷太一・佐久間寛訳『経済と自由』筑摩書房、2015年〕.

101 KPA-21–27, Karl Polanyi et al. to the editor of *Radical Religion*, June 10, 1939.

102 KPA-21–2, Polanyi, "Xtianity and the New Social Order," 1936.

103 KPA-37–3, Karl Polanyi, "Freedom in a Complex Society," 1957.

104 KPA-18–36, Karl Polanyi, Notes on a pamphlet by V. Gollancz (n.d.).

105 KPA-56–13, Karl Polanyi to Don Grant, December 7, 1929.

106 KPA-20–12, Karl Polanyi et al., "Notes of a Week's Study on the Early Writings of Karl Marx," 1938. ポランニーはこのテキストの指導的（あるいはもしかすると唯一の）著者だった。

107 KPA-56–13, Polanyi to Irene, March 15, 1963. 以下も参照のこと。Matěj Vančura, "Polanyi's Great Transformation and the Concept of the Embedded Economy," IES Occasional Paper 2 (Prague: Charles University, 2011).

108 KPA-56–13, Polanyi to Irene, March 15, 1963.

109 KPA-12–3, Polanyi, Lecture, "Fascism and Christian Ideals."

110 この区別はジョン・マクマリーの考える人間の動機の二類型、愛と飢えと重なり合っている。愛は利他的であり、飢えは利己的である。KPA-12–3, Polanyi, Lecture, "Fascism and Christian Ideals"; Costello, *Macmurray*, 229.

111 KPA-20–10, Karl Polanyi et al., "The Basis of the Christian Left," 1938.

112 KPA-21–10, Karl Polanyi, "Community and Society"〔若森章孝訳「共同体と社会」、若森みどり・植村邦彦・若森章孝編訳『市場社会と人間の自由』大月書店、2012年〕; "The Christian Approach to Social Reconstruction," 1937.

113 KPA-18–33, Karl Polanyi, various draft articles, 1945–1946.

114 MPP-17–11, Karl Polanyi to Misi, May 6, 1945.

115 MPP-17–4, Polanyi to Misi, October 13, 1933.

116 MPP-17–5, Karl Polanyi to Misi, March 7, 1934.

117 ラスキについて、ラルフ・ミリバンドは次のように指摘している。「労働党が、ラスキが望んでいた社会主義政党であったならば、イギリスの政治的舞台は実際転換されただろう。しかし、労働党は当時、まったくそのような党ではなかったし、そのような党に向かう途中にあったのでもなかった」。これは彼の議論に「非現実的な様相」を与えた。これはポランニーにも同じ程度に当てはまる。以下参照。Ralph Miliband, *Capitalist Democracy in Britain* (Oxford: Oxford University Press, 1982), 16.

118 Denys Leighton, *The Greenian Moment: T. H. Green, Religion and Political Argument in Victorian Britain* (Exeter: Imprint Academic, 2004).

119 KPA-9–3, Karl Polanyi, Notes on T. H. Green, 1934–1946.

120 Jeanne Morefield, " 'A Liberal in a Muddle': Alfred Zimmern on Nationalism, Internationalism and Commonwealth," in *Imperialism and Internationalism in the Discipline of International Relations*,

77 KPA-18–8, Polanyi, “The Fascist Virus”〔若森章孝訳「ファシズムのウィルス」、若森みどり・植村邦彦・若森章孝編訳『市場社会と人間の自由』大月書店、2012年〕.

78 Karl Polanyi, “Faschismus und Marxistische Terminologie,” in *Chronik der großen Transformation*, vol. 3, ed. Michele Cangiani, Kari-Polanyi Levitt, and Claus Thomasberger (Marburg: Metropolis, 2005 [1934]), 235〔植村邦彦訳「ファシズムとマルクス主義用語」、若森みどり・植村邦彦・若森章孝編訳『市場社会と人間の自由』大月書店、2012年〕.

79 KPA-18–8, Polanyi, “The Fascist Virus”; KPA-51–5, Karl Polanyi, annotations to a letter from Paul Medow, 1961.〔若森章孝訳「ファシズムのウィルス」、若森みどり・植村邦彦・若森章孝編訳『市場社会と人間の自由』大月書店、2012年〕.

80 KPP-1–4, Polanyi to Fromm, January 14, 1961; Polanyi, “Die geistigen Voraussetzungen,” 218〔植村邦彦訳「ファシズムの精神的前提」、若森みどり・植村邦彦・若森章孝編訳『市場社会と人間の自由』大月書店、2012年〕.

81 KPA-18–9, Karl Polanyi, “Marxism Re-Stated,” *New Britain* 3, nos. 58–59 (1934): 187–188〔植村邦彦訳「ファシズムとマルクス主義用語」、若森みどり・植村邦彦・若森章孝編訳『市場社会と人間の自由』大月書店、2012年〕.

82 KPA-15–4, Karl Polanyi, Lecture XXIV, “Contemporary Problems and Social and Political Theory,” University of London, 1936–1940.

83 反社会主義が必然的に反民主主義であるのは、「民主主義は社会主義的な労働者階級の運動の影響力を高める傾向があるからである」、とポランニーは考えた。KPA-21–9, Karl Polanyi, Lecture notes on political/religious topics, 1937; KPA-18–21, Karl Polanyi, “Europe To-Day” (London: Workers' Educational Trade Union Committee, 1937).

84 KPA-20–22, Karl Polanyi, “The Auxiliary and Politics,” 1934.

85 Tim Rogan, “Karl Polanyi at the Margins of English Socialism, 1934–1947,” *Modern Intellectual History* 10, no. 2 (2013): 317–346.

86 Rogan, “Karl Polanyi at the Margins.”

87 Don Grant, interview. 以下も参照のこと。Costello, *Macmurray*, 256.

88 KPA-59–7, Karl Polanyi to Ilona, January 20, 1941.

89 ローガンの観察によれば、会報は回覧されたけれども、「グループの研究が大きく注目されたという証拠はほとんどない。イギリスの社会主義は若きマルクスとのこの初期の関わり合いを忘れてしまった。チャールズ・テイラーが1957年にパリからフランス語版『経済学・哲学草稿』を持ち帰ったとき、それはまったく新しいものとして見なされた」。Rogan, “Karl Polanyi at the Margins,” 333.

90 KPA-21–21, Karl Polanyi et al., Christian Left Group, memoranda and draft articles, 1936.

91 MPP-17–5, Karl Polanyi to Misi, Thursday (no date), 1934.

92 MPP-17–5, Karl Polanyi to Misi, November 31 (no year).

93 MPP-17–5, Karl to Misi, October 31, 1934.

94 Costello, *Macmurray*, 227.

95 ゴランツの政治的軌跡はポランニーのそれと著しく類似していた。青年期の彼は自由党とギルド社会主義に関わった。彼は1930年代に転向して共産主義に接近し、その後、キリスト教社会主義と連携した。

96 MPP-17–5, Karl to Misi, February 24, 1934.

Economics of Fascism," 1936.

55 KPA-15–8, Karl Polanyi, Lecture 19, "Government and Industry," 1943–1944.

56 Costello, *Macmurray*, 234.

57 KPA-7–7, Karl Polanyi, Notes taken by Ilona Duczynska, March 26, 1933.

58 Francis Carsten, *Fascist Movements in Austria: From Schönerer to Hitler* (London: Sage, 1977).

59 KPA-8–3, Karl Polanyi, Notes and outlines, 1933.

60 Lukáš Novotný, "Kameradschaftsbund. Contribution to the History of Czech-German Relationship," Part 1 (n.d.), http://usd.ff.cuni.cz/?q=system/files/novotny%20kamerad.pdf.

61 Polanyi, "Essence of Fascism"〔木畑洋一訳「ファシズムの本質」、玉野井芳郎・平野健一郎編訳『経済の文明史』筑摩書房、2003年〕.

62 KPA-9–2, Polanyi, "Labour Movement's Post-War Failure," 1934–1946.

63 Polanyi, "Essence of Fascism." Section I〔木畑洋一訳「ファシズムの本質」、玉野井芳郎・平野健一郎編訳『経済の文明史』筑摩書房、2003年〕.

64 Odon Pór, *Guilds and Co-operatives in Italy* (London: Labour Publishing, 1923). ムッソリーニの協調組合主義国家〔コーポレートステイト〕に対するコールの共感に関しては以下を参照のこと。Geoffrey Foote, *The Labour Party's Political Thought: A History* (Houndmills, U.K.: Palgrave Macmillan, 1997), 123.

65 Odon Pór, *Fascism* (London: Labour Publishing, 1923), 159–160, 221.

66 KPA-18–4, Karl Polanyi, "Othmar Spann, the Philosopher of Fascism," *New Britain* 3, no. 53 (1934): 7.

67 KPA-18–5, Karl Polanyi, "Spann's Fascist Utopia," *New Britain* 3, no. 55 (1934): 74–75.

68 Karl Polanyi, "Korporatives Österreich," in *Chronik der großen Transformation*, vol. 1, ed. Michele Cangiani and Claus Thomasberger (Marburg: Metropolis, 1934), 212.

69 Hüseyin Özel, "Reclaiming Humanity: The Social Theory of Karl Polanyi" (Ph.D. dissertation, University of Utah, 1997), 78.

70 KPA-12–2, Polanyi, "Fascism"; KPA-20–16, Karl Polanyi, Christian Left bulletin, "Coercion and Defence," 1939; Karl Polanyi, "Die geistigen Voraussetzungen des Faschismus," in *Chronik der großen Transformation*, vol. 3, ed. Michele Cangiani, Kari-Polanyi Levitt, and Claus Thomasberger (Marburg: Metropolis, 2005), 219〔植村邦彦訳「ファシズムの精神的前提」、若森みどり・植村邦彦・若森章孝編訳『市場社会と人間の自由』大月書店、2012年〕.

71 KPA-20–4, Karl Polanyi, book plan, "Common Man's Masterplan," 1939–1940.

72 KPA-20–8, Karl Polanyi, book synopsis, "The Fascist Transformation," 1934–1935; KPA-21–4, Karl Polanyi, "On the Philosophy and Economics of Fascism," 1936.

73 KPA-18–8, Karl Polanyi, "The Fascist Virus" (n.d.)〔若森章孝訳「ファシズムのウィルス」、若森みどり・植村邦彦・若森章孝編訳『市場社会と人間の自由』大月書店、2012年〕.

74 KPA-18–8, Polanyi, "The Fascist Virus"〔若森章孝訳「ファシズムのウィルス」、若森みどり・植村邦彦・若森章孝編訳『市場社会と人間の自由』大月書店、2012年〕.

75 KPA-18–8, Polanyi, "The Fascist Virus"〔若森章孝訳「ファシズムのウィルス」、若森みどり・植村邦彦・若森章孝編訳『市場社会と人間の自由』大月書店、2012年〕.

76 KPA-18–8, Polanyi, "The Fascist Virus"〔若森章孝訳「ファシズムのウィルス」、若森みどり・植村邦彦・若森章孝編訳『市場社会と人間の自由』大月書店、2012年〕.

31 John Warren, " 'Weisse Strümpfe oder neue Kutten': Cultural Decline in Vienna in the 1930s," in *Interwar Vienna: Culture between Tradition and Modernity*, ed. Deborah Holmes and Lisa Silverman (Rochester, N.Y.: Camden House, 2009), 35.

32 Alfred Pfabigan, "Ilona Duczynska and Austro-Marxism," in *Karl Polanyi in Vienna: The Contemporary Significance of the Great Transformation*, ed. Kari Polanyi-Levitt and Kenneth McRobbie (Montreal: Black Rose, 2000), 266.

33 Kari Polanyi-Levitt, interview, December 2008. 攻撃の知らせはカールに届いた。彼は電話で義母から戦闘が起きていることを聞き、イロナとカリに怪我がないことを聞いて大いに安心した。MPP-17–5, Karl Polanyi to Misi, February 16, 1934.

34 MPP-17–5, Karl Polanyi to Misi, February 14, 1934.

35 MPP-17–4, Karl to Misi, December 10, 1933.

36 MPP-17–5, Karl Polanyi to Misi, February 24, 1934.

37 Kari Polanyi-Levitt, interview, December 2008.

38 イロナは1936年、学位論文を完成させることができないままにオーストリアを去った。SPSL-536–1, Duczynska, personal statement; Barbara Striker, "'This Is the Voice of Radio Schutzbund!'" in *Karl Polanyi in Vienna: The Contemporary Significance of the Great Transformation*, ed. Kari Polanyi-Levitt and Kenneth McRobbie (Montreal: Black Rose, 2000), 272–274.

39 MPP-17–5, Karl Polanyi to Magda, 1934.

40 SPSL-438–4, Karl Polanyi to Walter Adams, March 18, 1938; Karl Polanyi to the under secretary of state, Aliens' Department, Home Office, March 18, 1938.

41 Scott and Moleski, *Polanyi*.

42 Szilard, "Reminiscences," 95.

43 Tibor Frank, "Situation Berlin. Ungarische Wissenschaftler und Künstler in Deutschland, 1919–1933," *IMIS Beiträge* 10 (1999): 7–38.

44 Judith Szapor, "From Budapest to New York: The Odyssey of the Polanyis," *Hungarian Studies Review* 30, no. 1–2 (2003): 36.

45 Erzsébet Vezér, "The Polanyi Family," in *The Life and Work of Karl Polanyi*, ed. Kari Polanyi-Levitt (Montreal: Black Rose, 2000), 17–29.

46 Szapor, "Odyssey of the Polanyis," 32–38.

47 MPP-17–7, Karl Polanyi to Misi, August 19 and 24, 1938.

48 Szapor, "Odyssey of the Polanyis," 35.

49 Szapor, "Odyssey of the Polanyis," 36.

50 Karl Polanyi to Laura, January 24, 1939. ジュディス・サパーは親切にもこの手紙のコピーを筆者に提供してくれた。

51 マイケルへの手紙のなかで(MPP-17–8, April 14, 1939)、ポランニーはアドルフの長期滞在を予想し、「英語を話せないならば、イギリスで何かを達成することは非常に難しいだろう」、と懸念を示した。Cf. Szapor, "Odyssey of the Polanyis," 36.

52 KPA-20–21, Karl Polanyi, "The State and the Individual in Fascism," 1934; KPA-20–25, Karl Polanyi, "Fascism and Christianity," 1936.

53 KPA-12–2, Karl Polanyi, "Fascism: National Planning and International Anarchy," 1935.

54 KPA-21–4, Karl Polanyi, Lecture notes, 1936; KPA-21–4, Karl Polanyi, "On the Philosophy and

リオール・カレッジの学寮長、A. D. リンゼイに手紙を書いた。SPSL-536–1, Karl John Macmurray to Walter Adams, June 4, 1934.

12 MPP-17–5, Karl to Misi, October 31, 1934.

13 例えば1934年12月18日、彼は蒸気船S. S. アキタニアの3等寝台を予約した。KPA-47–6, Karl Polanyi, Correspondence, 1934.

14 SPSL-536–1, Hector Hetherington to Karl Polanyi, December 5, 1933.

15 SPSL-536–1, Bertram Benas, chairman of the Central British Fund for German Jewry, to Karl Polanyi, December 1, 1933; MPP-17–4, Karl Polanyi to Misi, December 9, 1933.

16 Leo Szilard, "Reminiscences," in *The Intellectual Migration: Europe and America, 1930–1960*, ed. Donald Fleming and Bernard Bailyn (Cambridge, Mass.: Belknap Press, 1969), 98; Laura Fermi, *Illustrious Immigrants: The Intellectual Migration from Europe, 1930–41* (Chicago: University of Chicago Press, 1968), 64; Jeremy Seabrook, *The Refuge and the Fortress: Britain and the Flight from Tyranny* (Houndmills, U.K.: Palgrave, 2008); R. M. Cooper, ed., *Refugee Scholars: Conversations with Tess Simpson* (Leeds, U.K.: Moorland Books, 1992), 32; Tibor Frank, *Double Exile: Migrations of Jewish-Hungarian Professionals through Germany to the United States, 1919–1945* (Oxford: Peter Lang, 2008), 257–260. シラードはマイケル・ポランニーの友人であった。

17 SPSL-536–1, Zoe Fairfield to Walter Adams, March 30, 1934; SPSL-536–1, H. W. Fox to Zoe Fairfield, May 26, 1934.

18 「スウォンジー・カレッジはポランニー博士にとってあまり相応しい職ではありませんが、それは少なくとも彼に公式の学術世界への参加の場を与えます」、とアダムズは付け加えた。SPSL-536–1, Walter Adams to Zoe Fairfield, May 31, 1934.

19 ポランニーは「専門的」機関によってよりよく支援されるだろう、とベヴァリッジは付け加えた。SPSL 536–1, William Beveridge to Walter Adams, July 5, 1934.

20 SPSL-536–1, Walter Adams to H. W. Fox (n.d.).

21 A. M. Sperber, *Murrow: His Life and Times* (London: Michael Joseph, 1986).

22 Sperber, *Murrow*, 45.

23 MPP-17–5, Karl to Misi, October 31, 1934.

24 それ以前に、ポランニーはオックスフォード大学の別のカレッジ、クイーンズ・カレッジが故国から追放された外国の学者に職を与えることを考えていることを知った。彼は称賛すべきほど他者を思いやる返事をし、「オーストリアに関する限り、私の考えでは、ハインリヒ・ゴンペルツの申し立てが私のものよりも優先されるべきです」と主張した。SPSL-536–1, Zoe Fairfi eld to Walter Adams, March 11, 1935; SPSL-536–1, Karl Polanyi to Walter Adams, October 2, 1934.

25 SPSL-536–1, Walter Adams to H. W. Fox (n.d.).

26 SPSL-536–1, Walter Adams to Zoe Fairfield, June 21, 1935.

27 SPSL-438–4, Karl Polanyi, "Curriculum Vitae," 1937.

28 MPP-17–5, Karl Polanyi to Misi, December 7, 1934.

29 MPP-17–4, Karl Polanyi to the Grants and Macmurrays, December 1933.

30 KPA-18–6, Karl Polanyi, "Fascism and Marxian Terminology," 1934, 128〔植村邦彦訳「ファシズムとマルクス主義用語」、若森みどり・植村邦彦・若森章孝訳『市場社会と人間の自由』大月書店、2012年〕.

ーガッレット・ミードとフラットをシェアし、社会研究所で働いた。筆者〔ギャレス・デイル〕のブルネル大学の現在のオフィスが彼女〔ヤホダ〕にちなんで名付けられたということは、おそらく議論の余地なくそう言えるだろう。

242 KPA-18–2, Karl Polanyi, "Austria and Germany," *International Affairs* 12, no. 5 (1933): 578–579.

243 Kari Polanyi-Levitt, interview, December 2008.

244 MPP-17–4, Karl Polanyi to Misi, December 1932.

245 イロナは、18歳のときにチューリヒで数学の勉強を始めた。しかし、病気と革命のために彼女の勉強は中断されてしまった。1930年まで、それが再開されることはなかった。SPSL-536–1, Ilona Duczynska, Personal statement; MPP-17–4, Karl Polanyi to Misi, 1933.

246 MPP-17–4, Polanyi to Misi, December 1932.

247 Aurel Kolnai, quoted in Francis Dunlop, *The Life and Thought of Aurel Kolnai* (Aldershot, U.K.: Ashgate, 2002), 112.

248 KPA-12–4, Karl Polanyi, "Great Britain's Foreign Policy To-Day," 1936.

249 MPP-17–4, Karl Polanyi to Misi, April 11, 1933.

250 MPP-17–4, Karl Polanyi to Michael, June 5, 1933.

251 SPSL-536–1, Karl to Zoe Fairfield, March 24, 1934; MPP-17–4, Ilona Duczynska to Misi, July 1, 1933.

252 MPP-17–4, Karl to Misi (?), September 30, 1933.

253 Schafer, "Vorgartenstrasse 203," 332, 343.

254 MPP-17–4, Karl Polanyi to Misi, October 13, 1933.

255 MPP-17–4, Karl Polanyi to the Grants and Macmurrays, December 1933.

256 MPP-17–4, Karl Polanyi to Misi, December 10, 1933.

257 4月に、マイケル・ポランニーは、反ユダヤ立法に抗議して、ベルリンのカイザー・ヴィルヘルム研究所の職を辞していた。秋に、彼はマンチェスターに到着した。SPSL-221–3, Michael Polanyi, "Curriculum Vitae"; MPP-17–4, Karl to Misi, December 10, 1933.

◆ 第四章　挑戦と応戦

1 William Scott and Martin Moleski, *Michael Polanyi: Scientist and Philosopher* (New York: Oxford University Press, 2005).

2 KPA-59–8, Karl Polanyi to Ilona, 1947 (?).

3 John Costello, *John Macmurray: A Biography* (Edinburgh: Floris Books, 2002), 200.

4 Steve Bruce, "The Student Christian Movement and the Inter-Varsity Fellowship: A Sociological Study of Two Student Movements" (Ph.D. thesis, University of Stirling, 1980).

5 MPP-17–5, Karl Polanyi to Misi, October 31, 1934.

6 Don Grant, interview.

7 Costello, *Macmurray*, 201.

8 Costello, *Macmurray*, 205.

9 John Macmurray, *The Philosophy of Communism* (London: Faber & Faber, 1933), 91–92.

10 KPA-30–3, Irene Grant, conversation with Kari Levitt, mid-1980s.

11 確かに彼らは援助をしようとした。例えばマクマリーはポランニーを助けるためにベ

222 MPP-17–4, Karl to Misi, November 21,1932.

223 MPP-17–4, Karl to Misi, November 21, 1932; KPA-2–21, Polanyi, "Die Wirtschaft ist für den Faschismus."

224 Kari Polanyi-Levitt, interview, December 2008.

225 Ilona Duczynska, *Workers in Arms: The Austrian Schutzbund and the Civil War of 1934* (New York: Monthly Review Press, 1978 [1975]), 132.

226 護国団は、大部分は農民、元兵士、学生を基礎とする、民兵のゆるやかな連合として戦後に起源をもつ。カトリック教と反社会主義の信念以外に共通するものがほとんどなかった。1920年代末に、それはファシズムの方に転換した。Duczynska, *Workers in Arms*, 66.

227 Lewis, *Fascism and Working Class*, 124.

228 Wilfrid Crook, *The General Strike: A Study of Labor's Tragic Weapon in Theory and Practice* (Chapel Hill: University of North Carolina Press, 1931), 588–593.

229 ついでに言えば、これはエリアス・カネッティの「群衆と権力」への関心を刺激したデモンストレーションだった。Crook, *General Strike*, 588–593.

230 KPA-29–10, Schafer, "Polanyi's Life in Vienna," 67; Alfred Pfabigan, "Ilona Duczynska and Austro-Marxism," in *Karl Polanyi in Vienna: The Contemporary Significance of the Great Transformation*, ed. Kari Polanyi-Levitt and Kenneth McRobbie (Montreal: Black Rose, 2000), 266.

231 Alfred Pfabigan, "Ilona Duczynska and Austro-Marxism," in Kari Polanyi-Levitt and Kenneth McRobbie, eds., *Karl Polanyi in Vienna: The Contemporary Significance of the Great Transformation*, (Montreal: Black Rose, 2000).

232 Douglas Alder, "Decision-Making amid Public Violence; The Vienna Riots, July 15, 1927," *Austrian History Yearbook* 19, no. 1 (1983): 239–260.

233 Hacohen, *Karl Popper*, 118; Pfabigan, "Duczynska and Austro-Marxism," 266.

234 Duczynska, *Workers in Arms*, 143.

235 MPP-19–8, Eva to Tante Cecile, May 12, 1929.

236 MPP-17–2, Karl to Misi, May 20, 1920.

237 MPP-17–2, Karl Polanyi to Misi, January 19, 1920.

238 SPSL-438–4, Karl Polanyi, "Curriculum Vitae," 1937.

239 SPSL-536–1, Karl to Zoe Fairfield, March 24, 1934; Friedrich Stadler, *Vom Positivismus zur "wissenschaftlichen Weltauffassung"* (Vienna: Löcker, 1982).

240 Bruce Pauley, "From Splinter Party to Mass Movement: The Austrian Nazi Breakthrough," *German Studies Review* 2, no. 1 (1979): 7–29.

241 ポランニーがヤホダと――ウィーン、ロンドン、あるいはニューヨークで――出会ったかどうかは知られていない。しかし、ありそうなことではある。ウィーンのオーストロ＝マルクス主義者である彼女は、オットー・バウアーやハンス・ツァイゼルの良き友人であり、ポランニーの友人のエスター・シンプソンのことも知っていた。1930年代に、彼女は、ノイ・ベギネンのオーストリア・グループのフンケに加入し、地下の反ファシズム抵抗運動で活動した。彼女は1930年代にイギリスに移住した（そこで彼女はリチャード・クロスマンと一緒に働き、ケストラーと知り合い、幾人かのクエーカー教徒と親密になった）。その後、ニューヨークに行き、ロバート・マートンと良き友人になり、マ

しいられた」。臨時政府は「ブルジョアジーに奉仕するように行動した」。臨時政府の「全生涯がプロレタリアートの要求に反対する不断の闘争であった」〔『マルクス・エンゲルス全集』第7巻、大月書店、1961年〕。

199 Bauer, *Werkausgabe*, vol. 2, 346. Cf. Lewis, *Fascism and Working Class*, 57.

200 Gerald Mozetič, *Die Gesellschaftstheorie des Austromarxismus: Geistesgeschichtliche Voraussetzungen, Methodologie und soziologisches Programm* (Darmstadt: Wissenschaftliche Buchgesellschaft, 1987).

201 Tom Bottomore and Patrick Goode, eds., *Austro-Marxism* (Oxford: Clarendon Press, 1978), 38; Andrew Arato, "Austromarxism and the Theory of Democracy" in *The Austrian Socialist Experiment: Social Democracy and Austromarxism, 1918–1934*, ed. Anson Rabinbach (Boulder, Colo.: Westview, 1985), 137–138.

202 Ewa Czerwínska-Schupp, *Otto Bauer. Studien zur sozial-politischen Philosophie* (Oxford: Peter Lang, 2005), 442.

203 Bauer, *Werkausgabe*, vol. 2, 732.

204 Bauer, *Werkausgabe*, vol. 2, 729–742. 後者の任務は「よそ者」、特にユダヤ人に対する下劣な偏見への抗議を含んでいた。以下参照。Kuhn, *Henryk Grossman*, 91; Gruber, *Red Vienna*, 25–29.

205 KPA-3–12, Karl Polanyi, "Liberale Wirtschaftsreformen in England," 1928.

206 MPP-17–4, Karl Polanyi to Misi, November 21, 1932.

207 Hans-Hermann Hoppe, "The Meaning of the Mises Papers," *Free Market* 15, no. 4 (1997); Ludwig von Mises, *Liberalismus* (Jena: G. Fischer, 1927), 45.

208 KPA-1–50, Karl Polanyi, "The Rebirth of Democracy" [A demokrácia feltámadása], *Bécsi Magyar Újság*, November 26, 1922.

209 Bauer, *Werkausgabe*, vol. 9, 305.

210 Bauer, *Werkausgabe*, vol. 9, 62.

211 Lewis, *Fascism and Working Class*, 83.

212 Gruber, *Red Vienna*, 7.

213 KPA-1–51, Karl Polanyi, "The Labour Government and Protectionism" [A kormány védővámokat munkáspárt], early 1920s.

214 Otto Bauer, *Werkausgabe*, vol. 4 (Vienna: EuropaVerlag, 1976), 200.

215 Braunthal, "Otto Bauer," 93.

216 MPP-17–4, Karl Polanyi to Misi, November 21, 1932.

217 Karl Polanyi, quoted in Lee Congdon, *Seeing Red: Hungarian Intellectuals in Exile and the Challenge of Communism* (DeKalb: Northern Illinois University Press, 2001), 82.

218 Karl Polanyi, "Wirtschaft und Demokratie," in *Chronik der großen Transformation*, vol. 1, ed. Michele Cangiani and Claus Thomasberger (Marburg: Metropolis, 2002), 149〔植村邦彦訳「経済と民主主義」、若森みどり・植村邦彦・若森章孝編訳『市場社会と人間の自由』大月書店、2012年〕.

219 KPA-2–21, Karl Polanyi, "DieWirtschaftist für den Faschismus, 1933.

220 KPA-2–21, Polanyi, "Die Wirtschaft ist für den Faschismus."

221 KPA-3–4, Polanyi, "Faschismus"; KPA-17–1, Karl Polanyi, WEA lectures, Canterbury, XI, 1938–1939.

186 以下で引用されている。Marguerite Mendell, "Karl Polanyi and Socialist Education," in *Humanity, Society and Commitment: On Karl Polanyi*, ed. Kenneth McRobbie (Montreal: Black Rose, 1994), 25–42.

187 Kari Polanyi-Levitt, "Karl Polanyi as Socialist," in *Humanity, Society and Commitment: On Karl Polanyi*, ed. Kenneth McRobbie (Montreal: Black Rose, 1994), 115.

188 KPA-18–18, Polanyi, "Education and Social Reality."

189 KPA-18–18, Polanyi, "Education and Social Reality." しかし、ポランニーが確認した展望は遂行されなかった。例えば以下を参照のこと。Eric Hobsbawm, *Interesting Times: A Twentieth-Century Life* (London: Allen Lane, 2002), 20; Helmut Gruber, *Red Vienna: Experiment in Working-Class Culture*, 1919–1934 (Oxford: Oxford University Press, 1991).

190 KPA-21–3, Karl Polanyi, "Social Values in the Post-War World," 1936.

191 KPA-18–21, Karl Polanyi, *Europe To-Day* (London: Workers' Educational Trade Union Committee, 1937), 55.

192 Kari Polanyi-Levitt, telephone interview, June 2008; Lewis, *Fascism and Working Class*, 82.

193 György Litván, "Karl Polanyi in Hungarian Politics," in *The Life and Work of Karl Polanyi*, ed. Kari Polanyi-Levitt (Montreal: Black Rose, 1990), 35.

194 シャーファーの主張に対する文献学上の裏付けは、ポランニーの1920年代半ばの哲学的著作にある(例えば、KPA-2–16, Polanyi, "Über die Freiheit")。その調子はときには疑いようもなくアドラー的である。例えば、社会主義者は、「人間生活の多面的な相互依存性、すなわちその社会化」を承認する。人間生活の社会化とは、「自己のもっとも深い部分が他者に負ったものであり、他者から引き出され他者から借りたものであり、他者に依存している」ことである。とはいえ、マルクスとカントを和解させるアドラーの試みに、ポランニーは軽蔑的な態度を示している。そして、アドラーのエンゲルスに関する本が、社会主義的倫理の正当化について、著者とその対象であるエンゲルスとの矛盾に沈黙していることを見て、彼は大いに苛ついた。ポランニーの解釈では、エンゲルスの主張は、社会主義的倫理は生産における労働者の立場から生まれるというものだった。KPA-29–9, Schafer, "Memoirs"; KPA-47–4, Karl Polanyi to Werte Genosse, 1927.

195 ポランニーは、1920年代に一連の未公刊論考で同様な考えを提案していた。以下参照。Schafer, "Vorgartenstrasse 203," 331; Polanyi, "Über die Freiheit"〔植村邦彦訳「自由について」、若森みどり・植村邦彦・若森章孝編訳『市場社会と人間の自由』大月書店、2012年〕.

196 Gruber, *Red Vienna*, 6, 34.

197 MPP-17–4, Karl Polanyi to Irene, Donald, John, and Betty, December 1933.

198 法学者(ポランニーの身元引き受け人の一人)のハンス・ケルゼンがこの点に注目したとき、異端の嫌疑をいつも避けたがるバウアーは、次のように典拠を提示した。マルクスの『フランスにおける階級闘争』では、ブルジョアジーとプロレタリアートが、1848年の二月共和制において国家権力を共有していると描かれている、と(Bauer, *Werkausgabe*, vol. 9, 55 参照)。しかし、これは『フランスにおける階級闘争』の俗流的な誤読である。そこで、マルクスは明快に述べている。「二月共和制はブルジョア共和制以外のものではないし、それ以外のものではありえない」。そして、臨時政府は、「プロレタリアートの直接の圧力によって社会的諸制度をもつ共和制だと宣言することを

großen Transformation, vol. 1, (Marburg: Metropolis, 2002), 154〔植村邦彦訳「経済と民主主義」、若森みどり・植村邦彦・若森章孝編訳『市場社会と人間の自由』大月書店、2012年〕.

166 KPA-2–22, Polanyi, "Pure Economic Theory."

167 KPA-3–1, Karl Polanyi, "Das Übersichtsproblem," 1920s.

168 KPA-2–22, Polanyi, "Pure Economic Theory"; Polanyi, "Neue Erwägungen zu unserer Theorie und Praxis," 21–23〔植村邦彦訳「われわれの理論と実践についての新たな検討」、若森みどり・植村邦彦・若森章孝編訳『市場社会と人間の自由』大月書店、2012年〕.

169 Polanyi, "Neue Erwägungen zu unserer Theorie und Praxis," 19〔植村邦彦訳「われわれの理論と実践についての新たな検討」、若森みどり・植村邦彦・若森章孝編訳『市場社会と人間の自由』大月書店、2012年〕.

170 Polanyi, "Neue Erwägungen zu unserer Theorie und Praxis," 23〔植村邦彦訳「われわれの理論と実践についての新たな検討」、若森みどり・植村邦彦・若森章孝編訳『市場社会と人間の自由』大月書店、2012年〕.

171 KPA-29–9, Schafer, "Memoirs," 75. 同じ文章に、ノイラートも影響を受けた。以下参照。Neurath, "Economic Plan," 422.

172 マルクスは、「透明性［Durchsichtigkeit〔ドゥルヒジヒトリヒカイト〕］」を「古い社会有機体」を描写するのに用いた。そこでは、「生産物の商品への転化、それゆえ人間の商品生産者への転化」は、経済的活動の周辺的な部分である。KPA-29–9, Schafer, "Memoirs"; Karl Marx, *Capital*, vol. 1 (Harmondsworth, U.K.: Penguin, 1976).

173 KPA-29–9, Schafer, "Memoirs," 7.

174 Polanyi, "Über die Freiheit," 139〔植村邦彦訳「自由について」、若森みどり・植村邦彦・若森章孝編訳『市場社会と人間の自由』大月書店、2012年〕.

175 KPA-29–9, Schafer, "Memoirs." 以下も参照のこと。KPA-21–22, Karl Polanyi, "Community and Society: The Christian Criticism of Our Social Order," 1937〔若森章孝訳「共同体と社会」、若森みどり・植村邦彦・若森章孝編訳『市場社会と人間の自由』大月書店、2012年〕.

176 KPA-2–16, Polanyi, Draft of "Über die Freiheit"; Karl Polanyi, "The Essence of Fascism," in *Christianity and the Social Revolution*, ed. John Lewis, Karl Polanyi, and Donald Kitchin (London: Gollancz, 1935), section VI〔木畑洋一訳「ファシズムの本質」、玉野井芳郎・平野健一郎編訳『経済の文明史』筑摩書房、2003年〕.

177 なお後になって、アイン・ランドがこの用語を再生させた。彼女は、その意味がすでに確定していたという理由で、お好みの用語の「実存主義」を拒絶して、これを採用したようだ――あたかも同じことが「客観主義」には成り立たないかのように。

178 KPA-2–3, Karl Polanyi, "Wissenschaftlich Politik ohne Skepsis und die Privilegien der Soziologie," 1920–1922; KPA-2–1, Polanyi, Draft manuscript.

179 SPSL-536–1, Polanyi to Adams, March 31, 1934.

180 KPA-46–6, Duczynska, interview with Isabella Ackerl, late 1970s.

181 SPSL-536–1, Karl to Zoe Fairfield, March 24, 1934.

182 Kari Polanyi-Levitt, telephone interview, June 2008.

183 KPA-9–2, Karl Polanyi, "Labour Movement's Post-War Failure," 1934–1946.

184 KPA-12–3, Karl Polanyi, "The Youth Movement in Europe," 1935.

185 KPA-18–18, Karl Polanyi, "Education and Social Reality. Austrian Experience," (n.d.).

トロツキーについては、彼の *In Defence of Marxism* (www.marxists.org/archive/trotsky/idom/dm/dom.pdf) を参照のこと。「安定した通貨単位が …… なければ、社会主義建設の成功は考えられない」と彼は主張している。カウツキーについては以下を参照のこと。Karl Kautsky, *Proletarische Revolution und ihr Programm* (Stuttgart: Dietz, 1922). ノイラートについては以下を参照のこと。Günther Sandner, *Otto Neurath: Eine politische Biographie* (Vienna: Zsolnay-Verlag, 2014), 121, 150, 291, 297–300.

154 国民国家の軍国主義に反対して、その代わりに、ノイラートは計画の「機能的な」単位を重ね合わせることで国家の枠を超える社会主義社会——例えば、航行可能な大きな河川に沿って諸地域が、建築、運輸、生産の管理単位を形成し、他方で、教育行政は言語の区分に従って行われる——を構想した。しかし別の2つの意味で、彼はギルド社会主義モデルを拒絶した。第一に、彼は経済計画における労働者団体の役割を構想したにもかかわらず、計画は、同等な2つないし3つの団体間の交渉ではなく、中央計画評議会によって作成された。第二に、彼は市場の重要な役割についてのギルド社会主義の主張を拒否した。協同組合的所有企業が競争する市場・貨幣経済は、彼の主張では、「集団の資本主義[によって]個人の資本主義」を置き換えるだけである。以下参照。Neurath (1925) quoted in John O'Neill, "Socialism, Associations and the Market," *Economy and Society* 32 no. 2 (2003):193–194. Otto Neurath, "Total Socialisation," and "Economic Plan and Calculation in Kind," in *Otto Neurath, Economic Writings: Selections 1904–1945*, ed. Thomas Uebel and Robert Cohen (Dordrecht: Kluwer, 2004 [1920, 1925]), 401–406.

155 KPA-2–22, Karl Polanyi, "Pure Economic Theory," 1924–1927.

156 KPA-19–19, Karl Polanyi, "Individualism and Socialism" (n.d.).

157 SPSL-536–1, Polanyi to Adams, March 31, 1934.

158 KPA-2–22, Polanyi, "Pure Economic Theory."

159 Hayek, *Individualism*, 20.

160 Polanyi, "Sozialistische Rechnungslegung," 79.

161 Polanyi (1922–1923), quoted in Endre Nagy, "After Brotherhood's Golden Age: Karl and Michael Polanyi," in *Humanity, Society and Commitment: On Karl Polanyi*, ed. Kenneth McRobbie (Montreal: Black Rose, 1994), 92.

162 KPA-3–7, Karl Polanyi, "Auszug aus einem Referat zur Sozialisierungsfrage," 1919–1933.

163 例えば、ピエール・ロザンヴァロンは、経済管理を評価機関の仕事に代表されるものと見なしている。それは、市場の機能をより「見やすく」するのを助け、契約上の取引における売り手と買い手のあいだの信頼を強化する。Pierre Rosanvallon and Arthur Goldhammer, *Counter-Democracy: Politics in an Age of Distrust* (Cambridge: Cambridge University Press, 2008), 279. 以下も参照のこと。Garry Rodan, "Neoliberalism and Transparency: Political versus Economic Liberalism," Murdoch University Working Paper 112, 2004, http://wwwarc.murdoch.edu.au/publications/wp/wp112.pdf.

164 Karl Polanyi, "Über die Freiheit," in M. Cangiani, K. Polanyi-Levitt, and C. Thomasberger eds. *Chronik der großen Transformation*, vol. 3, (Marburg: Metropolis, 2005), 137–170〔植村邦彦訳「自由について」、若森みどり・植村邦彦・若森章孝編訳『市場社会と人間の自由』大月書店、2012年〕.

165 Karl Polanyi, "Wirtschaft und Demokratie," in M. Cangiani and C. Thomasberger eds. *Chronik der*

ニーの『社会科学・社会政策のアルヒーフ』に発表した論文〔「社会主義経済計算」〕を社会主義の側からのもっとも重要な貢献として評価した、と主張しているが、彼の提供する出典はそのようなことを明らかにしていない。また、リチャード・ハルは、ポランニーの主張が「ミーゼスと、特にハイエクをひどく苛つかせ、ハイエクは後にポランニーに対する回答と解決策として『ハイエク知識問題』を発表した」、と断言しているが、私はこれを支持する証拠も見つけられていない。以下参照。Richard Hull, "The Emergence of 'Knowledge' as a Unit of Analysis in the Social Sciences, 1900–1970," 2002, http://is2.lse.ac.uk/events/esrcseminars/Hull/LSE_Seminar_files/frame.htm. また、以下も参照のこと。Richard Hull, "ICTs and the Knowledge Economy: An Historical and Ethnographic study" (Ph.D. thesis, Manchester School of Management, University of Manchester Institute of Science & Technology, 2001); Friedrich von Hayek, *Individualism and Economic Order* (Auburn, Ala.: Ludwig von Mises Institute, 2009 [1936]), 50.

145 Hayek, *Individualism*, 80.

146 実際、皮肉に満ちたある批判は、恐ろしいほどの確信を持って、ハイエクの著作をゴシック・モデル小説（メアリー・シェリーのフランケンシュタインがその古典）に喩えている。「マッド・サイエンティストがいて、怪物がいて、天使が踏み入れるのを恐れる不法侵入という意図せざる結果を誰も完全に予測することができないことから、失敗を運命付けられた『構成主義の』プロジェクトがある。主人公はイギリス人であるが、その舞台はすべて東欧のどこかの城に設定されている。物語の教訓は、本来知識とは禁断の果実であり、知らない方が良いこともある、というものである」。Philip Mirowski, "Economics, Science, and Knowledge: Polanyi vs. Hayek" (n.d.), www.missouriwestern.edu/orgs/polanyi /tad%20web%20archive/tad25–1/tad25–1-fnl-pg29–43-pdf.pdf.

147 Emil Lederer, *Grundzüge der Oekonomischen Theorie* (Tübingen: Mohr, 1922), 143ff.

148 KPA-2–15, Polanyi, "Die funktionelle Theorie der Gesellschaft." その他のギルド社会主義者による応答はヤコブ・マルシャクによってまとめられた。Jacob Marschak, "Wirtschaftsrechnung und Gemeinwirtschaft, Zur Misesschen These von der Unmöglichkeit sozialistischer Gemeinwirtschaft," *Archiv für Sozialwissenschaft und Sozialpolitik* 51, no. 2 (1924). マルシャクは、後に――シュンペーター、ミーゼス、ハイエク、およびマイケル・ポランニーとその友人ジョン・フォン・ノイマンと並んで――20世紀中葉に新古典派経済学を改革した一群のハプスブルク移民の1人として名をなすことになる。彼の貢献はゲーム理論への批判と経済分析への情報理論の導入を含んでいた。

149 Karl Polanyi, "Neue Erwägungen zu unserer Theorie und Praxis," *Der Kampf*, January 1925, 18–24〔植村邦彦訳「われわれの理論と実践についての新たな検討」、若森みどり・植村邦彦・若森章孝編訳『市場社会と人間の自由』大月書店、2012年〕.

150 ポランニーは、論争のただなかではミーゼスをネオリベラルと呼ばなかったが、同時期の別の状況ではそうした。例えば以下など。KPA-3–4, Karl Polanyi, "Faschismus," 1920–1933.

151 KPA-56–13, Karl Polanyi to Irene Grant, March 15, 1963.

152 KPA-47–4, Karl Polanyi to unknown recipient, 1927.

153 ポランニーは、ノイラートをカウツキーやトロツキーと一緒にして無貨幣経済の教条的な主唱者に分類した。3人のケースのいずれについても、それは誤った説明であった。

Republic (Oxford: Berg, 1991), 74.

125 KPA-29–10, Schafer, "Polanyi's Life in Vienna," 4.

126 KPA-29–9, Schafer, "Memoirs."

127 ポランニーのモデルは、バウアーのそれとほとんど区別できない。バウアーのビジョンでは産業は国家（公共性を代表）、労働組合（労働者を代表）および消費者を代表する第三の団体の協力で管理される。KPA-2–1, Polanyi, Draft manuscript; Bauer, *Werkausgabe*, vol. II, 712.

128 KPA-2–16, Karl Polanyi, Draft of "Über die Freiheit," 1927.

129 KPA-2–15, Karl Polanyi, "Die funktionelle Theorie der Gesellschaft und das Problem der sozialistischen Rechnungslegung," *Archiv für Sozialwissenschaft und Sozialpolitik* 52 (1924): 218–228〔長尾史郎訳「機能的社会理論と社会主義の計算問題」、玉野井芳郎・平野健一郎編訳『経済の文明史』筑摩書房、2003年〕.

130 Paul Neurath, "Otto Neurath (1882–1945): Life and Work," in *Encyclopedia and Utopia: The Life and Work of Otto Neurath (1882–1945)*, ed. Elisabeth Nemeth and Friederich Stadler (Dordrecht: Kluwer, 1996), 20.

131 David Kettler and Volker Meja, *Karl Mannheim and the Crisis of Liberalism* (New Brunswick, N.J.: Transaction, 1995), 91.

132 Karl Polanyi, "Sozialistische Rechnungslegung," in *Chronik der großen Transformation*, vol. 3, ed. Michele Cangiani, Kari Polanyi-Levitt, and Claus Thomasberger (Marburg: Metropolis, 2005), 76.

133 Otto Neurath, *Durch die Kriegswirtschaft zur Naturalwirtschaft* (Munich: Georg Callwey, 1919), 161.

134 Otto Neurath, "The Conceptual Structure of Economic Theory and Its Foundations," in *Otto Neurath, Economic Writings: Selections 1904–1945*, ed. Thomas Uebel and Robert Cohen (Dordrecht: Kluwer, 2004 [1917]), 321.

135 Thomas Uebel, "Neurath's Economics in Critical Context," in *Otto Neurath, Economic Writings: Selections 1904–1945*, ed. Thomas Uebel and Robert Cohen (Dordrecht: Kluwer, 2004 [1917]), 10.

136 Otto Neurath, "Economic Plan and Calculation in Kind," in Otto Neurath, *Economic Writings: Selections 1904–1945*, ed. Thomas Uebel and Robert Cohen (Dordrecht: Kluwer, 2004 [1925]), 419.

137 Uebel, "Neurath's Economics," 11.

138 Neurath, *Kriegswirtschaft*, 150, 209.

139 Neurath, *Kriegswirtschaft*, 161, 212.

140 John O'Neill, "Who Won the Socialist Calculation Debate?," *History of Political Thought* 17, no. 3 (Autumn 1996): 431–442.

141 Neurath, *Kriegswirtschaft*, 189.

142 Ludwig von Mises, "Economic Calculation in the Socialist Commonwealth," first published as "Die Wirtschaftsrechnung im sozialistischen Gemeinwesen," *Archiv für Sozialwissenschaft und Sozialpolitik* 47 (1920): 86–121, http://mises.org/pdf/econcalc.pdf.

143 O'Neill, "Who Won?"

144 Lee Congdon, *Exile and Social Thought: Hungarian Intellectuals in Germany and Austria, 1919–1933* (Princeton, N.J.: Princeton University Press, 1991), 229. コングドンは、ハイエクがポラン

Conrad Arensberg, and Harry Pearson (New York: Free Press, 1957), 84〔平野健一郎訳「アリストテレスによる経済の発見」、玉野井芳郎・平野健一郎編訳『経済の文明史』筑摩書房、2003年〕. 一方で、彼の本の註から非常に明らかなのは、メインよりもテンニースがポランニーに直接のインスピレーションを与えているということである。

100 KPA-18–11, Karl Polanyi, "Rudolf Steiner's Economics," *New Britain* 3, no. 63 (1934): 311–312.

101 KPA-18–10, Karl Polanyi, "What Three-Fold State?," *New Britain* 2, no. 43 (1934): 503–504.

102 Gyurgyák, "Polanyi and Jaszi," 319. Cf. Oscar Jaszi, *Revolution and Counter-Revolution in Hungary* (London: P. S. King, 1924), 114.

103 KPA-1–52, Karl Polanyi, "Guild Socialism" [A gild szocializmus], *Bécsi Magyar Újság*, June 18, 1922.

104 ギルド社会主義は、イギリスの多くの労働組合に、またウェールズの地域政党プライド・カムリにもその影響力を行使した。以下参照。Laura McAllister, "The Perils of Community as a Construct for the Political Ideology of Welsh Nationalism," *Government & Opposition* 33, no. 4 (1998): 505. さらに、以下も参照のこと。Hywel Davies, *The Welsh Nationalist Party, 1925–1945: A Call to Nationhood* (Houndmills: Palgrave, 1983), 101.

105 Niles Carpenter, *Guild Socialism: An Historical and Critical Analysis* (New York: Appleton, 1922), 116.

106 Otto Bauer, *Werkausgabe*, vol. 2 (Vienna: EuropaVerlag, 1980), 325, 712.

107 Bauer, *Werkausgabe*, vol. 2, 329.

108 以下で引用されている。Julius Braunthal, "Otto Bauer, Ein Lebensbild," in Otto Bauer, *Eine Auswahl aus seinem Lebenswerk* (Vienna: Verlag der Wiener Volksbuchhandlung, 1961), 45. 強調は原文通り。

109 MPP-17–2, Karl Polanyi to Misi (n.d.).

110 KPA-30–3, Irene Grant, conversations with Kari Levitt, 1984–1986.

111 Luther Carpenter, *G. D. H. Cole: An Intellectual Biography* (Cambridge: Cambridge University Press, 1973), 12.

112 G. D. H. Cole, *Robert Owen* (London: ErnestBenn, 1925), 14.

113 Tom Villis, *Reaction and the Avant-Garde; The Revolt against Liberal Democracy in Early Twentieth-Century Britain* (London: Tauris, 2006), 44–55.

114 Margaret Cole, *The Life of G. D. H. Cole* (London: Macmillan, 1971), 79.

115 G. D. H. Cole, *Fabian Socialism* (London: George Allen & Unwin, 1943); Christopher Lasch, *The True and Only Heaven: Progress and Its Critics* (New York: Norton, 1991), 327.

116 KPA-9–4, Karl Polanyi, "Notes on G. D. H. Cole," 1934.

117 KPA-1–52, Karl Polanyi, "Guild and State" [Gild és állam], *Bécsi Magyar Újság*, March 29, 1923.

118 KPA-2–1, Karl Polanyi, Draft manuscript, 1920–1922.

119 Carpenter, N. 1922: 147–148. 強調は原文通り。

120 KPA-1–52, Polanyi, "Guild and State."

121 KPA-56–13, Polanyi to Irene, March 15, 1963. 強調は原文通り。

122 KPA-2–1, Polanyi, Draft manuscript.

123 Perry Anderson, "After the Event," *New Left Review* 73(2012): 57.

124 Jill Lewis, *Fascism and the Working Class in Austria, 1918–1934: The Failure of Labour in the First*

77 MPP-17–2, Karl Polanyi to Misi, October 7, 1925.

78 MPP-17–2, Karl to Misi, May 10, 1924.

79 ポランニーは、あるとき、シュトルパーに同行してベルリンに行きたいと望んだが、個人的な意見の相違とシュトルパーの雑誌の諸側面に対するポランニーの傲慢な態度により、それは実現しなかった。MPP-17–3, Karl to Misi, October 7 and 25, 1925; Scott and Moleski, *Polanyi*.

80 Felix Schafer, "Vorgartenstrasse 203: Excerpts from a Memoir," in *Karl Polanyi in Vienna: The Contemporary Significance of the Great Transformation*, ed. Kari Polanyi-Levitt and Kenneth McRobbie (Montreal: Black Rose, 2000), 332.

81 KPA-29–10, Schafer, "Polanyi's Life in Vienna."

82 2013年9月に筆者が共有した、ドン・グラントによるタイプ覚書。

83 Kari Polanyi-Levitt, interview, December 2008. KPA-29–10, Schafer, "Polanyi's Life in Vienna," 11.

84 KPA-29–10, Schafer, "Polanyi's Life in Vienna," 78.

85 KPA-2–20, Karl Polanyi, "Einführung in dieVolkswirtschaftslehre,"1930–1931.

86 Karl Popper, *Unended Quest* (Glasgow: William Collins, 1976), 20; Malachi Hacohen, *Karl Popper: The Formative Years, 1902–1945* (Cambridge: Cambridge University Press, 2000), 117–120, 468.

87 KPA-29–10, Schafer, "Polanyi's Life in Vienna," 6.

88 KPA-29–10, Schafer, "Polanyi's Life in Vienna," 12.

89 KPA-2–6, Karl Polanyi, Draft manuscript, 1920–1922.

90 Fritz Ringer, *The Decline of the German Mandarins: The German Academic Community, 1890–1933* (Cambridge, Mass.: Harvard University Press, 1969).

91 Ilona Duczynska, " 'I first met Karl Polanyi in 1920,' " in *Karl Polanyi in Vienna: The Contemporary Significance of the Great Transformation*, ed. Kari Polanyi-Levitt and Kenneth McRobbie (Montreal: Black Rose, 2000), 310.

92 KPA-1–51, Karl Polanyi, "H. G. Wells on Salvaging Civilisation" [H. G. Wells a civilizáció megmentéséről], *Bécsi Magyar Újság*, October 21, 1923. 以下も参照のこと。KPA-1–52, Karl Polanyi, "The New Machiavelli, Kipps and Tono-Bungay" [Az Uj Machiavelli, Kipps es Tono-Bungay], *Bécsi Magyar Újság* (n.d.).

93 H. G. Wells, *The Salvaging of Civilization* (London: Cassell, 1921), 45–46.

94 Wells, *Salvaging*, 102.

95 KPA-1–51, Polanyi, "H. G. Wells on Salvaging Civilisation."

96 KPA-1–50, Karl Polanyi, "Titanic Journalism" [Titánipublicisztika], *Bécsi Magyar Újság*, September 23, 1922.

97 Karl Mannheim, *Man and Society in an Age of Reconstruction* (London: Routledge, 1980 [1935/1940]).

98 Harry Liebersohn, *Fate and Utopiain German Sociology, 1870–1923* (Cambridge, Mass.: MIT Press, 1988), 6.

99 テンニースは、彼の共同体〔ゲマインシャフト〕／社会〔ゲゼルシャフト〕という対概念を、メインによる身分と契約の区別になぞらえた。ポランニーは英語の専門用語を用いる傾向がある——例えば以下を参照のこと。Karl Polanyi, "Aristotle Discovers the Economy," in *Trade and Market in the Early Empires: Economies in History and Theory*, ed. Karl Polanyi,

彼の花嫁選びを称賛したであろう理由だった。KPA-57–8, Karl Polanyi to Kari, January 1963.

46 MPP-17–2, Karl Polanyi to Misi and Magda, November 12, 1922.

47 PFP-212–324, Karl Polanyi to Mama and Geschwister, May 19, 1923; MPP-17–2, Karl Polanyi to Cecile, April 19, 1923.

48 MPP-17–2, Karl to Cecile, April 19, 1923.

49 MPP-17–2, Karl Polanyi to Cecile, April 10, 1923.

50 MPP-17–2, Karl to Cecile, April 10 and 19, 1923. アパートはイロナの家族が所有するものではなかった。しかし、それを見つけたのはイロナだった。そのことについては以下で示唆されている。Mary Jo Nye, *Michael Polanyi and His Generation: Origins of the Social Construction of Science* (Chicago: University of Chicago Press, 2011).

51 PFP-212–324, Karl to Cecile, June 7, 1923.

52 Kari Polanyi-Levitt, interview, December 2008.

53 さらに悪いことに、イロナは産後亀裂に苦しみ、緊急手術を必要とした。MPP-17–2, Karl Polanyi to Magda, October 24, 1926.

54 KPA-29–9, Felix Schafer, "Memoirs," 1944–1966, 17; KPA-29–10, Schafer, "Polanyi's Life in Vienna," 61, and cf. various letters from Karl to Michael in 1922 (MPP-17–2). 1925年のヤーシの日記では、その典型的な例として、「嘆かわしい健康状態」に苦しんでいる彼の友人〔ポランニー〕のことが報告されている。

55 MPP-17–3, Karl Polanyi to Cecile, November 10, 1926, and Karl to Misi, July 29, 1925.

56 KPA-29–10, Schafer, "Polanyi's Life in Vienna," 14–34.

57 Kari Polanyi-Levitt, interview, December 2008.

58 KPA-29–10, Schafer, "Polanyi's Life in Vienna," 34.

59 KPA-29–10, Schafer, "Polanyi's Life in Vienna," 33.

60 Kari Polanyi-Levitt, interview, December 2008.

61 KPA-29–10, Schafer, "Polanyi's Life in Vienna," 3.

62 MPP-17–2, Karl Polanyi to Misi, November 5, 1925.

63 Kari Polanyi-Levitt, e-mail to the author, May 30, 2013.

64 MPP-17–2, Karl Polanyi to Misi, May 10, 1924.

65 MPP-17–3, Karlto Cecile, November 10, 1926.

66 Kari Polanyi-Levitt, interview, December 2008.

67 Don Grant, interview.

68 Kari Polanyi-Levitt, interview, December 2008.

69 KPA-59–4, Karl Polanyi to Joe Levitt, October 5, 1947.

70 Kari Polanyi-Levitt, interview, December 2008.

71 彼らはいつもはホテル・エトラッハーホフに宿泊した。Scott and Moleski, *Polanyi*, 142.

72 MPP-17–4, Karl Polanyi to Misi, August 18, 1932; also Ilona to Misi, October 11, 1932.

73 Kari Polanyi-Levitt, interview, December 2008.

74 Kari Polanyi-Levitt, interviews, December 2008 and March 2009.

75 MPP-17–2, Karl to Misi and Magda, November 12, 1922.

76 MPP-17–2, Karl Polanyi to Misi, May 1924.

する」惧れがあり、「私は一緒に仕事を続けることができるかどうか疑っている」。ヤーシは正しかった。2人は1940年代半ばまで再び密に協力し合うことはなかった。以下参照。OJP-37, Mihály Károlyi to Jaszi, November 12, 1929; OJP-37, Jaszi diaries, entry of December 18, 1923.

26 János Gyurgyák, ed., *Karl Polanyi, 1886–1964* (Budapest: Fővárosi Szabó Ervin Könyvtár, 1986).

27 MPP-19–2, Mausi to Cecile, July3, 1921.

28 KPA-48–5, Polanyi to Jaszi, October 27, 1950.

29 PFP-212–587, Ilona to Michael Löwy, January 31, 1974.

30 イルマは1910年代の初めにイロナのことをマイケルに話したことがあった。彼女はイロナをカールの目に触れないようにした。彼は「すぐさま」彼女に恋するだろうからである。KPA-57–4, Michael to Ilona, November 12, 1943.

31 Aurel Kolnai, *Political Memoirs* (Oxford: Lexington, 1999), 46.

32 PFP-212–587, Ilona to Michael Löwy, January 31, 1974.

33 KPA-46–6, Duczynska, interview with Isabella Ackerl, late 1970s; Kenneth McRobbie, "Under the Sign of the Pendulum: Childhood Experience as Determining Revolutionary Consciousness. Ilona Duczynska Polanyi," *Canadian Journal of History* 41, no. 2 (2006): 263–298.

34 KPA-46–6, Duczynska, interview with Isabella Ackerl, late 1970s.

35 McRobbie, "Under the Sign."

36 Kenneth McRobbie, "Education and the Revolutionary Personality: The Case of Ilona Duczynska (1897–1976)," *Canadian Slavonic Papers* 51, no. 4 (2009): 469–494; McRobbie, "Under the Sign."

37 PFP-212–587, Ilona to Michael Löwy, March 16, 1974.

38 イロナにとって幸運なことに、その試みが行われる直前に、カール皇帝〔ハンガリー王〕はティサを解任した。後にティサは暗殺されたが、それはイロナによってではなかった。Kenneth McRobbie, "Ilona Duczynska Meets Ervin Szabo: The Making of a Revolutionary Personality—From Theory to Terrorism, April–May 1917," *Hungarian Studies Review*, 33, no. 1–2 (2006): 39–92.

39 KPA-46–6, Duczynska, interview with Isabella Ackerl, late 1970s.

40 KPA-46–2, Ilona Duczynska, "Zum Zerfall der K. P. U.," *Unser Weg*, March 1, 1922, 97–105; PFP-212–587, Ilona to Michael Löwy, January 1, 1974; KPA-46–6, Duczynska, interview with Isabella Ackerl, late 1970s.

41 1937年の履歴によれば、ポランニーは1925年に社会民主労働者党に加入した。「しかし、その政治活動に積極的に参加することはなかった」。SPSL-438–4, Karl Polanyi, "Curriculum Vitae." 他のところでは、1919年以来「私はどんな政治党派や政治グループにも加盟したことはないし、どんな指導にも従ったことはない。[オーストリアで]私は政治から距離を置いていたが、社会民主党の候補に投票したことはある」と、彼は書いている。KPA-30–1, Karl Polanyi, "Biographical Information," 1940–1984.

42 KPA-46–6, Duczynska, interview with Isabella Ackerl, late 1970s.

43 KPA-59–7, Karl Polanyi to Ilona, August 25, 1940.

44 KPA-58–1, Karl Polanyi to Kari, January 30, 1959.

45 ポランニーは、イロナとセシルのあいだの類似点について引き続いて記している。両者とも「ロシア人」だった。彼の印象によれば、このことは、父親がもし生きていれば、

University Press, 2005), 51.

2 しかし、ポランニーの医者のホローは、これらのうちで重症なのはヘルニアだけだ、と彼に保証した。MPP-17–7, Karl Polanyi to Misi, November 10, 1938.

3 MPP-17–2, Karl Polanyi to Cecile, April 24, 1920.

4 実際、〔生活費は〕とても高くついたので、ポランニーは、数年後まで返しきることのできなかったセシルからの借金に頼った。MPP-17–2, Karl Polanyi to Cecile, November 18, 1922.

5 MPP-17–2, Karl to Cecile, April 24, 1920.

6 MPP-17–2, Karl to Cecile, April 24, 1920.

7 ガールベルクは、ウクライナのユダヤ人で、若い頃ヘンリク・グロスマンと一緒に働き、レンベルク〔現ウクライナ領リヴィウ〕で社会主義雑誌をつくったことがあった。Rick Kuhn, *Henryk Grossman and the Recovery of Marxism* (Champaign: University of Illinois Press, 2007), 14.

8 Polanyi, quoted in Tibor Frank, "Between Red and White: The Mood and Mind of Hungary's Radicals, 1919–1920," *Hungarian Studies Review* 9, nos. 1–2 (1994): 105–126.

9 Polanyi, quoted in Frank, "Between Red and White," 99.

10 MPP-17–2, Karl to Cecile, April 24, 1920.

11 MPP-17–2, Karl Polanyi to Cecile, November 8, 1920.

12 MPP-17–2, Karl Polanyi to Misi, September 1921.

13 MPP-17–2, Karl Polanyi to Misi, November 5, 1921.

14 MPP-17–2, Karl Polanyi to Misi, January 19, 1920.

15 MPP-17–2, Karl Polanyi to Misi, May 20, 1920.

16 MPP-17–2, Karl Polanyi to Misi, March 17 and July 2, 1920.

17 MPP-17–2, Karl to Cecile, November 8, 1920.

18 MPP-17–2, Karl Polanyi to Misi (n.d.).

19 MPP-17–2, Karl Polanyi to Magda, October 20, 1920.

20 MPP-1–18, Adolf Smekal to Misi, October 14, 1922.

21 OJP-34, Jaszi diaries, entry of February 26, 1925; János Gyurgyák, "Karl Polanyi and Oscar Jaszi at the *Bécsi Magyar Újság*," in *Karl Polanyi in Vienna: The Contemporary Significance of the Great Transformation*, ed. Kari Polanyi-Levitt and Kenneth McRobbie (Montreal: Black Rose, 2000), 320.

22 Arpad Kadarkay, *Georg Lukacs: Life, Thought and Politics* (Oxford: Blackwell, 1991), 240.

23 Front-page headline, *Bécsi Magyar Újság*, September 16, 1922.

24 John Neubauer, "Exile: Home of the Twentieth Century," in *The Exile and Return of Writers from East-Central Europe: A Compendium*, ed. John Neubauer and Borbála Zsuzsanna Török (New York: Walter de Gruyter, 2009), 54.

25 手紙と日記で、ヤーシはカーロイの急進的な転回に対する失望を書き留めていた。カーロイが第二インターナショナルの諸政党に辛辣なほど批判的であったのは、それらが、イギリス労働党内閣のように社会主義的転換を始めずに、むしろ資本主義を強化しようとしていたからであった。それは「社会主義の理想」を1インチさえも前進させることができなかった。ヤーシが書いているところでは、カーロイは、「世界革命の神話が染み付いて」しまい、「ヒステリックな態度」が「私たちの努力をすべて台無しに

University of California Press, 1971).

184 KPA-1-43, Karl Polanyi, "The Autonomy of Science and the Autonomy of the University" [A tudomány autonomiája és az egyetem autonomiája], *Szabadgondolat* 9, no. 4 (1919): 87–89. コミューンの最初の布告であるアルコール禁止法をポランニーが承認したことも、想像されるであろう。

185 Congdon, *Exile and Social Thought*, 218; Anonymous interviewee. 以下も参照のこと。Karl Polanyi, "Die neue Internationale," in *Chronik der großen Transformation*, vol. 1, ed. Michele Cangiani and Claus Thomasberger (Marburg: Metropolis, 1925).

186 Jaszi, *Revolution and Counter-Revolution*, 116, 144, 151.

187 Jaszi, *Revolution and Counter-Revolution*, 151.

188 Frank Eckelt, "The Internal Policies of the Hungarian Soviet Republic," in *Hungary in Revolution*, ed. Iván Völgyes (Lincoln: University of Nebraska Press, 1971), 53–70.

189 Thomas Bender and Carl Schorske (1994), "Introduction: Budapest and NewYork Compared," in *Budapest and New York: Studies in Metropolitan Transformation, 1870–1930*, ed. Thomas Bender and Carl Schorske (New York: Russell Sage Foundation), 16.

190 押収を正当化して、絵画は法的な所有者ではなく、それを楽しみ正しく評価する者に属する、とルカーチは主張した。Georg Lukacs, *Record of a Life: An Autobiographical Sketch* (London: Verso, 1983), 60; Arpad Kadarkay, *Georg Lukacs: Life, Thought and Politics* (Oxford: Blackwell, 1991), 221.

191 Eckelt, "Internal Policies."

192 Arthur Koestler, *Arrow in the Blue* (London: Hutchinson, 1983[1952]), 88.

193 Arthur Koestler, *Arrow in the Blue*, 90.

194 Jaszi, *Revolution and Counter-Revolution.*

195 KPA-2-9, Polanyi, "The Crucial Issue Today," 7.

196 Andrew Janos, *The Politics of Backwardness in Hungary, 1825–1945* (Princeton, N.J.: Princeton University Press, 1982), 201.

197 KPA-29-12, Ilona Duczynska, "Karl Polanyi—A Family Chronicle and a Short Account of His Life," (n.d.).

198 カリ・ポランニー＝レヴィットによる父親〔カール〕についての回想によれば、「彼は、体力的に可能なら、国と革命を守るために起ち上がるつもりだ、とルカーチにメッセージを送った」。Letter to the author, January 2015. Cf. KPA-29-12, Duczynska, "Karl Polanyi"; KPA-29-8, Ilona Duczynska and Zoltán Horváth, "Karl Polanyi and the Galilei Circle."

199 SPSL-536-1, Polanyi to Adams, March 31, 1934. ヤーシは５月１日にハンガリーを離れた。

200 Alfred Low, "Hungary in Revolution, 1918–19," in *Hungary in Revolution*, ed. Iván Völgyes (Lincoln: University of Nebraska Press, 1971), 152.

201 Polanyi, "Count Michael Károlyi," 92–97.

202 Koestler, *Arrow in the Blue*, 91.

◆ 第三章　赤いウィーンの勝利と悲劇

1 William Scott and Martin Moleski, *Michael Polanyi: Scientist and Philosopher* (Oxford: Oxford

160 SPSL-536–1, Polanyi to Adams, March 31, 1934.

161 KPA-1–39, Polanyi, "The Galilei Circle: A Balance Sheet."

162 エーリヒ・フロムへの手紙で、ポランニーはルカーチの動きを多くの革命家——フロム自身を含めて——が直面するジレンマを反映するものだと想起している。彼らは「理念型としての革命家」を心に描いているが、「その集団的具体化である共産党」を嫌悪している。ルカーチの場合、彼は「1918年12月にハンガリー共産党に入るのを拒否した。しかし、わずか1カ月後には入党した」。KPP-1–4, Karl Polanyi to Eric Fromm, January 14, 1961.

163 戦争の皮相な説明に対するポランニーの不満によって、後に『大転換』へと結実することになる最初の種が与えられた。Polanyi, "Calling of Our Generation."

164 ポランニーの「リバタリアン社会主義」という用語の使用は、自由主義的社会主義と無政府主義的伝統とを含む傾向がある。例えば以下など。KPA-2–9, Polanyi, "The Crucial Issue Today."

165 KPA-1–29, Karl Polanyi, "Civil War" [Polgárháború], *Szabadgondolat* 9, no. 6 (1919).

166 Polanyi, "Calling of Our Generation."

167 KPA-1–31, Karl Polanyi, "Oration to the Youth of the Galilei Circle" [Szózat a Galilei Kör i úságához], 1919.

168 KPA-1–25, Polanyi, "The Programme and Goals of Radicalism."

169 KPA-1–31, Polanyi, "Oration to the Youth of the Galilei Circle."

170 Karl Polanyi, "Wissenschaft und Sittlichkeit," in *Chronik der großen Transformation*, vol. 3, ed. Michele Cangiani, Kari Polanyi-Levitt, and Claus Thomasberger (Marburg: Metropolis, 2005 [1920–1922]), 195.

171 この論点を精緻化したものとしては以下を参照のこと。Gareth Dale, "Karl Polanyi in Vienna: Guild Socialism, Austro-Marxism, and Duczynska's Alternative," *Historical Materialism* 22, no. 1 (2014): 34–66.

172 KPA-1–45, Polanyi, "Parties and the Peace"; Litván, "Karl Polanyi," 33.

173 Lee Congdon, *Exile and Social Thought: Hungarian Intellectuals in Germany and Austria, 1919–1933* (Princeton, N.J.: Princeton University Press, 1991), 218.

174 KPA-1–25, Polanyi, "The Programme and Goals of Radicalism."

175 KPA-30–1, Polanyi, "Biographical Information."

176 Lloyd George, quoted in David McNally, Eddie Yuen, and Sasha Lilley, *Catastrophism: The Apocalyptic Politics of Collapse and Rebirth* (Seattle: PM Press, 2012), 60.

177 Congdon, *Exile and Social Thought*, 33.

178 Eduard Bernstein, "Geleitwort," in *Magyariens Schuld, Ungarns Sühne: Revolution und Gegenrevolution in Ungarn*, Oskar Jaszi (Munich: Verlag für Kulturpolitik, 1923), xi.

179 KPA-1–29, Polanyi, "Civil War."

180 Vermes, "Hungary in Revolution," 57.

181 Jaszi, *Revolution and Counter-Revolution*, 88.

182 Jaszi, *Revolution and Counter-Revolution*, 94.

183 Peter Kenez, "Coalition Politics in the Hungarian Soviet Republic," in *Revolution in Perspective: Essays on the Hungarian Soviet Republic of 1919*, ed. Andrew Janos and William Slottman (Berkeley:

133 KPA-48–5, Polanyi to Jaszi, October 27, 1950.

134 KPA-1–50, Karl Polanyi, "The Resurrection of Jesus" [Jézus feltámadása], *Bécsi Magyar Újság*, April 5, 1923.

135 例えば、以下が挙げられる。Slavoj Zizek, *The Fragile Absolute, Or Why Is the Christian Legacy Worth Fighting For?* (London: Verso, 2000), 115, 120.

136 KPA-56–9, Karl Polanyi to Toni Stolper, Christmas 1931.

137 Kari Polanyi-Levitt, e-mail to the author, May 30, 2013.

138 Gregory Baum, telephone interview.

139 Kari Polanyi-Levitt, interview, July 2006.

140 KPA-20–20, Karl Polanyi, "Church and State in the Light of Central European Experience," 1934.

141 Rudolf Tökés, *Béla Kun and the Hungarian Soviet Republic: The Origins and Role of the Communist Party of Hungary in the Revolutions of 1918–1919* (New York: Praeger, 1967), 227.

142 SPSL-536–1, Polanyi, "Curriculum Vitae."

143 Károlyi, *Fighting the World*, 443. ノウルズとオウエンには失礼ながら、これは「共産主義革命」ではない。Rob Knowles and John Owen, "Karl Polanyi for Historians: An Alternative Economic Narrative," *European Legacy* 13, no. 2 (2008): 175–191.

144 Polanyi, "Count Michael Károlyi," 92.

145 Polanyi, "Count Michael Károlyi," 95.

146 Gábor Vermes, "Hungary in Revolution, 1918–19," in *Hungary in Revolution, 1918–19*, ed. Iván Völgyes (Lincoln: University of Nebraska Press, 1971), 41.

147 Jaszi, *Revolution and Counter-Revolution*, 77.

148 Jaszi, *Revolution and Counter-Revolution*, 88.

149 Jaszi, *Revolution and Counter-Revolution*, 38–41, 80.

150 Polanyi, "Count Michael Károlyi," 92–97.

151 Károlyi, *Memoirs*, 150–151.

152 Holger Fischer, *Oszkár Jaszi und Mihály Károlyi: Ein Beitrag zur Nationalitätenpolitik der bürgerlich- demokratischen Opposition in Ungarn von 1900 bis 1918 und ihre Verwirklichung in der bürgerlich-demokratischen Regierung von 1918 bis 1919* (Munich: Rudolf Trofenik, 1978), chapter 4. ポランニーはヤーシと見解を共有した。KPA-1–45, Polanyi, "Parties and the Peace."

153 Jaszi, *Revolution and Counter-Revolution*, 22, 37–40, 62.

154 Cf. PFP-212–587, Karl Polanyi to Mutter und Misi (n.d.):「私は『世界』が売り切れたと聞いている。それはユダヤ人には急進的すぎる」。

155 KPA-1–39, Polanyi, "The Galilei Circle: A Balance Sheet."

156 KPA-30–1, Polanyi, "Biographical Information."

157 PFP-212–587, Ilona Duczynska to Michael Löwy, January 1, 1974. Cf.KPA-46–6, Ilona Duczynska, interview with Isabella Ackerl, 1970s.「私はひどくそれにがっかりしました。そこでは、セミナーだけが、社会学だけが、行動ではなく、教えられることだけがあったからです」とイロナは言っている。私は、論文 "Karl Polanyi in Budapest" (*Archives Européennes de Sociologie* 50, no. 1 [2009]: 122) で、この引用を不注意にも彼女の夫のものだとした。

158 Jaszi, *Revolution and Counter-Revolution*, 29.

159 PFP-212–587, Ilona Duczynska to Michael Löwy, January 31, 1974.

106 MPP-17–1, Karl Polanyi to Misi, February 13, 1915.

107 MPP-17–1, Karl Polanyi to Misi, August 15, 1915. 同じ手紙でポランニーは切迫する冬を警告し、「すぐに」自分に「毛皮製品」を送るよう頼んでいる。2年後、彼はこのテーマに立ち返っている。「ここの冬は、ロシアの冬よりマシとはいえ、暖かい服を着ても、冬の軍事行動で凍ってしまうだろう」。それに付け加えて、彼は衣服を、すなわち「下着、毛皮、皮革」をたっぷり用意していた、と書いている。MPP-17–1, Karl Polanyi to Misi, September 3, 1917.

108 MPP-17–1, Karl Polanyi to Adolf, October 31, 1915.

109 PFP-212–324, Karl Polanyi to Mama, November 19, 1915.

110 PFP-212–324, Karl Polanyi to Cecile (n.d.). ポランニーがプシェミシル近辺にいたという推測について、クリス・ハンに感謝する。

111 Kari Polanyi-Levitt, interview, December 2008. ポランニーは音楽を「雑音」だと見なす傾向があったので、この説明は信じられるが、もう1つのもっともらしい解釈は、彼の性格を考えると、そのとき彼は単に考え事をしていた、というものである。

112 PFP-212–324, Karl Polanyi to Mama (n.d.) and May 6, 1916; Mary Jo Nye, *Michael Polanyi and His Generation: Origins of the Social Construction of Science* (Chicago: University of Chicago Press, 2011), 10.

113 MPP-17–1, Karl Polanyi to Misi, September 24, 1916.

114 MPP-17–1, Karl Polanyi to Misi, October 15, 1915.

115 PFP-212–324, Karl Polanyi to Mama (n.d.).

116 PFP-212–324, Karl to Mama (n.d.) and May 6, 1916.

117 MPP-17–1, Karl to Misi, August 15, 1915.

118 KPA-47–5, Karl Polanyi to Oberleutenant (n.d.).

119 PFP-212–324, Karl Polanyi to Cecile (n.d.).

120 Nye, *Michael Polanyi*, 10.

121 Polanyi, "Calling of Our Generation."

122 Nye, *Michael Polanyi*, 10.

123 PFP-212–324, Karl to Cecile (n.d.); Szapor, *Pocahontas*, 60.

124 Karl Polanyi, "Hamlet," *Yale Review* 43, no. 3 (1954): 336–350.

125 Polanyi, "Hamlet," 336–350.

126 Karl Polanyi, "Letter to a Friend, 1925," in *Karl Polanyi in Vienna: The Contemporary Significance of the Great Transformation*, ed. Kari Polanyi-Levitt and Kenneth McRobbie (Montreal: Black Rose, 2000), 315–318.

127 PFP-212–324, Karl to Mama (n.d.).

128 SPSL-536–1, Polanyi to Adams, March 31,1934.

129 SPSL-536–1, Karl to Zoe Fairfield, March 24, 1934.

130 Anon., "In Memoriam." Document from Columbia University's Butler Library. ダン・トンプキンズは親切にも筆者にコピーを提供してくれた。

131 Stefan Collini, *Public Moralists: Political Thought and Intellectual Life in Britain* (Oxford: Oxford University Press, 1991), 73.

132 KPA-45–18, Rotstein, "Weekend Notes," 62, 1958.

"The 'Jewish Question,' Hungarian Sociology and the Normalization of Antisemitism," *Patterns of Prejudice* 44, no. 2 (2010): 149.

84 Karl Polanyi, "The Calling of Our Generation" [A mai nemzedék hivatása], in *Fssizmus, demokrácia, ipari társadalom: Társadalomfilozófiai írások* (Budapest: Gondolat, 1986 [1918]).

85 Otto Bauer, *Werkausgabe*, vol. 9 (Vienna: EuropaVerlag, 1980), 1033–1037. Julius Braunthal, "Otto Bauer, Ein Lebensbild," in *Eine Auswahl aus seinem Lebenswerk*, ed. Otto Bauer (Vienna: Verlag der Wiener Volksbuchhandlung, 1961), 24; Friedrich Heer, "Vorwort," in Ilona Duczynska, *Der demokratische Bolschewik: Zur Theorie und Praxis der Gewalt* (Munich: List Verlag, 1975), 17; Österreichisches Staatsarchiv, "100 Jahre erster Weltkrieg 'Militarisierung der Politik' Otto Bauer," 2014, http://wk1.staatsarchiv.at/militarisierung-der-politik/otto-bauer/.

86 Michael Károlyi, *Fighting the World: The Struggle for Peace* (London: Kegan Paul, 1924), 128.

87 Michael Károlyi, *Memoirs of Károlyi, Michael: Faith without Illusion* (London: Jonathan Cape, 1956), 61.

88 Robert Fine, "Cosmopolitanism and Violence: Difficulties of Judgment," *British Journal of Sociology* 57 no. 1 (2006): 49–67.

89 Zoltán Horváth, *Die Jahrhundertwende in Ungarn: Geschichte der zweiten Reformgeneration (1896–1914)* (Budapest: Corvina Verlag, 1966), 501. ヤーシと急進党は最初からすでに戦争に反対していた、とポランニーは戦後主張した。だが、この主張を支持する証拠を、私は見つけられなかった。KPA-1–45, Karl Polanyi, "Parties and the Peace" [Pártjaink és a béke], *Szabadgondolat* 8, no. 8 (1918): 146–152.

90 Hauszmann, *Bürgerlicher Radikalismus*, 180.

91 Nándor Dreisziger, "Oscar Jaszi and Peaceful Co-Existence among Nationalities and Nations," Paper presented at the Ninth International Karl Polanyi Conference, Concordia University, November 2003.

92 Károlyi, *Fighting the World*, 262, 140.

93 Constantinescu, "Zurnationalen Frage," 64.

94 Kari Polanyi-Levitt, interviews, October 2007 and December 2008.

95 MPP-17–1, Karl Polanyi to Misi, 1914 or 1915.

96 Kari Polanyi-Levitt, telephone interview, October 2007.

97 KPA-18–13, Karl Polanyi, "Extramural Lectures. Report no. 1," IIE, 1935.

98 KPA-1–30, Polanyi, "Manual and Intellectual Labour."

99 MPP-17–1, Karl Polanyi to Misi, January 25, 1915.

100 MPP-17–1, Correspondence; Gyurgyák, *Karl Polanyi*; Judith Szapor, *The Hungarian Pocahontas: The Life and Times of Laura Polanyi Stricker, 1882–1959* (Boulder: East European Monographs, 2005), 59; Scott and Moleski, *Polanyi*, 33.

101 SPSL-536–1, Polanyi to Adams, March 31, 1934.

102 PFP-212–324, Polanyi to Mama, November 19, 1915.

103 PFP-212–324, Polanyi to Mama (n.d.).

104 Holger Herwig, *The First World War: Germany and Austria-Hungary, 1914–1918* (London: Arnold, 1997), 230.

105 PFP-212–324, Polanyi to Cecile (n.d.).

の承認」を強く主張した。なぜなら、第一に、このような法則はどのような社会にも当てはまり、社会改革が設定しうる目標そのものを限定するものであり、第二に、結局、経済学は選択のルールの応用であるため、それゆえに、選択に必然的に伴う道徳的責任は社会経済学から切り離せないからである」。SPSL-536-1, Polanyi to Adams, March 31, 1934. 強調は引用者による。

64 以下で引用されている。György Litván, "Karl Polanyi in Hungarian Politics," in *The Life and Work of Karl Polanyi*, ed. Kari Polanyi-Levitt (Montreal: Black Rose, 1990), 31–32.

65 KPA-1–48, Polanyi, "Radical Party and Bourgeois Party."

66 Conversation with Judit Szapor, Montreal, October 2010.

67 Janos Hauszmann, *Bürgerlicher Radikalismus und demokratisches Denken im Ungarn des 20. Jahrhunderts: Der Jaszi-Kreis um Huszadik Század* (Oxford: Peter Lang, 1988), 152.

68 Jaszi, *Revolution and Counter-Revolution*, 23.

69 KPA-1–25, Karl Polanyi, "The Programme and Goals of Radicalism" [ARadikalizmus Programmja és Célja], 1918.

70 KPA-1–20, Karl Polanyi, "Radical Bourgeois Politics" [Radikális polgári politika], *Szabadgondolat* 3, no. 11 (1913): 347–348.

71 KPA-1–23, Karl Polanyi, "Bourgeois Radicals, Socialists and the Established Opposition" [Polgári radikálisok, szocialisták és törtenelmi ellenzék], *Szabadgondolat* 4, no. 5 (1914).

72 David Kettler, Volker Meja, and Nico Stehr, *Karl Mannheim* (London: Ellis Horwood and Tavistock Publications, 1984), 20–21.

73 KPA-1–20, Polanyi, "Radical Bourgeois Politics"; KPA-1–25, Polanyi, "The Programme and Goals of Radicalism."

74 KPA-1–48, Polanyi, "Radical Party and Bourgeois Party"; KPA-1–30, Karl Polanyi, "Manual and Intellectual Labour 2" [Fizikai és szellemi munka II], *Szabadgondolat* 9, no. 2 (1919).

75 KPA-1–30, Karl Polanyi, "Manual and Intellectual Labour" [Fizikai és szellemi munka], *Szabadgondolat* 9, nos. 1–2 (1919).

76 KPA-1–25, Polanyi, "The Programme and Goals of Radicalism."

77 KPA-1–23, Polanyi, "Bourgeois Radicals, Socialists and the Established Opposition."

78 KPA-1–20, Polanyi, "Radical Bourgeois Politics."

79 Karl Polanyi, "Count Michael Károlyi," *Slavonic and East European Review* 24, no. 63 (1946): 94.

80 KPA-1–24, Karl Polanyi, "Magyar Hegemony and the Nationalities" [A magyar hegemonia és a nemzetiségek], *Szabadgondolat* 4, no. 3 (1914): 69–71.

81 Isaac Deutscher, *The Prophet Armed: Trotsky 1879–1921* (London: Verso, 2003 [1954]), 174〔田中西二郎・橋本福夫・山西英一訳『武装せる予言者・トロツキー』新潮社、1964年〕.

82 ハンガリーのユダヤ人の数は、戦時の国防軍において実際よりも少なく見積もられていた一方で、軍務からの除外を要求する者のうちユダヤ人の表明数は平均以上であった。だが、このような事態は民族性〔エスニシティ〕よりも、むしろ階級と相関していると推定される。Istvan Deak, *Beyond Nationalism: A Social and Political History of the Habsburg Officer Corps, 1848–1918* (Oxford: Oxford University Press, 1990), 195.

83 ユダヤ人の出自ゆえに軍務に「適さない」と見なされた者がいた。Kati Marton, *Enemies of the People: My Family's Journey to America* (New York: Simon & Schuster, 2009), 9; Kati Vöros,

43 Friedrich Adler, *Ernst Machs Ueberwindung des mechanischen Materialismus* (Vienna: Wiener Buchhandlung, 1918), 24.

44 Ernst Mach, *Die Analyse der Empfindungen und dasVerhältnis des Physischen zum Psychischen, Neunte Auflage* (Jena: Gustav Fischer, 1922 [1897]), 13–14.

45 KPA-23–6, Polanyi, "Answers to Random Questions."

46 KPA-1–3, Polanyi, "Culture—Pseudo-Culture."

47 KPA-1–51, Karl Polanyi, "The Discovery of the Three Holy Scripts" [A háromSzentirás felfedezése]; KPA-1–5, Karl Polanyi, "The Importance of Orthodoxy" [Azorthodoxia fontosságáról], *Renaissance* 8, no. 25 (1910): 707–712; G. K. Chesterton, *Heretics* (Peabody, Mass.: Hendrickson, 2007 [1905]), chapter 1.

48 KPA-1–10, Karl Polanyi, "Credo and Credulity," [Hitéshiszékenység], *Szabadgondolat* 1, no. 5 (1911).

49 KPA-1–6, Karl Polanyi, "The Crisis of Our Ideologies" [Nézeteink válsága], *Huszadik Század* 11, no. 1–2 (1910): 125–127.

50 M. Constantinescu et al., "Zur nationalen Frage in Österreich-Ungarn (1900–1918)," in *Die nationale Frage in der Österreichisch-Ungarischen Monarchie 1900–1918*, ed. Péter Hanák (Budapest: Akadémiai Kiadó, 1966), 39–147

51 KPA-20–2, Karl Polanyi, "Introduction to 'Tame Empires,' " 1938–1939.

52 SPSL-536–1, Karl to Zoe Fairfield, March 24, 1934.

53 KPA-20–2, Polanyi, "Introduction to 'Tame Empires.' "

54 SPSL-536–1, Polanyi to Adams, March 31, 1934.

55 KPA-2–9, Karl Polanyi (1919), "The Crucial Issue Today: A Response" [Worauf es heute ankommt. Eine Erwiderung]. Cf. Jaszi, *Revolution and Counter-Revolution*, 113; and György Litván, *A Twentieth-Century Prophet: Oscar Jaszi, 1875–1957* (Budapest: Central European University Press, 2006), 72. 1911年、ヤーシはベルリンに数カ月滞在し、ベルンシュタイン、フェルディナント・テンニース、およびオッペンハイマーと知り合いになった。

56 MPP-17–2, Karl Polanyi to Misi, early 1920s.

57 MPP-17–2, Karl to Misi, early 1920s.

58 KPA-4–9, Karl Polanyi (early 1920s), "Early Christianity and Communism." 自由主義的社会主義の批判に対するマルクス主義的応答はブハーリンによって執筆された。以下参照。Nikolai Bukharin, "Toward a Theory of the Imperialist State," 1915, www.marxists .org/archive/bukharin/works/1915/state.htm.

59 KPA-2–9, Polanyi, "The Crucial Issue Today," 2.

60 Albert Hirschman, *The Rhetoric of Reaction: Perversity, Futility, Jeopardy* (Cambridge, Mass.: Belknap Press of Harvard University Press, 1991), 96.

61 KPA-1–48, Karl Polanyi, "Radical Party and Bourgeois Party" [Radikális part és polgári part], *Szabadgondolat* 8, no. 9 (1918): 198–204. 以下も参照のこと。Roger Fletcher, "The Life and Work of Eduard Bernstein," in *Bernstein to Brandt: A Short History of German Social Democracy*, ed. Roger Fletcher (London: Edward Arnold, 1987), 49.

62 KPA-2–9, Polanyi, "The Crucial Issue Today," 2.

63 1934年の手紙でポランニーは「社会的責任の領域における経済法則の中心的重要性

とはなかった。Scott and Moleski, *Polanyi*, 12.

15 KPA-56–6, Karl Polanyi to Lukacs, March 20, 1914.

16 KPA-56–7, Édit Hajós, exerpt from a letter to Lukacs, February 11, 1910.

17 KPA-30–1, Karl Polanyi, "Biographical Information," 1940–1984.

18 MPP-17–1, Bé to Karl, July 11, 1913 (?).

19 MPP-17–1, Karl to Misi, February 7, 1914.

20 KPA-56–7, Exerpt from letters from Édit Hajós to Lukacs, December 26, 1909 and February 11, 1910.

21 Scott and Moleski, *Polanyi*, 14.

22 KPA-56–6, Cecile to Lukacs (n.d.).

23 Scott and Moleski, *Polanyi*, 15.

24 Judit Szapor, conversation with the author, Montreal, October 2010.

25 PFP-212–326, Karl to Misi, October 21, 1959; PFP-212–326, Karl Polanyi to Misi, March 4, 1961. しかし、マイケルが子供としての役割を受け入れた兆候はほとんどない。

26 MPP-17–12, Karl Polanyi to Misi, March 4, 1961.

27 Endre Nagy, "After Brotherhood's Golden Age: Karl and Michael Polanyi," in *Humanity, Society and Commitment: On Karl Polanyi*, ed. Kenneth McRobbie (Montreal: Black Rose, 1994), 81–112.

28 PFP-212–326, Karl to Misi, October 21, 1959.

29 KPA-1–39, Karl Polanyi, "The Galilei Circle: A Balance Sheet" [A Galilei Kör mérlege], *Korunk*, June 1929, 1–4.

30 Karl Polanyi, "The Legacy of the Galilei Circle"[A Galilei Kör hagyatéka], in *Fasizmus, demokrácia, ipari társadalom* (Budapest: Gondolat Kiadó, 1986), 193–214.

31 KPA-30–1, Karl Polanyi, "Curriculum Vitae" (n.d.); KPA-37–8, Karl Polanyi, "The Galilei Circle Fifty Years On" [A Galilei Kör otven év távlatából], 1958.

32 Ferenc Múcsi, "The Start of Karl Polanyi's Career," in *The Life and Work of Karl Polanyi*, ed. Kari Polanyi-Levitt (Montreal: Black Rose, 1990), 27.

33 SPSL-536–1, Polanyi to Adams, March 31, 1934.

34 Oscar Jaszi, *Revolution and Counter-Revolution in Hungary* (London: P. S. King, 1924), 25.

35 KPA-1–39, Polanyi, "The Galilei Circle: A Balance Sheet."

36 KPA-48–5, Polanyi to Jaszi, October 27, 1950.

37 KPA-30–1, Polanyi, "Biographical Information."

38 Ignotus, "Hungary of Michael Polanyi," 11.

39 SPSL-536–1, Karl Polanyi to Zoe Fairfield, March 24, 1934.

40 KPA-1–3, Karl Polanyi, "Culture—Pseudo-Culture" [Kultura—álkultura], *Szocializmus Szemle* no. 5 (1909–1910): 238–240.

41 ポランニーは、また「一元論の側に位置した」ドイツ人知識人——彼はフランツ・オッペンハイマーに言及している——の数の多さにも印象を受けた。すべての体系のうちで、それは「厳密な批判にもっとも従順な」ものである。それゆえ、「われわれ自由思想家」はそれを優れた体系だと考えている。KPA-1–22, Karl Polanyi, "Books" [Könyvek], *Szabadgondolat* 4, no. 1 (1914).

42 Wilhelm Ostwald, *Gegen den Monismus* (Leipzig: Verlag Unesma, 1913), esp. 54.

5, 1923.

160 Karl Polanyi, "The Essence of Fascism," in *Christianity and the Social Revolution*, ed. John Lewis, Karl Polanyi, and Donald Kitchin (London: Gollancz, 1935), section IV〔木畑洋一訳「ファシズムの本質」、玉野井芳郎・平野健一郎編訳『経済の文明史』筑摩書房、2003年〕.

161 KPA-1-50, Polanyi, "Resurrection of Jesus." ここでポランニーは、宗教的信条の役割を誇張している。非宗教的な伝統、例えば古代ギリシャ哲学は、人類の道徳的な一体性を考えていた。

162 KPA-1-50, Polanyi, "Resurrection of Jesus."

163 KPA-45-6, Rotstein, "Weekend Notes," 1957.

164 KPA-21-2, Karl Polanyi (1936), "Xtianity and the New Social Order."

165 KPA-1-50, Polanyi, "Resurrection of Jesus."

166 KPA-21-2, Polanyi, "Xtianity and the New Social Order."

167 Abe Rotstein, telephoneinterview, May16, 2009.

◆ 第二章　戦争の十字架を背負って

1 János Gyurgyák, ed., *Karl Polanyi, 1886–1964* (Budapest: Fővárosi Szabó Ervin Könyvtár, 1986).

2 KPA-29-10, Felix Schafer, "Karl Polanyi's Life in Vienna," 1973–1974, 34.

3 Paul Ignotus, "The Hungary of Michael Polanyi," in *The Logic of Personal Knowledge*, ed. Paul Ignotus et al. (London: Routledge, 1961), 3–12.

4 KPA-23-6, Karl Polanyi, "Answers to Random Questions" [Válasz elszórt kérdésekre]; KPA-29-9, Felix Schafer, "Memoirs," 1944–1966, 42.

5 この資格は、だいたい今日の修士号に相当する。以下参照。KPA-56-7, Böske Révész, excerpt from a letter to Lukacs, July 2, 1909. シャールカーニ・ミハーイ（クリス・ハンを通して）の説明に感謝する。

6 Gyurgyák, *Karl Polanyi*.

7 MPP-17-1, Karl Polanyi to Misi, February 7, 1914.

8 SPSL-536-1, Polanyi to Adams, March 31, 1934.

9 William Scott and Martin Moleski, *Michael Polanyi: Scientist and Philosopher* (Oxford: Oxford University Press, 2005), 20.

10 Scott and Moleski, *Polanyi*, 20.

11 KPA-56-7, excerpts from letters from Édit Hajós to Lukacs (December 26, 1909), Pal Ligeti to Lukacs (April 29, 1910), and Édit Hajós to Lukacs (February 11, 1910).

12 KPA-56-7, Böske Révész, excerpt from a letter to Lukacs, January 3, 1910.

13 KPA-56-7, Henrik Herz, excerpt from a letter to Lukacs, June 7, 1910.

14 イルマは、ルカーチとのロマンチックな友情の決裂と同時に起こったベーラ・バラージュとの短い出来事の後に自ら命を絶った。以下参照。KPA-56-6, Karl Polanyi to Georg Lukacs, January 31, 1912. Agnes Heller and Etti de Laczay, "Georg Lukacs and Irma Seidler," *New German Critique* 18 (autumn 1979): 74–106. その上、1900年代の末に苦しみを与えたもう1つの喪失は、カールの末弟のパウルの自死だった。彼は重大な障害を持って生まれ、非常に若いときに施設に閉じ込められた。パウルの運命は家族のなかで議論されるこ

133 Tökés, *Béla Kun*, 10.
134 Szabó, *Socialism*, 183.
135 KPA-1–50, Karl Polanyi, Untitled text, September 21, 1918; Litván, "Revolutionary's Dilemma"; Janos, *Politics of Backwardness*, 187.
136 KPA-1–6, Karl Polanyi, "The Crisis of Our Ideologies" [Nézeteinkválsága], *Huszadik Század* 11, no. 1–2 (1910): 125–127.
137 Karl Polanyi, "Der geistesgeschichtliche Hintergrund des Moskauer Prozesses," in *Chronik der großen Transformation*, vol. 3, ed. Michele Cangiani, Kari-Polanyi Levitt, and Claus Thomasberger (Marburg: Metropolis, 2005), 67.
138 KPA-1–11, Karl Polanyi "On the Destructive Turn" [Adestruktivirányról], *Szabadgondolat*, 1, no. 6 (1911): 195–197.
139 Lukacs, quoted in Michael Löwy, *Georg Lukacs: From Romanticism to Bolshevism* (London: Verso, 1979), 85.
140 Lukacs, *Budapest 1900*, 197.
141 György Litván, *A Twentieth-Century Prophet: Oscár Jászi, 1875–1957* (Budapest: Central European Press, 2006), 16.
142 George Monbiot, "Millionaires and Corporations Are Using Tax Breaks to Help Sway Public Opinion" (2011), www.guardian.co.uk/commentisfree/2011/oct/17/millionaires-corporations-tax-breaks-sway-opinion.
143 Herbert Spencer, *The Man versus the State* (Harmondsworth, U. K.: Penguin, 1969 [1884/1892]). 後にポランニーはスペンサーを「ウィーン学派に結実する思想の時代〔1920–1930年代のH. ハーンやM. シュリックなどの論理実証主義哲学に見られる知的興隆の時期〕の先駆者だ」と言うことになる。KPA-8–12, Karl Polanyi, "Notes on readings" (1934–1946).
144 Spencer, *Man versus State*.
145 Kettler et al., *Karl Mannheim*, 20; Horváth, *Die Jahrhundertwende*, 135.
146 Gluck, *Georg Lukacs*, 88.
147 Gluck, *Georg Lukacs*, 104.
148 Janos, *Politics of Backwardness*, 185.
149 以下で引用されている。Homi Bhaba, *The Location of Culture* (London: Routledge, 2012), 192.
150 Jha, *Polanyi's Philosophy*, 6.
151 PFP-212–324, Karl to Cecile and his siblings (n.d.).
152 KPA-30–1, Karl Polanyi, "Biographical Information," 1940–1984; Scott and Moleski, *Polanyi*, 8.
153 KPA-59–2, Karl to Kari, January 9, 1961.
154 KPA-29–9, Felix Schafer, "Memoirs," 1944–1966, 8.
155 Kari Polanyi-Levitt, interview, December 2008.
156 KPA-18–35, Karl Polanyi, "Nationalism and Internationalism" (n.d.).
157 David Harvey, "Cosmopolitanism and the Banality of Geographical Evils," *Public Culture* 12, no. 2 (2000): 535.
158 Cf. Hacohen, "Dilemmas of Cosmopolitanism."
159 KPA-1–50, Karl Polanyi, "The Resurrection of Jesus" [Jézusfeltámadása], *Bécsi Magyar Újság*, April

105 Löwy, *Redemption*, 32.

106 アインシュタインは、「永遠なる周辺状態に住まう典型的なマージナル・マン」だと描かれたことがあるが、カフカは、チェコ人のなかのドイツ語話者、ドイツ人のなかのユダヤ人、労働者のなかのブルジョア、ユダヤ教徒のなかの無関心者というように、多方面ではぐれ者であった。Hanák, *Garden and Workshop*, 160.

107 ヴェブレンについては以下で引用されている。Hanák, *Garden and Workshop*, 176.

108 Gluck, *Georg Lukacs*, 8.

109 Isaac Deutscher, *The Non-Jewish Jew and Other Essays* (Oxford: Oxford University Press, 1968).

110 John Lukacs, *Budapest 1900: A Historical Portrait of a City and Its Culture* (London: Weidenfeld, 1993), 183.

111 Zoltán Horváth, *Die Jahrhundertwende in Ungarn: Geschichte der zweiten Reformgeneration (1896–1914)* (Budapest: Corvina Verlag, 1966), 141.

112 KPA-37–8, Polanyi, "The Galilei Circle Fifty Years On."

113 Lukacs, *Selected Correspondence*, 39.

114 Polanyi, cited in Kadarkay, *Georg Lukacs*, 62.

115 以下で引用されている。Hanák, *Garden and Workshop*, 80.

116 以下で引用されている。Hanák, *Garden and Workshop*, 84.

117 Andrew Janos, *The Politics of Backwardness in Hungary, 1825–1945* (Princeton, N.J.: Princeton University Press, 1982), 172.

118 以下で引用されている。Horváth, *Die Jahrhundertwende*, 238.

119 KPA-56–4, Karl Polanyi to Ady, February 2, 1909.

120 KPA-56–4, Polanyi to Ady, February 2, 1909; Gyurgyák, *Karl Polanyi*.

121 Ignotus, "Hungary of Michael Polanyi," 10.

122 ポランニーの最初の公刊論文の主題は、ブルームズベリー・グループとフェビアン協会の双方に属していた少数の知識人の1人ジョージ・バーナード・ショーであった。

123 Ferenc Múcsi, "The Start of Karl Polanyi's Career," in *The Life and Work of Karl Polanyi*, ed. Kari Polanyi-Levitt (Montreal: Black Rose, 1990), 27.

124 Jaszi, *Revolution and Counter-Revolution*, 25.

125 David Kettler, Volker Meja, and Nico Stehr, *Karl Mannheim* (London: Ellis Horwood and Tavistock Publications, 1984), 22–24.

126 Rudolf Tökés, *Béla Kun and the Hungarian Soviet Republic: The Origins and Role of the Communist Party of Hungary in the Revolutions of 1918–1919* (New York: Praeger, 1967), 19.

127 Ignotus, "Hungary of Michael Polanyi," 6.

128 Eduard Bernstein, *Evolutionary Socialism* (1899), chap. 3, www.marxists.org/reference/archive/bernstein/works/1899/evsoc/index.htm.

129 Janos, *Politics of Backwardness*, 187.

130 György Litván, "A Moralist Revolutionary's Dilemma: In Memory of Ervin Szabó," *Radical History Review* 24 (Fall 1980): 77–90.

131 Ervin Szabó, *Socialism and Social Science*, ed. György Litván and János Bak (London: Routledge, 1982).

132 Szabó, *Socialism*, 136.

トゥマヨのゴム農園の不幸な犠牲者だろうと、ヨーロッパ人に身体を売り買いされるアフリカの黒人であろうと、同じように身近に感じます。私の心のなかではゲットーに対する特別な場所はありません。雲と鳥と人の涙があるところなら、世界中のどこであっても自分の家にいるように感じます」。この言葉は以下で引用されている。Natan Sznaider, "Hannah Arendt's Jewish Cosmopolitanism: Between the Universal and the Particular," *European Journal of Social Theory* 10, no. 1 (2007): 116.

86 Aschheim, *Brothers and Strangers*, 20.

87 Sander Gilman, *Jewish Self-Hatred: Anti-Semitism and the Hidden Language of the Jews* (Baltimore: Johns Hopkins University Press, 1986).

88 Oscar Jaszi, *Revolution and Counter-Revolution in Hungary* (London: P. S. King, 1924), 123.

89 Vöros, "Jewish Question," 157.

90 ポランニーは付け加えている。「今日、黒人がそうであるように、かつてユダヤ人は自分自身の解放を徐々に意識するようになった」。"The Legacy of the Galilei Circle" [A Galilei Kör hagyatéka], in *Fasizmus, demokrácia, ipari társadalom* (Budapest: Gondolat Kiadó, 1986), 193–214.

91 Karl Polanyi, The Legacy of the Galilei Circle" [A Galilei Kör hagyatéka], in *Fasizmus, demokrácia, ipari társadalom* (Budapest: Gondolat Kiadó, 1986), 193–214.

92 ポランニーが1914年にはまだ無神論者であったという証拠は、当時の『自由思想〔*Szabadgondolat*〕』誌上のさまざまな文章から得られる。

93 KPA-1–10, Karl Polanyi, "Credo and Credulity," [Hitéshiszékenység], *Szabadgondolat* 1, no. 5 (1911): 159–162.

94 Kari Polanyi-Levitt, telephone interviews, November 2007 and December 2008.

95 Kari Polanyi-Levitt, telephone interview, November 2007.

96 Jonathan Parry, "The Gift, the Indian Gift, and the 'Indian Gift,' " *Man* 21, no. 3 (1986): 469.

97 Parry, "Indian Gift," 458. 強調は原文通り。

98 Parry, "Indian Gift," 466.

99 Marcel Mauss, *The Gift: The Form and Reason for Exchange in Archaic Societies* (London: Routledge, 1990 [1924]).

100 後年、ポランニーはスミスを、その他の面では「高貴な精神を持って」はいるが、共同社会〔コミュニティ〕の発展が個人の利己心から生じると期待する、「悪魔的パラドックスを」生み出した「致命的な誤謬」の生みの親の1人だと見なした。この命題は、計り知れない物質的豊かさで世界を満たしたが、不道徳性の自動的メカニズムを西洋の人間にもたらした。Polanyi, "Legacy of the Galilei Circle"; KPA-15–8, Karl Polanyi, Lecture notes, "Government and Industry," University of London (1943–1944); KPA-31–15, Karl Polanyi, Research Proposal no. 1, Columbia University.

101 Michael Löwy, *Redemption and Utopia: Jewish Libertarian Thought in Central Europe* (London: Athlone Press, 1992), 33.

102 KPA-37–8, Karl Polanyi, "The Galilei Circle Fifty Years On" [A Galilei Kör otven év távlatából], 1958.

103 Löwy, *Redemption*, 37.

104 以下で引用されている。Löwy, *Redemption*, 37.

287.

61 George Mosse, paraphrased in Steven Aschheim, *Brothers and Strangers: The East European Jew in German and German Jewish Consciousness, 1800–1923* (Madison: University of Wisconsin Press, 1982), 7.

62 Abram Leon, *The Jewish Question: A Marxist Interpretation*, 1946, www.marxists.de/religion/leon/.

63 Aschheim, *Brothers and Strangers*, 5. 強調は原文通り。

64 Aschheim, *Brothers and Strangers*, 11.

65 Michael Meyer, "German Jewry's Path to Normality and Assimilation: Complexities, Ironies, Paradoxes," in *Towards Normality? Acculturation and Modern German Jewry*, ed. Rainer Liedtke and David Rechter (Tübingen: Mohr Siebeck, 2003), 18.

66 Aschheim, *Brothers and Strangers*, 6.

67 19世紀末のハンガリー全体で、ユダヤ人は人口の5パーセントを占めていたが、その内訳は実業家が54パーセント、銀行家と金融業者が43パーセント、法律家が45パーセントだった。Mary Gluck, *Georg Lukacs and His Generation, 1900–1918* (Cambridge, Mass.: Harvard University Press, 1985), 58.

68 以下で引用されている。Frank, *Double Exile*, 43.

69 Peter Pulzer, *The Rise of Political Anti-Semitism in Germany and Austria* (London: Peter Halban, 1988), 132.

70 Karl Polanyi, "Count Michael Károlyi," *Slavonic and East European Review* 24, no. 63 (1946): 93.

71 György Enyedi and Viktória Szirmai, *Budapest: A Central European Capital* (London: Belhaven Press, 1992), 67.

72 Pulzer, *Political Anti-Semitism*, 132.

73 しかし、彼らのうちの何人か——例えばマイケル——は、後にハンガリー人と認めることを拒否することになった。Stefania R. Jha, *Reconsidering Michael Polanyi's Philosophy* (Pittsburgh: University of Pittsburgh Press, 2002), 263.

74 Polanyi, "Count Michael Károlyi," 94.

75 Hanák, *Garden and Workshop*, 58.

76 Hanák, *Garden and Workshop*, 48.

77 Kati Vöros, "The 'Jewish Question,' Hungarian Sociology and the Normalization of Antisemitism," *Patterns of Prejudice*, 44, no. 2 (2010): 137–160.

78 Vöros, "Jewish Question."

79 Eleonore Kofman, "Figures of the Cosmopolitan," *Innovation: The European Journal of Social Science Research* 18, no. 1 (2005): 85–99.

80 Vöros, "Jewish Question."

81 Enzo Traverso, *Understanding the Nazi Genocide: Marxism after Auschwitz* (London: Pluto, 1999), 1.

82 Slavoj Zizek, *The Parallax View* (Cambridge, Mass.: MIT Press, 2006), 254.

83 Aschheim, *Brothers and Strangers*, 79.

84 Aschheim, *Brothers and Strangers*, 36.

85 例として、1917年にローザ・ルクセンブルクが友人に示した見解を考えるとよい。「あなたはどうしてユダヤ人の不幸を特別視して抱え込んでいるのでしょう？　私は、プ

立の観点で表現される、富の社会的創出についての彼の見解について考えてみよう。市場社会では、富は「希少で交換可能」という条件においてのみ諸個人による「有用な財」の所有に存する。少なくとも、それが評価されるのは、その財が他者に対する個人の金銭や他の力を示すがゆえである。このことは、以下のような「優位な差別的な含意」を与える。すなわち「もしすべての財が明日有り余るほどになれば、それらは富であることを止める。なぜなら誰もがそれらを持っていて、交換関係はもはや組織されえないからである」。それに反して、「原始の［ママ］富は、社会の成員としての諸個人がその資格においてのみ、ある種のあるいは別の感情」を引き起こす、役に立たない、最低限の生活には必要のない贅沢品を「顕示し、あるいは儀礼的に操作し、あるいは配分する場合に存在する」。このような社会では、富は主に社会的なまとまりを維持するのに貢献するがゆえに評価される。すべての富が有り余るほどとなった場合でさえ、共同体の眼にはまだ富だと見なされるだろう。

50 Paul Ignotus, "The Hungary of Michael Polanyi," in *The Logic of Personal Knowledge*, ed. Paul Ignotus et al. (London: Routledge, 1961), 3–12.

51 KPA-47–4, Karl Polanyi to Werte Genosse, 1927; Karl Polanyi, "Die neue Internationale," in *Chronik der großen Transformation*, vol. 1, ed. Michele Cangiani and Claus Thomasberger (Marburg: Metropolis, 1925).

52 KPA-55–6, Kari Polanyi-Levitt to Louis Dumont, December 14, 1983. この点では、彼の態度はカール・ポパーと同じだった。ポパーは「自分では『同化ユダヤ人』だと考えていなかった。……これは『総統』が私〔ポパー〕をどう考えるかの問題である」。Malachi Hacohen, "Dilemmas of Cosmopolitanism: Karl Popper, Jewish Identity, and 'Central European Culture,' " *Journal of Modern History* 71, no. 1 (1999): 147.

53 ヤーノシュ・ギュルギャーク（*Karl Polanyi*）は、1904年にカールは名前の変更の申請に完全に成功したと主張している。だがミハーイの死亡証明書（1905年）では、子供は全員まだポラチェクという名前である。ラウラは1912年まで変えていない。1907年のカールの最初の公表論文の名前はポランニーであった。カリの洗礼証明書（1923年、KPA-47–11）では、ポランニーは「改革派」の信者と記載されている。

54 Frank, "Hungarian Genius," 29.

55 KPA-55–6, Kari Polanyi-Levitt to Louis Dumont, December 14, 1983.

56 Thomas Bender and Carl Schorske, "Introduction: Budapest and New York Compared," in *Budapest and New York: Studies in Metropolitan Transformation, 1870–1930*, ed. Thomas Bender and Carl Schorske (New York: Russell Sage Foundation, 1994), 17; Hanák, Garden and Workshop, 52.

57 PFP-212–326, Karl Polanyi to Misi, October 21, 1959.

58 PFP-212–326, Karl (1959) to Misi, October 21, 1959. 実際、ハンガリー人とアシュケナージ・ユダヤ人は、ほとんど同じルーツをハザール人に持っていた。以下参照。Shlomo Sand, *The Invention of the Jewish People* (London: Verso, 2009), 214, 225, and Arthur Koestler, cited in Sand, *Invention of the Jewish People*, 239.

59 Oskar Jaszi, *Der Zusammenbruch des Dualismus und die Zukunft der Donaustaaten* (Vienna: Manzsche Verlags- und Universitäts-Buchhandlung, 1918), 18.

60 Robert Bideleux, "In Lieu of a Conclusion: East Meets West?" in *European Integration and Disintegration: East and West*, ed. Robert Bideleux and Richard Taylor (London: Routledge, 1996),

362.

26 MPP-17–12, Karl to Michael, January 11, 1952.

27 Eva Zeisel, quoted in William Scottand Martin Moleski, *Michael Polanyi: Scientist and Philosopher* (New York: Oxford University Press, 2005), 7.

28 PFP-212–28. さまざまなレターヘッド。もう1人のハンガリーの偉大な世代であるゾルターン・コダーイも、音楽教育のコダーイ・メソッド〔コダーイの提唱した音楽教育法。わらべ歌に触れることから始め、アカペラでの歌唱を重視し、楽譜を読めるようになったうえで楽器に取り組む〕に見られるように、ダルクローズの影響を受けている。またダルクローズのオイリュトミー〔子供自身が音楽を自ら感じ、理解したうえで、楽器に触れ、音楽の楽しさを体全体で味わうことから音楽教育を行う方法〕は、セシルの長女ラウラの運営する幼稚園のカリキュラムに組み込まれていた。Scott and Moleski, *Polanyi*, 29.

29 Tibor Frank, *Double Exile: Migrations of Jewish-Hungarian Professionals through Germany to the United States, 1919–1945* (Oxford: Peter Lang, 2008).

30 PFP-212–324, Karl Polanyi to Mama (n.d.).

31 以下で引用されている。Arpad Kadarkay, *Georg Lukacs: Life, Thought and Politics* (Oxford: Blackwell, 1991), 89.

32 Tibor Frank, " 'All Modern People Are Persecuted': Intellectual Exodus and the Hungarian Trauma, 1918–1920," in *The numerus clausus in Hungary: Studies on the First Anti-Jewish Law and Academic Anti-Semitism in Modern Central Europe*, ed. Victor Karady and Peter Tibor Nagy (Budapest: Pasts Inc. Centre for Historical Research, History Department of the Central European University, 2012).

33 PFP-212–68, Correspondence.

34 PFP-212–28, Cecile to Laura (n.d.); PFP-212–14, Cecile to Lieber Freund (n.d.).

35 PFP-212–14, Cecile to Lieber Freund (n.d.).

36 Judith Szapor, *The Hungarian Pocahontas: The Life and Times of Laura Polanyi Stricker, 1882–1959* (Boulder, Colo.: East European Monographs, 2005), 52.

37 PFP-212–68, Cecile Polanyi, "Kunst und Psychoanalise [*sic*]" (n.d.); Szapor, *Pocahontas*, 52.

38 Francis Dunlop, *The Life and Thought of Aurel Kolnai* (Aldershot, U.K.: Ashgate, 2002), 56. 以下も参照のこと。MPP-17–11, Karl Polanyi to Michael, June 14, 1944.

39 Kari Polanyi-Levitt, interview, Montreal, December 2008.

40 KPA-56–1, Mihály to Cecile, May 27, 1898.

41 KPA-48–5, Polanyi to Jaszi, October 27, 1950.

42 Karl Polanyi to Lukacs, in Georg Lukacs, *Selected Correspondence* (New York: Columbia University Press, 1986), 194.

43 KPA-17–20, Karl Polanyi, "British Characteristics," Canterbury (1939).

44 Karl Polanyi, " 'Free trade!' " ["Szabadkereskedelmet!"], *Bécsi Magyar Újság*, November 2, 1922.

45 MPP-17–12, Karl to Michael, January 11, 1952.

46 KPA-48–5, Polanyi to Jaszi, October 27, 1950.

47 KPA-50–4, Karl Polanyi to George, April 23, 1959.

48 KPA-29–9, Felix Schafer, "Memoirs," 1944–1966, 40. 私はポランニーに従って、Schffer ではなく、Schafer の表記を用いる。

49 KPA-21–18, Karl Polanyi, "Wealth" (n.d.). 説明の途中だが、市場社会と「原始社会」の対

のために王室財産を賃借した富裕な地方人であった」。Jean Richards, e-mail to the author, May 28, 2013.

3 Kari Polanyi-Levitt, telephone interview, November 2008.

4 Péter Hanák, *The Garden and the Workshop: Essays on the Cultural History of Vienna and Budapest* (Princeton, N.J.: Princeton University Press, 1998), 12–17.

5 Gábor Gyáni, "Bürgerliches Heim und Interieur in Budapest," in *Bürgerliche Wohnkultur des Fin de Siècle in Ungarn*, ed. Péter Hanák (Vienna: Böhlau, 1994), 45–89.

6 Arthur Koestler, *Arrow in the Blue* (London: Hutchinson, 1983 [1952]); Georg Lukacs, *Record of a Life: An Autobiographical Sketch* (London: Verso, 1983).

7 KPA-30–1, Karl Polanyi, "Biographical Information," 1940–1984.

8 KPA-56–1, Mihály to Cecile, May 27, 1898. 以下も参照のこと。PFP-212–55, Mihály to Cecile, July 12, 2003.

9 János Gyurgyák, ed., *Karl Polanyi, 1886–1964* (Budapest: Fővárosi Szabó Ervin Könyvtár, 1986).

10 Tibor Frank, "The Social Construction of Hungarian Genius (1867–1930)," background paper for "Budapest: The Golden Years: Early Twentieth Century Mathematics Education in Budapest and Lessons for Today," von Neumann Memorial Lectures, Princeton University, 2007, www.franktibor.hu/ujabb-kozlemenyek/42/.

11 セオドア・フォン・カルマンについては以下に引用されている。Frank, "Hungarian Genius," 44.

12 PFP-212–324, Polanyi to Mama (n.d.).

13 PFP-212–34, Cecile to Lieber Papa (n.d.); Kari Polanyi-Levitt, interviews, Montreal, December 2008.

14 PFP-212–34, Cecile to Lieber Papa (n.d.).

15 1905年、一家は、より中心のベーチ通りに転居した。KPA-30–1, Karl Polanyi, "Biographical Information," 1940–1984.

16 KPA-59–2, Karl Polanyi to Kari and Joe, January 25, 1962.

17 MPP-17–12, Karl Polanyi to Michael, January 11, 1952.

18 KPA-59–2, Karl Polanyi to Kari, January 9, 1961.

19 KPA-59–8, Karl Polanyi to Misi, July 11, 1947.

20 KPA-59–2, Karl Polanyi to Kari, January 8, 1960.

21 Kari Polanyi-Levitt, telephone interview, March 2009.

22 Ilona Duczynska, " 'I first met Karl Polanyi in 1920,' " in *Karl Polanyi in Vienna: The Contemporary Significance of the Great Transformation,* ed. Kari Polanyi-Levitt and Kenneth McRobbie (Montreal: Black Rose, 2000), 303.

23 Georgi Derluguian, "The Lessons of Communism," in Immanuel Wallerstein, Randall Collins, Michael Mann, Georgi Derluguian, and Craig Calhoun, *Does Capitalism Have a Future?* (Oxford: Oxford University Press, 2013), 99–130.

24 KPA-47–15, Karl Polanyi to E. D. Simon, June 12, 1945.

25 KPA-48–5, Karl Polanyi to Oscar Jaszi, October 27, 1950. 他の点では、ウェッブの受けた教育はポランニーとまったく違っていた。以下参照。John Hall, "The Roles and Influence of Political Intellectuals: Tawney vs Sidney Webb," *British Journal of Sociology* 28, no. 3 (1977): 351–

武直訳『変革期における人間と社会』みすず書房、1962年〕.

10 Michael Polanyi, *Personal Knowledge: Towards a Post-Critical Philosophy* (London: Routledge & Kegan Paul, 1958)〔長尾史郎訳『個人的知識——脱批判哲学をめざして』ハーベスト社、1985年〕.

11 Jefferson Pooley, "An Accident of Memory: Edward Shils, Paul Lazarsfeld and the History of American Mass Communication Research" (D.Phil., Columbia University, 2006), 130.

12 Michael Polanyi, *The Tacit Dimension* (Garden City, N.Y.: Doubleday, 1966), 86〔高橋勇夫訳『暗黙知の次元』筑摩書房、2003年〕.

13 Karl Polanyi, *The Great Transformation: The Political and Economic Origins of Our Time* (Boston: Beacon, 2001), 102〔野口建彦・栖原学訳『新訳 大転換——市場社会の形成と崩壊』東洋経済新報社、2009年〕.

14 KPA-17–24, Karl Polanyi, "Rise and Decline of the Profit Motive," London Cooperative Society Weekend School.

15 Blaise Bachofen, "Why Rousseau Mistrusts Revolutions: Rousseau's Paradoxical Conservatism," in *Rousseau and Revolution*, ed. Holger Ross Lauritsen and Mikkel Thorup (London: Continuum, 2011), 35–61.

16 この洞察はごく最近、政治哲学者のルース・グラントによって展開された。Ruth Grant, *Strings Attached: Untangling the Ethics of Incentives* (Princeton, N.J.: Princeton University Press, 2011).

17 Ernest Gellner, *Nations and Nationalism* (Ithaca, N.Y.: Cornell University Press, 1983)〔加藤節監訳『民族とナショナリズム』岩波書店、2000年〕.「大きな裂け目」理論の批判としては以下を参照のこと。Bruno Latour, *We Have Never Been Modern* (Cambridge, Mass.: Harvard University Press, 1993).

18 KPA-51–2, Karl Polanyi to George, August 6, 1960.

19 MPP-17–12, Karl Polanyi to Misi, January 21, 1957.

20 2013年9月に筆者が共有した、ドン・グラントによる覚書。

21 William Scott and Martin Moleski, *Michael Polanyi: Scientist and Philosopher* (Oxford: Oxford University Press, 2005), 9.

22 Peter Drucker, *Adventures of a Bystander* (New York: John Wiley, 1994 [1978]), 134〔上田惇生訳『傍観者の時代』ダイヤモンド社、2008年〕.

23 コリーニについては以下に引用されている。Denys Leighton, *The Greenian Moment: T. H. Green, Religion and Political Argument in Victorian Britain* (Exeter: Imprint Academic, 2004), 28. また、以下も参照のこと。Peter Thomas, *The Gramscian Moment* (Leiden: Brill, 2009), 128.

24 Godesberg Programme of the SPD, November 1959, http://germanhistorydocs.ghi-dc.org/docpage.cfm?docpage_id=3341.

25 KPA-30–2, Karl Polanyi to Bé de Waard, January 6, 1958.

◆ 第一章　東西のサロンで

1 SPSL-536–1, Karl Polanyi to Walter Adams, March 31, 1934.

2 例えば、PFP-212–28のレターヘッドを参照のこと。「ポラチェク一家は18世紀に事業

原　註

＊　邦訳では原著の註における間違いを訂正したため、一部原著と異なることをお断りしておきます。

◆　謝　辞

1　KPA-54–3, Julius Holló to Polanyi (date unclear).

◆　序　文

1　Ferenc Körmendi, *The Happy Generation* (London: Nicholson & Watson, 1945), 18.

2　Norman Stone, *Europe Transformed, 1878–1919* (London: Fontana Paperbacks, 1983), 303.

3　カール・マンハイムとアーネスト・ゲルナーについて議論している以下を参照のこと。Stephen Quilley and Steven Loyal, "Wittgenstein, Gellner, and Elias: From the Philosophy of Language Games to a Figurational Sociology of Knowledge," *Human Figurations* 2, no. 2 (2013): 2–9.

4　Mary Gluck, *Georg Lukacs and His Generation, 1900–1918* (Cambridge, Mass.: Harvard University Press, 1985), 73.

5　イギリスの納税申告書を準備していたあるとき、ポランニーは、内国税歳入庁が彼に有利に計算違いをした、と判断した。そして、「支払うべき余分な少額」(Kari Polanyi-Levitt, interview, December 2008)を返還する、と彼は主張した。これはおそらくポランニーの性分に忠実なことであった。とはいえ、彼は首尾一貫していたわけではなかった。例えば1954年、アメリカの社会保障局はポランニーに対して約1000ドルだけ過払いである、と主張した。ポランニーは執拗に自分の利益のために闘い、ほぼ1年のあいだに数ダースの手紙や意見書を送り付け、法律事務所に持ち込んだ。フォード財団によって資金援助をしてもらっているコロンビア大学でのポランニーの給料は、厳密には給料とは見なされず、したがって、課税対象となる収入ではない、というのが彼の言い分であった。だが、それは認められなかった(KPA-49–5, Polanyi's correspondence from 1956; KPA-30–12, D. J. Plitz, 1963, to Karl Polanyi, [n.d.])。ヘンリー・フォードが相続税を逃れるために財団を創設したことを考えると、このエピソードは皮肉がないわけではない。

6　Otto Bauer, *Werkausgabe*, vol. 2 (Vienna: Europa Verlag, 1976), 329.

7　例えば、以下が挙げられる。Ross Terrill, *R. H. Tawney and His Times; Socialism as Fellowship* (Cambridge, Mass.: Harvard University Press, 1973), 128.

8　Georg Lukacs, "The Standpoint of the Proletariat," in *History and Class Consciousness* (London: Merlin, 1967 [1919–1923]), 63–95〔城塚登・古田光訳「プロレタリアートの立場」『歴史と階級意識』白水社、1991年〕. また、以下も参照のこと。Jan Rehmann, *Theories of Ideology: The Powers of Alienation and Subjection* (Leiden: Brill, 2013), 80.

9　Karl Mannheim, *Man and Society in an Age of Reconstruction* (London: Routledge, 1940), 157〔福

マ　行

ヤ　行

ラ　行

タ 行

ナ 行

ハ 行

サ　行

事　項

マ 行

ヤ 行

ラ 行

ナ　行

ハ　行

サ　行

タ　行

索　引

人　名

ア　行

カ　行

著者略歴

ギャレス・デイル

GARETH DALE

ロンドン・ブルネル大学経営・人文科学・社会科学部上級講師。博士（政治・政策研究／マンチェスター大学）。研究領域は、東ドイツの歴史からカール・ポランニーの仕事、国際移住、欧州統合、社会運動、経済成長のイデオロギーまで多岐にわたる。著書に、*Karl Polanyi: The Limits of the Market* (2010), *Karl Polanyi: The Hungarian Writings* (2016), *Reconstructing Karl Polanyi: Excavation and Critique* (2016), *Green Growth: Ideology, Political Economy, and the Alternatives* (2016) などがある。

訳者略歴

若森みどり

わかもり　みどり

1973年生まれ。東京大学大学院経済学研究科博士課程単位取得退学。博士（経済学）。現在、大阪市立大学大学院教授。著書に、『カール・ポランニー——市場社会・民主主義・人間の自由』（NTT出版）、『20世紀の経済学の諸潮流』（共著、日本経済評論社）、『現代の経済思想』（共著、勁草書房）、訳書に、ポランニー『市場社会と人間の自由』（共編訳、大月書店）など。

若森章孝

わかもり　ふみたか

1944年生まれ。名古屋大学大学院経済学研究科修士課程修了。博士（経済学）。関西大学名誉教授。主な著書に、『レギュラシオンの政治経済学』（晃洋書房）、『壊れゆく資本主義をどう生きるか』（共著、唯学書房）、訳書に、リピエッツ『勇気ある選択』（藤原書店）、バリバール／ウォーラーステイン『人種・国民・階級』（共訳、唯学書房）など。

太田仁樹

おおた　よしき

1950年生まれ。名古屋大学大学院経済学研究科博士課程単位取得退学。博士（経済学）。岡山大学名誉教授。主な著書に、『レーニンの経済学』『論戦 マルクス主義理論史研究』（いずれも御茶の水書房）、訳書に、アリギ／ホプキンス／ウォーラーステイン『反システム運動』（大村書店）、レンナー『諸民族の自決権』（御茶の水書房）など。

カール・ポランニー伝

2019年7月25日　初版第1刷発行

著者　ギャレス・デイル
訳者　若森みどり
　　　若森章孝
　　　太田仁樹
発行者　下中美都
発行所　株式会社　平凡社
〒一〇一－〇〇五一
東京都千代田区神田神保町三－二九
電話　〇三－三二三〇－六五七九（編集）
　　　〇三－三二三〇－六五七三（営業）
振替　〇〇一八〇－〇－二九六三九
印刷　株式会社東京印書館
製本　大口製本印刷株式会社
装丁・本文組　細野綾子

ISBN 978-4-582-82488-9　C0033　NDC 分類番号 331　四六判（19.4 cm）　総ページ 544
https://www.heibonsha.co.jp/